新编21世纪
高等职业教育精品教材
旅游大类

酒吧服务与管理

（第四版）

主　编　杜金玲　何立萍
副主编　张雪丽　卢正茂

中国人民大学出版社
·北京·

图书在版编目（CIP）数据

酒吧服务与管理 / 杜金玲，何立萍主编. --4版. -- 北京：中国人民大学出版社，2024.2
新编21世纪高等职业教育精品教材. 旅游大类
ISBN 978-7-300-32454-8

Ⅰ. ①酒… Ⅱ. ①杜… ②何… Ⅲ. ①酒吧－商业服务－高等职业教育－教材②酒吧－商业管理－高等职业教育－教材 Ⅳ. ①F719.3

中国国家版本馆CIP数据核字（2024）第010140号

新编21世纪高等职业教育精品教材·旅游大类
酒吧服务与管理（第四版）
主　编　杜金玲　何立萍
副主编　张雪丽　卢正茂
Jiuba Fuwu yu Guanli

出版发行	中国人民大学出版社		
社　址	北京中关村大街31号	邮政编码	100080
电　话	010－62511242（总编室）		010－62511770（质管部）
	010－82501766（邮购部）		010－62514148（门市部）
	010－62515195（发行公司）		010－62515275（盗版举报）
网　址	http://www.crup.com.cn		
经　销	新华书店		
印　刷	北京密兴印刷有限公司	版　次	2012年11月第1版
开　本	787 mm × 1092 mm　1/16		2024年2月第4版
印　张	17	印　次	2024年2月第1次印刷
字　数	327 000	定　价	48.00元

前言

酒吧是现代社会交往的场所之一，自然成为酒店服务的重要组成部分。研究顾客的饮酒习惯、消费心理，控制酒水成本和管理好酒吧等，对酒吧服务与管理起着积极的促进作用。为了适应和满足我国高等职业院校旅游管理与饭店管理专业教学和日益发展的酒吧业的需要，我们编写了《酒吧服务与管理》一书。

本书在编写过程中体现了以下特点：

第一，从职业岗位入手，根据酒店对经营管理和服务人才的要求及国家职业标准科学编写，使本书紧紧贴近酒店酒吧管理岗位实际工作要求。

第二，针对高等职业院校旅游管理与饭店管理专业的学生培养目标和实际需要，强调理论联系实际，在理论上以“必需、够用”为度，在实践上着重培养学生的服务与管理能力和创新能力。

第三，注重编入酒店管理的新理念及新方法，突出先进性和实用性，与行业发展同步。本书吸收了国内外酒吧管理的大量先进经验，反映了酒店酒吧实践和研究的新成果，内容具有较强的前瞻性。

本书自 2012 年出版以来已多次修订，第四版教材将知识体系重新整合，按照学生成长路径，分为酒水知识、酒吧服务和酒吧管理三个模块，添加了新式茶饮的知识介绍及创意鸡尾酒获奖案例，更新了部分阅读材料，根据调酒师考证要求丰富了课后练习的题型，使教材更全面、更实用。同时，第四版教材深入贯彻党的二十大精神，全面融入社会主义核心价值观，落实立德树人根本任务，体现课程思政的要求。

本书既可作为高等职业院校旅游管理与饭店管理专业学生的教材，也可作为酒店酒吧从业人员的培训教材或自学用书。

本书由浙江旅游职业学院杜金玲老师和何立萍副教授共同担任主编，张雪丽副教授和浙江世贸君澜大饭店酒吧经理卢正茂先生共同担任副主编。在编写过程中，我们参阅了大量国内外文献资料，并得到了中国人民大学出版社、浙江世贸君澜酒店管理集团以及诸多酒吧同人的大力支持和有益帮助，在此一并表示感谢。

由于编者水平有限、经验不足，书中错漏之处在所难免，敬请各位读者批评指正。

编　者

2024 年 1 月

目录

模块一　酒水知识

模块三 酒吧管理

1

模块一
酒水知识

项目一

酒水概述

学习目标

- 知识目标：掌握酒水的基本概念、酒度表示方法以及酒水的分类方式。
- 能力目标：能够对酒吧常见酒水进行分类，能够看懂酒度。
- 素养目标：丰富知识结构，激发酒水学习兴趣，构建调酒师扎实理论功底，塑造基本职业素养。

项目导入

酒水一般是指经过加工制造的可供饮用的各种饮料的总称。酒水是一个大家族，主要包含“酒”和“水”两大类。要想认识酒水大家族的成员，必须先知道什么是酒水，酒水有哪些种类，如何定义酒度。

任务一　酒水定义及分类

一、酒水的定义

酒水就是人们通常所说的饮料（beverage）的总称。酒水，顾名思义，既包含酒，也包含水。其中，“酒”是人们熟悉的含有乙醇的饮料，而“水”是饭店业和餐饮业的专业术语，是指所有不含乙醇的饮料或饮品。一般而言，酒水按照是否含酒精，分为非酒精饮料和酒精饮料两大类。

二、酒水的分类

（一）非酒精饮料

非酒精饮料（non-alcoholic drink）又称软饮料（soft drink），是指酒精浓度不超过0.5%（容量比）的提神解渴饮料。绝大多数非酒精饮料不含有任何酒精成分，但也有极少数含有微量酒精成分，不过其作用也仅仅是调节饮品的口味或改善饮品的风味而已。软饮料是日常生活中人们补充水分的来源之一，碳酸饮料和其他非碳酸饮料如茶、果汁等，不仅能解渴，而且能够使人在饮用时产生愉快感。酒吧中常见的非酒精饮料有茶水、咖啡、苏打水、汤力水、干姜水、矿泉水和酸奶等。

（二）酒精饮料

酒精饮料（alcoholic drink）也就是人们日常生活中常说的酒，是指酒精浓度在 0.5%（容量比）以上的饮料。它是一种比较特殊的饮料，是以含淀粉或糖质的谷物或水果为原料，经过发酵、蒸馏等工艺酿制而成的。酒精饮料因为含有酒精成分，所以具有一定的刺激性，能够兴奋神经、麻醉大脑，是人们日常生活中重要的饮品。

任务二　酒度表示法

酒精度，简称酒度，是指乙醇在酒液中的含量，是对饮料中所含有的乙醇量多少的表示。目前，国际上酒度的表示方法有以下三种：

一、国际标准酒度

国际标准酒度是指在 20℃条件下，每 100 毫升酒精饮料中含有的乙醇的毫升数。国际标准酒度是由法国著名化学家盖·吕萨克发明的，因此又称盖·吕萨克酒度，其开始用“%（*V/V*）”表示酒精含量，后改用“%vol”。例如：12%vol 表示在 100 毫升酒液中含有 12 毫升的乙醇。由于不同酒的生产年份不同，因此目前市场上有的酒以“%（*V/V*）”表示，有的酒以“%vol”表示，但二者没有本质区别。后文为表述方便，统一用“度”表示国际标准酒度下的酒精含量。国际标准酒度于 1983 年 1 月 1 日起在欧洲率先实行。我国也采用此标准。

二、英制酒度

英制酒度是在 18 世纪由英国人克拉克所创造的一种酒度计算方法，其将衡量酒度的标准含量称为 proof。proof 是设定在 51 ℉环境下，比较相同体积的酒精饮料与水，在酒精饮料的重量是水重量的 12/13 的前提下，酒精饮料的酒度为 1 proof。1 proof 约等于 57%vol 的国际标准酒度。英制酒度也使用 sikes 作为单位，1 proof 等于 100 sikes。

三、美制酒度

美制酒度是指在 60 ℉环境下，每 200 毫升酒精饮料中所含有的乙醇的毫升数。美制酒度也使用 proof 作为单位。美制酒度大约是国际标准酒度的 2 倍，例如：一杯酒精含量为 40%vol 的伏特加酒，其美制酒度是 80 proof。

英制酒度和美制酒度的发明都早于国际标准酒度，它们都用酒精纯度来表示，但三种酒度之间可以进行换算（见表 1－1）。如果知道英制酒度，想知道对应的美制酒度或国际标准酒度，只要通过下列公式就可以换算出来：

国际标准酒度 ×1.75＝英制酒度

国际标准酒度 ×2＝美制酒度

英制酒度 ×8/7＝美制酒度

表 1－1　酒度换算

国际标准酒度 / %vol	40	43	46	50	53	60
英制酒度 / proof	70	75.25	80.50	87.50	92.75	105
美制酒度 / proof	80	86	92	100	106	120

任务三　酒的分类

酒精饮料有很多种类型，按照生产方式、配餐方式（饮用方式）和酒精含量的不同，可以分为很多种类。

一、按生产方式分类

酒的生产方式通常有三种，即发酵、蒸馏、配制，生产出来的酒分别被称为发酵酒、蒸馏酒和配制酒。

（一）发酵酒

发酵酒又称为原汁酒、酿造酒，是指将酿造原料（通常是谷物或水果）直接放入容器中，并加入酵母菌进行发酵酿制而成的含有乙醇的饮料。饭店里常见的发酵酒有葡萄酒、苹果酒、啤酒、黄酒、米酒等。

（二）蒸馏酒

蒸馏酒又称为烈性酒，是指将经过发酵处理的含有乙醇的原料（发酵酒）加以蒸馏提纯，然后经过冷凝处理而获得的含有较高乙醇纯度的饮料。饭店里常用的蒸馏酒有金酒、威士忌、白兰地、朗姆、伏特加、特基拉和中国的白酒（如茅台、五粮液等）。

（三）配制酒

配制酒是酒与酒之间相兑，或者将药材、香料和植物等浸泡在酒中而制成的。配制酒的制作方法有很多，常用的有浸泡、混合、勾兑等。

1. 浸泡制法

浸泡制法多用于药酒。这种方法是在蒸馏后得到的高度酒液或发酵后经过滤清的酒液中，按配方放入不同的药用植物或动物，然后装入容器中密封一段时间后，使浸泡物的成分溶解于酒液中，饮用后便会得到不同的治疗效果和刺激效果，如国外的味美思酒、比特酒，中国的人参酒、三蛇酒等。

2. 混合制法

混合制法是指在蒸馏后的酒液加入果汁、蜜糖、牛奶或其他液体。

3. 勾兑制法

勾兑也是一种酿制工艺，通常可以将两种或数种酒兑和在一起。例如：将不同地区的酒勾兑在一起，将高度数酒和低度数酒勾兑在一起，将年份不同的酒勾兑在一起，就可以形成新的口味或者得到色、香、味更加完美的酒品。

二、按配餐方式（饮用方式）分类

按西餐的配餐方式（饮用方式），酒可分为以下六种类型：

（一）餐前酒（开胃酒）

可以刺激食欲的酒都可以称为餐前酒（开胃酒）。

（二）佐餐酒（葡萄酒）

佐餐酒是西餐配餐的主要酒类，包括红葡萄酒、白葡萄酒和桃红葡萄酒等。佐餐酒中包含酒精、天然色素、脂肪、维生素、碳水化合物、矿物质、酸类等营养成分，对人体非常有益。

（三）餐后酒（利口酒）

餐后饮用的是糖分较多的酒类，饮用后有帮助消化的作用。餐后酒有多种口味，原料有两种类型，即果料类和植物类。果料类包括水果、果仁、果籽等；植物类包括草药、茎叶类植物、香料植物等。在烈性酒中加入各种配料和糖即可配制成餐后酒。

（四）烈性酒

烈性酒，简称烈酒，通常是指酒度在 40 度以上的酒。这类酒包括金酒、威士忌、白兰地、朗姆、伏特加和特基拉以及中国的白酒等。

（五）啤酒

啤酒是用谷物、水、酵母和啤酒花直接发酵制成的低度酒，其主要原料为大麦、小麦、燕麦、稻谷、玉米等谷物。啤酒也称“液体面包”。一般而言，啤酒中含有水分约 90%、酒精约 4%、碳水化合物约 5%、蛋白质约 0.4%、矿物质约 0.2%、二氧化碳约 0.4%。啤酒营养丰富，美味可口，度数较低，深受大众欢迎。

（六）鸡尾酒

鸡尾酒是指混合两种或两种以上的酒水材料制作出来的饮料。

三、按酒精含量分类

按酒精含量的多少，酒可分为低度酒、中度酒、高度酒三种类型。

（一）低度酒

酒度在 20 度以下的酒为低度酒，常见的有葡萄酒、桂花陈酒、香槟酒、低度药酒，以及部分黄酒和清酒。

（二）中度酒

酒度为 20 ～ 40 度的酒为中度酒，常见的有餐前开胃酒（如味美思、茴香酒等）、餐后甜酒（钵酒、雪利酒等）。中国的竹叶青、米酒等也属于此类。

（三）高度酒

酒度在 40 度以上的烈性酒为高度酒，一般国外的蒸馏酒都属于此类。中国的茅台、五粮液、汾酒、泸州老窖等白酒也属于此类。

学思之窗

中国酒文化的历史沿革

中国酒文化具有悠久的历史，沿革如下：

商代：商代是中国酒文化的起源时期。商代人就已经开始酿酒。商代的酒主要以青稞、黍米等粮食为原料，制成的酒称为黄酒。

周代：周代是中国酒文化的发展时期。周代人把饮用黄酒升华为酒宴文化，提出了“酒礼”“饮酒文化”等概念。

隋唐：隋唐时期是中国酒文化的鼎盛时期，出现了许多名酒，如陈酿、酒仙、酒圣等。

明清：明清时期是中国酒文化的发展和壮大时期，出现了许多名酒。

现当代：现当代是中国酒文化的创新和发展时期，出现了许多新型酒。

总之，中国酒文化的历史沿革丰富多彩，是中华优秀传统文化的重要组成部分，也是中国人民的文化遗产。

课后练习

一、单选题

1. 酒精饮料的主要成分是（　　）。

A. 乙醇和水　　B. 甲醇和水　　C. 乙醇和甲醇　　D. 乙醛和水

2. 国际标准酒度中的1%vol等于美制酒度中的（　　）。

A. 2 proof　　B. 3 proof　　C. 4 proof　　D. 5 proof

3. 52%表示100毫升酒液中含有（　　）毫升的乙醇。

A. 6　　B. 26　　C. 5.2　　D. 52

4. 西餐中佐餐酒一般用（　　）。

A. 葡萄酒　　B. 烈性酒　　C. 白酒　　D. 利口酒

5. “GL”是（　　）的表示方法。

A. 法制酒度　　B. 英制酒度　　C. 美制酒度　　D. 国际标准酒度

二、多选题

1. 下列原料中可以用来酿酒的有（　　）。

A. 小麦　　B. 马铃薯　　C. 葡萄　　D. 玉米

2. 下列属于蒸馏酒的有（　　）。

A. 中国的白酒　　B. 葡萄酒　　C. 伏特加　　D. 黄酒

三、思考题

1. 简单介绍常见的酿酒原料。

2. 常用酒度有哪几种？它们之间如何换算？

3. 按照生产方式分，酒可以分为哪几类？

项目二

非酒精饮料认知

任务一 茶叶

任务二 咖啡

任务三 碳酸饮料

任务四 果蔬饮料

任务五 乳品饮料、矿泉水及其他饮用水

任务六 新式茶饮

学习目标

- 知识目标：掌握非酒精饮料的基本概念及常见种类，了解非酒精饮料制作方法。
- 能力目标：能够鉴别非酒精饮料，将专业知识应用到酒吧服务中。
- 素养目标：拓宽视野，构建全面的理论知识体系，培养职业自信。

项目导入

非酒精饮料是酒吧酒水销售内容的重要组成部分，销售对象一般为女士和儿童。一些需要驾车或是只想要陶醉于酒吧的氛围中的顾客也会选择非酒精饮料。非酒精饮料使酒吧产品更加时尚化、多元化。除单饮之外，非酒精饮料也可以用来调制饮品。让我们一起来看看酒吧中有哪些常见的非酒精饮料吧！

非酒精饮料又称软饮料，是指酒精浓度不超过 0.5%（容量比）的提神解渴饮料。非酒精饮料的分类方法有很多，例如：按其是否含有二氧化碳，可将其分为碳酸饮料和非碳酸饮料；按其物理状态，可将其分为固体饮料和液体饮料；按其原料，可将其分为茶水、咖啡、碳酸饮料、果蔬饮料、乳品饮料及矿泉水等。

任务一　茶叶

根据茶的制造方法和品质特点，可将茶分为绿茶、红茶、乌龙茶、白茶、黄茶、黑茶和再加工茶。

一、绿茶

绿茶是我国历史最悠久的茶类，也是我国茶量最大的茶类。绿茶属于不发酵茶，是以鲜嫩的芽叶为原料，不经过发酵，保持茶叶原有的特征，其干茶色泽和冲泡后的茶汤、叶底以绿色为主调，故此得名。绿茶的制造工艺过程包括杀青、揉捻、干燥三个主要工序。杀青是用铁锅高温灭杀鲜叶中的酶，以保持鲜叶的青绿色；揉捻是将杀青后的鲜叶揉捻成条，使其外形美观，并缩小体积；干燥是蒸发鲜叶的水分，以便于保存。

绿茶的特性是较多地保留了鲜叶内的天然物质。其中，茶多酚、咖啡因保留 85% 以上，叶绿素保留 50% 左右，维生素损失也较少，从而形成了绿茶“清汤绿叶，滋味收敛性强”的特点。科学研究结果表明，绿茶中保留的天然物质成分对抗衰老、杀菌、消炎等均有特殊效果。根据茶叶干燥方法的不同，绿茶可分为蒸青、炒青、烘青和晒青四大类。我国的绿茶名品有西湖龙井、黄山毛峰、洞庭碧螺春、信阳毛尖、庐山云雾、六安瓜片等，其不但香高味长，品质优异，且造型独特，具有较高的艺术欣赏价值。

（一）西湖龙井

西湖龙井产于杭州西湖。龙井产茶，历史悠久。西湖龙井的特点是色绿、香郁、味醇、形美，人称“四绝”。西湖龙井叶扁，形如雀舌，光滑整齐，泡在杯中，嫩匀成朵，一旗一枪，交错相映，汤清明亮，滋味甘美。高级龙井茶全凭一双手在一口光滑的特制铁锅中不断变换手法炒制而成。炒制手法有抖、搭、捺、甩、抓、拓、推、扣、压、磨，号称“十大手法”。只有熟练掌握了技艺的人，才能炒出色、香、味、形俱佳的龙井茶。龙井茶产地集中在狮峰山、翁家山、云栖、虎跑、灵隐等地，历史上有狮、龙、云、虎四个品类，如今分为狮、龙、梅三类，三个品类中以狮峰山龙井品质最佳。

（二）黄山毛峰

黄山毛峰产于安徽省黄山市歙县，因地近黄山而得名，是国礼茶，也是国际名茶之一。特级黄山毛峰堪称毛峰之极品，其形似雀舌，匀齐壮实，锋显毫露，色如象牙，叶底嫩黄，肥壮成朵。其中，“金黄片”和“象牙色”是特级黄山毛峰的两大明显特征。黄山毛峰有“轻如蝉翼，嫩似莲须”之说，汤色油润光亮，绿中泛黄，冲泡之后，雾气结顶，清香四溢。茶凉之后仍有余香，人称“幸有冷香”。

（三）洞庭碧螺春

洞庭碧螺春产于江苏省苏州市太湖洞庭山一带，是我国名茶的珍品，以形美、色艳、香浓、味醇闻名中外。洞庭碧螺春外形条索分明，卷曲成螺，茸毛遍布，内质香气浓烈芬芳，滋味鲜醇甘厚，汤色嫩绿鲜艳。品饮碧螺春时，宜采用洁净透明的玻璃杯，先冲开水后放茶。碧螺春投入杯中即沉底，瞬间“白云翻滚，雪花舞醉”，清香袭人。

（四）信阳毛尖

信阳毛尖产于河南省信阳市，主产于其境内云雾山、车云山、云台山及白龙潭、黑龙潭一带。信阳毛尖外形细直、圆紧，光滑多毫，内质清香持久，滋味醇厚，汤色翠绿，叶底嫩绿匀整，耐泡味醇，饮后令人回味生津。

（五）庐山云雾

庐山云雾产于江西省庐山地区，其主要产地在汉阳峰一带。春夏之交，庐山云雾缭绕，飘漫各山，庐山云雾茶因此得名。其品质外形条索挺秀似针，香如幽兰，色泽翠绿，银毫披露，滋味浓厚，鲜爽甘醇，经久耐饮，余香悠长，素以“香馨、味厚、色翠、汤清”著称于世。

知识链接

绿茶名品

（六）六安瓜片

六安瓜片产于安徽省六安市的金寨、霍山等县，以金寨齐云山一带所产品质最优，称为齐云瓜片。因金寨旧为六安所辖，又称六安瓜片。六安瓜片的品质与其他茶叶不同，其外形像瓜子，叶底肥厚，叶片边缘稍微向上弯曲，色泽翠绿有光。冲泡后香气清高，滋味鲜醇，回味甘爽，汤色清澈。

二、红茶

红茶是我国第二大茶类，属于全发酵茶，是以一芽二叶或一芽三叶的鲜芽叶为原料加工、发酵制成的。红茶的基本工艺过程包含萎凋、揉捻、发酵、干燥四个工序。其中，萎凋是红茶初制的重要工序，其目的是使鲜叶蒸发掉一部分水分，使叶片软化，便于揉捻成条，并为发酵工作准备条件。萎凋的方法有自然萎凋和加温萎凋两种。发酵是使叶子中的单宁（即鞣酸）氧化，去掉苦涩和青草味，产生“红叶红汤”特有的香气和滋味。红茶可分为红条茶和红碎茶两种类型，其中，红条茶又可分为小种红茶和工夫红茶。除我国外，印度、英国等国也有畅销世界的红茶。下面介绍几种红茶名品。

（一）祁门红茶

祁门红茶又叫祁门工夫红茶，是我国传统工夫红茶的珍品，主要产于安徽省祁门、池州等地。其内质香气浓郁绵长，似蜜糖香，又蕴藏有兰花香，汤色红艳，滋味醇厚，回味隽永，叶底嫩软红亮。清饮能令人领略祁门红茶的特殊香味，加奶后变为粉红色，其香味犹存。祁门红茶被列为我国的国礼茶，用来表达中国人民的好客热情。

（二）滇红

滇红是云南红茶的简称，产于云南省凤庆、临沧、勐海等地。滇红的特点是条形重紧，身骨壮实，茸毛金黄，色泽乌红光润，香气鲜浓且持久，滋味浓强醇爽，汤色红浓艳明。凤庆、勐海所产之金芽，尤其受到国际茶叶市场赞誉。

（三）小种红茶

小种红茶主产于福建省武夷山地区，以产于星村镇的品质最佳，称为“正山小种”

或“星村小种”。小种红茶的特点是条形粗壮重实，色泽乌黑润泽，汤色鲜艳呈金黄色，芽叶肥柔光滑，香气高烈并带有特殊松烟味，滋味浓厚，入口甘醇清爽。

（四）阿萨姆红茶

阿萨姆红茶产于印度东北喜马拉雅山麓的阿萨姆溪谷一带。茶叶外形细扁，呈深褐色；汤色深红稍褐；带有淡淡的麦芽香、玫瑰香，滋味浓，属烈茶，是冬季品饮的绝佳选择。

（五）大吉岭红茶

大吉岭红茶产于印度西孟加拉邦北部喜马拉雅山麓的大吉岭一带。当地年均气温在15℃左右，白天日照充足，日夜温差大，山谷里常年云雾弥漫，是孕育此茶独特芳香品质的一大因素。大吉岭红茶以5—6月的二号茶品质最优，其被誉为“红茶中的香槟”。大吉岭红茶最适合清饮，但因为茶叶较大，需稍久焖（约5分钟）使茶叶尽舒，才能得其味。

（六）立顿红茶

立顿红茶并非红茶的品种，而是红茶的一个品牌。“立顿”是全球最大的茶叶品牌之一。1850年出生在英格兰格拉斯哥一个贫穷家庭的汤姆斯·立顿是这一品牌的创始人。有一回，出门旅游的汤姆斯·立顿来到了著名的红茶产区锡兰。锡兰红茶是英国人非常钟情的饮料，但由于售价高昂，因此只有极少数人才能享用到。汤姆斯·立顿敏锐地意识到，如果能把红茶引入大众的日常生活，则必然能造就一门好生意。1890年，汤姆斯·立顿正式在英国推出立顿红茶。1898年汤姆斯·立顿被英国女王授予爵位，得到“世界红茶之王”的美名。

知识链接

红茶名品

三、乌龙茶

乌龙茶属于半发酵茶，呈青褐色，故又名“青茶”。乌龙茶是我国几大茶类中独具特色的茶叶品类，它综合了绿茶和红茶的制法，品质介于二者之间，既有红茶的浓鲜，又有绿茶的清新和芬芳，所以有“绿叶红镶边”的美誉。乌龙茶饮后令人齿颊留香，回味甘鲜，其还有药用功效，主要体现在分解脂肪等方面。在日本，乌龙茶也被称为“美容茶”“健美茶”。我国乌龙茶主要产于福建（闽北、闽南）、广东和台湾。近年来，四川、湖南等地也有少量生产。业界习惯根据其产区不同，将乌龙茶分为闽北乌龙、闽南乌龙、广东乌龙、台湾乌龙四个种类。乌龙茶的名品有安溪铁观音、武夷岩茶、凤凰单丛等。

（一）安溪铁观音

安溪铁观音产于福建安溪一带，又名“红心观音”。铁观音原是茶树品种名，由于适合制作乌龙茶，其乌龙茶成品随之命名为“铁观音”。铁观音叶形椭圆，叶缘齿疏而钝，叶面呈波浪状隆起，具有明显的肋骨形状，略向背面反卷，叶肉肥厚，叶色浓绿光润，叶基部稍钝，叶尖端稍凹，向一侧稍歪，略下垂，嫩芽呈紫红色。泡饮时先将小巧的陶瓷小壶、小盅烫热，装入约占茶壶容积 7/10 的茶叶，然后冲上开水，此时即有一股特殊香气扑鼻而来。

（二）武夷岩茶

武夷岩茶产于福建省武夷山地区，是乌龙茶的始祖。武夷岩茶品质奇特，其条索肥壮紧结且卷曲，形似蜻蜓，色泽砂绿，香气馥郁，滋味醇厚，汤色晶莹透亮，饮后令人齿颊留香，喉底回味甘鲜。有人把其特点归纳为“香、清、甘、鲜齐备”。武夷岩茶品目众多，以肉桂、水仙和大红袍最为有名。

知识链接

乌龙茶名品

（三）凤凰单丛

凤凰单丛产于广东省潮州市凤凰山，为凤凰水仙中的珍品。其特点是外形长壮卷曲，色泽浅黄带绿，汤色红艳衬绿，香高清长，有天然花香，滋味浓郁，饮后有回甘。冲泡十余次，余香尚在，甘味犹存。

四、白茶

白茶属轻微发酵茶，是我国茶类中的特殊珍品。因其成品茶多为芽头，满披白毫，如银似雪而得名。

白茶的主要产区在福建建阳、福鼎、政和、松溪等地。白茶的制作工艺一般分为萎凋和干燥两道工序，关键是萎凋。白茶制法的特点是既不破坏酶的活性，又不促进氧化作用，且保持毫香显现，汤味鲜爽。白茶的名品有白牡丹、白毫银针等。

（一）白牡丹

知识链接

白茶名品

白牡丹是采摘大白茶树、大毫茶树或者部分水仙种的一芽二叶制成的白茶，芽叶相间，芽很多。白牡丹主产区在福建政和，其他白茶产地也有生产。

（二）白毫银针

白毫银针最早是采摘菜茶一芽制成，后期改进工艺，采摘福鼎大白、福鼎大毫、福安大白、政和大白粗壮的单芽制成，没有幼叶和老叶。白毫银针分北路银针和南路银针，北路银针指的是福鼎、福安地区所产的银针，外形优美、芽头壮实、富有光泽、汤色杏黄、香气清淡、滋味醇和；南路银针指的是政和、建阳、松溪一带的银针，芽长粗壮、毫毛略薄、香气清鲜、滋味浓厚。

五、黄茶

人们在炒制绿茶时发现，由于杀青、揉捻后干燥不足或不及时，叶色即变黄，于是产生了新的品类——黄茶。

黄茶属发酵茶类。黄茶的制作与绿茶有相似之处，不同点是黄茶多一道闷堆工序。闷堆工序是黄茶制法的主要特点，也是它同绿茶的基本区别。

黄茶按鲜叶的嫩度和芽叶大小，分为黄芽茶、黄小茶和黄大茶三类。

（一）黄芽茶

黄芽茶芽头肥壮，色泽黄亮，甜香浓郁，滋味甘甜醇和。它是采摘单芽或一芽一叶加工而成的，原料非常细嫩。黄芽茶的名品有湖南岳阳的君山银针、四川雅安的蒙顶黄芽。此外，安徽霍山的霍山黄芽在历史上也属此类茶。但由于消费习惯的变化，霍山黄芽加工中的闷黄时间越来越短，闷黄程度越来越轻，其品质已十分接近绿茶。

知识链接

黄茶名品

（二）黄小茶

黄小茶由较细嫩的芽叶加工而成，其名品主要有湖南的北港毛尖、沩山毛尖和湖北的远安鹿苑、浙江的平阳黄汤。沩山毛尖产于沩山乡，沩山乡位于沩山上的一个天然盆地，群山环抱，常年云烟缥缈，景色宜人。

（三）黄大茶

黄大茶由较粗老的芽叶加工而成，其名品主要有安徽霍山的霍山黄大茶和广东韶关一带的广东大叶青。

六、黑茶

黑茶是我国生产历史十分悠久的特有茶类。在加工过程中，鲜叶经渥堆发酵变黑，故称黑茶。黑茶既可直接冲泡饮用，也可以压制成紧压茶（如各种砖茶）。我国黑茶主要产于湖南、湖北、四川、云南和广西等地。旧时，黑茶紧压茶因以销往边疆地区为主，故又称边销茶。黑茶的名品有安化黑茶、湖北佬扁茶、四川藏茶、广西

知识链接

黑茶名品

六堡茶等，代表茶有普洱茶等。

七、再加工茶

以基本茶类——绿茶、红茶、乌龙茶、白茶、黄茶、黑茶的原料经再加工而成的产品称为再加工茶。再加工茶包括花茶、紧压茶、萃取茶、果味茶和药用保健茶等，分别具有不同的味道和功效。

花茶是我国特有的品种，又名窨花茶、香花茶、香片，是以绿茶、红茶、乌龙茶以及符合食用要求、能够吐香的鲜花为原料熏制而成的茶。我国用于制作花茶的鲜花有茉莉花、白兰花、桂花、柚子花、玳瑁花、玫瑰花、米兰花等。在国内与国际市场上最受欢迎的是茉莉花茶，这是因为茉莉花的香气为广大饮花茶的人所喜爱。花茶既具有鲜花馥郁鲜灵的芳香，又具有茶叶原有的醇厚滋味。茶引花香，花增茶味，二者相得益彰，既保护了浓郁爽口的茶味，又增添了鲜灵芬芳的花香。冲泡品啜，花香袭人，甘芳满口，令人心旷神怡。花茶不仅有茶的功效，而且其花香具有良好的药理作用，对人体健康有所裨益。

紧压茶是将黑茶、绿茶、乌龙茶等茶类分别作为原料，经过蒸制后放入模具中，压制成不同的形状，然后经过干燥处理制成的。制造紧压茶是为了缩小茶叶的体积，便于贮存、运输、携带。紧压茶的代表品种有云南沱茶、普洱方茶、老青砖茶、湖南茯砖茶、六堡砖茶、湘尖茶、金尖茶、米砖茶、竹筒香茶、黑砖茶、湘砖茶、花砖茶、康砖茶、青刺尖茶、方包茶、圆茶等。

学思之窗

陆羽与茶经

《茶经》是中国乃至世界现存最早、最完整、最全面介绍茶的专著，被誉为“茶叶百科全书”，由唐代陆羽所著。

《茶经》全书7 000余字，分为上、中、下三卷，共十节。《茶经》系统地总结了唐代中期以前茶叶发展、生产、加工、品饮等方面的情形，并深入发掘了饮茶的文化内涵，从而将饮茶从日常生活习惯提升到了艺术和审美的层次。具体来说，上卷三节，分别为“一之源”“二之具”“三之造”。中卷一节，为“四之器”。下卷六节，分别为“五之煮”“六之饮”“七之事”“八之出”“九之略”“十之图”。

在书中，陆羽还设计和制造了一套专用于烹茶和饮茶的茶具。

《茶经》问世后推动了茶道的盛行，并影响了其后政治、经济、文化与生活的方方面面，与日本荣西禅师所著的《吃茶养生记》和美国威廉·乌克斯所著的《茶叶全书》并称“世界三大茶书”。

任务二 咖啡

关于咖啡的起源有多种说法，其中一种是说在 1 000 多年前的非洲，一位牧羊人看到他放牧的羊吃了一种无名灌木的果实之后便兴奋、激动、跑跳不停。于是牧羊人也亲口品尝了这种无名的果实，结果同样感到精神振奋。这种果实便是咖啡豆。当地因信奉伊斯兰教，禁止饮酒，于是用咖啡代替酒的方法很快便传播开来。咖啡树为茜草科多年生常绿灌木或小乔木，花为白色，果为红色。咖啡果外形像樱桃，除去外皮后内藏的种子被称为咖啡豆。

知识链接

咖啡树与咖啡豆

一、咖啡的主要分类

（一）按咖啡的产地分类

1. 巴西咖啡

巴西是目前世界上最大的咖啡生产国和出口国之一。巴西咖啡以圣多斯（Santos）咖啡最有名，其适度的苦味、轻柔的风味、奔放的热带口感，是混合咖啡的绝佳基底。

2. 哥伦比亚咖啡

哥伦比亚特级咖啡豆品质优良，拥有圆滑的酸味和甜香，醇厚浓郁。

3. 印度尼西亚咖啡

印度尼西亚最出名的咖啡是苏门答腊的曼特宁（Mandheling）咖啡，其香味沉淀、厚重，口味微酸。

4. 埃塞俄比亚咖啡

埃塞俄比亚的摩卡（Mocha）咖啡有着与葡萄酒相似的酸味和浓香，质性浓厚。

5. 墨西哥咖啡

墨西哥是中美洲主要的咖啡生产国，其所产的科特佩（Coatepec）咖啡被认为是世界上最好的咖啡之一，口感舒适，芳香迷人。

6. 危地马拉咖啡

危地马拉著名的安提瓜（Antigua）咖啡享有世界上品质最佳的咖啡之美誉，其酸味上等，余香芳醇。

7. 牙买加咖啡

牙买加蓝山（Blue Mountain）咖啡因生长于海拔 3 000 米以上的蓝山区而得名，是世界上最著名、最昂贵的咖啡之一，被称作“黑色宝石”，是咖啡中的极品。

8. 中国咖啡

中国云南小粒种咖啡浓而不苦、香而不烈且带一点水果风味，被国际咖啡组织评为一类产品，在国际咖啡市场上广受欢迎，是咖啡中的上品。

世界主要咖啡产区见图 2－1。

- 产区
  - 非洲：埃塞俄比亚、肯尼亚、坦桑尼亚、赞比亚、卢旺达
    - 感官特点：水果花香、低醇厚度
    - 代表产品：耶加雪菲、花魁
  - 美洲：巴西、巴拿马、哥伦比亚、哥斯达黎加、危地马拉、洪都拉斯、尼加拉瓜、牙买加、墨西哥
    - 感官特点：坚果可可、高醇厚度
    - 代表产品：瑰夏、蓝山
  - 亚洲：中国、印度尼西亚、印度、越南、马来西亚
    - 感官特点：香料木质、中醇厚度
    - 代表产品：曼特宁

图 2－1 世界主要咖啡产区

（二）按咖啡调制时配料的不同分类

1. 单品咖啡

单品咖啡是以原产地出产的单一咖啡豆磨制而成，饮用时一般不加奶或糖的纯正咖啡。单品咖啡有强烈的特性，口感特别，成本较高，因此价格也比较高。如牙买加蓝山咖啡、巴西咖啡、哥伦比亚咖啡等，都是以咖啡豆的出产地命名的单品咖啡。

知识链接

单品咖啡与拿铁咖啡

2. 拿铁咖啡

拿铁咖啡是意大利浓缩咖啡与牛奶的经典混合。意大利人喜欢把拿铁咖啡作为早餐的饮料。

3. 摩卡咖啡

在拿铁咖啡中加入巧克力，就可以调制成香浓的摩卡咖啡。摩卡咖啡制作十分简单，把 1/3 的意大利浓缩咖啡、1/3 的热巧克力和 1/3 的热牛奶依次倒入咖啡杯中搅拌均匀即可。

4. 卡布奇诺咖啡

卡布奇诺咖啡是将咖啡、牛奶与奶泡按 1∶1∶1 比例调配的饮品。

5. 皇家咖啡

皇家咖啡最大的特点是先在咖啡杯中倒入煮好的热咖啡，再在杯上放置一把特制的汤匙，汤匙上搁着浸过白兰地的方糖和少许白兰地。用火柴点燃方糖，就可以看到美丽的淡蓝色火焰在方糖上燃烧。等火焰熄灭、方糖也融化的时候，将汤匙放入咖啡杯中搅匀，香醇的皇家咖啡便做好了。

6. 爱尔兰咖啡

爱尔兰咖啡是一种既像酒又像咖啡的咖啡，原料是爱尔兰威士忌加咖啡豆。爱尔兰咖啡杯是一种方便烤热的特殊的耐热杯。烤热可以去除烈酒中的酒精，更能够让酒香与咖啡直接调和。

（三）按咖啡豆调制前的形态分类

咖啡分为两大类：豆制咖啡和速溶咖啡（见图 2－2）。传统的豆制咖啡要将咖啡豆烘焙、研磨、冲煮。速溶咖啡是用咖啡豆制成的，咖啡豆经过烘焙、研磨、融水萃取、真空浓缩、喷雾干燥，便形成了速溶咖啡的颗粒。世界上最早的速溶咖啡——雀巢咖啡，是雀巢公司于 1938 年发明的，并很快就在全球盛行起来。速溶咖啡是通过将咖啡萃取液中的水分蒸发而获得的干燥的咖啡提取物。速溶咖啡能够很快地溶化在热水中，而且在储运过程中占用的空间更小，更耐储存。速溶咖啡区别于较为繁复的传统咖啡冲泡方式，因此广为流行。但是速溶咖啡营养成分不如新鲜咖啡豆泡制出来的传统咖啡高，而且脂肪和糖分含量较高，优质蛋白及咖啡因含量较低，生产过程中可能会失去咖啡的精华。

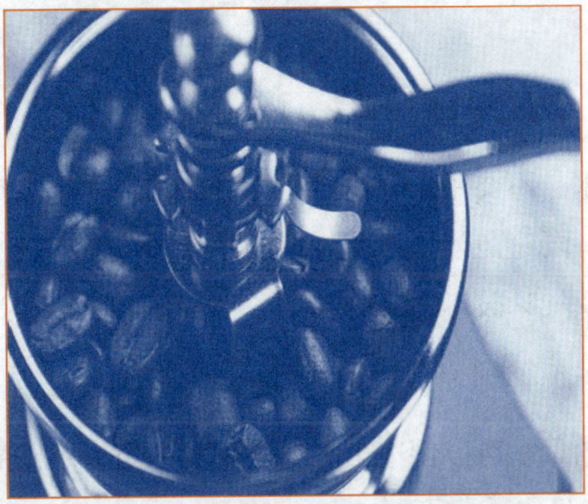

图 2－2　豆制咖啡（左）与速溶咖啡（右）

（四）按咖啡树品种分类

咖啡树是茜草科多年生常绿灌木或小乔木，主要生长在热带和亚热带地区。据统计，全球有超过60个国家种植咖啡树，而其中最重要的三大品种分别是阿拉比卡、罗布斯塔和利比里卡。

1. 阿拉比卡（Arabica）

阿拉比卡咖啡又称高原咖啡或花生果咖啡，是世界上最优质的咖啡之一。它由于在高海拔环境下缓慢成熟，因此口感更加细腻香醇。阿拉比卡咖啡所含的咖啡因较少，但具有较多其他物质，如酸性物质等。从产量来看，全球70%以上的市场需求都由阿拉比卡咖啡提供。其主要产地为哥伦比亚、巴西、埃塞俄比亚等国家。由于生长条件苛刻且产量低，阿拉比卡咖啡在市场上价格相对较高。

2. 罗布斯塔（Robusta）

罗布斯塔咖啡又称低地咖啡，是一种产量较高的咖啡品种。它生长在海拔800米以上的平原地区，成熟期较短，所含咖啡因比阿拉比卡多。罗布斯塔咖啡主要产自越南、印度尼西亚等国家。由于生长条件相对宽松且产量高，罗布斯塔咖啡价格相对便宜，在市场上也有着广泛的应用。

知识链接

咖啡树种

3. 利比里卡（Liberica）

利比里卡是一种少见但具有特殊口感的咖啡品种。它生长在海拔500米以上的山区中，在菲律宾和马来西亚等国家有着重要产地。利比里卡与其他两个品种不同之处在于其口感更加浓郁丰富，并带有类似花香或水果香气。由于产量极低，目前利比里卡咖啡市场需求也非常小。

二、咖啡的冲泡技巧

（一）水的选择

冲泡咖啡应注意选用纯水、净水、蒸馏水，不要用矿泉水。选用普通的自来水也是可以的，但早上的自来水是前一天存放的水，要避免使用，最好使用净水器或装有活性炭的过滤器净化后的水，以避免水中的杂质及气味破坏咖啡的味道。

（二）糖的选择

加糖的目的是缓和咖啡的苦味。控制糖的量，可以创造出完全不同的味道。不同的糖有不同的特色，可以根据咖啡的风格选用（见表2－1）。

表 2－1　糖的类别和特点

糖的类别	特点
糖粉	糖粉属精制糖，没有特殊味道，易于溶解，通常采用 5 ～ 8 克的小包装，方便每次使用
方糖	方糖由精制糖加水凝固成块状而成，保存很方便，且溶解速度快
白砂糖	白砂糖属精制糖，色白，多采用 8 克小包装，方便每次使用
黑砂糖	黑砂糖有焦味，多用于调制爱尔兰咖啡
冰糖	冰糖呈透明结晶状，甜味较淡，且不易溶解，通常要先磨成细颗粒
咖啡糖	咖啡糖是专门用于冲饮咖啡的糖，为咖啡色的砂糖或方糖。与其他糖相比，咖啡糖留在舌头上的甜味更持久

（三）奶制品的选择

不同的奶制品，能够赋予咖啡不同的风味，让人享受变化多端的口感。

1. 鲜奶油

鲜奶油又称生奶油，是从新鲜牛奶中分离出的高脂肪浓度奶油。鲜奶油用途很广，制作牛油、冰激凌、蛋糕或冲泡咖啡时都用得到。鲜奶油的脂肪含量高达 50%，最低也有 25%。冲泡咖啡通常使用脂肪含量为 25% ～ 35% 的鲜奶油。

2. 发泡式奶油

生奶油经搅拌发泡后，就变成发泡式奶油。这种奶油配合含有苦味的浓咖啡饮用，味道更佳。

3. 炼乳

牛奶浓缩后，就成为无糖炼乳。罐装炼乳虽然经过加热杀菌，但是开罐后容易腐坏，因此不能长期保存。冲泡咖啡时，生奶油会在咖啡上浮一层油脂，而炼乳却会沉淀到咖啡中。

4. 牛奶和奶精

牛奶适用于调和浓缩咖啡，或作为花式咖啡的原料来使用，奶精则方便使用且容易保存。在咖啡中加入鲜奶油，表面有时会出现羽状的油脂，这是高脂肪的鲜奶油加入酸味强的咖啡，或使用不新鲜的奶制品时所产生的脂肪分离现象。在冲调咖啡时，除了要注意奶制品的新鲜度外，还要注意高脂肪的鲜奶油应该和酸味比较缓和的咖啡调配。

（四）其他添加物的选择

因为各地人们的喜好不同，所以咖啡有许多不同的饮用方式。为了变换咖啡的口味，可以使用各式各样的添加物。

1. 香料

香料包括肉桂（制成粉状或棒状）、可可、豆蔻、薄荷、丁香等，其中肉桂、可可常用于制作卡布奇诺咖啡。

2. 水果

水果包括柳橙、柠檬、菠萝、香蕉等，常用于花式咖啡的调味及装饰。

3. 酒类

酒类包括白兰地、威士忌、朗姆、薄荷利口酒等，常用于调配花式咖啡。

（五）适当的温度

对于一杯完美的咖啡而言，温杯至少占了 20% 的功劳。无论咖啡煮得多么好，只要倒入冰冷的杯子里，咖啡的温度就会立即降低，香气也会消失过半。

若事先把咖啡杯温热，咖啡倒入后不但热度得以保存，而且杯子的温度更适于酝酿香气，使咖啡的香味完全释放出来。温杯的方式有多种，可放入烘碗机温热，也可以放在热水槽中浸泡，或将热水倒入杯中烫热。

咖啡冲泡的适宜温度为 83℃，倒入杯中的最佳温度为 80℃，而到口中时的温度以 61℃～62℃最为理想。冲泡咖啡时应注意不用沸水，否则会破坏咖啡的香浓口感。

（六）适当的分量

饮咖啡不能像喝啤酒或果汁那样，一口气喝上好几杯。咖啡的味道有浓淡之分，需要小口慢慢品味。

提供咖啡饮品，以正式咖啡杯的容量最为适宜。咖啡杯不要倒满，七八分满即为适量。

三、咖啡术语

咖啡术语是帮助人们判断咖啡品质与冲泡方式适当与否的专业术语（见表 2－2）。

表 2－2　咖啡术语

术语	解释
酸度（Acidity）	是指咖啡清新、活泼的特质。一杯酸度适当的咖啡，会给人芳醇、柔润的口感
气味（Aroma）	是指刚煮出来的咖啡所散发的气息与香味。用于形容气味的词包括：焦糖味、炭烤味、巧克力味、果香味、草味、麦芽味等
苦味（Bitter）	苦味的感觉来自舌根。苦味通常是烘焙时间过长或研磨太细所致
醇度（Body）	是指冲煮完成的咖啡入口后给人的重量感及浓度感。用于形容醇度的词包括：淡薄、中等、高等
风味（Flavour）	是指酸度、香气和醇度给人的整体印象。用于形容风味的词包括：坚果味、香辛味、霉味

续表

术语	解释
芳醇（Mellow）	用于形容低至中酸度、平衡性佳的咖啡
温和（Mild）	是指咖啡具有调和、细致的风味
醇郁（Rich）	用于形容咖啡强烈的芳香气味和醇度
发酸（Sour）	是指一种非常强烈的酸苦味，来自还没有完全成熟的咖啡豆
辛香（Spicy）	是指咖啡具有某种特定香料（如胡椒）的风味或气味
浓烈（Strong）	用于形容深色烘焙咖啡强烈的风味
香甜（Sweet）	是指咖啡均匀可口，没有艰涩风味
狂野（Wild）	是指咖啡具有极端特性的口味，通常指埃塞俄比亚产的咖啡
酒味（Winy）	用于形容一种令人联想到葡萄酒的迷人风味

学思之窗

出口 1.8 万吨咖啡豆，云南咖啡“春天”来了？

2022 年上半年，我国云南省已经向美洲、欧盟、中东等地区，出口货值 5.5 亿元的 1.8 万吨咖啡豆，较往年实现两三倍的增长。云南是我国主要的咖啡产区，随着近年国内咖啡消费一路走高，云南咖啡产业被看好，加强政策导向、打磨咖啡豆加工工艺、应用与研发制造新型咖啡加工装备、开发一系列咖啡新品等正在热火朝天地进行着。

先来看一组数据，截至 2020 年底，云南咖啡产业种植面积为 150 万亩，产量超 13 万吨，综合产值突破 311 亿元。这意味着什么？意味着国内九成左右的咖啡产自云南。在全国乃至全世界咖啡消费需求旺盛的背景下，云南咖啡产业有着广阔的发展前景。在消费转型升级的势头下，向精品咖啡进发也成为云南咖啡产业努力的方向。

首先，政策导向发挥着重要的作用。2021 年 11 月印发的《云南省“十四五”打造世界一流“绿色食品牌”发展规划》中，云南省针对咖啡产业发展，提出到 2025 年咖啡面积稳定在 150 万亩左右，生豆产量稳定在 15 万吨以上，精品咖啡比重达到 20% 以上，咖啡农业产值、农产品加工业产值、批发零售三个部分综合达到 600 亿元以上等发展目标。同时，规划中指出布局 100 个标准化鲜果采后集中处理中心，建立或完善鲜果色选分级、微水脱胶、低温热风干燥绿色生产线和加工废水回收利用技术和设施示范，鼓励新建、改扩建浓缩液、冻干粉、焙炒豆（粉）等深加工厂和生产线等，推动咖啡初加工与精深加工的纵深发展。

其次，产业发展中的种种具体行动带来了实际的支撑。2022 年 6 月初，属于农业产业化国家重点龙头企业的后谷咖啡推出以新工艺加持的咖啡新品，10 秒闪萃工艺、冰浓缩零下 50℃冷冻技术与其自主研发的咖啡加工设备等，推动咖啡在浓度、口感、香味等方面实现品质升级。此时，即溶咖啡已经不再等同于过去我们所认识的一两元一条的速溶咖啡，向精品咖啡的靠拢正在助力产业绘就新蓝图。

保山是云南咖啡精深加工规划中的重要组成部分。2022 年 5 月底，保山小粒咖啡产业园正式开工建设。在精深加工区板块，该园区预计将建成咖啡生豆自动精选生产线、烘焙咖啡生产线、冷萃冻干生产线、浓缩液生产线、罐装冷萃咖啡生产线、咖啡饮料生产线等多条生产线。高质量的生产线与加工工艺升级或将为该地区咖啡产业插上腾飞的“翅膀”。

资料来源：出口 1.8 万吨咖啡豆，云南咖啡“春天”来了？[EB/OL]. 食品机械设备网（微信公众号），2022-06-29 .

任务三　碳酸饮料

碳酸饮料又叫汽水，是含二氧化碳气体的饮料的总称。碳酸饮料不包括自身产生二氧化碳气体的饮料，如香槟等。碳酸饮料的特点是在饮料中充入二氧化碳气体，成品中二氧化碳气体的含量（20℃时的体积倍数）不低于 1.5 倍。碳酸饮料泡沫多而细腻，外观漂亮，饮后令人爽口清凉，具有清新口感。常见的碳酸饮料有可乐、汤力水、苏打水、干姜水、汽水等。

一、碳酸饮料的种类

按原料或产品的特性，可将碳酸饮料分为普通型、果味型、果汁型和可乐型四类。

（一）普通型

普通型碳酸饮料通过加工充入二氧化碳气体，饮料中不含有人工合成香料，也不使用任何天然香料，常见的有苏打水等。

（二）果味型

果味型碳酸饮料主要是指依靠食用香精和着色剂，具有一定水果香型和色泽的汽水。这类汽水的原果汁含量低于 2.5%，色泽鲜艳，价格低廉，不含营养素，一般只起清凉解渴作用。果味型碳酸饮料品种繁多，产量也很大。人们几乎可以用不同的食用香精和着色剂来模仿任何水果的香型和色泽，制造出各种果味汽水，如橘子汽水、柠檬汽水、汤力水和干姜水。

（三）果汁型

果汁型碳酸饮料是指在原料中添加了一定量的新鲜果汁制成的碳酸饮品。果汁型碳酸饮料除了具有相应水果所特有的色、香、味之外，还含有一定的营养，有利于身体健康。当前，在饮料向营养型发展的趋势中，果汁型碳酸饮料越来越受到人们的欢迎，生产量也大为增加。果汁型碳酸饮料的原果汁含量一般大于 2.5%，如橘汁汽水、橙汁汽水、菠萝汁汽水和混合果汁汽水等。

（四）可乐型

可乐型碳酸饮料是将多种香料与天然果汁、焦糖色素混合后充气而成。风靡全球的可口可乐，其香味除来自古柯树树叶的浸提液和柯拉树种子的提取液外，还来自砂仁、丁香等多种混合香料，因而味道特别，极受人们欢迎。

二、碳酸饮料的选购

含有适量的二氧化碳气体是碳酸饮料的重要特征。碳酸饮料具备特有的甜、酸感和清凉口感。清汁类碳酸饮料外观透明，无沉淀；浑汁类碳酸饮料浑浊均匀，允许有少量果肉沉淀。

瓶装的碳酸饮料液面距瓶口应为 3 ～ 6 厘米，瓶口干净，无锈迹。塑料瓶或易拉罐装的碳酸饮料用手捏不动，上下摇动，瓶中会产生大量气泡，这表明密封良好。

清汁类碳酸饮料倒置后对光检查，不得有云雾状物质或小颗粒；浑汁类碳酸饮料不得有分层和明显沉淀物。若甜味不足，有异味，表明碳酸饮料已变质。若二氧化碳的清凉刺激感不明显，表明饮料中二氧化碳含量低。

任务四 果蔬饮料

果汁饮料是以新鲜或冷藏水果为原料加工制成的软饮料。果汁饮料是所有软饮料中最具营养价值，也是最受欢迎的饮料之一。

蔬菜汁饮料是以新鲜或冷藏蔬菜（包括可食的根、茎、叶、花、果实，食用菌，食用藻类及蕨类）等为原料加工制成的饮品。

一、果蔬饮料的分类

果蔬饮料种类繁多，一般酒吧中常用的果蔬饮料有三种，即天然果汁、果汁饮料、果蔬汁饮料。

（一）天然果汁

天然果汁是指采用各种方法，将水果加工制成未经发酵的汁液，或者在浓缩果汁中加入与果汁浓缩时失去的天然水分等量的水所形成的软饮料。天然果汁具有原水果果肉的色泽、风味，果汁含量为100%。天然果汁用新鲜水果压榨而成，如葡萄汁、橙汁、西瓜汁等，不稀释，无任何添加物。

（二）果汁饮料

果汁饮料是指在果汁（或浓缩果汁）中加入水、糖液、酸味剂等调制而成的清汁或浑汁制品。果汁饮料中果汁含量为10%～30%，常见的有橙汁饮料、草莓汁饮料、西瓜汁饮料、苹果汁饮料等。

（三）果蔬汁饮料

果蔬汁饮料是指加了水果汁（如草莓汁）和蔬菜汁（如番茄汁）的饮料。国内果蔬汁饮料品牌有汇源、康师傅、统一等。

二、果蔬饮料的选购

（一）果汁饮料的选购

1. 看果汁含量、配料

果汁含量的多少，往往决定了果汁营养成分的多少，更是衡量果汁价格的标准之一。配料表上标明了产品成分，如标明为鲜榨浓缩汁、鲜果浆、饮用水等成分，则为果汁饮料；而标明使用色素、食用香精等为主剂的果汁产品，则为果味水。

2. 看生产日期及保质期

果汁保质期一般为9～12个月。在此期间饮用，可获得较佳的风味和营养。

3. 看有无防腐剂

纸质无菌包装的果汁均不含防腐剂，耐热材料的瓶装果汁也不含防腐剂。

4. 看果汁饮料的质量

首先根据标签上标注的原果汁，判断饮料与其名称是否一致。其次看包装有无渗漏和胀气现象，具体判断方法是：瓶装或罐装饮料的瓶口、瓶身不得有糖渍或污物；瓶盖、罐身等不凸起；软包装饮料手捏不变形。

5. 看果汁饮料的外观

凡不带果肉的清汁类饮料，应清澈透明，无任何漂浮物和沉淀物；不带果肉的浑汁类饮料，内容物应均匀一致，不分层；果肉型饮料，可见不规则的细微果肉，静置后允许有适当的分层现象，允许有少量沉淀。

（二）蔬菜汁饮料的选购

蔬菜汁饮料浆液应均匀混浊，允许有少量的微小蔬菜颗粒悬浮在汁液中，静置后允许有轻度分层，浓淡适中。摇动后，应保持现有的均匀浑浊状态，汁液黏稠适度。

任务五　乳品饮料、矿泉水及其他饮用水

乳品饮料是以鲜乳或乳制品为原料（经发酵或未经发酵）加工制成的饮品。这类饮品主要有新鲜牛奶、乳脂饮料、发酵乳饮和冰激凌等。

矿泉水含有一定量的有益于人体健康的矿物质、微量元素或游离二氧化碳气体，没有受到人为的污染，不含热量，是人类理想的保健饮料。

一、乳品饮料

（一）乳品饮料的分类

1. 新鲜牛奶

新鲜牛奶在市面上销售量很大，其主要特征是经过杀菌消毒。常见的新鲜牛奶有以下几种：

（1）脱脂牛奶。它是指把牛奶中的脂肪去掉所得到的牛奶。

（2）强化牛奶。它是指在脱脂或低脂牛奶中添加各种脂溶性维生素 A、B、D、E 等营养成分所制成的牛奶。

（3）风味牛奶。它是指在牛奶中添加有特殊风味的原料所制成的牛奶。最常见的风味牛奶有巧克力奶、可可奶以及各种果汁奶。

2. 乳脂饮料

乳脂饮料是指牛奶中所含脂肪较高的饮品（一般在 10% ～ 40%）。常见的乳脂饮料

有以下几种：

（1）奶油。其脂肪含量为 30% ～ 40%，常作为其他饮料的配料。

（2）乳饮。其脂肪含量为 16% ～ 22%，常作为咖啡的伴饮。

（3）乳饮料。其脂肪含量为 10% ～ 12%。

3. 发酵乳饮

乳品经杀菌、降温、添加特定的乳酸菌发酵剂，再经均质或不均质恒温发酵、冷却、包装等工序，即可制成发酵乳饮。常见的发酵乳饮主要有以下两类：

（1）酸乳。酸乳是指用脂肪含量在 18% 以上的乳品，加入乳酸菌发酵后，再加入特定的甜味料，制成的具有苹果、菠萝等特殊风味的酸乳饮料。

（2）酸奶。酸奶是一种有较高营养价值和特殊风味的饮料，它是以牛乳等为原料，经乳酸菌发酵制成的产品。酸奶能增强食欲，刺激肠道蠕动，促进机体的物质代谢，从而促进人体健康。酸奶的种类很多，按组织形态的不同，可分为凝固型酸奶和搅拌型酸奶；按产品的化学成分和脂肪含量的不同，可分为全脂酸奶、脱脂酸奶和半脱脂酸奶；按加糖与否，可分为甜酸奶和淡酸奶。

4. 冰激凌

冰激凌是以牛乳或其制品为主要原料，加入糖类、蛋品、香料及稳定剂，经混合配制、杀菌冷冻制成的松软冷冻食品，是一种固体饮品。冰激凌具有鲜艳的色泽、浓郁的香味、绵软的口感，是一种营养价值较高的夏令饮品。

冰激凌种类很多，按颜色可分为单色、双色和多色冰激凌；按形状可分为杯状、蛋卷状和冰砖冰激凌。按风味分类，冰激凌有以下几种：

（1）奶油冰激凌。其脂肪含量为 8% ～ 16%，总干物质含量为 33% ～ 42%，糖分含量为 14% ～ 18%。在其中加入不同物料成分，又可制成香草、巧克力、草莓、胡桃、葡萄、果汁等冰激凌。

（2）牛奶冰激凌。其脂肪含量为 5% ～ 8%，总干物质含量为 32% ～ 34%；按配料可分为牛奶型、香草型、可可型、果浆型等冰激凌。

（3）果味冰激凌。其脂肪含量为 3% ～ 5%，总干物质含量为 28% ～ 32%；配料中有果汁或水果香精，食之有新鲜水果风味；常见的有芒果、香蕉、菠萝、杨梅、草莓等口味冰激凌。

（二）乳品饮料的饮用服务

1. 热奶服务

热奶服务即将奶加热到 77℃左右，用预热过的杯子服务。加热牛奶时，不宜使用铜器皿，因为铜会破坏牛奶中的少量维生素 C，从而降低其营养价值。牛奶在加热过程中不宜放糖，因为牛奶和糖在高温下的结合物——果糖基赖氨酸会严重破坏牛奶中的蛋白质。另外，早餐牛奶宜和面包、饼干等食物同时进食，但应避免同含草酸的巧克力混吃。

2. 冰奶服务

冰奶服务即把奶放在 4℃以下的冷藏柜中，待客人饮用时再倒入水杯或果汁杯中。

3. 酸奶服务

酸奶在低温下饮用风味更佳。若非加温不可，千万不要将酸奶直接加热。可将酸奶带着包装放在温水中缓缓加温，其温度上限为不超过人的正常体温。酸奶应低温保存，而且存放时间不宜过长。

（三）乳品饮料的选购

乳品饮料的色泽为均匀乳白色或乳黄色；果蔬汁发酵的乳品可带有果蔬汁的色泽。从外观上看，乳浊液应无絮状沉淀，不得凝结，不应有异常的黏稠性，可允许有少量脂肪上浮及蛋白质沉淀。需要特别指出的是，乳品饮料标签上必须标明蛋白质含量。果汁型植物蛋白饮料必须标明原果汁含量。包装损坏、发生泄漏或胀袋的含乳饮料不能饮用。

（四）乳品饮料的贮存

乳品饮料在室温下容易腐坏变质，应冷藏在 4℃的环境中。牛乳易吸收异味，冷藏时应包装严密，并与有刺激性气味的食品隔离。牛奶冷藏时间不宜太长，应每日采购新鲜牛奶。冰激凌应在 −18℃以下的环境中冷藏。

二、矿泉水

从 1868 年法国佩里埃（Perrier）公司生产第一瓶饮用天然矿泉水开始，矿泉水的商业化运营至今已有 150 多年的历史。20 世纪三四十年代，矿泉水的生产与消费已遍及欧洲各国。20 世纪 70 年代以后，矿泉水的生产与消费又遍及美洲、亚洲各国，其年平均增长速度达到 10% 以上，大大超过同期其他工业的发展速度。瓶装矿泉水越来越受到人们的欢迎。法国、意大利是世界上较大的瓶装矿泉水生产国和消费国，同时也是较大的出口国。我国知名瓶装矿泉水品牌主要有农夫山泉、百岁山等。

（一）矿泉水的分类

1. 重碳酸盐类矿泉水

这类矿泉水中的负离子以碳酸氢盐为主，包括碳酸氢钠矿泉水、碳酸氢钙矿泉水、碳酸氢镁矿泉水等，以及它们的复合型矿泉水。

2. 碳酸矿泉水

这类矿泉水中含有大量二氧化碳气体，饮之有特殊的碳酸饮料刺激气味。

3. 医疗矿泉水

这类矿泉水中含有对某种疾病有特殊治疗效果的成分，是天然合成“药水”。我国东北地区和西南地区的一些矿泉水有特殊的医疗效果。

4. 特殊成分矿泉水

这类矿泉水含有特殊成分，如含铁矿泉水、含硅矿泉水、含锶矿泉水等。

（二）世界著名矿泉水品牌

1. 阿波利纳里斯（Apollinaris）

阿波利纳里斯是德国著名瓶装矿泉水品牌。阿波利纳里斯矿泉水含有天然的碳酸气体，具有较好的口感。

2. 依云（Evian）

依云矿泉水产自法国，为重碳酸钙镁型淡矿泉水，以纯净、无泡、略带甜味而著称于世。

3. 巴黎水（Perrier）

巴黎水又称佩里埃矿泉水，是法国出产的重碳酸型矿泉水，来源于法国加尔省天然气泡泉喷出的“沸滚水”，装在当地朗格多克玻璃厂生产的著名的绿色瓶中，是世界上最著名的矿泉水品牌之一。除直接饮用外，巴黎水还适合与威士忌兑饮。法国的许多酒吧、俱乐部将其作为苏打水来使用。

4. 伟图（Vittel）

伟图矿泉水是产自法国的无泡型矿泉水，略带咸味，是全球公认的最佳天然矿泉水之一，非常适合在就餐时饮用，冰镇口感更佳。

5. 维希（Vichy）

维希是法国著名的矿泉水品牌。维希矿泉水略带咸味，口感上佳，以其医用价值而闻名全球。

6. 圣培露（S.Pellegrino）

圣培露是意大利的气泡型天然矿泉水品牌。圣培露矿泉水富含矿物质，口感甘洌而味美。

7. 卡希·克里斯波（Garci Crespo）

卡希·克里斯波是墨西哥的天然矿泉水品牌。卡希·克里斯波矿泉水富含各种矿物质，碳酸气体含量较少，也无其他强烈的味道。

8. 崂山矿泉水

崂山矿泉水产自中国青岛，是碳酸氢钙矿泉水，含有极丰富的矿物质元素，口感清纯，质量及品牌居我国矿泉水之冠。

此外，世界著名的矿泉水品牌还有德国的德劳特沃（Gerolsteiner）、比利时的威活（Valvert）、法国的康婷（Contrex）等。

三、其他饮用水

随着消费水平和生活质量的提高，人们对饮用水质量的重视程度也日益提高。从过去传统饮用的井水、自来水、矿泉水，到现在名目繁多的纯净水、蒸馏水、离子水、富氧水等，人们挑选饮用水的范围进一步扩大，对饮用水的质量和健康要求越来越高。

（一）纯净水

纯净水是以符合生活饮用水卫生标准的水为原料，通过电渗析法、离子交换法、反渗透法、蒸馏法及其他适当的加工方法制成的，密封于容器中且不含任何添加物，可直接饮用的水。

大多数正规的纯净水生产厂家会采用反渗透法生产纯净水。反渗透法是一种净化水的方法，即将水加压通过孔径为 0.000 1 微米的反渗透膜，颗粒直径大于此孔径的各种离子、分子及颗粒物均被阻于膜的一侧，透过这层膜的即为纯净水。此法可将水中的细菌、病毒等微生物，以及各种化合物、氯消毒副产物和其他有机物除去，故可生饮，口感较好。

（二）蒸馏水

蒸馏水是对原水进行过滤、净化、软化和高温蒸馏，将液态水汽化再冷凝而制成的。蒸馏水因加入活性氧后转化回纯氧，其含氧量较天然水高出许多。但目前有许多人认为，太纯的水会遗失较多的营养元素，对身体不利，这实际上是没有太多科学依据的。有关人士研究认为，人在吃各种食物的时候体内已摄取了足够多的营养元素。饮水的作用，只是补充体内的水分，没有必要过分强调添加其他微量元素，因此对饮用水最重要的要求是水质的“纯与净”。而蒸馏水经过蒸馏后可将细菌、悬浮物等杂质有效去除，正好符合“纯与净”的标准。

（三）离子水

离子水是将原水（自来水、地下水）送入净化装置，过滤去除水中的余氯、铁锈等多种有机毒物和原水中的杂质，再经过矿化处理，使许多人体必需的矿物质及微量元素进入水中，而后进入电解槽进行电解而制成的。电解时，水中所有细菌均被杀死，带正电的矿物质集于阴极形成碱性离子水，带负电的矿物质集于阳极形成酸性离子水。供饮用的主要是碱性离子水，长期饮用具有降血脂、降血糖、抗疲劳及抗氧化的作用。酸性离子水则具有漂白、杀菌、收敛和美容洁肤的作用。

（四）富氧水

最初的富氧水是在纯净水的基础上添加活性炭的一种饮用水，属于医疗用水。经过科学家多年的研究测试与工艺改进，富氧水逐渐进入日常生活领域。富氧水不仅能改善人体的运动表现力，增强体力、体质和体能，还可使人保持头脑清醒和精神集中，反应敏捷、记忆力增强等。研究结果表明，在同等环境中或运动状态下，喝富氧水是保持人体血液中氧平衡、增强人体器官功能的有力手段。

我国比较著名的饮用水品牌有农夫山泉、屈臣氏、娃哈哈、乐百氏、正广和、景田、康师傅、百岁山、怡宝等。另外，国际知名的雀巢公司也在天津、上海等地设立了现代化的水厂，天津水厂生产天然矿泉水，上海水厂生产纯净水、蒸馏水及矿化水。

任务六　新式茶饮

一、新式茶饮的定义

新式茶饮是指以优质茶叶为基底，辅以不同萃取方式的浓缩液，同时根据消费者偏好适当添加新鲜牛奶、奶油、芝士、水果、坚果及不同小料调制而成的现制饮品。随着生活水平的提高和健康意识的增强，消费者对茶饮的需求层次不断提升，并逐渐向天然、营养和健康的方向转变。

二、新式茶饮的分类

根据配料的不同，可以将新式茶饮分为六大类，即茶与酒调饮、茶与花调饮、茶与水果调饮、茶与奶调饮、茶与植物调饮、茶与茶调饮。

（一）茶与酒调饮

茶与酒调饮是以适当比例的茶、酒为主要原料配制而成，包括各种茶和蒸馏酒、发酵酒等。该类茶饮调制方法主要借鉴英式调酒的四大技法，即调和法、摇和法、兑和法、搅和法，集实用性、简便性、娱乐性、观赏性于一体。制成品将茶与酒充分融合，茶味酒香，口感丰富，层次感强。

（二）茶与花调饮

茶与花调饮是以茶、花为主要原料配制而成，花主要有桂花、菊花、梅花、玫瑰花、金花、玉兰花等。该类饮品不仅具有茶的清香，更兼具浓郁花果香以及一定的保健功能。例如，以玫瑰花和红茶为主要原料的玫瑰花茶，可以抑制和淡化色斑，延缓皮肤衰老，养颜护肤，受到女性的喜爱。

（三）茶与水果调饮

花与水果调饮是以茶和水果为主要原料配制而成，即在冲泡茶叶时，加入各种水果或果汁制成水果茶，使茶汤融合水果的鲜艳色彩、清香味道、酸甜口感，深受人们的喜爱。在选择所添加的水果时，应考虑不同类型茶叶的特点。一般而言，红茶的口感较为柔和，几乎可以与任何水果搭配；白茶适合搭配的水果种类也较丰富，如草莓、哈密瓜、蓝莓、菠萝等；绿茶适合与较为清新的水果搭配，如柠檬、柚子、橄榄等。

（四）茶与奶调饮

茶与奶调饮是由茶和奶精、奶粉或新鲜牛奶为主要原料配制而成，俗称“奶茶”，是新式茶饮的主要种类之一。随着消费的不断升级，人们在原料选取上也更为健康。茶与奶调饮大多采用上等的茶叶，经过先进的萃取方式提取有效成分作为基底，并配以新鲜的牛奶，添加动物奶油，全方位提升口感。茶与奶调饮不仅含有茶中的茶多酚、氨基酸等物质，还含有牛奶中的蛋白质、脂肪、维生素及钙、铁等矿物质，具有较高的营养价值，受到广大消费者的喜爱。

（五）茶与植物调饮

茶与植物调饮是以茶和植物为主要原料配制而成，具有一定的药用功能，常添加的植物有枸杞、玉米须、蒲公英、燕麦、甘草根等。例如，以绿茶为基底，添加玉米须、荔枝核等 8 种植物制成的健身营养茶，具有较好的降糖降脂保健功能。

（六）茶与茶调饮

茶与茶调饮是指将两种及两种以上不同种类的茶按一定比例混合而成的调配茶。该类饮品能够更好地保持茶叶的风味与品质的稳定。

三、调制新式茶饮的基本原则

（一）协调性

调制新式茶饮时应根据茶叶品种的不同，搭配不同的辅料，并配合相应的器具，从而达到味道、颜色、香气、意境等多方面的和谐统一。例如，红茶是全发酵茶，是六大茶类中适用性最广和包容性最强的茶类，味道醇和，可搭配的辅料极为丰富，是世界范围内最受欢迎的饮品之一。较为常见的是在红茶茶汤中加入糖、牛奶、柠檬片、玫瑰花、咖啡等。绿茶味清爽、鲜感强，若与柠檬、蜂蜜、茉莉花、金银花、槐花等搭配，不仅可减少绿茶的涩感，而且营养和健康功效更为突出。对普洱茶而言，适当搭配玫瑰花、茉莉花、贡菊、桂花、薰衣草等，既可以增加茶的香气，又能淡化茶的陈味。

（二）特色性

世界各国的历史、文化、经济和人文背景不同，饮茶风俗也各具特色。新式茶饮应在尊重国情和民俗的基础上，研究和开发产品配方和工艺。在我国，新式茶饮产品辅料在原来的奶、水果等基础上增加了芝士、奶油等新鲜元素，为消费者带来了独特的饮用体验。茶饮的包装器皿和茶饮店的空间布置也进一步升级，满足了消费者个性化的需求。

（三）简约性

当前，以“低糖、零脂、轻体”为标签的新式茶饮摆脱了传统配料的复杂堆砌，仅通过牛奶、新鲜水果、芝士等简单配料，加上优质的原叶茶基底，即可调配出绝佳口味，赢得了广大消费者的青睐。

（四）科学性

新式茶饮一般根据不同的季节、不同类型的消费者科学地进行调整和搭配。例如，在炎热的夏季，适宜调配薄荷柠檬绿茶，以清新绿茶为基底，搭配薄荷香气与柠檬的酸爽，为消费者带来一丝清凉。而在寒冷的冬季，一杯热气腾腾的蜂蜜柚子红茶则更能给消费者带来温暖舒适的感觉。

新式茶饮的制备过程和工艺同样应遵循科学性原则，冷萃、冷泡或热泡工艺如何选择，时间、温度如何确定，以及辅料添加的比例、先后顺序等，都应在最大限度利用有效物质的同时，确保调饮茶的外观、口感，从而满足消费者的需求。

（五）健康性

新式茶饮以茶为基底，而茶的健康功效已被世人所熟知，如绿茶中含有茶多酚、氨基酸和咖啡因及多种微量元素，具有美容养颜、延缓衰老和抗皱祛斑等功效。新式茶饮将茶叶和与之相适宜的辅料进行科学搭配，具有保健功效。

（六）美观性

新式茶饮应体现不同时代的艺术风格特征和审美情趣，满足人们的审美需求或更高层次的精神追求。例如，一些茶饮品牌专注于尽可能多地保持原味的调饮茶，并用空间布置体现东方美学，传递中国茶文化。

课后练习

一、单选题

1.（　　）是我国历史最悠久的茶类，也是我国茶量最大的茶类。

A. 绿茶　　B. 红茶　　C. 白茶　　D. 黑茶

2. 既有红茶的浓鲜，又有绿茶的清新和芬芳，所以有“绿叶红镶边”的美誉的茶是（　　）。

A. 绿茶　　B. 红茶　　C. 乌龙茶　　D. 黄茶

3. 咖啡原产于（　　）。

A. 埃塞俄比亚　　B. 中国　　C. 荷兰　　D. 英国

4.（　　）是将咖啡、牛奶与奶泡按 1∶1∶1 比例调配的饮品。

A. 爱尔兰咖啡　　B. 拿铁咖啡　　C. 卡布奇诺咖啡　　D. 摩卡咖啡

5.（　　）是指冲煮完成的咖啡入口后给人的重量感及浓度感。

A. 醇度　　B. 酸度　　C. 风味　　D. 辛香

6. 碳酸饮料的特点是在饮料中充入（　　）气体，成品中这种气体的含量（20℃时的体积倍数）不低于 1.5 倍。

A. 二氧化碳　　B. 氧气　　C. 一氧化碳　　D. 氮气

二、多选题

1. 重碳酸盐类矿泉水中的负离子以碳酸氢盐为主，这类矿泉水包括（　　）矿泉水等，以及它们的复合型矿泉水。

A. 碳酸氢钠　　B. 碳酸氢钙　　C. 碳酸氢铵　　D. 碳酸氢镁

2. 龙井茶产地集中在狮峰山、翁家山、云栖、虎跑、灵隐等地，如今分为（　　）三类，三个品类中以狮峰山龙井品质最佳。

A. 狮　　B. 龙　　C. 梅　　D. 虎

3. 新鲜牛奶包括（　　）。

A. 脱脂牛奶　　B. 强化牛奶　　C. 风味牛奶　　D. 甜牛奶

4. 红茶可分为（　　）两种类型。

A. 红条茶　　B. 祁门红茶　　C. 工夫红茶　　D. 红碎茶

三、思考题

1. 按照生产工艺分，茶的分类有哪些？

2. 世界上主要的咖啡产地有哪些？

3. 常见的乳品饮料有哪些类别？

项目三

酒精饮料认知

任务一 发酵酒

任务二 蒸馏酒

任务三 配制酒

学习目标

- 知识目标：掌握酒精饮料的基本概念、常见种类，以及具体的原料、产地、工艺及名品。
- 能力目标：能够鉴别各类酒精饮料，并利用所学知识为顾客提供专业的酒精饮料服务。
- 素养目标：理论联系实际，提高专业技能和职业素养，逐步胜任酒吧日常工作。

项目导入

走进酒吧，酒柜中摆放着来自世界各国的琳琅满目的酒精饮料。作为调酒师，你熟知酒吧中所有的酒吗？它们是如何酿造出来的？属于哪一类型？其特性是什么？应如何保管？调酒师只有掌握一定的酒精饮料知识，才能更好地为顾客推荐各类酒水。让我们一起来认知酒精饮料吧！

酒精饮料也就是人们日常生活中常说的酒，是指酒精浓度在0.5%（容量比）以上的饮料。它是一种比较特殊的饮料，是以含淀粉或糖质的谷物或水果为原料，经过发酵、蒸馏等工艺酿制而成的。酒精饮料因为含有酒精成分，所以具有一定的刺激性，能够兴奋神经、麻醉大脑，是人们日常生活中重要的饮品。

任务一　发酵酒

一、葡萄酒知识

葡萄酒是以葡萄为原料，经过压榨、破碎、发酵、熟化、换桶、澄清等工艺流程酿制而成的发酵酒。

（一）葡萄酒的分类

（1）根据酒的颜色，葡萄酒可分为红葡萄酒、白葡萄酒、桃红葡萄酒。

1）红葡萄酒（Red Wine）。红葡萄酒也称红餐酒或红酒，它使用红色或紫色葡萄为原料，经破碎后，将果皮、果肉与果汁混合在一起进行发酵，使果皮或果肉中的色素浸出，然后将发酵的酒与原料分离。此酒颜色呈紫红、深红宝石色，酒体丰满醇厚，略带涩味，适宜与颜色深、口味浓重的菜肴配合饮用。

2）白葡萄酒（White Wine）。白葡萄酒是将葡萄原汁与皮渣分离后单独发酵制成的葡萄酒，酒的颜色从金黄色、禾秆黄至接近无色不等。白葡萄酒外观清澈透明，果香芬芳清新，优雅细腻，口感微酸，舒适爽口，常与鱼、虾等配合饮用。

3）桃红葡萄酒（Rose Wine）。桃红葡萄酒又称玫瑰葡萄酒，其酿造方法前期基本上与红葡萄酒的方法相同，但皮渣在葡萄破碎液中浸泡的时间较短，或使用颜色较浅的原料，其发酵汁与皮渣分离后的发酵过程则完全与白葡萄酒的酿制方法相同。这种酒的颜色呈淡淡的桃红色或粉红色，酒体晶莹悦目。它既有白葡萄酒的芳香，又有红葡萄酒的丰满，并且酒中单宁含量极少，可以在宴席间与各种菜肴配合饮用。

（2）根据葡萄汁含量，葡萄酒可分为全汁葡萄酒、半汁葡萄酒。

1）全汁葡萄酒。全汁葡萄酒是发酵原酒，酒中除加入杀菌剂外，不另外加入酒精、糖等其他成分。

2）半汁葡萄酒。在半汁葡萄酒中，除酒精、糖分及50%的葡萄汁外，其余为辅料。

（3）根据含糖量，葡萄酒可分为干葡萄酒、半干葡萄酒、半甜葡萄酒、甜葡萄酒。

1）干葡萄酒。干葡萄酒含糖量一般≤ 4 克 / 升，品尝时感觉不出甜味。

2）半干葡萄酒。半干葡萄酒含糖量一般 > 4 克 / 升、≤ 12 克 / 升，品尝时微有甜感。

3）半甜葡萄酒。半甜葡萄酒含糖量一般 > 12 克 / 升、≤ 45 克 / 升，品尝时有甘甜爽顺感。

4）甜葡萄酒。甜葡萄酒含糖量一般 > 45 克 / 升，品尝时具有甘甜醇厚感。

（二）葡萄酒的酿造工艺

不同种类的葡萄酒在酿造工艺上也存在差异，下面介绍红葡萄酒、白葡萄酒和香槟酒的酿造工艺。

1. 红葡萄酒的酿造工艺

红葡萄酒必须由红色葡萄或紫色葡萄来酿造，品种可以是皮红肉白的葡萄，也可以是皮肉皆红的葡萄。酒的红色均来自葡萄皮中的红色素，绝对不能使用人工合成的色素。红葡萄酒的压榨过程是在发酵后进行的，因此果皮、果核中的单宁、色素和芳香物质就会在发酵过程中溶解于葡萄发酵液当中，对葡萄酒起到着色、增香的作用。红葡萄酒的酿制工艺流程是：红、紫色葡萄→去梗及压榨→连皮发酵→换桶除去沉淀物→澄清→过滤→装瓶。

2. 白葡萄酒的酿造工艺

白葡萄酒既可以使用白葡萄来酿造，也可以使用去掉葡萄皮的红葡萄的果汁来酿造，无须经过果汁与葡萄皮的浸渍过程，可以直接用果汁单独发酵。酿制过程中应注意发酵槽的温度要比制作红酒低一些，这样做的目的是更好地保护白葡萄酒的果香味和新鲜口感。白葡萄酒的酿造工艺流程是：红、紫、白色葡萄→去梗及破皮→压榨去果皮取汁→发酵→换桶除去沉淀物→澄清→过滤→装瓶。

3. 香槟酒的酿造工艺

香槟酒是一种独特的法定产区葡萄酒，它的酿造过程和销售都受到严格的管制。首先，用于酿酒的葡萄是手工采摘的，以便随时舍弃那些损坏及尚未成熟的葡萄。采收的葡萄运抵酒窖后，要经过垂直式压榨机或水平式压榨机压榨。葡萄汁被灌装在注明产区的酒瓶或酒桶内进行第一次发酵。几周后，这些葡萄汁就会变成葡萄酒。将不同产区、不同品种和不同年份的酒进行勾兑，在经过勾兑的酒中加入少量的蔗糖和酒曲，装瓶加盖后，将酒瓶平放在阴凉酒窖里的木板条上。糖在酒曲的作用下慢慢溶解产生气泡。将酒在酒窖里存放几年，直到它具有完美的品质。装瓶后进行第二次发酵，这时会产生沉淀物。当地人一般会采用独特的生产工艺，在不用倒出瓶中的酒的情况下，通过摇瓶和除渣的方法去除这些沉淀物。然后加入适量的甜酒，其加入量决定了酒的种类（特干、干、半干型）。最后在酒瓶上加盖、贴上标签，正宗的香槟酒便可以上市了。

（三）酿造葡萄酒的葡萄品种

1. 酿造红葡萄酒的葡萄品种

（1）梅洛（Merlot）。典型香气：玫瑰、梅子、辛烈香。梅洛原产自法国波尔多，为该区种植最广的葡萄品种，早熟且产量大。和赤霞珠比起来，梅洛以果香浓郁著称，其酒精含量高，单宁质地较柔顺，口感以圆润厚实为主，酸度也较低，极适合久存陈年。它雍容大度，丰厚甘美，温暖的口感和丰富多彩的果味，有着如同王后般高贵的修养和温润如玉的性格。

（2）赤霞珠（Cabernet Sauvignon）。典型香气：黑加仑、柏木、薄荷、巧克力、烟草。赤霞珠原产自法国波尔多，是全世界最受欢迎的黑色酿酒葡萄之一，能适应多种不同气候，现已于各地普遍种植。

世界上高品质的红葡萄酒不少都是使用赤霞珠来酿制的。赤霞珠是晚熟品种，皮厚而黑，果粒小，果皮和果汁占比比别的葡萄都高，所以它能酿造出颜色深、浓郁、单宁重的红葡萄酒。这类酒通常有着青椒和黑色浆果（如黑加仑、李子、黑樱桃、桑葚等）的香气；如果在新的木桶中陈年，一般会有烟熏、香草、胡椒的香气；如果是陈年的老酒，还会有菌菇、干树叶、动物皮毛、矿物的香气。

（3）黑皮诺（Pinot Noir）。典型香气：草莓、玫瑰、紫罗兰、野生动物。黑皮诺是法国勃艮第产区红葡萄酒的一个品种，适合种植于偏寒气候下有石灰黏土的山坡地。由于法规所限和果农经验丰富，勃艮第能产出最优质的黑皮诺葡萄酒。黑皮诺酿的酒既有樱桃、草莓的果香，又有湿土、雪茄、蘑菇和巧克力的味道。但它的单宁和辛辣的口感不及其他著名的葡萄品种。除了法国，在新西兰、美国和澳大利亚也有不错的黑皮诺品种。

（4）品丽珠（Cabernet Franc）。典型香气：巧克力、黑加仑、青椒、覆盆子。它特有的个性是浓烈青草味，混合可口的黑加仑和桑葚的果味。因酒体较轻淡，品丽珠的主要功能是调和梅洛和赤霞珠，不过世界著名的白马酒庄（Chateau Cheval Blanc）却以它为主要成分。温度低而湿润的泥土较适合品丽珠的生长，它钟情于大陆性气候，且不怕在收割期碰上恶劣的天气。

（5）佳美（Gamay）。典型香气：香蕉、蓝莓、樱桃。它的名气虽然不及梅洛、赤霞珠、黑皮诺响亮，但在法国博若莱酿制而成的博若莱新酒却每年为法国赚进上亿欧元的外汇。在用佳美葡萄酿酒时，大多采用二氧化碳发酵法，即原颗葡萄发酵，不经压榨和橡木桶陈酒便装瓶出售。用佳美葡萄酿制的葡萄酒有明显的新鲜樱桃、香蕉和桑葚香味，酒色呈紫红色，不宜久存，简单易饮。

（6）西拉（Syrah）。典型香气：覆盆子、黑莓、皮革、辛烈香。西拉原产自法国罗讷河谷，主要集中在北部，单宁丰厚。西拉现在是澳大利亚种植最广泛的葡萄品种之一，并且有着相当优异的表现，在其他国家也有种植。西拉果皮色素丰富，具有独特香气。

（7）仙粉黛（Zinfandel）。典型香气：草莓、覆盆子、蓝莓、樱桃。仙粉黛是美国加利福尼亚州最有特色的黑葡萄，原产自欧洲。如今，红色仙粉黛已经成为加利福尼亚州的标志。仙粉黛在我国华北等有条件的地区可适量栽培。该品种是酿造红葡萄酒的良种，将它与赤霞珠、品丽珠等勾兑，可制成优良的干红起泡红葡萄酒。

（8）佳美娜（Carmenere）。典型香气：蓝莓、黑莓、黑加仑、樱桃。佳美娜是智利最具特色的葡萄品种之一，它是稀有的葡萄品种，需要较长的成熟期。这个品种原产自法国波尔多，但在19世纪中期因葡萄根瘤蚜病而在法国绝迹，而智利的气候恰好适合它的生长。在智利，佳美娜曾一度被认为是梅洛，但有关机构1991年对这个品种进行了DNA测验，证明这是佳美娜品种，于是智利宣称这是智利的本土品种，在其他国家都罕有栽种。

2. 酿造白葡萄酒的葡萄品种

（1）霞多丽（Chardonnay）。典型香气：黄油、苹果、梨、香草。霞多丽原产自法国勃艮第，是目前全世界最受欢迎的酿酒葡萄品种之一，属早熟品种。由于适合各类气候，耐冷，产量高且稳定，容易栽培，霞多丽几乎已在全球各葡萄酒产区普遍种植，是各种白葡萄酒中最适合橡木桶贮存的品种。霞多丽香味浓郁，口感圆润，经久存可变得更丰富醇厚，主要用于制造干白葡萄酒及起泡酒。

（2）雷司令（Riesling）。典型香气：苹果、橘子、烤面包。雷司令原产自德国，是德国古老的著名酿酒白葡萄品种，是莱茵河和摩泽尔河流域的主要栽培品种。德国是雷司令最大的生产国之一，有世界顶级的雷司令著名产区。最精华的雷司令葡萄园也在德国。德国人根据不同成熟度，能将雷司令酿造出既有清新细腻、也有精致清甜、更有浓郁甜蜜的葡萄口味。法国的阿尔萨斯地区的雷司令也有上佳表现，只是酿造出来的葡萄酒和德国有很大不同。

（3）长相思（Sauvignon Blanc）。典型香气：草味、黑加仑。长相思原产自法国波尔多，适合温和的气候，土质以石灰土最佳，主要用来酿制适合年轻人饮用的干白酒，或混合赛美蓉以制造贵腐酒。长相思酸味强，辛辣口味重，酒香浓郁且风味独特，非常容易辨认。

（4）赛美蓉（Sémillon）。典型香气：柠檬、橙子、菠萝、甜瓜。赛美蓉原产自法国波尔多，但以智利种植面积最广，法国居次。赛美蓉虽非流行品种，但在世界各地都有种植。它适合温和型气候，产量大，葡萄粒小，糖分高，容易氧化。赛美蓉以生产贵腐酒著名，其于葡萄皮上所产生的化学变化可提高酒石酸度，产生如蜂蜜及糖渍水果等特殊的香味。

（四）世界主要葡萄酒产区

葡萄酒的诞生，需要最适宜的地理位置——北纬 30° ～ 52°，南纬 15° ～ 42°；最适宜的气候和阳光——阳光照射适度，若太少会酸，若太多则过甜；最适宜的土壤——沙砾般贫瘠的土地；最适宜的湿度——看得见河流的地方才能酿出好酒。

世界主要葡萄酒产区如下：

1. 法国

（1）葡萄酒概况。法国是世界著名的葡萄酒产地，其生产葡萄酒的历史悠久。法国从 1935 年开始实施 AOC 系统，以防范那些在酒名上投机的生产者，保障酿酒者和葡萄园达到一定的品质要求。AOC 系统不仅对法国，甚至对全世界都有深远影响。AOC 系统将葡萄酒分为 4 级：日常餐酒（VDT）、地区餐酒（VDP）、优良地区餐酒（VDQS）、法定产区葡萄酒（AOC）。一般而言，等级越高，价格越高。

2009 年 8 月，为了配合欧洲葡萄酒的级别标注形式，法国对葡萄酒的级别进行了改革。2011 年 1 月 1 日起，瓶装葡萄酒产品使用新的等级标记：

- AOC 葡萄酒（法定产区葡萄酒）变成 AOP 葡萄酒；

- VDP 葡萄酒（地区餐酒）变成 IGP 葡萄酒；
- VDT 葡萄酒（日常餐酒）变成 VDF 葡萄酒，属于无 IG 的葡萄酒，意思是酒标上没有产区提示的葡萄酒；
- VDQS 餐酒从 2012 年开始不复存在。

1）日常餐酒（VDF，原 VDT）：可用法国同一产区或不同产区的酒调配而成。法国酿酒历史悠久，调配技术高超，因而日常餐酒品质稳定，是法国大众餐桌上最常见的葡萄酒。此类酒最低酒精含量不得低于 8.5%，最高则不超过 15%。

2）地区餐酒（IGP，原 VDP）：由最好的日常餐酒升级而成。其产区必须与标签上所标示的特定产区一致，而且要使用被认可的葡萄品种。除此之外，地区餐酒还要通过专门的机构核准。

3）优良地区餐酒（VDQS）：等级位于地区餐酒和法定产区葡萄酒之间。这类葡萄酒的生产受到法国国家原产地命名管理局的严格控制。

4）法定产区葡萄酒（AOP，原 AOC）：最高等级的法国葡萄酒，其使用的葡萄品种、最低酒精含量、最高产量、培植方式、修剪以及酿酒方法等都受到最严格的监控。只有通过官方分析和化验的法定产区生产的葡萄酒，才能获得 AOP 证书。正是这种非常严格的规定，确保了 AOP 等级的葡萄酒始终如一的品质。

（2）著名产区。香槟产区、阿尔萨斯产区、勃艮第产区、汝拉 – 萨瓦产区、普罗旺斯 – 科西嘉岛产区、罗讷河谷产区、朗格多克 – 露喜龙产区、西南产区、波尔多产区、卢瓦尔河谷产区。

2. 德国

（1）葡萄酒概况。德国葡萄酒大约有 85% 是白葡萄酒，其余 15% 是桃红葡萄酒、红葡萄酒及起泡酒。德国白葡萄酒有芬芳的果香及清爽的甜味，酒精度低，特别适合不太能喝酒的人及刚入门者。

（2）著名产区。德国葡萄酒著名产区主要为莱茵河及其支流摩泽尔河地区。莱茵河产区的葡萄酒口味更浓郁。

3. 西班牙

（1）葡萄酒概况。西班牙葡萄种植面积较大，产酒量位居世界前列。

（2）著名产区。西班牙各地几乎都生产葡萄酒，以安达卢西亚、加泰罗尼亚最为有名。其中，安达卢西亚的里奥哈是西班牙最著名的葡萄酒产区。靠近首都马德里的拉曼恰所产的葡萄酒约占西班牙所有葡萄酒产量的一半。

4. 意大利

（1）葡萄酒概况。意大利是世界上最大的葡萄酒生产国之一，出口量与法国不相上下，产地面积仅次于西班牙，也是全世界最早的酿酒国家之一。

（2）著名产区。意大利葡萄酒著名产区有皮蒙、威尼托、托斯卡纳等。

5. 南非

（1）葡萄酒概况。南非地处非洲大陆最南端，气候炎热干燥，绝大部分地区都不适合种植葡萄，葡萄园大部分集中在西开普省西部大西洋沿岸地区，这里受到南极本格拉寒流的影响，为典型的地中海气候。南非内陆地区降水稀少，气温较高，类似于沙漠气候，种植葡萄必须依靠人工灌溉，而且葡萄成熟过快，风味匮乏，酸度不足，因此大都用来酿造低端葡萄酒或制成浓缩葡萄汁。南非虽然天气炎热，但是白葡萄种植面积超过葡萄园总面积的一半，而且葡萄种类繁多，最为重要的白葡萄品种是白诗南（Chenin Blanc）、长相思和霞多丽，主要的红葡萄品种是赤霞珠、梅洛和品丽珠。

（2）著名产区。南非从大西洋海岸地区的北部一直延伸到沙漠，有 300 余座酒窖和酒厂。南非的葡萄园主要集中在西开普省，这个南非最重要的葡萄酒产区内又有四大重点子产区，分别是海岸产区、布里厄河谷产区、克林克鲁产区和奥勒芬兹河产区。

6. 澳大利亚

（1）葡萄酒概况。澳大利亚与美国并称为两大新兴葡萄酒生产国，无论是在气候还是在土壤条件上，都很适合栽种葡萄。18 世纪，一批移民来到澳大利亚，便开始种植葡萄、酿造葡萄酒。澳大利亚气候条件稳定，其每年生产的葡萄酒质量相对稳定。

（2）著名产区。澳大利亚最具代表性的葡萄酒产区有巴罗莎谷、克莱尔谷、猎人谷等。

7. 阿根廷

（1）葡萄酒概况。受西班牙和意大利的影响深远，阿根廷最成系统的葡萄园和葡萄酒厂均是由该两国的移民后裔设立的。红葡萄酒是阿根廷最好的酒之一，葡萄品种主要是赤霞珠、梅洛和马尔贝克（Malbec）。

（2）著名产区。阿根廷根据地理位置从北到南分为三个葡萄酒产区：一是北部地区，主要是卡塔马卡省、萨尔塔省、图库曼省；二是库约地区，主要是拉里奥哈省、门多萨省、圣胡安省；三是巴塔哥尼亚地区，主要是拉潘帕省、内乌肯省。

8. 智利

（1）葡萄酒概况。智利是南美洲的第二大产酒国，产量仅次于阿根廷，但出口量遥遥领先。

（2）著名产区。智利葡萄酒著名产区主要在沿海地区、安第斯山脉和沿海山脉之间地区和安第斯山地区。

9. 美国

（1）葡萄酒概况。美国是新兴葡萄酒大国。美国葡萄酒业真正发展是在 1933 年“禁酒令”废除后。加利福尼亚州葡萄酒业迅速兴起，为美国葡萄酒业带来生机。一些美国人遍游欧洲，向当地酿酒师学习酿酒技术，并积极寻觅和引进适宜在美国生长的优良酿酒葡萄品种，这也是美国酿酒葡萄如此繁多的一个重要原因。

（2）著名产区。一半以上的美国葡萄酒在加州酿造，主要产区为纳帕山谷、索诺玛山谷和俄罗斯河山谷。此外，俄勒冈州的威拉米特山谷也非常有名。

10. 中国

（1）葡萄酒概况。中国葡萄酒产业于 20 世纪 80 年代后进入较快发展时期，主要的企业有张裕、长城、王朝、威龙、华夏等，均引进国际著名葡萄品种以提高质量。

（2）著名产区。中国葡萄酒著名产区主要有山东烟台、河北昌黎等地。

（五）葡萄酒的贮存

1. 温度

葡萄酒最理想的贮存温度在 11℃左右，但最重要的是保持温度的恒长稳定，因为温度变化造成的热胀冷缩最易让葡萄酒渗透软木塞，从而使葡萄酒加速氧化。

2. 湿度

70% 左右的湿度对葡萄酒的贮存是最佳的，太湿容易使软木塞及葡萄酒的标签腐烂，太干则容易让软木塞失去弹性，无法紧封瓶口。

3. 光度

酒窖中最好不要有任何光线，因为光线容易造成葡萄酒变质，特别是日光灯和霓虹灯易让酒发生还原反应，散发出浓重难闻的气味。香槟酒和白葡萄酒对光线更为敏感，要特别小心。

4. 通风

葡萄酒像海绵一样，能够将周围的味道吸附到酒瓶里去，酒窖中最好能够通风以防止霉味太重。此外，应避免将洋葱、大蒜等味道重的食物与葡萄酒存放在一起。另外，将葡萄酒放在冰箱中最好也不要太久，以免冰箱中其他食物的味道渗透到葡萄酒里。

5. 振动

过度振动会影响葡萄酒的品质，长途运输后的葡萄酒需经数日才能恢复品质，就是最好的证明。尽量避免将葡萄酒搬来搬去或置于经常振动的地方，尤其是贮存年份久的葡萄酒更应注意。

6. 摆放

摆放葡萄酒的传统方式是将酒平放，使葡萄酒和软木塞接触以保持软木塞湿润。干燥皱缩的软木塞无法完全紧封瓶口，容易导致酒的氧化。

（六）葡萄酒的品鉴

1. 外观分析

好的葡萄酒的酒液应澄清透亮。白葡萄酒的颜色会随着时间由浅到深地变化，而红葡萄酒则是由深到浅地变化。一款年轻的白葡萄酒通常呈绿色，带一点点黄色，随着它的成熟逐渐变成稻黄色，然后变成金黄色，再发展下去就会变成琥珀色。若白葡萄酒中带有棕色调，则表示这款白葡萄酒已经坏了。对于红葡萄酒来说，年轻的时候色泽很深，多为紫红色，随着时间的推移，紫色慢慢褪掉，两三年以后就会变成红宝石色，再随着时间的推移，会变成砖红或瓦红色，这时就是红葡萄酒的巅峰期。如果出现棕色，同样表明这款红葡萄酒坏了。葡萄酒在保质期内的贮存过程中，瓶中会有微量的单宁聚集在瓶底。这对于葡萄酒的质量没有影响，只需在饮用前醒酒和换瓶即可。

2. 香气分析

握住杯颈或杯座，逆时针摇动，将鼻子伸入酒杯仔细闻香。好的葡萄酒的香气应该包含葡萄的果香、发酵的酒香、陈酿的醇香，这些香气应该平衡、协调、融为一体，香气优雅，令人愉快；差的葡萄酒则有突出暴烈的水果香（外加香精），或酒精味突出，或有其他异味，使人嗅而生厌。

葡萄酒的香气大致分为以下三类：

（1）一类香气，源于葡萄浆果的香气，又叫果香或品种香，如霞多丽具有柑橘、柠檬的果香。

（2）二类香气，源于发酵的香气，又叫发酵香或酒香，如酒液和酵母长期接触，可增添酵母风味，并让酒更加芬芳馥郁。

（3）三类香气，源于陈酿的香气，又叫陈酿香或醇香，如橡木味、香草味、烟熏味等。

3. 口感分析

饮用葡萄酒时尽量不要用手触碰杯体。酒进入口腔后，将口微张轻轻吸气，使葡萄酒的香气通过鼻咽通路得到感知。搅动舌头使口中的酒均匀地分布在舌头表面。将葡萄酒在口内保留 10 秒以上，咽下少量葡萄酒，将其余部分吐掉，并鉴别余味。任何一款好的葡萄酒，其口感都应该是令人舒畅愉悦的，各种香味应细腻、柔和，酒体丰满完整，有层次感和结构感，余味绵长。

（七）葡萄酒的饮用与服务

1. 饮用温度的控制

（1）白葡萄酒。饮用白葡萄酒时，不甜的白葡萄酒适饮温度为 8℃～ 12℃，较甜的白葡萄酒适饮温度为 6℃～ 8℃。一般冰镇时间为 15 ～ 20 分钟，而冰桶内放置的冰与水比例以 6 : 4 为佳。

（2）红葡萄酒。口感较浓郁的红葡萄酒的适饮温度为 12℃～ 18℃；口感较清淡的红葡萄酒的适饮温度为 12℃～ 14℃。

（3）桃红葡萄酒。桃红葡萄酒的适饮温度为 8℃～ 12℃，可加冰块一同饮用。

（4）香槟及起泡酒。香槟及起泡酒的适饮温度为 4℃～ 6℃，杯子和酒瓶皆须浸泡在冰水内，一般冰镇时间大约为 30 分钟，冰桶内放置的冰与水比例以 6 : 4 为佳。饮用前，亦可将酒杯先放置于冰箱内。

2. 酒杯选用的技巧

常见的葡萄酒杯见图 3 - 1。

（1）饮用白葡萄酒所使用酒杯的杯口不能太大，应使用中小型的杯子，这种杯子又称 Burgundy Glass。

（2）饮用红葡萄酒时可使用杯口较大的杯子，这种杯子又称 Bordeaux Glass。

（3）饮用桃红葡萄酒所使用的杯子与白葡萄酒所使用的杯子相同。

（4）饮用香槟使用的是香槟杯，香槟杯一般有两种：一种是宽口、碟形高脚杯；另一种是杯身较长的郁金香形玻璃杯。后者便于欣赏气泡上升情况，容量约 150 毫升。饮用起泡酒与饮用香槟所使用的杯子相同。

（白葡萄酒杯） （红葡萄酒杯） （碟形香槟酒杯） （郁金香形香槟酒杯）

图 3 - 1 葡萄酒杯

3. 葡萄酒开瓶技巧

首先，用开瓶器的小刀，沿着瓶口突起的上缘或下缘，整齐地将封口锡箔割开。其次，取出开瓶钻，从瓶塞正中央略偏一点的位置垂直钻入，如此才能将开瓶钻旋转入正中央位置。钻入软木塞后改用自然旋转，大约螺旋旋转 4 圈（切忌钻穿软木塞）后，将开瓶钻旁的活动侧架打开，架在瓶口上作为施力点，用左手抓住瓶颈固定酒瓶，用右手将开瓶器的横杆下压，利用杠杆原理垂直往上拔出并拉起软木塞，留 0.5 厘米左右在瓶内。再次，用右手拿服务巾包住瓶口，以前后摇动方式将软木塞拔出，使软木塞与开瓶器分离，将软木塞置于面包盘上。最后，用服务巾擦拭瓶口。

二、啤酒知识

（一）啤酒的原料

1. 大麦

大麦因为有良好的生物学特性，对土壤和气候的要求较低，所以能在地球上广泛分布。大麦便于发芽，酶系统完全，制成的啤酒别具风味。大麦比小麦等其他谷物更适宜啤酒酿造的机械化工艺。另外，大麦的价格在谷物中是较低的。

2. 啤酒花

啤酒花被誉为啤酒的灵魂，啤酒清爽的苦味实际上是啤酒花的贡献，这种苦味物质不但可以防止啤酒中腐败菌的繁殖，还能杀死发酵过程中所产生的乳酸菌和酪酸菌。

3. 酵母

酵母是一种不能运动的单细胞低等生物。在啤酒生产中，酵母需要经过纯粹的培养才能获得。啤酒中的酒精和二氧化碳都是啤酒酵母发酵产生的。

4. 水

水是啤酒的“血液”，啤酒中含有约 90% 的水分。水中无机物的含量、有机物和微生物的存在会直接影响啤酒的质量。一般啤酒厂都需要建立一套酿造用水的处理系统，也有些啤酒厂采用天然高质量的水源，甚至有些采用冰川雪水来酿造啤酒。

（二）啤酒的品鉴

1. 色泽

看啤酒的色泽是否正常：在啤酒的色泽上，普通淡色啤酒应该呈淡黄色或金黄色；黑啤酒呈红棕色或淡褐色。啤酒的色泽深浅不是主要的，因为不同的啤酒品种要求不同的颜色，其色泽的深浅不影响啤酒的饮用价值，但啤酒的色泽应和品种、类别相对应。

2. 透明度

看啤酒的酒液是否透亮：好啤酒的酒液应清亮透明，有光泽，无悬浮物或沉淀物。

3. 泡沫

看啤酒的泡沫是否丰富：啤酒泡沫的好坏应从四个方面观察，即起泡性、泡沫形态、泡沫挂杯颜色和持久性。啤酒倒入杯中应立即有泡沫升起；泡沫形态要细腻，大的泡沫消失快；泡沫颜色要洁白，表面也可微带黄色；品质优良的啤酒，其泡沫持久性应在3分钟以上；泡沫逐渐落下后，杯壁上应有白色泡沫环和痕迹，即泡沫挂杯。

4. 香气

把酒杯端起来，用鼻子轻轻吸气，应能闻到明显的啤酒花香气，无老化气味及不正常的生啤酒花或变质啤酒花气味。一般而言，品质优良的啤酒，应具有显著的麦芽香和啤酒花特有的香气；品质较次的啤酒，麦芽香和啤酒花香气不明显，甚至还会有异味。

5. 味道

优质的啤酒喝到嘴里会给人非常爽口的感觉，没有酵母味或其他怪味、杂味，但有二氧化碳的刺激，使人感到“杀口”；而品质较次的啤酒，不仅口味平淡，而且会带有苦味、涩味，有的还会带有酵母味及其他异味。

6. 二氧化碳含量

二氧化碳含量直接影响啤酒泡沫的多少，足够的含量利于起泡，让人饮后有一种舒适的刺激感，习惯上称为“杀口”；若二氧化碳含量不足，则“杀口”不好，喝起来像乏味的苦水。

（三）啤酒的品牌

啤酒普及性很强，深受各阶层消费者的欢迎，各国都有比较畅销和知名的品牌（见表3-1）。

表3-1 国内外知名啤酒品牌

产地	品牌
德国	慕尼黑（Munchenal）、多特蒙德（Dortmunder）、亨格（Henninger）、贝克（Beck's）、柏龙（Paulaner）、卢云堡（Löwenbräu）、福斯坦堡（Fürstenberg）
英国	健力士（Guinness）、贝斯（Bass）、波特（Porter）
荷兰	喜力（Heineken）、高仕（Grolsch）、阿姆斯特尔（Amstel）、宝龙（Bavaria）
丹麦	嘉士伯（Carlsberg）、乐堡（Tuborg）
比利时	白熊（Vedett）
意大利	莫纳迪（Birra Moretti）、德莱赫（Dreher）
法国	克伦堡（Kronenbourg）
奥地利	哥瑟（Gosser）、莫劳厄（Murauer）
瑞典	斯珈尔（Skal）、三皇冠（Three Crowns）
瑞士	红雀（Cardinal）、戈尔腾（Gurten）
芬兰	芬兰（Finlandia）

续表

产地	品牌
挪威	夫利登伦德（Frydenlund）
卢森堡	迪基希（Diekirch）
西班牙	圣马丁（San Martin）
葡萄牙	萨格雷斯（Sagres）
美国	百威（Budweiser）、美乐（Miller）、蓝带（Blue Ribbon）、汉姆斯（Hamms）、铁锚（Arrowhead）、百威英博（Anheuser-Busch）
加拿大	摩尔森加拿大人（Molson Candian）、木斯赫德（Moosehead）
墨西哥	科罗娜（Corona）、苏尔（Sol）
新西兰	世好（Steinlager）、莱克（Rheineck）
澳大利亚	库珀（Coopers）、天鹅（Swan）、皇冠（Crown）、牡鹿（Stag）
日本	朝日（Asahi）、奥利恩（Orion）、三宝乐（Sapporo）、麒麟（Kirin）、三得利（Suntory）
新加坡	虎牌（Tiger）、力加（Anchor）
菲律宾	生力（San Miguel）
中国	燕京啤酒、青岛啤酒、珠江啤酒、哈尔滨啤酒、西湖啤酒、雪花啤酒

（四）啤酒的饮用与服务

啤酒最好冰镇后饮用，最佳饮用温度为 8℃～ 10℃。啤酒所含二氧化碳的溶解度是随温度高低变化而变化的。温度高，二氧化碳逸出量大，泡沫随之增加；温度低，二氧化碳逸出量少，泡沫也随之减少。因此，啤酒的饮用温度很重要。适宜的温度可以使啤酒的各种成分协调平衡，给人以最佳的口感。

常见的标准啤酒杯有三种形状（见图 3－2）：第一种是杯口大、杯底小的喇叭形平底杯，也称比尔森杯；第二种是类似于第一种的高脚或者矮脚啤酒杯，这种酒杯斟酒比较方便，常用来斟倒瓶装啤酒；第三种是带把手的生啤杯，杯身容量大，一般用于饮用桶装啤酒。

（比尔森杯）（矮脚啤酒杯）（生啤杯）

图 3－2 啤酒杯

油脂是啤酒泡沫的大敌，能销蚀啤酒的泡沫。因此盛啤酒的容器、杯具要热洗冷刷，保持清洁无油污。服务时，切勿用手指触及杯沿及杯内壁。

啤酒不宜细饮慢酌，否则酒在口中升温会加重苦味。喝啤酒的方法有别于喝烈性酒，宜大口饮用，让酒液与口腔充分接触，以便品尝啤酒的独特味道。

三、黄酒知识

黄酒的主要原料是糯米、粳米、黍米。原料经蒸煮、摊晾后，加入酒曲或酵母搅拌，在缸内进行糖化和发酵，经多种微生物共同作用，即可酿成这种低度原汁酒。经压榨收集的米酒液，因色泽橙黄，故称黄酒。

（一）黄酒的特点

黄酒色泽黄亮透明，香气浓郁芬芳，口味鲜美醇厚，风格独特，酒度适中，营养丰富，并有健胃、明目之功效。

（二）黄酒的分类

黄酒的品种很多，分类方法各异。下面以中国黄酒为例进行说明。

（1）根据原料、风味、产区不同，黄酒可分为：

1）南方糯米、粳米黄酒。长江以南地区，以糯米、粳米为原料，以麦曲为糖化剂、酵母为发酵剂酿制黄酒，在全国的黄酒销售中占有很大比重，其中以绍兴老酒最为著名。

2）北方黍米黄酒。华北和东北地区，以黍米（又称黄米）为原料，以米曲或麦曲为糖化剂，以酵母为发酵剂酿制黄酒，以山东即墨老酒、山西黄酒为代表。

3）红曲黄酒。东南沿海地区，以糯米或粳米为原料，以红曲为糖化发酵剂酿制黄酒，福建以闽北红曲黄酒为代表，浙江以温州乌衣红曲黄酒为代表。

4）大米精酒。这是一种改良的大米黄酒，以粳米为原料，以米曲为糖化剂、酵母为发酵剂酿制而成。酒色淡黄透明，糖度、酸度均较低，具有类似清酒的香味。大米精酒以吉林清酒、山东即墨特级清酒为代表。

（2）根据含糖量不同，黄酒可分为：

1）干黄酒。“干”表示酒中的含糖量少，总含糖量低于或等于 15.0 克 / 升，口味醇和、鲜爽、无异味。

2）半干黄酒。“半干”表示酒中的糖分还未全部发酵成酒精。在生产时，这种酒的加水量较低，相当于在配料时增加了饭量，总含糖量为 15.0 ～ 40.0 克 / 升（含 40.0 克 / 升），故又称“加饭酒”。我国大多数高档黄酒，口味醇厚、柔和、鲜爽、无异味，均属此种类型。

3）半甜黄酒。这种酒采用的工艺独特，成品酒中的糖分较高，总含糖量为 40.0～100 克 / 升（含 100 克 / 升），口味醇厚、鲜甜爽口，酒体协调，无异味。

4）甜黄酒。这种酒一般是采用淋饭操作法，拌入酵母，先酿成甜酒酿，当糖化至一定程度时，加入 40%～50% 浓度的米白酒或糟烧酒，以抑制微生物的糖化发酵作用，总含糖量高于 100 克 / 升，口味鲜甜、醇厚，酒体协调，无异味。

（三）黄酒的品鉴

（1）观其色泽，应晶莹透明，有光泽，无混浊或悬浮物，无沉淀物泛起荡漾于其中，具有极富感染力的琥珀红色。

（2）将鼻子移近酒盅或酒杯，闻其优雅、诱人的馥郁芳香。此香不同于白酒的香型，更有别于化学香精，是一种深沉的脂香和黄酒特有的酒香的混合。若是十年以上的陈年高档黄酒，哪怕不喝，放一杯在案头，也能让人心旷神怡。

（3）用嘴轻啜一口，搅动整个舌头，徐徐咽下。

（四）黄酒的饮用与服务

黄酒具有香气协调、脂香浓郁、入口清爽、鲜甜甘美、酒味柔和、无刺激性等特点。为了发挥黄酒特有的活血舒筋功效，在饮用上也有特殊要求。

1. 温饮黄酒

黄酒最传统的饮法当属温饮。温饮的显著特点是酒香浓郁、酒味柔和。温酒的方法一般有两种：一种是将盛酒器放入热水中烫热，另一种是隔火加温。但黄酒加热时间不宜过久，否则酒精都挥发掉了，反而淡且无味。一般而言，冬天盛行温饮。

2. 冰镇黄酒

目前，在年轻人中盛行一种冰镇黄酒的喝法，流行黄酒加冰后饮用。若将黄酒置于温控冰箱，温度应控制在 3℃左右。饮用时在杯中放几块冰，口感会更好。也可根据个人口味，在酒中放入话梅、柠檬等，或兑些雪碧、可乐、果汁，有消暑、促进食欲的功效。

3. 佐餐黄酒

黄酒的配餐也十分讲究，以不同的菜配不同的酒，则更可领略黄酒的特有风味。以绍兴酒为例，干型的状元红酒，宜配蔬菜类、海蜇皮等冷盘；半干型的加饭酒，宜配肉类、大闸蟹；半甜型的善酿酒，宜配鸡鸭类；甜型的香雪酒，宜配甜菜类。

四、清酒知识

（一）清酒的特点

清酒借鉴了黄酒的酿造法，但又有别于黄酒。清酒色泽呈淡黄色或无色，清亮透明，芳香宜人，口味纯正，绵柔爽口，其酸、甜、苦、涩、辣诸味和谐，酒精含量在15%以上，含多种氨基酸、维生素，是一种营养丰富的饮料酒。

清酒的制作工艺十分考究。精选的大米要经过磨皮，浸渍时吸收水分快，而且容易蒸熟；发酵时又分成前、后两个阶段；杀菌处理在装瓶前、后各进行一次，以确保酒的保质期；勾兑酒液时注重规格和标准。

光线的照射是清酒的天敌，市面上常见的清酒酒瓶大多设计成深褐色或青绿色等遮阳效果较佳的颜色，其目的就是避免光线对清酒造成伤害。

（二）清酒的分类

最常见的是根据制法不同，将清酒分为以下几类：

1. 纯米酿造酒

纯米酿造酒即纯米酒，仅以米、米曲和水为原料，不外加食用酒精。

2. 普通酿造酒

普通酿造酒属低档的大众清酒，是在原酒液中兑入较多的食用酒精，即 1 吨原料米的醪液添加浓度为 100% 的酒精 120 升。

3. 增酿造酒

增酿造酒是一种浓而甜的清酒，在勾兑时添加了食用酒精、糖类、酸类、盐类等原料。

4. 本酿造酒

本酿造酒属中档清酒，食用酒精加入量低于普通酿造酒。

5. 吟酿造酒

制作吟酿造酒时，要求所用原料的精米率在 60% 以下。酿造清酒很讲究米的精白程度，以精米率来衡量精白度，精白度越高，精米率就越低。精白后的米吸水快，容易蒸熟、糊化，有利于提高酒的质量。吟酿造酒被誉为“清酒之王”。

（三）清酒的名品

清酒的名品很多，仅日本《铭酒事典》中介绍的就有 400 余种，命名方法各异。有的用一年四季的花木和鸟兽及自然风光等命名，如白藤、鹤仙等；有的以地名或名胜定名，如富士、秋田锦等；有的以清酒的原料、酿造方法或酒的口味取名，如本格辣口、大吟酿、纯米酒等；还有的以各类誉词作酒名，如福禄寿、国之誉、长者盛等。最常见的日本清酒品牌有月桂冠、樱正宗、大关、白鹰、贺茂鹤、白牡丹、千福、日本盛、松竹梅及秀兰等。

（四）清酒的饮用与服务

1. 酒杯

饮用清酒时可采用浅平碗或小陶瓷杯，也可选用褐色或青紫色玻璃杯。

2. 饮用温度

清酒一般在常温下饮用，冬天若需温烫后饮用，加温一般加至 40℃～ 50℃，用浅平碗或小陶瓷杯盛饮。

3. 饮用时间

清酒可作为佐餐酒，也可作为餐后酒。

任务二　蒸馏酒

一、中国白酒

（一）白酒的原料

选择含淀粉或糖较高的谷物、薯类和某些含淀粉的野生原料。谷物是酿造白酒的主要原料，包括高粱、玉米、大米、大麦等。采用固态发酵法时，必须加入一定的辅料，调整淀粉浓度有利于糖化发酵。酿造白酒常加入的辅料有稻壳、谷壳、花生壳和玉米芯等。发酵时加入酒曲，酒曲中有各种微生物，可以分解出淀粉酶，使原料中的淀粉转化为可发酵糖，继而将可发酵糖转化为酒精。水也是酒中的主要成分之一，水质的好坏直接影响酒的质量和风味，俗话说“名酒产地，必有佳泉”。酿造白酒所用的水应符合饮用水标准。

（二）白酒的酿造工艺

1. 固态发酵法

用固态发酵法生产的白酒，糖化和发酵都是在低温下进行的，这样可以防止酵母过早衰老，提高发酵力。采用固态发酵法时，原料含水量为 50% ～ 60%。经过一次糖化发酵后，原料中还有较多的淀粉，经过多次糖化发酵，可提高原料中淀粉的利用率，形成较多的呈香呈味物质，有利于提高白酒的风味。

2. 液态发酵法

用液态发酵法生产的白酒，往往采用一步法发酵工艺，在风味和质量上达不到要求，只能将它作为酒基（半成品），再经工艺浸香、调香、串香等。

3. 麸曲白酒生产工艺

麸曲白酒以高粱、玉米、薯干为原料，采用纯种麸曲代替大曲（麦曲）作为糖化发酵剂，发酵周期短，淀粉出酒率高，但是酒中酯含量低，香气不浓，质量一般。麸曲白酒生产工艺的特点是麸曲加酒曲，合理配料，低温发酵，定温定烧。

（三）白酒的香型

1. 清香型

清香型又称汾香型，主香成分是乙酸乙酯和乳酸乙酯。清香型白酒酒质清香芬芳，甘润爽口，醇厚绵软，口味纯正，具有传统的老白干风格，如汾酒、西凤酒、宝丰酒等。

2. 浓香型

浓香型又称泸香型、窖香型，主香成分是乙酸乙酯和适量的丁酸乙酯。浓香型白酒入口甜、落口绵，芳香浓郁，绵柔甘冽，回味悠长，饮后尤香，香气浓，如全兴大曲、五粮液、泸州老窖、古井贡酒等。

3. 酱香型

酱香型又称茅香型，主香成分是挥发性的酚元化合物，还含有多元醇和多元酚等。酱香型白酒回香绵长，留杯不散，醇香优雅，如贵州茅台酒等。

4. 米香型

米香型又称蜜香型，主香成分是乳酸乙酯、乙酸乙酯和高级醇。米香型白酒入口绵甜，幽香纯净，如桂林三花酒、全州湘山酒等。

5. 复香型

复香型又称兼香型，是指兼有两种以上的香型，如凌川白酒、白沙液等。

6. 其他香型

除以上香型外，其他不同类型的白酒都属于此类型，如贵州董酒、老龙口酒等。

（四）白酒的感官鉴定

可根据以下指标，全面、正确地评价白酒质量。

1. 色泽

将酒倒入无色透明的高脚酒杯中，酒液应无色透明，无悬浮物，无沉淀，一些名优酒贮存期较长，允许酒中存在极轻微黄色，如贵州茅台酒。

2. 香气

白酒倒入杯中后，易挥发的呈香物质分散在杯口周围的空气中，可通过嗅觉来检验酒的香气。一般酒应具有一定的溢香；名酒和优质酒，不仅应有溢香，还应有较好的喷香和留香。白酒中不应有异味、糠味和腐臭味。

3. 口味

白酒的口味应协调、和谐，过甜、过酸、过涩、过辣都会破坏白酒的口味。

4. 酒体

酒体也称风格，一般可以通过色、香、味三方面评价酒体。酒体要求色、香、味正常，具有典型性。名酒和优质酒要求风格突出；一般酒虽不要求风格突出，但不能有异味。如果白酒中某一成分超过平衡要求，就会出现异常的气味和口味。

（五）白酒的保管

刚蒸馏出来的白酒，酒味燥辣，刺激性强，香气不突出，酒味不协调，须经过一段时间贮存，风味方能改善。在贮存中，白酒的风味变好，刺激性减弱，口味变柔和，这种变化称为白酒的老熟。

白酒保管的重点是保证白酒的质量，降低损耗及防火。成品瓶装白酒，应选择在干燥、通风、清洁的仓库中进行保管，避免阳光直射。

（六）白酒的著名品牌

1. 贵州茅台酒

贵州茅台酒历史悠久、源远流长，它以优质高粱为原料，用小麦制成高温曲，用曲量多于原料。用曲多、发酵期长，多次发酵、多次取酒等独特工艺是贵州茅台酒风格独特、品质优异的重要原因。贵州茅台酒是风格完美的酱香型大曲酒之典型，故“酱香型”又称“茅香型”。其酒质晶亮透明，微带黄色；酱香突出，令人陶醉；敞杯不饮，香气扑鼻；开怀畅饮，满口生香；饮后空杯，留香更大，持久不散；口味优雅细腻，酒体丰满醇厚，回味悠长。

2. 泸州老窖

泸州老窖按其内在风格的细微差异进行分级，分为特曲、头曲、二曲、三曲，品级最高的为特曲。泸州老窖的主要原料是当地的优质糯高粱，用小麦制曲，酿造用水为龙泉井水和沱江水，酿造工艺是传统的混蒸续渣发酵工艺。此酒无色透明，窖香浓郁，清洌甘爽，饮后尤香，回味悠长，具有浓香、醇和、味甜、回味长四大特色。

3. 汾酒

汾酒是我国清香型白酒的典型代表，该酒无色、清亮透明，无悬浮物，无沉淀，清香纯正，具有以乙酸乙酯为主体的清雅的复合香气，绵甜爽净，自然谐和，余香悠长，具有清香纯正、醇厚绵软、甜润净洁的特点。

4. 剑南春

剑南春酒以高粱、大米、糯米、玉米、小麦为原料。其工艺有红糟盖顶、回沙发酵、去头斩尾、清蒸熟糠、低温发酵、双轮底发酵等，配料合理，操作精细。剑南春酒质无色，清澈透明，芳香浓郁，酒味醇厚，醇和回甜，酒体丰满，香味协调，甘洌净爽，余香悠长，属浓香型大曲酒。

5. 洋河大曲

洋河大曲始兴于隋唐，为浓香型白酒的代表。洋河大曲优良的品质缘于独特的地理位置和优越的自然环境。洋河大曲用水来自清澈甘甜的“美人泉”，以优质高粱、小麦、大麦、豌豆为原料，采用独特工艺，形成了“入口甜、落口绵、酒性软、尾爽净、回味香”的淡雅风格，在浓香型白酒中独树一帜。

6. 五粮液

五粮液的酿造原料为红高粱、糯米、大米、小麦和玉米五种粮食。五粮液酒无色、味醇厚，清澈透明，香气悠久，入口甘绵，入喉净爽，各味协调，恰到好处，饮后无刺激感，不上头。开瓶时，喷香扑鼻；入口后，满口溢香；饮用时，四座飘香；饮用后，余香不尽。五粮液属浓香型大曲酒中出类拔萃之佳品。

7. 古井贡酒

古井贡酒以优质高粱做原料，以大麦、小麦、豌豆制曲，沿用陈年发酵池，继承了混蒸续渣发酵工艺，并运用现代酿酒方法加以改进，博采众长，形成了独特工艺和独特风格。古井贡酒酒液清澈如水晶，香醇如幽兰，酒味醇和，浓郁甘润，黏稠挂杯，余香悠长，经久不绝。

8. 董酒

董酒无色，清澈透明，香气优雅，既有大曲酒的浓郁芳香，又有小曲酒的柔绵、醇和、回甜，还有淡雅舒适的药香和爽口的微酸，入口醇和浓郁，饮后甘爽味长。由于酒质芳香奇特，董酒被誉为其他香型白酒中独树一帜的“药香型”或“董香型”代表。

二、白兰地

白兰地（Brandy）一词有广义和狭义之分。从广义上讲，所有以水果为原料发酵蒸馏而成的酒都称为白兰地，如苹果白兰地；从狭义上讲，现在已经习惯把葡萄酒经过蒸馏和放在木桶里经过相当长时间陈酿而成的酒，称为白兰地。

（一）白兰地的诞生

17 世纪末 18 世纪初，法国的夏朗德河码头因交通方便，成为酒类出口的商埠。由于当时整箱葡萄酒占船的空间很大，因此法国人便想出了双蒸的办法，去掉葡萄酒的水分，提高葡萄酒的纯度，减少占用空间而便于运输，这就是早期的白兰地。1701 年，法国卷入西班牙战争，白兰地销路大减，只能被积存在橡木桶内。战争结束以后，人们发觉贮存在橡木桶内的白兰地酒质更醇、芳香更浓，而且还有晶莹的琥珀色。因此，用橡木桶贮存和贮存的年份便成为酿制白兰地的关键。

（二）白兰地的贮存

白兰地之所以经贮存后，口感醇和、芳香浓郁，是因为所用的橡木桶对白兰地有微妙的“交换作用”，使本来没有颜色的酒神奇地变成橡木桶的琥珀色，而且增添了白兰地特有的香气。贮存时间越久，白兰地的风格越柔顺，香气越精美，价格也越昂贵。但这并不等于说，白兰地可以无限制地贮存于橡木桶中。白兰地的最佳酒龄为 20 ～ 40 年，有些达到 50 年，最多不超过 70 年。时间过长，白兰地的品质将走向衰败。一般而言，到了年头的酒改用搪瓷罐贮存，可以保证酒的品质长期不变。最好的白兰地是由不同酒龄、不同来源的多种白兰地勾兑而成的。勾兑后的白兰地先在适当的容器中存放 6 个月，待酒质稳定后，即可装瓶出售。为了突出贮存年份、抬高酒价，白兰地酒瓶的商标上还要有醒目的特殊标记。我国国家标准《白兰地》(GB/T 11856—2008）对不同级别白兰地的感官要求做出了规定，如表 3－2 所示：

表 3－2　白兰地的感官要求

项目	要求			
	特级（XO）	优级（VSOP）	一级（VO）	二级（VS）
外观	澄清透明、晶亮，无悬浮物、无沉淀			
色泽	金黄色至赤金色	金黄色至赤金色	金黄色	浅金黄色至金黄色
香气	具有和谐的葡萄品种香，陈酿的橡木香，醇和的酒香，幽雅浓郁	具有明显的葡萄品种香，陈酿的橡木香，醇和的酒香，幽雅	具有葡萄品种香、橡木香及酒香，香气谐调、浓郁	具有原料品种香、酒香及橡木香，无明显刺激感和异味
口味	醇和、甘洌、沁润、细腻、丰满、绵延	醇和、甘洌、丰满、绵柔	醇和、甘洌、完整、无杂味	较纯正、无邪杂味
风格	具有本品独特的风格	具有本品突出的风格	具有本品明显的风格	具有本品应有的风格

（三）白兰地的名品

1. 干邑白兰地（Cognac Brandy）

干邑是法国南部的一个地区，位于夏朗德省境内，是法国最古老、最著名的白兰地产区。干邑地区生产白兰地有悠久的历史和独特的加工酿造工艺。干邑白兰地之所以享有盛誉，与其原料、土壤、气候、蒸馏设备及生产方法和老熟方法密切相关。干邑白兰地被称为“白兰地之王”。

干邑白兰地酒体呈琥珀色，清亮透明，风格豪壮英烈，十分独特。干邑白兰地的原料选用的是圣埃美隆（Saint-Emilion）、鸽笼白（Colombard）、白福尔（Folle Blanche）三个著名的白葡萄品种，以夏朗德壶式蒸馏器两次蒸馏，再盛入新橡木桶内贮存，一年后移至旧橡木桶。

干邑是白兰地的极品，受到法国政府的严格限制和保护。依照法国政府颁布的法令：只有在干邑地区（包括夏朗德省及其附近的 7 个区）生产的白兰地才能称为干邑。

干邑白兰地的名品很多，远销世界各地，常见的有：人头马 VSOP（Remy Martin VSOP）、马爹利 VSOP（Martell VSOP）、轩尼诗 VSOP（Hennessy VSOP）、馥华诗 VSOP（Courvoisier VSOP）、百利来 VSOP（Polignac VSOP）、百事吉 VSOP（Bisquit VSOP）、豪达 VSOP（Otard VSOP）、豪达 XO（Otard XO）、御鹿 VSOP（Hine VSOP）、御鹿 XO（Hine XO）、卡慕 VSOP（Camus VSOP）、奥吉尔 VSOP（Augier VSOP）、蓝带马爹利（Martell Cordon Bleu）、人头马俱乐部（Remy Martin Club）、轩尼诗 XO（Hennessy XO）、马爹利 XO（Martell XO）、人头马 XO（Remy Martin XO）、卡慕 XO（Camus XO）、馥华诗 XO（Courvoisier XO）、人头马路易十三（Remy Martin Louis XⅢ）、天堂轩尼诗（Hennessy Paradise）、天堂马爹利（Martell Paradise）、金路易拿破仑（Louis D'or Napoleon）等。VSOP 以下级别的干邑白兰地杂牌较多，质量也参差不齐。

知识链接

白兰地名品

2. 雅邑白兰地（Armagnac Brandy）

仅次于干邑白兰地的是雅邑白兰地。雅邑位于干邑南部，在法国西南部的热尔省境内，以产深色白兰地驰名。雅邑虽没有干邑著名，但风格与其很接近。雅邑白兰地酒体呈琥珀色，发黑发亮，因为贮存时间较短，所以口味烈。陈年的雅邑白兰地酒香袭人，风格稳健沉着，醇厚浓郁，回味悠长，留杯许久，酒度约为 43 度。雅邑也是受法国法律保护的白兰地品种。只有雅邑当地产的白兰地才可以在商标上冠以“Armagnac”字样。雅邑白兰地的名品有：卡斯塔浓（Castagnon）、夏博（Chabot）、珍尼（Janneau）、索法尔（Sauval）、桑卜（Semp）。

3. 广义白兰地（杂果蒸馏酒）

杂果蒸馏酒属于广义上的白兰地。许多水果都可以蒸馏成酒，但其产量和知名度远比不上葡萄蒸馏酒，知名的有苹果蒸馏酒、梨蒸馏酒、龙胆蒸馏酒、樱桃蒸馏酒、杏蒸馏酒、蓝李蒸馏酒、黄李蒸馏酒、覆盆子蒸馏酒等。

4. 其他国家和地区生产的白兰地

法国白兰地。法国白兰地是指除干邑、雅邑以外的法国其他地区生产的白兰地，与其他国家的白兰地相比，品质上乘。

西班牙白兰地。除法国以外，西班牙白兰地也很不错。有些西班牙白兰地是用雪利酒蒸馏而成的，还有些是用各地产的葡萄酒蒸馏混合而成的。西班牙白兰地在味道上与干邑和雅邑有显著的不同，味较甜且带土壤味。

美国白兰地。美国白兰地大部分产自加利福尼亚州，是以当地产的葡萄为原料，发酵蒸馏至约 42 度，贮存在白色橡木桶中至少两年而制成的。

除此之外，葡萄牙、秘鲁、德国、希腊、澳大利亚、南非、以色列、意大利和日本等国也生产优质白兰地。

（四）白兰地的饮用与服务

比较讲究的白兰地饮用方法是净饮，即用白兰地杯（见图 3－3 左图），并另外用水杯配一杯冰水，品尝时用手掌握住白兰地杯杯壁，让手掌的温度经过酒杯稍微温暖一下白兰地，让其香味挥发，充满整个酒杯。容量为 8 盎司的白兰地杯只需倒入 1 盎司白兰地酒，边闻边喝，只有这样才能真正地享受饮用白兰地的奥妙。冰水的作用是：每喝完一小口白兰地，喝一口冰水，这样可使下一口白兰地的味道更香醇。

（白兰地杯）　　（柯林杯）

图 3－3　白兰地杯和柯林杯

英国人喝白兰地喜欢加水，中国人则多喜欢加冰，但这只限于喝一般品牌的白兰地。对于陈年上佳的干邑白兰地来说，加水、加冰是浪费了几十年的陈化时间，使酒丢失了香甜浓醇的味道。

白兰地也可以与其他软饮料混合在一起喝。例如：白兰地加可乐，一般采用柯林杯（见图 3－3 右图），放半杯冰块、1 盎司白兰地、6 盎司可乐，并用酒吧匙搅拌一下。

三、威士忌

威士忌（Whisky）一词源于古代居住在爱尔兰和苏格兰高地的凯尔特人的语言。在不同的国家，威士忌的写法也有差异，在爱尔兰和美国写成 Whiskey，而在苏格兰和加拿大则写成 Whisky。

（一）威士忌的产地与名品

早期，威士忌大多是用麦芽酿造的，直至 19 世纪 30 年代才诞生了用玉米、燕麦等其他谷类所酿造的威士忌。到了 19 世纪 60 年代，威士忌的酿造又出现了一个新的转折点，人们学会了用掺杂法来酿造威士忌。掺杂法酿造威士忌的出现使世界各国的威士忌家族更加壮大。许多国家和地区都建起了生产威士忌的酒厂，生产的威士忌酒更是种类齐全、花样繁多，最著名且最具代表性的有苏格兰威士忌、爱尔兰威士忌、美国威士忌、加拿大威士忌以及日本威士忌五大类。

1. 苏格兰威士忌

苏格兰威士忌在苏格兰有四个生产区域，即高地（High Land）、低地（Low Land）、坎贝尔敦（Campbeltown）和艾雷岛（Islay）。这四个区域生产的威士忌各有其独特风格。

苏格兰威士忌的配制须经六道工序：将大麦浸水发芽→烘干、搅拌麦芽→入槽加水糖化→入桶加酵母发酵→两次蒸馏→陈酿、混合。调制的苏格兰威士忌，则是由麦芽威士忌为其提供香味和特色。谷物威士忌的酒味较淡，酿藏时间也较短。调和后的威士忌口味比较粗劣，仍须注入橡木桶中贮存、陈酿。在酿制苏格兰威士忌过程中，须将浸水的麦芽置于泥煤上烤干，所以成品酒均含有烟熏味。在贮存过程中，酒中粗劣的味道逐渐被橡木桶吸收，木桶的颜色也慢慢渗入酒中，因而成品酒的颜色呈淡琥珀色。苏格兰威士忌必须贮存 5 年以上方可饮用，普通的成品酒须贮存 7 ～ 8 年，醇美的威士忌须贮存 10 年以上。通常贮存 15 ～ 20 年的威士忌是最优质的，这时的酒色、香味均属上乘。贮存超过 20 年的威士忌，酒质会逐渐变坏，但装瓶以后，则可保持酒质长久不变。

苏格兰威士忌具有独特的风格，它的色泽棕黄带红、清澈透明，气味焦香、略带烟熏味，口感甘洌、醇厚、劲足、圆正、绵柔，酒度一般在 40 ～ 43 度。衡量苏格兰威士忌的重要标准是嗅觉的感受，即酒香气味。

苏格兰威士忌分为纯威士忌和混合威士忌两大类。纯威士忌是以一种原料加工酿制而成的，通常是指纯麦威士忌；混合威士忌通常是指谷物威士忌和兑和威士忌。

（1）纯麦威士忌。纯麦威士忌是以在露天泥煤上烘烤的大麦芽为原料，经发酵后，用罐式蒸馏器蒸馏，然后装入特别的木桶（由美国出产的一种白橡木制成，内壁须经火烤炙后才能使用）中陈酿，装瓶前加以稀释，酒度在 40 度以上。大多数人认为，纯麦威士忌的泥煤味太浓，令人难以接受。较著名的纯麦威士忌品牌有：格兰菲迪（Glenfiddich）、汤玛丁（Tomatin）、格兰威特（Glenlivet）、麦卡伦（Macallan）、高原骑士（Highland Park）、云顶（Springbank）。

（2）谷物威士忌。谷物威士忌以燕麦、小麦、黑麦、玉米等谷物为主料，口味较平淡，多用于勾兑其他威士忌酒，很少零售。

（3）兑和威士忌。兑和威士忌是用纯麦威士忌、谷物威士忌或食用酒精勾兑而成的混合威士忌。例如，在英国名气很大、产量较高的威士忌品牌尊尼获加（Johnnie Walker），其成品是由 40 种不同的原酒样品勾兑而成的。经勾兑混合并贮存若干年的威士忌，烟熏味被冲淡，香味更加诱人。这是苏格兰威士忌的精华所在。

知识链接

苏格兰威士忌名品

兑和威士忌通常有普通和高级之分。一般而言，纯麦威士忌用量占比在 50%～80%，为高级兑和威士忌。如果谷物威士忌所占的比重大于纯麦威士忌，则为普通威士忌。高级威士忌兑和后要在橡木桶中贮存 12 年以上，而普通威士忌在兑和后贮存 8 年左右即可出售。

普通威士忌名品有：百龄坛特醇（Ballantine's Finest）、金铃喜乐（Bell's）、尊尼获加红方（Johnnie Walker Red Lable）、白马（White Horse）、龙津（Long John）、珍宝（J&B）、顺风（Cutty Sark）、威使 69（Vat 69）、威雀（The Famous Grouse）等。

高级威士忌名品有：金玺百龄坛（Ballantine's Gold Seal）、百龄坛 30 年（Ballantine's 30 Years）、百龄坛 17 年（Ballantine's 17 Years）、添宝 15 年（Dimple 15 Years）、格兰（Grant's）、尊尼获加黑方（Johnnie Walker Black Lable）、欧伯（Old Parr）、芝华士（Chivas Regal）、皇家礼炮（Royal Salute）等。

2. 爱尔兰威士忌

根据资料，爱尔兰制造威士忌至少已有 700 年的历史了。还有一些专家和权威人士认为，蒸馏技术起源于爱尔兰，而后传到苏格兰。

爱尔兰威士忌是以 80% 的大麦为主要原料，混以小麦、黑麦、燕麦、玉米等配料，制作工序与苏格兰威士忌大致相同，但不像苏格兰威士忌那样要进行复杂的勾兑。另外，爱尔兰威士忌在口味上没有那种烟熏味道，是因为在熏麦芽时所用的不是泥煤而是无烟煤。爱尔兰威士忌陈酿时间一般为 8～15 年，成熟度也较高，因此口味较绵长柔润，并略带甜味。其蒸馏酒液一般高达 86 度，用蒸馏水稀释后陈酿，装瓶出售时酒度为 40 度左右。

爱尔兰威士忌的名品有：约翰·波尔父子（John Power & Son）、老布什米尔（Old

Bushmills)、约翰·詹姆森父子（John Jameson & Son)、帕蒂（Paddy)、图拉多（Tullamore Dew）等。

爱尔兰威士忌口味比较醇和、适中，很少用于净饮，一般用作鸡尾酒的基酒。比较著名的爱尔兰咖啡就是一款以爱尔兰威士忌为基酒的热饮。其制法是：先用酒精炉把杯子温热，倒入少量的爱尔兰威士忌，然后用火把酒点燃，转动杯子使酒液均匀地涂于内壁上，加糖、热咖啡搅拌均匀，最后在咖啡上加上鲜奶油，同一杯冰水配合饮用。

3. 美国威士忌

美国威士忌与苏格兰威士忌在制法上相似，但所用的谷物不同，蒸馏出的酒精纯度也比苏格兰威士忌低一些。美国威士忌中最著名的当属波本威士忌。波本是美国肯塔基州的一个地名。波本威士忌并不意味着必须生产于肯塔基州波本镇。美国法律规定，只要符合以下三个条件，都可以用此名：第一，酿造原料中，玉米至少占 51%；第二，蒸馏出的酒度在 40 ～ 80 度；第三，将酒度在 40 ～ 62.5 度的威士忌贮存在新制烧焦的橡木桶中，贮存期在 2 年以上。因此，伊利诺伊、印第安纳、俄亥俄、宾夕法尼亚、田纳西和密苏里等州也出产波本威士忌。

美国威士忌的名品有：美格（Maker's Mark)、天高（Ten High)、四玫瑰（Four Roses)、杰克·丹尼（Jack Daniel's)、施格兰（Seagram's)、老祖父（Old Grand Dad)、老乌鸦（Old Crow)、老林官（Old Forester)、威凤凰（Wild Turkey)、爱威廉斯（Evan Williams)、金宾（Jim Beam）等。

美国威士忌的饮用方法与苏格兰威士忌大致相同，有时也加可乐兑饮。

知识链接

美国威士忌名品

4. 加拿大威士忌

加拿大威士忌在国外比国内更有名气，它的原料构成受到加拿大法律的制约。其主要酿制原料为玉米、黑麦，再掺入其他一些谷物原料，但没有一种谷物占比超过 50%，并且各个酒厂都有自己的保密配方。加拿大威士忌酒色棕黄，酒香芬芳，口感轻快爽适，酒体丰满，以淡雅的风格著称。

加拿大威士忌的名品有：加拿大俱乐部（Canadian Club)、辛雷（Schenley)、加拿大之家（Canadian House）等。

加拿大威士忌在餐前或餐后均可饮用，可纯饮，也可兑入可乐或汽水饮用。

知识链接

加拿大威士忌名品

5. 日本威士忌

日本威士忌师承苏格兰威士忌，口味较苏格兰威士忌轻柔，更贴近东方人口味。第一批日本威士忌的制酒者在苏格兰接受培训，之后把学到的知识带到了传统的日本清酒酿造业。日本北部的北海道地貌和苏格兰高地很相似，也有泥炭沼泽地，绵延的山脉，流过花岗岩的清冽、纯净的溪水。日本最大的威士忌酒业公司之一三得利（Suntory）在京都附近的山崎及本州的白州和沼津地区都有酒厂。三得利酿造的威士忌大多数供应日本国内，只有小部分出口；日本另一家生产威士忌的公司——日光（Nikka），生产两种单一麦芽威士忌：日光（Nikka）和余市（Yoichi）。

知识链接

日本威士忌名品

（二）威士忌的饮用与服务

威士忌为烈性酒，酒精含量达 40% ～ 43%。其饮用方法灵活多样，除可直接饮用外，还可加入汽水、冰或其他饮料，如混合苏打水等，也可加绿茶、切碎的柠檬片等作为配料（在西欧及日本盛行的饮用方法）。优质威士忌加水稀释后，香型不变，澄清透明。不同的饮用方法所适用的酒杯亦不相同，净饮、加冰时通常使用古典杯（见图 3 - 4），这种宽大而不深的平底杯，更利于表现威士忌粗犷豪迈的风格。混合各种汽水（如苏打水）饮用时，则可用柯林杯，加入 1 盎司威士忌及适量汽水和冰块。

图 3 - 4　古典杯

四、金酒

金酒（Gin）有许多称呼，我国香港、广东地区称之为毡酒，我国台湾地区称之为琴酒，又因其含有特殊的杜松子味道，所以又被称为杜松子酒。

金酒诞生于 17 世纪中叶，是由荷兰莱顿大学的医学教授弗朗西斯 · 西尔维斯首创的，最初是作为利尿、清热的药剂使用。不久人们发现这种利尿剂香气和谐、口味协调、醇和温雅、酒体洁净，具有净、爽的自然风格，于是很快将之作为正式的酒精饮料饮用。金酒的怡人香气主要来自具有利尿作用的杜松子。金酒不用陈酿，但也有的厂家将原酒放到橡木桶中陈酿，从而使酒液略带金黄色。金酒的酒度一般在 35 ～ 55 度，酒度越高，质量越好。

（一）金酒的分类

按口味风格，金酒可分为辣味金酒（干金酒）、老汤姆金酒（加甜金酒）、荷兰金酒和果味金酒（芳香金酒）四种。辣味金酒质地较淡、清凉爽口、略带辣味，酒度通常在 40 ～ 48 度；老汤姆金酒是在辣味金酒中加入 2% 的糖分，使其带有怡人的甜辣味；荷兰金酒除了具有浓烈的杜松子气味外，还具有麦芽的芬芳，酒度通常在 50 ～ 55 度；果味金酒是在干金酒中加入成熟的水果和香料，如柑橘金酒、柠檬金酒、姜汁金酒等。

（二）金酒的名品

比较著名的金酒有荷式金酒、英式金酒和美式金酒。

1. 荷式金酒

荷式金酒产于荷兰，主要的产区集中在斯希丹一带，是荷兰人的国酒。荷式金酒以大麦芽与裸麦等为主要原料，配以杜松子酶为调香材料，经发酵后蒸馏三次获得谷物原酒，然后加入杜松子香料再蒸馏，最后将蒸馏而得的酒贮存于玻璃槽中待其成熟，包装时再稀释装瓶。荷式金酒色泽透明清亮，酒香味突出，香料味浓重，辣中带甜，风格独特，无论是纯饮或加冰都很爽口，酒度在 52 度左右。因香味过重，荷式金酒只适于纯饮，不宜做混合酒的基酒，否则会破坏配料的香味。

荷式金酒在装瓶前不可贮存过久，以免杜松子氧化而使酒味变苦，而装瓶后则可以长时间保存而不降低质量。荷式金酒常装在长形陶瓷瓶中出售。新酒叫 Jonge，陈酒叫 Oulde，老陈酒叫 Zeet Oulde。荷式金酒的著名品牌有：亨克斯（Henkes）、波士（Bols）、波克马（Bokma）、邦斯马（Bomsma）、哈瑟坎坡（Hasekamp）。

2. 英式金酒

英式金酒的生产过程比荷式金酒简单，它用食用酒糟和杜松子及其他香料共同蒸馏而得干金酒。干金酒因为酒液无色透明，气味奇异清香，口感醇美爽适，既可单饮，又可与其他酒混合配制或作为鸡尾酒的基酒，所以深受人们的喜爱。英式金酒属淡体金酒，意思是指不甜、不带原酒体味的金酒，口味与其他酒相比，比较淡雅。

英式金酒的种类有：干金酒（Dry Gin）、特干金酒（Extra Dry Gin）、极干金酒（Very Dry Gin）、伦敦干金酒（London Dry Gin）和英国干金酒（English Dry Gin）。英式金酒的著名品牌有：必富达（Beefeater）、哥顿（Gordon's）、杰彼斯（Gilbey's）、仙蕾（Schenley）、添加利（Tangueray）、伊丽莎白女王（Queen Elizabeth）、老女士（Old Lady's）、老汤姆（Old Tom）等。

3. 美式金酒

美式金酒为淡金黄色，因为与其他金酒相比，它要在橡木桶中陈放一段时间。美式金酒主要有蒸馏金酒和混合金酒两大类。通常情况下，美国的蒸馏金酒在瓶底部标有字母“D”，这是美国蒸馏金酒的特殊标志。

知识链接

金酒名品

4. 其他国家的金酒

金酒的主要产地除荷兰、英国、美国以外，还有德国、法国、比利时等国家。比较常见和知名的金酒品牌有：德国的辛肯哈根（Schinkenhager）、西利西特（Schlichte）、多客（Doornkaat），比利时的布鲁克人（Bruggman）、菲利埃斯（Filliers）、弗兰斯（Fryns）、海特（Herte）、康坡（Kampe）、万达姆（Vanpamme），法国的克丽森（Claessens）、罗斯（Loos）、拉弗斯卡德（Lafoscade）。

（三）金酒的饮用与服务

荷式金酒主要用于餐前或餐后单饮。英式金酒广泛用于调制鸡尾酒：净饮时，先将1盎司的金酒加少量冰块搅匀，滤入鸡尾酒杯，加一片柠檬；加冰饮用时，在古典杯中加冰块和1盎司金酒，加一片柠檬；亦可选用柯林杯，与苏打水、汤力水混合饮用。

五、伏特加

伏特加（Vodka）源于俄文，意为“生命之水”，约14世纪时成为俄罗斯传统饮用的蒸馏酒。在波兰，也很早就有饮用伏特加的记录。

（一）伏特加的工艺

伏特加以谷物或马铃薯为原料，经过蒸馏酒度高达95度，再用蒸馏水淡化至40～60度，并经过活性炭过滤，使酒质更加晶莹澄澈，无色且清淡爽口，使人感到不甜、不苦、不涩，只有烈焰般的刺激，形成伏特加独具一格的特色。因此，在各种调制鸡尾酒的基酒之中，伏特加是最具灵活性、适应性和变通性的一种酒。

（二）伏特加的产地

俄罗斯是生产伏特加的主要国家，德国、芬兰、波兰、美国、日本等国也都能酿制优质的伏特加。第二次世界大战后，由于俄罗斯制造伏特加的技术传到了美国，因此美国也一跃成为生产伏特加的大国之一。

知识链接

伏特加名品

（三）伏特加的分类

伏特加分为两大类：一类是无色、无杂味的上等伏特加；另一类是加入各种香料的普通伏特加。

（四）伏特加的名品

较著名的伏特加品牌有：俄罗斯的波尔斯卡亚（Bolskaya）、哥丽尔卡（Gorilka）、斯大卡（Starka）、苏连绿（Moskovskaya）、苏连红（Stolichnaya），波兰的维波罗瓦（Wyborowa），芬兰的芬兰牌（Finlandia），美国的斯米诺（Smirnoff）、沙莫瓦（Samovar），英国的哥萨克（Cossack），法国的弗劳斯卡亚（Voloskaya），瑞典的绝对（Absolut）等。

（五）伏特加的饮用与服务

伏特加通常以常温饮用，快饮（干杯）是其主要饮用方式，所以伏特加出品时量不会很大，标准用量为每位顾客1.5盎司，一般用容量较小的烈酒杯饮用，也可用利口酒杯替代（见图3-5）。加冰饮用时多选用容量大一些的古典杯。伏特加可作佐餐酒或餐后酒。净饮时，常备一杯冰水。许多人喜欢冰镇后干饮伏特加，仿佛冰溶化于口中，继而转化成一股火焰般的热烈。

（烈酒杯） （利口酒杯）

图3-5 伏特加的载杯

六、朗姆酒

（一）朗姆酒的原料及生产工艺

朗姆酒（Rum），又译为罗姆酒、兰姆酒，是一种以甘蔗汁或甘蔗制糖的副产品——废糖蜜为原料，经过发酵、蒸馏、陈酿而制成的蒸馏酒。朗姆酒的主要特征是具有甘蔗香气。

朗姆酒的主要生产方法是将甘蔗汁或废糖蜜（需加水稀释）加入石灰乳容器中，加热处理后，再经过滤或离心分离除去沉淀物，所得澄清糖液使用专用酵母菌进行发酵。有些朗姆酒品种，在发酵液中适量添加丁酸菌，发酵其中残余糖分，并产生芳香物质，以改善酒的香气和风味。发酵完毕的发酵液，用特制的蒸馏设备蒸馏取酒。新蒸出的酒，酒质粗糙，香气欠佳，需装入橡木桶中贮存。贮存时，酒将橡木中的单宁溶解，同时，酒中的有机化合物发生氧化、酯化、聚合等作用。这些变化都能促进酒的自然老熟，使酒的色、香、味俱佳，形成独特的风格。贮存到期的酒，需加纯水稀释，再经勾兑、调色、调香、调味、过滤等工序，检验合格后方可装瓶出厂。

（二）朗姆酒的产地

朗姆酒产于盛产甘蔗及蔗糖的地区，如牙买加、古巴、海地、多米尼加、波多黎各、圭亚那等国家，其中以牙买加、古巴生产的朗姆酒最有名。

（三）朗姆酒的分类

朗姆酒按口味可分为淡朗姆酒、中性朗姆酒和浓朗姆酒三类。淡朗姆酒无色，味道清淡，是鸡尾酒基酒和兑和其他饮料的原料。生产中性朗姆酒时，加水在糖蜜上使其发酵，然后仅取出浮在上面的澄清的汁液蒸馏、陈化，出售前用淡朗姆酒或浓朗姆酒兑和至合适程度。浓朗姆酒在生产过程中，先让糖蜜放 2 ~ 3 天发酵，然后加入蒸馏留下的残渣或甘蔗渣，使其再次发酵。有的要加入其他香料汁液，放在单式蒸馏器中，蒸馏出来后，注入内侧烤过的橡木桶中贮存数年。

朗姆酒按颜色可分为白朗姆酒、金朗姆酒、黑朗姆酒。白朗姆酒是指无色或淡色的朗姆酒，又叫银朗姆酒，制造时将入桶陈化后的原酒经过活性炭过滤，除去杂味。金朗姆酒是介于白朗姆酒和黑朗姆酒之间的朗姆酒，通常用两种酒混合调制而成。黑朗姆酒呈浓褐色，实际上是浓朗姆酒，通常用于制作点心。

知识链接

朗姆酒名品

（四）朗姆酒的名品

朗姆酒的名品有：美雅士（Myers's）、百加得（Bacardi）、摩根船长（Captain Morgan）、唐 Q（DonQ）、郎立可（Ronrico）、老牙买加（Old Jamaica）、皇家高鲁巴（Coruba Royal）。

（五）朗姆酒的饮用与服务

在生产朗姆酒的国家，人们多喝纯的、未经过任何调和的朗姆酒，这是因为人们认为朗姆酒的独特风味是要直接品尝的。在美国，人们更多地用朗姆酒来调制鸡尾酒，很少净饮。因为烧焦的蔗糖有强烈的香味，所以朗姆酒也经常用于制作糕点、糖果、冰激凌以及作为法式菜肴的调味酒。朗姆酒饮用时还可加冰、加水、加可乐。

七、特基拉酒

特基拉（Tequila）是墨西哥的一个小镇，特基拉酒因此得名。

（一）特基拉酒的原料及生产工艺

特基拉酒也称为龙舌兰酒，是因为此酒的原料很特别，以龙舌兰为原料。龙舌兰是一种仙人掌科的植物。制作特基拉酒的龙舌兰通常要生长 12 年，待成熟后割下送至酒厂，再被割成两半，泡洗 24 小时；然后榨出汁来，汁水加糖送入发酵柜中发酵 2 ~ 3 天；经两次蒸馏，酒精纯度高达 52 ~ 53 度，此时的酒香气突出，口味凶烈；最后放入橡木桶陈酿。陈酿时间不同，酒的颜色和口味差异很大。银白色酒贮存期最多 3 年，金黄色酒贮存期可达 4 年，特级特基拉需要更长的贮存期。装瓶时酒度要稀释至 40 ~ 50 度。特基拉酒的口味凶烈，香气很独特。

（二）特基拉酒的名品

特基拉酒的名品有：白金武士（Conquistador）、豪帅快活（Jose Cuervo）、奥美加

(Olmeca)、索查（Sauza)、欧雷（Ole)、培恩（Patron Anejo)。

知识链接

特基拉酒名品

（三）特基拉酒的饮用与服务

特基拉酒是墨西哥的国酒。墨西哥人对此酒情有独钟，品饮方式也很独特，常用于净饮。桑格丽塔（一种红色辣味汁)、切成小块的绿色柠檬和盐是特基拉酒的必备“伴侣”。饮用时，要备两个细高的圆形小酒杯，分别斟满特基拉酒和桑格丽塔。左手虎口上放一点盐，饮一口特基拉酒，吮一下柠檬，舔一点盐，再饮一点桑格丽塔。如果招待客人，主人还要和客人喝交杯酒，以示对客人的真诚。另外，特基拉酒也常作为鸡尾酒的基酒。

任务三　配制酒

配制酒是一个比较复杂的酒品系列，它的诞生晚于其他单一酒品，但发展很快。配制酒主要有两种配制工艺：一种是在酒和酒之间进行勾兑配制，另一种是将酒与非酒精物质（包括液体、固体和气体）进行勾兑配制。

配制酒的酒基可以是原汁酒，也可以是蒸馏酒，还可以两者兼而用之。配制酒较有名的产地也是欧洲主要产酒国，其中以法国、意大利、匈牙利、希腊、瑞士、英国、德国、荷兰等国的产品最为有名。

配制酒的品种繁多，风格各有不同，划分类别比较困难，较流行的分类法是将配制酒分为开胃酒（Aperitif)、甜食酒（Dessert Wine)、利口酒（Liqueur）三大类。

一、开胃酒

开胃酒的概念是比较含糊的。随着人们饮酒习惯的演变，开胃酒逐渐被专指为以葡萄酒和某些蒸馏酒为主要原料的配制酒，如味美思酒（Vermouth)、比特酒（Bitter)、茴香酒（Anise）等。开胃酒广义上是指在餐前饮用的能增加食欲的所有酒精饮料，狭义上专指以葡萄酒基或蒸馏酒基为主的有开胃功能的酒精饮料。

（一）味美思酒

味美思是 Vermouth 的音译，是指一种叫苦艾的植物。味美思酒的主要成分有两类：一类是葡萄酒，约占 80%，以干白葡萄酒为酒基；另一类是各种各样的配制香料，如蒿属植物、金鸡纳树皮、鸢尾草、小茴香、豆蔻、龙胆、牛至、安息香、可可豆、生姜、芦荟、桂皮、白芷、春白菊、丁香、苦橘、风轮菜、鼠尾草、接骨木、百里香、香草、玫瑰花、杜松子、苦艾、海索草等。

知识链接

味美思名品

常见的味美思有红味美思、白味美思和干味美思。意大利味美思酒名品有：仙山露（Cinzano）、马天尼（Martini）、千霞（Gancia）、卡帕诺（Carpano）、瑞卡多娜（Riccadonna）。法国味美思酒名品有：香百丽（Chambery）、杜瓦尔（Duval）、乐华里（Noilly Prat）。

（二）比特酒

比特酒从古药酒演变而来，种类繁多，有清香型也有浓香型，有淡色也有深色，有含酒精的也有不含酒精的。但不管是哪种比特酒，苦味和药味是它们的共同特征。用于配制比特酒的调料主要是带苦味的草卉和植物的茎、根与表皮，如龙胆皮、苦橘皮、柠檬皮等。

较有名气的比特酒主要产自意大利、法国、特立尼达和多巴哥、荷兰、英国、德国、美国、匈牙利等国。著名的比特酒有：

金巴利（Campari），产自意大利，由苦橘皮和其他草药配制而成，酒液呈棕红色，药味浓郁，口感微苦，酒度约 26 度。

西娜尔（Cynar），产自意大利，由蓟和其他草药浸泡于酒中配制而成，蓟味浓，微苦，酒度约 17 度。

菲奈特·布兰卡（Fernet Branca），产自意大利，以多种草木、根茎植物为原料调配而成，味很苦，号称“苦酒之王”，但药用功效显著，尤其适用于醒酒和健胃，酒度约 40 度。

苦彼功（Amer Picon），产自法国，配制原料主要有金鸡纳树皮、苦橘皮和其他多种草药，酒液酷似糖浆，以苦著称，饮用时只用少许，再掺和其他饮料共饮，酒度约 21 度。

知识链接

比特酒名品

苏滋（Suze），产自法国，配制原料是龙胆草的根块，酒液呈橘黄色，口味微苦、甘润，糖分约占 20%，酒度约 16 度。

杜本内（Dubonnet），产自法国，主要采用金鸡纳树皮，浸于白葡萄酒，再配以其他草药制作而成。杜本内酒色深红，药香突出，苦中带甜，风格独特，有红、黄、干三种类型，以红杜本内最出名，酒度约 16 度。

安高天娜（Angostura），产自特立尼达和多巴哥，以朗姆酒为基酒，以龙胆草为主要调制原料。酒液呈褐红色，药香悦人，口味微苦但十分爽适，在拉美国家深受喜爱，酒度约 44 度。

（三）茴香酒

知识链接

茴香酒名品

茴香酒实际上是用茴香油和蒸馏酒配制而成的酒。茴香油中含有大量的苦艾素。45 度以上的酒精可以溶解茴香油。茴香油一般从八角茴香和青茴香中提取，八角茴香油多用于制作开胃酒，青茴香油多用于制作利口酒。

法国茴香酒较为有名。酒液视品种不同而呈不同色泽，一般都有较好的光泽，茴香味浓厚，馥郁迷人，口感不同寻常，味重而又刺激，酒度在 25 度左右。著名的法国茴香酒品牌有：力加（Ricard）、巴斯的士（Pastis）、保乐（Pernod）、白羊倌（Perger Blanc）等。

开胃酒可以净饮，或者加冰和柠檬片饮用，也可以与汽水、果汁等混合作为餐前饮料，还可用来制作多种鸡尾酒。

二、甜食酒

西餐中的最后一道菜一般是甜点或水果，佐餐的酒也是口味较甜的，常以葡萄酒基为主体进行配制。但甜食酒与利口酒有明显区别，后者虽然也是甜酒，但它的主要酒基一般是蒸馏酒。甜食酒的主要生产国有葡萄牙、西班牙、意大利、希腊、匈牙利、法国等。

（一）波尔图酒

波尔图酒（Porto）产于葡萄牙杜罗河一带，在波尔图港进行储存和销售。波尔图酒是用葡萄原汁酒与葡萄蒸馏酒勾兑而成的，有白和红两类。白波尔图酒有金黄色、草黄色、淡黄色之分，是葡萄牙人和法国人喜爱的开胃酒。红波尔图酒作为甜食酒在世界上享有很高的声誉，有黑红、深红、宝石红、茶红四种，统称为色酒（Tinto）。红波尔图酒的香气浓郁芬芳，果香和酒香协调，口味醇厚、鲜美、圆润，有甜、半甜、干三种类型。

波尔图酒在市场上分三个品种销售：青大（Quintas）、佳酿（Vintages）、陈酿（LBV）。波尔图酒的名品有：库克本（Cookburn）、克罗夫特（Croft）、道斯（Dow's）、方瑟卡（Fonseca）、席尔瓦（Silva）、桑德曼（Sandeman）、华莱仕（Warre's）、泰勒（Taylor's）。

（二）雪利酒

雪利酒（Sherry）原产于西班牙的赫雷斯，分为菲奴（Fino）和欧罗素（Oloroso）两大类，其他品种均为这两类的变型品种。

菲奴颜色淡黄，是雪利酒中色泽最淡的，它香气精细优雅，口味甘冽、清新、爽快，给人以清新之感，就像新苹果刚摘下来时的香气一样，十分悦人。

欧罗素与菲奴有所不同，是强香型酒。它呈黄棕红色，透明晶亮，香气浓郁扑鼻，口味浓烈、柔绵，酒体丰满，具有典型的核桃仁香味，越陈越香。

雪利酒的名品有：克罗夫特（Croft）、多默（Domecq）、威灵顿公爵（Duke Wellington）、杜夫·哥顿（Duff Gordon）、山地文（Sandeman）、敖司堡（Osborne）、索雷拉（Solera）、蒙的亚（Montilla）。

（三）马德拉酒

马德拉酒（Madeira）原产于大西洋东部的马德拉岛，用当地生产的葡萄酒和葡萄烧酒为基本原料勾兑而成，十分受人喜爱。马德拉酒是上好的开胃酒，也是世界上屈指可数的优质甜食酒。

知识链接

甜食酒名品

马德拉酒分为四大类：舍西亚尔（Sercial）、华帝露（Verdelho）、布尔（Bual）、玛尔维萨（Malvasia）。

马德拉酒的名品有：伯爵（Borges）、巴贝都王冠（Crown Barbeito）、利高克（Leacock）、弗兰卡（Franca）等。

三、利口酒

利口酒是一类以蒸馏酒为基酒，配制各种调香物，并经甜化处理的酒精饮料。利口酒也称“甜酒”，它具有三个显著的特征：调香物只采用浸制或兑制的方法加入基酒内，不做任何蒸馏处理；甜味来自食糖或糖浆；大多在餐后饮用。利口酒的酒度比较高，一般为 20 ～ 45 度。调香物质有果类、草类和植物种子类等。

（一）果类利口酒

可用来配制果类利口酒的果类有很多，如菠萝、香蕉、草莓、覆盆子、橘子、柠檬、李子、柚子、桑葚、椰子、甜瓜等。果类利口酒一般采用浸泡法酿制，其突出的风格是口味清爽新鲜。

1. 库拉索酒（Curacao）

库拉索酒产于库拉索岛，该岛位于加勒比海南部。库拉索酒是由橘子皮调香浸制而成的利口酒，有无色透明的，也有呈粉红色、绿色、蓝色的，橘香悦人，香馨优雅，味微苦但十分爽适，酒度在 25 ～ 35 度，比较适合作为餐后酒或用于配制鸡尾酒。

2. 柑曼怡酒（Grand Marnier）

柑曼怡酒产于法国干邑地区，是用苦橘皮浸制成“橘精”调香配制而成的果类利口酒。柑曼怡酒是库拉索酒的仿制品。

3. 库舍涅橘酒（Cusenier Orange）

库舍涅橘酒产于法国，配制原料是苦橘皮和甜橘皮。库舍涅橘酒也是库拉索酒的仿制品，风格与库拉索酒相仿，酒度在 40 度左右。

4. 君度酒（Cointreau）

君度酒在世界上很有名气，产量较大，主要由法国和美国的君度酒厂生产。君度酒用苦橘皮和甜橘皮浸制而成，也是库拉索酒的仿制品，酒度在 40 度左右，较适于作为餐后酒和兑水饮料。

5. 马拉希奴酒（Maraschino）

马拉希奴酒以樱桃为配料，先将樱桃带核制成樱桃酒，再兑入蒸馏酒，配制成利口酒。马拉希奴酒有两个牌号：一个叫 Luxado，另一个叫 Drioli，它们都具有浓郁的果香，口味醇美甘甜，酒度在 25 度左右，属精制利口酒，适于餐后饮用或配制鸡尾酒。

6. 利口杏酒（Liqueurs d’abricots）

杏是利口酒极好的配料，可以直接浸制，也可以先制成杏酒，再兑白兰地，酒度在 20 ～ 30 度。世界上较有名的利口杏酒有匈牙利的凯克斯克麦特（Kecskmet）、法国的加尼尔杏酒（Abricotine Garnier）。

7. 卡悉酒（Cassis）

卡悉酒又名黑加仑酒，产于法国第戎一带，酒呈深红色，乳状，果香优雅，口味甘润，维生素 C 的含量十分丰富，是利口酒中极富营养的饮品。卡悉酒酒度在 20 ～ 30 度，适于餐后饮用或配制鸡尾酒等。卡悉酒的名品有：第戎卡悉（Cassis de Dijon）、博恩卡悉（Cassis de Beaune）、悉斯卡（Sisca）、超级卡悉（Super Cassis）等。

（二）草类利口酒

草类利口酒的配制原料是草本植物，制酒工艺较为复杂，有点秘传色彩，神秘莫测。生产者对其配方严加保密，人们只能了解其中的大概情况。

1. 查特酒（Chartreuse）

查特酒，又称修道院酒，是法国修士发明的一种驰名世界的配制酒，目前仍然由法国伊泽尔省的卡尔特教团大修道院所生产，其秘方至今仍掌握在修士们的手中。经分析和综合推测，该酒以葡萄蒸馏酒为基酒，浸制130余种阿尔卑斯山山区的草药，其中有虎耳草、风铃草、龙胆草等，再配兑以蜂蜜等原料，成酒须陈酿3年以上，有的长达12年。查特酒中最有名的叫查特绿酒（Chartreuse Verte），酒度在55度左右；其次是查特黄酒（Chartreuse Jaune），酒度在40度左右；陈酿绿酒（VEP Verte），酒度在54度左右；陈酿黄酒（VEP Jaune），酒度在42度左右；驰酒（Elixir），酒度在71度左右。查特酒是草类利口酒中一个主要品种，属特精制利口酒。

2. 修士酒（Bénédictine）

修士酒产于法国诺曼底地区，是一种很有名的利口酒。修士酒用葡萄蒸馏酒做酒基，用20多种草药调香，其中有海索草、蜜蜂花、当归、芫荽、丁香、肉豆蔻、茶叶、桂皮等，再掺兑糖液和蜂蜜，经过提炼、冲沏、浸泡、勾兑等工序制成。由于修士酒在世界市场上获得了很大成功，因此生产者又将修士酒和白兰地兑和，制出另一新产品，命名为B&B（Bénédictine & Brandy）。修士酒酒度约为43度，属特精制利口酒。

3. 衣扎拉酒（Izarra）

衣扎拉酒产于法国巴斯克地区，在巴斯克族语中，Izarra是"星星"的意思，所以衣扎拉酒又名巴斯克星酒。该酒调香以草类为主，也有果类和植物种子类。先用草料与蒸馏酒做成香精，再将其兑入浸有果料或种料的阿尔玛涅克酒液中，加入糖和蜂蜜，最后用番红花染色而成。衣扎拉酒有绿酒和黄酒之分，二者均属于特精制利口酒。

4. 马鞭草酒（Verveine）

马鞭草具有清香味和药用功能，用马鞭草浸制的利口酒是一种高级药酒。马鞭草酒主要有三个品种：马鞭草绿白兰地酒（Verveine Verte Brandy），酒度约为55度；马鞭草绿酒（Verveine Verte），酒度约为50度；马鞭草黄酒（Verveine Jaune），酒度约为40度。三者均属特精制利口酒。最有名的马鞭草利口酒是弗莱马鞭草酒（Verveine de Velay）。

5. 杜林标酒（Drambuie）

杜林标酒产于英国，是用草药、威士忌和蜂蜜配制成的利口酒，在美国也十分流行。

6. 乳酒（Crème）

乳酒是一种比较稠浓的利口酒。以草料调配的乳酒比较多，如薄荷乳酒、玫瑰乳酒、香草乳酒、紫罗兰乳酒、桂皮乳酒。

（三）种料利口酒

种料利口酒是以植物的种子为基本原料配制的利口酒。用来作为配料的植物种子有许多种，制酒者往往选用那些香味较强、含油量较高的坚果种子进行配制加工。

1. 茴香利口酒（Anisette）

茴香利口酒起源于荷兰的阿姆斯特丹，为地中海诸国最流行的利口酒之一。法国、意大利、西班牙、希腊、土耳其等国均生产茴香利口酒，其中以法国和意大利的最为有名。制法如下：先用茴香和酒精制成香精，再兑以蒸馏基酒和糖液，经过搅拌、冷处理、澄清即可制成，酒度在 30 度左右。茴香利口酒中最出名的品牌是玛丽·布利查（Marie Brizard），取自 18 世纪一位法国女郎的名字。

2. 顾美露（Kümmel）

顾美露的原料是一种野生的茴香，主要生长在北欧。顾美露主要产于荷兰和德国，较出名的顾美露品牌有：阿拉西（Allash，荷兰），波士（Bols，荷兰），弗金克（Fockink，荷兰），沃尔夫斯密德（Wolfschmidt，德国）。

3. 蛋黄酒（Advocaat）

蛋黄酒主要产于荷兰和德国，主要配料为鸡蛋黄和杜松子，香气独特，口味鲜美，酒度为 15 ～ 20 度。

4. 咖啡乳酒（Crème de Café）

咖啡乳酒主要产于咖啡生产国，原料是咖啡豆。制法如下：先烘焙、粉碎咖啡豆，再进行浸制和蒸馏，然后将不同的酒液进行勾兑，加糖处理，澄清过滤而成，酒度在 26 度左右。咖啡乳酒属于普通利口酒，较出名的品牌有：甘露（Kahlúa，墨西哥），添万利（Tia Maria，英国），必得利（Bardinet，法国），帕瑞泽（Parizot，法国）。

5. 可可乳酒（Crème de Cacao）

可可乳酒主要产于西印度群岛，原料是可可豆种子。制法如下：将可可豆烘焙、粉碎后浸入酒精中，取一部分直接蒸馏提取酒液，然后将这两部分酒液勾兑，再加入香草和糖浆制成。较出名的可可乳酒有：朱傲可可（Cacao Chouao）、亚非可可（Afrikoko）、可可利口（Liqueur de Cacao）。

6. 杏仁利口酒（Liqueurs d'amandes）

杏仁利口酒以杏仁和其他果仁为配料，酒液绛红发黑，果香突出，口味甘美。较出名的杏仁利口酒有：意大利苦杏酒，法国杏仁乳酒，英国杏仁酒。

调酒师经常用各种颜色的利口酒做调色溶液，如红色的石榴糖浆、绿色的薄荷乳酒、蓝色的蓝橙利口酒、金色的加力安奴利口酒、黑色的咖啡乳酒、棕色的可可乳酒等。

知识链接

利口酒名品

课后练习

一、单选题

1.（　　）果皮色素丰富，具有独特香气，是澳大利亚种植最广泛葡萄的品种之一，并且有着相当优异的表现，在其他国家也有种植。

A. 赤霞珠　　B. 黑皮诺　　C. 雷司令　　D. 西拉

2. 法国葡萄酒的最高等级是（　　）。

A. 日常餐酒　　B. 地区餐酒　　C. 优良地区餐酒　　D. 法定产区葡萄酒

3. 啤酒的主要原料是（　　）。

A. 大麦　　B. 玉米　　C. 高粱　　D. 葡萄

4. 被称为“白兰地之王”的是（　　）。

A. 干邑白兰地　　B. 雅邑白兰地　　C. 法国白兰地　　D. 美国白兰地

5.（　　）当中会加入一种叫作杜松子的香料，其有利尿清热的作用。

A. 金酒　　B. 朗姆酒　　C. 伏特加　　D. 白兰地

6.（　　）是墨西哥的国酒，以龙舌兰为原料酿造而成。

A. 威士忌　　B. 朗姆酒　　C. 特基拉酒　　D. 金酒

7.（　　）威士忌色泽棕黄带红、清澈透明，气味焦香、略带烟熏味，口感甘洌、醇厚、劲足、圆正、绵柔，酒度一般在 40 ～ 43 度。

A. 苏格兰　　B. 爱尔兰　　C. 美国　　D. 加拿大

8.（　　）以甘蔗为原料酿造而成。

A. 白兰地　　B. 朗姆酒　　C. 威士忌　　D. 伏特加

9.（　　）是开胃酒的一种，以葡萄酒为基酒调配而成。

A. 味美思　　B. 比特酒　　C. 茴香酒　　D. 波尔图酒

二、多选题

1. 根据含糖量，葡萄酒可分为（　　）。

A. 干葡萄酒　　B. 半干葡萄酒　　C. 半甜葡萄酒　　D. 甜葡萄酒

2.（　　）是白葡萄品种。

A. 长相思　　B. 黑皮诺　　C. 雷司令　　D. 霞多丽

3. 中国白酒的主要香型有（　　）。

A. 酱香型　　B. 浓香型　　C. 米香型　　D. 清香型

4. 伏特加的酿造原料有（　　）。

A. 马铃薯　　B. 玉米　　C. 大麦　　D. 树薯

5. 以下烈酒属于粮食酒的是（　　）。

A. 白兰地　　B. 威士忌　　C. 金酒　　D. 朗姆酒

6. 特基拉酒在饮用时一般搭配（　　）。

A. 柠檬　　B. 橙子　　C. 盐　　D. 糖

7. 配制酒可以分为（　　）三大类。

A. 开胃酒　　B. 甜食酒　　C. 利口酒　　D. 酿造酒

8. 以下为苏格兰威士忌的品牌的有（　　）。

A. 尊尼获加　　B. 轩尼诗　　C. 人头马　　D. 芝华士

三、思考题

1. 简述红葡萄酒的酿造工艺。

2. 简述世界七大蒸馏酒的名称和原料。

3. 简述常见利口酒的种类和原料。

项目四

鸡尾酒认知

任务一 鸡尾酒概述

任务二 鸡尾酒调制方法及步骤

任务三 鸡尾酒调制技巧及基本原则

任务四 鸡尾酒创作及品鉴

学习目标

- 知识目标：掌握鸡尾酒的定义、种类及基本构成。
- 能力目标：能正确使用酒吧器具，用英式调酒法熟练出品酒吧常见鸡尾酒。
- 素养目标：提高操作技能，培养爱岗敬业、精益求精的职业精神。

项目导入

相传，鸡尾酒起源于一家用鸡尾羽毛作装饰的酒馆。一天，当这家酒馆各种酒都快卖完的时候，一些军官走进来要买酒喝，于是一位女侍者便把所有剩酒统统倒在一个大容器里，并随手从一只大公鸡身上拔了一根毛把酒搅匀端出来奉客。军官们看着这酒的成色，品不出是什么酒，就问女侍者，女侍者随口就答："这是鸡尾酒！"一位军官听了这个词，高兴地举杯祝酒，还喊了一声："鸡尾酒！"从此便有了"鸡尾酒"之名。

如今，鸡尾酒文化越来越流行，成为人们休闲时刻的饮酒潮流。无论是年轻人还是中年人，都能在酒吧找到一款适合自己的鸡尾酒。那么，五光十色的鸡尾酒是如何调制出来的？

任务一　鸡尾酒概述

一、鸡尾酒的含义

鸡尾酒是由两种或两种以上的酒混合配制，或在某种酒中掺入果汁、碳酸饮料等配合而成的一种饮品。具体来说，鸡尾酒是用基酒（主要是烈性酒）和辅料（主要是加色加味溶液、调缓溶液、香料、香精、色素等）按一定比例配制而成的一种混合饮品。鸡尾酒不仅造型美观，也有让人印象深刻的名字（见图 4－1）。

二、鸡尾酒的种类

世界上的鸡尾酒有上万种，分类方法也多种多样。

（一）根据饮用时间和地点分类

1. 餐前鸡尾酒

餐前鸡尾酒是以增加食欲为目的的鸡尾酒，口味分甜和不甜两种，如被称为"鸡尾酒鼻祖"的马天尼（Martini）鸡尾酒和曼哈顿（Manhattan）鸡尾酒。

（“世外”鸡尾酒）　　（“前行者”鸡尾酒）

图 4－1 鸡尾酒成品

注：这两款鸡尾酒由杭州西湖国宾馆出品，指导教师为何立萍。

2. 俱乐部鸡尾酒

俱乐部鸡尾酒在用正餐（午、晚餐）时提供，或代替头盘、汤菜。这种鸡尾酒色泽鲜艳，富有营养并具有刺激性，如三叶草俱乐部（Clover Club）鸡尾酒。

3. 餐后鸡尾酒

几乎所有餐后鸡尾酒都是甜味酒，如亚历山大（Alexander）鸡尾酒。

4. 晚餐鸡尾酒

顾名思义，晚餐鸡尾酒于晚餐时饮用，一般口味很辣，如鸭臣（Absinthe）鸡尾酒。

5. 香槟鸡尾酒

香槟鸡尾酒主要在宴会上饮用，先将各种材料放入杯中预先调好，饮用时再斟入适量香槟即可。

（二）根据混合方法分类

1. 短饮类（Short Drink）

这类鸡尾酒酒精含量较高，香料味浓重，放置时间不宜过长，如马天尼、曼哈顿均属此类，通常用短杯提供。

2. 长饮类（Long Drink）

这类鸡尾酒是用烈酒、果汁、汽水等混合调制而成的酒精含量较低的饮料，是一种温和的鸡尾酒，可放置较长时间而不变质，通常放在高杯中饮用。

3. 热饮类（Hot Drink）

与其他鸡尾酒最大的区别是，这类鸡尾酒用沸水、咖啡或热牛奶冲兑，如托蒂（Toddy）鸡尾酒。

三、鸡尾酒的特点

1. 鸡尾酒是混合酒

鸡尾酒由两种或两种以上的酒水混合配制，并以一定装饰物点缀，酒味温和，酒度适中，一般在10～20度。

2. 花样繁多，调法各异

用于调制鸡尾酒的原料有很多类型，各种鸡尾酒所用的配料种数也不相同，如两种、三种甚至五种。就算以流行的配料种类确定的鸡尾酒，各配料在分量上也会因地域、口味的不同而有较大变化，进而冠以新的名称。

3. 具有刺激性

鸡尾酒有一定的酒精浓度，具有明显的刺激性，能使饮用者兴奋，缓和情绪或放松肌肉。

4. 能够增进食欲

鸡尾酒能够增进食欲。由于酒中含有微量调味（如酸味、苦味）饮料，饮用鸡尾酒后可以使饮者胃口大开。

5. 口味卓越

鸡尾酒有卓越的口味。品尝鸡尾酒时，舌头上的味蕾充分扩张，能尝到刺激的味道。如果过甜、过苦或过香，就会影响酒的风味，降低酒的品质，这是调酒时忌讳的。

6. 冷饮性质

鸡尾酒需冷藏。当然，也有些酒种既不用热水调配，也不强调加冰，但其某些配料是冷的，或处于室温状态，这类混合酒属于广义的鸡尾酒范畴。

7. 色泽优美

鸡尾酒具有细致、优雅、匀称、均一的色调。常规的鸡尾酒有澄清和浑浊两种类型。澄清型鸡尾酒色泽透明，除极少量鲜果等固体物外，没有其他沉淀物。

8. 盛载考究

鸡尾酒由式样新颖大方、颜色协调得体、容积大小适当的载杯盛载。装饰物虽非必需，但也是常有的，它们可使鸡尾酒锦上添花、更有魅力。某些装饰物本身也是调味料。

9. 饮用方便，活跃气氛

鸡尾酒是一种餐前酒，既可以等顾客到齐了一起喝，也可以让先到的顾客先喝，后到的顾客后喝；既可以坐着喝，也可以站着喝……非常随意，不受拘束。

10. 配制容易，品种多样

鸡尾酒的酒度较低，一般只有10度左右。男士可以选择烈性酒为基酒，女士可以选择软性酒为基酒。更多的鸡尾酒则因地、因时、因人而风味各异。女士多喜饮彩虹、白雪公主等酒味温和而色彩艳丽的鸡尾酒，男士则多喜饮类似苏格兰火箭等酒味较醇而烈的鸡尾酒。鸡尾酒适用于多种场合及各种鸡尾酒会。

四、鸡尾酒的原料

一款色、香、味、形俱佳的鸡尾酒，通常是由基酒、辅料、装饰物三部分构成的。

（一）基酒

基酒主要以烈性酒为主，又称鸡尾酒的酒底。鸡尾酒通常以白兰地、威士忌、金酒、朗姆酒、伏特加、特基拉酒为酒底，其含量较高，往往达到甚至超过总量的一半，个别的（如长饮类）也有低于一半的。一般只用一种烈性酒来确定鸡尾酒的酒味，在有些情况下，也可用两种烈性酒为基酒，但不能用更多的不同烈性酒，否则会导致气味混杂而破坏酒味。也有些鸡尾酒用开胃酒、利口酒、葡萄酒或香槟等做基酒，还有个别鸡尾酒不含酒精，但这种情况极少。

（二）辅料

鸡尾酒的色彩非常艳丽，所以除基酒外，还需要加色加味溶液、调缓溶液和传统的香料、香精、色素等辅料，如金色的香蕉酒、绿意盎然的蜜瓜酒、透明白净的白薄荷酒、蔚蓝天空般的蓝橙利口酒等。鸡尾酒的辅料大致可以分为以下四种类型：

1. 加色加味溶液

这类辅料又称为配酒，是调酒中必不可少的加色加味剂。配酒主要包括开胃酒、利口酒等。调酒时常用的加色加味溶液见表 4－1。

表 4－1　常用加色加味溶液

名称	说明
味美思	以葡萄酒为酒基，用芳香植物的浸液调制而成的加香葡萄酒，它因特殊的植物芳香而味美。
甘露咖啡酒	深褐色，巧克力味，甜浓。
红石榴糖浆	红色，味酸甜。

2. 调缓溶液

调缓溶液的原料主要是碳酸饮料及果汁，其作用主要是使酒体酒精度数下降，且不改变酒体风味。调酒时常用的调缓溶液见表 4－2。

表 4－2　常用调缓溶液

名称	说明
可乐	在含有咖啡因的饮料中加入砂糖和多种香料后，用苏打水稀释而成的饮料，其中以可口可乐最为著名。
干姜水	以生姜为原料，加入柠檬、香料，再用焦麦芽着色制成的碳酸水。

续表

名称	说明
汤力水	又称奎宁水，入口略带咸苦味，后味却很爽口。
苏打水	含有二氧化碳和矿物质的水，二氧化碳可刺激肠胃，使人产生舒爽感，有促进食欲的功效。
鲜果汁	由水果刚刚挤出的纯果汁。
果汁	为方便起见而使用的瓶、罐装果汁，如橙汁、柠檬汁、葡萄汁、菠萝汁等。

3. 香料

调制鸡尾酒的原材料中，香料所占的比重非常小，但在其中却有极其重要的作用。调酒时常用的香料见表 4 - 3。

表 4 - 3　常用香料

名称	说明
肉豆蔻	东非、加勒比海诸岛等地多有出产，具有较强的刺激性甜香味。
薄荷	调制鸡尾酒时使用其嫩芽，会产生独特的清爽口感，再饰以鲜叶，更会使人生津止渴、心旷神怡。
全味胡椒	全味，是指它具有桂皮、丁香、肉豆蔻等植物的香味。
药草	又称香草、味草等。在美国，常将它们的叶子干燥后加工成粉末状，而在欧洲则多使用鲜叶。

4. 其他辅料

其他辅料包括砂糖、食盐、鸡蛋等，见表 4 - 4。

表 4 - 4　常用其他辅料

名称	说明
砂糖	粒状砂糖、方糖、砂糖粉等。
食盐	要求用细的精盐。
鸡蛋	鸡蛋又可以分离成蛋白和蛋黄。调制鸡尾酒时，最好不要直接把鸡蛋打入摇酒器中，而要先打入其他容器中，确认新鲜后再倒入摇酒器中。

（三）装饰物

装饰物具有装饰和调味的双重作用。经典的鸡尾酒，其装饰物的构成和制作方法是约定俗成的，不得随意篡改。对创新的鸡尾酒而言，装饰物的修饰和雕琢不受限制，调酒师可充分发挥想象力和创造力。对于不需做装饰的鸡尾酒，加以装饰则是画蛇添足，会破坏酒品的意境。鸡尾酒常用的装饰物有以下几类：

1. 水果类

水果是装饰鸡尾酒最常用的原料，常见的有樱桃（红、绿、黄等色）、橄榄（青、黑等色）、珍珠洋葱（细小如指尖、圆形透明）、柠檬、青柠、菠萝、苹果、香蕉、香桃等。根据鸡尾酒装饰的要求，可将水果切配成片状、皮状、角状、块状等进行装饰。有些水果掏空果肉，就成了天然的盛载鸡尾酒的器皿，如椰子、菠萝等。

2. 蔬菜类

蔬菜类装饰材料常见的有西芹、酸黄瓜、新鲜黄瓜、胡萝卜等。

3. 花草绿叶

花草绿叶的装饰可使鸡尾酒充满生机，令人活力倍增。花草绿叶以小型花序和小圆叶为主，常见的有新鲜薄荷叶、玫瑰花瓣、月季叶、菠萝叶、洋兰花瓣等。花草绿叶应清洁卫生、无毒无害，不能有强烈的香味和刺激味道。

4. 人工装饰物

人工装饰物包括各类吸管、搅捧、象形鸡尾酒签、小花伞、小旗帜等。载杯的形状和杯垫的图案花纹对鸡尾酒也会起到装饰和衬托作用。

选择装饰物时，要注意其颜色和口味与鸡尾酒保持和谐一致。一般用哪种果汁调制鸡尾酒，其装饰物就用哪种水果或花叶装饰。不含果汁的鸡尾酒，则要根据配方的要求来决定装饰物。

任务二　鸡尾酒调制方法及步骤

一、鸡尾酒的调制方法

常见鸡尾酒的调制方法有四种：摇荡法、搅拌法、兑和法、果汁机混合法。

（一）摇荡法

摇荡法是调制鸡尾酒最普遍而简易的方法，是指将酒类材料及配料、冰块等放入调酒壶内，用力来回摇晃，使其充分混合的调制方法。摇荡法能去除酒的辛辣，使酒温和，入口顺畅。摇荡法使用的器材有调酒壶、量杯、酒杯。

摇荡时速度要快并有节奏感，摇至摇壶表面起霜。摇酒的方法有单手摇和双手摇两种。

1. 单手摇

单手摇的方法是：右手食指按住壶盖，用拇指、中指、无名指夹住壶体两边，手心不与壶体接触；摇荡时，尽量以手腕用力；手臂在身体右侧自然上下摆；要求力量大、速度快、有节奏、动作连贯。

2. 双手摇

双手摇的方法是：左手中指按住壶底，拇指按住壶中间过滤盖处，其他手指自然伸开；右手拇指按壶盖，其余手指自然伸开固定住壶身；壶盖朝向调酒师，壶底朝外；摇荡时，可在身体左上方或右上方；要求两臂略抬起，呈伸曲动作，在身体的一侧摇动。

（二）搅拌法

搅拌法是指将材料倒入调酒杯中，用调酒匙充分搅拌的一种调酒法，适用于马天尼、曼哈顿等酒味较辛辣、后劲较强的鸡尾酒。搅拌法使用的器材有调酒杯、调酒匙、量杯、夹冰器、隔冰器、酒杯。搅拌方法如下：

（1）将材料用量杯量出正确分量后，倒入调酒杯中。

（2）以夹冰器夹取少许冰块，放入调酒杯中。

（3）用调酒匙在调酒杯中前后来回搅拌三次，再正转两圈、倒转两圈。

（4）移开调酒匙后加上隔冰器滤出冰块，再把酒液倒入酒杯内，有时也可以直接在酒杯中搅拌。

（三）兑和法

兑和法是指把材料直接注入酒杯的一种鸡尾酒制法。其做法非常简单，将材料分量控制好，直接将原料兑入载杯，无须搅拌；但有时也需要用吧匙贴紧杯壁慢慢地将酒水倒入，以便使其分层。

（四）果汁机混合法

果汁机混合法是指用果汁机取代人工进行摇荡、搅拌的方法。方法如下：事先准备细碎冰或刨冰，往果汁机内倒入材料，然后加入碎冰，开动电源混合搅动，10 秒钟左右关掉开关，等发动机停止时拿下混合杯，把酒液倒入酒杯中即可。

二、鸡尾酒的调制步骤

（一）调制前的准备

1. 准备酒水

拿到鸡尾酒的配方后，要分析本款鸡尾酒的主要原料，进行酒品的准备。这一步骤的注意事项如下：

（1）严格按照配方分量调制。

（2）酒杯要擦干净，透明光亮。调制时手只能拿酒杯的下部。

（3）使用新鲜的冰块。

（4）对调制工具的卫生进行检查，尤其是调酒器和电动搅拌机，每使用一次，就要清洗一次。

（5）量杯、吧勺要保持清洁。

（6）使用合格的酒水，不能以其他酒水随意代替或用劣质酒水。

（7）水果装饰物要选用新鲜的水果，切好后用保鲜纸包好放入冰箱备用。隔天切的水果装饰物不能使用。

（8）不要用手去接触酒水、冰块、杯边或装饰物，操作前要洗手。

2. 传瓶

传瓶是指把酒瓶从酒柜或操作台上传至手中的过程。传瓶一般从左手传至右手，或直接用右手将酒瓶传递至手掌。用左手拿瓶颈部分传至右手上，用右手拿住瓶的中间部位；或直接用右手提及瓶颈部分，迅速向上抛出，并准确地用手掌接住瓶体的中间部位，要求动作迅速，稳准连贯。

3. 示瓶

用左手托住瓶底，右手扶住瓶颈，呈 45 度角把商标展示给顾客。

4. 开瓶

用右手握住瓶身，并向外侧旋动，用左手的拇指和食指从正侧面按逆时针方向迅速将瓶盖打开（软木塞直接拔出），并用左手虎口即拇指和食指夹着瓶盖（塞）。

5. 量酒

开瓶后立即用左手的中指、食指、无名指夹起量杯，两臂略微上抬，呈环抱状，把量杯置于敞口的调酒壶等容器的正前上方约 4 厘米处。量杯要端拿平稳，略呈一定的斜度。然后用右手将酒斟入量杯至标准的分量后收瓶口，随即将量杯中的酒倒入摇酒壶等容器中，接着用左手拇指按顺时针方向旋上瓶盖或塞上瓶塞，最后放下量杯和酒瓶。

（二）调制酒水

不同的鸡尾酒有着不同的调制方法，酒吧常用的是英式调酒法。英式调酒法是一种传统的鸡尾酒调制方法，其特点是使用英式调酒壶、量酒器、吧勺等，按照所规定的方式进行调酒，要做到一丝不苟，体现绅士风度。同时，英式调酒法要求调酒师在调制鸡尾酒时尊重配方，不随意改动，通常适用于酒店酒吧服务。

（三）制作装饰物

标准的鸡尾酒均有规定的与之相适应的装饰物。即使其他配方相同，但装饰物不同，鸡尾酒名也会各异。需要指出的是，并不是每款鸡尾酒都可以任意装饰，装饰物的制作要遵循一定的原则，如色泽的搭配与载杯是否协调等。另外，有些特定的鸡尾酒款式，其装饰物还有调味效果，如马天尼中的柠檬皮，实际上就是鸡尾酒的调味辅料。也有些装饰物，仅限于装饰功能，只要不影响鸡尾酒固有的风格，稍做改变也是允许的。

鸡尾酒的装饰物一般选用常用的水果和蔬菜来制作，如柠檬、橙子、菠萝、芹菜、橄榄、樱桃等，做成的装饰物如樱桃挂杯、酒签穿小樱桃、酒签穿橄榄。也有些鸡尾酒采用调酒棒作为装饰物，调酒棒有各式图案，富有装饰性。

1. 柠檬、橙子

（1）横切。将柠檬（橙子）放于砧板上，用吧刀拦腰切成两半后，切成圆片，然后整片嵌于杯口；或者先将柠檬（橙子）切成圆片，再将圆片切成半圆片，去除中间筋络，点缀于杯缘，或用酒针与红樱桃串在一起点缀于杯中。

（2）竖切。将柠檬（橙子）放于砧板上，用吧刀竖切成 1/4 块，将角块两头去尖后，切一个嵌口，用酒签穿入樱桃后，插入柠檬（橙子）中嵌于杯缘上；或者先将柠檬（橙子）竖切成对半，再均匀地竖切成 1/8 瓣，将角瓣两头去尖后，嵌于杯口，或将果皮与果肉部分剥离，呈重叠状，皮外肉内挂于杯缘上。

（3）马颈式削皮法。像削苹果皮似的，用吧刀将柠檬（橙子）皮削成螺旋状，将一头挂在杯缘，其余置于杯中。

（4）简单制作法。将削好的柠檬（橙子）的薄片直接投入杯中，或者用酒针将柠檬（橙子）角块与红樱桃串起投入杯中。

2. 菠萝

（1）切成条块。选择新鲜菠萝置于砧板上，用吧刀削掉头尾部分，竖切成 1/4 块，再竖切成条块。

（2）切成棒状。将切成条块的菠萝用吧刀旋转竖切成棒状，再用酒针将菠萝与红樱桃串在一起，斜搭于杯口。

（3）切成扇形块。将菠萝切成适当厚度的扇形片，用酒针与红樱桃串在一起，斜搭于杯口。

3. 芹菜

选择新鲜芹菜洗净，用冰夹夹住芹菜秆，先用吧刀切取带叶部分，再竖切成两半，去除多余的叶子后，叶上茎下插入杯中。

4. 橄榄

选用没有核的绿色橄榄，用酒签插起，置于杯中。

5. 樱桃

将樱桃用酒签串起，横搭在杯口上；或者在樱桃上切一个嵌口，将之嵌于杯口上。

6. 杯口加盐边装饰

先将盐放入盘中备用，取玛格丽特杯，用一片切好的柠檬片在杯口擦匀，使杯口涂满柠檬汁，然后将杯口向下在准备好的盐盘中转动一周，使杯口沾满盐，轻弹杯身，弹掉多余的盐粒，最后放于台面备用。

任务三 鸡尾酒调制技巧及基本原则

一、鸡尾酒的调制技巧

在调制鸡尾酒时，要注意色彩、香气、口味三方面的调制技巧。

（一）鸡尾酒的色彩调配

鸡尾酒不仅色彩丰富，而且给人以无穷的想象空间。鸡尾酒的色彩主要来源于调制酒品的基酒以及辅料的色泽。除金酒、伏特加等少数烈酒外，绝大多数基酒均有色泽，尤以利口酒的色泽最为丰富，赤、橙、黄、绿、青、蓝、紫都有，这是鸡尾酒色彩的来源之一。辅料有各色糖浆、果汁、糖霜、盐霜、果蔬原料、吸管及装饰物等。糖浆有深红色的石榴糖浆、浅红色的山楂糖浆、浅黄色的香蕉糖浆等；果汁有白色的椰汁、橙色的酸橙汁、粉红色的番茄汁、淡黄色的柠檬汁等；糖霜或盐霜通过染色可呈现红、黄、蓝、褐、绿等色；用于装饰的果蔬原料有青色的黄瓜，黄色的柠檬、菠萝，绿色的薄荷叶、芹菜叶，红色的草莓、樱桃，以及各色花瓣和有色纸签等。

调酒师应该知道如何调配新色，即将两种或两种以上的有色主辅料通过一定的方法混合后，形成新的颜色，如绿色与蓝色可混合成青绿色，黄色与红色可混合成橙色，红色与蓝色可混合成紫色等。

调酒师要善于控制有色主、辅料的用量及比例关系，以调配出理想的色泽。在调制彩虹类鸡尾酒时，主、辅料的比例关系尤为重要。为了使酒品具有平衡感和美感，常将红石榴汁等暗色、深色且密度大的材料置于杯的下部，并且各层材料的体积相仿，即高度一样。同时，还要注意色彩之间的对比度，使之层次分明。调酒师要合理利用辅料的特性，如牛奶的增白性，蛋白的起泡性，蛋黄的乳化性，冰块的稀释性、透亮性，吸管的实用性等。

在鸡尾酒中加入冰块，虽对酒的色泽有稀释作用，但能增加酒品的透明质感，使之变得晶莹可爱。实用的各色吸管也构成了鸡尾酒的一道亮丽风景。另外，彩色的盐霜、糖霜，变化灵巧的各色纸签、调酒棒，也会为鸡尾酒增色不少。

（二）鸡尾酒的香气调配

鸡尾酒的香气主要来源于基酒及辅料。鸡尾酒的基酒品种很多，大多为蒸馏酒或酿造酒。基酒中含有醇、醛、酮、酸、酯及芳香族化合物等。不同的基酒，其香气成分和种类是相似的，但是各香气成分之间的含量（或量比关系）有差异，因而会呈现出不同的香气和香型，如五粮液等浓香型白酒的主体香气成分为乙酸乙酯，白兰地的香气来自果香、发酵香和贮存香等。辅料的香气主要来自不同果蔬汁的本味香、各种汽水的加香，以及调制鸡尾酒时加入的调料香，如丁香、肉桂等。

虽然鸡尾酒大多为冷饮酒品，其香气成分的挥发速度较慢，但其香气特征依然存在。调酒师在调制鸡尾酒时，应注意保持所用基酒的基本香气特征，并在此基础上选择添加香气一致的果蔬汁及汽水，使之达到和谐统一的香味风格。在使用蛋、乳类等辅料制作鸡尾酒时，通常使用柠檬皮，拧压后使果皮中的香味、油汁喷洒在鸡尾酒中，或添加肉桂粉、丁香粒等，起到调香的作用。

（三）鸡尾酒的口味调配

为了迎合大多数消费者的口味，调酒师在调制鸡尾酒时，口味要适中，不宜过甜或过酸。在实际操作中，调酒师应根据不同顾客的不同要求进行调配。例如，有人喜饮不含糖或含糖量低的酒品，有人则相反，所以在使用甜味辅料时应区别对待。调配鸡尾酒要做到相近相似的原则，即口味相同或接近的基酒或软饮料，可以调配成鸡尾酒，反之则不宜。在调配鸡尾酒的口味时，可采用以下技巧：

（1）调制清凉爽口的鸡尾酒，宜加碳酸饮料调配成长饮，使人有清凉解渴的感觉。

（2）调制酸甜滋味的鸡尾酒，宜用烈酒、利口酒、柠檬汁、各色糖浆调配，使人回味甘美。

（3）调制酒香浓郁的鸡尾酒，宜少用辅料，以突出其本味。

（4）调制香甜而微苦的鸡尾酒，宜滴入少许苦酒或苦精，以耐人回味。

（5）调制果香型鸡尾酒，宜用各种新鲜果汁，使人充满活力。

（6）调制香甜柔绵的鸡尾酒，宜选用特定风味的利口酒、奶品、生鸡蛋等，使人得到滋补。

二、调制鸡尾酒的基本原则

（1）在调制鸡尾酒之前，要将酒杯和所有材料预先准备好，以方便使用。

（2）调制鸡尾酒所用基酒和配料的选择，应以物美价廉为原则。有时候选用价格昂贵的高级品是一种浪费。

（3）烈酒可以与任何味道的酒或其他饮料搭配调制。味道相同或近似的酒和饮料可以混合；味道不相同的酒或饮料，如药味酒与水果酒，不宜混合。

（4）使用合格的酒水，不能随意用替代品或劣质酒水。

（5）调制鸡尾酒时，应首先放入冰块。

（6）用清淡、含气的酒水调制鸡尾酒时，宜采用搅拌法和兑和法；用易于混合的原料（如各种烈酒、利口酒等）调制鸡尾酒时，宜采用搅拌法；用不易相互混合的原料（如果汁、奶油、生鸡蛋、糖浆等）调制鸡尾酒时，宜采用摇荡法。

（7）调酒使用的原材料要新鲜，特别是奶、生鸡蛋、果汁等。

（8）在操作过程中要学会使用量酒器，以保证所调制的鸡尾酒风格与口味纯正。

（9）调酒器具要保持干净、清洁，以便随时取用而不影响连续操作。

（10）调酒师必须保持双手干净，因为在许多情况下，调酒师是需要用手来直接制作鸡尾酒的，手是顾客注视的焦点。

（11）装饰用水果一定要新鲜，隔天的水果（已加工完毕的水果）即使用了保鲜膜，也不能使用。

（12）罐装的装饰用水果，如樱桃等，要根据当天的使用量，提前用清水冲洗干净，用保鲜膜封好，放入冰箱备用。

（13）酒杯要干净、透明、光亮。调制时，手只能拿酒杯的下部，尽量不要用手去接触酒水、冰块、杯口或装饰物；取冰块用冰夹；摇酒器和电动搅拌机每次使用前后，一定要清洗；量杯、吧勺要浸泡在水中，浸泡的水要经常更换。

（14）在调酒操作过程中，应尽量避免用手接触装饰物。

（15）调酒所用冰块，应尽量选用新鲜的。

（16）下料要遵循先辅料、后主料的原则。这样在调制过程中即使出了什么差错，造成的损失也不会太大。按此原则下料，能将冰块的融化速度降至最低。

（17）使用玻璃调酒杯时，如果室温较高，使用前应先将冷水倒入杯中，然后加入冰块，将水滤掉，再加入调酒材料进行调制。其目的是防止冰块直接进入调酒杯中，产生骤冷骤热变化，使玻璃杯炸裂。

（18）在调酒中所使用的糖块、糖粉，首先要在摇酒器或酒杯中用少量水将其溶化，然后加入其他材料进行调制。

（19）在调酒方法中经常会出现“加满苏打水或矿泉水”这句话，这是针对容量较小的酒杯而言的。对于容量较大的酒杯，应酌情掌握用量，一味地“加满”只会使酒味变淡。

（20）苏打水之类的含气饮料，绝对不能在摇酒器、电动搅拌机里摇动和搅拌。

（21）倒酒时，注入的酒应距杯口 1/8 杯的距离，太满会造成饮用困难，太少又会显得非常难看。

（22）酒杯要保持光洁明亮、一尘不染；要始终拿着杯柄或托着杯子的底部，手不要靠近杯口，更不可伸进杯里。

（23）制作糖浆时，糖与水的比例为 3 : 1。

（24）调酒配方中的蛋黄、蛋白，为新鲜生鸡蛋的蛋黄和蛋白。

（25）一杯以上的相同鸡尾酒，不论是一次调制完成还是分几次完成，不应倒完第一杯再倒第二杯，而是应该先将酒杯排开，杯缘相接，从左至右倾倒，然后从右至左平均分配，这样可以保证几杯酒的口味完全相同。要避免手掌温度使摇酒器或调酒杯里的冰块融化，造成前后酒品浓度不均。

延伸阅读

世界经典鸡尾酒的传说

1. 亚历山大（Alexander）

19 世纪中叶，为了纪念英国国王爱德华七世与王后亚历山德拉的婚礼，调酒师调制了这种鸡尾酒作为对王后的献礼。这是一款名副其实的皇家鸡尾酒，它甜美浓醇，向全世界宣告了爱情的甜美与婚姻的幸福，很适合恋人共饮。

2. 马天尼（Martini）

据说，马天尼鸡尾酒闻名于酒吧与曾任英国首相的丘吉尔有关。丘吉尔以爱喝烈性的马天尼鸡尾酒而出名，他常常一边斜眼看着苦艾酒的酒瓶，一边喝着马天尼。

3. 自由古巴（Cuba Libre）

“自由古巴”是古巴人民在西班牙殖民者统治下争取独立的口号。美西战争中，在古巴首都哈瓦那登陆的一名美军少尉在酒吧点了朗姆酒，他看到对面座位上的战友们在喝可乐，就突发奇想把可乐加入朗姆酒中，并举杯对战友们高呼：“Cuba libre！”从此就有了这款鸡尾酒。

4. 得其利（Daiquiri）

得其利是古巴一座矿山的名字。1902 年古巴独立后，很多美国人来到得其利，他们把古巴特产朗姆酒、砂糖与青柠汁混在一起作为消暑饮料，得其利鸡尾酒从此得名。

5. 边车（Side Car）

边车也就是挎斗摩托，是第一次世界大战中军队常用的交通工具。边车鸡尾酒又叫“挎斗摩托”或者“德赛卡”，是在第一次世界大战中由巴黎的一位常骑坐挎斗摩托的法军大厨所创制的。

6. 红粉佳人（Pink Lady）

专为女性调制的红粉佳人鸡尾酒诞生于1912年，是调酒师为当时伦敦上演的一出舞台剧《红粉佳人》的女主角特制的鸡尾酒。该酒颜色鲜红美艳，酒味芳香，入口润滑。

任务四　鸡尾酒创作及品鉴

一、鸡尾酒的创作

（一）鸡尾酒的创作要求

一杯色、香、味、形都能引人入胜的上品鸡尾酒，实际上是一件精美的艺术品，人们可以从中寻求到无限的美的享受。

（1）鸡尾酒的流行就像时装一样，也要经过不断的花样翻新。据统计，全世界鸡尾酒的配方已达上万种之多，仅每年著名调酒师新创作并推广的配方就达几百种。所以，鸡尾酒品种的创新，也是调酒师所追求的一种境界。

（2）创新鸡尾酒品种，要求调酒师具备一定的调酒经验，并且对酒水有比较深入的研究。创作时要遵守调制原理，特别是使用中国酒时，要注意味道搭配。同时要注意，配方如果太复杂，会难以记忆与调制，妨碍鸡尾酒的推广与流行。

（3）创作出的鸡尾酒，应以顾客能否接受为第一标准。一杯好的鸡尾酒，只有给顾客饮用并取得顾客的欣赏，才能流行。有的鸡尾酒制作复杂，配方材料达几十种，可是顾客并不欣赏，因此也流行不起来。

（4）调酒师要根据顾客的来源和顾客的口味创作鸡尾酒。新的鸡尾酒只有受到顾客的欢迎才能流行。新创作出的鸡尾酒通常是以“酒吧特饮”的形式推销给顾客的，要注意顾客的反应，顾客不喜欢的可以立即取消。没有客源的鸡尾酒是不会流行的。调酒师应通过不断筛选，从中挑选出最受欢迎的品种，形成真正流行的特色鸡尾酒。

（二）鸡尾酒的创作过程

调酒是一门技术，但鸡尾酒的设计过程，实际上是一件艺术品的创造过程。首先要构思鸡尾酒的主题寓意，然后进行设计，使其主题创意新颖、独特，且具有一定的时代感。

（1）调酒材料要新颖、独特，与主题创意相符。

（2）调制后的鸡尾酒具有一定的观赏性，整体风格与主题创意相符。

二、鸡尾酒创作案例

（一）经典鸡尾酒创作案例介绍

1. 玛格丽特（Margarita）鸡尾酒

1949 年，美国洛杉矶一位调酒师为了寄托对恋人玛格丽特在他们狩猎时不幸被流弹击中而死在他怀抱里的哀思，设计了耐人寻味的玛格丽特鸡尾酒。该款鸡尾酒以其盐边喻示玛格丽特的眼泪，让人难以忘怀。

2. 曼哈顿（Manhattan）鸡尾酒

1840 年，一位负伤者走进美国西部马里兰州的一家酒店。该店调酒师见他伤势很重，便赶紧倒了一杯威士忌酒，加进些糖浆给他提神。这种新型调和酒自此以后便很受顾客欢迎，传到纽约后调酒师又在其中添加了苦艾酒，冠以纽约市中心区“曼哈顿”这个名称，流行至今。

3. 彩虹（Rainbow）鸡尾酒

在设计一款新型鸡尾酒时，设计者首先要在自己心里唤起曾经一度体验过的情感，在唤起这种情感之后，再用动作、线条、色彩等所表达的表象来传达这种感情。最能通过酒的色彩组合变化而焕发美感的彩虹鸡尾酒的设计，可以说极有说服力。据传，在 19 世纪，从美国到法国表演的一位舞蹈家的舞步和衣着，震撼了那些蜂拥而来的绅士、淑女们。一位沉醉在舞蹈家舞姿中的巴黎男士，眼前总是浮现出色彩斑斓的舞衣，于是他便从酒中寻找情感的体现，获得了灵感，调出了彩虹鸡尾酒。

4. 血腥玛丽（Bloody Mary）鸡尾酒

关于血腥玛丽鸡尾酒的起源有多个版本，其中一个是说英国人乔治·乔瑟尔因为看到英格兰女王玛丽一世残酷迫害国内新教徒，所以设计了血腥玛丽鸡尾酒。

以上几款经典鸡尾酒见图 4－2。

（玛格丽特鸡尾酒） （曼哈顿鸡尾酒） （彩虹鸡尾酒） （血腥玛丽鸡尾酒）

图 4－2 经典鸡尾酒

（二）创意鸡尾酒创作案例介绍

1. 鸡尾酒名称：暗香

（1）主题创意说明。此款酒将杜林标酒和青柠汁柔和结合在一起，让红葡萄酒漂浮在酒液的上方，悠然浮沉中烘托出浓郁的果香味，恰是暗合了林和靖先生在《山园小梅》中提到的“疏影横斜水清浅，暗香浮动月黄昏”的意境，鸡尾酒名“暗香”由此得来。

知识链接

鸡尾酒“暗香”

（2）专家点评（何立萍副教授，高级调酒师及考评员）。此款鸡尾酒选取了独特的中国诗词中的意境，将杜林标酒、君度橙酒、青柠汁、红葡萄酒四种原料有机结合，造型流畅，色彩清新，选用的装饰品——橙角、红樱桃、芫草环相呼应，能更好地展示主题。

2. 鸡尾酒名称：桃花醉

（1）主题创意说明。“杨柳岸，小桥伴，轻舟泛，碧波滟。素手牵，青丝绾，越女和，桃花醉。”此款酒名为桃花醉，以春风十里的桃花为主题，通过通透玻璃杯中雅致可爱的醉粉色渐变至清丽的润白色，映衬出江南秀丽的春光。

知识链接

鸡尾酒“桃花醉”

（2）专家点评（何立萍副教授，高级调酒师及考评员）。此款鸡尾酒采用伏特加、桃花风味糖浆等原料调制而成，并选用了自制的矿泉水和椰奶气泡水注满，表现出醉在江南的梦中、艳在对饮的酒里的意境，口感醇厚，设计新颖。

3. 鸡尾酒名称：西子翠

知识链接

鸡尾酒“西子翠”

（1）主题创意说明。“一池西湖碧水，一抹山色云影。”此款鸡尾酒名为西子翠，似有绵延不绝的山峰倒影在西子湖中，翠影婆娑的画面里，带给人酸甜凉爽的口感，仿佛一池西湖山水就荡漾在这杯鸡尾酒中。

（2）专家点评（何立萍副教授，高级调酒师及考评员）。此款鸡尾酒采用哥顿金酒、君度利口酒、绿薄荷利口酒及少许浓缩柠檬汁，加上自制的气泡水现场注入，用一片薄荷叶进行装饰，风格简约，带给人微酸微甜的清凉感觉，是一款具有典型江南特色的酒品。

4. 鸡尾酒名称：芳华

知识链接

鸡尾酒“芳华”

（1）主题创意说明。此款鸡尾酒取名自电影《芳华》，其主色调是以苹果利口酒和猕猴桃汁渲染出的清新芳草绿，寓意在激情燃烧的岁月里追忆一代人的青春理想与成长，不仅是对懵懂青春的美丽承载，也是对未来世界的美好期待。因为年轻，所以勇于追逐；因为年轻，所以美好；因为年轻，所以绚烂。

（2）专家点评（何立萍副教授，高级调酒师及考评员）。此款鸡尾酒取名自电影《芳华》，选用了苹果利口酒、君度利口酒、猕猴桃汁、柠檬汁等，装饰品选用了灯笼果，口感清新怡人，品饮过后，感悟深远，回味隽永。

5. 鸡尾酒名称：桂满秋念

知识链接

鸡尾酒“桂满秋念”

（1）主题创意说明。此款鸡尾酒以芬芳清新的柠檬草味的金酒作为基酒，浓浓的桂花糖浆让人愈觉唇齿留香，少许蛋白赋予酒液细小的泡沫，更为酒液入口增添了些许绵柔。把这杯酒拟作桂花树，零零碎碎的桂花馨香似溢。正如辛弃疾的《青玉案》词中提及的“东风夜放花千树，更吹落，星如雨”的意境，故此款鸡尾酒命名为“桂满秋念”。

（2）专家点评（何立萍副教授，高级调酒师及考评员）。此款鸡尾酒的创作思路来自金秋十月杭州之美景，选用的材料为金酒、柠檬汁、百香果、桂花糖浆、蛋白，色彩呈现出金黄色，与当季自然景观非常吻合，选用的装饰品为杭州市花——桂花，以更好地展示主题。

6. 鸡尾酒名称：世外

知识链接

鸡尾酒“世外”

（1）主题创意说明。城市中的人们，忙碌而压抑，心中向往世外桃源，这便是创作这款鸡尾酒的灵感：Another World—a Nature World。此款鸡尾酒表现出世外桃源般的意境，特别融入杭州元素，能让人暂时忘却城市的喧嚣，进入世外桃源般的生活。

（2）专家点评（何立萍副教授，高级调酒师及考评员）。此款鸡尾酒的基酒选用了植物学家金酒，这是一款非常独特的酒，以

22 种手工采集的艾雷岛当地植物为原料蒸馏萃取而成，充满大自然的香气。创作者的特别之处在于，将传统的杭白菊与植物学家金酒相结合，使得酒味更具杭州味道；额外加入了新鲜百香果、红柚、菠萝以及慢煮的菊花糖浆，让整款鸡尾酒口感如百花齐放，果香浓郁，设计感强，口感独特。

7. 鸡尾酒名称：五谷罗尼

（1）主题创意说明。“五谷罗尼”的灵感源自尼克罗尼鸡尾酒的经典配方，在保留尼克罗尼鸡尾酒经典特质的同时，以五粮液特制的 40 度白酒替代原配方中的金酒，增添了浓香的回甘。五谷罗尼鸡尾酒不仅保留了尼克罗尼鸡尾酒的经典风味，还赋予其中国白酒风味，并致力于将口感丰富、香气馥郁的中国白酒打造成为国际鸡尾酒重要基酒之一。

知识链接

鸡尾酒“五谷罗尼”

（2）作品点评。此款鸡尾酒由浓香型五粮液白酒以及全球最经典的鸡尾酒配方调制而成，将五粮液的独特风格与金巴利的鸡尾酒艺术创造性地结合，开创了中国白酒国际化、鸡尾酒文化中国化的东西方融合新范式，是具有全新历史价值和独特时代意义的经典之作。特别是其以海外消费者习惯的方式为他们提供了体验中国白酒的新途径，用更加多元、更加丰富的语言讲好中国白酒故事，为中外消费群体提供沟通交流的通用情感纽带，积极推动中国白酒“走出去”，让全世界感受中国文化新风潮。

三、鸡尾酒的品鉴

调酒师，特别是有经验的调酒师，不但要懂得如何调制鸡尾酒，而且要会品尝、鉴别调制好的鸡尾酒。品鉴鸡尾酒分为三个步骤：观色、嗅味、品尝。

（一）观色

调好的鸡尾酒都有一定的颜色，通过观色可以初步判断其配方和分量是否准确。例如：红粉佳人调好后呈粉红色，青草蜢调好后呈奶绿色，干马天尼调好后清澈透明，如水一般。如果颜色不对，则整杯鸡尾酒就要重做，不能售给顾客，也不必再去嗅味了。如彩虹鸡尾酒，只要观色便可断定是否合格，任意一层混浊了都不能出售。

（二）嗅味

嗅味是用鼻子去闻鸡尾酒的香味，但在酒吧中不能直接拿起整杯酒来嗅味，而要用吧勺。凡鸡尾酒都有一定的香味，首先是基酒的香味，其次是所加进的辅料酒或饮料的香味，如果汁、甜酒、香料等各种不同的香味。

（三）品尝

品尝鸡尾酒不能像喝白水那样大口吞咽，而要小口地喝，喝入口中要停顿一下再吞咽。如此细细地品尝，才能分辨出多种不同的味道。

学思之窗

匠心致敬竞技：水井坊奥运鸡尾酒系列

白酒鸡尾酒，作为中西方文化结合的产物，是中国传统匠心精神与有浓厚西方文化基因的鸡尾酒巧妙交融的典范。美酒无国界，当水井坊遇上体育竞技，跨界创作融合产生的奇妙魅力在舌尖绽放。水井坊将传统白酒的魅力在当代匠心传承及创新演绎，希望通过特调鸡尾酒，为炎炎夏日带来一抹竞技的清凉与趣味，同时将中国传统与当代风尚、东方文明与西方特色结合，让600多年坚守的酿酒匠心广为人所知，让匠心之悦深入人心，演绎一出出精彩的创新体验。

1. 热情桑巴

凯普琳娜（Caipirinha）是巴西当地非常受欢迎的一款鸡尾酒，调酒师在经典配方上进行了改良创新，加入了水井坊白酒以及薄荷糖浆，调出了巴西国旗般的深绿色。白酒的酒香与柠檬的清香融合成醉人的芬芳，让人情不自禁被吸引。轻尝一口，酒杯边上涂抹的海盐与胡椒首先在舌尖爆开，然后被柠檬的酸甜柔和下来，再化作水井坊白酒的香醇。巴西的狂野、热情及背后的平静、坚定，被这杯层次丰富的鸡尾酒演绎得淋漓尽致。

2. 匠心火炬

“啪”，杯口装饰的冷焰火被点燃，火焰喷射更映衬得鸡尾酒五彩斑斓。炫目的效果让匠心火炬瞬间吸引了全场的目光。每一届开幕式上，如何点燃火炬是人们最翘首以盼的激动时刻，凝聚了无数心血与匠心。为了再现这一刻，调酒师以水井坊白酒混合橙汁、红石榴糖浆，加上冷焰火以及水果装饰，创意研制了这杯匠心火炬鸡尾酒。此款鸡尾酒入口清甜，带着水果的芬芳，象征着火炬传递与点燃的喜悦甜蜜。但与传统火炬不同的是，这一支火炬，不属于全世界，只属于你。

3. 花式跳水

随着调酒师手中的摇酒器酷炫地来回甩动，酒液从高处以超过1米的落差准确落入杯中，一杯以水井坊白酒、菠萝汁、蓝橙利口酒和柠檬汁调制而成的“花式跳水”鸡尾酒诞生了。闭上眼品尝，水井坊白酒的甘甜顺滑混杂水果汁的香气芬芳，令人沉醉；睁开眼欣赏，淡蓝色的酒体象征巴西湛蓝的大西洋海岸线，以香橙皮点缀的环状图形，则好似慢动作还原跳水运动员在空中翻滚转体时的曼妙身姿。

4. 优雅体操

水井坊白酒配合苏打水，一口入喉，舌尖会感受到苏打水的跳跃，而后口腔内即刻充斥着水井坊酒的甘甜爽滑。这款酒口感干净爽利，酒体纯净透明，配以柠檬皮削成旋转的丝带状作为装饰，巧妙地展现了花式体操运动员在比赛中与丝带一起翩翩起舞的身姿，一场优雅的赛事是不是如在眼前？

资料来源：匠心致敬竞技：水井坊奥运鸡尾酒系列［EB/OL］. 中外酒业（微信公众号），2017-06-09.

知识链接

水井坊奥运鸡尾酒系列

延伸阅读

酒吧常用冰的类型

冰能真正改变各类饮品的味道：它既可以稀释饮品，也可以让饮品的口味变得更加清新独特。冰的类型多种多样，有碎冰、冰球、冰块（半月形冰块或方形冰块）等（见图 4－3）。酒体中用到的冰越多，酒体维持低温的时间就越长。这是因为冰被加入酒体后，会形成一座“冰山”，需要更多的时间融化。在各种类型的冰中，碎冰融化得最快，有助于稀释鸡尾酒。

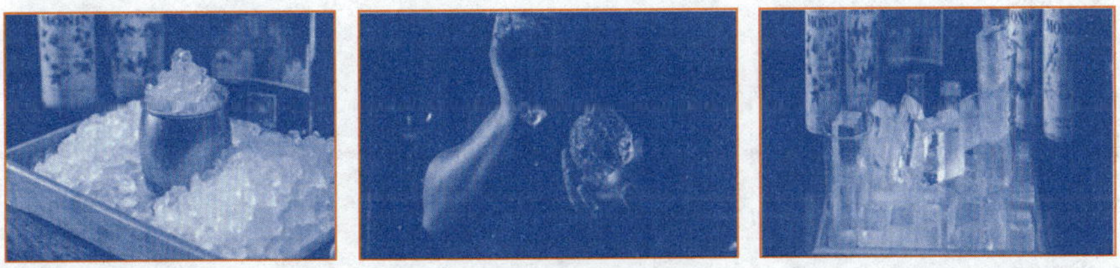

（碎冰） （冰球） （冰块）

图 4－3 冰的类型

一杯好喝的鸡尾酒，正确的稀释过程至关重要。一些调酒师很早便开始钻研冰的艺术，手凿冰球（hand-carved ice balls）便是调酒界公认的“精冰”。调酒师会使用一些特殊器具，如冰刀、冰锯等，来“操练”手中的冰块。通常，调酒师会先把一大块冰切成小份，然后手拿冰叉凿冰，直到把冰块凿成球状。除冷却饮品外，冰球还有一个特点，即它的融化速度较为缓慢，降低了稀释的速率。这是因为比起冰块，冰球接触液体的表面积小，因而融化得相对慢一些。

碎冰能迅速融入酒中，将其稀释，使酒瞬间变得冰心清冽，莫吉托（Mojito）、莫斯科之骡（Moscow Mule）鸡尾酒便是最好的证明。棱长一英寸的标准冰块可用在摇动搅拌而成的鸡尾酒中，而特大冰块可专门提供给老式鸡尾酒爱好者，或喜好波本威士忌、苏格兰威士忌的酒客。

课后练习

一、单选题

1. 鸡尾酒基酒主要以（　　）为主，又称鸡尾酒的酒底。

A. 葡萄酒　　B. 配制酒　　C. 酿造酒　　D. 烈性酒

2. 调缓溶液的原料主要是碳酸饮料及果汁，其作用主要是使酒体（　　）度数下降，且不改变酒体风味。

A. 酒精　　B. 甜度　　C. 酸度　　D. 水分

3.（　　）能去除酒的辛辣，使酒温和，入口顺畅。

A. 摇荡法　　B. 兑和法　　C. 搅拌法　　D. 果汁机混合法

4. 马天尼、曼哈顿等酒味较辛辣的鸡尾酒，是使用（　　）调制而成的。

A. 摇荡法　　B. 兑和法　　C. 搅拌法　　D. 果汁机混合法

5.（　　）绝对不能在摇酒器、电动搅拌机里摇动和搅拌。

A. 苏打水　　B. 橙汁　　C. 牛奶　　D. 矿泉水

二、多选题

1. 一款色、香、味俱佳的鸡尾酒，通常是由（　　）三部分构成的。

A. 基酒　　B. 辅料　　C. 载杯　　D. 装饰物

2. 以下属于鸡尾酒的加色加味溶液的是（　　）。

A. 绿薄荷利口酒　　B. 红石榴糖浆　　C. 味美思　　D. 白兰地

3. 以下属于鸡尾酒的调缓溶液的是（　　）。

A. 葡萄酒　　B. 牛奶　　C. 果汁　　D. 碳酸饮料

4. 英式调酒常用的方法有（　　）。

A. 摇荡法　　B. 兑和法　　C. 搅拌法　　D. 果汁机混合法

三、思考题

1. 简单介绍鸡尾酒的特点。

2. 按照饮用时间和地点分，鸡尾酒有哪些类别？

3. 简述调制鸡尾酒的步骤。

2

模块二
酒吧服务

项目五

酒吧概述

任务一　酒吧分类与空间布局

任务二　酒吧设备及酒具

任务三　调酒师专业素养及工作要求

学习目标

- 知识目标：了解酒吧的类型、酒吧的空间布局和吧台设计，熟知酒吧经营所需的设备和用具及调酒师的工作职责。
- 能力目标：通过学习本项目内容，能够了解酒吧分类，加深对酒吧业的认知，明确调酒师的职责及能力要求。
- 素养目标：激发学习调酒知识和技术的热情，更好地服务于行业和塑造良好的职业素养。

项目导入

某饭店由于经营提升，想开一个小型酒吧，根据需求首先要确定酒吧布局和吧台设计，购买酒吧需要的各种设备和用具。具体如何完成这些任务呢？我们需要学习很多关于酒吧的知识，了解酒吧的各种类型，以便开展工作。

任务一　酒吧分类与空间布局

酒吧起源于欧洲乡村，在美洲大陆发展并成为经济发达国家和地区的主要休闲场所。如今，各式各样的酒吧融入开放、现代的都市，成为人们生活的一部分。

一、酒吧的定义

酒吧是指提供酒水和服务，以营利为目的，有计划经营的一种经济实体，常作为人们休闲、聚会和商务洽谈的场所。从字义上来看，“酒”就是指含有酒精的饮料，所以酒吧首先是卖酒的场所。而“吧”这个词源于英文的 bar。在英文中，bar 的原意为长条的木头、金属、栅栏、柜台之类的东西。到了 16 世纪，bar 有了“卖饮料的柜台”这个含义。相传，早期的酒吧经营者为了防止意外，减少酒吧的财产损失，一般不在店内设桌椅，而在吧台外设栅栏，栅栏的设置一方面起到了阻碍作用，另一方面可以为骑马而来的饮酒者提供拴马的地方。久而久之，人们就把这种“有栅栏的地方”叫作 bar。

二、酒吧的类型

根据服务方式，酒吧可以分为六种类型：立式酒吧、服务型酒吧、鸡尾酒廊、宴会酒吧、歌舞厅酒吧以及其他类型的酒吧。

（一）立式酒吧

立式酒吧实际上是典型的传统酒吧。在立式酒吧里，顾客不需要人员到位服务，而是自己直接到吧台上点取饮料。这很容易让人想起西部牛仔走进美式酒吧的那一刻。“立式”并不是指顾客必须站立喝酒，它只是一种传统习惯上的称呼。

在立式酒吧里，有相当一部分顾客坐在吧台前的高脚椅上饮酒，而调酒师则站在吧台里边，面对顾客进行操作。因为始终处在与顾客的直接接触中，所以调酒师应始终保持整洁的仪表、谦逊有礼的态度，当然还必须掌握熟练的调酒技术。

立式酒吧的调酒师一般都单独工作，因为不仅要负责酒类以及饮料的调制，还要负责收款工作，同时必须掌握整个酒吧的营业情况。立式酒吧是以调酒师为中心的酒吧。

（二）服务型酒吧

服务型酒吧与立式酒吧的不同，就在于需要通过服务员将酒水端到顾客的面前。这样的酒吧多见于酒店的餐厅、娱乐和休闲型酒吧。在服务型酒吧里，调酒师通常不和顾客接触。

在服务型酒吧中，调酒师需要与服务员合作，按顾客的点单配酒，提供各种酒类饮料。由于调酒师不与顾客直接接触，因此相对来说，服务型酒吧对调酒师的技术要求较低，酒店也通常会将一些初学者安排在服务型酒吧中工作。服务型酒吧是以餐厅和服务员为中心的酒吧。

（三）鸡尾酒廊

鸡尾酒廊比立式酒吧更具有舒适自如的气氛。酒廊内设有桌椅及雅座，供顾客聚会之用，除供应各种鸡尾酒和清凉饮料外，还备有精美小食。鸡尾酒廊的顾客一般停留时间较长。在许多情况下，鸡尾酒廊有音乐伴奏或其他形式的娱乐。多数鸡尾酒廊还提供一些空间供顾客跳舞，故在灯光、音响、家具、环境等方面均有较高的要求。

鸡尾酒廊较为特殊，需要有多名酒吧服务员。因为有时会用数个吧台，每一个吧台有一位酒吧服务员为顾客服务，所以在通常情况下，服务员还兼任收银员。但在一些十分正规的鸡尾酒廊中，有专职的收银员收款，酒吧服务员的职责主要是清洗、摆放玻璃杯和提供各种饮品。

（四）宴会酒吧

宴会酒吧又称临时性酒吧，它是为各种宴会临时设立的。宴会酒吧的大小和造型由各种宴会和酒会的规模和形式决定。宴会酒吧最大的特点是临时性强，供应酒水的品种随意性大。因此，宴会酒吧的营业时间灵活、服务员工作集中、服务速度快。通常，宴会酒吧的工作人员必须事前做好充分的准备工作，如布置酒台，准备酒水、酒杯、冰块、工具等，营业结束后还要做好整理工作和结账工作。

（五）歌舞厅酒吧

歌舞厅酒吧经营各种酒品、冷热饮料、小食品，往往设有乐队、舞池、卡拉 OK、时装表演等，其吧台在总体设计中所占空间较小，而舞池较大。歌舞厅酒吧气氛活泼、热烈，青年人较喜欢这种刺激、豪放类酒吧。因为顾客的消费不仅停留在酒水方面，所以他们对服务设施等其他方面的要求都很高。

歌舞厅酒吧的服务员除了为顾客提供常规服务外，还是酒水的促销人员，而且在通常情况下会兼任收银员。

（六）其他类型的酒吧

一些酒店还会根据自身的功能需求和经营特点，设置各种酒吧及经营酒水的设施。如游泳池酒吧，为游泳顾客提供酒水服务；客房小酒吧，是在房间内的小酒柜和小冷藏箱里面存放各种酒水和小食品，以方便住店顾客随时取用。

在欧美国家，还有一种和快餐结合在一起的综合经营形式的酒吧，即吧台内侧装有简单的烹饪设备，如电磁炉、微波炉等，顾客在饮酒的同时可以点一些简餐。

总之，酒吧设计和经营是随着市场需求的变化而变化的，其经营方式与方法不应受到种类的限制。

三、酒吧的空间布局

空间布局是酒吧营造氛围的最基本内容。空间布局的合理与否不仅直接关系到酒吧的接待能力，而且不同的空间形式会形成不同的酒吧主题和氛围。酒吧的空间布局，一要依据酒吧现有建筑结构，二要体现酒吧主题需要，三要满足酒吧的色彩、灯光、音乐和装饰需要，四要符合服务活动的要求。

酒吧一般由吧台区、音控室、主题活动区、座位区、包厢、卫生间和娱乐活动区组成。

（一）吧台区

吧台区是酒吧向顾客提供酒水及其他服务的工作区域，是酒吧的核心部分。吧台区通常由吧台（前吧）、吧柜（后吧）以及操作台（中心吧）组成。吧台区的大小以及组成形状也因具体条件有所不同。吧台区的重要性在于：

（1）吧台区是酒吧酒水展示中心——酒水的展示、陈列；

（2）吧台区是酒吧服务组织中心——酒水的调制、操作；

（3）吧台区是酒吧经营控制中心——收银、结账；

（4）吧台区是酒吧气氛控制中心——酒吧最显眼的地方，一些酒吧的音响、灯光设在吧台区。

（二）音控室

音控室是酒吧灯光、音响的控制中心。音控室不仅为酒吧座位区域或包厢的顾客提供点歌服务，而且对酒吧进行音量调节和灯光控制，以满足顾客听觉上的需要，并通过灯光控制来营造酒吧气氛。音控室一般设在舞池区，也有的根据酒吧空间条件设在吧台附近。

（三）主题活动区

主题活动区是一般酒吧不可缺少的空间，需要突出个性化的品位及独到的文化，并以此反映酒吧的特色。根据酒吧的主题可以设计出具有一定功能的活动区。歌舞厅（如Disco酒吧）可以设计舞台，不仅可供演奏或演唱人员专用，还可以用来跳舞。主题酒吧（如高尔夫吧）可以设计果岭区和高尔夫用品展示区。主题活动区主要根据酒吧的需求来设计，小到50平方米，大到150平方米。

（四）座位区

座位区是顾客的休息区，也是顾客聊天、交谈的主要场所。酒吧类型不同，座位区布置也各不相同，如火车座式、圆桌围座式。不管怎样，座位区都是围绕舞池而设立的，一般以台号来确定座席。酒吧饮料很多都是由服务员向座位区的顾客提供的。

（五）包厢

包厢是为一些不愿被人打扰的团体或友人聚会提供的场所。包厢有大有小，一般要求内设舞池，有隔音墙、高级沙发、高级环绕音响、大屏幕电视机、电子点歌台等。

（六）卫生间

卫生间是酒吧不可缺少的设施。卫生间设施档次的高低及卫生洁净程度反映了酒吧的档次。卫生间的设施及通风状况要符合卫生防疫部门规定的标准。

（七）娱乐活动区

娱乐项目是酒吧吸引客源的主要因素之一，选择何种娱乐项目，规格多大，档次多高，要符合经营目标。酒吧娱乐项目有保龄球、台球、飞镖、室内游泳、桑拿、按摩、卡拉 OK 等。

四、吧台设计

（一）吧台设计要求

吧台设计要因地制宜，一般应注意以下几点：

（1）醒目。吧台是整个酒吧的中心。当顾客迈进酒吧之时，便要能看到吧台的位置，感觉到吧台的存在，因此吧台应设置在最显眼的位置，如距门近处、正对门处等。

（2）方便服务。酒吧中任一位置的顾客都能得到来自吧台的快捷服务，服务人员的服务活动更为经济方便。

（3）空间布置合理。吧台既要多容纳顾客，又要使顾客感觉不到拥挤和杂乱无章，同时要满足顾客对环境的特殊要求。同样大小的空间，其形状不同、布置方式不同，顾客的感觉也会有所不同。

（二）吧台的形式

直线形吧台、U 形吧台和中心吧台是目前最基本的三种吧台设计形式，这三种类型的吧台形式有其各自的优缺点。

（1）直线形吧台。直线形吧台在设计上比较简单，常见的是两端封闭的直线形吧台。直线形吧台的长度没有固定尺寸，吧台可以设置在服务区内，也可以与后吧相通。直线形吧台的优点是调酒师和酒吧服务员不会背对着顾客，可以随时观察服务区顾客的动向，保持有效的控制，这对顾客是一种尊重。缺点是如果吧台太长，服务人员数量就要增加。

（2）U 形吧台。U 形吧台呈马蹄形。在设计时，可以与整体服务区协调起来，统一格调，常见的是将吧台与一面墙设计在一起。U 形吧台的中间一般设有用于储藏和操作的工作柜及冰箱。U 形酒吧的优点在于，可以在吧台上容纳更多的顾客，调酒师有更多的空间与顾客交流。其缺点在于会出现转角部分，造成视觉及使用上的盲区。

（3）中心吧台。中心吧台实际上是一种环形设计的吧台，或称中空形吧台。吧台的中间通常设一个“小岛”陈列酒类和储存物品。中心吧台的优点在于能够充分展示酒类，也能为顾客提供较大的空间。许多超大型酒吧都喜欢采用这样的设计。其缺点在于服务难度较大，要求服务员能充分照顾到整个服务区域。

吧台的形式多种多样，除了上述三种基本形式外，还有半圆形、椭圆形、波浪形等。

（三）吧台的结构

因为酒吧的空间形式、经营特点不一样，所以吧台最好由酒吧经营者自行设计。常见的吧台结构见图 5-1。

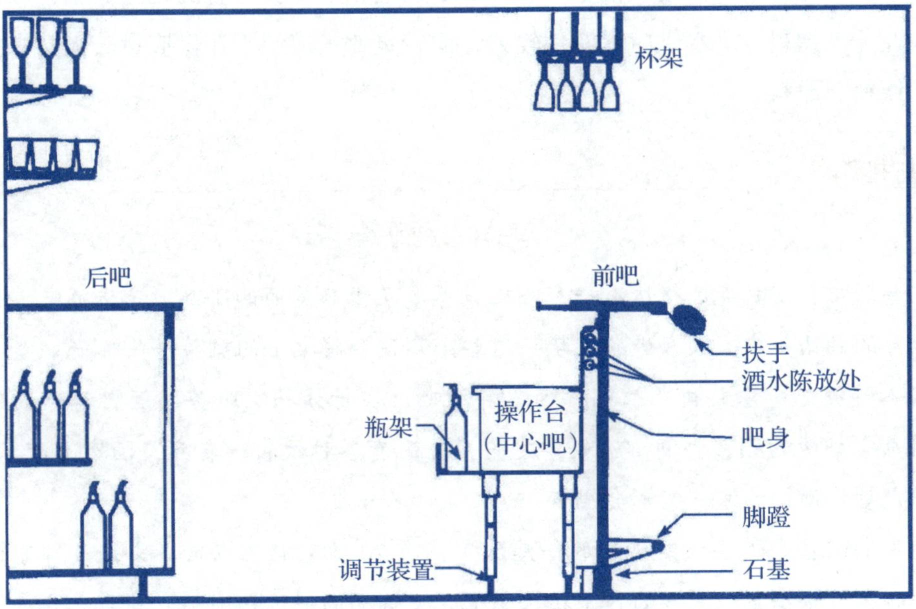

图 5-1　常见的吧台结构

为了操作方便及视觉美观，在设计吧台结构时应注意以下几点：

（1）吧台要包括前吧、操作台及后吧三部分。

（2）按照西方标准，吧台高度应为 1 ～ 1.2 米。吧台高度应随调酒师的平均身高而定。正确的计算方法为：吧台高度 = 调酒师平均身高 ×0.618。

（3）按西方标准，吧台宽度应为 40 ～ 45 厘米。另外，应外延一部分，即顾客坐在吧台前时放置手臂的地方，通常外加 20 厘米。外沿厚度通常为 4 ～ 5 厘米，常以厚实皮革包裹或以钢管装饰。吧台同时配有 80 ～ 90 厘米高的吧凳，吧台下面的脚蹬应使顾客感到舒适和愉快。

（4）前吧下方的操作台，通常高度为 75 厘米，但也并非一成不变，应根据调酒师身高而定，一般操作台高度应在调酒师手腕处，这样比较省力。操作台宽度通常为 45 厘米，应以不锈钢制造以便清洗消毒。

（5）后吧高度通常在 1.75 米以上，但顶部不可高于调酒师伸手可及处。下层高度一般为 1.1 米左右，或与前吧等高。后吧实际上起着贮藏、陈列的作用。一般而言，后吧上层的橱柜陈列酒具、酒杯及各种瓶装酒，一般多为配制混合饮料的各种烈酒；下层橱柜存放红葡萄酒及酒吧其他用品，安装在下层的冷藏柜则用来冷藏白葡萄酒、啤酒以及各种水果原料。

（6）前吧至后吧的距离，即服务员的工作走道，一般为 1 米宽，且不可有其他设备向走道突出。走道的地面应铺设塑料、木头条架或橡胶垫板，以减少服务员长时间站立而产生的疲劳感。在服务型酒吧中，服务员走道应相应增宽，有的可达 3 米，因为餐厅有宴会业务，饮料、酒水供应量变化较大，而较宽的走道便于在供应量较大时堆放各种酒类、饮料、原料。

延伸阅读

有趣的酒吧

飞鸟酒吧：伊拉克巴格达有一家酒吧饲养了几十只美丽的小鸟，走进酒吧，你会陶醉在悦耳的鸟语声中。顾客进餐完毕，这些小鸟便会将桌上的剩菜一一啄光。

喝不醉酒吧：意大利米兰有家喝不醉酒吧，实行分档次服务，酒吧有专门的调酒师，对每个档次的顾客供酒都有科学定量，并配有各种饮料、食品，酒客可随意品尝。由于是定量供酒，酒客一般不会喝醉。

读书酒吧：在美国俄亥俄州的一座城市，有 20 多家酒吧以世界文坛大作家的名字命名，顾客可根据自己崇拜的作家挑选酒吧，一边喝酒一边读书。

热带园林动物酒吧：美国芝加哥有家热带园林动物酒吧，四周是郁郁葱葱的人造热带雨林，酒吧门口有鹦鹉欢迎顾客，酒吧内有各种仿真的电子动物，形态逼真。

任务二　酒吧设备及酒具

调酒师只有了解吧台设备的性能，并按其要求进行标准化操作，才能保证饮品品质和服务速度。

吧台设备是按酒吧结构及吧台设置要求来安装的，任何设备安装都必须符合国家和地区卫生部门的标准。例如：吧台操作区域的每件设备的表层均应是不锈钢的，以保证表层美观、光亮，容易清洗，不易被杀菌用化学清洗剂腐蚀，同时又能保证设备经久耐用；每件设备脚的高度必须保证在 6 厘米以上，以便安装水管和清洁打扫等。

吧台设备的位置一般都是按酒水服务操作要求来确定的。吧台酒水服务一般分为两种：吧台饮料消费区，即顾客坐或站在吧台前边点饮料边消费，吧台调酒师边调制边服务；饮料取走服务区，即顾客点饮料的订单由酒吧服务员送交调酒师，调好的饮料由酒吧服务员取走呈递给顾客，调酒师只负责按单调制，不直接服务顾客。在大型的酒吧中，这两个服务区是严格分开的，而且设备主要集中在便于调酒师操作的位置。

酒吧的设备和用具很多，下面按照各种设备的摆放位置依次说明。

一、前吧设备

一套完善的前吧设备应包括三格洗涤槽或洗杯机、冰槽、酒瓶架、酒杯搁置架、饮料或啤酒配出器、生啤机和电动搅拌机等。

（1）三格洗涤槽通常放置在两个服务区中心或最便于调酒师操作的地方，具有初洗、刷洗、消毒功能。三格中一是清洗，二是冲洗，三是消毒清洗。

（2）洗杯机的优点是可以节省人力并保持卫生。许多酒吧管理人员认为，传统的酒吧洗涤槽既洗酒杯和餐具，又洗烟灰缸和布巾，很不卫生。使用洗杯机后可以将酒杯、餐具和其他物品分开洗涤。洗杯机不仅有洗涤功能，还有消毒功能。小型洗杯机既不占太大的空间，又灵活方便，自动化强，很适合酒吧使用。

（3）冰槽是由不锈钢制成的盛放冰块的专用槽。冰槽有时分为两个槽：一个用于盛冰块，另一个用于盛碎冰。

（4）酒瓶架用来存放常用酒瓶，一般为烈性酒，如威士忌、白兰地、金酒、伏特加等。常用酒要放在便于操作的位置，其他酒则陈放在吧柜里。

（5）酒杯搁置架，又称沥水槽，将酒杯倒扣在沥水槽上，可以让杯里的水顺槽沟流入池内。三格洗涤槽两边都设有便于洗过的酒杯沥水的沥水槽。

（6）饮料或啤酒配出器，又称苏打枪，是制作二氧化碳饮料的设备。这种机器一般含有 1 个喷嘴和 7 个按钮，可配出 7 种饮料：苏打水、汤力水、可乐、七喜、干姜水、薄荷水和哥连士饮料（Collins Mix）。

（7）生啤机属于急冷型设备。整桶的生啤无须冷藏，只要将桶装的生啤酒连接在该设备上，输出的便是冷藏的生啤酒，而且泡沫厚度可以根据需要加以控制。

（8）某些鸡尾酒需要用小型电动搅拌机将冰块和水果等原料搅碎，因此，多功能的电动搅拌机也是酒吧中的必要设备。

二、后吧设备

后吧设备通常包括冷藏箱、制冰机、葡萄酒贮存柜等。

（1）冷藏箱是用于冷藏酒水和饮料的设备，箱内温度通常在 6℃～12℃，箱内分数层，以存放不同种类的酒品和饮料。一般而言，香槟酒、白葡萄酒、桃红葡萄酒、啤酒及果汁等须放入冷藏箱中冷藏。

（2）制冰机是酒吧常用设备，有不同的尺寸和类型，制出的冰块形状也分为正方体、扁圆体、长方体及较小颗粒等。酒吧可以根据需要制作冰块。

（3）葡萄酒贮存柜是存放香槟酒和葡萄酒的地方。某些大型饭店中需要这种设备。葡萄酒贮存柜由木质材料做成，里面分横竖成行的格子，将酒放入格子内存放，温度可以根据酒的品种进行调节。这样可以保持酒水的木塞湿润，从而保证瓶中酒的芳香和味道。

三、吧台用具

吧台用具是指日常操作中用于制作各类酒水的必备工具。吧台常见用具详见表 5－1。

表 5－1　吧台常见用具

序号	名称	图示	用途
1	冰桶		盛装冰块的容器，有玻璃制品和不锈钢制品两种。
2	压汁器		挤压新鲜的柠檬汁或橙汁时使用的工具。
3	量杯		也叫盎司杯，是酒吧中最主要的量酒工具。
4	调酒器	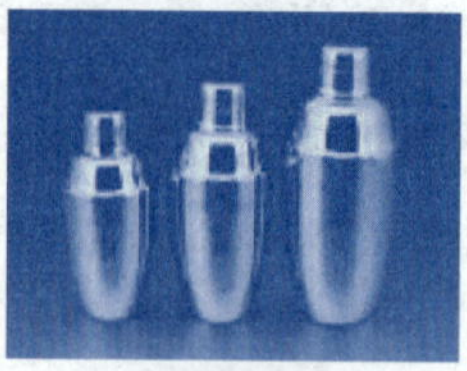	也叫摇酒壶、摇酒器或调酒壶，是调制鸡尾酒的工具，由壶盖、滤冰器、壶身组成。
5	果汁机		有多种型号，主要作用有两个：一是冷冻果汁；二是自动稀释果汁（浓缩汁放入后可自动与水混合）。

续表

序号	名称	图示	用途
6	砧板	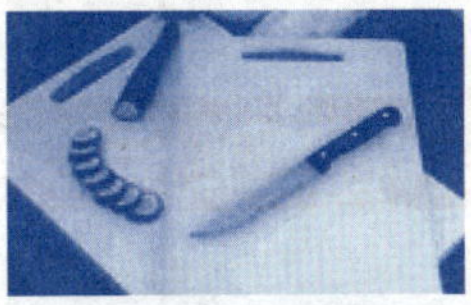	切水果等装饰物的板子，由无毒塑料制成。
7	水果刀		切水果和装饰物的小刀。
8	调酒杯		调制鸡尾酒和饮料的容器。将易于混合的鸡尾酒材料放入酒杯中，经勾兑和搅拌制成混合饮品。
9	调酒匙	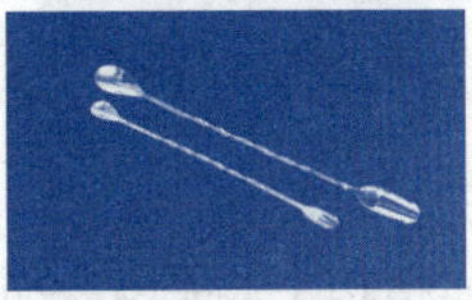	搅拌酒水的工具，一端呈匙状，另一端呈叉状，中部呈螺旋状。

延伸阅读

家庭小酒吧设计三要点

如果你想自己设计家庭酒吧，要注意三个最主要部分的设计，即吧台、吧柜、吧凳。

吧台是调制饮料和配制果盘的工作台，也是人们在休闲坐歇与饮用时伏靠的案台，亦可成为实用的便餐台。吧台大多设双层，其上层为抽屉，供收储筷勺之用；下层为格状的贮存空间，可放置不常用的杯盘、器皿等。吧台形式有单层台面式、双层内分式、两端分割式和双层一端下落式等。

吧柜不仅具有存放饮料、水果、烟酒、杯盘、器皿的功能，而且有重要的展示功能。吧柜的结构可采用吊挂、壁挂、单体独立、嵌入墙体等多种设计。吧柜的造型有格架式、橱柜式、火墙层板式等。

吧凳设计强调坐视角度的灵活性和烘托吧台主体所需的简洁性，它特别注重造型的洗练和精致感。吧凳形式较多，一般可分为有旋转角度与调节高度作用的中轴式钢管吧凳和固定式高脚木制吧凳两类。在选择吧凳时，要注意三点：首先，吧凳面与吧台面应保持40厘米左右的落差，吧台面较高时，相应的吧凳就要高一些；其次，吧凳与吧台下端落脚处应设有支撑脚部的支杆物，如不锈钢管或台阶等；最后，较高的吧凳宜带靠背，坐起来会让人感觉更舒服些。

资料来源：傅生生．酒水服务与酒吧管理［M］．4版．大连：东北财经大学出版社，2017.

任务三　调酒师专业素养及工作要求

如何成为一名合格的调酒师呢？首先要具备一定的专业素养，包括服务意识、专业知识和专业技能。

一、调酒师的专业素养

（一）服务意识

1. 角色意识

调酒师所担任的角色是使顾客在物质和精神上得到满足的服务者角色，角色要求如下：

（1）执行酒吧的规章制度，履行岗位职责。

（2）站在顾客的角度考虑顾客所需要的服务，即将心比心，为顾客提供热情、快捷、高雅的服务。

2. 顾客意识

调酒师应增强顾客意识，提高责任心和荣誉感，想顾客之所想，应顾客之所需。

3. 服务意识

（1）调酒师应预测或及时到位地解决顾客遇到的问题。

（2）遇到特殊情况，调酒师应提供专门服务、附加服务，以满足顾客的特殊需要。

（二）专业知识

（1）酒水知识。调酒师应掌握各种酒的产地、特点、制作工艺、名品及饮用方法，并能鉴别酒的质量、年份等。

（2）原料贮存、保管知识。调酒师应了解原料的特性，以及酒吧原料的贮存、保管、领用知识。

（3）设备、用具知识。调酒师应掌握酒吧常用设备的使用要求、操作过程和保养方法，以及用具的使用、保管知识。

（4）酒具知识。调酒师应掌握酒杯的种类、形状及使用要求、保管知识。

（5）营养卫生知识。调酒师应了解饮料的营养结构，酒水与菜肴的搭配以及饮料操作的卫生要求。

（6）安全防火知识。调酒师应掌握安全操作规程，注意灭火器的使用范围及要领，掌握安全自救的方法。

（7）酒单知识。调酒师应掌握酒单的结构，所有酒水的品种、类别以及酒单上各类酒水的调制方法、服务标准。

（8）酒谱知识。调酒师应熟练掌握酒谱上每种原料的用量标准、配制方法、用杯及调配程序。

（9）定价知识。调酒师应掌握酒水的定价原则和方法。

（10）习俗知识。调酒师应掌握主要客源国的饮食习俗、宗教信仰等。

（11）英语知识。调酒师应掌握酒吧饮料的英文名称、产地的英文名称，以及酒吧服务常用英语。

（三）专业技能

（1）设备、用具的操作使用技能。调酒师应正确使用设备和用具，掌握操作程序，这样不仅可以延长设备、用具的寿命，还可以提高服务的效率。

（2）酒具的清洗技能。调酒师应掌握酒具的冲洗、清洗、消毒等技能。

（3）装饰物制作技能。调酒师应掌握不同形状、薄厚、造型等的装饰物的制作方法。

（4）调酒技能。调酒师应掌握调酒的动作、姿势，以保证酒水的质量和口味的一致。

（5）沟通技能。调酒师应善于发挥信息传递渠道的作用，进行准确、迅速的沟通，同时提高口头和书面表达能力，善于与顾客沟通和交谈，能熟练处理顾客的投诉。

（6）经营和计算的能力。调酒师应有较强的经营意识，尤其要对价格、成本、毛利和盈亏的分析计算反应较快。

（7）解决问题的能力。调酒师应善于在错综复杂的矛盾中抓住主要矛盾，对紧急事件及顾客投诉有从容不迫进行处理的能力。

二、调酒师的工作要求

根据酒吧工作实际，并结合国际调酒师协会对调酒师的要求，下面将不同级别的调酒师的工作内容进行简单介绍，以便读者在工作和学习过程中参考。

（一）入门级调酒师工作要求

1. 知识要求

（1）熟悉娱乐业和餐饮业的相关法规和管理制度。

（2）掌握酒吧酒单的基本结构，熟悉酒单所供应饮品的名称、产地、特征及售价。

（3）掌握蒸馏酒和发酵酒的名品代表、产地、特征及酿造期。

（4）掌握世界著名啤酒的种类及特征。

（5）掌握世界著名的茶的种类、产地及沏泡方法。

（6）掌握世界著名的咖啡的产地、特征及煮咖啡的方法。

（7）了解酒吧用具、器皿的性能及使用方法，熟悉酒吧设备的操作规范。

（8）具有基本的饮品成本核算知识。

（9）熟悉酒吧操作规范和流程。

（10）掌握最流行的10种鸡尾酒的调配原理。

（11）掌握最基本的酒水服务知识。

（12）掌握水果的保鲜、贮存知识。

（13）具有酒吧卫生和个人卫生常识。

（14）掌握基本的专业外语词汇，具有良好的语言表达能力。

2. 技能要求

（1）掌握鸡尾酒调制的摇荡、搅拌、兑和、果汁机混合等方法。

（2）能独立配制酒吧营业前的辅料和饮品。

（3）能独立调制最常见的10种鸡尾酒，并能按饮品要求掌握用杯、选料技巧，使其色、香、味、形符合标准。

（4）能制作鸡尾酒的各种装饰物。

（5）能操作酒吧的基本设备和用具，并了解保养方法。

（6）掌握煮咖啡和泡茶的方法。

（7）了解各项安全制度、防火制度、急救制度，并懂得如何操作。

（8）能操作收银机，计算酒品成本。

（9）具有一定的表达能力，会讲普通话。

（10）能熟练掌握各种葡萄酒、啤酒、蒸馏酒和其他各种饮料的服务技巧。

（11）掌握酒水的贮存要求和方法。

（12）能按规范进行酒吧清扫工作。

（二）高级调酒师工作要求

1. 知识要求

（1）了解世界著名酒品的生产工艺及特征。

（2）掌握酒品的色、香、味、形，以及识别酒品的质量优劣的知识。

（3）掌握不同类别鸡尾酒的特征及调制要求。

（4）掌握酒吧日常经营和管理知识。

（5）熟悉酒吧设计与布局原理。

（6）掌握水果的特征及营养成分。

（7）掌握咖啡的特征、生产制作过程、选配料知识。

（8）掌握茶的种类、茶具、水温、用量、冲泡方法等。

（9）掌握乳品饮料和碳酸饮料的知识。

（10）掌握酒吧各种设备和用具的性能、使用及保养知识。

（11）掌握酒吧采购、验收、贮存、出库、上架的控制流程。

（12）掌握饮料与菜肴的搭配知识。

（13）掌握酒吧饮品所用的基本英文专业术语和词汇。

（14）掌握一定的酒会活动的组织经营和管理知识。

（15）掌握果雕和水果拼盘相关知识。

2. 技能要求

（1）熟练掌握鸡尾酒的调制方法，动作娴熟。

（2）掌握水果拼盘造型设计，熟悉果盘的基本刀工。

（3）掌握茶和咖啡的制作方法。

（4）掌握冷冻饮料、果蔬饮料的制作方法。

（5）能够自创具有色、香、味、形的鸡尾酒。

（6）能够控制饮品的领取、保管、销售及酒品饮料的成本。

（7）能够根据客源对象，独立编制酒单，确定酒吧经营项目。

（8）能够处理酒吧异常事件，并观察和控制顾客饮酒的情形。

（9）负责酒吧工作的分工和服务员安排，并督促检查工作。

（10）能够参与组织大型酒会。

（11）具备基本的音响操作、调试能力。

（12）具备插花和制作花篮、花束、花环的知识和能力。

学思之窗

让中国调酒技艺代代相传，助力中国酒飘香世界

来自湖北的王勇是中国一名大师级的调酒师。他在中华人民共和国第一届职业技能大赛的闭幕式上展示了自己在世界杯调酒锦标赛上尚未展示过的另一手“花式调酒”绝技——融入中国传统杂技元素，以干冰鸡尾酒和中国白酒鸡尾酒为主题，六听连环倾酒，同时完成五杯彩虹干冰鸡尾酒的调制。这一绝

知识链接

连环彩虹酒

知识链接

鸡尾酒——致敬阿玛蕾娜女士

技成为“最受欢迎的中华十大绝技”之一。王勇坚持调酒整整20年后，收获了这辈子的骄傲——第67届世界杯调酒锦标赛“最佳调酒技术奖”。如今，这座代表中国调酒师最高技术成就的奖杯来到了世界技能博物馆。

三百六十行，行行出状元。王勇期望“最佳调酒技术奖”奖杯能激励广大青少年在传承中创新、在坚持中升华，让中国调酒技艺代代相传，助力中国酒飘香世界。

资料来源：让中国调酒技艺代代相传，助力中国酒飘香世界[EB/OL]. 世界技能博物馆（微信公众号），2022-08-28.

课后练习

思考题

1. 酒吧调酒师的总体职业要求有哪些？
2. 酒吧调酒师的基本技能要求有哪些？
3. 酒吧空间布局设计有哪些要求？

项目六

酒单筹划与设计

任务一　酒单的种类和设计

任务二　酒单酒水的定价

学习目标

- 知识目标：明确酒单的设计要求和方法，了解酒水的定价策略。
- 能力目标：了解酒单设计的依据及酒单定价的基本方法及原则，熟知酒单制作内容。
- 素养目标：能够掌握酒单设计内容，并不断设计具有创意、符合时代要求的酒单，培养独立设计制作能力及创新意识。

项目导入

南方某城市一家四星级酒店，地处经济开发区，接待的客户70%以上是合资公司的外商。王先生是该酒店新上任的酒水部经理，他了解到酒吧的酒单已有三年没有更换了。此外，他发现酒单里的酒水品种很单调，尤其是洋酒品种很少，有些酒水销售单位设计不合理曾导致顾客投诉，如顾客经常投诉现榨果汁（如木瓜汁）不能点零杯，只能整扎购买，导致浪费。酒吧的酒单亟须更换，王经理该如何设计一份合理的酒单呢？

任务一　酒单的种类和设计

一、酒单的种类

酒单是酒吧为顾客提供酒水品种和酒水价格的一览表，是顾客购买酒水的主要依据，是酒吧销售酒水的重要工具。由于不同类型的酒吧和餐厅在经营方式、提供的酒水等方面存在差异，因此酒单的种类也各异。常见的酒单类型有以下几种：

（一）酒吧酒单

酒吧是主要提供酒水服务的场所，因而酒水品种比较齐全。规模大、档次高的酒吧，名牌酒水品种多一些；小酒吧供应的酒水档次较低，品种也比较少。

（二）葡萄酒吧酒单

这是一种专门经营葡萄酒的酒吧酒单，酒单上列有种类较齐全的各种葡萄酒。这类专项酒单所列内容或以产地分类，或以酒水特征分类。类似的还有咖啡屋、啤酒吧

(坊)、茶吧(室、楼)等,酒单上只列各种品牌的专类酒水。

(三)娱乐厅酒单

娱乐厅酒单是指舞厅、KTV 等娱乐场所的酒单。娱乐场所供应的酒水不能影响整个酒吧的经营活动,所以酒单要针对顾客娱乐活动的特点,增加一些低酒精和无酒精的碳酸饮料、矿泉水、果汁等软饮料,以及一些餐前、餐后的混合酒。KTV 包间因不影响他人,可适当增设一些酒精饮料。

(四)餐厅酒单

餐厅酒单要反映顾客饮用酒水的顺序以及与所点菜品的搭配。根据经营方式和类型的不同,有些餐厅会将酒单附在菜单上,有些餐厅则单独开列。酒品在酒单上的位置对酒水的推销作用很大。酒水最好按餐前、餐中、餐后排列,开胃酒和鸡尾酒要列在其他酒类的前面,餐后酒、热饮料宜和甜点列在一起。

(五)客房迷你吧酒单

高档酒店的客房中会配备迷你吧,为顾客提供方便。顾客为解渴、消遣或招待朋友,不用出房门就可饮用自己喜欢的饮料。客房迷你吧提供的酒品一般有两类:

1. 软饮料

软饮料需要冰镇,一般放在小冰箱里,通常包括苏打水、汤力水、矿泉水、橙汁、可口可乐、雪碧等。

2. 烈性酒

客房迷你吧通常提供烈性洋酒,如威士忌、白兰地、朗姆酒、伏特加、金酒等。这类酒通常装在 1 盎司的酒瓶中,容量小,便于销售。

二、酒单的设计

(一)酒单的设计原则

酒单的设计是一项技巧与艺术相结合的工作,在很大程度上影响酒吧酒水的销售,一般而言,应考虑以下几个原则:

1. 目标顾客群体的需求及消费能力

酒吧酒单设计要根据酒吧目标顾客群体的需求及消费能力来设计。有的酒吧以高档次的国外游客为目标顾客,高档次的葡萄酒、白兰地、鸡尾酒是他们喜爱的主要饮品。有的酒吧以接待大众消费者为主,各种软饮料和啤酒是他们消费的主要饮品。不同顾客的消费能力是不同的，针对消费水平较低的顾客（如学生群体、工薪阶层），酒单的设计应选择一些较普通的酒水，如软饮料、果汁等；而高档次的酒吧或餐厅，如果酒单中缺少名贵酒水，顾客会很失望。

2. 原料的供应情况

凡列入酒单的酒水、水果拼盘、佐酒小吃，酒吧必须保证供应，这是一条相当重要但极易被忽视的餐饮经营原则。某些酒吧虽然酒单丰富多彩、包罗万象，但顾客在需要时却常常得到这也没有那也没有的回答，导致失望和不满，继而怀疑酒吧经营管理的可信度，直接影响酒吧的信誉。所以，酒吧管理者在设计酒单时，必须充分掌握各种原料的供应情况。

3. 调酒师的技术水平及酒吧设施

调酒师的技术水平及酒吧设施在相当程度上限制了酒水的种类和规格，不考虑这些因素而盲目设计酒单，设计出来的酒单即使再好也无异于空中楼阁。如果酒吧没有适当的厨房通风设施，强行在酒单上列出油炸类食品，当顾客点单而需要制作时，会使酒吧因油烟弥漫而影响顾客消费及服务工作的正常进行。如果调酒师在水果拼盘方面技术较差，而酒单上却列出大量造型时髦的水果拼盘，只会在顾客面前暴露酒吧的缺点并引起顾客的不满。

另外，酒单上各类品种之间的数量比例应该合理，易于提供的纯饮类酒水与需要制作的混合配制类酒水应搭配合理。

4. 季节性考虑

酒单制作也应考虑在不同季节顾客对饮品的不同要求。例如：在冬季，顾客多热衷于热饮，则酒单品种应做相应调整，增加热咖啡、热奶、热茶等品种，甚至可为顾客提供温酒服务；夏季则应以清凉冷饮为主，主要提供冰咖啡、冰茶、冰果汁等。只有这样才能迎合顾客的消费需求，使酒吧有效地销售产品。

（二）酒单的设计要点

在设计酒单时，要遵循以下要点：

（1）明确酒吧经营策略，确认酒吧经营方针，确定酒吧经营特色。

（2）明确市场需求、顾客饮酒习惯及对酒水价格的接受能力。

（3）明确酒水的采购途径、费用、品种和价格。

（4）明确酒水的品名、特点、级别、产地、年份和制作工艺。

（5）明确酒水的成本、售价及酒吧的合理利润。

（6）选择优质的纸张，认真对酒单进行设计，写明酒水名称、价格、销售单位等内容。

（7）做好销售记录，定时评估、更新菜单，删除顾客购买率低的酒水品种，添加顾客喜爱的酒水品种。

（三）酒单的内容设计

酒单的内容包括：酒水品种、酒水名称及代码、酒水价格、销售单位、酒品介绍等。

1. 酒水品种

（1）酒单中的各种酒水应按照其特点进行分类。例如：按照人们的用餐习惯将酒水分为开胃酒、佐餐酒、烈性酒、鸡尾酒、利口酒和软饮料等类别，在每一类酒水中再设计适当数量的有特色的酒水。

（2）每个类别列出来的酒水品种都不能过多，太多不仅会影响顾客的选择，也会使酒单失去特色。根据统计，酒单最多分为 20 类酒水，每类 4 ～ 10 个品种，并尽量使它们数量平衡。

（3）越是高档的酒吧，其酒单分类越详细。例如：将威士忌分为普通威士忌、优质威士忌、波本威士忌和加拿大威士忌四类；将白兰地分为普通干邑和高级干邑两类；将鸡尾酒分为短饮鸡尾酒和长饮鸡尾酒两类；将无酒精饮料分为茶、咖啡、果汁、汽水及混合饮料五类；再加上其他酒水产品，共约 20 个酒水类别。这种详细分类的优点是一目了然，便于顾客选择酒水；同时，使得各种酒水的品种数量平衡，酒单规范、整齐，容易阅读。

（4）设计酒水品种时，应注意其味道、特点、产地、级别、年份及价格的互补性，使酒单上的每一种酒水产品都具有特色。

2. 酒水名称及代码

酒水名称是酒单的中心内容，酒水名称直接影响顾客对酒水的选择。因此，设计酒水名称要做到以下几点：

（1）酒水名称要真实，尤其是鸡尾酒。

（2）酒水产品要名副其实，必须与名称相符。不符合质量的酒水产品必然会导致经营失败。尤其是鸡尾酒，质量一定要符合投料标准，不要使用低于酒单标准的酒水。

（3）外文名称也很重要，酒单上的外文名称及翻译后的中文名称的正确性都是酒单的重要内容，不能轻视，否则会降低酒单的推销效果。

有的酒水可以具体到代码。如一些葡萄酒单上葡萄酒名称的左边会有数字，这些数字是酒吧管理人员为方便顾客选择葡萄酒而设计的代码。由于葡萄酒来自许多国家，其名称很难识别和阅读，以代码代替葡萄酒名称，既方便顾客点单，又便于酒水管理，因此制作葡萄酒名称代码，可以增加葡萄酒的销量。

3. 酒水价格

酒单上应该注明酒水的价格，如果在酒吧服务中加收服务费，必须在酒单上注明。若有价格变动，应立即更新酒单，否则酒单就失去了推销的功能，还有可能在顾客结账的时候引起纠纷。

4. 销售单位

销售单位是指酒单上在价格右侧注明的计量单位，如瓶、杯、盎司。例如：对白兰地、威士忌等烈性酒，注明销售单位为盎司（oz）；对葡萄酒，注明销售单位为杯（cup）、1/4 瓶（quarter）、半瓶（half）、整瓶（bottle）等。

5. 酒品介绍

酒品介绍是酒单上对某种酒水产品的解释或说明。酒品介绍以精练的词语帮助顾客认识酒水产品的主要原料、特色及用途，使顾客可以在短时间内完成对酒水产品的选择，从而提高服务效率，以免顾客因对某些酒水产品不熟悉而不敢问津、怕闹出笑话，进而产生消极的消费心理。

（四）酒单的装帧设计

好的装帧设计，可以使酒单美观、有吸引力，体现酒吧的形象，便于顾客选择酒水，从而提高酒水销售量。酒单的装帧设计需注意以下几个方面：

1. 酒单外观

酒单封面与内层图案均要精美，且必须反映酒吧的经营风格，与酒吧的装饰和氛围相协调。封面通常印有酒吧的名称和标志，封面颜色以桃红色、黑色、天蓝色、墨绿色、白色、浅褐色等为多，这些颜色和印制方式相结合会使酒单朴素而典雅。

2. 酒单用纸

一般而言，从耐久性和美观性考虑，酒单的印刷应使用重磅的铜版纸或特种纸。纸张要有一定的厚度，并具有耐水耐污的特点。

纸色有纯白、柔和素淡、浓艳重彩之分。采用不同颜色的纸，会给酒单增添不同色彩。此外，纸可以用不同种方法折叠或切割成不同的形状，除了可折叠或切割成最常见的正方形或长方形外，还可以尝试特殊的形状。

3. 酒单尺寸和字体

酒单尺寸要与销售酒水品种的多少相适应。目前，酒单以长方形为主，比较常用的尺寸是 20 厘米 ×12 厘米。

酒单字体应方便顾客阅读，并能给顾客留下深刻印象。酒单上各类酒水一般用中英文对照书写，以阿拉伯数字排列编号和标明价格。字体要印刷端正，使顾客在酒吧的光线下能够看清。各类酒水的标题字体应与其他字体有所区别，一般为大写英文字母，建议采用深色或彩色字体，既美观又突出。所用英文要根据词典的标准拼写法统一规范，慎用草体字。

4. 酒品排列

按照人们的用餐习惯顺序排列酒水产品会使酒单更有推销力度。一般而言，应根据顾客眼光集中点的推销效应，将需要重点推销的酒水排列在酒单的第一页或最后一页，以增加顾客的关注度。

5. 酒单页数

酒单一般为 4 ～ 8 页。根据酒单页数的不同，可以进行不同的装帧设计：有些酒单有 4 页，外部以朴素而典雅的封皮装饰；有些酒单只是一张结实的纸张，被折成三折，共为 6 页，其中外部 3 页是各种鸡尾酒的介绍并附有彩色图片，内部 3 页是各种酒品的目录和价格；有些酒单共 8 页，在这 8 页中印有各种酒品目录。

6. 酒单色彩

色彩可使酒单更加动人、更有趣味，对酒水产品具有促销作用。利用色彩装饰或设计酒单，通常包括确定纸张的颜色和文字的颜色。进行色彩设计时，应根据成本和希望获得的效果来决定纸张色彩和文字色彩的种类。设计酒单时，应注意不宜用过多的颜色，只需将少量的文字印成彩色，并用柔和淡雅的纸张，就可以使酒单显得素朴典雅。例如：可以将分类名印成某种彩色或金色，而将具体酒水名称印成黑色。

7. 酒单更换

酒水产品的品名、数量、价格等需要更换时，不应随意涂改原来的酒单。如随意涂改，一方面会破坏酒单的整体美感，另一方面会给顾客造成错觉，认为酒吧在经营管理上不稳定及太随意，从而影响酒吧的信誉。因此，如需更换品名、数量或价格，应更换整体酒单，或对某类可能会经常更换的项目采用活页形式。

8. 酒单广告和推销效果

酒单不仅是酒吧与顾客进行沟通的工具，而且具有广告宣传效果。对酒吧服务满意的顾客不仅是酒吧的服务对象，更是酒吧的义务推销员。有的酒吧在其酒单扉页上除印制精美的色彩及图案外，还配以言辞优美的小诗或特殊的祝福语，给人以美的享受，加深了酒吧的经营立意，拉近了与顾客的距离。

同时，酒单上也应印有本酒吧的简况、地址、电话号码、服务内容、营业时间、业务联系人等，以增加顾客对本酒吧的了解，起到广告宣传作用，并便于信息传递，招徕更多的顾客。

任务二 酒单酒水的定价

一、酒单酒水定价原则

酒单上的饮品，是以其价值为主要依据制定销售价格的。但一些高档的酒吧，定价可以高些，因为其各项运营管理费用较高；地理位置好的酒吧，定价也可以高一些，因为好地段的经营成本较高。

在制定酒水价格时，经营者还必须考虑酒吧经营的内外部因素。内部因素主要包括酒吧经营目标和价格目标、酒吧投资回收期及预期收益等。外部因素主要包括经济发展趋势、相关法律法规、竞争程度、竞争对手定价状况、顾客的消费水平等。

二、酒单酒水定价基础

（一）以成本为基础的定价方法

以成本为基础的定价方法，是酒吧最常用的酒水定价方法，常见的有原料成本系数定价法和毛利率定价法。

1. 原料成本系数定价法

这种方法是首先算出每份饮品的原料成本，然后根据成本率或成本系数计算售价。其计算公式为：

售价 = 原料成本 ÷ 成本率

或者

售价 = 原料成本 × 成本系数

以该方法定价，需要两个关键数据，一是原料成本，二是成本率。通过成本率，马上可算出成本系数。原料成本数据可以根据酒水实际调制过程中的使用情况计算得出，在标准酒谱上以每份酒水的标准成本列出。

例如，已知一杯现榨橙汁的成本为 4 元，计划成本率为 40%，即成本系数为 2.5，则其售价应为：

$4 \times 2.5 = 10$（元）

2. 毛利率定价法

利用毛利率定价法给酒水产品定价，其计算公式为：

售价 = 成本 ÷（1 – 毛利率）

毛利率是根据经验或经营要求估算获得的，故也称计划毛利率。

例如，1 盎司的伦敦干金酒成本为 10 元，计划毛利率为 80%，则：

售价 = 10 ÷（1 – 80%）= 50（元）

这种定价方法一般只考虑饮品的原料成本，不考虑其他成本。

（二）以竞争为中心的定价方法

在餐饮市场激烈竞争的形势下，价格是酒吧增强竞争力、扩大市场销售量的有效手段。以竞争为中心的定价方法，就是密切注意和追随市场上的价格，选择有利区间为服务定价，以达到维持和扩大酒吧市场占有率、扩大销售量的目的。以竞争为中心的定价方法，可以分为随行就市定价法和竞争定价法两种。

1. 随行就市定价法

随行就市定价法是一种简单的定价方法，即将同行酒单上的酒水价格作为出品酒水和服务的价格，并随行情微调。使用这种方法要注意应以经营成功的酒吧酒单为依据，避免照搬不成功的酒吧定价。随行就市定价法直接采用同类酒吧的产品价格，可简化定价的过程，减少考虑酒水定价所要花费的精力。这种价格大都经过了同类酒吧的经营实践，是确实能被顾客接受的市场流行价格，能保证酒吧获得一定的经营收益，酒吧经营风险小，也易于与同行协调关系。目前，我国酒吧酒水定价大多采用随行就市定价法。

2. 竞争定价法

竞争定价法以竞争者的售价为定价依据，具体包括最高价格法与同质低价法两种定价方法。

（1）最高价格法是指对同样质量的同类酒水和服务，定出高于竞争者的价格。最高价格法要求酒吧具有一定的实力，能提供良好的酒吧环境氛围，以及一流的服务和一流的酒水，以优质高价取胜。

（2）同质低价法是指对同样质量的同类酒水和服务，定出低于竞争者的价格。同质低价法一方面用低价争取竞争对手的客源，以扩大和占领市场；另一方面可以加强成本控制，尽可能地降低成本，提高经营效率。同质低价法实际上就是薄利多销，既能最大限度地满足顾客的需求，又使酒吧有利可图。

（三）考虑需求特征的定价方法

在一般情况下，市场对酒吧产品的需求量同定价的高低成反方向变化，即价格高则需求量小，价格低则需求量大。然而，由于酒吧的经营方式及产品不同，顾客的特征也不相同，因而定价也就存在差异。经营者可以根据消费者的需求特点，制定适合市场要求的价格体系。下面是针对不同需求特征的几种定价法：

1. 声誉定价法

这种定价法是针对注重社会地位、身份的目标顾客的需求特征产生的。这类顾客要求酒吧的环境好、档次高、服务好，酒水价格是反应酒水质量和个人身份、地位的一种标志。针对这类顾客的酒吧，酒水价格应该定得高一些。高档酒吧普遍采用声誉定价法。

2. 抑制需求定价法

酒吧中某些大众酒水成本低、需求量大，如果这种酒水定价太低，会影响其他酒水的销售。对这类酒水，酒吧一般可以采用抑制需求定价法，即将这类酒水的价格定得远远高于其成本价，从而起到抑制顾客消费欲望的作用。

3. 诱饵定价法

对一些能引起其他连带消费的酒水，酒吧可以采用低价定价法来吸引顾客，作为诱饵来刺激顾客消费。

4. 需求反向定价法

许多酒吧在对酒水定价时，会调查顾客愿意支付的价格，并以此作为酒水定价的基础，然后反过来调节酒水的配料数量和品种，以调节成本，使酒吧获利。

5. 同类酒水相同定价法

为了方便销售和经营管理，酒吧常常对按杯或按盎司出售的同类酒水定以相同的价格。如雪碧、可乐、七喜等清凉饮品，均定价 20 元 / 杯，威士忌一般 120 元 / 盎司，鸡尾酒一律 150 元 / 杯。

（四）考虑销售方式的定价方法

1. 瓶装酒水售价

酒单上一些酒水是整瓶、整罐销售的，如葡萄酒、矿泉水、清凉酒水、啤酒以及白兰地等。整瓶酒水的售价用进价除以成本率即可。其计算公式为：

瓶装酒水售价 = 每瓶进价 ÷ 成本率

给瓶装酒水定价时，确定成本率是关键。高级酒吧成本率较低，一般酒吧则较高。如某款干白葡萄酒一瓶进价为 25 元，酒吧售价一般在 60 ～ 80 元。采用这种定价方法，顾客能比较方便地将之与市场上的整瓶酒水销售价格进行比较。因此，在给瓶装酒水定价时，定价过高会引起顾客的不满，影响酒吧的正常经营。

2. 零杯酒水售价

零杯销售是酒吧经营中常见的一种酒水销售形式，日常销售量较大。零杯销售主要用于一些烈性酒，如白兰地、威士忌等，葡萄酒偶尔也会采用零杯方式销售。

零杯销售首先必须确定整瓶酒水容量和零杯的容量，然后计算出每瓶酒水的销售份额，最后才能计算出每杯酒水的价格。目前，酒吧常用的售卖容量有 1 盎司 / 杯、1.5 盎司 / 杯、2 盎司 / 杯三种。采用这种定价方法，一般价格都定得较高。其计算公式为：

零杯酒水售价 = 每杯容量 ÷ 成本率

采用这种定价方法，顾客无法对酒水价格进行比较，即使定价高一些，顾客也能接受。

3. 量杯酒水售价

量杯销售按盎司定价，目前国内酒吧较少用到，但其成本率是最低的。其计算公式为：

量杯酒水售价 = 每杯成本 ÷ 成本率

三、酒吧新产品定价策略

（一）撇脂定价策略

这是一种高价投放酒水新产品的定价策略，因为就像从生奶中轻而易举地撇取厚厚的油脂一样，所以这种定价策略叫撇脂定价策略。将酒水产品定以高价，能获得较高的利润，较快地收回成本。制定高价策略，有助于塑造酒水新产品优质、高价的形象，将一般竞争对手排除在价格区间之外。采用撇脂定价策略，需具备以下条件：目前市场需求旺盛；虽然酒水销量低、单位成本高，但由于制定了较高的价格，因此酒吧仍能获得较高的利润，而且也能提升酒吧的档次和形象。

（二）渗透定价策略

与撇脂定价策略相反，渗透定价策略是以低价投放酒水新产品的价格策略。在制定酒水新产品价格时，酒吧把价格定得很低，可以渗透市场，增加酒水销售量，利用薄利多销的方式提高营业额和利润。采用渗透定价策略，需具备以下条件：市场对酒水价格高度敏感，低价有助于市场扩展；随着酒水销售量的增加和经验的积累，酒吧能降低单位成本。

（三）满意定价策略

这是一种折中定价策略，它汲取上述两种定价策略的长处，采取两种价格之间的适中水平来定价，既能保证酒吧获得合理的利润，又能为大多数顾客所接受，从而使酒吧和顾客双方都满意。酒吧还可以根据市场容量的大小、竞争激烈的程度、酒水产品新奇的程度和自身实力，如现金周转率、知名度高低等，来确定偏高或偏低的定价策略。

延伸阅读

某五星级酒店中餐厅酒水单

WHISKY

威士忌

J.W.RED LABEL	尊尼获加红方	480.00 元 / 瓶	700 毫升
JIM BEAM	金宾	480.00 元 / 瓶	750 毫升
CANADIAN CLUB	加拿大俱乐部	480.00 元 / 瓶	750 毫升
J.W.BLACK LABEL	尊尼获加黑方	550.00 元 / 瓶	700 毫升
CHIVAS REGAL 12 YEARS	芝华士 12 年	550.00 元 / 瓶	700 毫升
DIMPLE 15 YEARS	添宝 15 年	660.00 元 / 瓶	750 毫升
ROYAL SALUTE	皇家礼炮	2 180.00 元 / 瓶	700 毫升

BRANDY

白兰地

HENNESSY VSOP	轩尼诗 VSOP	880.00 元 / 瓶	700 毫升
MARTELL VSOP	马爹利 VSOP	880.00 元 / 瓶	700 毫升
REMY MARTIN VSOP	人头马 VSOP	880.00 元 / 瓶	700 毫升
HENNESSY XO	轩尼诗 XO	2 380.00 元 / 瓶	700 毫升
REMY MARTIN XO	人头马 XO	2 380.00 元 / 瓶	700 毫升
MARTELL XO	马爹利 XO	2 380.00 元 / 瓶	700 毫升
MARTELL CORDON BLEU	蓝带马爹利	2 380.00 元 / 瓶	700 毫升
REMY MARTIN LOUIS XIII	人头马路易十三	25 800.00 元 / 瓶	700 毫升

BEER

啤酒

TSINGTAO	青岛	25.00 元 / 瓶	330 毫升
WEST LAKE GREEN LABEL	绿西湖	25.00 元 / 瓶	330 毫升
BUDWEISER	百威	28.00 元 / 瓶	330 毫升
ASAHI	朝日	35.00 元 / 瓶	330 毫升
CARLSBERG	嘉士伯	35.00 元 / 瓶	330 毫升

HEINEKEN	喜力	35.00 元 / 瓶	330 毫升
CORONA EXTRA	科罗娜特级	35.00 元 / 瓶	330 毫升
GUINNESS STOUT	健力士黑啤	48.00 元 / 瓶	330 毫升

CHINESE SPIRITS
中国名酿

SHUI JING FANG（HIGH）	水井坊（高）	1 480.00 元 / 瓶	500 毫升
SHUI JING FANG（LOW）	水井坊（低）	1 280.00 元 / 瓶	500 毫升
GUO JIAO 1573（HIGH）	国窖 1573（高）	1 480.00 元 / 瓶	500 毫升
GUO JIAO 1573（LOW）	国窖 1573（低）	1 280.00 元 / 瓶	500 毫升
WU LIANG YE（HIGH）	五粮液（高）	1 888.00 元 / 瓶	500 毫升
WU LIANG YE（LOW）	五粮液（低）	1 480.00 元 / 瓶	500 毫升
MOUTAI 15 YEARS	茅台 15 年	13 800.00 元 / 瓶	500 毫升
MOUTAI（HIGH）	茅台（高）	2 780.00 元 / 瓶	500 毫升
MOUTAI（LOW）	茅台（低）	1 780.00 元 / 瓶	500 毫升
JIAN NAN CHUN（HIGH）	剑南春（高）	980.00 元 / 瓶	500 毫升
JIAN NAN CHUN（LOW）	剑南春（低）	650.00 元 / 瓶	500 毫升
YILI 10 YEARS（HIGH）	伊力老窖 10 年老陈（高）	280.00 元 / 瓶	500 毫升
YILI 10 YEARS（LOW）	伊力老窖 10 年老陈（低）	180.00 元 / 瓶	500 毫升
XIAO HU TU XIAN（HIGH）	小糊涂仙酒（高）	268.00 元 / 瓶	250 毫升
XIAO HU TU XIAN（LOW）	小糊涂仙酒（低）	218.00 元 / 瓶	250 毫升
SHAO XING（RICE WINE）	绍兴加饭酒	58.00 元 / 瓶	500 毫升
SHAO XING 3 YEARS（RICE WINE）	绍兴 3 年醇加饭酒	68.00 元 / 瓶	600 毫升
SHAO XING 5 YEARS（RICE WINE）	绍兴 5 年醇加饭酒	78.00 元 / 瓶	500 毫升
SHAO XING 10 YEARS（RICE WINE）	绍兴 10 年醇加饭酒	198.00 元 / 瓶	500 毫升
SHAO XING 20 YEARS（RICE WINE）	绍兴 20 年醇加饭酒	380.00 元 / 瓶	500 毫升
SHAO XING 30 YEARS（RICE WINE）	绍兴 30 年醇加饭酒	520.00 元 / 瓶	600 毫升

CHINESE WINES
中国葡萄酒

GREATWALL（WHITE）	长城干白	128.00 元 / 瓶	750 毫升
GREATWALL（RED）	长城干红	140.00 元 / 瓶	750 毫升
GRAND DRAGON CABERNET（RED）	威龙解百纳干红	160.00 元 / 瓶	750 毫升
GRAND DRAGON（RED）RESERVE	威龙橡木桶陈酿	180.00 元 / 瓶	750 毫升

GREATWALL（RED）RESERVE	长城橡木桶陈酿	180.00 元 / 瓶	750 毫升
CHANGYU CABERNET（RED）	张裕解百纳干红	280.00 元 / 瓶	750 毫升
CHATEAU SUNGOD GREATWALL	长城桑干酒庄	750.00 元 / 瓶	750 毫升
CHATEAU CHANGYU CASTEL	张裕卡斯特酒庄	800.00 元 / 瓶	750 毫升
CHATEAU CHANGYU AFIP GLOBAL	张裕爱斐堡酒庄	1 998.00 元 / 瓶	750 毫升

SOFT DRINK & MINERAL WATER
软饮料　矿泉水

DIET COKE	健怡可乐	22.00 元 / 听	330 毫升
COCA COLA	可口可乐	22.00 元 / 听	330 毫升
SPRITE	雪碧	22.00 元 / 听	330 毫升
SODA WATER	苏打水	22.00 元 / 瓶	345 毫升
TONIC WATER	汤力水	22.00 元 / 瓶	345 毫升
GINGER ALE	干姜水	22.00 元 / 瓶	345 毫升
PERRIER	巴黎水	35.00 元 / 瓶	330 毫升
EVIAN	依云	35.00 元 / 瓶	330 毫升
LOCAL MINERAL WATER	本地矿泉水	22.00 元 / 瓶	380 毫升
YOGURT	酸奶	58.00 元 / 盒	460 毫升

FRUIT JUICE
果汁

ORANGE JUICE	橙汁	22.00 元 / 杯	200 毫升
TOMATO JUICE	番茄汁	22.00 元 / 杯	200 毫升
GRAPEFRUIT JUICE	西柚汁	22.00 元 / 杯	200 毫升
APPLE JUICE	苹果汁	22.00 元 / 杯	200 毫升
COCONUT JUICE	椰子汁	22.00 元 / 听	245 毫升
FRESH SQUEEZED CUCUMBER JUICE	鲜榨黄瓜汁（杯）	30.00 元 / 杯	200 毫升
FRESH SQUEEZED CUCUMBER JUICE	鲜榨黄瓜汁（扎）	150.00 元 / 扎	1 250 毫升
FRESH SQUEEZED CARROT JUICE	鲜榨胡萝卜汁（杯）	30.00 元 / 杯	200 毫升
FRESH SQUEEZED CARROT JUICE	鲜榨胡萝卜汁（扎）	150.00 元 / 扎	1 250 毫升
FRESH SQUEEZED ORANGE JUICE	鲜榨橙汁（杯）	38.00 元 / 杯	200 毫升
FRESH SQUEEZED ORANGE JUICE	鲜榨橙汁（扎）	190.00 元 / 扎	1 250 毫升
CORN JUICE	玉米汁（杯）	38.00 元 / 杯	200 毫升
CORN JUICE	玉米汁（扎）	190.00 元 / 扎	1 250 毫升

学思之窗

丽嘉阁全新酒单《栖游·酣赏》开启国风鸡尾酒探索之旅

上海波特曼丽思卡尔顿酒店的丽嘉阁，推出全新鸡尾酒单——《栖游·酣赏》，灵感来自中国八大菜系中的丰饶美味，及各地的自然元素与人文魅力，由酒吧总监哈图诺及其团队共同呈献，融入对中国菜系的理解与感受，带来八大菜系再诠释。隐迹优游，恣意游赏，此款鸡尾酒单将带领宾客开启一段有趣的探索之旅，巧妙呈现八大菜系（鲁、徽、川、湘、粤、闽、浙、苏）共八款国风鸡尾酒，传承深厚的文化美感与底蕴。如这款取名“浙”，可以随时奢享舒适时光的鸡尾酒源自素有“人间天堂”美誉的浙江省的省会杭州。调酒师将自制草本黄酒辅以西湖特产龙井制作的糖油，使其口感更加丰富，厚重与酸甜口味融合，入口绵柔。这款酒同时可以做冷款与热款。冷款味道更偏向于冷冽和清香，热款更侧重于厚重、温和的草本水果香气。八大菜系中的“苏”菜拥有精美的外观与新鲜的食材本味，以味鲜、纯然、温和、微甜而闻名。鸡尾酒“苏”是这款酒单的精华：将桂花米酒、水蜜桃利口酒以及自制梨膏糖浆融合，味道如同春天般浪漫的气息。桃子的甜味糅合梨膏糖浆与桂花的香气，完美呈现出魅力与优雅。

知识链接

鸡尾酒“浙”

知识链接

鸡尾酒“苏”

《栖游·酣赏》鸡尾酒单汇集了激情、创造力以及无限的创作灵感，创作出具有吸引力的美学鸡尾酒单。每一款鸡尾酒犹如一件艺术品，触动心灵，将手工鸡尾酒工艺发挥得淋漓尽致。

资料来源：灵感取自中国八大菜系，丽嘉阁全新酒单《栖游·酣赏》开启国风鸡尾酒探索之旅［EB/OL］. 福布斯中国，2021-09-26.

课后练习

思考题

1. 酒单设计要遵循哪些要点？
2. 酒水定价的原则是什么？
3. 酒吧新产品的定价策略有哪些？

项目七

酒吧日常工作程序

任务一 酒吧营业前的工作程序

任务二 酒吧营业中的工作程序

任务三 酒吧营业结束工作程序

学习目标

● 知识目标：了解酒吧营业三个阶段的工作程序，掌握不同阶段酒吧服务的工作要求。

● 能力目标：能够熟知酒吧日常工作的基本程序及要求，树立责任意识，掌握一定的沟通服务能力。

● 素养目标：结合实际操作，培养诚信的职业意识。

项目导入

通过前面项目的学习，我们掌握了酒吧相关的酒水基本知识，熟悉了酒吧服务流程，掌握了一定的服务技能，那么我们该如何进行酒吧运营呢？由于酒吧岗位设置中调酒师和酒吧服务员的工作流程交叉重复很多，因此我们就一并学习如何进行开吧准备、如何服务好每一位顾客、如何完成送客后的清台等。当然，流程不是每次服务都会一一经历，操作中应该灵活面对顾客，这样才能符合酒吧服务的既定要求和标准。

任务一　酒吧营业前的工作程序

酒吧营业前的工作主要包括：酒吧清洁卫生，酒水、器具的领取及存放，营业用具和辅料的保管、清点等。

一、酒吧清洁卫生

酒吧清洁卫生的工作程序见表 7－1。

表 7－1　酒吧清洁卫生的工作程序

工作要点	工作项目描述
1. 前吧的清洁卫生	● 每天用湿毛巾把吧台擦干净后，再喷上亮光剂使其光亮如新。不锈钢制成的操作台可直接用清洁剂擦洗，再用干毛巾擦干即可。
2. 后吧的清洁卫生	● 每天应给冷藏柜外部除尘，每三天必须对冷藏柜内部彻底进行清洁。酒柜和陈列柜也应每天除尘，陈列的瓶酒和酒杯等应保持其外表清洁无尘。
3. 地面清洁卫生	● 应每日清扫吧内地面，进行地毯吸尘。
4. 酒杯、用具清洁	● 应对酒杯及用具进行清洁、消毒，要求无水渍、无破损。

二、酒水、器具的领取及存放

酒水、器具的领取及存放的工作程序见表 7－2。

表 7－2　酒水、器具的领取及存放的工作程序

工作要点	工作项目描述
1. 填写领料单	• 根据酒吧每天所需酒水数量和食品数量填写领料单，送交酒吧经理签字。
2. 仓库领料	• 凭酒吧经理签字的领料单去仓库领用酒水、食品等。领料时要核对数量并检查质量。
3. 存放酒水饮料	• 酒水、果汁、牛奶等应尽快放入冷藏柜内冷藏，瓶装酒一般应存入酒柜或在陈列柜上陈列。 • 陈列时应注意摆放合理，葡萄酒、烈性酒、配制酒等分开摆放，贵重酒和普通酒分开摆放。

三、营业用具和辅料的保管、清点

营业用具和辅料的保管、清点的工作程序见表 7－3。

表 7－3　营业用具和辅料的保管、清点的工作程序

工作要点	工作项目描述
1. 布草（棉织品）的保管	• 分清布草的规格、名称（如口布、刀叉布），并按不同的用途分开摆放和保管。
2. 布草的清点	• 布草分类摆放，并做好登记。 • 使用过的布草放置在指定地点。 • 统一清点，登记在布草更换单上后运往洗衣房更换。
3. 布草的盘点	• 更换好的布草应当面点清后运回部门。 • 每月由专人定期负责核对各类布草的数目，如有差异及时登记。
4. 布草的补充	• 盘点后，根据差异数补充或退还布草，保证营业使用的基数。
5. 瓷器、餐具的保管	• 瓷器、餐具分类摆放，便于平时使用及保管。
6. 瓷器、餐具的清点	• 清洁后的瓷器、餐具及时擦净备用。 • 在每月的规定时间核对数目，如有差异及时登记。
7. 辅料的补充	• 补充糖包、餐巾纸、火柴、牙签、杯垫等辅料。 • 填写领料单。
8. 辅料的保管	• 糖包领料后必须放入冰箱保存，其他辅料应放到指定地点，做好防尘、防潮的工作。

任务二 酒吧营业中的工作程序

酒吧营业中的工作程序见表7-4。

表7-4 酒吧营业中的工作程序

工作要点	工作项目描述
1. 迎候顾客	• 当顾客到达时，服务员应精神饱满地站在门口迎接。 • 见到顾客进入时，应主动招呼顾客；如是常客，可以熟络、随和的方式热情招呼。
2. 引领顾客	• 用适当的步调，匀速走在顾客右前方，用手示意顾客座位的方向。
3. 入座	• 为顾客拉椅，等其入座位后，用膝将椅子轻轻推入；帮助顾客放好随身携带的物品或行李。
4. 呈递饮料单	• 当顾客坐定后，应站在顾客右侧，打开饮料单，双手递上。
5. 听候顾客点单	• 站于顾客右侧，认真听取顾客点单，点单过程中适时向顾客推荐饮品。
6. 点取饮料	• 记住顾客所点酒水名称，复述顾客所点酒水内容，得到确认后，收回饮料单，致谢离开。
7. 填写点菜单	• 取点菜单（一式三联），按要求填写日期、时间、桌号、人数、服务员姓名。该桌的第一单为新单，以字母"N"表示，加单以"+"号表示。正确填写酒水名称及数量。
8. 财务确认	• 将填写完毕的点菜单交收款员签字确认，由财务人员输入电脑，出电脑小票。
9. 酒吧出品	• 将点菜单第二、三联交由酒吧出品。
10. 服务工作	• 将纸巾杯（放8张餐巾纸）、杯垫巾、配送小食放于托盘中，再将酒吧出品的酒水放于托盘中。 • 将纸巾杯放于餐桌中心位置，配送小食放于纸巾杯旁，将杯垫巾放于顾客面前，然后从顾客右侧上饮料，放置于杯垫巾上，轻声说出酒水名称。
11. 更换烟缸	• 取干净烟缸放于托盘上，走到顾客台前，轻声示意顾客，右手拿起烟缸，盖住台面上脏的烟缸，将两个烟缸一起拿起放于托盘上，将干净烟缸放回台面。
12. 添加饮料	• 当顾客杯中饮料只剩半杯时，主动为顾客添加饮料，征得顾客同意后，撤下空瓶（空罐），询问顾客是否需要添加。
13. 结账	• 从收银处打印账单，放于账单夹右侧合拢，走到顾客面前打开账单夹，轻声报出金额。 • 顾客如付现金，则轻声报出金额数目，合拢账单夹，致谢后倒退离开；顾客如挂房账，则轻声提醒顾客出示房卡，并请顾客签名确认，交由收银员核对。 • 顾客如刷卡，需让顾客出示身份证，让顾客签名，交由收银员核对。
14. 送客	• 上前拉椅，提醒顾客拿好随身携带的物品，感谢顾客，并欢迎其再次光临。

任务三　酒吧营业结束工作程序

酒吧营业结束工作（收档）包括清理酒吧、填写报表、清点酒水、结束整理、关门打烊。

一、清理酒吧

清理酒吧的工作程序见表 7－5。

表 7－5　清理酒吧的工作程序

工作要点	工作项目描述
1. 清理使用过的杯具和用具	● 把脏的酒杯全部收回送清洗间清洗消毒，然后用口巾擦干净。 ● 所有用具用消毒液浸泡后清洗，用口巾擦干净。
2. 清空垃圾	● 垃圾桶送垃圾间倒空，清洗干净，直至无污迹为止。
3. 清洁冰柜	● 将冰柜清洁干净，水果装饰物要放回冰箱中保存并用保鲜膜包好，开了罐的汽水、啤酒要全部处理掉。
4. 收回瓶酒	● 把所有陈列的酒水取下放入柜中，散卖和调酒用过的酒要用湿毛巾将瓶口擦干净后放回柜中。
5. 清理工作区域	● 酒吧台、工作台、水池用湿毛巾清洗干净，地面用拖把拖干净。

二、填写报表

填写报表的工作程序见表 7－6。

表 7－6　填写报表的工作程序

工作要点	工作项目描述
1. 统计每天销售数	● 根据每天的点菜单统计当天的销售数，填写在销货簿上。
2. 填写销售日报表	● 根据每日销货簿上的数据，填写销售日报表。
3. 填写瓶酒报表、香烟报表	● 凡有整瓶酒售出，必须填写瓶酒报表；香烟每日有领入、售出调拨中的任何一项，都必须填写香烟报表。

三、清点酒水

清点酒水的工作程序见表 7－7。

表 7-7　清点酒水的工作程序

工作要点	工作项目描述
1. 核对结存数	• 把填写完的销售日报表上的结存数和酒吧现存实数相对照，如有不符的必须核查原因，填写实数。
2. 填写领料单	• 根据当天销售情况和第二天预订情况填写领料单。

四、结束整理

结束整理的工作程序见表 7-8。

表 7-8　结束整理的工作程序

工作要点	工作项目描述
1. 收回所有的服务用具	• 账单夹、电话机、报架等全部收回相应的地方。 • 立牌、花瓶、烟缸均用托盘有序地收回并放在指定地点。 • 检查各类服务用具是否完整，有无破损。
2. 收回餐具并放入洗涤间清洁	• 使用过的餐具放入洗涤间清洁，消毒后备用。
3. 补充餐具	• 按照标准的餐具基数，补充相应的餐具，并分类摆放整齐。
4. 整理桌椅	• 检查桌椅是否整齐摆放，检查地面的卫生。
5. 收回各类餐车	• 咖啡车、酒车收回操作间，排列整齐。
6. 收回装饰台上的装饰物	• 及时收回装饰物，小心放置贵重物品如雪茄、瓶酒等。
7. 检查公共区域	• 关闭空调及其他电器，确认工作台已经上锁。 • 需要低温保存的物品及时放入冰箱。
8. 填写每日营业报告	• 核对填写每日顾客的人数、饮料及食品收入。 • 核对特色酒品销售及瓶酒销售情况。

五、关门打烊

关门打烊的工作程序见表 7-9。

表 7-9　关门打烊的工作程序

工作要点	工作项目描述
1. 检查电器，关闭电源	• 除冰箱外，所有电器的开关都要关闭，包括照明灯、咖啡机、电动搅拌机、空调和音响。
2. 检查并锁好门柜	• 检查整个酒吧的火警隐患，锁好所有的橱柜、门窗。
3. 复查重点部位	• 再次检查火警隐患，检查水龙头是否关闭。 • 贵重的酒必须在领班检查过后才能把柜门锁上。

学思之窗

冬奥会上的机器人调酒师展现风姿

用智能机器人代替调酒师？2022年在中国举办的冬奥会将这一设想变成现实。工作人员在冬奥会媒体中心的餐厅中设立了一个智慧吧台，并且安排了一位特别的机器人调酒师驻守。在这里，调酒实现了全自动化的服务流程，客人可以亲自体验一番来自机器人调酒师的“手艺”。吧台可以提供多款经典鸡尾酒，包括玛格丽特与螺丝起子。客人下单后，机器人调酒师——其实是一条机械手臂——会自动拿取酒杯并进行冰杯，再从悬挂于头顶的酒瓶中取酒，然后模仿调酒师的动作，将酒液摇匀后倒进杯中。整个过程用时只需短短90秒。这款调酒机器人的概念是为客人提供无接触服务，不过目前点单和装饰的环节还是需要工作人员辅助完成。

知识链接

酒吧机器人调酒师

课后练习

思考题

1. 酒吧营业前的主要工作有哪些？
2. 酒吧营业中的工作要点有哪些？
3. 酒吧结束后应关注的工作重点有哪些？

项目八

酒吧服务程序及出品标准

任务一 非酒精饮料服务程序及出品标准

任务二 酒精饮料服务程序及出品标准

任务三 鸡尾酒服务程序及出品标准

任务四 雪茄服务程序及出品标准

学习目标

● 知识目标：明确各类酒水的服务程序，掌握各类酒水的出品标准，了解雪茄服务程序及出品标准。

● 能力目标：了解并掌握酒水服务的基本程序、技能，并通过观摩、示范和实践等方式，掌握实际操作能力和分析、解决酒水服务中遇到的实际问题的能力。

● 素养目标：在理论知识中结合实际操作，培养细心、热情的服务意识，灵活、诚信的职业意识。

项目导入

酒吧中酒水种类繁多，调酒师不仅要熟悉酒水的特点，而且要了解各种酒水的服务程序及出品标准，如如何开启红酒，如何制作精美醇香的咖啡，如何冲泡茶等。调酒师需要具备娴熟的服务技能，给顾客提供最好的服务。接下来，让我们一起来了解各类酒水和雪茄的服务程序及出品标准吧！

任务一　非酒精饮料服务程序及出品标准

一、咖啡的服务程序及出品标准

在酒吧服务中，咖啡的服务程序及出品标准见表 8－1。

表 8－1　咖啡的服务程序及出品标准

工作要点	工作项目描述
1. 点单服务	• 清楚了解酒吧供应的咖啡品种，顾客点单时进行相应的推荐，准备好冰桶。
2. 出品前准备	• 备妥淡奶、糖盅，上咖啡前要注意保持咖啡的温度，咖啡在 80℃时具有浓郁的味道。
3. 上咖啡服务	• 上咖啡时，先放上糖盅、奶盅（左糖右奶）。当发现顾客杯中咖啡少于 1/3 杯时，应询问顾客是否需要续杯。

二、茶的服务程序及出品标准

（一）中国茶的服务

在酒吧服务中，中国茶的服务程序及出品标准见表 8－2。

表 8-2 中国茶的服务程序及出品标准

工作要点	工作项目描述
1. 为顾客点单	• 在点单时把备有的茶叶品种推荐给顾客，供顾客选择。同时，最好询问顾客口味的浓淡，保证冲茶时达到顾客的要求。
2. 为顾客泡茶	• 茶壶应妥善保管、放置，泡茶的茶叶用量通常约为 2 茶匙，茶叶为 1 人 1 份。
3. 选用热水的温度	• 泡茶选用的热水温度最好在 85℃左右，过热或过冷均不宜泡茶。
4. 洗茶	• 因为菊花茶、普洱茶等晒制的茶叶可能混入微小的杂质，所以出品前应先用 60℃左右的热水漫过茶叶，浸泡 1 分钟左右，滤去洗茶的水垢，即可冲泡。

（二）水果茶的服务

在酒吧服务中，水果茶的服务程序及出品标准见表 8-3。

表 8-3 水果茶的服务程序及出品标准

工作要点	工作项目描述
1. 点单及准备工作	• 将红茶用热水冲泡在茶壶内，如果是散装的茶叶，通常为 2 茶匙，茶叶为 1 人 1 份。
2. 上茶服务	• 上茶时先备好糖盅和奶盅，通常糖盅内放入 10 包量，分别为 5 包白糖、3 包晶糖、2 包健怡糖。
3. 席间服务	• 到餐桌前先摆好糖盅、奶盅（左糖右奶），在顾客右手边放置茶碟和杯具。倒茶也从顾客的右边服务，通常杯内倒入八成满即可，不宜过多或过少。注意及时为顾客添加茶水，服务过程中发现桌上糖和奶不够时要及时补充。

三、碳酸饮料的服务程序及出品标准

在酒吧服务中，碳酸饮料的服务程序及出品标准见表 8-4。

表 8-4 碳酸饮料的服务程序及出品标准

工作要点	工作项目描述
1. 碳酸饮料的保存	• 碳酸饮料通常要冰镇后才可出品给顾客。
2. 碳酸饮料的出品	• 碳酸饮料出品时，杯内要放入适量的冰块，加上一片柠檬（如果饮料本身有其他果味就不必加柠檬了，如橙味汽水、柠檬味汽水、姜味汽水等都不用加柠檬）。
3. 碳酸饮料的开启	• 开罐时不要对着顾客，以免饮料喷溅到顾客身上。倒饮料时，罐口不可以碰到杯口，相距 1 厘米为宜，速度不能太快，避免饮料溢出杯口。
4. 碳酸饮料的添加	• 当顾客杯中饮料只剩 1/3 时，应该及时为顾客添加，并将空罐（瓶）撤走。

四、果汁饮料的服务程序及出品标准

在酒吧服务中，果汁饮料的服务程序及出品标准见表 8-5。

表 8－5 果汁饮料的服务程序及出品标准

工作要点	工作项目描述
1. 果汁的保存	● 果汁通常应该冰镇后出品。果汁的保质期一般较短，平时应多关注，做好先进先出的工作。
2. 果汁的出品	● 果汁一般用果汁杯盛载出品，倒入的量以八分满为宜，过多或过少都是不妥当的。
3. 鲜榨果汁的出品	● 因为需要一定的准备时间，所以应礼貌地请顾客稍等，同时应奉上一杯冰水给顾客。

任务二　酒精饮料服务程序及出品标准

一、啤酒的服务程序及出品标准

在酒吧服务中，啤酒的服务程序及出品标准见表 8－6。

表 8－6 啤酒的服务程序及出品标准

工作要点	工作项目描述
1. 啤酒的保存及载杯的要求	● 啤酒须冰镇后，才可以提供给顾客（除非顾客特别要求）。 ● 为了保持酒液持久的冰镇效果，出品啤酒的杯具必须放置在冰柜中预冷后方可随啤酒一起出品。
2. 开启啤酒	● 为顾客提供啤酒服务时，在开启罐装啤酒时不要对着顾客，以免啤酒罐内气压过高，开启后啤酒喷溅到顾客身上。 ● 瓶装啤酒以在吧台或工作柜上开启为宜。
3. 倒啤酒	● 倒啤酒时，瓶口距杯 1 厘米左右，不可相碰，将酒液沿杯子内壁徐徐倒入，速度不宜过快，以免泡沫溢出杯口。

二、红葡萄酒的服务程序及出品标准

在酒吧服务中，红葡萄酒的服务程序及出品标准见表 8－7。

表 8－7 红葡萄酒的服务程序及出品标准

工作要点	工作项目描述
1. 准备工作	● 在顾客点完酒后，立即去取酒，时间不得超过 5 分钟。 ● 准备好红酒篮，将一块干净的口布铺在红酒篮中。 ● 将取回的红葡萄酒放在酒篮中，商标向上。

续表

工作要点	工作项目描述
2. 红葡萄酒的展示	• 右手拿起装有红葡萄酒的酒篮，走到顾客座位的右侧。 • 左手轻托住酒篮的底部，45 度倾斜，商标向上，请顾客看清酒的商标，并询问顾客："对不起，先生 / 夫人 / 太太 / 小姐，请问我现在可以为您服务红葡萄酒吗？"
3. 红葡萄酒的开启	• 将红葡萄酒置于酒篮中，左手扶住酒瓶，右手用开酒器割开铅封。 • 用一块干净的口布将瓶口擦净。 • 将酒钻垂直钻入木塞，注意不要旋转酒瓶。 • 待酒钻完全钻入木塞后，轻轻拔出木塞。
4. 红葡萄酒的斟倒	• 右手拿起酒瓶，从顾客右侧往杯中倒入 1/5 杯红葡萄酒，请其品评酒质。 • 顾客认可后，按照先宾后主、女士优先的原则，依次为顾客倒酒。 • 倒酒时站在顾客的右侧，倒入杯中 1/2 即可。每倒完一杯酒要轻轻转动一下酒瓶，避免酒滴在台布上。
5. 红葡萄酒的添加	• 随时为顾客添加红葡萄酒。 • 当整瓶酒将要倒完时，询问顾客是否再加一瓶。如顾客不再加酒，则观察顾客，待其喝完酒后，立即将空杯撤掉；如顾客同意再加一瓶，服务程序及出品标准同前。

三、白葡萄酒的服务程序及出品标准

在酒吧服务中，白葡萄酒的服务程序及出品标准见表 8－8。

表 8－8　白葡萄酒的服务程序及出品标准

工作要点	工作项目描述
1. 准备工作	• 在顾客点完酒后，立即去取酒，时间不得超过 5 分钟。 • 先在冰桶中放入 2/3 桶冰块，再放入 1/2 桶水，然后放在冰桶架上，并配一条叠成约 8 厘米宽的条状口布。 • 将取回的白葡萄酒放入冰桶中，商标向上。 • 在顾客的水杯右侧摆放白葡萄酒杯，间距 1.5 厘米。
2. 白葡萄酒的展示	• 将准备好的冰桶架、冰桶、酒、口布放在顾客座位的左侧，将一只小味碟放在顾客餐具的右侧。 • 左手持口布，右手持白葡萄酒瓶，将酒瓶底部放在口布的中间部位，再将口布两端拉起至酒瓶商标以上部位，并使商标全部露出。 • 右手持口布包好的酒瓶，用左手四个指尖轻托住酒瓶底部，送至顾客面前，请其查看确认，并询问顾客："对不起，先生 / 夫人 / 太太 / 小姐，请问我现在可以为您服务白葡萄酒吗？"
3. 白葡萄酒的开启	• 得到顾客允许后，将酒瓶放回冰桶中，左手扶住酒瓶，右手用开酒刀割开铅封，并用一块干净的口布将瓶口擦净。 • 将酒钻垂直钻入木塞，注意不要旋转酒瓶；待酒钻完全钻入木塞后，轻轻拔出木塞，木塞出瓶时不应发出声音。

续表

工作要点	工作项目描述
4. 白葡萄酒的斟倒	• 右手持用口布包好的酒瓶，商标朝向顾客，从顾客右侧倒入 1/5 杯白葡萄酒，请其品评酒质。 • 得到认可后，按照先宾后主、女士优先的原则，依次为顾客倒酒。 • 倒酒时站在顾客的右侧，倒入杯中 3/4 即可。每倒完一杯酒要轻轻转动一下酒瓶，避免酒滴在台布上。 • 倒完酒后，把白葡萄酒瓶放回冰桶，商标向上。
5. 白葡萄酒的添加	• 随时为顾客添加白葡萄酒。 • 当整瓶酒将要倒完时，询问顾客是否再加一瓶。如顾客不再加酒，则观察顾客，待其喝完酒后，立即将空杯撤掉；如顾客同意再加一瓶，服务程序及出品标准同前。

四、香槟的服务程序及出品标准

在酒吧服务中，香槟的服务程序及出品标准见表 8－9。

表 8－9　香槟的服务程序及出品标准

工作要点	工作项目描述
1. 准备工作	• 准备好冰桶。 • 将酒从酒柜取出，擦拭干净，放入冰桶内。 • 将酒连同冰桶和冰桶架一起放到顾客桌旁。
2. 开启香槟	• 将香槟从冰桶内抽出向顾客展示，待顾客确认后放回冰桶。 • 用酒刀将瓶口处的锡纸割开并去除。左手握住瓶颈，同时用拇指压住瓶塞；右手将捆扎瓶塞的铁丝拧开、取下。 • 用干净口布包住瓶塞顶部，左手依旧握住瓶颈，右手握住瓶塞，双手同时反方向转动，右手缓慢地上提瓶塞，直至瓶内气体将瓶塞完全顶出。 • 开瓶时动作不宜过猛，以免发出过大的声音影响顾客。
3. 斟酒服务	• 斟酒时右手持瓶，从顾客右侧按顺时针方向进行，先宾后主，女士优先。斟酒量为杯量的 3/4。 • 每次斟酒最好分两次完成，以免杯中泛起的泡沫溢出。斟完后须将瓶身顺时针轻转一下，防止瓶口的酒滴落到台面上。酒的商标须始终朝向顾客。 • 为所有的顾客斟完酒后，将酒瓶放回冰桶内冰冻。 • 当酒瓶中只剩下一杯酒量时，须及时征求顾客意见，是否准备另外一瓶酒。

五、蒸馏酒的服务程序及出品标准

在酒吧服务中，蒸馏酒的服务程序及出品标准见表 8－10。

表 8－10 蒸馏酒的服务程序及出品标准

酒品	工作标准
1. 白兰地	• 用白兰地杯，倒入杯中 1 盎司。服务时不跟杯垫。
2. 威士忌	• 净饮、加冰出品用古典杯，倒入杯中 1 盎司，加 3 块冰。服务时跟杯垫。 • 混饮出品用柯林杯，倒入杯中 1 盎司，加 3 块冰，依顾客爱好配可乐或苏打水。服务时跟搅棒和杯垫（搅棒放入杯中）。
3. 金酒	• 净饮、加冰出品用古典杯，倒入杯中 1 盎司，加 3 块冰。服务时跟杯垫。 • 混饮出品用柯林杯，倒入杯中 1 盎司，加 3 块冰，配柠檬片、可乐或汤力水。服务时跟搅棒和杯垫（搅棒放入杯中）。
4. 伏特加	• 净饮、加冰出品用古典杯，倒入杯中 1 盎司，加 3 块冰。服务时跟杯垫。
5. 朗姆酒	• 净饮、加冰出品用古典杯，倒入杯中 1 盎司，加 3 块冰。服务时跟杯垫。 • 混饮出品用柯林杯，倒入杯中 1 盎司，加 3 块冰，配柠檬片或可乐。服务时跟搅棒和杯垫（搅棒放入杯中）。
6. 特基拉酒	• 净饮出品用古典杯，配盐、柠檬角。服务时跟杯垫。 • 混饮出品用古典杯，配雪碧。服务时跟搅棒和杯垫（搅棒放入杯中）。

任务三 鸡尾酒服务程序及出品标准

一、酒吧调酒的服务程序及出品标准

在酒吧服务中，调酒的服务程序及出品标准见表 8－11。

表 8－11 调酒的服务程序及出品标准

工作要点	工作项目描述
1. 仪容仪表要求	• 举止文雅大方，站立位置恰当，面带笑容。 • 顾客来到吧台前要主动表示欢迎，并为顾客介绍酒水种类。
2. 落单	• 熟悉酒的产地、特点、度数等知识。 • 合理地推荐饮品。
3. 出品前的检查	• 出品时检查杯具是否干净，有无缺口；斟酒时必须使用量杯，酒瓶的标签应朝向顾客。
4. 出品要求	• 所有饮品都要按照出品标准规范出品，鸡尾酒调制要按配方准确调制。 • 如果饮品需要加冰块，应先在杯中加入冰块。 • 如果需要使用冰镇酒杯，应事先在冰柜内备好相应的杯具。
5. 调制鸡尾酒的原则	• 调制时间要掌握好，不要过久；配酒的原料必须使用量杯，不可随意估量倒入，以保证口味的统一、纯正。

二、使用不同工具调制鸡尾酒的服务程序及出品标准

（一）使用调酒壶调制鸡尾酒的服务程序及出品标准

在酒吧服务中，使用调酒壶调制鸡尾酒的服务程序及出品标准见表 8-12。

表 8-12　使用调酒壶调制鸡尾酒的服务程序及出品标准

工作要点	工作项目描述
1. 准备调酒壶	● 先放入冰块，再放入果汁等辅料，最后加入基酒。
2. 拿取调酒壶	● 将外盖盖紧使酒液不能透出，拿取时食指应紧扣外盖，拇指和其他手指握住调酒壶，将之平稳地扣在手掌中。 ● 壶身悬空，不可贴在掌心上。
3. 摇制鸡尾酒	● 用双手或单手上下摇摆调酒壶，注意姿态美观。 ● 时间不应过久，只要摇至酒液混合变冷即可，或摇至酒壶外面出现白霜。
4. 倒入杯内	● 去掉外盖，将壶内饮料滤入酒杯。 ● 同时向多个杯子内倒入饮料时应轮流进行，以保持各杯饮料浓度、口味、颜色的一致。

（二）手工搅拌调制鸡尾酒的服务程序及出品标准

在酒吧服务中，手工搅拌调制鸡尾酒的服务程序及出品标准见表 8-13。

表 8-13　手工搅拌调制鸡尾酒的服务程序及出品标准

工作要点	工作项目描述
1. 准备调酒材料	● 先将冰块放入摇酒壶内，然后依次放入果汁等辅料，最后倒入基酒。
2. 调制鸡尾酒	● 用吧勺轻轻搅拌至各种材料完全调和为止。
3. 倒入杯中	● 盖上中层过滤盖，将混合后的鸡尾酒隔冰过滤到所需的酒杯中。

（三）电动搅拌调制鸡尾酒的服务程序及出品标准

在酒吧服务中，电动搅拌调制鸡尾酒的服务程序及出品标准见表 8-14。

表 8-14　电动搅拌调制鸡尾酒的服务程序及出品标准

工作要点	工作项目描述
1. 准备调酒材料	● 将碎冰放入搅拌壶内，然后依次放入果汁等辅料、基酒。（为避免机械损耗，保证充分调和，搅拌机必须使用碎冰。）
2. 调制鸡尾酒	● 确认壶身和电动搅拌机底座吻合后，盖上壶盖。 ● 左手紧按并扣紧壶盖后，右手按动搅拌开关，使各种配料充分调匀。
3. 倒入杯中	● 关闭电源，拿起搅拌壶，去盖后，倒入载杯即可。

三、使用不同方法调制鸡尾酒的服务程序及出品标准

（一）摇荡法的调制步骤及出品标准

摇荡法的调制步骤及出品标准示例见表 8－15。

表 8－15　摇荡法的调制步骤及出品标准示例

酒吧服务　　　　编号：******
部门：酒水部
内容：酒吧服务
酒品：红粉佳人（Pink Lady）。 调制方法：摇荡法。 材料：金酒 1.5 盎司、柠檬汁 0.5 盎司、红石榴糖浆 2 茶匙、蛋白 1 个。 调制步骤： 第一步，洗净双手并擦干； 第二步，在鸡尾酒杯中加入冰块，进行冰杯； 第三步，将调酒器分三段放于操作台面上； 第四步，取适量冰块（方冰 3 ～ 5 块）放入调酒器底杯内； 第五步，将公杯里的蛋白倒入调酒器底杯内； 第六步，量入柠檬汁和红石榴糖浆； 第七步，用量酒杯量入金酒 1.5 盎司，倒入调酒器内； 第八步，盖好滤冰网及盖子，用单手摇或双手摇的方法摇混均匀至外部出现白霜； 第九步，将鸡尾酒杯里的冰块倒掉，酒液滤入鸡尾酒杯； 第十步，用吧勺取出一颗红樱桃，用刀在其底部划一个口子，置于鸡尾酒杯上； 第十一步，出品后清理工作台。

（二）搅拌法的调制步骤及出品标准

搅拌法的调制步骤及出品标准示例见表 8－16。

表 8－16　搅拌法的调制步骤及出品标准示例

酒吧服务　　　　编号：******
部门：酒水部
内容：酒吧服务
酒品：干曼哈顿（Dry Manhattan）。 调制方法：搅拌法。 材料：黑麦威士忌 1 盎司、干味美思 2/3 盎司、安高天娜苦精 1 滴。 调制步骤： 第一步，洗净双手并擦干； 第二步，在调酒杯中加入冰块； 第三步，注入上述酒料，用吧勺搅匀； 第四步，滤入鸡尾酒杯； 第五步，用吧勺取出一颗红樱桃，用刀在其底部划一个口子，置于鸡尾酒杯上； 第六步，出品后清理工作台。

（三）兑和法的调制步骤及出品标准

兑和法的调制步骤及出品标准示例见表 8－17。

表 8－17　兑和法的调制步骤及出品标准示例

酒吧服务　　编号：******
部门：酒水部
内容：酒吧服务
酒品：彩虹鸡尾酒（Rainbow）。 调制方法：兑和法。 材料：红石榴糖浆 1/5 盎司、绿色薄荷酒 1/5 盎司、黑色樱桃白兰地 1/5 盎司、无色君度利口酒 1/5 盎司、棕色白兰地 1/5 盎司。 调制步骤： 第一步，洗净双手并擦干； 第二步，准备需要调制的吧勺及载杯（1 盎司的利口酒杯）、酒水及清洗水桶； 第三步，第一款酒（红石榴糖浆）可以直接注入； 第四步，第二、三、四、五款酒均用吧勺注入，吧勺背朝上，酒倒在吧勺背上，使酒从杯内壁缓缓流下（不可将酒直接倒入杯中），动作要轻，速度要慢，要避免摇晃，量酒器中多余酒水可以倒入清水桶中； 第五步，出品后清理工作台。

（四）果汁机混合法的调制步骤及出品标准

果汁机混合法的调制步骤及出品标准示例见表 8－18。

表 8－18　果汁机混合法的调制步骤及出品标准示例

酒吧服务　　编号：******
部门：酒水部
内容：酒吧服务
酒品：冰冻蓝色玛格丽特（Frozen Blue Margarita）。 调制方法：果汁机混合法。 材料：特基拉酒 1 盎司，蓝色柑香酒 0.5 盎司，砂糖 1 茶匙，细碎冰 3/4 杯，盐适量，果汁机，吸管，香槟酒杯。 调制步骤： 第一步，洗净双手并擦干； 第二步，用盐将杯子做成盐边杯型（将柠檬或橙皮夹着杯口转一圈，使杯口湿润，然后在盐粉里蘸一下即可）； 第三步，将冰块和材料倒入果汁机内，摇匀倒入杯中； 第四步，出品后清理工作台。

任务四 雪茄服务程序及出品标准

一、雪茄服务常用工具

酒吧服务员除了提供酒水服务，有时也要提供雪茄服务。

（一）雪茄刀具

可供选择的雪茄刀具多种多样，有断头台式铡刀（分为单面、双面，是最好使用的刀具）、剪刀形雪茄刀、V形剪（将雪茄帽切开一个V字形的口子）、开孔器（在雪茄帽上钻出一个直径半厘米左右的圆孔）等，见图8－1。

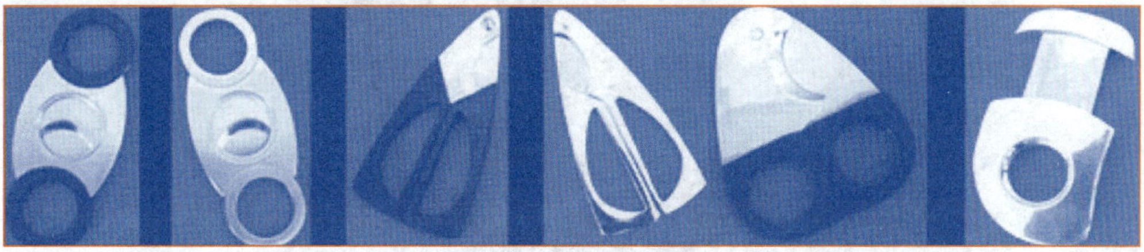

图8－1 雪茄刀具

（二）雪茄点火工具

雪茄点火工具包括瓦斯打火机、喷火式点火器、无硫火柴，见图8－2。

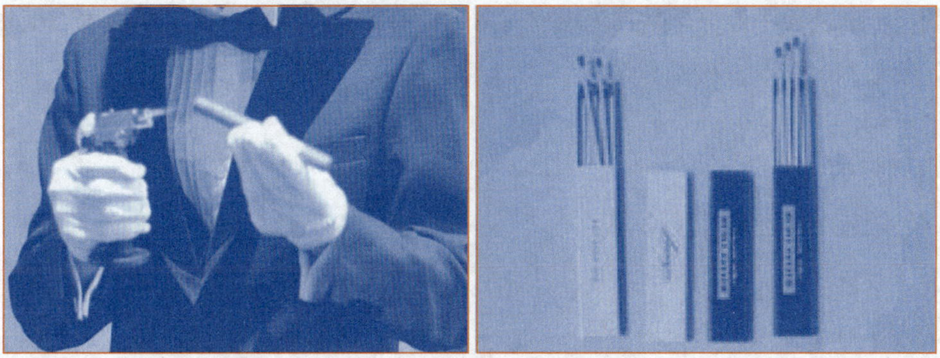

图8－2 雪茄点火工具

（三）雪茄专用烟灰缸

雪茄专用烟灰缸在专业雪茄服务中必不可少，见图8－3。

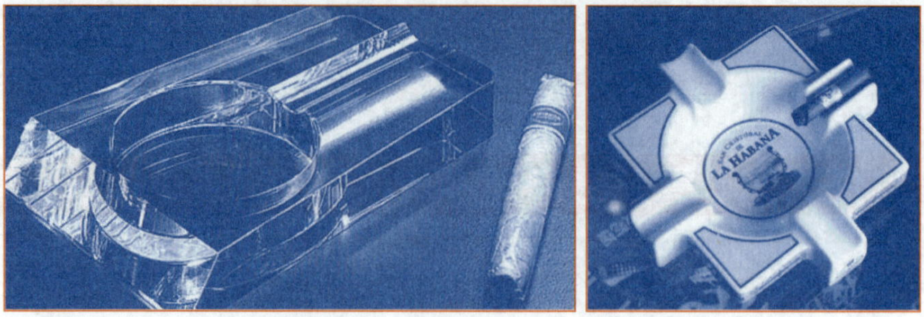

图 8-3　雪茄专用烟灰缸

（四）雪茄专用盒

雪茄专用盒通常由 11 个部分组成，见图 8-4。

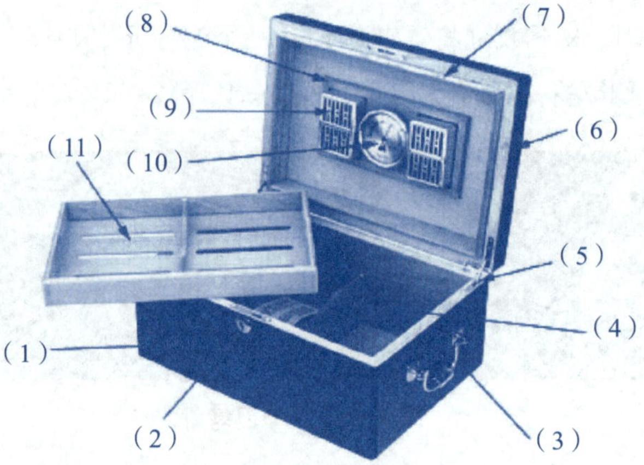

图 8-4　雪茄专用盒

（1）盒身。盒身是雪茄盒的主体，板的厚度可分为 6 毫米、9 毫米、12 毫米、15 毫米等，板的外面一般都是贴其他树皮，常见的有樱桃木、白杨木、胡桃木、枫木、黑檀木、花梨木、榆木、花樟木等。

（2）锁。

（3）把手。

（4）隔板（雪松实木）。

（5）合页。

（6）上盖。

（7）围板（可以装在上盖，也可以装在盒身，通常为雪松实木）。

（8）装饰板（起装饰的作用）。

（9）湿润器（俗称水槽，用来保持盒内的湿度）。

（10）湿度计（用来测量盒内的湿度）。

（11）托盘。

二、雪茄的服务程序及出品标准

在酒吧服务中，雪茄的服务程序及出品标准见表 8－19。

表 8－19　雪茄的服务程序及出品标准

工作要点	工作项目描述
1. 雪茄点单	● 适时询问顾客是否需要雪茄，如在餐后，要询问顾客是否配用白兰地或意大利浓缩咖啡。 ● 取雪茄单，打开至第一页，站在顾客右侧，双手递单，等待顾客点单并进行相应推荐。 ● 听顾客点单并复述顾客所点内容，致谢后离开。
2. 雪茄服务准备	● 准备好雪茄专用刀具、点火工具和烟灰缸。
3. 为顾客点燃雪茄	● 将所有用具和顾客所点雪茄用托盘端至顾客面前。 ● 取雪茄给顾客确认，并询问顾客可否开封。 ● 除去雪茄外包装，视雪茄的不同，用雪茄剪沿雪茄帽剪去一片，不宜过厚，以雪茄帽的 1/3 左右为宜。 ● 左手点燃火柴，待其充分燃烧散尽硫黄味后，将火移到雪茄前，用火焰的外沿徐徐加热，此时右手指夹持雪茄慢慢转动，使雪茄由外向内旋转均匀加热，直至点燃。
4. 将雪茄递给顾客	● 将点燃的雪茄从顾客右侧双手递给顾客，并说："这是您的雪茄，请慢慢享用！" ● 待顾客接过雪茄后，倒退并转身离开。

延伸阅读

浙江世贸君澜大饭店酒品出品标准

浙江世贸君澜大饭店是一家五星级综合性多功能商务酒店，其酒品出品标准见表 8－20。

表 8－20　浙江世贸君澜大饭店酒品出品标准

项目	出品标准	分量	备注
WHISKY 威士忌	净饮：用波特杯，跟冰水 加冰：用洛克杯，加 4 块冰	1 量杯	
BRANDY 白兰地	净饮：用白兰地杯，跟冰水 加冰：用白兰地杯，加 4 块冰	1 量杯	
SAKE 日本清酒	净饮：用瓷酒壶，跟瓷杯	1 量杯	
LIQUEUR 利口酒	净饮：用波特杯，跟冰水 加冰：用洛克杯，加 4 块冰	1 量杯	

续表

项目	出品标准	分量	备注
BEER 啤酒	出品时，用冰镇比尔森啤酒杯	1 罐或 1 瓶	
COCA COLA 可口可乐 DITE COKE 健怡可乐 7-UP 七喜 SODA WATER 苏打水 TONIC WATER 汤力水	出品时，用高球杯，加 4 块冰、半片柠檬	1 罐	
SUNKIST LEMON 新奇士柠檬汁汽水 SUNKIST ORANGE 新奇士橙汁汽水 GINGER ALE 干姜水	出品时，用高球杯，加 4 块冰	1 罐	
PERRIER 巴黎水 EVIAN 依云矿泉水 LOCAL MINERAL WATER 本地矿泉水	出品时，用高球杯，加半片柠檬	1 罐	
FRUIT JUICE 水果汁 COCONUT JUICE 椰子汁	出品时，用高球杯	1 罐	
ORANGE JUICE 橙汁 PINEAPPLE JUICE 菠萝汁 GRAPEFRUIT JUICE 西柚汁	出品时，用高球杯，倒八分满	1 大瓶	
TOMATO JUICE 番茄汁	出品时，用高球杯，倒八分满，跟搅棒、杯垫	1 大瓶	
WINE 葡萄酒	白葡萄酒、桃红葡萄酒用冰镇葡萄酒杯，红葡萄酒用加热后的葡萄酒杯	2/3 杯	整瓶卖，白葡萄酒倒 2/3 杯，红葡萄酒倒 1/2 杯
CAMPARI 金巴利	净饮：用波特杯，跟冰水 加冰：用洛克杯，加 4 块冰、半片柠檬	1 量杯	

续表

项目	出品标准	分量	备注
DUBONNET 杜本内	净饮：用波特杯，跟冰水 加冰：用洛克杯，加 4 块冰	1 量杯	
VERMOUTH 味美思 SHERRY & PORT 雪利酒和波特酒	净饮：用波特杯，跟冰水 加冰：用洛克杯，加 4 块冰	1 量杯	
PERNOD 保乐	净饮：用高球杯，跟冰水 加冰：用高球杯，加 4 块冰，跟冰水	1 量杯	跟搅棒
GIN 金酒	净饮：用波特杯，跟冰水 加冰：用波特杯，加 4 块冰、半片柠檬	1 量杯	
VODKA 伏特加	净饮：用波特杯，跟冰水 加冰：用洛克杯，加 4 块冰	1 量杯	
RUM（WHITE） 朗姆酒（白）	净饮：用波特杯，跟冰水 加冰：用洛克杯，加 4 块冰、半片柠檬	1 量杯	
RUM（RED） 朗姆酒（红）	净饮：用波特杯，跟冰水 加冰：用洛克杯，加 4 块冰	1 量杯	
TEQUILA 特基拉酒	净饮：用波特杯，跟冰水、盐盅，放 2 片柠檬，插上鸡尾签 加冰：用洛克杯，加 4 块冰，跟盐盅，放 2 片柠檬，插上鸡尾签	1 量杯	
GIN / TONIC 金酒 / 汤力水 GIN / 7-UP 金酒 / 七喜 GIN / COLA 金酒 / 可乐 RUM / COLA 朗姆酒 / 可乐 VODKA / COLA 伏特加 / 可乐	酒精类用高球杯，加 4 块冰、半片柠檬，跟 1 罐软饮料	1 量杯 /1 罐	
WHISKY / COLA 威士忌 / 可乐	酒精类用高球杯，加 4 块冰，跟 1 罐可乐	1 量杯 /1 罐	
WHISKY / MINERAL WATER 威士忌 / 矿泉水	酒精类用高球杯，加 4 块冰，跟整瓶矿泉水	1 量杯 /1 瓶	
CAMPARI / SODA 金巴利 / 苏打水	酒精类用高球杯，加 4 块冰、半片柠檬，跟 1 罐苏打水	1 量杯 /1 罐	
COINTREAU / PERRIER 君度酒 / 巴黎水	酒精类用高球杯，加 4 块冰，跟整瓶巴黎水	1 量杯 /1 瓶	

续表

项目	出品标准	分量	备注
TEQUILA / 7-UP 特基拉酒 / 七喜	用洛克杯，跟1杯七喜、2片柠檬、2张杯垫、盐盅、鸡尾签、餐巾布	1量杯 /1罐	
VODKA / LIME 伏特加 / 青柠	用洛克杯，加4块冰、半片青柠	伏特加1量杯	
VODKA / TOMATO JUICE 伏特加 / 番茄汁	用洛克杯，加4块冰、番茄汁	伏特加1量杯 / 番茄汁2.5量杯	
CAMPARI / ORANGE 金巴利 / 橙汁	用洛克杯，加4块冰、橙汁	金巴利1量杯 / 橙汁2.5量杯	

酒吧常用剂量

在酒吧服务中有一些常用剂量，见表8-21。

表8-21 酒吧常用剂量

序号	常用剂量	备注
1	1 ounce（oz）≈ 28 ml	1盎司约等于28毫升
2	1 tsp（bsp）= 1/8 oz	1茶匙（吧匙）约等于1/8盎司
3	1 drop ≈ 0.1 ～ 0.2 ml	1滴约等于0.1～0.2毫升
4	1 dash ≈ 0.6 ml	1甩约等于0.6毫升（1甩约为3～6滴）
5	1 Jigger ≈ 40 ml	1量酒器约等于40毫升

课后练习

一、思考题

雪茄服务的常用工具有哪些？

二、实训题

1. 描述红葡萄酒的服务流程及出品标准，并进行实训操作。
2. 描述碳酸饮料的服务流程及出品标准，并进行实训操作。
3. 请依次使用鸡尾酒的四种调制方法进行实训操作。

项目九

鸡尾酒会服务

任务一 鸡尾酒会概述

任务二 鸡尾酒会服务程序及方案策划

学习目标

- 知识目标：了解鸡尾酒会的基本分类，掌握鸡尾酒会的服务程序及方案策划。
- 能力目标：了解鸡尾酒酒会组织实施，提高专业知识的运用能力。
- 素养目标：独立营销和策划举办酒吧鸡尾酒会，培养创新及实践能力。

项目导入

影片中经常有这样的场景：一群穿戴讲究的绅士、淑女手持鸡尾酒杯相互交流，而身着燕尾服的服务生在宴会厅中忙碌地穿梭着，为顾客提供酒水服务。这种鸡尾酒会目前在中国很盛行，它是由西方上流社会社交活动中的聚会演变而来的。这种酒会形式非常简单实用，气氛轻松热烈，感觉自由欢悦，适用于不同的场合，可以在任何时间举行，以供应各种酒水饮料为主，有时也供应简单的小食。鸡尾酒会的形式一般为站立式，不设座，酒店会布置临时吧台，并在会场设小型的圆形鸡尾酒桌，在上面布置餐巾纸、烟缸等用品。

那么，应如何针对不同的酒会类型、不同消费者的需求进行酒会策划及服务呢？下面，就让我们来学习鸡尾酒会服务吧！

任务一　鸡尾酒会概述

一、鸡尾酒会的定义与主要形式

（一）定义

鸡尾酒会简称酒会，形式较灵活，不像宴会那样复杂和拘束。鸡尾酒会以酒水为主，略备小吃，不设座椅，仅置小桌或茶几以便顾客随意走动。

（二）主要形式

举行鸡尾酒会的时间较为灵活，中午、下午、晚上均可。顾客到达鸡尾酒会可以来去自由，不受约束。鸡尾酒会通常准备的酒水品种较多，有鸡尾酒、果汁、汽水、矿泉水等，一般不用或少用烈性酒。鸡尾酒会提供的食品多为三明治、面包、小香肠、炸春卷等各种小吃，以牙签取食。饮料和食品一般由服务员用托盘端送，也有一部分放置在小桌上。

二、鸡尾酒会的分类

（一）按照酒会主题分类

按照酒会主题的不同，鸡尾酒会可以分为婚礼酒会、开张酒会、招待酒会、庆祝庆典酒会、产品介绍酒会、签字仪式酒会、乔迁祝寿酒会等。这种分类对组织者很有意义，而对于酒吧服务部门来说，只要针对各种不同的主题，配以不同的装饰、酒水品种就够了。

（二）按照组织形式分类

按照组织形式的不同，鸡尾酒会可分为两大类：一类是专门酒会，另一类是宴会前酒会。

1. 专门酒会

专门酒会是单独举行的酒会，主要内容包括签到、主办方和来宾致辞等，有的甚至包括时装表演、歌舞表演等。专门酒会可分为自助餐酒会（Buffet Cocktail Party）和小食酒会（Snack Cocktail Party）。自助餐酒会一般在午餐或晚餐时间进行，而小食酒会则多在下午茶时间进行。

2. 宴会前酒会

宴会前酒会比较简单，它的功能是在宴会前招徕顾客，使较为盛大的宴会召开前不至于使等候的顾客受到冷落。这种酒会有时也会为主人或来宾提供致辞欢迎的机会。宴会前酒会还可以提供一个供与会者自由交流、联络感情的场所，扩大与会者的沟通范围。

（三）按照收费方式分类

按照收费方式的不同，鸡尾酒会可以分为定时收费酒会、计量消费酒会、定额消费酒会、现付消费酒会和外卖式酒会。

1. 定时收费酒会

定时收费酒会也称为包时酒会，通常顾客只需将人数、时间定下后就可以安排了，消费多少以时间为标准，通常有 1 小时、1.5 小时、2 小时不等。定下时间后，顾客只能在固定的时间内参加酒会，时间一到，酒吧将不再供应酒水。例如：某定时收费酒会是 17 时至 18 时，人数为 250 人。因此，酒吧提供 1 小时饮用的酒水，即 17 时开始供应，任顾客随意饮用，但 18 时以后就不再供应任何酒水了。定时收费酒会比较流行，主要是方便顾客掌握时间，也方便酒吧分时管理。

2. 计量消费酒会

计量消费酒会是根据酒会中顾客所饮用的酒水数量进行结算的。这种酒会既不限制时间，也不限制酒水品种，只根据顾客需要而定，一般有普通型与豪华型两种。普通型的计量消费酒会是由顾客提出要求，通常酒水品种只限于流行品牌；而豪华型的计量消费酒会可以摆出些较名贵的酒水，供顾客选择饮用。在结算时，按酒水实际用量计算。

3. 定额消费酒会

定额消费酒会是指顾客的消费额已固定，酒吧按照顾客的人数和消费额来安排酒水的品种和数量。这种酒会经常与自助餐连在一起。顾客在预订酒会时，先确定每位来宾消费的金额，然后确定酒水和食物各占的比例，食物部分由厨师长负责，酒水部分由酒吧负责。酒吧按照顾客确认的消费额合理地安排酒水供应。由于这种酒会消费额已事先确定，因此酒吧要经过细心的计算，既要在酒水的品种和数量上给顾客以满足感，又要控制好成本。

4. 现付消费酒会

现付消费酒会多在表演晚会中使用，主人只支付顾客的入场券和观看节目表演的费用，顾客喜欢什么饮料，则由自己决定，且必须自己结账。在现付消费酒会中，酒吧只预备一般品牌的酒水，顾客来的主要目的是观看演出，而不是饮用酒水。这种酒会在许多大的饭店中经常举行，如时装表演、演唱会、舞会等。

5. 外卖式酒会

有些顾客希望在自己的公司或者家里举行酒会，以显示自己的身份。酒吧可以预先收费，按收费的标准准备酒水、器皿和酒吧工具，运到顾客指定的地方。举办外卖式酒会要将各类准备工作做得充分，因为不像在饭店里，缺什么可以临时补充。冰块和玻璃杯要准备充足，要做好顾客的场地不能提供冰块和清洗玻璃杯设备的准备；各种类型的酒水也要准备充足。

除了定额消费酒会可以按定额提供酒水外，其他消费形式的酒会都应该多准备一些酒水。

三、鸡尾酒会酒吧设置

举行鸡尾酒会的细节确定后，通常由宴会部经理出一份宴会编排表。宴会编排表会详细地列述顾客所订酒会的时间、日期、人数和要求，各个部门的职责，以及厨房、酒吧器材的安排等。酒会酒吧的设置形式包括软饮料酒吧、国产酒水酒吧、标准酒会酒吧和豪华酒会酒吧等。

（一）软饮料酒吧设置

软饮料酒吧设置是指在酒吧设置中使用不含酒精的饮料，通常只用果汁、汽水、矿泉水、杂果宾治等无酒精饮料，有时也使用啤酒。这种酒吧设置多用在欢迎酒会、签字仪式、产品介绍会和招待会上。

（二）国产酒水酒吧设置

国产酒水酒吧设置是指在酒吧设置中除了软饮料还可以使用几种国产酒。一般情况下用5～6种，可用国产名酒如贵州茅台、五粮液、汾酒、剑南春等。这种酒吧设置多使用在中餐的小型宴会中。

（三）标准酒会酒吧设置

标准酒会酒吧设置是酒会中使用最广泛的一种。各饭店、宾馆由于实际情况不同，因此所使用的酒水品种也可能不相同。在实际工作中，除了用软饮料、啤酒外，还可以使用常见的烈性酒和开胃酒，如金酒、威士忌、白兰地、朗姆酒、伏特加、味美思和杜本内酒。几乎80%以上的酒会中的酒吧设置都采用标准酒吧设置，所以在饭店、宾馆中，标准酒会酒吧使用的酒水品种应以一套“标准菜单”的形式确定下来。在标准酒会酒吧中，一般只供应简单的混合饮料，不供应鸡尾酒，特别是复杂的鸡尾酒。

（四）豪华酒会酒吧设置

豪华酒会酒吧设置是指在酒吧设置中使用较多酒水品种、较多名牌酒水，也可根据顾客的要求，使用名贵的酒水。豪华酒会酒吧使用的酒水没有固定的形式，应尽最大的努力满足顾客的要求。

以上4种酒会酒吧设置形式在饭店、宾馆中会经常采用。但由于每个酒会的人数、消费情况的不同，酒吧设置的数量、供应的酒水品种也有差别。一般情况下，酒吧设置的数量是由酒会的人数来定的，大约每150位顾客设1个酒吧；供应的酒水品种则应根据饭店、宾馆的酒水价格和顾客的消费要求，同顾客商量决定。

任务二 鸡尾酒会服务程序及方案策划

一、鸡尾酒会的主要服务程序

鸡尾酒会的主要服务程序见表9-1。

表 9-1 鸡尾酒会的主要服务程序

工作要点	工作项目描述
1. 人员安排	• 确定酒会所需员工人数，并落实到个人。
2. 准备酒水	• 在酒会的前一天要按参加酒会的人数、酒水的品种，准备足够数量的酒水，按每人 2.5 ～ 3 杯计算，所有酒水在酒会前 2 小时运到场地并摆放好。
3. 酒吧设置	• 注意美观和方便工作两个要点，酒吧要在酒会开始前 30 分钟设置完毕，要再次检查酒水的品种数量。
4. 准备杯具、器皿	• 在酒会前一天必须准备足够的杯具，按每人 2.5 ～ 3 只准备，在酒会前 2 小时将酒会用的所有用具一起运到酒吧。
5. 提前倒饮料入杯	• 提前 15 ～ 20 分钟准备冰块，按品种顺序提前 15 分钟倒饮料。
6. 补充酒水	• 在酒会中，要留意杯具的消耗情况，及时予以补充，以保证供应。
7. 整理台面	• 酒杯和饮料必须排列好，酒会开始后要及时排列各类酒水。
8. 清点酒水用量	• 在酒会结束时，准确点清所有酒水的实际用量，统计出数字报厅面领班开单结账，并把点菜单交给本部门领班。
9. 收吧工作	• 调酒师清理酒吧，协助领班将剩下的酒水运回仓库。 • 未使用的杯具、器皿和剩余的果汁，调拨到其他酒吧使用。 • 将剩下的干净物品运回仓库。

二、鸡尾酒会的方案策划

（一）酒会策划调研

（1）了解酒会的人数和人群的年龄段，以及酒会的目的。

（2）了解与酒会相关的细节问题，如承办酒店所处的位置，装饰和布置（包括音乐、灯光），食品和酒的种类，举办形式（自助式还是分桌式），是否有表演，主持人的挑选，对服装的要求等。

（3）了解酒会的类型，如商业酒会、新年酒会、婚庆酒会、家庭酒会、友谊酒会、生日酒会等。如果是家庭酒会，参与者年龄层较多，要照顾年长者，不要太喧闹；如果是商业酒会，如产品发布会、年末公司内部酒会等，要依照参加者的身份、品位而定，照顾到客户方的习惯；如果是以年轻人为主的友谊酒会，则要注重创意。

（二）酒会策划方案案例

×××软件公司开业酒会活动方案

活动主题：体验浪漫生活、享受品位人生

活动地点：酒店集团旗下某红酒俱乐部

活动时间：待定

活动人数：30 人左右

主办单位：××× 软件公司

承办单位：××× 旅行社

协办单位：××× 红酒俱乐部

策 划 人：××× 先生（拓展部经理）

1. 活动要求

（1）所有工作人员须着正装或工作服出席，女士化淡妆，盘起头发，并佩戴工牌。

（2）顾客以现金支付方式结账。

（3）人数在 30 人左右。

2. 酒会现场布置

（1）在茶台处摆放红酒和酒具，以及干果小吃、水果盘、公司相关资料，请顾客签到（由酒会工作人员负责）。

（2）形成一个天然的品酒会现场，届时由红酒顾问讲解品酒方法、红酒与健康生活及红酒文化。

（3）全场要有气球、鲜花及挂幅（由主办单位进行相关准备），营造活动气氛。

（4）酒会提供投影仪、音响设备、话筒等相关工具。在红酒顾问讲解之后，主办方主持人进行该公司的说明。整体用时 1.5 ～ 2 小时。

注：酒会现场布置应突出品位、时尚、热烈的氛围。

3. 活动流程

活动开始前要准备好自助小食、水果及现场物品，由红酒俱乐部工作人员负责，酒会工作人员辅助配合，由承办方进行调度。

酒会工作人员提前准备好水、红葡萄酒杯、白葡萄酒杯及其他相关酒具。

4. 活动亮点

（1）活动备有丰富的自助小食和水果。

（2）活动中可以品尝到 2 ～ 3 个国家不同风格的酒品及美食、水果的中西搭配。

5. 所需物料明细

（1）红酒杯 60 个，开瓶器 2 个，紫色桌布（4 米 ×4 米）一张。

（2）小吃若干（葡萄干、香蕉片、鱿鱼丝，可做 30 厘米直径的大盘 6 ～ 8 盘），水果若干，一次性手套约 70 副。

（3）公司简介及会员手册各约70份。

（4）于活动前预收全部活动所需费用的30%作为定金，活动结束后当日付清余款。

6. 本次酒会预算

酒会预算见表9－2。

表9－2 ××× 软件公司开业酒会预算

序号	名称	数量	单位	单价（元）	合计（元）
1	招待用酒	—	—		
2	奖品（酒）	—	—		
3	葡萄干	500	克		
4	香蕉片	500	克		
5	鱿鱼丝	500	克		
6	苹果	500	克		
7	圣女果	500	克		
8	火龙果	500	克		
9	雪梨	500	克		
总计	（　　）桌，（　　）人，（　　　　）元				

7. 人员配置

酒会人员配置见表9－3。

表9－3 ××× 软件公司开业酒会人员配置

序号	负责项目	负责内容	主要负责人	协助人	计划完成时间
1	现场总协调	总揽全场，对现场指挥和铺场指挥进行管理和协调	陈	秦	
2	现场指挥	维护全场，安排所有人员，协助铺场指挥的工作	孙	刘	
3	铺场指挥	营销人员铺场，红酒俱乐部工作人员、迎宾人员管理（会前、会中、会后）	王	祝	
4	商品采购	小吃、水果、玫瑰花等商品的采购	李	林	
5	幻灯片放映	酒会幻灯片及宣传片的放映	冰	贾	
6	音乐准备	酒会开场前迎宾曲、酒会中背景音乐和游戏音乐的准备	沈	明	
7	客户接待指挥	安排、指挥迎宾和送宾人员	秦	陈	
8	客户接待	迎宾，客户签到，引领，送宾	刘	孙	

续表

序号	负责项目	负责内容	主要负责人	协助人	计划完成时间
9	拍照	负责酒会活动现场的拍照	祝	王	
10	柜台物品准备	准备抽奖箱、签到表、公司简介、会员手册、名片摆放托盘、优惠让利单等	林	李	
11	桌面摆设	准备玫瑰花、酒杯、果盘、叉、烟灰缸等	贾	冰	
12	赠品摆设、奖品准备	负责酒会赠品、奖品的准备及摆设	明	沈	
13	换杯和斟酒	负责酒会过程中的换杯和斟酒	林	夏	
14	主持稿	主持人发言稿的准备	李	佟	
15	领导发言稿	领导发言稿的准备	秦	韵	
16	收银	负责酒会当天成交单的收银工作	风	董	
17	邀请函和门票准备	负责酒会邀请函和门票的印制及发放	单	明	
18	现场颁奖嘉宾、抽奖嘉宾的邀请	一等奖由×××颁发，二、三等奖由特邀嘉宾抽取并颁发	林	陈	
19	电视、空调、灯、窗户、窗帘的准备	电视全部调到中央电视台音乐频道，酒会结束后立即关闭，提前开启空调和灯光	夏	李	
20	酒会酒品资料的准备	葡萄酒专业知识资料，酒会所用酒品资料	佟	秦	
21	酒会礼品的包装	所有酒会奖品、礼品的包装	韵	风	
22	酒会方案稿汇总	方案及反馈情况汇总	董	单	

延伸阅读

如何办好一场家庭式鸡尾酒会？

办一场家庭式鸡尾酒会，需要考虑许多方面的内容，如菜品配置、酒水搭配、场地布置、着装要求等。具体可从以下几方面考虑：

1. 选择轻松而小量的菜品

正式的鸡尾酒会要求食物精致而量小，而且多为干点，不能含太多汁液，以免溅到礼服上。而家庭式鸡尾酒会，则可以让食物更为轻松与随意。从品种来看，可以选择简单易做的三明治、沙拉、烤串，这样准备起来不用太费力，而且容易让顾客有饱腹感。从营养角度来看，蔬菜、肉类与面包、蛋糕等的搭配，荤素平衡、营养丰富。

食物分量不要太大，但品种可以丰富些。下面推荐一些常用菜品：

（1）苹果塔。用料：面粉、鸡蛋、苹果、糖霜、奶油。制作方法：将蛋白打散后与面粉混合，盛入盘中；加入切成片的苹果，并浇上奶油，然后放入烤箱中；待烤至表面出现金黄色取出，撒上糖霜。

（2）巧克力蛋糕与干果。用料：黑巧克力、鸡蛋、糖、面粉、杏仁粉、混合干果。制作方法：待黑巧克力融化后，将之与鸡蛋、糖、面粉、杏仁粉混合后搅拌均匀，然后盛盘放入烤箱，待烤好后取出，撒上干果。

（3）饼干拼盘。饼干建议直接在超市购买。

（4）烤火腿和奶酪三明治。用料：火腿、干奶酪、番茄、莴苣、三明治、芥末和黄油。制作方法：切开小圆面包，在切开的两面内侧涂抹芥末与黄油，然后加上火腿片、切成片的番茄以及奶酪，煎烤一下即可。

2. 提供丰富的鸡尾酒品种

既然是鸡尾酒会，品种丰富、颜色多变的鸡尾酒就一定不可缺少。鸡尾酒可以调节气氛、放松情绪，在家庭聚会上，如果人手一杯鸡尾酒，即刻就会拥有闲适惬意的心境。如果现场调制，就更会为聚会增添欢快气氛。

3. 积极营造浪漫的氛围

想要打造完美的鸡尾酒会，就一定要营造浪漫氛围，可以从环境、餐具、桌布、饰品等细节处来考虑。

（1）环境。家中的花园、庭院是最佳选择，可以让酒会充满诗情画意。如果没有花园，也可以选择家中有阳光的宽敞一隅。

（2）餐具。选择色彩绚丽的彩绘餐具，或者古朴典雅的陶器，都能为酒会定下浪漫基调。

（3）桌布。格纹或花朵图案等带有乡村风格的桌布、彩绘餐垫、漂亮小摆设等，能体现组织者的用心和考究。

（4）饰品。饰品中一定少不了能带来清新气息的鲜花，建议选择带有乡野气息的雏菊等花卉，它们比玫瑰、百合更有自然风情。

4. 选择半正式半休闲的着装

既然是家庭聚会，就不必像正式的鸡尾酒会那样，一定要穿上精致的礼服。不过，由于是鸡尾酒会，因此在着装上也不要太过随意，半正式半休闲的着装刚刚好。薄纱连衣裙、亮片小礼服裙、衬衫等都是轻松又浪漫的好选择。

学思之窗

茅台走进芬兰议会“中国日”，创意鸡尾酒温暖北欧大地

“中国日”活动的成功举办，让凛冽寒冬中的芬兰迎来了一股来自东方的温暖，而茅台酒独特的口感与深厚的文化内涵，更是赢得了这个爱酒的民族的一致赞赏与好评。超高品质的传奇佳酿，内涵丰富的深厚文化，创新独特的产品形式，匠心独运的服务理念，让茅台酒及茅台文化在芬兰的发展如虎添翼。在茅台鸡尾酒会上，主办方为与会嘉宾准备了兼具视觉与味觉双重享受的茅台鸡尾酒，希望借助茅台鸡尾酒令人沉醉的风味与精美的美食，让人褪去会议后的一身疲惫，徜徉在浓郁酒香之中，放松自我。粉色的酒体和纤细精致的专属酒杯，再加上一片柠檬，让茅台鸡尾酒拥有极高的颜值。在艳丽的外表下，茅台鸡尾酒也拥有同样引人着迷的中华文化内涵。茅台始终将目光置于中外文化交流活动对于弘扬中华国粹文化的重要性之中。未来，茅台将紧乘时代东风，一方面为民族品牌国际形象的树立不断作出新的贡献，另一方面在茅台品牌国际化进程中，紧密依托并服务好海外经销商，再度谱写中华文化名扬海外的新篇章。

知识链接

茅台鸡尾酒

资料来源：茅台走进芬兰议会“中国日”，创意鸡尾酒温暖北欧大地 [EB/OL]. 搜狐网，2018-12-16.

课后练习

思考题

1. 鸡尾酒会的分类有哪些？
2. 鸡尾酒会策划调研的主要内容有哪些？
3. 鸡尾酒会的服务程序有哪些内容？

3

模块三 酒吧管理

项目十

酒吧日常管理

学习目标

- 知识目标：掌握酒吧计划管理及酒吧质量管理的内容，了解酒吧计划实施与调整。
- 能力目标：能够编写酒吧培训计划简案；能够列出酒吧每周工作计划内容；能够检查酒吧的每日工作完成情况。
- 素质目标：具备良好的团队协作能力，养成精益求精的工作作风。

项目导入

小王是某五星级酒店的实习服务员，接到顾客点的酒水单后，他在吧台上把一瓶香槟酒打开后放入托盘，并放入饮酒用的葡萄酒杯；把一瓶巴黎水打开，倒入装有半杯冰的直身杯中；量取 1 盎司人头马 XO，倒入古典杯中准备给顾客净饮。

如果你是这家酒吧的管理人员，请指出小王的以上操作存在哪些错误，并予以纠正。在日常管理中，你会采取什么措施来提升酒吧的服务质量，以更好地为顾客提供服务？

任务一　酒吧计划管理

一、制订酒吧管理计划

酒吧的经营管理计划主要分为以下几项：员工管理计划、营业额计划、培训计划、工作计划、购货计划。制订计划时要列出表格和详细的内容，每月做出切实可行的计划。其中，购货计划较复杂，要视酒吧的酒水用量、库存和购货时间长短而定。

（一）员工管理计划

员工管理计划包括员工数量、岗位安排、管理人员配备等项目。酒吧经理每年要制订年度员工管理计划，具体内容包括现有人数、预算人数，相互对照，以便得出所缺人数和相应职位。员工管理计划可参考表 10－1。

表 10－1　员工管理计划

部门	职位	现有人数	预算人数
领班	营业部领班	1 人	1 人
	行政部领班	1 人	1 人
营业部	调酒师	2 人	3 人
	服务员	3 人	5 人

（二）营业额计划

营业额计划是根据上年同期的营业收入和年度促销计划的安排，列出每月预计营业收入。营业额计划可参考表 10－2。

表 10－2 营业额计划

月份	预计营业收入（元）	去年同期营业收入（元）
1 月		
2 月		
3 月		
4 月		
5 月		
6 月		
7 月		
8 月		
9 月		
10 月		
11 月		
12 月		

（三）培训计划

培训计划包括培训日期、培训对象、培训主题、培训内容、培训形式、培训教师等。酒吧一般在工作之余或营业淡季开展员工培训。培训计划可参考表 10－3。

表 10－3 培训计划

培训日期	202× 年 × 月 × 日　　星期 ×
培训对象	调酒师
培训主题	酒水知识
培训内容	酒的分类，重点介绍西式分类下每种酒水知识，如软饮料、啤酒、开胃酒、烈性酒、利口酒、鸡尾酒（长饮）
培训形式	理论授课
培训教师	酒吧经理

（四）工作计划

每月制订一份工作计划，内容包括用料检查、清洁卫生、工程维修等。工作计划制订后，必须通知所有相关人员，以保证工作计划的实施。有些酒店每周会列出固定计划，让酒吧酒水员和服务员遵照执行。工作计划可参考表10－4。

表10－4　工作计划

日期	酒水员	服务员
周一	检查所有酒水的保质期，擦拭冰箱并保持清洁卫生	擦拭凳脚及清洗银器
周二	更换吧台内所有摆放载具用的布草并保持清洁卫生	更换厅面使用的布草
周三	检查各类零卖酒水瓶口，擦拭并保持清洁卫生	擦洗厅面用的铜制品（如报架等）
周四	检查各类用料、物料的数目是否准确无误，及时补货到位	更换厅面客用椅套，清洗银器，备齐物料
周五	检查酒吧内各类载具数目是否准确，并及时上报缺失状况	检查厅面装饰物品是否完好并及时更换
周六	检查制冰机卫生，及时清理	整理后台卫生并检查破损情况
周日	清理冰箱、咖啡机卫生及其基座卫生	检查厅面死角卫生

（五）购货计划

购货计划主要是指酒水、食品和用品进货计划。酒吧应每月定期检查酒水仓库的存货数量，调酒师根据各类酒水的用量及时填写酒水采购申请表，交主管领导签字后由采购人员负责采购。酒水采购申请表要注明酒水名称、规格、产地和公司，并写明进货时间，若是急用还可填写酒水急购单。

酒水仓库每两周出一份酒水存货记录给酒水部经理。酒水存货记录应将仓库中所有的酒水数量、中英文名称及规格列在表上。使用量大的软饮料，可由仓管员自动购货补仓。

成本会计每月提交一份酒水用量表给酒水部经理，表中应将全月酒吧领用酒水的品种、数量及规格列出。调酒师在填写酒水采购申请表时可以参考此表，按某种酒的每月用量，考虑在购货时需进多少个月的货。较贵重的酒类品种，通常可以以半年为一个进货周期。

二、酒吧管理计划的实施与调整

每项计划制订后，要上交酒水部经理或餐饮部经理审批。酒水部经理或餐饮部经理签字批准后，各项计划就可以实施了。但是在执行过程中，经常会遇到一些意想不到的问题，如人员招聘不到位、员工流动性大、营业额不达标、培训计划未完成等，这时要立即对计划进行临时调整。调整后的各项计划，也要呈报酒水部经理或餐饮部经理批准。

各项计划是酒吧运营的参考标准，不能与实际情况偏差太大。要基于酒吧实际情况，制订酒吧经营管理计划；调整计划时，也要依实际情况而定。

计划获批后，要通知所有相关人员，通常使用纸质文稿的形式通知。许多合资酒吧通常将各种已批准的计划称为内部通启。将内部通启派发到相关人员手中，也作为计划执行时的依据。调整、更改时也使用同样的方法。

任务二 酒吧与其他部门的协调

一、酒吧与餐厅的协调

酒吧是出品部门，与餐厅服务员的协调是非常重要的，否则会直接影响酒水销售。所有酒水都必须按有效出品单调制，这要求酒吧相关人员向餐厅主管和餐厅服务员清楚讲解出品酒水的程序并严格执行。

（一）错单与损耗的酒水

餐厅服务员有时会开错出品单或翻倒酒水，甚至打碎酒瓶和杯子。如遇这种情况，就需要餐厅主管签一份酒水损耗单，也可立即先行补出品给顾客，不能延误时间，影响服务。

（二）营业时间

酒吧必须按照餐厅的营业时间保证出品供应，不能提早收吧。

（三）短缺或卖完的酒水品种

在酒单上印出的品种，如果仓库无货，要预先通知餐厅主管，请其告知服务员，当顾客点这种酒水时要耐心地解释。如果有的酒水品种已售完但仓库有货，要立即到仓库补充，以免顾客点酒水后无法及时供应。

（四）特别推荐的酒水品种

推出特别推荐的酒水品种前，要将推出的日期、酒水名称及内容等详细资料预先通知餐厅主管，以传达给各服务员，让他们做好各项准备。

（五）顾客退酒水

顾客退酒水有两种情况：一是酒水有质量问题，这种情况经检查确定后可以立即更换，由餐厅主管签饮食损耗报告单；二是由于出品时间过长，顾客已吃完了饭或因为赶车、船、飞机等时间问题而退单，这时，如果这类酒水是可以再销售的，允许退单，不能再销售的，可由餐厅主管签损耗退单。

二、酒吧与厨房的协调

酒吧与厨房的协调主要是食物与酒水的调拨及备料问题。厨房经常会因烹调菜肴要从酒吧调拨一些酒水；酒吧也需要从厨房调拨一些食品，如水果、调味料、咖啡、奶油等。虽在急用时可临时调拨，但最有效的方法是双方主管商定，各出一份月度用量表，厨房列出每月所用的酒水品种及数量，酒吧列出每月所用的食物品种及数量，提前做好调拨计划。

在使用器具上也会有这样的情形，如厨房使用酒杯，酒吧使用少量的碗碟等，也需要预先将需用量通知对方。

三、酒吧与食品、酒水仓库的协调

酒吧每日要领用酒水，领用时间要尽可能选在食品仓库每日较空闲的时间（以不影响酒吧营业为前提），并且提前几小时或在前一天晚上将领货单交到食品仓库的货单收集箱中，让仓库工作人员有充分的时间集中并分析出各项品种需用量。

四、酒吧与百货仓库的协调

百货仓库负责各类设备、固定资产及文具用品的发放。酒吧主要使用的是各种表格、记录簿、笔及其他文具用品，数量不多，可按照需用量商定每周领取一次。

五、酒吧与管事部的协调

管事部负责各种酒杯、用具的库存和营业时的清洗工作。酒吧在领用酒杯时要预先开具领用单。清洗工作也要协商好，因为酒杯是透明的，对清洁度要求很高，不但要洗净消毒，而且要在光线下看不到污点，这就要求在清洗时采取一些特别的措施。

六、酒吧与财务部的协调

财务部的成本会计负责每日到酒吧收取出品单，每月进行酒水盘点，出具成本分析表、酒水用量表并计算各类食品、酒水的成本。双方所有相互间的联合工作都要预先通知对方，约定时间。

七、酒吧与采购部的协调

酒吧所出的各项购货申请表，填写时一定要字迹清楚端正，还要标注酒水的中英文名称（有的采购员对酒水品种不熟悉），并注明使用日期，方便采购部的工作安排。采购部也要经常与酒吧联系，将采购不到的品种提早通知酒吧，以便酒吧选取替代品种。

八、酒吧与收货部的协调

酒类品种鉴定需要专门的知识，所有酒水品种到货后，应由收货部通知酒吧派出调酒师对酒水的品种名称、规格和质量进行鉴定，核对购货申请表无误后才能验收。

所有部门工作人员的协调是建立在相互尊重、合作共赢的基础上的，应以酒店的各项工作程序为原则，绝不可凭私人感情或意气用事。

任务三 酒吧质量管理

酒吧的质量管理主要是针对调酒师的工作质量而进行的一系列控制方法，主要内容包括酒吧服务质量管理、每日工作检查表管理和每日工作报告管理。

一、酒吧服务质量管理

对于酒吧来讲，其经营成功与否除了与本身的装修格调有关之外，还与其服务质量有着密切的关系，如调酒师的服务质量和酒水的供应质量等。通常，酒吧的调酒师在服务时要礼貌周到，面带微笑。微笑的作用很大，不但能给顾客以亲切感，而且能解决许多本来难以解决的事情。同时，如果服务人员对酒吧的工作、酒水的内容都很熟悉，且操作熟练，就能回答顾客提出的有关酒吧及酒水的各类问题。酒吧服务从开吧到收吧，从酒单到酒的调制，都必须建立标准化的操作程序。管理人员必须注意检查，督导调酒师与服务员，不仅应以礼貌、友善的态度对待顾客，还应该按照本酒吧的标准酒单、标准服务操作程序进行服务。所有的酒水都要严格按照配方要求配制出品，绝不可以任意取代或减少分量，更不能使用过期或变质的酒水，凡是不合格的酒水都不能出售给顾客。

知识链接

项目导入中小王的错误

二、每日工作检查表管理

每日工作检查表用以检查酒吧每日工作状况及完成情况，这一项工作关系到酒吧的经营效益。它通常按酒吧每日工作的项目列成表格，也可根据酒吧实际情况列入设备维修、服务质量、每日例会、收吧等内容，由领班或调酒师根据工作完成情况填写，格式见表 10－5。

表 10－5　每日工作检查表

项目	完成情况	备注	签名
领货			
酒吧清洁			
补充酒杯			
更换布草			
贮存酒水			
早班清点酒水			
酒吧摆设			
准备装饰物和配料			
稀释果汁			
领配酒小食			
摆台（酒单、花瓶、烟灰缸）			
电气设备工作状态			
取冰块			

三、每日工作报告管理

为了保证服务质量，酒吧要完成每日工作报告。每日工作报告可登记在一本记录簿上，每日一页。每日工作报告的主要内容有：营业额、顾客数、平均消费及特殊事件。从营业额可以看出酒吧当天的经营情况及盈亏情况；从顾客数可看出酒吧座位的使用率与顾客来源；从平均消费可看出酒吧成本同营业额的关系以及顾客的消费标准；酒吧里发生的特殊事件也很多，经常有许多意想不到的情况发生，不论好坏，都要如实记录并及时上报。

课后练习

一、思考题

1. 酒吧的经营管理计划主要分为哪几项内容？
2. 酒吧与餐厅协调的内容有哪些？
3. 酒吧的每日工作检查表一般包括哪些内容？

二、实训题

1. 某酒吧新入职员工一名，运用你所掌握的酒水知识和本任务的要求，写一份新员工入职酒水知识分类培训计划方案。

2. 请你为某酒吧制订一份每周清洁计划。

项目十一

酒吧员工管理

任务一 酒吧组织结构与岗位职责

任务二 酒吧员工培训

任务三 酒吧员工考核与激励

学习目标

- 知识目标：掌握酒吧的组织结构；明确酒吧各岗位的工作职责；了解酒吧员工培训、考核和激励要求。
- 能力目标：掌握酒吧人员配备的方法；能够运用一种培训方法开展一次酒吧员工培训。
- 素质目标：具备良好的服务意识，养成爱岗敬业的职业道德，树立尊重、激励员工的职业素养。

项目导入

为使酒吧服务与管理做到正常、高效，必须建立科学合理的组织结构，配备相应的岗位人员，并确定各岗位的工作职责，做到合理分工，相互协作。那么，一个酒吧应该配置哪些岗位，各配备多少人手？各岗位员工的工作职责是什么？在日常的人员管理中，酒吧应如何开展员工的培训、考核和激励工作？

任务一　酒吧组织结构与岗位职责

一、酒吧的组织结构

在综合性餐饮服务机构（如酒店）中，酒吧是餐饮部门的一个经营单位。根据酒店的类型和规模，酒吧有不同的组织形式：中小型酒店通常设置餐厅酒水员及宴会酒水领班、宴会酒水员，大型酒店会设置专门的酒水管理部门。一般酒吧的组织结构见图 11－1。

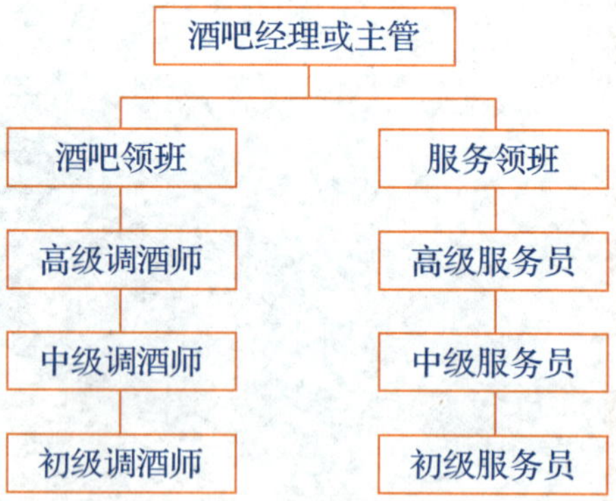

图 11－1　一般酒吧的组织结构

二、酒吧员工岗位职责

（一）酒水部经理岗位职责

酒水部经理岗位职责见表 11－1。

表 11－1　酒水部经理岗位职责

岗位名称	酒水部经理	所属部门	餐饮部
直属上级	餐饮总监	直属下级	酒水部主管
岗位职责	按照本部门各项业务指标要求，对酒水部的各项管理工作承担责任，确保酒吧工作顺利进行。		
工作内容： 1. 在餐饮总监的领导下，对酒水部进行全面的管理。 2. 根据酒吧的特点和要求，制定酒吧的销售品种和销售价格。 3. 制定各种鸡尾酒的配方及调制方法。 4. 制定酒吧的工作规程及酒水的服务方式。 5. 熟悉酒水的来源、品牌及规格，控制酒水的进货、领取、保管和销售。 6. 控制酒水出品的分量和数量，检查出品的质量，减少损耗，降低成本。 7. 检查和督促酒水部主管严格履行其职责，提高工作效率，按质、按量、按时完成工作任务。 8. 对本部门主管、领班和一般员工进行酒水知识、服务技能和调酒技术等的培训。 9. 合理安排人力，检查各项任务的落实情况，重要宴会、酒会须到现场指挥和督促。 10. 定期举办、策划酒水促销活动，丰富酒水品种，提高酒水收入。 11. 掌握酒吧的设备、用具的数量，做好保养工作。 12. 与顾客保持良好的关系，妥善处理因各类酒水或酒水服务引起的投诉。			

（二）酒水部主管岗位职责

酒水部主管岗位职责见表 11－2。

表 11－2　酒水部主管岗位职责

岗位名称	酒水部主管	所属部门	餐饮部
直属上级	酒水部经理	直属下级	酒水部领班
岗位职责	协助酒水部经理对酒水部进行全面的管理。		
工作内容： 1. 酒水部经理不在时，代替酒水部经理行使工作职责。 2. 根据酒吧的特点和要求，协助酒水部经理制定酒吧的销售品种和销售价格。 3. 协助酒水部经理制定各种鸡尾酒的配方及调制方法。 4. 熟悉酒吧的工作规程及酒水的服务方式。 5. 熟悉酒水的来源、品牌及规格，控制酒水的进货、领取、保管和销售。 6. 控制酒水出品的分量和数量，检查出品的质量，减少损耗，降低成本。 7. 检查和督促酒水部领班严格履行职责，提高工作效率，按质、按量、按时完成工作任务。 8. 对本部门领班和一般员工进行酒水知识、服务技能和调酒技术等的培训。 9. 协助酒水部经理合理安排人力，检查各项任务的落实情况，重要宴会、酒会须到现场指挥和督促。 10. 协助酒水部经理定期举办、策划酒水促销活动，丰富酒水品种，提高酒水收入。 11. 掌握酒吧的设备、用具的数量，做好保养工作。 12. 与顾客保持良好的关系，妥善处理因各类酒水或酒水服务引起的投诉。			

（三）酒水部领班岗位职责

酒水部领班岗位职责见表 11－3。

表 11－3 酒水部领班岗位职责

岗位名称	酒水部领班	所属部门	餐饮部
直属上级	酒水部主管	直属下级	酒水员
岗位职责	协助酒水部主管对酒吧的日常工作进行管理，贯彻执行酒水部主管布置的工作任务，做好沟通工作。		
工作内容： 1. 协助酒水部主管，做好员工的酒水知识等培训工作。 2. 检查督促开档、收档的工作。 3. 营业期间，现场督导酒水员的出品质量是否符合规格，并检查工作效率。 4. 检查酒吧内的清洁卫生以及员工的仪容、仪表。 5. 控制酒水仓库平衡数，控制酒水的损耗，力求降低成本。 6. 定期检查酒吧内的设备、设施，做好日常保养工作。 7. 合理安排人手，带动员工积极工作。 8. 负责每天的营业记录和酒吧的盘点工作，申领日常酒水及用品。 9. 与厅面服务人员保持良好的合作，互相协调，做好酒水的供应工作。			

（四）酒水员岗位职责

酒水员岗位职责见表 11－4。

表 11－4 酒水员岗位职责

岗位名称	酒水员	所属部门	餐饮部
直属上级	酒水部领班	直属下级	无
岗位职责	执行上级分配的工作，按时、按质、按量地完成任务。		
工作内容： 1. 熟练掌握酒吧内的各种工具、器皿及设备的使用方法。 2. 不断提高自己的业务水平，认识、了解所供酒水的特性和饮用形式。通过培训，掌握一定的酒水知识。 3. 懂得一些基本的服务知识，善于向顾客推销酒水，努力做好服务接待工作。 4. 做好营业前的准备工作和营业后的收尾工作。 5. 直接听取顾客点单或接受服务员的订单，规范出品。 6. 根据领班的分配，完成每天的清洁卫生工作。 7. 负责核对与清点营业前后的酒水数。			

三、酒吧人员的配备

（一）人员构成

酒吧的人员构成通常由酒店中酒吧的数量决定。在一般情况下，每个服务酒吧配备调酒师 4 ～ 5 人，立式酒吧配备调酒师 5 ～ 6 人。酒廊可根据座位数来配备人员，通常 10 ～ 15 个座位配备 1 人。以上配备为两班制所需人数，实行一班制时人数可以减少。

（二）人员数量

酒吧人员数量的配备要考虑两个因素：一是酒吧的营业时间，二是酒吧的营业状况。

酒吧的营业时间多为上午 11 时至次日凌晨 1 时，上午顾客很少，下午顾客也不多，从傍晚至午夜则是营业高峰时间。酒吧的营业状况主要看每天的营业额及供应酒水的杯数。一般 30 个座位左右的立式酒吧每天配备调酒师 4 ～ 5 人，酒廊或服务酒吧每 50 个座位每天配备调酒师 2 人，餐厅或咖啡厅每 30 个座位每天配备调酒师 1 人。如果营业时间短，可相应减少人员配备；营业繁忙时，可按每日供应 100 杯饮料配备调酒师 1 人的比例进行人员配备。

（三）工作安排

可按酒吧日工作量的多少来安排人员。通常，上午时间只是开吧和领货，可以少安排人员；晚上营业繁忙，要多安排人员。在交接班时，上下班的人员必须有半小时至 1 小时的交接时间，以清点酒水和办理交接班手续。

酒吧采取轮休制，可在节假日繁忙时安排加班，在平常清闲时安排补休。工作量特别大或营业超计划时，可安排调酒师加班加点，同时给予足够的补偿。

学思之窗

智能化酒吧时代：机器人酒保的管理能力如何？

在如今迅速发展的智能科技时代，人工智能技术的应用不只局限于工业制造和疾病治疗等领域，也深入休闲娱乐行业，如酒吧。智能化酒吧首次引入机器人酒保，这无疑给人们的娱乐体验带来了全新的感受。但是，我们必须深入挖掘机器人酒保的管理能力，以此来评估其对于酒吧经营的价值。

众所周知，机器人酒保运用了先进的人工智能技术，能够承担酒吧服务的各个环节，包括点餐、调制饮品、提供娱乐等。首先，机器人酒保在点餐方面表现出色。通过内置的人工智能技术，它们能够根据客人的需求进行点餐推荐，甚至能够根据客人的口味偏好制定个性化的饮品方案。其次，机器人酒保能够精确地调制各种饮品，无论是传统的威士忌还是特色鸡尾酒，它们都能准确地控制配料比例和制作过程，确保饮品的质量和口感。此外，机器人酒保还具备提供娱乐的能力，可以与客人进行简单的对话和互动，增加酒吧氛围的活跃度。

然而，纵观机器人酒保的管理能力，我们也需认识到它们存在的一些不足之处。首先，机器人酒保虽然具备点餐的能力，但它们对客人的情感理解和沟通技巧相对较弱。相较于传统的人工服务员，机器人酒保难以准确理解和解读客人的情绪和需求。这可能导致客人在点餐和饮品体验方面的不满意。其次，机器人酒保尽管能够准确进行饮品调制，但缺乏创新能力和变化的灵活性。它们只能按照预设的配方制作饮品，无法根据客人的个性化需求或者时下流行的饮品风格进行调整。这在一定程度上限制了酒吧的创新力和竞争力。最后，机器人酒保虽然能够提供一定的娱乐性，但无法完全替代人工服务员所能带来的人情味和人际交往的体验。这在某种程度上可能会降低客人对酒吧的黏性，影响酒吧的长期经营。

面对机器人酒保的管理能力，我们可以看到其优势和劣势共存。因此，在智能化酒吧时代，酒吧经营者应当善于平衡机器人酒保和人工服务员的使用。可以通过合理安排工作区域和人机结合的模式，使得机器人酒保与人工服务员相得益彰，共同为客人提供优质的酒吧体验。此外，在机器人技术不断发展的情况下，酒吧经营者还应积极关注新的科技进展，及时引入创新技术，以提升机器人酒保的管理能力，满足客人不断变化的需求。

资料来源：智能化酒吧时代：机器人酒保的管理能力如何？[EB/OL]. 安逸科技官网，2023-08-09.

任务二　酒吧员工培训

每一个进入酒吧的新员工，都要参加上岗前的教育和岗位培训，以便能够快速熟悉酒吧的情况，了解岗位工作要求，在较短的时间内进入工作角色。老员工也要定期或不定期地参加教育培训，不断提高工作技能、端正工作态度，进一步挖掘潜力，调动工作积极性。培训的目标是使每一位员工的工作都与酒吧的整体目标紧密结合在一起。

一、员工培训的内容

（一）专业知识培训

培训内容主要是酒吧经营与服务等方面的知识，以便员工对酒吧有具体、详细的了解，从而更好地投入工作。

（二）职业意识培训

酒吧经营者要加强对员工素质和修养的培训，使员工正确认识自己的职业，改正不正确的思想观念，树立自信心，乐于工作，努力工作。

（三）服务技巧培训

服务技巧是员工培训的重要内容，酒吧经营者需要定期或不定期地对员工进行这方面的培训，如员工待人接物的语言技巧培训等。

（四）个人形象培训

培训内容包括：统一着装，女士要化淡妆；注意个人清洁卫生，女士不留长指甲，男士不留胡须；上岗时不准做不雅观的动作，如抠鼻孔等。

（五）制度意识培训

制定合情合理的规章制度，并要求员工认真遵守。不论哪个员工触犯规章制度，都要严肃处理。培养员工的制度意识，有利于树立酒吧的良好形象。

二、员工培训的时机

除按照规定对员工进行定期和日常的培训以外，如果酒吧在经营过程中出现下列现象，也需要进行有针对性的培训。

（1）招聘新员工。新员工只有在接受完上岗前教育及职位培训，并经考核合格后，才能成为酒吧的正式员工。

（2）员工工作表现不佳。当员工工作水平下降、顾客表示不满的情形增多时，说明员工的工作表现不佳，不符合酒吧的要求，应及时组织培训。

（3）工作标准与服务品质改变。当酒吧之间竞争加剧、酒吧层次提高时，需要对酒吧员工进行全面培训，从整体上提高工作标准与服务品质。

（4）酒吧经常接到顾客投诉。如果酒吧经常接到投诉或顾客对某一问题有重复性投诉，就表明员工的工作质量或酒吧的产品品质有待提高。

（5）工作方法或程序发生改变。只有将新工作方法与程序教给员工，员工才可能掌握并按新的工作方法与程序提供服务。

（6）员工调动或晋升。员工在承担一项新工作之前，必须经过培训。

（7）浪费及损坏事件增加。当这种情况出现时，说明员工可能没有按照操作规范和程序工作，也可能是员工责任心有所下降。无论是哪一种情况，均需要进行有针对性的培训。

（8）成本增加，利润下降。导致成本增加的一个主要原因是酒吧员工的工作效率下降，这也说明员工工作水平有所降低。

（9）引进新的技术设备。引进设备的目的是提高酒吧的产品品质和服务水平。增加新设备后，员工必须接受适当的培训，以便能够了解新的产品，正确使用新的设备。

三、制定员工培训表

一份详细的员工培训表应包括培训日期、培训内容、培训目的及培训要求等内容，见表 11－5。

表 11－5 酒吧员工培训表

培训日期	培训内容		培训目的	培训要求
略	个人形象及仪容仪表	• 酒吧员工形象和仪容仪表要求 • 养成打招呼的习惯	提高个人形象和礼貌方面的素质，以符合经营的要求	• 检查仪容仪表 • 热情礼貌地和顾客打招呼
略	了解和认识酒吧	• 酒吧概况 • 吧台发布出品内容、范围 • 酒吧班次、人员安排情况	让员工熟悉吧台出品范围及各班次的工作内容	• 熟记吧台工作内容 • 了解各班次的工作内容
略	相关部门间的合作	• 各岗位之间如何沟通和配合 • 如何领料和办理手续	让员工认识到各岗位之间合作的重要性	• 熟悉各项工作环节和配合要领 • 出品规范、存取酒程序的检查
略	酒水知识培训	• 认识酒水，吧台用具、器皿、杯具及使用方法 • 介绍各种基酒、开胃酒、红酒、啤酒的主要原料、产地、酿造工艺 • 介绍鸡尾酒的起源、分类和调制技术 • 介绍蒸馏酒、红酒的饮用方法及其他酒水的制作方法和出品方式 • 发放鸡尾酒配方	提高员工业务水平和技能，让员工在工作中更加得心应手、从容自如地为顾客服务	• 牢记鸡尾酒配方 • 认识吧台所有酒水用具、配料 • 熟记所有酒水的饮用方法及出品方式
略	酒吧工作程序	• 上班准备及班前例会 • 营业前的工作准备 • 营业中的注意事项 • 营业结束后的收档工作	让员工详细了解工作的细节，了解从上班到下班的所有工作程序	• 熟练掌握工作程序
略	实操培训	• 对酒吧各种酒水进行现场调制、讲解和出品演练 • 操作台摆位定位 • 和其他人之间配合的实操演练 • 电脑点单出品程序及突发事件的处理方法（电脑死机、停电等）	让员工对自己的工作有感官上的认识，并熟练掌握实际工作技巧	• 每个人都能够单独调制吧台所有出品酒水

续表

培训日期	培训内容		培训目的	培训要求
略	考核	• 酒水知识考核 • 实操考核 • 培训期间综合表现评分	淘汰不合格人员，在培训员工中挑选精英，为以后顺利开展工作奠定基础	• 熟练掌握酒水知识、实际操作，各方面表现优良的员工方可视为合格，进入试用期

任务三　酒吧员工考核与激励

一、酒吧员工考核

酒吧员工工资级别的提升，要通过考核取得依据。考核一般半年进行一次，有时出于特定目的，可进行不定期考核。

（一）考核的内容

酒吧员工考核的内容一般包括四个方面，即德、能、勤、绩。

（1）德，是指员工的精神境界、道德品质和思想追求的综合体现。

（2）能，是指员工的能力素质，如操作能力、思维能力、组织能力等。

（3）勤，是指员工的工作态度，如工作热情、主动性、出勤率等。

（4）绩，是指员工的工作业绩，包括工作的数量、质量、经济效益等，这是员工考核的核心内容。

（二）考核的原则

1. 公开原则

公开原则包括三个方面的要求：一是公开评价目标、标准和方法，把这些信息公开地、无保留地传递给每一位评价对象；二是公开评价过程，接受外来监督，防止出现暗箱操作；三是公开评价结果，把结果通报给每一位评价对象。

2. 公正原则

制定的考核标准应从客观公正的原则出发，坚持定量与定性相结合的方法，建立科学适用的绩效指标评价体系。在制定绩效评价标准时，应多采用可以量化的客观尺度，尽量减少个人主观意愿的影响，要用事实来说话，切忌主观臆断和长官意志。

3. 全方位评价原则

员工在不同时间、不同场合往往有不同的行为表现。因此，在进行绩效评价时，应多方收集信息，建立起多层次、多渠道、全方位的评价体系。这一评价体系应包括上级考核、同级评定、下级评议、专家鉴定、员工自评等几个方面。

4. 制度化原则

由于酒吧的经营是连续的过程，员工的工作也是持续不断的行为，因此，考核工作也应作为一项长期化、制度化的工作来抓，这样才能最大限度地发挥考核的各项功能。

（三）考核的方法

员工考核一般可以采用以下几种方法，酒吧可以根据自身情况，选用其中一种或几种。

1. 自我评鉴法

负责考核的人员将业绩考核的内容以问题的形式向员工提出，让员工写出自我评鉴报告。这种考核方法为员工反思、总结自己过去的工作提供了机会。员工经过系统的思考以后，可以比较容易地发现自己的成绩和不足，甚至可以发现酒吧管理中存在的问题。

2. 排序法

根据所有员工的工作成绩排列名次。这种考核方法一目了然，可以使每个员工知道自己所处的位置。但是，人数多时排序会比较困难。另外，这种方法只限于对同一种岗位的员工进行比较。

3. 对比法

将所有接受考核的员工的工作成果与其他员工进行比较。这种考核方法可以对所有参加考核的员工进行有价值的比较，全面评价所有员工的业绩，但其比较的次数要随着考核人数的增加而呈几何级数增加。

4. 绝对考核法

这种考核方法标准明确，员工自己能判断自己的工作是否符合要求，也有利于管理者对员工进行指导。绝对考核法还可以根据实际情况随时进行调整，有重点地矫正员工不符合工作标准的行为。采用这种方法，管理者不仅可以了解员工是否达到了工作标准，还可以了解他们向标准努力的情况。但由于有了绝对标准，大家都会以达到标准为目的，谁也不会使自己的工作超出标准，这便会限制部分员工能力的发挥。

二、酒吧员工激励

（一）实施激励机制的重要性

（1）实施激励机制可以留住员工。酒吧建立起完善的激励机制，如给员工提供养老保险、医疗保险等待遇，员工会安心地留下来，全心全意为酒吧工作。

（2）实施激励机制可以调动员工的工作积极性。如果平常员工只用1/3的精力工作，那么在激励机制的促进下，员工可能会投入2/3以上的精力，使工作效率明显提高。

（3）实施激励机制可以提高员工素质。除了员工培训可以使员工提高自身素质外，激励机制也可以促使员工努力学习专业知识和岗位技能，不断地提高自身的综合素质。

提高员工薪水是一种最直接的员工激励手段。这种激励手段可以充分提高员工工作的积极性，激发员工的潜在能力，使其为酒吧创造出更高的利润。有的经营者认为，提高员工薪水意味着提高经营成本，这样做有些不划算。其实，如果压低员工薪水，虽然降低了酒吧经营成本，但同时降低了员工的工作积极性。低薪水状态的员工会消极怠工，工作效率下降，甚至辞职，从而影响酒吧的正常经营。

（二）激励员工的6种有效手段

可采用以下手段激励员工：

1. 思想激励

通过宣传教育和思想工作，激发员工的工作积极性。这是一种高层次的激励。

2. 精神激励

对那些在工作岗位上表现出色、成绩突出或有重大贡献者，给予精神上的奖励，以调动其工作积极性，主要形式有口头表扬、通报表扬、授予先进员工称号等。

3. 物质激励

酒吧管理者可以根据员工所做贡献的大小，分别给予不同的物质奖励。奖励要体现出差别。

4. 竞争激励

在用人上引入竞争机制，实行竞争上岗，优胜劣汰，促使员工积极工作。

5. 榜样激励

酒吧管理者以自身的敬业态度和模范言行，带领员工努力工作。

6. 情感激励

酒吧管理者应多关心员工的日常生活及精神需求，尊重员工的劳动，做到以诚待人，消除员工和管理者之间的隔阂，使员工在融洽的氛围中心情舒畅地工作。

总之，酒吧管理者要根据酒吧经营情况以及员工的特点和思想状态，因时、因事、因人制宜地采用适当的激励手段，调动员工的工作积极性。

延伸阅读

新加坡 Bar None 酒吧的人员管理

新加坡 Bar None 酒吧管理者认为，酒吧最大的浪费是人力的浪费。一个人做的工作，绝不要安排两个人去做，应真正做到合理用工。酒吧管理人员对每个人的工作量和工作时间都应详加核算。例如：楼面部每一个服务员负责清理 5 个台面，每个领班负责 15 个台面，加上换休人员，没有一个多余的人。如果服务员病了，就由领班顶替；如果领班病了，就由主管顶替。一个服务员完成自己的任务后，如有多余的时间还常会被安排去做其他的工作。

Bar None 酒吧对人员使用也很节约，分为不同的班次：20:30 顾客较多时，人手就多一些，24:00 以后就少一点，有时仅一个领班和一名迎宾员。每当有大批团队进入酒吧时，大家都放下手里的事情，一起突击把顾客领到不同的台位安顿下来，然后各就各位，继续做好自己的工作。

资料来源：李舟．饭店康乐中心服务案例解析［M］．北京：旅游教育出版社，2007.

课后练习

一、思考题

1. 简述酒水部经理的岗位职责。

2. 简述酒水员的岗位职责。

3. 可以采取哪几种方法对酒吧员工进行考核？

二、实训题

1. 组织学生考察本市高档、中档两个不同档次酒店的酒吧，对其组织结构、经营特点进行比较、分析，指出其优点和不足之处，并写成调查报告。

2. 根据培训目的，选择你所擅长的培训方法（理论授课法、实操培训法等），完成一次酒吧员工的培训任务。写出具体的培训内容和培训方案。

项目十二

酒吧原料管理

任务一 酒吧采购管理

任务二 酒水验收管理

任务三 酒水库存管理

任务四 酒水发放管理

学习目标

● 知识目标：掌握酒吧原料采购的影响因素和采购程序；掌握原料验收和储存的要求和程序；了解原料的发放管理程序。

● 能力目标：能对酒吧原料采购管理中出现的漏洞进行分析；能掌握酒吧原材料合理库存的计算方法。

● 素质目标：树立品质管理创新精神；养成遵规守纪的职业素养；具备良好的沟通能力。

项目导入

某酒吧平均每天销售啤酒 5 箱，每周采购 1 次。啤酒的保险储存量是 8 箱，采购啤酒需要 1 天时间。那么，该酒吧啤酒的标准储存量、最低储存量分别是多少？采购啤酒时，仓库尚存约 9 箱，应采购多少箱？

任务一　酒吧采购管理

酒吧采购管理的目的在于满足顾客需求，保证酒吧经营，提供数量适合需求、价格较为合理的酒水。

一、制订采购计划

（一）确定采购范围

酒吧采购的范围包括：

（1）各类设备。

（2）酒吧日常用品。

（3）各类进口、国产酒类。

（4）各类水果。

（5）酒吧供应的食品及半成品原料。

（6）各种调味品。

（7）杂项类。

（二）选定采购项目

不同类型的酒吧有不同的酒单，酒单的内容与酒水的供应和采购直接相关。酒吧原料采购项目一般包括以下几大类：

1. 酒水类

酒水类包括餐前开胃酒、鸡尾酒、白兰地、威士忌、金酒、朗姆酒、伏特加、啤酒、葡萄酒、咖啡、茶等。

2. 小吃类

小吃类包括饼干、坚果、蜜饯、肉干、干鱼片、干鱿鱼丝及一些油炸小吃和三明治等快餐食品。

3. 水果类

水果类包括苹果、香蕉、橙子、西瓜等各种水果。

二、酒吧原料采购流程

（一）选择合格的采购人员

采购工作的好坏，关键在于采购人员的素质。一般而言，优秀的采购人员应达到以下标准：

1. 有丰富、扎实的酒水知识

采购人员应懂得各种原料的用途、质量标准以及顾客对酒水、食品的偏爱和选择。

2. 熟悉原料的采购渠道

采购人员应该知道什么原料在什么地方买，哪里的原料质量好且价格便宜。酒吧要建立多种采购渠道，这样才能保证供应。采购渠道的保持是建立在互相信任、互相帮助的基础之上的，因此，采购人员应与各采购渠道保持良好的关系。

3. 掌握一定的采购技巧

采购人员应了解原料市场的供应情况并了解采购程序和技巧。

4. 了解进价与售价的核算方法

采购人员应了解酒单上每一个品种的名称、售价和分量，知道酒吧近期的毛利率和理想的毛利率。这样在采购时就能知道某种原料在价格上是否可以接受，或是否可以选择代用品。

5. 熟悉原料的规格及质量

采购人员应对市场上的各种原料的规格和质量有一定的了解，有鉴别优劣的能力。在采购时使用复杂的质检设备是不现实的，所以采购人员应对酒品的产地、生产年份、季节等影响产品质量的因素有一定的了解，并接受专业技术培训。

6. 诚实可靠

采购人员应具备基本的职业道德，诚实可信，只有这样才能保证高质量标准，同时寻找到最合理的价格，否则应调离岗位，并进行教育和处理。

（二）填写请购单

请购单一式两联：第一联送采购人员，采购人员在采购之前请管理人员审批，并在请购单上签名；第二联由酒水保管员留存。请购单可参考表 12－1。

表 12－1　请购单

<table>
<tr><td colspan="15">类别：□食品□饮料□物料□维修材料
编号：0002097
请购部门：________申请人：________货品送达：□部门□仓库□申请人：________日期：________</td></tr>
<tr><td rowspan="2">序号</td><td rowspan="2">货物名称</td><td rowspan="2">规格</td><td rowspan="2">单位</td><td colspan="2">数量</td><td rowspan="2">请购数量</td><td rowspan="2">要货日期</td><td rowspan="2">上次购买价格</td><td colspan="3">供应商及报价</td><td rowspan="2">推介</td><td rowspan="2">预算购买金额</td><td rowspan="2">执行记录</td></tr>
<tr><td>现有存量</td><td>月消耗量</td><td>1</td><td>2</td><td>3</td></tr>
<tr><td>1</td><td></td><td></td><td></td><td></td><td></td><td></td><td></td><td></td><td></td><td></td><td></td><td></td><td></td><td></td></tr>
<tr><td>2</td><td></td><td></td><td></td><td></td><td></td><td></td><td></td><td></td><td></td><td></td><td></td><td></td><td></td><td></td></tr>
<tr><td>3</td><td></td><td></td><td></td><td></td><td></td><td></td><td></td><td></td><td></td><td></td><td></td><td></td><td></td><td></td></tr>
<tr><td>4</td><td></td><td></td><td></td><td></td><td></td><td></td><td></td><td></td><td></td><td></td><td></td><td></td><td></td><td></td></tr>
<tr><td>5</td><td></td><td></td><td></td><td></td><td></td><td></td><td></td><td></td><td></td><td></td><td></td><td></td><td></td><td></td></tr>
<tr><td>6</td><td></td><td></td><td></td><td></td><td></td><td></td><td></td><td></td><td></td><td></td><td></td><td></td><td></td><td></td></tr>
<tr><td>7</td><td></td><td></td><td></td><td></td><td></td><td></td><td></td><td></td><td></td><td></td><td></td><td></td><td></td><td></td></tr>
<tr><td>8</td><td></td><td></td><td></td><td></td><td></td><td></td><td></td><td></td><td></td><td></td><td></td><td></td><td></td><td></td></tr>
<tr><td colspan="8">请购说明：</td><td colspan="4">备注：</td><td colspan="3">本单申请金额：
￥</td></tr>
</table>

（三）填写订购单

订购单一式四联：第一联送饮料供应单位；第二联送酒水管理员，证明已经订货；第三联送验收员，以便核对发来的酒水数量和牌号；第四联由采购人员保留。订购单可参考表 12－2。

表 12－2　订购单

				日期：________
送货要求：				
数量	单位（毫升）	项目	单价（元）	小计（元）
12	750	尊尼获加红方威士忌	210.00	2 520.00
24	750	皇冠伏特加	95.00	2 280.00
				4 800.00
				订货人：______

当然，并非所有酒吧都有这样具体的采购流程，但每个酒吧都应保存书面进货记录，最好采用订购单保存书面记录，以便与到货核对。书面记录可防止在订货牌号和数量、报价、交货日期等方面产生误解和争论。购买酒水需支付大量现金，因此每个酒吧都应建立订购单制度，防止或减少差错。

（四）填写采购明细单

采购人员须落实采购计划，将供应商、供货时间、品种、数量、单价等情况通知仓管人员，以便仓管人员验收入库。采购明细单可参考表 12－3。

表 12－3　采购明细单

酒水名称：			
用　途：			
一般概述：			
详细内容：			
产地		类型	
等级		包装形式	
规格		容量	
品种		商标名称	
特殊要求：			

三、酒吧原料采购控制

（一）酒吧原料采购数量控制

1. 影响采购数量的因素

在进行酒水采购前，酒吧应考虑以下几个因素：

（1）酒水的销售量。酒吧应考虑销售量的大小，以销售量决定进货量。酒吧经营有明显的周期，高峰期在公休日、节假日，这时的酒水销售量大，需要对酒水原料进行批量购买；平时酒水、食品的销售量少，就可压缩采购数量。另外，不同酒水在不同季节的需求是有变化的，如咖啡等热饮在冬季销售量较大，啤酒、碳酸饮料等在夏季销售量大。因此，酒吧在采购原料时，要根据酒水销售量来确定数量。

（2）酒吧的储存能力。酒吧应根据现有储存能力确定采购的数量。尽管酒水对冷冻、冷藏的条件要求并不是很高，大多数酒水可在室温下储存，但酒水所占空间较大，如果酒吧储存空间不大，应适量进货。

（3）酒吧的财务状况。酒吧以现金交易为主，使用资金较方便。经营较好的酒吧一般不存在资金短缺问题，可以适当增加采购数量；当酒吧因装修或扩大业务占用较多资金而造成资金短缺时，可适当减少采购数量，加速资金周转。因此，酒吧应根据账务状况确定采购数量。

（4）采购地点的远近。酒水原料采购地点的远近影响酒吧采购的数量。如果采购地点较远，可以增加批量，减少批次，这样可以节省采购费用，防止原料断档；如果采购地点较近，采购方便，则可以减少批量，增加批次。

（5）市场供求状况。有些进口酒水的原料市场供应不稳定，经常断货，而酒吧又不能缺少这些原料，如石榴汁、西柠汁等。在这种情况下，可以一次性多买些，防止用完后不能及时买到。市场供应较稳定的原料，可少量多次采购。

（6）食品原料的特点。酒吧的食品、水果等不宜长时间保存的原料应少量多次采购，否则容易导致变质，造成浪费。宜长时间保存的原料如烈性酒等，由于保存期较长，在采购时可以大量少次采购。

（7）原料保质期。酒水应按基本特点分别在不同的温度和湿度条件下储存。各种酒水的保质期不同，会直接影响原料的采购数量。一般而言，瓶装、听装熟啤酒储存期限不少于 120 天（优、一级）或 60 天（二级），瓶装鲜啤酒储存期限不少于 7 天，罐装、桶装鲜啤酒储存期限不少于 3 天；果酒和葡萄酒储存期限可长至 2 年；威士忌等烈性酒储存期限可更长。酒吧需要按储存期限的长短来进货，并保证在期满之前销售完毕。

总之，酒水的进货数量和次数是由一系列因素共同决定的。除上述因素外，还要考虑到上个月期末实地盘存数量等因素。

2. 采购数量计算

（1）最低储存量。酒吧储存的各种酒水和食品都有一定的标准储存量，当各种酒水或食品数量降至需要采购的数量，而又能维持至新的原料到来时，这个数量称为原料的最低储存量。它的计算方法是：

最低储存量 = 日需要量 × 发货天数 + 保险储存量

（2）标准储存量。标准储存量是酒吧对某种酒水或原料的最高储存量。它的计算方法是：

标准储存量 = 日需要量 × 定期采购间隔天数 + 保险储存量

（3）保险储存量。保险储存量是为防止市场供货问题和采购运输问题预留的原料数量。酒吧某种原料保险储存量的确定，要根据市场供应情况和采购运输的方便程度而定。

（4）采购数量。酒水或食品的采购数量是酒吧采购控制的一个重要因素。采购过量的原料会占用仓库的空间，积压资金，影响质量。但过多的采购频率又会增加采购费用，耽误经营。酒吧必须确定合理的采购数量。它的计算方法是：

采购数量 = 标准储存量 − 现存量 + 日需要量 × 发货天数

（5）日需要量。酒水日需要量是指酒吧每天需要某种酒水或原料的平均数。例如：某酒吧每月订购某品牌红葡萄酒一次，消耗量为平均每天 10 瓶，葡萄酒的保险储存量是 20 瓶，采购葡萄酒需要 2 天。库管员在订货日盘点，发现库存红葡萄酒 50 瓶。由以上信息，计算葡萄酒的标准储存量、最低储存量和采购数量。

葡萄酒标准储存量 = 10 × 30 + 20 = 320（瓶）

葡萄酒最低储存量 = 10 × 2 + 20 = 40（瓶）

葡萄酒采购数量 = 320 − 50 + 10 × 2 = 290（瓶）

考虑到以箱为采购单位，一般红葡萄酒 6 瓶为一箱，故可实际订货 48 箱，即 288 瓶。

知识链接

项目导入中
采购数量计算

（二）酒吧原料采购质量控制

酒吧的酒水可分为指定牌号和通用牌号两大类。当顾客说明需要某种品牌的酒水时，酒吧才供应指定牌号的酒水；如果顾客没有具体说明需要某种品牌的酒水，酒吧则供应通用牌号。牌号的选择应根据顾客的喜好来确定，酒吧一般选择价格较低或适中的酒水品牌作为通用牌号，其他各种品牌则作为指定牌号。根据顾客的消费能力不同，酒吧选定的通用牌号也应不同。选择通用牌号酒水是酒吧确定原料采购质量标准和成本标准的第一步。

要保证酒吧提供的产品在质量上始终如一，就必须把好原料采购的质量关，这是保证酒水成品质量的前提条件。对于酒水的质量，国家也制定了相应的标准，这些标准是酒吧采购的主要依据。

中华人民共和国国家标准《食用酒精质量要求》（GB/T 10343—2023）规定的感官要求是：外观无色透明；气味具有乙醇固有香气，无异臭；滋味纯净，微甜，无异味。

中华人民共和国国家标准《葡萄酒》（GB 15037—2006）将葡萄酒分为优级品、优良品、合格品、不合格品和劣质品 5 个等级，并对年份葡萄酒、品种葡萄酒等给出了明确定义；强制规定，所有产品中均不得添加合成着色剂、甜味剂、香精、增稠剂。《葡萄酒》国家标准中的“术语和定义”属强制性条款，如葡萄酒的“年份”必须是指葡萄采摘的年份，“甜葡萄酒”必须是每升含糖大于 45 克的葡萄酒。

但是，目前我国酒水类的国家质量标准与国际标准相比还有一定的差距。例如，国外对葡萄酒的品质有严格的检验标准，如法国和德国的食品协会每年都会依照地区分别制作年份表，记载葡萄酒的年份、优良等级和适宜饮用的时间。另外，洋酒标签的质量体系和参数也能反映酒的质量。

任务二　酒水验收管理

一、酒水验收的内容

酒水验收是指酒水验收员按照酒吧制定的验收程序与质量标准，检查酒水供应商发送的或由采购员购来的酒水质量、数量、规格、单价和总额等的工作，并将检验合格的各种酒水送到酒水仓库，记录检查结果的过程。酒水验收的内容见表 12－4。

表 12－4　酒水验收的内容

工作环节	验收内容
1. 核对发票与订购单	● 核对送货发票上的供货单位名称与地址，避免接收酒吧未订购的酒水。 ● 核对送货发票上的价格。若发票上的价格高于订购单上的价格，验收员要询问送货员提价的原因，并将情况反映给酒吧经理、财务人员。无论是否退货，都要有酒吧经理和财务人员在货物验收单上签字，以明确责任。若供货商送货时的价格低于订购单上的价格，验收员应该仔细检查酒水的质量，质量合格方可按此价接收这批酒水。

续表

工作环节	验收内容
2. 检查酒水质量	• 检查实物酒水的质量和规格是否与采购标准规格和订购单相符，账单上的规格是否与订购单一致。 • 检查酒水的度数、商标、酿酒年份、酒水色泽、外包装是否完好，是否超过保存期，酒水质量符合要求才可接收入库。 • 若发现质量问题，如包装破损、密封不严、酒水变色、气味怪异、酒液浑浊、超过有效日期等现象，验收员有权当场退货。 • 大批量采购时，要对瓶装酒水进行抽样检查，以确定质量是否合格。
3. 检查酒水数量	• 检查发送酒水的实物数量与订购单、发票上的数量是否一致。 • 带外包装及商标的酒水，在包装上已注明数 / 重量，要仔细核对。 • 必须仔细清点各种酒水的瓶数、桶数或箱数。 • 对于以箱包装的酒水，要开箱检查，检查箱子特别是其下层是否装满。

二、办理验收的手续

酒水验收的手续及相关表单见表 12－5 至表 12－9。

表 12－5 酒水验收的手续

工作环节	具体事项
1. 在送货发票上签名	• 每批货物验收结束后，验收员应在送货发票上签名或加盖验收章。 • 将第二联交回送货员，以示购货单位收到了货物，第一联则交给财务人员。
2. 填写货物验收单	• 确定所验收酒水的价格、数量、质量等全部符合订购单或酒水采购规格书后，验收员应填写货物验收单（见表 12－6）。货物验收单一式三联，第一联交财务部，第二联交仓库，第三联验收员留存。 • 如果货到无发票，验收员应填写无供货发票收货单（见表 12－7）。
3. 送货分发	• 验收合格的原料，一部分作为直拨原料进入酒吧，另一部分则作为入库原料送仓库储存。 • 需要注意的是，分发和入库均须有领用和入库手续，并贴上必要的标签，同时应禁止送货者或店内无关人员进入库房。
4. 退货处理	• 根据验收细则严格验收，放进仓库，如发现规格、质量、数量等不符合要求，验收员应填写退货通知单（见表 12－8）。 • 让送货人签字，将退货通知单随同发票退回供货单位。
5. 填写有关报表	• 验收完毕后，验收员应填写酒水验收日报表（见表 12－9）和其他报表，并将各种验收记录呈交有关部门。酒水验收日报表的作用是便于分别计算食品成本和饮料成本，为编制有关财务报表提供资料，同时便于计算每日食品成本。

表 12－6　货物验收单

__________饭店

供货单位地址：______________________________　验收单编号：______________________________

订购单编号：________________________________　日期：____________________________________

存货编号	项目及规格	单位	数量	单价	合计

验收员：__________

储藏室管理员：__________　送货员：__________

表 12－7　无供货发票收货单

No.

部门：______________　订货日期：____________

补货品名	单位 / 数量	收货日期和具体说明	收货人

本表使用范围：

1. 凡订购单以外需加单购置的鲜活类食品。
2. 每日散点的海鲜、河鲜食品汇总数。
3. 经收货部认可在每日 17:00 验收员下班后，厨房收到的鲜活类食品。
4. 如此单手续不完备或补货未填写此单，财务均不予结算付款。
5. 本表从 202×年 ×月 ×日起使用。

行政总厨：__________　采购部：__________　收货部：__________

表 12－8　退货通知单

（副本备存）

编号：__________

发自：__________　交至：__________

发货号码：__________　开具发票日期：__________

货品	单位	数量	单价	总价

总计：__________

退货理由：

送货人签字：__________　负责人签字：__________

表 12－9　酒水验收日报表

供应单位	项目	每箱瓶数（瓶）	箱数（箱）	每瓶容量（毫升）	每瓶成本（元）	每箱成本（元）	小计（元）
博汇洋酒公司	金酒	12	2	750	97.5	1 170.00	2 340.00
博汇洋酒公司	伏特加	12	1	750	95.5	1 146.00	1 146.00
合计							3 486.00

酒水管理员：__________

验收员：__________

任务三　酒水库存管理

由于酒水品种繁多，且许多高级的酒类价格昂贵，因此酒吧应加强酒水的库存控制，避免因储存不当导致酒水成本上升。

一、酒水仓库的设置

酒水仓库是储存酒水的重要场所，其内部设施要求不高，一般只需配备下列用具：（1）木质或金属结构的酒架，酒架不要太深或太高，以便拿取，每层都要有格架把酒架纵向隔成若干小格，以便按品种堆放酒水；（2）梯子，用于存货和取货；（3）推车，用于搬运货物。此外，酒水仓库还应满足下列一些基本要求：

（一）有足够的储存和活动空间

酒水仓库的储存空间应与酒吧的规模相称，地方过小会影响酒品储存的品种和数量；活动空间适当宽敞，既可减轻劳动强度，避免事故发生，又有利于通风换气及货物的进出和挪动等。

（二）通风良好

通风换气的目的在于保持酒水仓库中有较好的空气，若酒精挥发过多而空气不流通，会使易燃气体聚积，造成危险。较好的空气流通还利于工作人员的呼吸，有利于保持酒水仓库的干燥。

（三）保持干湿度

酒水仓库相对干燥的环境，可以防止软木塞的霉变和腐烂，防止酒瓶商标的脱落和质变；但过分干燥会引起瓶塞干裂，造成酒液过量挥发。保持酒水仓库干燥的方法是在地面铺盖材料上下功夫，应选择易吸水、渗水的材料。

（四）避免强光照射

自然光线，尤其是直射日光中的紫外线容易破坏酒的品质。自然光线还可能使酒氧化过程加剧，造成酒味寡淡，酒液混浊、变色等现象。酒水仓库最好采用人工照明，照明强度和方式可受到适当的控制。

（五）防震动干扰

震动容易使酒品“早熟”，造成品质下降。许多名贵的葡萄酒在长期受震后（如运输震动）常需“休息”两个星期，方可恢复原来的风格。

（六）保持适当的温度

酒水仓库应保持适当的温度。如果酒水仓库设在地下，就可以给酒品提供较好的储存条件，因为地下酒水仓库在恒温、避光、防震等方面都具有得天独厚的条件。

二、酒水储藏室的设置

一些大型酒吧除建立酒水仓库外，还在消费场所另设酒水储藏室，在那里存放一定数量的酒品，以应付日常的消费。酒水储藏室大多采用酒柜的形式，有的酒柜还装有制冷设备，方便控制酒品的储存温度。酒水储藏室使用方便，减少了许多不必要的往返取货工作，并可避免人员对酒水仓库的过多干扰。

在设置上，酒水储藏室应靠近酒吧，这样可以减少分发酒水的时间。此外，酒水储藏室还应设在出入方便、易于监视的地方，如此可以方便发料，并且减少安全隐患。

酒水储藏室要求防潮、防霉、防鼠。储藏室内部应保持清洁卫生，不能有碎玻璃。箱子打开后，每一瓶饮料都应取出，归类存放到货架上，空箱子应立即搬走。

三、酒水储存控制要点

（一）尽量分区摆放

酒水储存时应划分储藏区域，同类酒水应存放在一起，并按品牌分类。例如：所有金酒应存放在同一个地方，而所有威士忌则应存放在另外一个地方。这样排列可方便酒水的发放和领取。为便于有关人员找到所需要的酒，可将存放酒水的平面布置图挂在储藏室的门上。

（二）做到合理置放

凡是以软木塞封口的酒瓶都需要横置。酒瓶横放时，酒液会浸润瓶塞，起到隔绝空气的作用。横置是葡萄酒的主要置放方式。蒸馏酒的酒瓶大多要竖置，以便酒瓶中酒液的挥发，达到降低酒精含量、改善酒品风格的目的。在有条件的情况下，陈放 25 年以上的高级名贵酒品，应采取换塞等措施。

（三）注意定位摆放

酒品一旦放置好，就不要随意挪动。特别是不要清扫落在酒瓶上的灰尘，对高级酒品尤其如此。这样做一是可以防止酒瓶摇晃而使沉淀物泛起，二是可以证明酒品的名贵。

（四）做好酒品登记

入库的酒品都要登记。每一类酒品都要标有卡片，对酒的年龄、产地、标价等内容进行登记备案。

（五）打上储存标记

酒水管理人员在发料之前，应在酒瓶上做好标记。一般是用一种背面有粘胶剂的标签，也可用不易擦去的油墨戳记。标记上有不易仿制的标志、代号或符号，可以防止酒吧员工私带酒水出售。

（六）完善安全措施

酒水仓库或酒水储藏室的设计和建造，必须考虑能够有效地防止非法人员入室偷盗。同时，还要配备适量的消防用品以防不测。贵重酒水应存放于特别的小间或仓库的重点分隔区内，以便实施重点管理。

任务四 酒水发放管理

一、酒水发放的操作程序

酒水发放的操作程序见表 12－10，酒水领料单见表 12－11。

表 12－10 酒水发放的操作程序

工作环节	操作标准
1. 清查酒吧空瓶	● 酒吧调酒师下班之前，应清查已用完的酒水空瓶，记录所需添加酒水的数量。
2. 填写领料单	● 酒吧调酒师填写领料单，按领料单的栏目填写代码、品名、瓶数、单价等。
3. 开单	● 酒吧经理根据领料单核对吧台里的瓶数和牌号。如果两者相符，则应签名，表示同意领料。
4. 仓库领料	● 酒吧调酒师或服务员应将空瓶和领料单送到储藏室。酒水管理员根据空瓶核对领料单上的数据，并逐瓶替换空瓶，然后在“发料人”一栏签名；同时，调酒师或服务员在“领料人”一栏签名。
5. 后期服务	● 为了防止员工用退回的空瓶再次领料，酒水管理员应按酒吧的规定妥善处理空瓶。 ● 酒水管理员应按各种酒水的单价和瓶数计算酒水发出的总瓶数与总成本。

表 12－11 酒水领料单

编号：

部门 DEPARTMENT：______ 代号 CODE：______ 日期 DATE：______

现存	申请		项目	货品编号	发料数量	成本
	数量	单位				

申请人：______ 审批人：______ 发料人：______ 领料人：______

二、酒水发放的管理重点

（一）审批人管理

审批人是酒水发放的把关人，从根本上控制着酒水的发放量。酒吧必须以制度的形式确定酒水发放的各级审批人。各级审批人平时应注意与基层保持密切联系，掌握酒水使用情况的动态信息，根据客观需求量进行酒水审批，以动态的眼光把握酒水分配量。

（二）执行人管理

执行人是指酒水发放过程中各方面的人员，包括发料人、领料人等。由于执行人素质的高低直接关系到酒水发放工作的质量，因此应加强对这些人员的日常管理。需要注意的是，实物发料人与发料记账人应分岗设置，另设专人领料。领料人领用酒水须凭部门主管或其他有审批权限的人员签署的领料单。在检查领料单无误之后发料人才可发料。严禁先出货后补手续的做法，严禁白条发货。

（三）发放区域管理

仓库是酒水储存重地，每种酒水对储存环境和条件都有严格、明确的要求，如果大量人员频繁进出仓库，会极大地影响储存环境，同时严重威胁酒水的数量安全。因此，应当尽量在仓储空间之外设置专门的发放区域，发料人将待发放的酒水搬运到发放区域，领料人应在此区域点数并与发料人交接，不能直接进入仓库领料。

（四）发放时间管理

发放时间可以根据酒水的用途，采取定时和不定时相结合的办法。

（五）酒水交接管理

在进行酒水交接时，发料人和领料人都必须按照发料单和领料单复核检查，点清所发酒水的品种、规格和数量，确保无差错时才可出库。如果发生差错，会导致仓库账目和成本核算等发生混乱，事后发现也难以查清问题及责任，非常被动。

课后练习

一、思考题

1. 简述酒吧原料采购的流程。

2. 酒水储存的控制要点有哪些？

3. 酒水发放要注意哪些事项？

二、实训题

1. 组织调酒比赛，让学生分组参与比赛，练习酒的采购、验收、储存流程，学会计算酒水成本。

2. 请某酒吧的保管员为学生讲解酒水保管的流程和酒水质量控制方法。

项目十三

酒吧成本管理

学习目标

- 知识目标：明确酒吧成本管理的要点；了解酒吧的成本构成；掌握酒吧常用酒水原料的成本核算。
- 能力目标：能运用酒吧成本计算的方法计算鸡尾酒的成本；能运用酒吧成本控制的方法分析酒水损耗的原因。
- 素质目标：养成精益求精的职业素养；培养精简节约的成本意识。

项目导入

李先生在酒吧点了一份金汤力鸡尾酒，该鸡尾酒是用 1 盎司金酒加适量汤力水调制而成的。调酒师接到点单后，立即当着顾客的面随手倒了一份金酒，然后兑上汤力水递给顾客。顾客不接受这杯鸡尾酒，认为金酒不足量，要求退换。后来，调酒师只好重新用量杯给顾客换了一份。由于调酒师未按标准配方调制酒水，导致顾客退换酒水，造成酒水损失和浪费，增加了酒吧的成本。

任务一　酒吧成本认知

酒吧成本是指酒吧经营所产生的各项费用和支出。

一、酒吧成本构成

酒吧成本主要由三个方面构成：原料成本、人工成本和经营费用。

（一）原料成本

原料成本是指直接销售给顾客的各种酒、咖啡、茶、果汁和食品的成本。原料成本以直接消耗的形式计入成本，成为酒吧成本的基本组成部分，也是酒吧进行成本核算的主要依据。

（二）人工成本

人工成本是指参与酒吧经营的管理人员、技术人员和服务人员的工资和其他支出，包括酒吧或餐厅经理、调酒师、服务员及辅助人员的工资、餐费、奖金和其他支出。人工成本在酒吧成本结构中所占比重较大，这是由于酒水不能大批量地进行机械化生产，而是根据顾客的需要进行小批量加工生产，大部分产品不能够储藏，须由服务员直接向顾客提供服务，因此人工成本会大大增加。

（三）经营费用

经营费用是指在酒吧经营中，除原料成本、人工成本以外的其他费用和支出。经营费用包括以下几方面：

1. 租金成本

酒吧需要支付房租和物业管理费等租金成本，这些成本通常占据了酒吧经营成本的很大一部分。

2. 设备成本

酒吧需要购买各种设备和家具来保证正常的经营，包括吧台、音响设备、投影仪、空调、椅子、桌子等。

3. 营销成本

酒吧需要投入一定的资金用于营销和宣传，包括广告、促销活动、打折优惠等。

4. 税费成本

酒吧需要缴纳各种税费，包括企业所得税、增值税等。

以上是酒吧日常经营成本的主要组成部分。经营者可以根据实际情况调整各项成本的投入比例，以获得最佳的经营效果。

二、酒吧成本类型

酒吧成本与其他营业场所成本一样，可以按多种标准进行分类。分类的目的在于根据不同成本采取不同的控制策略。

（一）固定成本、变动成本和半变动成本

1. 固定成本

固定成本是指在一定经营范围内，不随销量增减而变化的成本。不论酒水销售量是高、是低，还是几乎没有，这种成本都必须按计划支出，如设备折旧费、修理费，管理人员和技术人员的工资等。固定成本并不是绝对不变的，当酒吧经营规模和经营水平超出酒吧现有经营能力时，酒吧需购置新设备，招聘新管理人员和技术人员，这时固定成本会增加。因为固定成本在一定的经营范围内保持相对不变，所以当酒水销售量增加时，单位酒水所负担的固定成本会相应减少。

2. 变动成本

变动成本是指随销售量成正比的成本，如原料成本、临时员工和实习生工资、能源和燃料费、餐具和洗涤费等。变动成本总额会随着酒水销售量的增加而增加，但单位酒

水变动成本不变。例如：某酒吧营业收入增加时，它的原料总成本会相应增加，而每一杯酒水的原料成本并没有发生任何变化。

3. 半变动成本

半变动成本是指随着销售量变化而部分变化的那些成本。能源费和员工工资也可以作为半变动成本。这些成本尽管随着酒水销售量的变化而变化，但这些变化不一定与酒水销售量成正比。如果加强管理和提高工作效率，就可以节省能源费，降低人工成本。

（二）可控成本和不可控成本

1. 可控成本

可控成本是指在短期内可以改变或控制的变动成本。可控成本包括原料成本、燃料和能源成本、临时工工资和费用、广告与公关费用等。酒吧管理人员可以通过调整酒水配方降低酒水成本，通过加强管理降低经营费用。

2. 不可控成本

不可控成本是指在短期内无法改变的固定成本，如房租、固定资产折旧费、大修理费、贷款利息及管理人员工资等。只有改进酒吧经营，不断开发新产品，增加营业收入，才能降低固定成本在单位产品总成本中的比重。

（三）标准成本和实际成本

1. 标准成本

标准成本是指在一定时期内及正常经营情况下所应达到的目标成本，它也是衡量和控制企业实际成本的一种预计成本。标准成本是根据过去几年经营成本的记录，预测当年原料成本、人工成本和经营费用的变化而制定出来的各项成本。

2. 实际成本

实际成本是指根据酒吧报告期内（通常为 1 年）实际发生的原料成本、人工成本和经营费用核算出来的成本。它是酒吧进行财务成本核算的基础。

任务二　酒吧成本计算

一、瓶 / 罐装酒成本计算

瓶 / 罐装酒成本是指酒水在销售过程中的直接成本，通常用酒水的进价与售价来确定，也可以用百分比来计算。例如：可口可乐的进价为每罐 2 元，酒吧的售价是每罐

10 元，则酒水的成本为 2 元，成本率为 20%。

二、零杯酒成本计算

在酒吧经营中，烈性酒和利口酒一般以零杯方式出售，每杯烈性酒和利口酒的标准容量为 1 盎司。因此，计算每一杯酒的成本，需要先计算出每瓶酒可以销售多少杯酒，然后用每瓶酒的成本除以销售的杯数，得到每杯酒的成本。计算过程如下：

$$零杯酒成本=\frac{每瓶酒成本}{(每瓶酒容量-每瓶酒标准流失量)/每杯酒标准容量}$$

例如：某品牌伏特加每瓶成本 180 元，容量是 32 盎司。酒吧规定在零杯销售时，每瓶酒的流失量在 1 盎司以内，零售每杯的容量是 1 盎司。计算每杯伏特加的成本如下：

$$每杯酒成本=\frac{180}{(32-1)/1}\approx 5.81（元）$$

三、鸡尾酒成本计算

在计算鸡尾酒的成本时，不仅要计算其使用的基酒成本，而且要计算辅酒、辅助原料和装饰物的成本。

$$每杯鸡尾酒成本=\frac{每瓶酒成本}{(每瓶酒容量-每瓶酒标准流失量)/每杯酒标准容量}+每杯酒配料成本+每杯酒装饰物成本$$

例如：根据表 13－1，计算一杯“红粉佳人”的成本。

表 13－1　某酒吧“红粉佳人”原料配方

原料名称	重 / 数量	成本
金酒	1.5 盎司	哥顿金酒每瓶采购价格为 130 元，容量为 26 盎司，每瓶标准流失量为 1 盎司
柠檬汁	0.5 盎司	合计 1.70 元
红石榴糖浆	2 茶匙	
蛋白	1 个	

$$1杯“红粉佳人”的成本=\frac{130}{(26-1)/1.5}+1.70=9.50（元）$$

四、酒水售价计算

酒水的售价是在酒吧定出成本率后确定的。每一个酒吧都要按照自身服务定位、装修格调和人员素质定出成本率（如有些纯酒吧将成本率定为 25% 左右），然后计算酒水的销售价。在计算售价时，不能将每一种酒水都单独计算，要分组计算。

例如：计算果汁的售价与成本。酒吧常用的果汁有 5 种：橙汁、柠檬汁、菠萝汁、西柚汁和番茄汁。在确定成本率为 25% 以后，它们的进价与售价见表 13－2。

表 13－2　某酒吧果汁类进价与售价

项目（每杯）	进价（元）	售价（元）
橙汁	1.20	6.00
柠檬汁	1.20	6.00
菠萝汁	1.50	6.00
西柚汁	2.00	6.00
番茄汁	1.60	6.00
合计	7.50	30.00

选 5 种果汁各一杯，相加得 7.5 元，这是果汁类的一组进价成本，按 25% 的成本率计，应卖 $7.5 \div 0.25 = 30$ 元，30 元为 5 杯果汁的总销售价，所以每杯果汁的价格为 $30 \div 5 = 6$ 元。这样制定价格既方便计算，又有利于营业，也方便调酒师记忆。

其他酒水的计算方法也相同，可将酒水分为几类：流行名酒（包括一般品牌的烈性酒），名贵酒类（包括各种名贵烈性酒），各类威士忌、干邑白兰地和雅邑白兰地、开胃酒、利口酒、鸡尾酒、啤酒、果汁、矿泉水和软饮。然后分组计算出售价，低价的酒水成本率可以低些，名贵的酒水成本率可以高些。

五、员工工作效率计算

酒吧员工工作效率主要有两种计算方法：员工年平均创毛利额和人工成本占毛利总额的百分比。员工年平均创毛利额越高，说明工作效率越高；人工成本占毛利总额的百分比越低，说明工作效率越高。两者的计算公式为：

员工年平均创毛利额＝(销售额－原料成本)÷员工人数

人工成本占毛利总额的百分比＝人工成本÷毛利总额

例如：某酒吧有员工 10 名，去年销售额为 100 万元，原料成本为 22 万元，每月员工工资总额为 1.5 万元。请计算该酒吧去年员工工作效率。

该酒吧去年员工平均创毛利额＝$(100-22)\div 10=7.8$（万元）

该酒吧去年人工成本占毛利总额的百分比＝$1.5\times 12\div(100-22)\approx 0.23=23\%$

任务三 酒吧成本控制

酒吧成本是酒吧产品定价的基础，直接影响酒吧的利润和竞争力。复杂的酒吧成本一经分解就可反映出更多的信息，把其中分解的各个组成部分再进一步分解或组合，可得到有助于成本控制决策的信息依据，以便发现成本控制重点。

酒吧成本控制贯穿于产品成本形成的全过程。酒吧成本控制的内容主要包括原料（酒水）成本控制、人工成本控制和经营费用控制。

一、原料（酒水）成本控制

在酒水的调制过程中，很容易发生酒水的损耗与浪费，如果不加强控制，就会不可避免地增加酒水成本。酒水成本控制主要包括以下内容：

（一）标准用量控制

标准用量控制既不考虑成本额，也不考虑销售额，而是根据酒吧库存记录确定各种烈性酒的消耗量，同时根据销售记录计算各种烈性酒的销售量，然后对两者进行比较分析。

对占销售量绝大部分的常用烈性酒，可以采用这一方法进行管理，其步骤如下：根据库存记录，计算各种烈性酒的标准消耗量；根据销售记录，计算各种烈性酒的实际消耗量；对比实际消耗量和标准消耗量，进行具体分析。若两者差异为 2～3 盎司，属于正常现象；若两者差异大于 3 盎司，则必须检查使用和储存过程，找出产生差异的原因。

例如：某日，某酒吧某品牌的威士忌当日工作开始前的期初存货为 5 瓶，当日领料 7 瓶，当日酒吧间相互转账相抵后顺差 2 瓶，当日工作结束的期末存货为 4 瓶。假定每瓶威士忌有 26 盎司，则这一天该酒吧威士忌的消耗量为 $5+7+2-4=10$ 瓶，即 $10\times26=260$ 盎司。假定该日酒吧根据销售记录计算的威士忌耗用总量是 278 盎司，这表明实际耗用量与盘存量之间存在 18 盎司的差异。若管理人员确定每瓶威士忌的允许溢出量为 1 盎司，那么还有 $18-10\times1=8$ 盎司的威士忌不知去向，管理人员就应查明原因。

必须指出，每天盘点酒吧中各种烈性酒的存货较费时间，因此实际工作中可以只对酒吧常用的威士忌、朗姆酒、金酒、伏特加和特基拉酒等烈性酒采用标准用量控制。

（二）标准收入管理

标准收入管理是根据酒水实际消耗量计算应得营业收入，然后将其与实际营业收入进行对比和分析，并据此发现问题的一种成本管理方法。使用这种方法，需要分别计算整瓶销售、零杯销售、混合销售酒水的应得营业收入，再将应得营业收入与实际营业收入进行比较。

1. 整瓶销售酒水的应得营业收入计算

整瓶销售酒水的应得营业收入的计算公式为：

整瓶销售酒水的应得营业收入 =（实际消耗瓶数 – 应扣项目瓶数）× 每瓶标准售价

例如：某酒吧上日结存青岛啤酒 20 瓶，本日领料 240 瓶，本日结存 40 瓶，其中内部招待用酒 10 瓶。若青岛啤酒每瓶售价 8 元，则其应得营业收入为：

（20 + 240 – 40 – 10）× 8 = 1 680（元）

2. 零杯销售酒水的应得营业收入计算

零杯销售酒水的应得营业收入的计算公式为：

零杯销售酒水的应得营业收入 =（每瓶容量 – 允许溢出量）/ 每杯标准容量 × 实际消耗瓶数 × 每杯标准售价

例如：假定某酒吧某日共消耗 4.25 瓶金酒，而每瓶金酒的容量为 32 盎司，每瓶的允许溢出量为 1 盎司，每杯金酒的标准容量为 1.5 盎司，每杯标准售价为 10 元，则其应得营业收入为：

（32 – 1）/1.5 × 4.25 × 10 ≈ 878（元）

使用这种方法，酒吧管理人员要将零杯销售的酒水折算为每瓶的应得营业收入总额，并记录在营业收入核算表上，这样只需每日盘点实际消耗的瓶数，再对照实际营业收入便可控制酒水的消耗成本。

如果整瓶酒的售价低于每瓶酒散卖的销售价格，可用以下两种方法调整标准收入数额。第一种方法是从烈性酒耗用量中扣减整瓶酒的营业收入数额。第二种方法是调整标准收入总额，以便与包括整瓶酒的营业收入在内的实际营业收入总额进行比较。例如：每瓶酒散卖的售价为 38 元，整瓶出售价为 22 元，那么，每出售一整瓶酒，就应从标准收入总额中扣减 16 元，以便与实际营业收入总额比较。无论用哪种方法计算，在评估酒吧成本控制业绩时，销售价格的数据都是非常有用的。

3. 混合销售酒水的应得营业收入计算

混合销售酒水的应得营业收入可以采用主要配料平均价值法计算，即酒吧在规定的测试期内，统计出各种酒水的零杯销售数量和销售额、混合销售数量和销售额，然后计算出每瓶酒水的应得营业收入。

例如：某酒吧某月共销售干马天尼鸡尾酒 300 杯，每杯售价 20 元，而调制 1 杯干马天尼鸡尾酒需要 1.5 盎司金酒和 0.5 盎司干味美思，那么，在每杯干马天尼鸡尾酒的营业收入中，20 元可以看作金酒的销售价格（见表 13－3）。

表 13－3 某酒吧酒水平均价值测算

酒水名称：金酒			每瓶容量：32 盎司		
品名	销售份数（份）	金酒每份用量（盎司）	金酒总用量（盎司）	售价（元）	营业收入（元）
零杯销售	400	1.5	600	16	6 400
干马天尼	300	1.5	450	20（18）	6 000（5 400）
红粉佳人	250	1	250	18	4 500
合计			1 300		16 900（16 300）

金酒销售瓶数＝1 300 / 32＝40.625（瓶）

金酒每瓶应得营业收入＝16 900 / 40.625＝416（元）

金酒每盎司平均售价＝416 / 32＝13（元）

在此过程中，需要处理这样一个问题，即混合销售的酒水中含有两种或两种以上的烈性酒，则其应得营业收入还需做进一步调整。本例中干马天尼的销售收入全部计入金酒这一主要配料身上，并未分摊给干味美思。若干味美思只用于配制干马天尼一种混合饮料，这样是可以的，只需将干味美思的每瓶应得营业收入定为 0 元即可。但如果其他混合饮料中也同时使用这种干味美思，则本例中金酒的应得营业收入要做相应调整。如果该酒吧同时供应干味美思纯饮，每份 3 盎司，售价 12 元，则每盎司售价 4 元，干马天尼中 0.5 盎司干味美思的价值为 2 元，据此干马天尼鸡尾酒的售价应调整为 20－2＝18 元，每瓶金酒的应得营业收入调整为 401.23（＝16 300 ÷ 40.625）元。

各种混合饮料凡属上述情况者，其所用烈性酒的每瓶应得营业收入都应以此方法进行调整。当酒水销售结构或销售价格出现调整变动时，就应重新计算各种酒水的每瓶应得营业收入，然后用每瓶应得营业收入与各种烈性酒每天耗用瓶数相乘，就得出每天酒吧耗用的烈性酒的销售价值总额，这个总额可与当天的实际营业收入数额进行比较。

4. 应得营业收入与实际营业收入比较

应得营业收入与实际营业收入的比较，主要通过营业收入差异率这一指标来衡量：

营业收入差异率＝(实际营业收入－应得营业收入) / 应得营业收入 ×100%

一般酒吧规定的营业收入差异率在 ±3% 之间，若营业收入差异率过大，管理人员应分析原因，可能会有以下几种情况：

（1）对酒水结存量估计不准。

（2）库存酒水丢失或被私用。

（3）粗心打破酒瓶或倒酒时溢出。

（4）未严格按标准配方调酒或调酒时斟酒过多。

（5）售出酒水没有正确记载。

（三）标准成本管理

标准成本管理是指定期将某个时期内酒水的实际成本与标准成本进行比较，分析其百分比的变化。标准成本管理是检查酒水成本管理是否存在问题的一种管理方法。

1. 标准成本管理的基本方法

根据酒水的不同，确定某一控制期内的标准成本总额和标准收入总额，与实际成本总额和实际收入总额进行比较。此外，还可以计算标准成本率，与实际成本率相比。酒水成本率计算应依据酒水单的顺序逐项计算，便于酒吧服务员和调酒师遵照执行。各种酒水的销售量可根据顾客账单统计或由收银机自动记录的数字统计。

酒吧某个时期的实际成本总额和实际成本率的计算公式是：

实际成本总额 = 期初存货数额 + 本期领料数额 + 期内调拨进数额 –
期内调拨出数额 – 期末存货数额

实际成本率 = 实际成本总额 / 实际收入总额

使用标准成本管理，可以将标准成本总额与实际成本总额进行比较，还可以对标准收入总额与实际收入总额进行比较。只要酒吧能正确地记录酒水的销售量和售价，就能马上查明标准成本与实际成本产生差异的原因。另外，整瓶酒的售价一般低于按杯零售的一瓶酒的售价，若酒吧也出售整瓶酒，则必须单独计算。

使用标准成本管理，还可以对标准成本率与实际成本率进行比较。一般而言，实际成本率会高于标准成本率。需要指出的是，使用标准成本管理，酒吧在某个时期（1天、1周或1个月）的标准成本率会随着酒水销售构成的变化而有所不同。

2. 确定测试期标准成本率的步骤

确定测试期标准成本率，一般可以采用以下步骤：

（1）确定标准配方、标准用量、标准容量和每杯酒水的标准成本。

（2）确定测试期。测试期既应包括销售量最高的时间，也应包括销售量较低的时间，通常至少应有两周，最好是连续三周，并选择不同的班组，这样才能获得较为精确的数据。

（3）通知所有相关人员，让他们了解测试的目的、意义、方法和要求。强调员工必须严格遵守所有的标准工作程序和测试期的规章制度。

（4）计算测试期酒水成本和成本率。测试期确定的酒水成本率是酒吧应当在各个控制期努力实现的目标。

（5）比较分析控制期的实际成本率与测试期的标准成本率之间的差异。如果实际成本率接近标准成本率，说明酒水成本控制较好；如果两者差异过大，应查明原因，采取改进措施。

通常，控制期的实际成本率不能超过测试期的标准成本率的 ±0.5%。如果实际成本率高于标准成本率 0.5%，说明浪费和损耗较多，要查清原因；如果实际成本率低于标准成本率 0.5%，说明出品质量有问题，要查清原因。

二、人工成本控制

酒吧人工成本控制主要包括用工数量控制和员工工资总额控制。

（一）用工数量控制

在人工成本控制中，酒吧管理人员应对酒吧员工数量进行控制。应尽量减少缺勤工时、停工工时、非生产和非服务工时，提高员工出勤率、劳动生产率及工时利用率，严格执行劳动定额。

（二）员工工资总额控制

为了控制人工成本，酒吧管理人员应控制酒吧员工工资总额，并按照每人每班的工作情况，逐日进行实际工作时间与标准工作时间的比较和分析，做出总结和报告。

三、经营费用控制

在酒吧经营费用中，能源成本占有一定的比重。酒吧能源消耗主要是电和水，尤其是在电的消耗方面相当高。控制能源成本的主要方式是教育和培训员工，促使他们重视节约能源，懂得节约能源的方法。此外，酒吧管理人员应该经常对员工的节能效果进行检查、分析和评估，并提出改进措施。

除了能源成本外，酒吧还有许多经营费用，如固定资产折旧费，设备保养和维修费，酒具、用具与低值易耗品耗用费，绿化费用及因销售发生的各项费用。这些费用有的属于不可控成本，有的属于可控成本。只有通过加强酒吧日常管理，才能实现对经营费用的有效控制。

课后练习

一、名词解释

原料成本　人工成本　经营费用　固定成本　变动成本　标准成本　实际成本

二、思考题

1. 酒吧的变动成本有哪些？

2. 若某品牌朗姆酒每瓶成本240元，容量是32盎司。酒吧规定在零杯销售时，每瓶酒的流失量为1盎司以内，零售每杯朗姆酒的容量是1盎司，那么，每杯朗姆酒的成本是多少？

3. 酒吧成本控制的内容有哪些？

项目十四

酒水销售管理

任务一　酒水账单管理

任务二　酒水销售程序

任务三　酒水销售指标

任务四　酒水销售控制

学习目标

● 知识目标：明确酒水销售管理的重点；掌握酒水销售的流程；了解酒水销售的各项指标。

● 能力目标：能够运用酒水账单查找销售过程出现的问题；能运用酒水销售指标来激励员工。

● 素养目标：培养沟通合作职业素养；具备爱岗敬业精神。

项目导入

某日，某音乐酒吧的酒水盘存表中显示某品牌葡萄酒的开吧基数为 10 瓶，领进数为 5 瓶，调进数为 4 瓶，调出数为 2 瓶，售出数为 9 瓶。管理人员检查发现表中的盘存数（8 瓶）与实际库存量（7 瓶）不符。如果你是酒吧的管理人员，在酒水的销售管理过程中发现报表上的盘存数与实际库存量出现误差，你会怎么分析，又该如何纠正这些误差呢？

任务一　酒水账单管理

酒水销售管理的第一个环节，就是要求调酒师和服务员将顾客所点的酒水及其价格，清楚而准确地记载在顾客的酒水账单上。如果销售的酒水不记载在账单上，酒吧营业收入流失和现金短缺就难以追查。

一、酒水账单的作用

酒水账单也称点酒单，用作向顾客收款的凭证。酒水账单是酒吧营业收入最重要的凭证。具体来说，酒水账单具有以下几个作用：

（1）作为产品销售凭据，从酒吧内领取饮料和食品。

（2）从顾客处收取其应支付的款项。

（3）成本核算部门根据酒水账单入账。

二、酒水账单的内容

酒水账单应该列载以下内容：

（一）基本信息

酒水账单上要有日期、桌号、服务员姓名（或工号）、顾客数等。提供这些信息，既便于服务员向顾客提供服务，以免将酒水送错地方；又能帮助管理人员辨别各账单和吧台由哪个服务员负责；还便于在服务过程和收入核算过程中发现问题、追查责任。基本信息也可用于管理决策。汇总这些信息，有利于统计酒吧每天服务的顾客数、各时段服务的顾客数，以及每个服务员服务的顾客数。

（二）购买信息

酒水账单要列载顾客所点酒水的名称、数量和价格。账单上的酒水是顾客点的，是对酒吧生产下达的指令，其金额是向顾客收费的凭证。购买信息也是酒水销售信息，汇总酒水销售额可统计出酒吧每天的酒水营业收入，可以帮助酒吧管理人员进行经营核算。在作经营决策时，酒吧管理人员可利用酒水账单上各种酒水的销售量汇总信息，制订酒水生产计划和人员配备计划。

（三）存根信息

有的酒吧酒水账单下方有一联存根。存根上有酒水账单的编号、日期、服务员姓名、账单总金额、收银员签字等项内容。服务员向收银员送交酒水账单，顾客付款后，收银员在账单和存根上盖上“现金收讫”戳，并将存根撕下交服务员保存。存根可证明服务员已将酒水账单和收取的钱款交给收银员，如再有营业现金的短缺，则应由收银员负责。

三、酒水账单的管理

（一）账单形式

由于酒吧一般只提供酒水及很少种类的食品，因此其账单形式相对来说较为简单，但是也应包括应有的基本内容，如酒水名称、数量、价格、日期、桌号和顾客人数等。

（二）账单编号

大多数酒吧的酒水账单有编号。账单编号能防止收入流失，明确哪位服务员对哪些账单负责。营业结束时核对账单编号，可以很快查出酒水账单是否短缺。如果账单短缺，既可能是顾客未付账就离开了，也可能是服务员或者收银员不诚实，隐藏了账单，私吞了营业现金。采用账单编号制度，可促使服务员监督顾客结账付款，督促服务员和收银员严格按账单收款，防止现金短缺。一旦发现酒水账单短缺，管理人员要追究责任，采取措施，堵塞漏洞。

账单上的酒水价格不正确或账单短缺，一般会追查到服务员。因而一些酒吧规定服务员对哪些账单和账单编号负责并要求签字，这样一旦出了问题，责任认定十分明确。采取这种制度，服务员在开吧前领账单时要记下账单的起始编号，在营业结束后要记下账单的结束编号。

如果服务员粗心或故意在账单上开错价格（如将 28 元的酒水记成 18 元），或者是酒水账单缺号，通过查找酒水账单编号所对应的服务员，就可以很容易地追查到责任者。为加强控制，有些酒吧要求领班负责检查每天的账单有无漏号，价格填写是否正确。发生差错对收银员或服务员要通报批评。

（三）酒水账单副本制度

酒水账单要设计成一式两联或一式三联。正联作为酒水账单，是向顾客收款的凭证；副联送吧台调酒师，作为生产酒水的指令，调酒师必须严格按照副联上填写的酒水种类和数量生产，这样可防止所出售酒水在收银时流单，减少服务员私吞收款的机会。副联不能丢，有的酒吧在服务员取走酒水后，将酒水副联存放在一个带孔并上锁的盒子里，这样可在营业结束时对照检查有无空号。

任务二　酒水销售程序

酒水销售管理在一定程度上依赖于严密的程序。下面对小型酒吧和大型酒吧的酒水销售程序分别加以说明。

一、小型酒吧酒水销售程序

对于小型酒吧而言，也许只有一位调酒师兼服务员和收银员，较好的控制方法是使用收银机，并明确收银机的使用规范。通过使用收银机，调酒师可在出售酒水时记录每笔消费，为每一位顾客累计消费额，并在收银机上开出小票放在顾客面前，以便顾客自行核对账目。顾客结账可一次性付费，调酒师将销售金额键入收银机。每天营业结束，收银机记录的酒水销售总额应等于全部销售总额。严禁不开票供应酒水的情况，一旦发现，要予以严惩。

二、大型酒吧酒水销售程序

对于大型酒吧而言，应重点做好酒水账单的流程控制。一般而言，大型酒吧常采用以下做法：

（1）服务员在一式三联的账单上记录顾客点的所有饮料后，将两联账单分别交给调酒师和收银员，顾客留存一联。

（2）调酒师配制饮料；收银员将款项键入收银机。

（3）结账时，服务员向顾客收款并收回账单，然后交给收银员，收银员在收银机上记录打印销售额。

（4）如果顾客用现金结账，服务员收款后，应将现金和账单一起交给收银员。收银员在收银机上记录现金收入金额，存入现金后，将找零交给服务员，再由服务员送给顾客。

（5）如果顾客用信用卡结账，服务员应向顾客收取信用卡和账单，填写信用卡记账单。顾客在填写好信用卡记账单并签名后，服务员应核对笔迹，然后将账单和信用卡记账单交给收银员。收银员检查信用卡记账单后，在收银机上键入记账金额。这样，财务人员和管理人员可以核对放在调酒师处的账单、收银员处的账单和收银机内的金额。如果存在差异，应及时查明原因。

任务三 酒水销售指标

酒水销售指标是指对酒吧酒水销售额起关键作用的各项指标。酒水销售额是酒吧所销售的各种酒水与服务的总价值，此价值可以是现金，也可以是保证未来支付的现金值，如支票、信用卡等。提高酒水销售总额，是酒吧经营的主要目的。为了有效提高酒水销售总额，加强对相关指标的管理至关重要。

一、酒水平均消费额

酒水平均消费额是指平均每位顾客每次来酒吧支付的酒水费用。酒水平均消费额这个数据之所以重要，是因为它能反映酒水的销售效果以及酒吧酒水销售工作的成绩，能帮助酒吧管理人员了解酒水的定价是否过高或过低，了解酒水服务员和调酒师是否努力推销产品。因此，管理人员对此必须给予足够的重视。

通常，酒吧要求每天都计算酒水平均消费额，其计算方法是：

酒水平均消费额＝酒水总销售额 ÷ 总顾客数

管理人员应经常注意酒水平均消费额的高低。如果一段连续时间内酒水平均消费额过低，就必须考虑酒水生产、服务、推销或定价是否存在问题。

二、每座位销售额

每座位销售额这一数据可用于比较相同档次、不同酒吧的经营好坏程度，它对于评估酒吧的销售情况十分重要。每座位销售额以平均每座位产生的销售金额乘以平均每座位服务的顾客数即座位周转率计算得出，其计算方法是：

每座位销售额＝平均每座位销售额 × 座位周转率

在酒吧中，一位顾客也许喝一杯酒水就匆匆而去，也许整个下午都在那里商谈公务，要订好几次酒水。这样就难以统计座位周转率和酒水平均消费额，所以往往用平均每座位销售额来统计一段时间内的酒水销售情况。平均每座位销售额是由酒水总销售额除以座位数得到的，其计算方法是：

平均每座位销售额＝酒水总销售额 ÷ 座位数

三、平均每座位服务的顾客数

平均每座位服务的顾客数也常常被称作座位周转率，该指标反映酒吧吸引顾客的能力。由于各酒吧特点不同、经营情况不同，因此座位周转率差异也比较大。

座位周转率是以一段时间内的顾客数除以座位数，再除以天数得到的，其计算方法是：

座位周转率＝某段时间内的顾客数 ÷ 座位数 ÷ 天数

四、每位酒水服务员销售量

该销售量有两种指标。一种指标以每位酒水服务员服务的顾客数来表示。这个数据反映服务员的工作效率，为酒吧配备服务员、安排工作班次提供了基础，也是评估服务员业绩的基础。当然，该数据要有一定的时间范围才有意义，因为服务员每天、每时段、每小时服务的顾客数是不同的。

另一种指标以每位服务员的酒水销售额来表示。这个数据是用该服务员在某段时间内产生的酒水总销售额除以其服务的顾客数得到的。

例如：某酒吧在月末对服务员的工作业绩进行比较时，获得了以下销售数据（见表 14－1）。

表 14－1 某酒吧服务员工作业绩

项目	服务员 A	服务员 B
服务顾客数	1 950	2 008
产生销售额（元）	51 675	51 832
顾客平均消费额（元）	26.50	25.81

上述数据明显反映了服务员 B 无论是在服务顾客数方面，还是在产生的销售额方面，都超过服务员 A，说明他在积极主动地接待顾客方面，比服务员 A 更为出色。但是服务员 B 服务顾客的平均消费额为 25.81 元，服务员 A 服务顾客的平均消费额为 26.50 元，服务员 B 比服务员 A 少 0.69 元，这说明服务员 B 在推销高价酒水、引导顾客追加酒水方面不如服务员 A。据此，酒吧经理可向服务员 B 指明努力方向，指出如果他在上述方面多加努力，那么在提高酒水销售额方面还有很大潜力。

服务员的销售数据，可由收银员对酒水账单的销售数据进行汇总，也可由酒吧经理对酒水账单存根的销售数进行汇总而得到。

五、时段销售量

某时段（各月份、各天、每天不同的钟点）的酒水销售数据，对于服务员的配备、酒水推销、安排最佳的营业时间和打烊时间，是特别重要的。

时段销售量可以用两种形式来表示：一种是一段时间内酒吧服务员服务的顾客数，另一种是一段时间内产生的酒水销售额。

例如：某酒吧 15:00—18:00 服务的顾客数为 40 位，产生的销售额为 900 元；18:00—21:00 服务的顾客数为 250 位，产生的销售额为 7 000 元。很明显，在这两个不同时段，应配备不同数量的员工。

又如：某酒吧原定于凌晨 2:00 停业，但在午夜 24:00—次日 2:00 期间只产生了 80 元的酒水销售额。经过计算发现，这两个小时营业时间的费用和成本会超过营业收入，因此不如提前打烊。

六、酒水销售额指标

销售额是显示酒吧经营好坏的重要销售指标。一段时间内的酒水销售额指标可以通过下面的公式计算得出：

一段时间内的酒水销售额指标＝座位数 × 预计平均座位周转率 ×
平均每位顾客酒水消费额 × 天数

任务四 酒水销售控制

酒吧销售的酒水，特别是进口酒类，价格一般都比较高。一些酒吧员工，特别是调酒师，可能会利用工作之便，私吞酒吧销售的酒水牟利。因此，在酒吧经营过程中，要严格防止此类行为，减少酒水销售损失。在酒吧经营过程中，常见的酒水销售形式有三种，即整瓶销售、零杯销售和混合销售。这三种销售形式各有特点，控制的方法也各不相同。

一、整瓶销售控制

整瓶销售一般是指各种葡萄酒、啤酒及软饮料等酒水以瓶为单位对外销售。一般而言，酒水整瓶售价要低于零杯销售价之和。为了防止调酒师和收银员联合作弊，减少酒水销售的损失，对整瓶售出的酒可以用整瓶酒水销售日报表（见表 14－2）进行严格控制。该表一式两联或三联，每日由酒吧服务员填写，交酒吧主管签字后附上订单，一联交财务部，一联酒吧留存。

表 14－2 整瓶酒水销售日报表

酒吧：__________ 日期：__________			
项目	售出瓶数	账单编号	备注
酒吧服务员：________ 酒吧主管：__________			

二、零杯销售控制

零杯销售是酒吧经营中常见的一种销售形式，主要用于一些烈性酒如白兰地、威士忌等的销售，葡萄酒偶尔也会采用零杯销售的方式销售。销售时机一般在餐前或餐后，尤其是餐后，客人用完餐，喝杯白兰地或餐后甜酒，一方面可以消磨时间、相聚闲聊，另一方面可以帮助消化。零杯销售的控制首先必须计算每瓶酒的销售份额，然后统计出每一段时间的总销售量，采用还原控制法进行酒水的成本控制。

由于各酒吧采用的计量标准不同，各种酒盛装容器的容量不同，因此在计算酒水销售份额时首先必须确定酒水销售计量标准。目前酒吧常用的计量标准有每份 30 毫升、每份 45 毫升和每份 60 毫升三种，同一酒店的酒吧在确定计量标准时必须统一。计量标准确定以后，便可以计算出每瓶酒的销售份额。以人头马 VSOP 为例，每瓶容量为 700 毫升，每瓶溢损为 30 毫升，每份设定 30 毫升，则计算方法如下：

$$\text{销售份额}=\frac{\text{每瓶酒容量}-\text{溢损量}}{\text{每份计量}}=\frac{700-30}{30}\approx 22.3\text{（份）}$$

计算公式中，溢损量是指酒水存放过程中自然蒸发损耗和服务过程中的滴漏损耗。根据国际惯例，这部分损耗控制在每瓶酒 30 毫升左右可视为正常。根据计算结果可以得出，每瓶人头马 VSOP 可销售 22 份，核算时可以分别算出每份或每瓶酒的理论成本，并将之与实际成本进行比较，从而发现问题并及时纠正销售过程中的差错。

零杯销售控制关键在于日常控制。日常控制一般通过酒吧酒水盘存表（见表 14－3）来完成，每个班次的当班调酒师必须按表中的要求对照酒水的实际盘存情况认真填写。

表 14－3　酒吧酒水盘存表

班次：________日期：________							
编号	酒品名称	基数（开班前存数）	调进数	领进数	调出数	售出数	实际盘存数

酒吧酒水盘存表的填写方法是：调酒师每天上班时按照表中品名逐项盘存，填写存货基数；营业结束前统计当班销售情况，填写售出数；再检查有无内部调拨（如在厨房、酒吧之间进行调拨，见表 14－4），若有则填上相应的数字；最后，用“基数＋调进数＋领进数－调出数－售出数＝实际盘存数”的方法计算出实际盘存数填入表中，并将此数据与酒吧存货数进行核对，以确保账物相符。按惯例，酒水领货一般每天一次，此项可根据酒店实际情况列入相应的班次。管理人员必须经常不定期检查酒吧酒水盘存表中的数量是否与实际库存量相符，如有出入应及时检查，及时纠正，堵塞漏洞，减少损失。

表 14－4 厨房－酒吧转账单

下单：________编号：________					
调出：________转入：________日期：________					
编号	品名	单位	数量	单价	总金额
发货人：________ 发货时间：________ 总厨批准：________ 成本：________ 总计：________					

另外，由于绝大多数国产名酒和葡萄酒的销售量较大，而且以整瓶销售居多，因此也可以用酒吧酒水盘存表进行控制。

三、混合销售控制

混合销售通常又称为配制销售或调制销售，主要是指鸡尾酒和混合饮料的销售。鸡尾酒和混合饮料在酒水销售中所占比重较大，涉及的酒水品种较多，因此销售控制的难度也较大。

酒水混合销售的控制比较复杂，有效的手段是建立标准配方。标准配方的内容一般包括酒名、各种调酒材料及用量、成本、载杯和装饰物等。建立标准配方的目的是使每一种混合饮料或鸡尾酒都有统一的质量，同时确定各种调配材料的标准用量，以加强成本核算。标准配方是成本控制的基础，不但能有效地避免浪费，而且可以指导调酒师进行酒水的调制操作。例如，酒吧管理人员可以依据鸡尾酒的配方采用还原控制法实施酒水的控制，其控制方法是先根据鸡尾酒的配方计算出某一酒品在某段时期内的使用数量，然后按标准计量还原成整瓶数。计算方法是：

酒水消耗量 = 配方中该酒水用量 × 该鸡尾酒实际销售量

以干马天尼为例，其配方是金酒 1.5 盎司、干味美思 0.5 盎司，假设某一时期共销售干马天尼 150 份，那么，根据配方可算出金酒的实际用量为：

$1.5 \times 150 = 225$（盎司）

每瓶金酒的标准份额为 25 盎司，则实际耗用整瓶金酒数为：

$225 \div 25 = 9$（瓶）

因此，混合销售完全可以将调制的酒水分解、还原成各种酒水的整瓶耗用量来核算成本。

在日常管理中，为了准确计算每种酒水的销售量，混合销售可以采用鸡尾酒和混合饮料销售日报表（见表 14－5）进行控制，每天将销售的鸡尾酒和混合饮料登记在日报表中，并将使用的各类酒品数量按照还原法记录在酒吧酒水盘存表中。管理人员将两表中酒品的用量相互核对，并与实际库存数进行比较，检查是否有差错。鸡尾酒和混合饮料销售日报表一式两联，由当班调酒师、主管签字后，一联交财务部，一联酒吧留存。

表 14－5 鸡尾酒和混合饮料销售日报表

日期：__________ 部门：__________

项目	库存	期初存货	调进	耗用	其他	期末存货	
						结存	现存
COCA COLA							
DIET COLA							
SPRITE							
SUNKIST ORANGE							
SUNKIST LEMON							
SODA WATER							
TONIC WATER							
GINGER ALE							
PERRIER							
EVIAN							
LOCAL MINERAL WATER							
COCONUT JUICE							
ORANGE JUICE							
PINEAPPLE JUICE							
TOMATO JUICE							
GRAPEFRUIT JUICE							
MANGO JUICE							
IMPORT HOUSE WINE（RED）							
IMPORT HOUSE WINE（WHITE）							
LOCAL HOUSE WINE（RED）							
LOCAL HOUSE WINE（WHITE）							
咖啡豆							
咖啡粉							
好立克							
阿华田							
巧克力粉							

制表：__________ 审核：__________

总之，酒水的销售控制虽然有一定的难度，但只要管理者认真对待，注意做好员工的管理工作，建立完善的操作规程和标准，是可以做好的。

课后练习

一、名词解释

整瓶销售　零杯销售　混合销售

二、思考题

1. 简述酒水账单的作用及内容。
2. 开错酒水账单该如何处理？
3. 酒吧常见的酒水销售形式有哪些？

三、实训题

到当地某酒吧进行消费，观察和了解酒吧服务员在酒水销售过程中存在的问题，并写成调研报告。

项目十五

酒吧安全与卫生管理

任务一 酒吧安全管理

任务二 酒吧卫生管理

学习目标

- 知识目标：明确酒吧安全管理要点；掌握酒吧卫生管理内容；了解酒吧卫生清洁方法。
- 能力目标：能够处理酒吧失火后的游客疏散工作；能够防范酒吧的安全风险。
- 素质目标：具备良好的服务意识；养成爱岗敬业的职业精神。

项目导入

某酒店酒吧晚上营业结束时，服务员关了灯，锁好门下班了。凌晨3时左右，保安部员工巡逻至酒吧门口，发现门缝内有浓烟冒出。发现情况不妙后，保安赶紧通知值班室值班人员，拿来钥匙开门进去查看：只见吧台上的加热器已经烧焦，吧台被烧了一个大窟窿，木质的吧台已经着火且火势正向旁边的电脑蔓延。保安当机立断，马上切断电源，取下墙上的“1211”灭火器迅速扑灭了火。

事后查明，酒吧服务员下班时忘记把加热器的电源关掉，致使水壶内的水烧干，炽热的金属加热器使吧台木板温度过高自燃，引起了这起事故。幸亏保安及时发现，否则后果不堪设想。

任务一 酒吧安全管理

一、酒吧防火管理

火灾会给酒吧带来巨大的损失，轻则使酒吧财产遭受损失，重则危及员工及顾客的生命安全。因此，防火工作是酒吧经营管理中不容忽视的一项重要内容。酒吧要长期不断地采取防火措施，员工也应自觉遵守安全操作程序，提高防火自觉性。

（一）酒吧安全防火措施

为避免火灾的发生，保障人身和酒吧财产安全，酒吧应采取以下措施。

1. 保持酒吧内外清洁，保证物品摆放整齐

酒吧要随时清除滴漏的酒液，在火源附近不放置易燃、易爆的危险品。酒精、汽油、火柴等易燃物品，不能置于炉具或电源插座附近。

2. 指定专人进行防火检查

酒吧应指定专人检查电源、火源、热源等开关是否确实关闭；请专业电工布设酒吧

内的供电线路，并做到定期检查。发现电源配线老旧、外部绝缘体破裂或插座损坏等现象时，应立即更换或修理。一旦出现电线老化、过载冒烟现象，应迅速切断电源，以防漏电伤人。电器运行时间过长，常会生热起火，要注意进行定期检修。所有的开关及插座都应该有覆盖，以免漏电伤人。

3. 培养员工的消防安全意识

酒吧要加强消防安全宣传，增强员工消防安全意识；训练员工正确使用消防工具；经常检查消防器材，以免失效。

（二）火灾中的应变措施

酒吧一旦发现火灾，应及时把酒吧内的人员和重要财产及文件资料撤离到安全的地方，组织不当会引起严重的人员伤亡和财产损失。通常，发生火灾后的疏散工作程序如表 15－1 所示。

表 15－1 发生火灾后的疏散工作程序

工作环节	标准
1. 通知顾客	• 一旦发生火灾，要立即通知顾客。
2. 指导疏散	• 一旦发生火灾，要立即指导顾客离开火灾地点，从安全门向下面楼层疏散。 • 如遇浓烟迫近，要用湿手帕、湿毛巾将口、鼻掩住，以免吸入过多的浓烟导致昏迷，必要时可使用室内消防栓射水救护。
3. 疏散要求	• 疏散时不可使用电梯。 • 应优先疏散离火灾最近的顾客，并优先疏散女士和老人。 • 注意疏散时的秩序，不可造成人员混乱。指导疏散时必须大声呼叫、指示，以免场面混乱时顾客听不到指令。 • 一旦疏散至安全地带，要禁止顾客返回取物。
4. 检查搜救	• 人员疏散完毕后，要检查厕所、酒吧其他地方是否还有人员，确认着火区已无人员后，关闭火灾区域的防火门。

（三）降低火灾损失

酒吧在制定火灾疏散方案的同时，要让酒吧里每一个员工都明确火灾发生时该采取怎样的应变措施，这样才能将火灾带来的损失降至最低。

发生火灾后的员工应变工作程序如表 15－2 所示。

表 15－2 发生火灾后的员工应变工作程序

工作环节	标准
1. 侦察情况	• 当隔壁或楼上发生火灾时，酒吧工作人员应查看火势大小。若火势不大，可用灭火器灭火，切勿惊慌大叫。

续表

工作环节	标准
2. 切断电源	• 电线短路引发火灾时，应立即切断电源，切勿用水乱泼，以免造成触电。尽量使用隔离空气的方法灭火。
3. 报警撤离	• 当火势到了无法控制的程度时，应立即拨打 119 报警，并打开安全门，组织顾客有序疏散。 • 酒吧工作人员应保持镇定，维护疏散秩序，并检查酒吧内是否有未疏散的顾客。 • 派遣适当的工作人员保护财务人员携带财务资料撤离，工作人员最后有序撤离，并在酒吧外围设置必要的警戒。

二、酒吧防盗管理

酒吧在营业过程中，会保留数量较多的现金及大量的酒水和贵重财物、设备，因此要制定完善的防盗措施。

（一）加强钥匙管理，防止外部人员偷窃

控制酒吧钥匙的数量，设置钥匙登记簿，严格执行钥匙领用、归还签名制度。

另外，酒吧设备、用具、物品等需要送到外面修理的，必须由相关负责人员签名，并由值班人员登记后才能放行。

（二）防止内部人员偷窃

酒吧员工在日常工作及服务过程中，常常直接接触酒吧的各处财产与物品，因此，预防内部员工偷窃是一项必不可少的工作。一般而言，酒吧可采取以下措施进行防范：

1. 录用素质较高的员工

对员工录用标准严格把关，对员工进行经常性的教育，制定严格的奖惩措施。一旦发现员工有偷窃行为，应根据情节轻重进行严肃处理。

2. 加强日常防范管理

明确规定严禁携带贵重物品到酒吧，若必须带入，应交柜台保管；在发薪日，现金或薪资支票应锁于保险柜中，下班时员工方可领取。领完钱后员工应立即离开，勿在酒吧中无故逗留。加强对酒水的管理，做好酒水盘点和每日清查工作，防止员工侵吞、私藏酒水。

三、酒吧防中毒管理

发生食物中毒的原因主要有细菌污染、掺杂掺假使食品携带毒素、酒精中毒、化学性食物中毒几种。

（一）防止食物受细菌污染

多数酒吧会向顾客提供一些佐酒小食品，如果这些食品变质或受到细菌污染，就有可能导致顾客食物中毒。食物受细菌污染导致的人体食物中毒，致病原因并不是细菌本身，而是细菌繁殖时排泄出的毒素。为了避免食品变质或受到细菌污染，酒吧要加强食品安全管理，超过保质期的食品要坚决废弃，绝对不能怀有侥幸心理提供给顾客。采购的食品要妥善存放，避免被细菌污染。密封食品一旦拆封，就要尽快用掉，避免长期存放。

（二）杜绝掺杂掺假行为使食品携带毒素

一些食品生产商和销售商为了牟求不当经济利益，在一些无毒的食品中掺加了一些有害物质，或者把伪劣食品当成优质食品出售，致使酒吧食品成为有毒食品。为了避免这类情况的发生，酒吧要加强采购管理，杜绝采购不安全的食品及向不可信的供应商采购食品。

（三）防止酒精中毒

过量饮酒会导致酒精中毒。当顾客已经醉酒时，不应继续向其提供酒水，应劝其离开酒吧。还有一种引发酒精中毒的情况，就是酒吧购买了假酒或劣质酒水。为了防止酒精中毒事件的发生，酒吧采购人员采购酒水时，要向正规供货商采购，验收时要认真检查酒水是否变质或过期。调酒师调制酒水时，也要掌握基酒、辅料、调味料之间是否会产生化学反应、是否会引发酒精中毒等相关知识。

（四）防止化学性食物中毒

有些酒吧在对酒具和杯具进行消毒时，可能会使用化学消毒剂；清扫卫生时，会使用化学清洁剂；清洗水果时，会使用化学洗涤剂。这些化学药品可能具有一定的毒性，因此在使用时必须远离食品和酒水。用化学药剂清洁过的杯具、酒具和水果，要用大量清水冲洗，以免造成顾客中毒。食品包装材料和密封材料，应尽量选用聚乙烯、聚丙烯制品。

四、酒吧操作安全管理

酒吧操作安全管理主要有以下几个方面：

（一）预防跌伤

为了预防跌伤，酒吧日常管理中要注意：一是始终保持地面清洁和干燥；二是人口处不得有积水、积渣，酒吧地面不得有障碍物，若发现此类情况，应当及时清理或报修；三是明确服务员行走路线，避免路线交叉，禁止服务员在酒吧里跑跳；四是取放物品要稳妥，取放置于高处的物品时，要小心缓慢，注意地面湿滑。

（二）预防割伤

（1）正确使用刀具。在吧台加工水果时，要保持砧板的清洁和干爽；正确使用刀具，集中精力，持刀时刀口不得向人；禁止使用刀具开罐头食品；应保持刀具的清洁，不要将刀具放在抽屉中。

（2）正确处理破损杯具。破碎的玻璃不能用手直接收拾，应该用扫帚进行清除；接触破损用具时，应特别留意，尽量不接触破损处。

（3）正确使用搅拌机等切割设备。在使用搅拌机等切割设备前，要认真阅读使用说明书，正确操作，以免被割伤、轧伤。

（三）预防烫伤

（1）严格遵循操作规程。不管使用何种设备，都应当遵守操作规程。使用蒸锅或蒸汽设备时，要先打开阀门，再背向掀开蒸盖；使用热水时，要注意避免热水溅出造成烫伤，倒入容器时要适量，端起时要用垫布。

（2）开烤箱或烤炉门时，禁止面部直接面向炉门，最好能侧站，防止开炉时蒸汽灼伤面部；待设备冷却后再进行清洁。拿取置于热源附近的金属用具时，应使用干垫布，潮湿的垫布遇热会产生蒸汽，导致烫伤。

（四）预防电击伤

电击伤是由于电器设备老化、电线损坏或接线处理不当，或是用湿手碰触电器设备造成的。电击伤发生的概率虽然不大，但危害非常大。为了预防电击伤，酒吧日常管理中应注意以下几点：

（1）加强电路安全检查。酒吧应定期请工程人员检查电路、电源、电线，若有安全隐患，必须立即采取措施加以修复。

（2）正确使用电器设备。在使用设备前，应对设备的安全状况进行检查，查看电线接头是否牢固或有无暴露，绝缘性能是否良好，有无损坏或老化现象。使用设备过程中如果出现故障，应立即关闭电源，不得在故障情况下继续使用设备。清洁电器设备时，一定要先切断电源。员工在接触设备前，一定要确保站在干燥的地方，且双手是干燥的。

（3）做好安全警示。在容易发生触电事故的地方，应置放醒目的标志，以引起员工及顾客的注意。

任务二　酒吧卫生管理

一、酒吧环境卫生管理

（一）地面的卫生清洁

保持酒吧地面干净，是落实卫生安全与清洁观念的需要。管理人员每日应检查酒吧地面是否有脏物、污物，发现有脏物、污物要立即清理。每天要保证至少彻底清扫地面一次，并根据不同的地面性质进行清扫。其他时间如发现地面有灰尘、脏物要随时清扫。由于地面装饰材料的性质不同，因此在对地面进行卫生清洁时，操作方法也有所不同：瓷砖地面，要先用扫帚清扫一遍，再用清洁剂清洗；橡胶地板，可先用软扫帚清扫，再用干净、微温的水擦洗。

（二）墙壁的卫生清洁

墙壁清洁是环境卫生的重要内容。不同的墙壁，清洗方法也不相同。

1. 墙纸

墙纸可用吸尘器吸尘，每周至少一次，防止灰尘积落。如果墙纸太脏，则要及时更换。

2. 石墙

打磨过的石墙，要用专用清洁剂来擦洗，可把清洁剂喷洒在抹布上擦洗墙壁。未经打磨的石墙，可用吸尘器吸尘。

3. 半透明的玻璃墙

可把清洁剂喷洒在抹布上擦洗墙壁。

4. 漆墙

油漆过的墙壁，要在喷洒清洁剂之后擦洗。如果油漆褪色或剥落，要重新刷油漆。

（三）卫生间的卫生清洁

酒吧客用卫生间的地面与门，是顾客接触最多的地方，也是最不易保持卫生清洁的地方。地面与门不仅容易脏，而且很容易造成有害细菌交叉污染，因此，地面与门是卫生间清洁的关键部位。

（四）制冷设备的卫生清洁

冷藏柜、冰箱、冷冻柜等设备，应定期除霜、清理，并保持清洁、无异味，过期物品应清出，不再储存。

二、酒吧家具卫生管理

酒吧家具主要是指吧台、桌椅、柜子等。首先，用托盘安全迅速地移走桌、柜上面的碟、杯等用品；其次，用干净抹布擦洗吧台、桌椅、柜子，并检查是否干净，保证其表面没有任何污点；最后，待吧台、桌椅、柜子表面干燥后，给表面上光。

三、员工个人卫生管理

（一）自我卫生管理

酒吧员工的自我卫生管理，是酒吧卫生管理的基础。个人清洁状况不仅表明酒吧员工个人的自尊自爱，也代表着酒吧的形象。通常，对酒吧员工的个人卫生管理要求如下：

1. 养成卫生习惯

酒吧员工要做到五勤，即勤洗澡、勤理发、勤刮胡须、勤刷牙、勤剪指甲，并将头发梳理整齐。

2. 提高卫生意识

酒吧员工要树立“酒吧卫生、人人有责、互相监督、共同提高”的思想，既监督别人，又接受别人的监督。

3. 注意手部卫生

酒吧员工在工作前后要洗手，大小便后要洗手；不可涂指甲油上班。

4. 注意口腔卫生

酒吧员工要经常漱口，保持口气清新；不能带异味上班，故上班前忌吃葱、蒜、韭菜、海鲜等有异味的食物；工作中不抽烟。

（二）健全检查制度

酒吧员工身体健康，能够有效地防止病毒感染，防止食品和酒水污染，保证酒吧的卫生与顾客的安全。酒吧必须遵守国家和地方的卫生法规，制定出针对本酒吧的具体卫生管理制度。此外，酒吧员工要持健康证上岗，每年至少参加一次体检，重点检查肠道传染病、肝炎、肺结核、渗出性皮炎等。凡患有上述各种疫病及带菌者，均不可从事酒吧服务工作。

四、酒吧器具的清洗与消毒

酒吧器具包括酒杯、碟、咖啡杯、咖啡匙、点心叉、烟灰缸、滤酒器等。

（一）清洗步骤

酒吧器具清洗通常分为四步：冲洗→浸泡→漂洗→消毒。具体见表 15－3。

表 15－3 常用器具的清洗步骤

清洗步骤	标准
1. 冲洗	● 用自来水将用过的器具上的污物冲洗掉，必须注意冲洗干净，不留任何点、块状污物。
2. 浸泡	● 将冲洗干净的器具（带有油迹或其他冲洗不掉的污物）放入洗洁精溶液中浸泡，然后擦洗直到没有任何污迹。
3. 漂洗	● 把浸泡后的器具用自来水漂洗，使之不残留洗洁精。
4. 消毒	● 用开水、高温蒸汽或化学制剂消毒。

（二）消毒方法

常用的消毒方法有高温消毒法和化学消毒法。凡有条件的地方都应采用高温消毒法，其次才考虑化学消毒法。

1. 高温消毒法

（1）煮沸消毒法。煮沸消毒是公认的简单又可靠的消毒法。将器具放入水中后，将水煮沸并持续 2 ～ 5 分钟就可以达到消毒的目的。但要注意：器具要全部浸没在水中；消毒时间从水沸腾后开始计算；煮沸消毒后不能马上用冷水降温。

（2）蒸汽消毒法。在消毒柜上插入蒸汽管，管中的流动蒸汽是过饱和蒸汽，一般温度在 90℃左右，消毒时间为 10 分钟。消毒时要尽量避免消毒柜漏气。器具之间要留有一定的空隙，以利于蒸汽穿透流通。

（3）远红外线消毒法。远红外线消毒也属于热消毒。使用远红外线消毒柜，在 120℃～ 150℃高温下持续消毒 15 分钟，基本可达到消毒的目的。

2. 化学消毒法

一般情况下，不提倡采用化学消毒法，但若没有高温消毒的条件，可考虑采用化学消毒法。常用的药物有氯制剂（种类很多，使用时用其溶液浸泡器具 3 ～ 5 分钟）和酸制剂（如过氧乙酸，使用时用其 0.2% ～ 0.5% 溶液浸泡器具 3 ～ 5 分钟）。进行化学消毒后，器具要经过一定时间的清水浸泡和严格的冲洗，以清除残留药剂。

消毒后的茶具、酒具应在防蝇、防尘的专柜中存放，防止被再次污染。废弃物、泔水应用密封容器存放，日产日清。

五、酒吧用具的清洗与消毒

酒吧用具是指酒吧常用的工具，如酒吧匙、量杯、摇酒器、电动搅拌机、水果刀等。用具通常只接触酒水，不接触客人，所以只需直接用自来水冲洗干净就行了。但要注意：酒吧匙、量杯不用时一定要泡在干净的水中，水要经常换；摇酒器、电动搅拌机每使用一次就需要清洗一次。酒吧用具也可采用高温消毒法和化学消毒法，但同样要注意清洗干净，防止药剂残留。

六、鲜榨果汁的卫生管理

（1）盛装水果的塑料柜必须在每次使用前清洁、晾干，放入水果前可以先垫上一层保鲜膜，放入冰箱及在运送途中也需要在表面加封保鲜膜，防止二次污染。

（2）冰箱必须每日清洁，果汁等含有糖分的污迹可以用刀叉布沾热水后擦干净。放置鲜榨果汁的冰箱每日必须使用“无水酒精”消毒（用刀叉布沾无水酒精擦拭一遍即可）。

（3）盛装鲜榨果汁的塑料桶，原则上为一次性使用，不可以反复直接盛装。塑料桶清洗后倒置晾干，至无水后方可使用。

（4）盛装果汁的塑料桶必须及时贴上标签。标签的注释有三个要点：装桶时间、装桶日期、责任人。标签为一次性使用，涂改无效。

（5）砧板、刀具和刨子要在收档后浸入配制好的消毒溶液内，消毒溶液中药剂与水的比例为1∶200，浸泡5分钟，然后用清水洗净。开档时重复收档清洗程序，用清水冲洗后方可使用。使用过的砧板、刀具，在浸入消毒溶液之前必须先用清水洗涤干净。消毒溶液应严格按照要求配制，及时更新。

课后练习

一、名词解释

煮沸消毒法　蒸汽消毒法　远红外线消毒法

二、思考题

1. 简述酒吧安全防火的措施。
2. 简述酒吧防盗管理的措施。
3. 酒吧器具常用的消毒方法有哪些？

参考文献

［1］张士康，陈燚芳．调饮茶理论与实践［M］．北京：中国轻工业出版社，2021.

［2］曹辉雄．鸡尾酒果雕杯饰制作［M］．北京：中国轻工业出版社，2009.

［3］张超广．酒水与酒吧管理［M］．郑州：郑州大学出版社，2010.

［4］林小文．调酒知识与酒水出品实训教程［M］．北京：科学出版社，2014.

［5］李伟慰，周妙贤．咖啡制作与服务［M］．广州：暨南大学出版社，2015.

［6］王勇，吴卫东．酒水知识与调酒［M］．武汉：华中科技大学出版社，2016.

［7］克劳斯·圣·莱纳．鸡尾酒调酒的艺术［M］．田芙蓉，译．北京：中国轻工业出版社，2017.

［8］陈健．鸡尾酒制作大全［M］．北京：化学工业出版社，2009.

附录一

酒吧常用鸡尾酒的调制

1. 马天尼（Martini）

（1）干马天尼（Dry Martini）

材料：金酒 1.5 盎司，干味美思 5 滴。

制法：在调酒杯中加入冰块，注入上述材料，搅匀后滤入鸡尾酒杯，用橄榄和柠檬皮装饰。如果将装饰物改成珍珠洋葱，干马天尼就变成吉普森（Gibson）鸡尾酒了。

（2）甜马天尼（Sweet Martini）

材料：金酒 1 盎司，甜味美思 2/3 盎司。

制法：在调酒杯中加入冰块，注入上述材料，搅匀后滤入鸡尾酒杯，用一颗红樱桃装饰。

（3）中性马天尼（Medium Martini）

材料：金酒 1 盎司，干味美思 1/2 盎司，甜味美思 1/2 盎司。

制法：在调酒杯中加入冰块，注入上述材料，搅匀后滤入鸡尾酒杯，用一颗红樱桃和一块柠檬皮装饰。中性马天尼又称为完美型马天尼（Perfect Martini）。

2. 曼哈顿（Manhattan）

（1）干曼哈顿（Dry Manhattan）

材料：黑麦威士忌 1 盎司，干味美思 2/3 盎司，安高天娜苦精 1 滴。

制法：在调酒杯中加入冰块，注入上述材料，搅匀后滤入鸡尾酒杯，用一颗红樱桃装饰。

（2）甜曼哈顿（Sweet Manhattan）

材料：黑麦威士忌 1 盎司，甜味美思 2/3 盎司，安高天娜苦精 1 滴。

制法：在调酒杯中加入冰块，注入上述材料，搅匀后滤入鸡尾酒杯，用一颗红樱桃装饰。

（3）中性曼哈顿（Medium Manhattan）

材料：黑麦威士忌 1 盎司，干味美思 1/2 盎司，甜味美思 1/2 盎司，安高天娜苦精 1 滴。

制法：在调酒杯中加入冰块，注入上述材料，搅匀后滤入鸡尾酒杯，用一颗红樱桃和一片柠檬装饰。中性曼哈顿又称为完美型曼哈顿（Perfect Manhattan）。

3. 威士忌酸（Whisky Sour）

材料：威士忌 1.5 盎司，鲜柠檬汁 1/2 盎司，砂糖 1 匙。

制法：将上述材料加冰搅匀后滤入高球杯中，并加满冰苏打水，将一块柠檬拧出汁滴在酒的表面，再用一片柠檬和一颗红樱桃装饰。

4. 得其利（Daiquiri）

材料：淡色朗姆酒 1.5 盎司，鲜柠檬汁 1/2 盎司，砂糖 1/2 匙。

制法：将上述材料加冰搅匀后滤入糖圈口的鸡尾酒杯或加有冰块的古典杯内，必要时可多加点糖，用一片柠檬装饰。

5. 玛格丽特（Margarita）

材料：特基拉酒 1 盎司，橙皮香甜酒 1/2 盎司，鲜柠檬汁 1 盎司。

制法：先将浅碟香槟杯用精细盐圈上杯口待用，再将上述材料加冰摇匀后滤入杯中，饰以一片柠檬即可。

微课视频

玛格丽特制作

6. 螺丝起子（Gimlet）

材料：伏特加 1.5 盎司，鲜橙汁 4 盎司。

制法：将碎冰置于阔口矮型杯中，注入酒和橙汁，搅匀，以一片鲜橙点缀。

7. 白兰地亚历山大（Brandy Alexander）

材料：白兰地 2/3 盎司，棕色可可甜酒 2/3 盎司，鲜奶油 2/3 盎司。

制法：将上述材料加冰块充分摇匀，滤入鸡尾酒杯后，将一块柠檬拧出汁滴在酒面，再用一颗红樱桃进行装饰，并在酒面上撒上少许豆蔻粉。

8. 百家地（Bacardi）

材料：百家地朗姆酒 1/5 盎司，鲜柠檬汁 1/4 盎司，红石榴糖浆 3/4 盎司。

制法：将冰块置于调酒壶内，注入酒、红石榴糖浆和柠檬汁充分摇匀，滤入鸡尾酒杯，用一颗红樱桃装饰。

9. 吉普森（Gibson）

材料：金酒 1 盎司，干味美思 2/3 盎司。

微课视频

特基拉日出制作

制法：将上述材料加冰摇匀后滤入鸡尾酒杯，然后放入一颗珍珠洋葱。它的别名为“无苦汁的马天尼”，饮用时可放入柠檬片，口味更加清爽。

10. 特基拉日出（Tequila Sunrise）

材料：特基拉酒 1 盎司，橙汁适量，红石榴糖浆 1/2 盎司。

制法：在高脚杯中加适量冰块，量入特基拉酒，兑满橙汁，然后沿杯壁放入红石榴糖浆，使其沉入杯底，并使其自然升起，呈太阳喷薄欲出状。

微课视频

红粉佳人制作

11. 红粉佳人（Pink Lady）

材料：金酒 1.5 盎司，柠檬汁 1/2 盎司，红石榴糖浆 2 茶匙，蛋白 1 个。

制法：将上述材料加冰摇匀至起泡沫后，滤入鸡尾酒杯，用一颗红樱桃装饰。

12. 生锈钉（Rusty Nail）

材料：苏格兰威士忌 1 盎司，杜林标甜酒 1 盎司。

制法：将碎冰放入古典杯中，注入上述材料慢慢搅匀即成。

13. 罗伯 · 罗伊（Rob Roy）

材料：苏格兰威士忌 2 盎司，甜味美思 1/2 盎司，安高天娜苦精 1 滴。

制法：将上述材料搅拌均匀后滤入鸡尾酒杯，放入一片柠檬即可。

14. 边车（Side Car）

材料：白兰地 1.5 盎司，橙皮香甜酒 1/4 盎司，柠檬汁 1/4 盎司。

制法：将上述材料摇匀后注入鸡尾酒杯，用一颗红樱桃装饰。

15. 金菲士（Gin Fizz）

材料：金酒 2 盎司，君度酒 2 盎司，鲜柠檬汁 2/3 盎司，蛋白 1 个，糖粉 2 茶匙，苏打水适量。

制法：将碎冰放入调酒壶，注入酒料，摇匀至起泡沫，倒入高球杯中，并在杯中注满苏打水即可。

微课视频

血腥玛丽制作

16. 血腥玛丽（Bloody Mary）

材料：伏特加 1.5 盎司，番茄汁 4 盎司，辣椒酱 1/2 茶匙，精盐 1/2 茶匙，胡椒粉 1/2 茶匙。

制法：在古典杯中放入两块冰，按顺序在杯中加入伏特加和番茄汁，然后撒上辣椒酱、精盐、胡椒粉等，最后放入一片柠檬，用芹菜秆搅匀即可。

17. 新加坡司令（Singapore Sling）

微课视频

新加坡司令制作

材料：金酒 1.5 盎司，君度酒 1/4 盎司，红石榴糖浆 1 盎司，柠檬汁 1 盎司，安高天娜苦精 2 滴，苏打水适量。

制法：将各种酒料加冰块，摇匀后滤入柯林杯内，并加满苏打水，用一颗红樱桃和一片柠檬装饰。

18. 青草蜢（Grasshopper）

微课视频

青草蜢制作

材料：白可可甜酒 2/3 盎司，绿薄荷甜酒 2/3 盎司，鲜奶油 2/3 盎司。

制法：将上述材料充分摇匀，使酒和鲜奶油充分混合，滤入鸡尾酒杯，用一颗红樱桃装饰。

19. 古典鸡尾酒（Old Fashioned）

材料：威士忌 1.5 盎司，方糖 1 块，安高天娜苦精 1 滴，苏打水 2 匙。

制法：在古典杯中放入安高天娜苦精、方糖、苏打水，搅拌后加入冰块、威士忌，搅匀后，将一块柠檬挤出汁滴在酒面，用一颗红樱桃和一块柠檬皮装饰。

20. 约翰·柯林（John Collins）

材料：威士忌 1.5 盎司，樱桃白兰地 2/3 盎司，砂糖 3 匙，苏打水适量。

制法：将上述材料充分摇匀后滤入柯林杯，并在杯中加满冰苏打水，用一颗红樱桃和一片柠檬装饰。

21. 自由古巴（Cuba Libre）

材料：深色朗姆酒 1/2 盎司，可口可乐 1 瓶。

制法：在高球杯内加入 3 块冰，并放入一片柠檬，然后加入深色朗姆酒，用可乐加满酒杯。

22. 黑俄罗斯人（Black Russian）

材料：伏特加 1.5 盎司，咖啡利口酒 3/4 盎司。

制法：在阔口矮型古典杯中加入冰块，注入酒料，轻轻搅匀即可。

23. 史丁格（Stinger）

材料：白兰地 1.25 盎司，白薄荷酒 1.25 盎司。

制法：在调酒杯内放入冰块，注入酒并搅匀，滤入鸡尾酒杯，用一颗红樱桃装饰。

24. 布朗克斯（Bronx）

材料：金酒 1.5 盎司，干味美思 1.5 盎司，甜味美思 0.5 盎司，橙汁 2/3 盎司。

制法：先将冰块放进摇酒壶中，再用量杯将酒和饮料量入其中，用摇和法过滤冰块，然后把酒水倒入鸡尾酒杯中，最后用小刀切一颗红樱桃挂在杯边作为装饰。

微课视频

尼克罗尼制作

25. 尼克罗尼（Negroni）

材料：金酒 2 盎司，金巴利酒 1 盎司，甜味美思 1 盎司。

制法：用调和滤冰法，先把冰块加入调酒杯中，再用量杯将 3 种酒按配方量入杯中，然后用酒吧匙搅拌 5 分钟，过滤冰块，把酒倒入鸡尾酒杯中，最后削一片长柠檬片，轻扭 90 度角，垂入杯中作为装饰。

附录二

酒吧常用咖啡的调制

1. 意式浓缩（热）

材料：咖啡粉 7 克，纯净水。

载杯：60 毫升带柄瓷杯。

制作：（1）取 7 克咖啡粉，倒入蒸馏咖啡机的过滤器内。

（2）平敲咖啡滤盖，使咖啡粉均匀分布，用压棒按压滤盖中的咖啡粉。

（3）装上咖啡器，按照机器指示放入纯净水，启动开关，抽取 30 毫升的浓缩咖啡，趁热饮用。

2. 意式浓缩（冷）

材料：意式浓缩 30 毫升，1∶1 糖水 10 毫升，冰块 4 ～ 5 块。

载杯：60 毫升带柄瓷杯。

制作：将上述材料依次倒入载杯即可。

3. 卡布奇诺（热）

材料：意式浓缩 30 毫升，牛奶 250 毫升。

载杯：250 毫升玻璃杯。

制作：（1）先制作意式浓缩 30 毫升。

（2）将 250 毫升牛奶倒入发泡盅打成奶泡。

（3）将发泡盅内的粗奶泡刮掉，用勺挡住奶泡，向杯中倒入牛奶，倒入杯子 1/2 的时候，用勺把奶泡刮入杯中。（咖啡、牛奶、奶泡的比例为 1∶2∶2，剩余的牛奶回收冷却后可以重新使用。）

4. 卡布奇诺（冷）

材料：意式浓缩 60 毫升（急冷），冷牛奶 150 毫升，冰块 4 ～ 5 块，冷奶泡 50 毫升，1∶1 糖水 15 毫升。

载杯：300 毫升玻璃杯。

制作：（1）先制作意式浓缩 60 毫升，放在小钢杯（或雪克壶）里把咖啡快速冰冷。

（2）用发泡器把冷牛奶打成细腻的冷奶泡。

（3）将糖水倒入玻璃杯，依次加入冰块、冷牛奶和冰咖啡，用吧勺搅拌均匀。

（4）将冷奶泡慢慢倒入杯，撒肉桂粉装饰。

5. 拿铁（冷）

材料：意式浓缩 60 毫升（急冷），冷牛奶 80 毫升，冰块 4 ～ 5 块，冷奶泡 50 毫升，1∶1 糖水 15 毫升。

载杯：300 毫升玻璃杯。

制作：（1）先制作意式浓缩 60 毫升，放在小钢杯（或雪克壶）里把咖啡快速冰冷。

（2）用发泡器把冷牛奶打成细腻的冷奶泡。

（3）将糖水倒入玻璃杯，加入冰块及冷牛奶，用吧勺搅拌均匀，缓缓加入咖啡（可以用吧勺，或倒在冰块上），使其分层。

（4）将冷奶泡缓缓倒入，撒可可粉装饰（成品共分为三层）。

6. 摩卡（热）

材料：意式浓缩 30 毫升，巧克力酱 5 毫升，热牛奶 120 毫升，发泡奶油适量。

载杯：250 毫升带柄玻璃杯。

制作：（1）首先将巧克力酱倒入杯底，然后倒入意式浓缩 30 毫升，用吧勺搅拌均匀。

（2）将牛奶发泡，将发泡盅内的粗奶泡刮掉，用勺挡住奶泡，向杯中倒入牛奶，倒入杯子 1/2 的时候，用勺把奶泡刮入杯中至九分满。

（3）打上一层发泡奶油，撒巧克力屑装饰。

7. 摩卡（冷）

材料：意式浓缩 30 毫升（急冷），巧克力酱 10 毫升，冷牛奶 120 毫升，冰块 4 ～ 5 块，发泡奶油适量。

载杯：300 毫升玻璃杯。

制作：（1）先制作意式浓缩 30 毫升，放在小钢杯（或雪克壶）里把咖啡快速冰冷。

（2）将巧克力酱倒入杯底，加入冰块后倒入冷牛奶。注意不要搅拌，使其自然分层。

（3）缓缓地加入咖啡（可以用吧勺，或倒在冰块上），使其分层。

（4）打上一层发泡奶油，撒巧克力屑装饰。

8. 维也纳咖啡（热）

材料：意式浓缩30毫升，牛奶200毫升，发泡奶油适量。

载杯：250毫升玻璃杯。

制作：（1）制作一杯卡布奇诺（九分满）。

（2）打上一层发泡奶油，撒可可粉装饰。

9. 爱尔兰咖啡（热）

材料：意式浓缩30毫升，威士忌15毫升，白砂糖7克，液体奶油或者奶泡50毫升。

载杯：爱尔兰咖啡杯。

制作：（1）先制作意式浓缩30毫升。

（2）将白砂糖和威士忌加入小钢杯，放在火上加热，使酒燃烧后倒入杯中。

（3）将咖啡倒入，用吧勺搅拌均匀。

（4）缓缓加入液体奶油或者奶泡，使其分层（奶油要搅拌，使其黏稠），放上2颗咖啡豆装饰。

10. 摩卡其诺（热）

材料：意式浓缩30毫升，巧克力酱10毫升，牛奶200毫升。

载杯：250毫升带柄玻璃杯。

制作：（1）将巧克力酱倒入杯底，倒入意式浓缩30毫升，不要搅拌。

（2）将牛奶发泡，将发泡盅内的粗奶泡刮掉，用勺挡住奶泡，向杯中倒入牛奶，倒入杯子1/2的时候，用勺把奶泡刮入杯中即可。

附录三

酒吧常用茶饮的调制

1. 菊花茶

配方：白菊花 6 克，绿茶 6 克。

载杯：玻璃杯。

制法：将白菊花和绿茶放入杯中，加开水冲泡 3 ～ 5 分钟即可。

2. 奶茶

配方：热浓红茶 1 杯，砂糖 1 茶匙，冷牛奶 2 餐匙。

载杯：瓷杯或玻璃杯。

制法：先将冷牛奶倒入茶杯，再加入沏泡好的红茶，最后加糖。

3. 冰红茶

配方：热浓红茶半杯，冰块适量，糖水半杯。

配料：柠檬片和薄荷叶。

载杯：瓷杯或玻璃杯。

制法：先在杯中放入冰块，然后加入热浓红茶，最后用薄荷叶装饰。备柠檬片、糖水，放在杯边。

4. 柠檬茶（热）

配方：红茶 1 杯，砂糖半包。

配料：柠檬片。

载杯：瓷杯或玻璃杯。

制法：用热水将红茶冲开后，加入砂糖，挤柠檬汁于杯中。如果在杯中加冰块，即可制成冰柠檬茶。

5. 香蕉茶

配方：香蕉原汁 3/4 量杯，糖 1 茶匙，热红茶适量。

载杯：瓷杯。

制法：先在热红茶中加糖，再加入香蕉汁，拌匀即可。

6. 菠萝茶

配方：菠萝原汁 3/4 量杯，糖 1 茶匙，热红茶适量。

载杯：瓷杯。

制法：在热红茶中加糖，搅拌溶化后，加入菠萝原汁，搅拌均匀后，倒入杯中。

7. 咖啡冰茶

配方：咖啡半杯，糖浆 1 茶匙，冰浓红茶适量。

制法：将咖啡冲调后冰凉。在饮用杯中加冰块，然后将咖啡、红茶、糖浆放入杯中搅拌即可。

8. 陈皮茶

配方：红茶叶 2 克，陈皮若干，白糖适量。

载杯：瓷杯。

制法：将陈皮洗净，切成碎块，与红茶叶、白糖用开水冲泡，加盖保温即可。

9. 果茶味冰激凌

配方：水果冰激凌 50 克，橙汁 30 毫升，茶汤 1/2 杯。

载杯：葡萄酒杯。

制法：先在杯中放入冰激凌，然后倒入橙汁，最后加入茶汁即可。

10. 桂花茶

配方：干桂花 1 克、茶叶 2 克。

载杯：保温杯。

制法：将干桂花、茶叶放入保温杯中，用沸水冲泡并加盖浸泡 5 分钟即可。

附录四

酒吧常用服务英语及专业词汇

一、酒吧常用服务英语

1. Exchange of Greetings 互相问候

1）How are you today / this evening，sir / madam？先生 / 女士，今天 / 今晚还好吗？

2）Fine，thanks. 不错，谢谢。

3）Very well，thank you，and you，sir / madam？非常好，谢谢。您呢，先生 / 女士？

4）It's nice to see you again，sir / madam. 先生 / 女士，很高兴再次见到您。

5）Good morning，welcome to our lobby lounge. 早上好，欢迎光临大堂酒吧。

2. Seating the Guests 领位

1）A table for two？请问是两位吗？

2）This way，please！这边请！

3）How about this table？这张桌子怎么样？

4）How about the table near the stage / dancing floor？坐在舞台 / 舞池附近怎么样？

5）Would you like this table？您喜欢这张桌子吗？

6）Would you like to sit at the bar？您喜欢坐在吧台吗？

7）Please take a seat. 请坐。

3. Taking Orders 点单

（1）起始询问。

1）Are you ready to order，sir / madam？您已经准备好点单了吗，先生 / 女士？

2）What would you like to drink？您想喝点什么？

3）Here is our drink list / wine list. 这是我们的酒水单 / 葡萄酒单。

4）How about the beer or whisky？来点啤酒或威士忌怎么样？

5）What do you prefer？您喜欢什么？

6）We have ... do you want to try？我们这儿有……您想试试吗？

7）May I take your order now，sir / madam？我现在可以帮您下单吗，先生 / 女士？

（2）如果听不清楚顾客说什么。

1）Pardon？请原谅，请再说一遍好吗？

2）Could you please say it again？请再说一遍好吗？

3）Would you mind repeating？请再说一遍好吗？

（3）可以供应顾客所需时。

1）Certainly，sir / madam. 好的，先生 / 女士。

2）Yes，sir / madam. 是的，先生 / 女士。

3）I'll go and get it right away，sir / madam. 我马上去拿给您，先生 / 女士。

（4）不能供应顾客所需时。

1）Sorry，I'm afraid we do not have West Lake beer. 真对不起，我们没有西湖啤酒。

2）Do you mind changing your order？您介意改一下单吗？

（5）未能确定能否供应顾客所需时。

1）If you could wait a moment，sir / madam, I'll try to find out. 先生 / 女士，请您稍等一会儿，我去问一下。

2）I'm sorry to have kept you waiting，I'm pleased to say we do have it. 对不起，让您久等了。很高兴告诉您我们有。

（6）点完单后。

1）May I repeat your order？给您重复一下点单好吗？

2）Your order is ... 您点的是……

3）Just a moment，please！请稍等！

（7）特别要求。

1）straight up 净饮；

2）on the rocks 加冰饮用；

3）with ice 加冰；

4）without ice 不加冰；

5）with water 加水。

4. Presenting 出品

1）Excuse me！ Here is your beer / coffee. 打扰了！这是您的啤酒 / 咖啡。

2）Please enjoy your drink！ 请享用！

3）Would you like anything else？ 您还需要些什么吗？

4）May I take this glass / bottle / chair away？ 我可以拿走这个杯子 / 瓶子 / 椅子吗？

5）One more round. 再要一轮。

6）Would you like one more beer？ 您再要一杯啤酒吗？

5. Presenting the Bill 结账

1）Just a moment，please，sir / madam. 先生 / 女士，请您稍等一下。

2）Here is your bill，sir / madam，totally is ... yuan. 先生 / 女士，这是您的账单，一共是……元。

3）Please wait a moment，I will give you change. 请您稍等，我会给您找零。

4）Here's your change，sir / madam. 先生 / 女士，这是您的找零。

5）Please sign the bill. 请签单。

6）Do you mind showing me your room card？ 请给我看一下您的房卡，好吗？

6. Seeing off the Guests 送客

1）I hope you enjoy your staying here. 希望您在这里过得愉快！

2）Have a good time！ 过得愉快！

3）Have a nice day！ 祝您有个愉快的一天！

4）See you！ 再见！

5）I hope to see you again！ 希望您再次光临！

7. Presenting Something to Guests 向客人展示东西

1）Here's your coffee，sir / madam. 先生 / 女士，这是您的咖啡。

2）Here's our menu，sir / madam. 先生 / 女士，这是我们的菜单。

8. Answering Guests' Call 回答客人的呼唤

1）Yes，sir / madam. / Certainly，sir / madam. 是的，先生 / 女士。

2）Just a moment please，sir / madam. 先生 / 女士，请您稍等一下。

3）I'll be with you in a moment，sir / madam. 先生 / 女士，我一会儿就过来。

4）Sorry to have kept you waiting，sir / madam. 对不起，先生 / 女士，让您久等了。

9. When Guests Apologize 当客人向你道歉时

1）That's quite all right，sir / madam. 没关系，先生 / 女士。

2）Please don't mention it. 没关系。

10. When Guests Pass You by 当客人从你身边经过

1）Excuse me，sir / madam. 对不起，先生 / 女士。

2）You first，please. 您先请。

二、酒吧常用专业词汇

1. 器具类

Bar 酒吧

Counter 吧台

Bar Chair 吧椅

Barman 酒吧男招待

Barmaid 酒吧女招待

Bartender 调酒师

Bottle Opener 开瓶器

Corkscrew 酒钻

Ice Shaver 削冰器

Ice Maker 制冰机

Ice Bucket 小冰桶

Ice Tong 冰钳

Ice Scoop 冰勺

Cocktail Shaker 调酒器

Pouring Measure 量酒器

Juice Extractor 榨汁机

Electric Blender 电动搅拌机

Water Jug 水壶

Champagne Bucket 香槟桶

Straw 吸管

Mixing Glass 调酒杯

Beer Mug 啤酒杯

Champagne Glass 香槟杯

Measuring Jug 量杯

Wine Glass 葡萄酒杯

Brandy Glass 白兰地杯

Tumbler 平底无脚酒杯

Goblet 高脚杯

2. 饮料类

Mineral Water 矿泉水

Orange Juice 橙汁

Lemon Juice 柠檬汁

Soda Water 苏打水

Coca Cola 可口可乐

Sprite 雪碧

Milk Shake 奶昔

Milk Tea 奶茶

3. 咖啡类

Cappuccino 卡布奇诺咖啡

Latte 拿铁咖啡

Black Coffee 黑咖啡

White Coffee 白咖啡

Coffee with Cream and Sugar 加奶加糖咖啡

Plain Coffee 纯咖啡

Blue Mountain 蓝山咖啡

Mocha 摩卡咖啡

Viennese Coffee 维也纳咖啡

Irish Coffee 爱尔兰咖啡

Decaffeinated Coffee 无咖啡因的咖啡

Espresso 意式浓缩咖啡

4. 酒类

Light Beer 淡啤酒

Draught Beer 扎啤

Rice Wine 黄酒；米酒

Aperitif 餐前酒；开胃酒

Gin 金酒

Rum 朗姆酒

Vodka 伏特加

Whisky 威士忌

Brandy 白兰地

Baileys 百利甜酒

Budweiser 百威啤酒

Carlsberg 嘉士伯啤酒

Champagne 香槟酒

Cocktail 鸡尾酒

Amaretto Sour 杏仁酸酒

Eggnog 蛋酒

附录五

酒吧鸡尾酒酒品密度

一、分层原理

鸡尾酒是由两种或两种以上的酒或由酒掺入果汁配合而成的一种饮品，按密度的大小依次倒进杯子，使之不混合在一起，从而形成分层。

二、酒品密度

不同的酒品密度是不同的，见附表。

附表　不同酒品的密度

酒名	中文名	密度（数据为估算）	颜色
Crème de Cassis	黑加仑利口酒	1.18	黑红色
Anisette	茴香酒	1.17	红色
Crème de Almond	杏仁乳酒	1.16	褐色
Kahlua	甘露咖啡酒	1.15	褐色
Coffee Liqueur	咖啡利口酒	1.14	褐色
Crème de Banane	香蕉乳酒	1.14	黄色
Crème de Cacao Noir	黑可可乳酒	1.14	褐色
Crème de Cacao Blanc	白可可乳酒	1.14	无色
Licorice Schnapps	甘草蒸馏酒	1.13	无色
Chocolate Cherry Liqueur	巧克力樱桃利口酒	1.12	褐色
Chocolate Mint Liqueur	巧克力薄荷利口酒	1.12	褐色

续表

酒名	中文名	密度（数据为估算）	颜色
Blue Curacao Liqueur	蓝香橙利口酒	1.12	蓝色
Cherry Liqueur	樱桃利口酒	1.12	红色
Strawberry Liqueur	草莓利口酒	1.12	红色
Galliano	加力安奴酒	1.11	明黄色
Orange Curacao	柑香酒	1.11	白色
Blackberry Liqueur	黑莓利口酒	1.10	紫红色
Apple Schnapps	苹果蒸馏酒	1.10	黄褐色
Crème de Strawberry	草莓乳酒	1.10	红色
Strawberry Schnapps	草莓蒸馏酒	1.10	无色
Grape Schnapps	葡萄蒸馏酒	1.10	紫色
Tia Maria	添万利利口酒	1.09	褐色
Apricot Liqueur	杏仁利口酒	1.09	橘黄色
Cranberry Cordial	蔓越莓甜酒	1.09	红色
Amaretto	意大利苦杏酒	1.08	黄褐色
Sambuca Liqueur	桑布加利口酒	1.08	白色
Drambuie	杜林标酒	1.08	金黄色
Frangelico	榛子利口酒	1.08	褐色
Watermelon Schnapps	西瓜蒸馏酒	1.08	粉红色
Coffee Flavored Brandy	咖啡风味白兰地	1.08	褐色
Raspberry Schnapps	覆盆子蒸馏酒	1.08	无色
Apricot Schnapps	杏味蒸馏酒	1.07	黄褐色
Cinnamon Schnapps	肉桂蒸馏酒	1.07	红色
Spearmint Schnapps	绿薄荷蒸馏酒	1.07	无色
Shamrock Schnapps	三叶草蒸馏酒	1.06	绿色
Peppermint Schnapps	胡椒薄荷蒸馏酒	1.06	无色
Apricot Brandy	杏仁白兰地	1.06	橘黄色
Blackberry Brandy	黑莓白兰地	1.06	紫红色
Cherry Brandy	樱桃白兰地	1.06	紫红色
Peach Brandy	桃味白兰地	1.06	琥珀色
Campari	金巴利	1.06	红色
Chartreuse Jaune	查特黄酒	1.06	黄色
Peach Schnapps	桃味蒸馏酒	1.06	无色
Raspberry Brandy	覆盆子白兰地	1.06	红色
Baileys	百利甜酒	1.05	咖啡色
Root Beer Schnapps	根啤蒸馏酒	1.04	褐色

续表

酒名	中文名	密度（数据为估算）	颜色
Cointreau	君度酒	1.04	无色
Peach Liqueur	桃味利口酒	1.04	琥珀色
Sloe Gin	野莓金酒	1.04	深红色
Kümmel	顾美露酒	1.04	无色
Brandy	白兰地	1.04	琥珀色
Cinnamon Spice Schnapps	加香肉桂蒸馏酒	1.03	红色
Chartreuse Verte	查特绿酒	1.01	绿色
Water	水	1	无色

中国人民大学“十三五”本科规划教材

新编21世纪中国语言文学系列教材

影视文学教程

第二版

Film-and-Television Literature Course

陈 阳 著

中国人民大学出版社
·北京·

作者简介

陈阳，1985 年毕业于南开大学中文系，1990 年和 2004 年在中国人民大学分别获文学硕士、博士学位。现任中国人民大学文学院影视与多媒体艺术教研室主任，主要讲授影视文学等课程。曾发表《先锋散落后的精神碎片》《新艺术电影的猜谜结构及价值蕴含》《“狂欢化”理论与电影叙事》《文化精神与电影诗意——以霍建起电影中的诗意为例》等论文数十篇。

内容简介

《影视文学教程》（第二版）分为“影视与文学”“影视文学剧本”两部分。第一部分从历史和学理的层面对影视与文学的关系进行了认真梳理，并以此引导学生回到重要时期的原初事件和原典性文章，了解学术史上对于相关问题的讨论及其延续脉络。第二部分重点介绍影视文学剧作的相关知识和创作技巧，旨在培养学生的影视剧本写作能力，提高其电影剧作分析能力和水平。

本书尽量避免内容空泛的高谈阔论，通过生动具体的案例分析，让学生感受到某一概念或思想从萌生到发展的过程，注重培养学生发现问题和解决问题的能力。所选案例亦能充分显示前辈大师、学人对重大艺术问题所做的缜密思考，诸如爱森斯坦对格里菲斯将狄更斯的小说方法运用于电影叙事的研究，以及安德烈·巴赞从艺术史的高度对改编的论述等。本次修订新增了大量近年来较受关注的中外电影案例，如《战狼Ⅱ》《集结号》《功夫熊猫》《水形物语》等，从大学生熟悉的影片切入，激发其问题意识，提升其分析与鉴赏电影的能力。

本教材是为高等院校文学院系的学生编写的，同时也适合对影视文学感兴趣的其他专业学生阅读学习。

目　录

第一部分　影视与文学

第二部分 影视文学剧本

第 一 部 分

影视与文学

第一章

影视与文学的渊源

【学习导读】

电影以及在其之后出现的电视剧与文学的关系是一种“自然”生成的文化现象。它涉及文化产业经济、艺术观念、意识形态、受众习惯等诸多问题，同时也隐含着文化史上精英和大众的长期矛盾以及文化观念变革的命题。了解电影以及电视剧的发生和发展历史，是我们对文学与影视关系研究的起点。电影史提供了大量丰富详尽的资料，这使我们能够较清晰地把握电影与文学在何种情形下联姻，以及早期电影如何借助于文学叙事的方式使自身成熟起来等问题。而由于电视机普及于普通百姓家，电视剧在某种程度上成为人们日常休闲阅读的替代品，因此延续了纸媒介时代通俗文学的诸多特点。

【本章要点】

了解早期电影与文学联姻的基本情况，理解早期电影借鉴和吸收文学、戏剧创作的主要途径、目的和方法。从学术研究的角度来看，探究格里菲斯所言“狄更斯的写作方法就是我现在所用的手法”的内涵具有重要的方法论意义。由此可知，狄更斯小说的受众基础、影像化特征、平行叙事结构等特点，奠定了格里菲斯电影的历史地位，并使其成为世界电影叙事成熟的标志。文学分类的传统也影响到影视剧的类型化创作与生产，需要理解类型及其对于影视剧繁荣发展的意义。

1895年12月28日，在法国巴黎嘉布遣路的“大咖啡馆”里，放映了路易·卢米埃尔的12部短片，这一天被公认为是电影的诞生日。电影诞生初期，所谓电影只是几分钟的短片，表现的内容大多是对日常生活的简单记录，如《工厂大门》《火车进站》《婴儿的午餐》等。为了吸引观众，在电影之前流行的娱乐节目，如魔术、打闹或追逐喜剧、儿童幻想剧甚至强盗故事等，很快被直接从舞台搬到银幕上。观众是电影产业链条的终端，也是维系电影生存与发展的决定性环节。初期电影的形式与内容简单，观众群主要是集市上的普通民众甚至是文盲。为了吸引受过教育且收入颇丰的中产阶级观众，电影公司最初采取的办法是改编文学作品，即拍摄所谓的“艺术电影”。这时电影的艺术性体现在对文学故事、情节、人物以及表现手法的照搬和借用上。当时的电影技巧远未成熟，改编在一定程度上摆脱了电影内容匮乏的困境。梅里爱的电影短片，百代时期的影片，以及欧美出现的喜剧、强盗与警察的故事，中欧的色情片等早期电影历史现象，均反映出当时的电影业为争取观众所做的探索和努力。

随着改编电影的大量涌现，作家也被电影企业邀请去做编剧工作。文学作品的基本结构方式、感动观众的情节设置、人物关系处理和人物形象的塑造以及环境描写对情绪的影响等手段，都被引入电影的剧情表现中来。1915年格里菲斯的《一个国家的诞生》，向来被认为是电影叙事成熟的标志性作品。这既是一部改编之作，同时也和对文学手法的借鉴有直接关系。狄更斯小说的表现手法对格里菲斯电影有着巨大的启示，至此，电影有了自己成熟的蒙太奇剪辑和叙事的艺术方法。

文学对电影的形成与发展产生的影响深远。通俗小说在社会具有广泛影响力，各种类型小说相当丰富且发达。早在18世纪西方小说形成时期，“英国小说之父”丹尼尔·笛福不仅写过《鲁滨孙漂流记》这样著名的冒险小说，还写过《海盗王》《杰克上校》《街头六大盗》等犯罪小说。总体说来，欧美的言情小说、哥特小说、侦探小说、西部小说、科幻小说、恐怖小说等作品，都曾被大量改编成电影，好莱坞的电影类型也由此衍生出来并走向成熟、发达。

本章从历史的角度，通过选取一些有代表性的典型案例，使学习者对影视与文学的关系有一个初步的了解与把握。

第一节
早期电影与文学的交汇

一、基本情况概述

电影诞生初期，电影的发明者卢米埃尔所拍摄的短片大多属于日常生活实录。而另一位早期电影的重要人物梅里爱却已经开始尝试使用一些简单实用的电影技巧，并将戏剧和一些文学故事搬到了银幕上。大量文学和戏剧的题材、故事丰富了电影银幕，吸引了来自不同阶层的观众，也使欧美的电影产业在电影诞生不久便兴盛起来。

(一) 路易·卢米埃尔和乔治·梅里爱

1895 年 12 月 28 日，在法国巴黎嘉布遣路的“大咖啡馆”里，路易·卢米埃尔用活动放映机放映了《工厂大门》《火车进站》《水浇园丁》等电影短片，并获得了巨大成功，因此，这一天被全世界公认为电影的诞生日。此后，卢米埃尔雇用了许多摄影师，并由他本人亲自培养，由此确立了电影的一些基本样式。根据法国电影史家乔治·萨杜尔的考察：“户外场面、室内场面、新闻片、报道片、旅行片等，是卢米埃尔和他的门徒创造的主要影片样式。”①

在 1896 年 10 月，世界电影史上另一位奠基人物——法国人乔治·梅里爱拍成了《贵妇失踪》一片，在该片中出现了一些由他发明的电影技巧，比如使用了“停拍一分钟”的手法，把电影拍摄得如同神奇的魔术一般。“停拍一分钟”手法的出现，改变了此前一卷胶片拍摄到底的电影摄制方法，这即后来普遍采用的电影剪辑技巧。梅里爱原本经营罗培·乌坦剧院，有着丰富的戏剧舞台演出经验，因此，他借用以往的经验将许多戏剧演出的方式方法，诸如剧本、演员、服装、化妆、布景、机关设置以及景或幕的划分等应用到电影上来。这种从戏剧舞台上移植到电影中的系统分工，一直延续至今。

概言之：

◎ 法国人路易·卢米埃尔发明了电影，他所拍摄的电影呈现出记录现实的功能。

◎ 乔治·梅里爱发明了电影剪辑技巧，同时也开启了电影艺术表现之路。

梅里爱还是最早将戏剧和文学作品改编成电影的导演。1899 年，他根据自己剧院里上演的神话剧《灰姑娘》拍摄了同名电影，而且是将原来戏剧中的演员、服装和布景原封不动地搬上了银幕。此后，他使用同样的方法又拍摄了《圣女贞德》《小红帽》《蓝胡子》《鲁滨孙漂流记》《格里佛游记》等影片。梅里爱拍摄的最为著名的一部影片是《月球旅行记》，该片根据儒勒·凡尔纳和 H. G. 威尔斯的两部小说改编而成。在这部充满幻想的影片里，梅里爱用石膏制作了巨大的月亮、星座，探险家们被一尊巨炮发射的炮弹送到了月球上，在月球上他们看见了巨大的蘑菇、月亮神和像贝壳一样的动物，随后探险家们又乘炮弹飞离了月球，依靠降落伞重新回到地球上。经过一段海底旅行之后，在一个奇特塑像的揭幕典礼中宣告影片结束。萨杜尔认为，这部影片的某些镜头充分表现出凡尔纳小说里天真美丽的幻想，同样，曾写过《星球大战》《时间机器》《月球历险记》等著名科幻小说的作家威尔斯也为梅里爱提供了丰富的想象力，影片中的大蘑菇、像贝壳一样的动物和月亮神等，都是梅里爱根据威尔斯小说所描写的样子制作出来的。

这部高额成本的科幻影片在艺术上和商业上都获得了巨大成功，按照乔治·萨杜尔的说法：“《月球旅行记》取得的成功，标志着舞台导演对卢米埃尔式的‘户外摄影’的胜利。”②《月球旅行记》一片在欧洲和美国销售了几百部拷贝，还使全球第一个经常性的影院在美国的洛杉矶建立起来。

---

① 萨杜尔．世界电影史．徐昭，胡承伟，译，北京：中国电影出版社，1995：19.

② 萨杜尔．世界电影史．32.

（二）百代时期的“艺术电影”

在世界电影史上，真正大规模的改编出现在1906年之后。当时法国查尔·百代（简称“百代”）公司已经采取工业化方式生产电影，并占据着全世界电影市场的主要份额。该公司经营的业务不仅涵盖电影制作和发行放映领域，而且还包括电影摄像机、胶片等原材料的生产。萨杜尔在自己的书中写道：“查尔·百代在实现了电影物质上的独占以后，还进一步想要实现电影思想上的独占。1906年以后，影片一般都在300米以上[①]，故事情节比较复杂，剧本比以前更为重要。百代认为如果将古典戏剧和古典文学作品拍成电影，一定能够牟利。在百代之前，代表一个不从属于樊尚的独立制片团体的伯诺瓦·莱维已经有这种想法。百代设法使莱维和文学家协会的谈判归于失败，一年以后，使文学家协会来和他谈判，并获得成功。皮埃尔·德库塞勒所领导的‘作家及文学家电影协会’的成立，使百代公司获得了将大部分法国戏剧拍成电影的独占权利。”[②] 从这里可以看出，随着电影拍摄内容时间的加长，对电影故事情节的复杂要求也随之提高，剧本的重要作用在此受到电影制作公司的充分关注。因此，向文学、戏剧作品取材的做法已经不再是可有可无的事情，而是电影工业发展中一个不可或缺的环节。所以，百代公司专门成立了与文学家协会联合的一个机构，负责协调与作家以及剧本写作的关系。

另一方面，萨杜尔也注意到了电影发展史上这样的一个事实，即1907年到1908年期间，电影业发生过一次巨大危机，许多电影院顾客寥寥无几，究其原因，恰恰是“题材危机”所导致的结果。这一时期上映的影片除了纪录片、风光片之外，追逐片和打闹喜剧占据电影的主体，情节简单且相互模仿，比如奶妈、跛子和宪兵混杂在一起的追逐片，伯爵夫人结婚以后丢失孩子，母亲悲痛地投河自尽，被满脸胡子的萨瓦人救起，18年之后又从衣服上的标记认出自己的女儿之类，观众对此类缺乏想象力的影片已经深感厌烦。这一现实很自然地迫使当时的电影人纷纷把目光转向历史悠久、题材广阔的文学和戏剧，以期寻找帮助。这不仅表现在对文学、戏剧作品的改编上，还表现为一些电影制作公司邀请当时最著名的作家直接参与到剧本的写作中来。“为了从不景气的情况中摆脱出来，为了把那些比光顾市集木棚的观众更有钱的人吸引到电影院里来，电影就必须在戏剧和文学方面去寻找高尚的题材。”[③]

法国的拉菲特兄弟成立了一家名为“艺术影片公司”的小制片公司。他们直接邀请当时法国最有名的作家阿纳托尔·法朗士、朱尔·勒梅特尔、拉夫当、里什潘、萨尔杜、罗斯当等创作新的剧本，还聘请了法兰西喜剧院的著名演员以及优秀的布景师和音乐家，这无疑大大提高了其所拍摄的影片的艺术水准。1908年12月，“艺术影片公司”的第一部影片《吉斯公爵的被刺》放映，该片受到整个巴黎文艺界的关注并获得了巨大成功。著名作家拉夫当担任编剧，是该片取得成功的重要保证。萨杜尔评价道：“拉夫当编写的剧本非常巧妙，整个剧情是一个新的《犯罪的故事》。血腥的暴行通过人们熟悉的故事来激动观众，即使不用语言，观众也能够完全了解。”

这部影片的成功，具有巨大的示范效应，使得当时法国著名的电影制片公司都开始拍摄自

① 指底片长度，下同。——编者注

② 萨杜尔．世界电影史．57．

③ 萨杜尔．世界电影史．73－74．

己的艺术影片。百代公司旗下的“作家及文学家电影协会”采用文学家的作品，每星期拍摄一部影片。“朱尔·桑陀、维克多·雨果、让·拉辛、左拉、欧仁·苏、皮埃尔·德库塞勒、乔治·克雷孟梭、巴尔扎克等的著作，都被杂乱无章地摄成电影。人们也许会嘲笑这种做法，但不要忘记，直到今天，好莱坞和巴黎还一直沿用着这种做法。”①

对文学名著的改编使得一部影片的放映时间得以延长，并且发行和放映方可以从中赚取更多的利润。1908 年之前，一部影片的放映时间一般只有 15～20 分钟，随着电影技术的改进和影片出租制度的实施，百代公司开始发行 1 000～2 000 米的影片，放映时间可以达到 1～2 小时。为了向世界各地大量供应此类影片，从文学作品取材成为解决影片时长的重要手段之一。“作家及文学家电影协会”的导演阿尔倍·卡普拉尼在 1909 年改编了左拉的小说《小酒店》，影片长度达到 800 米，成为当时一部影片的长度之最。不久之后，该协会根据欧仁·苏小说《巴黎的秘密》改编的同名影片长度达到 1 500 米，1912 年 6 月，根据维克多·雨果小说《悲惨世界》改编的同名影片，长度达到 5 000 米，足足可以放映 5 个小时。从电影产业市场的角度说，当时一部影片的价格往往也根据长度来计算，百代公司收购其他制片商的影片时，一般按照每 1 米底片 5 法郎到 10 法郎的价格计算。由此可见，影片的长度直接关系到电影制片公司的利益，改编文学作品也是电影制片公司获取利益的一条重要渠道。

综上所述：

◎ 百代时期的“艺术电影”是指：(1) 有文学家参与编剧的电影；(2) 改编自文学作品的电影。

◎ 这一时期的“艺术电影”满足了电影向长故事片发展的需要，同时也缓解了电影题材危机的矛盾。

◎ 从文学作品改编而来的电影为制作、发行和放映企业带来丰厚的利润。

(三) 改编报刊连载小说

与改编经典名著相比，根据报刊连载通俗小说改编的电影能够获得更广泛的观众群体。当时一部改编自连载小说的影片《蒙面大侠》，在关心艺术电影的导演眼中并不被看好，高蒙公司的著名导演费雅德曾经这样宣称：“我们要把法国电影从《蒙面大侠》的影响下拯救出来，让它们朝着更高的水平发展。”② 但是，在《蒙面大侠》获得巨额利润之后，高蒙公司和费雅德马上开始着手拍摄一部名叫《芳托马斯》的分集影片。之所以选择改编《芳托马斯》这部小说，主要是因为它有着广阔的读者群，该小说发行了 60 万册，被译成 20 种文字，流传极广。费雅德根据小说的最初几集，拍摄了 5 部影片，结果为高蒙公司带来了很高的声誉，以至于不久之后，美国也开始仿效这种连载小说电影。

值得一提的是，报刊纸媒体和电影在受众群和获取利润方面具有相互促进作用，这早在 1913 年就已经表现出来。在当时的美国，连载小说是报纸吸引读者的一条重要渠道，为了争夺报章连载小说的生意，《芝加哥论坛报》和《芝加哥美洲报》曾经大打出手，它们各自的打

① 萨杜尔．世界电影史．74，78.

② 萨杜尔．世界电影史．74.

手时常在芝加哥市内互相开枪射击。《芝加哥论坛报》联合山立格公司，将发表在自己报章上的连载小说拍成电影《卡斯林奇遇记》，于 1913 年 12 月 29 日在芝加哥 100 家电影院同时上映，该报纸的销路一星期内就增加了 15%。因为是系列电影，观众为了知道下一集影片的内容，纷纷买来报纸看上面刊登的连载小说，以求先睹为快。《芝加哥美洲报》的老板赫斯特（影片《公民凯恩》的人物原型）随即联合爱迪生公司，拍摄了《洋娃娃的故事》来与之抗衡。此后，几乎所有的美国报纸都竞相仿效这种做法，把连载小说摄制成系列电影。

这些美国系列片常以蒙面大侠、亿万大富翁、西部牛仔为故事题材，也有来自北欧的色情、淫荡表演，如蒂达·巴拉出演的丹麦"妖妇"形象。但是，按照电影史家萨杜尔的观点，这种改编自报章连载小说的影片也有一些杰出作品。例如，《芝加哥美洲报》的赫斯特联合百代公司拍摄的《宝莲历险记》，不仅能够在普通民众中获得巨大反响，同时，因其异国情调的魔力和强烈的诗意，甚至也能改变法国知识界对电影的印象。"法国先锋派的文学家，除了阿波利内尔及麦克斯·雅各布以外，过去对电影都抱着一种鄙视的态度。但在 1916 年，年轻的诗人，如雅克·瓦歇、安德烈·布勒东和路易·阿拉贡等，却对系列影片感到极大兴趣。"路易·阿拉贡在《鸟瞰》一文中写道："在这部影片里，我们所看到的只是一些动作。这些动作以它们敏捷有力的姿势，使我们看了非常激动。对于这一点谁也不会加以否认。这确是一部适合本世纪口味的戏剧。"①

◎毫无疑问，改编为电影带来了空前的声誉。根据文学作品改编的影片，往往也给电影导演带来历史性的巨大影响力。

1915 年，美国人格里菲斯导演的《一个国家的诞生》上映，该片根据托马斯·狄克逊牧师的小说《同族人》改编而成。由于原小说具有强烈的赞扬种族主义组织三 K 党的倾向，改编之后的影片又把其中的主要情节保留了下来，比如，白人少女被黑人软禁、逼婚，无辜的卡梅隆一家遭到黑人士兵的围攻。在万分危急关头，三 K 党火速赶来，相继营救出白人少女和卡梅隆一家。由于该片的种族主义问题，影片上映时便引发了激烈的论战，甚至在一些美国城市引起激烈的武斗。不过，这一切并没有影响该片在美国的发行放映，其上映时间竟持续 15 年之久，观众达一亿人次，格里菲斯本人也因此获得一百万美元的收入。

图 1-1 《一个国家的诞生》剧照

在世界电影史上，《一个国家的诞生》被视为电影叙事艺术成熟的标志。该片所采取的平行蒙太奇叙事结构和"最后一分钟营救"等技巧，成为电影叙事的典范。各种景别镜头的娴熟运用，也使得影片在表情达意方面获得巨大成功。但必须指出的是，这部电影的叙事主题表现的是南、北白人的和解以及在道义层面上对黑人的否定。

① 萨杜尔. 世界电影史. 129，130.

二、中国电影和文学的联姻

> 我想要论证，正是向文学模式看齐的做法有意无意地支配了20世纪1910年代电影体制化的过程。德尼·圣雅克这位文学社会学家也持这种见解，尽管我们的出发点完全不同，他得出的一些结论与我的有关结论却是十分相似的："电影诞生以前，在人类想象性作品结构的历史发展中发生了一个革命，它对于现代媒体的整个历史肯定具有决定性的意义，这就是大众小说的出现——这一转型标志着大众阶层进入文化领域，大众文化将成为全社会的共同文化，这种文化之会合借助于分享现实和想象的一种认识模式。该模式就是小说——因此不难理解，走向虚构叙事的美国电影趋向小说的认识模式，甚至可以说趋向文学的类型……"①

早期的中国电影，除了京剧《定军山》(1905) 和反映社会题材的短片《难夫难妻》(1913) 以外，世俗的滑稽喜剧片具有相当大的数量。1913年以后，亚细亚影戏公司的张石川陆续拍摄了《新娘花轿遇白无常》《风流和尚》《二百五白相城隍庙》《脚踏车闯祸》《打城隍》《老少易妻》《赌徒装死》《一夜不安》《店伙失票》等电影短片。这些影片大多属于市井俚俗故事，其中许多片子都带有滑稽打闹的成分。例如：《老少易妻》表现的是在一个荒年，许多人卖身求食，一个老头和一个少年各买了一个装在麻袋里的女人，结果老头买的是小姑娘，少年买的是老太婆，后来两个人同意互换。② 1918年，商务印书馆成立了"活动影戏部"，在拍摄风景片、时事片、教育片之外，还拍摄了带有故事情节内容的"新剧片"。根据程季华主编的《中国电影发展史》描述："这些'新剧片'的剧本大都出自陈春生之手，导演则几乎都由当时文明戏的'票友'任彭年担任，演员主要来自一些职业的和业余的文明戏班。这就使得这些'新剧片'完全模仿了当时已经趋向没落的文明戏或西方资产阶级无聊打闹的东西。"③"活动影戏部"的"新剧片"，内容大致分为三类：一类是滑稽短片，如《憨大捉贼》《呆婿祝寿》《死好赌》《得头彩》等，《呆婿祝寿》根据民间笑话改编，渲染了傻女婿在岳父祝寿宴席上的许多愚蠢举动；第二类是将礼义说教和滑稽打闹扭结在一起的警世片；第三类是神怪加武打的影片，如《车中盗》《清虚梦》等，前者模仿的是美国侦探片，后者是根据《聊斋志异》中的《崂山道士》改编而成的。④

◎ 中国第一部电影是京剧《定军山》(1905)。

◎ 早期中国电影表现出借鉴模仿外国电影和取材于民间笑话等特征。本土的文明戏也是早期中国的一个重要源头。

---

① 戈德罗. 从文学到影片：叙事体系. 刘云舟，译. 北京：商务印书馆，2010：215.

② 程季华. 中国电影发展史：第1卷. 北京：中国电影出版社，1963：21.

③ 程季华. 中国电影发展史：第1卷. 35.

④ 程季华. 中国电影发展史：第1卷. 35-36.

（一）鸳鸯蝴蝶派

清末民初，上海等地的市民阶层人数逐渐增多，满足市民社会文化需求的报纸刊物大量出现，如《小说时报》《游戏杂志》《礼拜六》《小说海》《红杂志》《红玫瑰》，以及《申报》和《新闻报》副刊。在这些报刊上大多刊登被称为“鸳鸯蝴蝶派”的作品，包括黑幕小说、武侠神怪小说、侦探小说等类型。鸳鸯蝴蝶派小说具有很广泛的读者群体，因此被大量改编成电影发行，许多小说作者被邀请参加电影的编剧工作。据统计，从1921年至1931年，中国各影片公司总共拍摄了大约650部故事片，“其中绝大多数都是由鸳鸯蝴蝶派文人参加制作的，影片的内容也多为鸳鸯蝴蝶派文学的翻版。——1924年，包天笑首先受聘于明星公司担任编剧，先后编出了《可怜的闺女》《空谷兰》《多情的女伶》等电影剧本；其他如周瘦鹃、朱瘦菊、张碧梧、徐碧波、程小青、陆澹盦、严独鹤、江红焦、施济群、张逸梅、姚苏凤等人，也先后加入电影界，他们一面继续写作‘礼拜六派’的小说，一面担任了各影片公司的编剧，或兼任电影宣传工作”①。

> 中国人自制电影的，首推上海的明星公司。直到如今，要谈到中国电影史的，总要提及明星公司。我与中国电影创史时，沾有一点小关系的，也在明星公司。明星公司的组织，是三个主脑人物，一、张石川，二、周剑云，三、郑正秋（以前还有一个郑鹧鸪，早故世了）。我所最先认识的便是郑正秋，他是广东潮州人，却是老上海，是老上海某一土行（鸦片烟土）的小老板，却是研究文艺的，尤潜心于戏剧。从前在《大共和日报》常常投稿，与人常做戏剧辩论，所以与新闻界中人颇多认识。
>
> 上海当时初创的电影，并无所谓的电影剧本，也没有什么导演、编剧的名义。不过一部电影，总要有一个故事，于是有的杜撰一个故老的传闻，有的只好在旧小说去采拾。这个剧本是很重要的，花了巨大的资本，制成一部电影，而不入观众之眼，或竟嗤之以鼻，非但损失资本，也且毁伤名誉，那是明星公司，由故事荒而转进到剧本荒了。
>
> 有一天，郑正秋便到我报馆里来了。他说：“明星公司要拜托先生写几部电影上的剧本，特地要我来向你请求。”我说：“你们真问道于盲了，我又不知道怎样写电影剧本，看都没有看见，何从下笔？”正秋道：“这是简单得很，只要想好一个故事，把故事中的情节写出来，当然这情节最好是要离奇曲折一点，但也不脱离合悲欢之旨罢了。”我笑说：“这只是写一段故事，怎么可以算作剧本呢？”正秋说：“我们就是这样办法。我们见你先生写的短篇小说，每篇大概不过四五千字，请你也把这个故事写成四五千字，或者再剪短些也无妨。我们可以把这故事另行扩充，加以点缀，分场分幕成了一个剧本，你先生以为如何？”
>
> ——他又说道：“明星公司同人的意思，请你先生每月给我们写一个电影故事，每月奉送酬资一百元，暂以一年为期，但电影故事可以慢慢地写，最好先把你的两部长篇小说《空谷兰》与《梅花落》，整理一下，写一个简要的本事，我们很想把你的

① 程季华. 中国电影发展史：第1卷. 56.

两部小说拍为电影，想不见拒吧。”①

从包天笑的叙述中，不难看出电影界在连续不断的再生产过程中，剧本成为制约其生产数量的一个关键环节。实际上，郑正秋本人就是中国电影早期一位著名的编剧，曾经编写出《孤儿救祖记》《最后之良心》《上海一妇人》《盲孤女》等剧本。但是，随着电影故事片需求量的快速上升，仅凭他这样的少数编剧实难应对，更何况要想使电影能够马上引起观众的注目，剧目或作者的社会知名度已显得尤为重要。郑正秋主动登门拜访当时已十分出名的“鸳鸯蝴蝶派”作家包天笑，并以高额酬金向其约稿，也是电影产业化发展的必然结果。

图 1-2 《孤儿救祖记》剧照

(二) 改编民间故事和古典小说

1926 年，天一公司率先大批生产改编自民间故事和古典小说的影片，如《梁祝痛史》《义妖白蛇传》《珍珠塔》《孙行者大战金钱豹》《唐伯虎点秋香》等。在其宣传文字中，常有“千古韵事”“香艳凄婉”“神怪奇丽之事”这样的文字，以投市民大众的兴趣爱好。天一公司随后又拍摄了《花木兰从军》《刘关张大破黄巾》《西游记女儿国》《铁扇公主》《明太祖朱洪武》等片，国内各个电影制片公司纷纷效仿，接连拍摄了一大批取材于《水浒传》《封神榜》《三国演义》《七侠五义》《西游记》“三言二拍”等古典小说的影片。如大中华百合影片公司摄制的《美人计》（取材于《三国演义》)，元元、天生公司拍摄的《五鼠闹东京》（取材于《七侠五义》)，长城画片公司拍摄的《石秀杀嫂》《武松血溅鸳鸯楼》（取材于《水浒传》)，大中华影片公司拍摄的《哪吒闹海》《姜子牙火烧琵琶精》《哪吒出世》（取材于《封神榜》）等。

(三) 武侠神怪片

继古装片之后在国内大为流行的是武侠神怪片。1928 年 5 月，明星公司根据平江不肖生（向恺然）所创作的小说《江湖奇侠传》改编摄制了影片《火烧红莲寺》。由于该片引起了巨大轰动，于是，明星公司在 3 年间连续拍摄了 18 集，并引得其他公司纷纷效仿。其一是以“火烧”命名的各种武侠神怪片纷纷出现，如暨南影片公司拍摄的《火烧青龙寺》和《火烧白雀寺》、天一公司拍摄的《火烧百花台》、大中华百合影片公司拍摄的《火烧九龙山》、复旦影片公司拍摄的《火烧七星楼》等。其二是众多影片公司开始推出武侠连续电影，如友联影片公司连续拍摄了《荒江女侠》1～13 集、《儿女英雄》1～5 集、《女侠红蝴蝶》1～4 集，月明影片公司连续拍摄了《关东大侠》1～13 集、《女镖师》1～6 集，华剧影片公司拍摄了连集长片《白芙蓉》《万侠之王》等，暨南影片公司拍摄了连集长片《江湖二十四侠》《黑侠》，复旦影片公司拍摄了《粉妆楼》1～3 集、《大闹三门街》前后集等。“这些影片的主角大都是‘侠客’和

① 包天笑．钏影楼回忆录续篇．香港：大华出版社，1973：94-95.

'荡妇'，他们之间的调情和武打，就构成了影片的全部内容。"[①] 此类评价虽然充满批评，旨在全盘否定上述武侠片，但也确实说明了当时的武侠神怪片在格调和趣味上缺乏深度，无论是当时的左翼革命家还是庙堂知识分子都希望与之拉开距离。

值得一提的是，这一时期国产的武侠片明显带有欧美电影影响的痕迹。"在中国武侠片中复制出了戴大呢帽、着小裤管、扎宽腰带的美国西部'英雄'。《骆驼王》、《荒唐侠客》、《奇侠救国记》、《王氏四侠》续集、《女海盗》等都是这类的影片。""上海影戏公司这时也醉心于拍摄神怪武侠片如《卢鬓花》、《万丈魔》、《金刚钻》、《飞行大盗》、《媚眼侠》、《画室奇案》、《美人岛》（前后集）、《古屋怪人》、《东方夜谭》之类，除了奇形怪状的布景之外，处处不忘穿插裸体女人的镜头。"[②] 让中国的武侠身着西部牛仔的装束，显然也是因为美国的西部片在那时的中国上海等地广受欢迎；奇形怪状的布景让人联想到德国电影表现主义风格，在此作为新颖刺激的手段拿来应用；而裸体女人或者"荡妇"形象，会让人联想到早期的丹麦电影，由此也可以看出电影作为大众娱乐的时尚化特点。

第二节 电影故事片的成熟与文学的启示——格里菲斯与狄更斯

图 1-3 《一个国家的诞生》海报

1915 年 2 月 8 日，格里菲斯导演的《一个国家的诞生》在美国首次上映。乔治·萨杜尔称这一天是好莱坞统治世界的开始。这部影片因具有浓厚的种族主义色彩，在内容上一直饱受批评，然而，它在制作以及叙事技巧方面却有许多被认为"革命性"的创举。在制作方面，《一个国家的诞生》是好莱坞历史上第一次推出的高成本影片，总投资为10 万美元，至于所产生的利润，有人估计纯利竟可达 2 000 万美元之多，在电影史上也是一个惊人的纪录。按照萨杜尔的说法："通过这部影片，美国电影在企业经营方面起了极大变革，使好莱坞自此以后得以摄制一些比意大利影片规模更大、更豪华的故事片，由此开辟了走向超级影片和巨额酬金的道路。"[③]

在创作技巧方面，电影学者邵牧君称："格里菲斯运用了许多前所未闻的技巧：用极远景来拍摄南北两军的大战

① 程季华．中国电影发展史：第 1 卷．131．
② 程季华．中国电影发展史：第 1 卷．135．
③ 萨杜尔．世界电影史．135．

场面，用相当近的特写来描绘某些动作。”“在影片结尾处，镜头从原野上一所孤零零的房屋的远景，转成从窗户里看出的外界景色的中景，然后又出现各个主要人物的中近景镜头，最后镜头停留在室内物品的特写上。这种镜头转换的顺序从此成为数十年来信守不渝的经典式的表现手法。格里菲斯曾就他这种彻底背离戏剧传统的新手法解释说，这种手法乃是狄更斯描绘人物景色时惯用的手法，‘唯一不同之处是我的故事是用形象来叙述的而已’。”① 而且，在面对比沃格拉夫公司的质疑时，格里菲斯还曾讲过，“狄更斯的写作方法就是我现在所用的手法”②。不过，这里还需要补充的是，萨杜尔对于这种不断增大形象的表现方法，特意强调说“使人联想起 19 世纪某些小说家的手法”。

关于狄更斯小说，人们常常提及的是他作品的批判现实主义特色，以及他以人道主义精神对资本主义社会人性的批判。《外国文学史》（第 3 卷）对他的《双城记》一书中的叙事结构特点进行介绍时，提到“采用类似电影蒙太奇式的表现手法”③。但是，单纯的文学研究者似乎并未知晓，格里菲斯所使用的平行蒙太奇结构，正如他自己坦承的那样，是从狄更斯小说中受到启发的结果。对此，爱森斯坦在《狄更斯、格里菲斯和我们》一文中曾做过详细的分析。那么，为何狄更斯小说对格里菲斯电影产生了巨大的影响？本节将从狄更斯小说的受众接受、电影化特征以及平行叙事（蒙太奇结构原则）三方面加以阐述。

一、狄更斯，一位广受欢迎的作家

电影史家萨杜尔为我们揭示了格里菲斯的电影对于好莱坞发展的重要意义，这里有巨额投资、豪华规模、高额回报、观众持续不断的观看热情等，但这些更多的是属于一种外在的表现。爱森斯坦却从格里菲斯电影的艺术层面分析了观众之所以喜爱《一个国家的诞生》的理由，并从格里菲斯所提及的狄更斯小说中找到了吸引读者和观众的诸多元素。

（一）因笔下的人物而被爱戴

爱森斯坦注意到，无论狄更斯小说的技巧有多么高超，只有读者喜欢才是艺术最为基本的问题。艺术的技巧毕竟不是只供少数人欣赏的东西，对于电影来说尤其如此。那么，在狄更斯所处的时代，读者的情形又是怎样的呢？斯蒂芬·茨威格在一篇研究狄更斯的论文中曾这样描述：

> 不，不要从书本或者传记作者那里去了解查尔斯·狄更斯备受同时代人热爱的盛况。只有人们活生生的口头语言，才能栩栩如生地描绘出这种热爱之情。应当让许多人亲自来谈谈，最好让那些英国老人来聊聊，他们还能回忆起自己在少年时代亲眼看到狄更斯获得最初成就的情况，他们在五十年后的今天，仍然不愿意用查尔斯·狄更斯这个名字来称呼《匹克威克外传》的作者，还是用当年那个较为亲切的可笑绰号

① 邵牧君．西方电影史概论．北京：中国电影出版社，1982：20.

② 邵牧君．西方电影史概论．21.

③ 聂珍钊．外国文学史：第 3 卷．武汉：华中科技大学出版社，2004：126.

> “波兹”来称呼他。就凭老人们回想起这些往事而引起不无愁思的激动，已经可以想见当年千百万读者的热情，他们以狂喜的热情争读一个月出一本的蓝皮封面的小书，如今这些小说对收藏家来说，已经成为罕见的珍品了——这些“Old Dickensians”当中的一位这样告诉我说：在那个时候，每当邮车来的那一天，他们就心神不安地在家里等着，直到邮差终于来到，从邮包里拿出那本新出版的蓝色小说交给他们。在整整一个月里，他们总是如饥似渴地盼着这本小书，急不可耐地盼望着；他们争论着科波菲尔会跟谁结为夫妇——跟朵拉呢还是跟艾妮斯；每当密考伯又临险境的时候，他们便为之高兴，因为他们深知，借助于烈性酒和昂扬的情绪，密考伯定会英勇地克服困难，转危为安！——但是他们还得等着，直到邮差吃力地推着邮车终于来到，为他们解开所有这些有趣的谜。——当时，每个乡村，每座城市，整个国家以及侨居于世界各地的所有英国人，无不像这个市镇的人们那样热爱查尔斯·狄更斯，他们从最初阅读他的作品时起，直到生命的最后一分钟，始终热爱着他。①

从以上的描述中，我们可以了解到，狄更斯笔下的人物深深地吸引着广大读者，这些人物令读者备感亲切。人们时刻关心着书中人物的境况、他们的爱情故事，读者也十分熟悉书中人物的性格，甚至渴望与主人公一起去体验身临险境的感受。

茨威格还描述了狄更斯在英国首次举行公开朗诵会与读者见面时的盛况，那些热心的读者有的爬到圆柱上，有的钻进舞台底下，大家无不以能聆听作家的朗诵为快事。在美国，狄更斯同样有无数的崇拜者，他们为了参加狄更斯的朗诵会，有的人深夜里冒着严寒，自带行李守候在票房门口。由于参加朗诵会的听众太多，只好临时把会场转移到一个大教堂里。

为何狄更斯的小说能够拥有如此之多的读者，在研究者那里会找到各种各样的解释，比如，他的小说与曾经流行于欧洲的“流浪汉小说”有着某种承继关系等。但在电影大师爱森斯坦看来，狄更斯小说的艺术魅力主要来自“惊人的造型性”和“惊人的视觉性、可见性”。对于这些艺术性问题，读者未必知晓，而对创造者和研究者来说则至关重要。

（二）狄更斯刻画人物的“可见性”

> 在银幕上，人物总是以可见的面貌诉诸观众的感觉，那些恶棍也是以其丑恶的嘴脸使观众一见不忘，而且各个人物总是与银幕上特有的有点不自然的照明分不开。
>
> 狄更斯笔下的人物也完全如此，这是一系列造型处理十分准确而轮廓分明的不朽形象：匹克威克们，董贝们，法琴们，泰斯科列顿们，等等。②

根据奥地利作家斯蒂芬·茨威格的研究，狄更斯笔下的人物之所以如此准确鲜明，是与他冷静、客观、敏锐的眼力密不可分的。茨威格把狄更斯的眼睛比喻为一座“既防火又防腐而且在某种意义上还是不透空气的”钢制宝库。这是一个将外界印象一一储存起来的记忆仓库。从一家伦敦小铺前一块五光十色的招牌，到窗前一株鲜花盛开的小树，一切都“保持着原来的丰姿与芳香，原来的光泽与艳丽”。在狄更斯笔下，没有模糊不清的轮廓，给人的永远都是明确

① 爱森斯坦. 爱森斯坦论文选集. 魏边实，伍菡卿，黄定语，译. 北京：中国电影出版社，1962：221-222.
② 爱森斯坦. 爱森斯坦论文选集. 228.

的印象。茨威格还大胆设想，假如请二十位画家给匹克威克和大卫·科波菲尔画肖像，“他们画出来的肖像准是彼此相似的”。因为狄更斯敏锐的目光可以抓住任何细节特征，“他善于看出衣服上的污点和茫然若失的软弱无助的手势；善于发现戴假发者在大发雷霆时从假发下微露出来的一绺火红色头发。他善于感觉出各种细微变化：可以在握手时感觉出每个指头的压力，觉察出笑容的微妙变化”①。

狄更斯的创作思维方式是从可见的事物开始，根据人物的外部特征来刻画人物性格，并从这些细微的外部特征反映人的精神状态。根据福斯特先生的回忆，狄更斯的手稿中有一段对董贝先生行动举止的描写：

> 他已经抓住铃绳，正想跟往常那样把理查叫来，就在这个瞬间，他的目光落到一个装信的小匣子上边，这是他亡妻的遗物，是从亡妻房间里的抽屉柜中和其他什物一起拿出来的。他的目光已经不是第一次停留在这小匣上了。他口袋里放着钥匙；现在他把小匣子拿到自己的桌子上，把它打开——先把房门锁上——用平常那种手势很有把握地去开。

爱森斯坦注意到，在这段描写中，“先把房门锁上”这个插入句，按照动作顺序本应该放在“现在他把小匣子拿到自己的桌子上”之前，这种句子安排顺序上故意采取的“蒙太奇式”的倒置，实则是狄更斯有意要引起读者的注意，暗示出董贝先生此举多少显得鬼鬼祟祟，而他原本是有着道貌岸然的绅士派头的。而最后那句“用平常那种手势很有把握地去开”，倒是恢复了一贯的绅士派头。董贝先生微妙的心理活动，就是在这一细微的动作描写中被揭示出来的。

爱森斯坦认为格里菲斯具有与狄更斯同样的观察和表现能力。“从我与格里菲斯见面时所看到的那种闪射出钢的光辉的锐利目光，直到立刻抓取关键性细节或性格特征的洞察力——这一切在格里菲斯身上也都具有狄更斯那样的敏锐性与精确性，正如在狄更斯身上具有电影的‘光学特性’‘镜头性’‘特写性’以及特种镜头的夸张的折射性能那样！”

图 1－4　《一个国家的诞生》人物形象插图

◎ 所谓人物的“可见性”，一方面来自作家敏锐的观察和记忆能力，另一方面也来自作家细腻、形象、准确、生动的表现手法。因此，读者才能被深深吸引，留下深刻印象并难以忘怀。狄更斯小说的这种人物“可见性”，在格里菲斯的电影中亦得到充分表现。

---

① 爱森斯坦. 爱森斯坦论文选集. 224.

二、狄更斯小说的电影特征

（一）气氛

狄更斯曾经写过一部名为《炉边蟋蟀》的小说，而格里菲斯在1908—1913年间拍摄的一百多部影片中，就有《炉边蟋蟀》这部影片。在小说的开始部分写的是“水壶开了——”，格里菲斯的许多电影在一个场面或片段开始的时候，都会出现类似的特写镜头，因此，格里菲斯的电影风格，在许多人看来也恰好表现于此。爱森斯坦说：“当然，这把水壶正是最典型的格里菲斯特写镜头。”比如，在格里菲斯的影片《走向东方》中，让犯下过错的丽莲·吉许跳到飞速漂过的流冰上，以此渲染严酷的环境和人们冰冷的内心世界。

问题并不在于格里菲斯使用了特写镜头这一手段，重要的是，这一特写的深层价值在于它所体现出的电影气氛，即电影所能打动观众情感的一种重要手段。这种渲染人物和环境的气氛，在爱森斯坦看来，实际上在狄更斯的文学作品中早已屡见不鲜了。

> 狄更斯在《董贝父子》中所造成的难道不正是这种严酷的冷冰冰的气氛？正是通过冷漠与拘谨展示了董贝先生的形象。这种冷漠的特征真是无处不在——围绕着董贝先生的正是冷冰冰的气氛：他儿子的洗礼是冷冰冰的，房间是冷冰冰的，他冷冰冰地接待呆若木鸡的客人。一排排藏书规规矩矩地待在书架上，仿佛已经冻僵了。教堂里的一切都显得冷冰冰的，午餐也是冷冰冰的，香槟酒冷若冰凌，牛肉也冷冰冰的，恰似铅块，等等……
>
> 这种无时不有无处不在的“气氛”，正是揭示人物的内心世界与精神面貌的最典型的手法之一。①

◎ 在电影中，通过空间环境的安排以表现某种气氛，其一是可以传递人物所处的环境氛围，作用在于形成接受心理效果；其二是塑造人物性格，揭示人物的内心世界。

（二）“叠化视像”

由于篇幅所限，爱森斯坦只挑选了狄更斯的一个例子。在狄更斯小说《双城记》中，有这样的一段描写：

> 沿着巴黎的街道，死刑犯的囚车轰轰隆隆地来了。一共六辆，运送当日的饮料给加洛堤。
>
> 六辆囚车沿着街道滚去。时间，你这法力无边的魔术师，把它们变回原状吧，它们就会现形为专制君主的御辇，豪华的吉士比尔的妆台，封建贵族的马车，现在已经

① 爱森斯坦．爱森斯坦论文选集．214．

不是我父之家而是贼窝的教堂，千百万饥饿的农民的茅屋。

爱森斯坦认为，狄更斯在同一空间内表现不同时间发生的事件的叠化手法，实际上还可以继续追溯更早之前的先例。在这篇文章的后半部分，爱森斯坦又从对狄更斯发生过影响的英国伊丽莎白时期的戏剧中，寻找到一些“叠化视像”或类似于“二次曝光”这样的电影手法的原型。如韦伯斯特的《白魔》一剧中：

……第二幕，第三场。
卡米罗住宅中的一个房间。
勃拉奇扬诺和扎克林纳特尔上场。
勃拉奇扬诺　去办你所答应的事情吧。午夜
正在消逝，是你大显身手的时候。
前去杀死卡米罗和可厌的公爵夫人，
你会不会把事情如约办到？
扎克林纳特尔　您的慷慨大方，使我乐意去干
生平少干的事情……请您坐下吧，
瞧您那絮絮不休的言谈使我心烦。
我这就使出厉害手段，让您瞧见
公爵夫人的心怎样碎裂在您跟前。

哑剧

尤里奥和赫里斯托福罗两人环顾左右，小心翼翼地上场。他们揭开了遮盖住勃拉奇扬诺公爵画像的帷幔。他们戴上玻璃面罩，用面罩盖住自己的眼睛和鼻子。然后在肖像面前点起了熏烟，用毒油浸透肖像的嘴唇。完事以后，他们吹熄了蜡烛，笑着出去。伊莎贝拉上。她穿着晚服，准备就寝。伯爵柳多维哥以及卓瓦尼、格维丹托尼奥等侍从，随后持烛而上。伊莎贝拉祈祷似的跪了下来，然后揭开肖像的帷幔，向它三俯首，连吻它三次。她顿时发晕，但又不让任何人走近。伊莎贝拉终于死了。卓瓦尼和柳多维哥伯爵脸容悲痛。人们庄重地把公爵夫人抬下去。

勃拉奇扬诺　好极了！她死了！
扎克林纳特尔　——给毒死了，被浸透了毒药的肖像毒毙。睡前她惯于走来和您的肖像请安辞行，像个冷冷冰冰的幽灵，亲吻亲吻您的嘴唇和眼睛。尤里医生看透了真情，就用毒油浸透肖像用各种毒药把它熏遍。而她就此一命归天……

“这种影响就这样导源于伊丽莎白时代作家以及莎士比亚，然后通过把他们的作品庸俗化的十九世纪初英国小市民气的闹剧，再通过狄更斯而及于格里菲斯。”①

◎ 叠化是电影剪辑时所用的技巧手段，它的主要特征是将不同时空中的画面叠加在一起并达成某种艺术效果。作为一种创作手段，早在电影诞生之前已被小说家和戏剧家所掌握和使用。应该强调的是，将不同时空加以叠加、并置，是其基本特点。

① 爱森斯坦. 爱森斯坦论文选集. 248.

（三）都市的动态（蒙太奇式）图景

工业化的高速发展，使英国伦敦、法国巴黎这样的城市充满神奇变化的色彩。处于那个时代的作家对于大都市环境的观察充满兴趣。早在18世纪，生长在伦敦的笛福就曾走遍伦敦的大街小巷。“笛福的小说体现了都市化的许多积极的方面。——随着他们的行迹，我们看到了一幅有关伦敦种种社会环境的完整画面，从海关到新门监狱，从拉特克利夫低劣的经济公寓到伦敦西区时髦的公园和楼房。”① 都市里丰富多彩的生活与一成不变的乡村完全不同，它使人们的眼界渐渐适应了快速更替的景象。

下面是狄更斯在小说《尼古拉斯·尼柯尔贝》里写的一段文字：

> 细看一下它们多么奇妙地在眼前交替闪现，那是很有趣的。陈列着华丽服装和来自世界各地的纺织品的商店；诱人的小铺，这里的一切都会激起你饱餐豪饮的兴致，并且使经常摆设的酒宴，增添一种清新的馨香；擦得雪亮的金银器皿：精巧的花瓶、盘子和高脚杯；步枪、马刀、短枪和专利的兵器；为骗子手准备的脚镣手铐、初生婴孩的童装、病人的药物、死人的棺木、为死者准备的公墓——这一切环环紧扣，纷至沓来，在你眼前不断闪过，宛若跳着一种光怪陆离的舞蹈……

对此，爱森斯坦曾大加感叹道：“这不是《大都市的交响乐》的先声又是什么呢?”②

◎ 近代工业的快速发展，既极大地改变了都市景观，也带来物质的丰富与繁荣，给人的视觉和感官世界带来强烈的刺激。文学对此已经给予了热烈的回应和描写，外在的眼花缭乱、目不暇接之感，实则在内心制造一种急速变化的节奏感。这种强烈变化的动态图景，亦体现为早期电影蒙太奇的快速剪切现象。

三、蒙太奇结构的基本原则——两条情节线平行发展

（一）狄更斯的“五花肉”结构理论

在小说《雾都孤儿》第17章的开篇插叙中，狄更斯阐述了自己所总结的文学结构原则，这被爱森斯坦看作是“一篇阐述情节的蒙太奇结构原则的‘独特’论文”。

> 戏剧中有一种惯例，就是在所有那些极好的谋杀题材的闹剧中，悲剧场面与喜剧场面往往以严格的顺序交替出现，正如五花肉似的总是红一层白一层，显得红白相间。主人公倒在草榻上，镣铐在身，受尽厄运的折磨；而在下一个场面里，他那忠实的但对主人的不幸一无所知的仆人准会唱出一曲喜剧性的小调，以饱飨观众。我们怀

① 瓦特. 小说的兴起. 高原，董红钧，译. 北京：三联书店，1992：203.

② 爱森斯坦. 爱森斯坦论文选集. 234.

着忐忑不安的心情，注视着女主人公在那骄横残酷的男爵控制下，她的贞洁与生命同样受到威胁，终于她抽出匕首自尽，以保全自己的贞操；正当我们的激动达于顶点，忽然听到一声呼哨，我们立即被引到城堡的大厅中，在这里，白胡子的贵族管家放声唱起滑稽可笑的歌曲，而且与那些更滑稽可笑的藩臣们同声高歌。这些藩臣对什么地方——无论是教堂还是宫殿，都无所留恋，他们成群结队漫游全国，永不停歇地引吭高歌。

这种转变，似乎是荒诞不经的，其实它并不像乍看起来那么不自然。在生活中，从摆满酒食的桌子转到停尸的床铺，从丧服孝衣转到节日盛装，其惊人程度绝不亚于舞台上。问题仅仅在于：在生活中，我们是奔忙的演员，而不是静坐旁观的观众，重要的区别就在这里。在模仿性质的戏剧生活中，演员本人往往觉察不出急剧的转变和激情或情感的勃发，可是在普通观众的眼里，却可能立即显得过火与荒诞，因而受到指责。

各个场面的突然连接，时间与地点的迅速转换，不仅在书本中被奉为多年惯用的手法，而且被认为是作家的卓越技巧的证明——这种评论家评价作者的技巧，往往要看作者是否在每章的结尾把人物安排在某种困境中。本章的这段简短的开场白，也许会被认为是必要的。①

在狄更斯的笔下甚至也出现了“各个场面的突然连接，时间与地点的迅速转换”这样的句子，对于熟悉电影的人来说，这正是蒙太奇剪辑所经常使用的语言，而在当时还被认为是作家“卓越技巧的证明”。这种文学技巧与电影剪辑技巧的承继关系，似乎更能说明艺术思维上的共性特征，往往最终会体现在表现形式的深层一致上。

◎ 狄更斯所谓的“五花肉”理论，实际上是文学和戏剧传统的结构安排技巧。即围绕着某种戏剧性情境，分别叙述不同人物所经历的事件，并按顺序将它们组接、编排在一起，这就形成了基本的平行叙事规则。悲喜交加的叙事安排，是平行叙事的一个极致表现，既增强了趣味性，也暗含着悬念，当然与人们的生活经验也相吻合。

（二）平行蒙太奇叙事

在电影史上，早在1899年即已出现了简单的蒙太奇剪接技术。当时，在卢米埃尔公司任摄影师的威廉逊，将地处亨莱的赛船情形拍成了七八个景，分别表现聚集在一起等待观看比赛的人群、赛船出发、竞赛中的划船队、在船上拍摄到的岸边观众，以第一艘赛船抵达终点结束。1900年，他又用这种蒙太奇手法拍摄了《在华教会被袭记》。但是，这种场景的剪接毕竟还缺少丰富的内容。

爱森斯坦认为，格里菲斯能够成熟地运用平行蒙太奇叙事，更多的是受益于狄更斯的小说：

正如我们所看到的，在我们面前的正是一个对格里菲斯也很典型的两条情节线的

① 爱森斯坦. 爱森斯坦论文选集. 242.

平行蒙太奇范例。在这里，一条情节线的存在（指两个绅士等着小孩那条线），在情绪上加强了另一条本来就富于戏剧性的线索（奥利佛的灾难）的紧张气氛。

格里菲斯善于在平行蒙太奇的领域中，依靠“救星”纵马飞奔前去搭救“遇难的女主人公”这种手法，为自己赢得了极大的声誉！①

在狄更斯小说《雾都孤儿》中，爱森斯坦所找到的平行蒙太奇叙事的例子是从第 14 章到第 17 章，即收留了奥利弗的布龙伦老先生和格里姆维格争论、打赌，为的是奥利弗究竟能否很快地送书回来。两个人将一只怀表放在桌子上，等待最后的结果。在漫长的等待中，布龙伦先生的观念发生了戏剧性的变化；而另一条叙事线围绕着奥利弗展开。他在送书的路上，被女窃贼南丝抓回到盗贼法琴的巢穴，奥利弗在受尽嘲笑和折磨之后酣然入睡了。两条线索围绕奥利弗交替进行。在爱森斯坦看来，前一条情节线的存在，加强了后一条情节线的紧张气氛。不仅如此，从叙事内容的丰富性来看，在每一条情节线的叙述过程中，通过人物的语言和动作揭示了隐秘的内心情感变化，人物的形象特征和性格特征也因此像浮雕一般凸显出来。

在这段平行叙事中，为了强调时间感，狄更斯犹如使用特写镜头般数次写到布龙伦的那块怀表：“‘来，咱们瞧吧，过不了二十分钟，他就会回来的。’布龙伦先生一边说，一边掏出怀表，把它放在桌面上。‘等他回来的时候，快天黑啦。’”

而喜欢抬杠的格里姆维格用拳头擂着桌子反驳，坚持声称奥利弗一定会带着钱跑回到小偷窝里去。“他一边说，一边把椅子挪到桌子旁。于是这两个朋友就坐在那里默默地等着，在他们中间放着一个怀表。”在无言的等待中，作者对格里姆维格的心理做了一番议论之后，又回到了两位老人这里，“暮色已经很浓了，表盘上的数目字几乎看不清楚了。但这两个老绅士还是默默地坐在那里，他们中间放着一块怀表”。显然，这块怀表的“特写”镜头，从一开始代表着布龙伦先生的信心，慢慢随着暮色的降临变成了焦虑和惴惴不安，一种不祥的预兆伴随着暮色悄悄潜入了布龙伦的家里。在这里，紧张的气氛变得越来越浓郁，为下一段另一条情节的进入做好了铺垫，不祥的气氛即将成为令人震惊的现实。在下一章中，奥利弗夹着一包书正在街上走着的时候，“一个年轻女人的喊声吓了他一跳：‘嘿，我亲爱的老弟’，他还来不及回头看看到底是怎么一回事，他的脖子就被一双手紧紧地搂住了……”。这是一个由从天而降的声音到脖子被突然搂住的特写镜头，使两条情节线的连接浑然天成。这已经不是简单的场景切换剪辑关系，而是渗透了艺术家对情绪氛围的精心营造，并使叙事线索和场景的转换充满了强烈的戏剧性，女贼南丝的狡诈和果断也在她的声音和出乎意料的动作中表现出来。

在影片《许多年以后》中，“格里菲斯第一次从蒙太奇上运用了特写镜头”。在安妮·丽等待丈夫归来的场面中，用一个特写镜头拍摄了她的面孔，紧接着切入的另一个镜头，是她的丈夫爱诺克漂泊在一个遥远的荒岛上。这引起了比沃格拉夫公司的愤怒，他们认为谁都看不懂这样的情节转换。格里菲斯回答说：“难道狄更斯不也是这样写的吗？”“不错，可这是——狄更斯，他写的是小说，这完全是另一回事。”“区别不是那么大吧，我搞的是电影中的小说。”②

格里菲斯总是能用狄更斯来说服电影公司老板，这也是一件耐人寻味的事情。无论怎么说，电影《一个国家的诞生》所取得的巨大成功，毕竟奠定了平行蒙太奇叙事作为电影基本结构手段的历史性地位。

---

① 爱森斯坦．爱森斯坦论文选集．241.

② 爱森斯坦．爱森斯坦论文选集．244.

第三节
从文学分类到影视类型

一、对文学分类的基本认知

自从人类开始文学艺术活动之后，面对日渐增多的各种各样的作品，对其进行分类以辨析内容和形式方面的异同，便成了一项必不可少的研究工作。文学分类的意识，早在古希腊时期就已经萌发。例如，苏格拉底将诗人分为三种：其一，直接以自己的身份说话（实际上是抒情诗的主要特征）；其二，以主人公之间的言语交谈的形式建构作品（诗体剧）；其三，把诗人自己的话语与出场人物的话语结合在一起（叙述类作品的特征）。[①] 在亚里士多德的《诗学》第三章中，简要地界说了诗歌（即语言艺术）的三种模仿方式："人们可用一种媒介的不同表现形式摹仿同一个对象，即可凭叙述——或进入角色，此乃荷马的做法，或以本人的口吻讲述，不改变身份——也可通过扮演，表现行动和活动中的每一个人物。"[②] 这实际上是对叙事类、抒情类和戏剧类作品的基本特征的界说。中国古代文学类型研究主要是在文体学范畴内进行。《尚书》中的文体就分为诰、训、谟、誓、命、典六种，曹丕的《典论·论文》把当时流行的文体分为四科八类，陆机的《文赋》又将四科八类进一步扩大为十类，即诗、赋、碑、诔、铭、箴、颂、论、奏、说，而至刘勰的《文心雕龙》则开创了精密周详的文类理论体系。

在勒内·韦勒克和奥斯汀·沃伦编写的《文学理论》一书中，将类型理论分为古典理论和现代理论两种。古典理论被称为"类型纯粹"说或"类型分立"说，它既属于一套社会等级区分的产物，也包含着"纯粹"的美学原理。"这一美学原理就是：要求作品情调有一种僵硬的统一性，要求风格的纯粹和'简明性'，要求把注意力集中在一个单一的情节和主题上，创造一种单一的情绪（如恐惧或笑等）。"[③] 同时，古典主义类型理论还带有明显的社会等级观念："史诗和悲剧叙述的是国王和贵族们的事情，戏剧描写中产阶级（市民、资产阶级）的事情，讽刺文学和闹剧则写的是老百姓。不仅剧中人物要有明显的不同，而且还须合于不同阶级的道德风范，也就是要符合'得体、合度'的律条，同时要求把文体和措辞划分为高、中、低三级。古典主义理论也把文学种类分为不同等级，在这种等级制中，不仅人物的身份地位和写作风格的等级被作为因素，就是作品的长度和规模（产生感染力的能量）以及调子的严肃性等也被作为因素。"[④]

现代的类型理论抛开了古典类型理论的静态和狭隘的社会等级意识，呈现出一种动态的、

① 柏拉图．文艺对话录．朱光潜，译．北京：人民文学出版社，1997：47－54.
② 亚里士多德．诗学．陈中梅，译注．北京：商务印书馆，1996：42.
③ 韦勒克，沃伦．文学理论．刘象愚，邢培明，陈圣生，等译．南京：江苏教育出版社，2005：277.
④ 韦勒克，沃伦．文学理论．278.

历时性特征，既给予创作者借鉴前人的广阔空间，也充分考虑到受众的阅读心理。“现代的类型理论明显是说明性的。它并不限定可能有的文学种类的数目，也不给作者们规定规则。它假定传统的种类可以被‘混合’起来从而产生一个新的种类（例如悲喜剧）。它认可类型可以在‘纯粹’的基础上构成，也可在包容或‘丰富’的基础上构成，既可以用缩减也可以用扩大的方法构成。在浪漫主义者强调每一个‘创造性天才’和每一部作品的独一无二性之后，现代的类型理论不但不强调种类与种类之间的区分，反而把兴趣集中在寻找某一个种类中所包含的并与其他种类共通的特性，以及共有的文学技巧和文学效用。”[①] 在这里，韦勒克和沃伦认为，现代的文学类型既有“纯粹”也有“混合”的表现形态，需要注意的是，浪漫主义者并不赞成文学类型观念，而现代类型理论研究的重心则是放在文学的共性上面。

二、文学类型到电影类型之案例

在电影发展史上，不同国家的电影有着不同的分类方式。比如，美国好莱坞电影有着发达的类型传统，诸如西部类型、盗匪类型、喜剧类型、恐怖类型、科幻类型、侦探类型、言情类型等，而很多电影类型都可以在电影诞生之前的大众通俗小说中找到，即便不是从文学改编而来的电影，在类型特征上与小说类型也保持着很多相似之处。

（一）西部小说和西部片

19 世纪 20 年代，西部小说之父詹姆斯·费尼莫尔·库柏就写出了第一部以西部边疆生活为题材的小说《拓荒者》（1823），随后又写出《最后一个莫西干人》（1826）、《大草原》（1827）、《探路者》（1840）和《杀鹿者》（1847）。这五部小说共同构成了著名的“皮袜子传奇”故事，为美国西部小说奠定了基本的创作模式。在库柏的小说中，西部的自然风光充满了原始的野性，大河浩荡，悬崖峭壁上生满参天古树。这片古老荒原上的森林和草原又孕育出它的臣民自由不羁的坚毅性格。他所塑造的第一个真正的美国主人公形象——纳蒂·邦波，单纯质朴、勇敢善良，充满了对大自然的热爱和对自由的向往，具有高超的射击技术和丛林生存技巧，虽然没有受过教育，但在女性面前却能展现出绅士风度的一面。同样，库柏也塑造了一系列善良勇敢的印第安人形象，如最后的莫西干族酋长钦加哥和他的儿子恩卡斯，他们也都属于高贵的荒原之子系列。与之相比，东部的绅士淑女们在某种程度上都是软弱无能的，但是却代表了文明秩序、法律和制度，在他们面前，高贵的荒原之子们无可奈何只能回归荒原，并与荒原一起走向没落。在库柏的小说里，流露出文明与荒野的矛盾和冲突。他的内心深处是矛盾的，既有对荒野的无尽眷恋，又有对新的自由世界的向往。库柏的小说中两种文明的冲突贯穿始终却难以解决，而对异常强烈的暴力情节的描写和渲染又更强化了这一冲突的主题。

库柏小说的这一主题和他的荒原之子形象深深地影响了后来的西部小说。当然，在美国的西部电影中，这一主题和形象同样也不陌生。比如，《驿马车》里灵果的形象和他对待女性的态度。而代表东部文明的则是一位携款逃跑的银行家，在银行家身上无疑有着高傲、狡猾和贪

---

① 韦勒克，沃伦．文学理论．278－279.

婪等恶劣的品质。为了加强小说主题矛盾冲突的尖锐性，库柏小说的情节总是一波三折，充满了逃跑、追逐和营救。在《最后的莫西干人》中，小说从邦波护送孟罗的女儿一行开始，到途中遭遇袭击，单纯美丽的少女被恶徒劫持，最后，以英勇的武士潜入敌营救出少女宣告结束。这样环环相扣的紧张情节在此后的小说和电影中随处可见，甚至在像《第一滴血》这种非西部片中也可看出影响的痕迹。

然而，遗憾的是，后来的一些西部小说家在很大程度上简化了库柏小说的文化内涵，弱化了荒原之子内心充满矛盾的感情。如罗伯特·伯德所写的《林中尼克》，其主要人物和情节均脱胎于“皮袜子传奇”故事集，但与库柏不同的是：“伯德完全抹杀了西部边疆的社会因素和历史变化，将整个美国边界西移过程中的复杂斗争简化为白人移民和土著印第安人之间‘善’与‘恶’的较量。”①

值得注意的是，美国西部电影很长一段时间都是按照罗伯特·伯德的方式拍摄的，即将西部开发过程中的矛盾斗争，简化成白人移民和土著印第安人之间的激烈对抗。直到 1970 年，阿瑟·佩恩导演的《小巨人》上映，才使得美国西部电影中的印第安人不再是邪恶的化身，而是正面展现了印第安人粗犷古朴的文化风情画面。这部影片根据 1964 年出版的由托马斯·伯格创作的同名小说改编。1990 年，凯文·科斯特纳导演了其处女作《与狼共舞》，这部影片的风格更加接近库柏小说。影片主人公白人军官邓巴中尉在南北战争中英勇无畏、立下战功，战后他选择到偏远的印第安人居住区生活，并且爱上了那里的大自然、狼和善良的苏族人。在影片最后，选择了印第安人生活的邓巴却落得无处安身的结局，他的命运仿佛暗中喻示了最终失去了土地和家园的苏族人的命运。

图 1-5 《与狼共舞》剧照

美国西部类型电影的研究也经历了一个长时间的发展过程。在“二战”之前多是一些批评性文章，这些文章对类型片几乎一成不变的内容最为不满。1948 年，罗伯特·华肖在《同党评论》杂志上发表了《成为悲剧英雄的匪徒》，接着又在该杂志 1954 年 3—4 月号上发表《电影纪事：西部片》，开启了新的电影类型批评阶段。电影的类型研究工作，最初是对影片之间相类似处的指认，如相近的主题、动作形态、题材、物件和服装等。人们注意到某一类型的影片，故事发生在特定的时间以及相近的空间场景中，具有相似的情节发展惯例及人物形象，充

① 黄禄善. 美国通俗小说史. 南京：译林出版社，2003：66.

满了视觉上突出、重复使用的物品。

20世纪60年代之后，研究者开始自觉运用文化的方法和结构主义方法，关注外在的社会制度、社会心理和历史的脉络以及这些因素对类型片的影响问题。在1970年出版的《西部地平线》一书中，吉姆·凯西斯运用列维-斯特劳斯的结构主义方法研究西部片，并从人类文化的角度指出了类型电影的神话特征。面对人类社会中普遍存在的相互冲突的价值观念，人们总是乐于接受用一种仪式的方式加以排演和重复。实际上，这也揭示出了类型电影之所以受欢迎的社会文化原因。“凯西斯发现，西部片是最清楚反映拓荒时期对自由不受限制的主张与社会服从之间的冲突的电影形式。西部片最主要的相对观念是荒野与文明。凯西斯指出，潜藏在西部片外表之下的是我们自己对这些相对价值的矛盾情绪，而西部片用戏剧性的解决方式抚平了美国人自我形象的裂缝。”①

荒野与文明的矛盾主题，在库柏的西部小说里早已明确地显露出来，然而却能延续百年之久，并且成为西部电影最为核心的冲突主题。从这里也可以看出，无论是类型小说还是类型电影，其所散发出的迷人魅力绝非仅仅在于形式风格方面，在迷人的外表之下更蕴藏着文化价值观念所蓄积的能量。

（二）科幻小说和科幻电影

在梅里爱拍摄出第一部科幻电影《月球旅行记》之后，很多国家相继拍摄了此种类型的故事片。例如1914年，法国导演阿贝尔·冈斯拍摄出《蒂贝博士的疯癫》；1918年，丹麦导演霍尔格·马德森拍摄了根据索弗斯·米凯利斯同名小说改编的《天上的船》；1923—1925年，美国导演哈里·霍伊特拍摄了根据阿瑟·柯南·道尔同名小说改编的《失去的世界》；1925—1927年，德国导演弗里茨·朗拍摄了根据冯·哈布同名小说改编的《大都会》，又在1929年拍摄了《月球上的女人》；1932年，美国导演肯顿拍摄了根据英国小说家H.G.威尔斯小说《莫洛博士岛》改编的影片《失魂岛》；1933年，美国人詹姆斯·惠尔拍摄了根据H.G.威尔斯同名小说改编的《隐身人》。

欧洲最早的科幻小说作家当属法国的儒勒·凡尔纳。从1863年他创作出第一部小说《气球上的五星期》开始，陆续发表了《地心游记》《环绕月球》《海底两万里》《80天环绕地球》等60余部科幻小说作品，其中既有科学的想象，又有上天入地旅游冒险的乐趣。英国科幻小说的创始人为H.G.威尔斯。他的第一本科幻小说《时间机器》完成于1895年，内容是一位工程师乘坐自己发明的机器，飞向遥远的未来802701年，落在一个奇异的地方。在那里，地上和地下分别生活着两种人：住在地上的是哀洛埃人，生活优越，但却身体萎缩，不会做工，也不能繁殖；住在地下的叫莫洛克人，他们怕见光线，但像蚂蚁一样能干，繁殖能力极强。哀洛埃人不能劳作，连他们自己的文物和建筑也无力维护，而且还时常被莫洛克人拖进地下，被当成鲜肉吃掉。工程师抵达的当晚，他的时间机器被莫洛克人偷走，在经历一番战斗之后，工程师重新回到现实世界。1898年出版的《星际战争》在科学想象力和现实性描绘上都比《时间机器》进了一大步。这部小说描写的是火星人入侵地球的故事，火星人降落的地点是英国伦敦地区。火星人是乘着庞大的金属容器下降的，他们行走如飞，而且有两种厉害武器，一种是

---

① 陈犀禾，吴小丽. 影视批评：理论和实践. 上海：上海大学出版社，2003：102.

热波，另一种是毒气。英国虽出动了全部炮兵，仍然无济于事，不久就全军覆没，伦敦全城落入火星人的手里。火星人形状奇怪，有一个滚圆的大头，有眼却没有鼻子，口旁长了 16 根细长的触手，与大脑神经相通，可以支持身体行动。他们不吃东西，只靠注射别的生物的鲜血维持生命。但是无敌的火星人却有一个致命的弱点，即火星上没有病菌，所以他们在地球上接触瘴气和病菌后就全部死亡了。人类则不断同病菌进行斗争，付出了几十亿人死亡的代价，终于重新获得在地球上的生存权。

H. G. 威尔斯继承了英国小说的写实主义传统，在小说里除了表现出敏锐的科学想象力之外，其十分逼真的现实性描写也深深吸引着读者。无论是描写火星人还是战斗场面，威尔斯都将细节写得异常逼真，尤其是英国人的城乡生活。1938 年，奥逊·威尔斯买下《星际战争》的改编权，并在电台广播了小说的一部分。出人意料的是，该广播竟然引起新泽西州人的惊恐慌乱，以为真的遭遇到了火星人入侵。实际上，威尔斯的科幻小说从来都是将自己对现实生活的理解渗入其内的。在小说中，他有意将当时英国城乡安于布尔乔亚式生活现状的人们推向灾难的情境中，当灾难降临时，大多数人表现出来的是惊慌失措，人性的弱点也从哄抬物价、趁机敲诈甚至抢劫等现象中暴露出来。当然，他也描写了临危不惧、见义勇为的一类人物，如叙述者的弟弟在大溃退的洪流中救出一位老妇人，表现出人性中可贵的品质。

在科幻电影发展史上，儒勒·凡尔纳小说那种偏爱冒险旅行、注重科学想象的叙事风格虽然在梅里爱时期有所表现，但对后来科幻影片的影响并不明显。而 H. G. 威尔斯的小说不仅有着丰富的科学想象，而且还具备从文化观念以及社会现实衍生出来的二元对立结构，因此充满了戏剧性的矛盾和尖锐的争斗，随着故事情节的展开而显得波澜起伏、跌宕有致。从电影特殊的视听效果角度来说，随着科技手段的进步，电影总是能将最为先进的科技手段应用于自身，获取越来越强烈的震撼效果。但是，基本的叙事结构以及文化价值观念的对立所引发的冲突，一直都是科幻类型片稳定的剧情基础。

不仅数量众多的 H. G. 威尔斯的小说被改编成科幻影片，而且在一些著名的科幻片中也能够看到受其影响的痕迹。如 1925—1927 年德国乌发公司耗资数百万马克拍摄的《大都会》（弗里茨·朗导演），虚构了一个 2000 年空想未来城，在这个大都会里地上和地下分别住着两类人：住在地上的是骄奢淫逸的富人和有权有势者；而在地下住着穷苦的工人群众，他们过着苦不堪言的非人生活。地上人物的代表是“机器和工人的主人”约翰·弗雷德森，他的儿子弗雷德尔却偏偏爱上了一个工人姑娘玛丽亚。弗雷德森唆使冷酷的科学家罗特旺设计出一个女性机器人，长相和玛丽亚一模一样。这个女机器人鼓动工人暴动，结果导致地下发大水。灾难中，为了不使孩子们遭受灭顶之灾，弗雷德尔及时赶来救助。最后，劳资双方达成谅解，机器人被烧毁，弗雷德尔和玛丽亚幸福结合。这部科幻片为以后的科幻电影奠定了一个基本的框架。科幻电影史学者克里斯蒂安·黑尔曼认为：

> 此后出现的幻想电影都共同具有《大都会》中的特点：
> （一）气魄雄伟的未来城；
> （二）创造一个机器生命；
> （三）疯狂的科学家（荒唐而有危害性的科学家）；
> （四）能毁灭一切的灾难。[①]

---

① 黑尔曼．世界科幻电影史．陈钰鹏，译．北京：中国电影出版社，1988：19.

实际上，这几项要素在威尔斯的小说中早已具备。1932 年，美国导演厄尔·C. 肯顿拍摄的《失魂岛》即根据威尔斯小说《莫洛博士岛》改编而来。这部小说完成于 1896 年，是威尔斯继《时间机器》之后写作的第二部科幻小说。书中的莫洛博士和他的助手利用器官移植的方法，制作出许多半人半兽的动物。这些人兽结合的怪物具有人的意识和野兽的本性，只是慑于莫洛博士的皮鞭和信条，它们的野性才有所收敛。像莫洛博士这样冷酷残忍的科学家，在威尔斯的另一部小说《隐身人》中，是那位名叫杰克的博士。他用印度药物做实验，将自己变成隐身人，给世界带来致命危害。1933 年，该书被美国导演詹姆斯·惠尔改编成同名电影。另外，关于世界毁灭的幻想故事，在威尔斯 1908 年完成的《太空战》和 1914 年发表的《解放的世界》中都有令人印象深刻的描写，在后一部作品中预见了核爆炸和原子战争的恐怖景象。

如果说 20 世纪 30 年代的西方科幻电影热衷于表现残忍科学家给人类造成的危害，到了 50 年代，在西方科幻电影中，外星人对地球的攻击又成为一个热门主题。有必要说明的是，这一时期正是“二战”之后东西方冷战开始的年代，外星人在某种程度上隐喻着来自社会主义阵营的威胁。这一时期的经典作品依旧是根据威尔斯小说《星际战争》改编的同名影片，故事情节保持了和原著的一致性，只不过又加入了一个爱情故事：一对情侣在即将降临的死亡面前紧紧拥抱之际，火星人的飞行器纷纷坠落了，但火星人的死因还是原小说描述的，即被地球上最小的细菌吞噬。

三、电视剧类型的形成案例

小说在欧洲的兴起与中产阶级妇女的阅读需求有关。实际上，在中国历史上，以小说作为闲书来打发空闲时间也是相当普遍的事。在有了无线电广播之后，很多小说就以连播的方式或是广播剧的方式进入人们的生活，并把许多读者变成了听众。等到电视机进入寻常百姓家之时，小说里所讲的爱恨情仇故事、武侠神探英雄传奇、家长里短的凡间琐事，又自然地转换成了图像加声音的形式。一个简单的例子可以见证这个有趣的转换过程：在 20 世纪 80 年代的中国，一边是无线电广播里的评书联播，一边是电视中由说书人录制的评书节目，让观众有机会看到说书人的丰富表情和动作。现代社会虽然有了个人电脑带来的方便，但是很多人依旧喜欢在家里打开电视，看各种类型的电视连续剧。毕竟，电视剧已经是日常文化生活的一部分，在很大程度上取代了传统的纸媒介阅读。

虽然最早的电视剧实验可以追溯到 1928 年 9 月 11 日，即美国通用电气公司在纽约州的 WGY 广播电台试验播出的独幕剧《女王的信使》，但是，电视剧的真正兴盛还是第二次世界大战之后的事情。电视的普及，使普通大众的日常文化娱乐中心发生了根本性变化，人们可以在家里随意享受电视机带来的图像和声音，一段时期内也令电影院的生意变得极度萧条。在美国，有许多戏剧编剧、演员被吸引到电视剧这一行当中，就像电影诞生不久时的情形一样，人们很快就将曾经在银幕上大受欢迎的西部片搬到了电视荧屏上。当时最受欢迎的西部电视剧是《孤独骑士》，从 1949 年一直播放到 1957 年。随着好莱坞大举进入电视业，20 世纪 50 年代后期到 60 年代初，西部电视剧曾经红极一时，比较著名的有《枪烟》《带枪走天下》《布南札》等剧。在这些剧情火爆的西部剧中，除暴安良的英雄策马飞奔、纵横驰骋，枪弹横飞，不但为观众提供了充足的刺激，而且让大众从“善恶到头终有报”的故事中获得情感上的慰藉。而电影从科幻小说继承的传统，也被带到电视剧中来，如科幻剧《星际旅行》(1966—1969)、奇想剧《蝙蝠侠》(1966—1968)，还有以法力无边的女巫和女妖为主角的《娶个女巫》(1964—1972)、《我梦想的简妮》(1965—1970) 等。

从大的类型划分来看，美国电视剧的主要类型包括肥皂剧 (soap opera)、情景喜剧、微型连续剧、情节系列剧和电视电影等，而肥皂剧的历史较为悠久，对其他类型都有深刻的影响。同时，美国的知识分子大多对肥皂剧嗤之以鼻，很少有人承认自己是肥皂剧的观众。许多专家认为，肥皂剧的直接源头是流行于18世纪英国的“感伤小说”，即一种以妇女为主要对象，情节发生在家庭内部的小说样式。而到了20世纪30年代初，商业广播网借鉴了“感伤小说”的格式，在无线电广播中播放一种长篇连续广播剧，美国人称这种连续广播剧为“soap opera”。1950年开播的《最初一百年》是有胶片材料的最早的肥皂剧。1951年，电视肥皂剧圣手罗伊·文瑟先后推出《寻找明天》(1951—1980) 和《永世之爱》(1951—1987) 两部肥皂剧，确立了电视肥皂剧的独特形式，并使之走上正轨。由于十分接近现实生活，从剧中人物、所触及的社会问题和矛盾到布景都让观众感到十分熟悉，肥皂剧因而很容易使观众融入剧情中去。同时，肥皂剧总是能够给观众找到一个想象的解决方式，使那些感觉自己和剧中人物遭遇相仿的人找到排遣郁闷的途径。因此，肥皂剧的观众群体常常能够扩展到家庭主妇之外。“从20世纪70年代以来，电视肥皂剧开始涉及‘两代人代沟’、人工流产、吸毒、政治抗议、妇女解放、环境污染、腐化堕落、虐待儿童、未婚同居等社会事件。由于肥皂剧展示了广阔的社会生活，因而它的观众又从家庭主妇扩展到其他观众群体，甚至成千上万的青年人也加入收视的群体中来，并迷恋上电视肥皂剧。在播放《综合医院》期间，每到下午2点，便有为数众多的大学生肥皂剧迷们逃课去看电视。”①

当然，肥皂剧追求的所谓真实主义主要是为了拴住观众，提高自身的收视率，因此，对其所触及的社会问题并不追求深刻的思考和探究。“这种情况使日间肥皂剧在某种意义上成为反映美国现代社会的一面镜子。作为大众通俗娱乐形式，肥皂剧既缺乏揭示深层社会矛盾的深刻，也没有敢为天下先的勇气，因而很难指望从这种叙事形态中找到具有丰富社会内涵的东西，或是对于深层性的社会问题预见性的阐释。但在另一方面，日间肥皂剧又在有意识地追随着社会的潮流，有意无意地把已经引起普遍关注的社会问题搬演到电视屏幕上来。”②

美国的卡洛尔·威廉姆斯曾经通过一段时间的观察分析，总结出美国日间肥皂剧的8条结构公式：

(1) 首先是序幕，分别引导三个故事（偶尔是两个或四个），以后的故事接着序幕介绍的内容进行，但通常还会加入一个没有引导过的故事，那是一个次要情节。

(2) 在一集中只能有一个或两个主故事。如果是两个，那么一个应是冒险故事，另一个是浪漫故事，当然也可以都是既有冒险又有爱情的混合故事。

(3) 每集有六幕（个别七幕）。第一幕或完全根据序幕的几场戏发展，或是加入一个新情节；而在第二幕再发展在序幕中有而在第一幕中没有的那一条线索（但不论采取何种形式，各剧自身每一集的样式都是统一不变的）。

(4) 一集中大约有20～30场，最普通的是20～24场，每一场表现一个故事里的

---

① 苗棣，赵长军. 论通俗文化：美国电视剧类型分析. 北京：北京广播学院出版社，2004：45-46.

② 苗棣，赵长军. 论通俗文化：美国电视剧类型分析. 61.

一个概念。

(5) 大多数场次涉及2个人，最多的有8个人（有极少数例外）。

(6) 大多数场次时间长度是一致的。

(7) 一集中故事时间一般不超过一天。

(8) 星期五是“关节点集”，通常两个主故事都要留下强烈悬念，分别安排在最后两场中（而星期三的一集总是吸引力最差的一集）。①

除了类似的结构公式之外，在人物、主题、情节方面也有许多固定的程式。毕竟，电视肥皂剧被称为电视时代的民间故事。

尽管肥皂剧与社会生活有如此密切的联系，但作为当代社会大众文化的主要表现形态之一，电视肥皂剧受到了左派文化研究学者的批判。英国学者彼得·康拉德曾经结合消费文化历史的研究，指出当代肥皂剧和英国维多利亚时代所流行的消费文化观念的传承关系。1886年，肥皂商巴拉特利用画家米莱斯的一幅名为《泡泡》的画为他的梨牌肥皂做广告，因为“米莱斯所运用的色彩，使画面光洁如镜。而与此相一致的是，维多利亚时代的柔情蜜意相信，一切问题都无伤大雅地发生在表面上，因此，可用一种迷人的微笑或肥皂泡来加以清除”②。针对某些人赞扬现代的美国肥皂剧可以清除现代生活给人带来的内心痛苦的观点，康拉德在自己的文章中给予了强烈的批判。

近年来，肯定肥皂剧的声音渐渐多起来。英国学者尼古拉斯·阿伯克龙比就认为，肥皂剧的内容主题至少在四个方面是极为有益的：第一，肥皂剧描绘日常的平凡世界；第二，肥皂剧大多是女性的世界，肯定的是女性的某种文化能力，不像在男性故事中，女人往往被当作歇斯底里来嘲笑；第三，它强调了家庭的重要性，女性被视为巩固家庭地位的中坚力量；第四，英国的肥皂剧还赞扬了一种社区精神，人们尽管有严重的分歧和争执，但是却能做到互相帮助。③

1990年后，我国电视剧类型化发展十分迅速，电视连续剧《渴望》开启了家庭伦理剧的先河，在此后的20多年时间里，此类电视剧成为最主要的国产剧类型。至于家庭伦理剧的源头，我们可以在传统的家庭伦理小说以及电影中找到异常久远的渊源。古装历史剧、武侠剧同样依托发达的小说传统，只不过，在新的文化条件下又出现了一系列的“戏说”历史剧，很多研究者将其看作后现代观念影响下的“戏仿”之作。1949年之后的文学、电影作品，在一定程度上具备了类型化的特征，并且在几代人中发生着潜移默化的影响，比如反特务小说这一类型就曾广受读者欢迎，近年出现的热播电视剧《潜伏》便是一次成功的类型化迁移，随着这部电视剧的成功，“谍战剧”快速成为21世纪初国产剧的热门类型。当然，中国电视剧类型化的探索时间并不算长，但是，其取得的成就还是受到了越来越多人的认可。

【思考与练习】

1. 试述梅里爱改编文学作品的目的与方法。

2. 根据萨杜尔的描述，早期欧美电影公司从文学、戏剧中寻找题材的背景是什么？

---

① 苗棣，赵长军．论通俗文化：美国电视剧类型分析．56.

② 康拉德．肥皂剧//中国艺术研究院外国文艺研究所．论电视剧．北京：北京广播学院出版社，1987：151.

③ 阿伯克龙比．电视与社会．张永喜，鲍贵，陈光明，译．南京：南京大学出版社，2001：60-63.

3. 简述早期欧美电影公司改编报刊连载小说的情况。
4. 鸳鸯蝴蝶派作家进入电影界的原因有哪些?
5. 简述狄更斯有关文学作品结构的理论观点。
6. 举例说明《一个国家的诞生》中的平行蒙太奇表现手法。
7. 谈谈古典类型理论和现代类型理论的内容和区别。
8. 库柏的西部小说的主题是如何建构的?
9. 威尔斯的科幻小说对科幻电影的影响有哪些?
10. 简述肥皂剧的源流。
11. 知识分子是如何评价肥皂剧的?

第二章
电影经典理论与文学

【学习导读】

法国先锋派电影研究者们从建筑、音乐、绘画、雕塑、诗和舞蹈这六门艺术所具有的艺术特性着手，研究具有综合性的电影艺术特点，尤其是从绘画、音乐以及诗的固有特性出发，去发现和总结电影与其他艺术的关系。

诞生于1914年的俄国形式主义学派，以文学作品为基本研究对象，充分阐述了文学的自主性、文学的结构与形式、诗学与语言学的关系等问题。俄国形式主义学者从文学乃至诗学的方法入手研究电影艺术，并非是要把电影等同于文学，而是要寻找电影作为艺术的建构法则。从20世纪20年代开始，苏联电影艺术家们一方面借鉴、总结美国电影较为成熟的叙事经验，一方面从传统文学中探寻具有艺术共性特征的蒙太奇思维方法，后者在爱森斯坦的大量著述当中清晰地体现出来。

第二次世界大战以后，法国电影理论家、批评家安德烈·巴赞积极倡导电影真实美学观念，在对意大利新现实主义电影的研究中，巴赞发现新现实主义电影深受美国小说的影响。因此，他进一步得出结论：世界电影的发展趋势与文学、艺术的整体趋势相一致。

【本章要点】

本章通过考察早期电影理论和经典电影理论理解电影和文学的关系。(1) 了解早期法国电影先锋派理论家在确立电影艺术品质方面所做出的贡献，辩证理解他们在理论建立过程中的经验与不足。理解“视觉戏剧”“激发情绪”“上镜头性”“电影诗意”“视觉化的形式”等概念的内涵以及生成语境。理解该理论产生的文化历史背景及其影响，反思他们所研究的纯艺术、视觉、叙事、受众等问题。(2) 了解俄国形式主义与法国先锋派电影理论研究重心的差异点，理解俄国形式主义研究电影叙事艺术（电影诗学）的语言学方法。理解电影意义的生成过程在于：通过蒙太奇手段，将电影语言的基本单位镜头组接在一起。了解电影是一门序列的艺术，镜头（单词）的意义有赖于整个体系来确定。掌握电影隐喻的概念。了解苏联蒙太奇学派代表人物爱森斯坦的理论与实践，及其在文学作品中总结出的蒙太奇场景结构方法和技巧。理解“有机严整性”和“激情”的内在构成特点，以及所起到的激发观众情绪的作用。(3) 理解巴赞所提出的电影现实主义标准及实现途径。

第一节
法国印象派-先锋派电影理论

根据法国电影史学家萨杜尔的描述，早期“艺术电影”大多是从文学或戏剧名著改编而来的。从当时的情形看，这似乎在某种程度上提高了电影的艺术品位，丰富了电影的表现内容。但是，对于一门艺术来说，它需要有自己独特的艺术形式手段，需要有自己独特的艺术语言。法国印象派-先锋派对电影艺术的本质探索于电影艺术发展至关重要。这一流派提出了电影艺术的一些重要概念和范畴，如气氛、节奏、上镜头性等，他们的理论探讨受当时现代主义文学和艺术理论的直接影响，致力于去除亚里士多德之后延续了两千年的“模仿理论”，将对现实生活的描写和表现排除在艺术之外，转而去追求创造“绝对精神化的产品”。刚刚诞生不久的电影，被法国先锋派理论家视为符合他们艺术理想的艺术形式。

一、乔托·卡努杜

1911年，乔托·卡努杜发表了《第七艺术宣言》，称电影既不是情节戏也不是戏剧，而是把建筑、音乐、绘画、雕塑、诗和舞蹈这六门艺术加以综合的新艺术，电影是可以用来抒发情感、表现心灵的。

卡努杜在其所写的《电影不是戏剧》一文中，为了探讨电影艺术的独特个性，开篇就提出不要在电影和戏剧中寻找相同点的观点，并认为电影是受它的技术手段和放映机械制约的。不过，应该指出的是，在卡努杜的意识中，戏剧又可以分为三类，即“演出的戏剧”“文学的戏剧”“视觉的戏剧”。他贬斥“演出的戏剧”而褒扬后者，因为“演出的戏剧”令人感到演员的装腔作势，“以便在我们面前演出并非属于这些人自身的某种生活或梦想”①。而“作为文学的戏剧就完全是另一回事，它接受并构成各时代和各民族的美学文化，它是表现‘固定的’智慧和感情的作品”②。因此，卡努杜所提出的“电影不是戏剧”的观点，恰恰是针对早期电影所仿效的“演出的戏剧”。这在卡努杜看来便是一种妨碍电影艺术的独立和发展的关键问题。卡努杜在文章中写道：“因为，第七艺术——电影——首先是表现生活的一种本质的现象。但是，在许多情况下，电影却只是平铺直叙地、干巴巴地去图解一个文学作品。它过分简单地沿用了拉丁民族的哑剧传统，包括奥古斯都时代流传至今、以手势演出的戏剧，和其他以表情动作为主的戏剧传统，而这正是一种可怕的或者是愚蠢的错误。”③ 与“演出的戏剧”及图解文学不同，“文学的戏剧”能表现“‘固定的’智慧和感情”，卡努杜认为这种智慧和感情也是电影所

① 卡努杜．电影不是戏剧//李恒基，杨远婴．外国电影理论文选：上．修订本．北京：三联书店，2006：50．
② 卡努杜．电影不是戏剧//李恒基，杨远婴．外国电影理论文选：上．修订本．50．
③ 卡努杜．电影不是戏剧//李恒基，杨远婴．外国电影理论文选：上．修订本．49．

应该竭力表现的，所以“文学的戏剧”并不是他所反对的对象。与此同时，卡努杜还为电影提出了“视觉的戏剧”的概念，他满怀激情地写道：“视觉戏剧的奥妙和伟大就在于它运用光的无限变化来表现整个生活，包括人的各种思想感情、意愿冲突和胜利，它只把人和物体当作光的具体形态来理解并且根据剧情的主导思想来和谐地安排它们。因此，视觉的戏剧既非‘舞台剧’，也非‘哑剧’，而是我们当代美学运动中一种最高级的、最精神化的作品。”①

卡努杜认为，电影就像其他精神产品一样，它的作用在于“激发情绪而不是叙述事件”。而如何能做到“激发情绪”，需要从以下几个方面加以考虑：(1)“通过能够重现生活环境的机器和光的笔触而变成一种节奏的艺术，从而把我们的感情激发起来。”(2)“在他的观察中大胆地放进作者自己的激情”，以期对观众产生感染力。(3)创造所拍摄的外部景象，使之产生“心理气氛”，“在电影中，唯有这种气氛才能去代替一部小说的描写部分和一幅图画的色调和谐感”②。

卡努杜的理论阐述，对于诞生不久的电影摆脱粗浅和幼稚、追求艺术的灵性无疑是十分重要的。同时，我们也应该注意到，他所提及的电影艺术方法，在艺术通感的基础上，与传统的文学、艺术理论有着诸多的同构关系。例如，他批评当时的电影工作者只知道展示“真实事件”，“把这个或那个景色一成不变地拍下来”，而主张“创造景色”“创造心理气氛”，“在他的观察中大胆地放进作者自己的激情”，这与王国维在《人间词话》中所讲的“一切景语皆情语”极为相似。“秋风萧瑟，洪波涌起”“暧暧远人村，依依墟里烟”的诗句虽然是用文字写成，但是在转换成形象之际，在读者眼前浮现的亦皆是景物，其中却也暗藏着诗人幽深的情绪。融入人的主观情感的景物，在电影画面镜头中即会形成一种能令观众感觉得到的“心理气氛”。值得一提的是，“气氛”至今依然是衡量电影艺术特征与风格的重要标志。

综上所述，卡努杜所反对的是当时粗浅的、缺乏艺术情感介入的电影，表现形态既有照搬戏剧演出的“戏剧式电影”，也有取材于文学作品的“情节戏电影”，这些在他看来都是缺乏艺术精神的。当他提出“在电影中，就像在其他精神产品中一样，艺术的作用在于激发情绪而不是叙述事件”这一观点时，我们自然不该忽略他这句话的指向性，即他希望将电影从当时的幼稚状态提升到艺术的高度，但是，就激发情绪与叙述事件来说，这两者被完全对立起来就显得过于极端。从文学史或艺术史来看，应该说，叙述事件本身同样可以起到激发情绪的作用，比如，黛玉葬花、林冲雪夜上梁山这些都属于叙述事件，在激发读者情绪方面所起到的作用是毋庸置疑的。卡努杜将电影的“激发情绪”和“叙述事件”功能相对立，在当时先锋电影理论中较具代表性，对后来电影艺术的发展也产生了较为复杂的影响。

二、让·爱泼斯坦

对于路易·德吕克提出的“上镜头性”，爱泼斯坦在《电影的本质》一文中做了进一步的阐述：“凡是由于在电影中再现而在精神特质方面有所增添的各种事物、生物和心灵的一切现象，我将都称之为‘上镜头’的东西。凡是通过电影的再现而无所增添的现象，都是不‘上镜

① 卡努杜．电影不是戏剧//李恒基，杨远婴．外国电影理论文选：上．修订本．52.

② 卡努杜．电影不是戏剧//李恒基，杨远婴．外国电影理论文选：上．修订本．52，56.

头’的，因而也就不属于电影艺术。”显然，在他看来，简单、机械地拍摄下来的影片是算不上电影艺术的，与卡努杜主张电影应表现内在精神的观点一致。依据各门艺术都有自己的特性的原则，如文学有文学性、绘画有绘画性，那么电影也应该有电影性。运用类比的方法，他认为“目前绘画已经摆脱了由于要求近似和叙事而引起的多种烦恼，那些以叙事代替了描绘的图画，即故事画和历史画，几乎只好陈列在大的劝业场家具部，其实我认为这些画倒是有很多买主的。但是那种配成为高尚作品的绘画，它所追求的唯一的东西就是绘画艺术本身”。而文学性“只有那种不热衷于离奇古怪情节的作品（按照这种情节安排，警探总是追回了失去的财宝），才适合于被称为文学艺术”。①

爱泼斯坦的电影“纯艺术”观念明显带有激进色彩。在他的论述中，文学、戏剧以及绘画艺术，只有不再与叙事、历史和故事发生关系，方可以进入艺术之列。按照这一逻辑关系，电影性似乎也已经明确了：“电影同样也应当避免和一切会对它不利的东西发生联系，避免和那些以历史、教育、小说、道德或不道德、地理或文献等为主题的材料发生关系。电影所追求的目标应当是逐渐和最终成为纯粹的电影艺术，也就是说只利用那些‘上镜头’的元素。‘上镜头性’是电影的最纯净的表现。”② 应该指出，作为研究本体的方法，这样去除电影与社会复杂联系的做法尚有可取之处，因为它在发现“上镜头性”的同时，也指出了电影“再现内在精神特质方面”的艺术目标。但是，电影与社会的密切关系并不能因此而去除掉，电影艺术性的提升是为了更好地实现它的社会属性，因此，在实践中，电影不可避免地还原出社会文化的内容。

对于电影本体的研究，爱泼斯坦的贡献还在于他提出了“时空凹凸”和“时间次元”等概念。他在《电影的本质》一文中提道：“这种电影及其所构成的运动，是由一连串静止的胶片画面一张张加起来，并通过一束强烈的光线完成的，所以它是用静态创造出动态……”③ 这种从静态到动态关系的确定，使得爱泼斯坦从静止的画面入手，借助绘画理论的“三次元纵深结构”来思考电影的远近景问题，提出电影的远近景可以表现出空间的凹凸程度。这对于电影摄影机镜头运动方向以及空间构图方面的影响意义深远。爱泼斯坦还提出，方位感除了“空间的三次元”之外，还存在“第四次元”，亦即“时间次元”，“‘上镜头’的动态，就是在这种空间——时间体系中的一种动态，一种同时存在于空间和时间中的动态”④。电影时间的凹凸程度表现在它能将时间缩短或者延长，比如，电影中可以出现展示植物的生长过程这样的“奇异镜头”。

爱泼斯坦认为，电影这种可以表现空间和时间的远近变化的能力，使得“电影赋予它所选定的一切物象以生命的外形”，就是说电影能够使一切看上去没有生命的物象具备强烈的生命特质。对此，他特别强调了近景镜头所起到的作用：“电影能够把一支放在抽屉里的手枪、一个碎在地上的玻璃瓶、一只四周围着‘虹膜’的眼珠提高，使之具有剧中人物的身份。既然是剧中人物，它们就会显得像是具有生命，好像它们是正处在一种感情发展过程中的人物。”⑤

因此，爱泼斯坦又对“上镜头性”做出进一步补充说明：“只有事物、生物和心灵的动态

---

① 爱泼斯坦．电影的本质//李恒基，杨远婴．外国电影理论文选：上．修订本．82.
② 爱泼斯坦．电影的本质//李恒基，杨远婴．外国电影理论文选：上．修订本．83.
③ 爱泼斯坦．电影的本质//李恒基，杨远婴．外国电影理论文选：上．修订本．82，83.
④ 爱泼斯坦．电影的本质//李恒基，杨远婴．外国电影理论文选：上．修订本．84.
⑤ 爱泼斯坦．电影的本质//李恒基，杨远婴．外国电影理论文选：上．修订本．84，85.

的和有个性[1]的现象，才能是‘上镜头’的东西，即能够通过电影的再现而获得高级的精神特质。”不过，应该指出的是，电影赋予无生命的物象以生命的这种能力，自然是由具有“发现美的眼睛”的艺术家所赋予的。爱泼斯坦认为法国导演冈斯如果把一幅风景画搬上银幕，将会与格里菲斯、莱比埃这类导演心目中的景象完全不同，因为在冈斯的镜头里“出现了灵魂，还有诗意”。

这些无生命的物象被赋予生命和灵魂之后，又该是怎样的表现？对此，爱泼斯坦在文章中举了这样的例子：“在近景镜头中的一把手枪，不再是一把手枪，它是一个手枪——人物，换句话说，它是由于犯罪、破产、自杀而产生的愿望或悔恨。它阴森森的，像是黑夜中的各种诱惑，它闪着亮光，像是令人垂涎的黄金之光，它沉默无言，像一股邪恶的激情，它粗暴、短胖、沉重、冷酷、猜忌和气势逼人。它有性格，有习惯，有记忆，有意志，有灵魂。”[2] 从一个镜头中可以看出如此丰富的内涵，这需要观众的丰富的想象力和艺术感悟能力，同时也需要有深刻的生命体验和深厚的学识积累。

总的说来，爱泼斯坦的论述为我们清晰地描绘出电影艺术性的获得途径，即主要是通过“上镜头性”而实现的。具备“上镜头性”的内在依据，是电影所拍摄的物象能够显现出内在的生命和灵魂，这也使得电影具备了基本的诗意特征。依此进一步推论，电影之所以能够获得艺术的荣耀就在于它能够表现诗意的品质。

三、杰尔曼·杜拉克

杰尔曼·杜拉克在其《电影——视觉的艺术》一文中，明确提出电影艺术的根本特征是视觉性。为了强调电影艺术视觉的纯粹性，她以视觉和“反视觉化”的对立关系，试图将“文学化”从电影艺术的王国中驱逐出去。她认为，“文学化”在电影中的表现形式，首先是那些“为了念和听才创作的故事”，“更多强调的是事件而不是情绪的表现”，“为了使人物在银幕上显得栩栩如生、情节富于人情味，影片作者就让人物大肆活动、来回行走、奔跑和格斗，其次，由于这种外在动作必须有一个故事为基础，为求适应这一需要，人们就想：‘用那些时髦风行的文学或戏剧作品吧！’这就是目前的电影”。[3]

杜拉克竭力反对电影表现文学化和故事内容：“当然，电影可以叙述故事，但是不要忘记，故事是没有什么价值的。故事只是一个表面。”[4] 杜拉克和当时的许多先锋艺术理论家一样并不看重内容。在她看来，艺术的形式优于内容，电影艺术需要靠视觉化的形式与人的感觉和理智保持联系，而许多影片却把故事放在第一位，画面被放置在第二位，这恰恰是忽视艺术的表现。

那么，电影又该如何达成“视觉化”效果呢？她是这样解释的：“视觉化，通过光线、阴影、节奏、运动、脸部表情之间的和谐来接触感觉，这是意味着借助眼睛来和感觉及理智保持

① 此处所讲的“个性”，爱泼斯坦在文中专门提道：“个性是事物和人的可以目睹的灵魂。”——编者注

② 爱泼斯坦．电影的本质//李恒基，杨远婴．外国电影理论文选：上．修订本．87.

③ 杜拉克．电影：视觉的艺术//李恒基，杨远婴．外国电影理论文选：上．修订本．91.

④ 杜拉克．电影：视觉的艺术//李恒基，杨远婴．外国电影理论文选：上．修订本．93.

联系。”[①] 由此可见，杜拉克之所以强烈反对文学化，主要是她认为故事妨碍了电影的“视觉化”表达。光线、阴影、节奏等是视觉化的形式手段，作用于人的视觉感官，然后再和人的大脑发生联系。在杜拉克的表述中，她提出了视觉-感官-思想这样一种电影逻辑关系：“未来是属于那种无法讲述的影片的，我的解释如下：视觉对人的冲击是短暂的，人们所接受的是一种印象，而这种印象也就激起了各种思想。因此，这种冲击和和谐的音乐所产生的冲击很相似。”[②] 在这样的艺术逻辑序列中，显然没有故事、情节甚至人物的位置。

法国印象派-先锋派电影理论，对电影艺术视觉方面的强调，为电影艺术手段的发展成熟无疑做出了巨大贡献，对于当时许多电影照搬戏剧演出模式、图解文学作品的倾向给予十分有力的批评，在今天看来也有着十分重要的理论价值。

应该指出的是：

（1）法国电影先锋派理论与实践活动处于欧洲现代主义文艺思潮兴盛的年代，与现代主义艺术理论有着直接的关联，关注艺术本体研究及个体精神世界的表达问题，而将社会生活、道德、政治、教育等诸多内容剥离其外。艺术形式被充分观照的同时，与社会生活密切相关的题材、故事事件等内容受到普遍忽视，而这些却成为先锋电影理论倡导“视觉化”反对“文学化”的主要依据。这种纯电影艺术的观念影响深远，在 20 世纪 50 年代，安德烈·巴赞在《非纯电影辩——为改编辩护》一文中，还与这种纯电影艺术观的后继者们展开过一场辩论。

（2）这一电影理论流派在电影叙事研究方面存在缺憾。法国先锋理论家们在指出电影是一门综合艺术的同时，可以大胆地从绘画、雕塑、建筑等艺术形态入手，强调它的视觉特征，强调光、空间构图等方面的艺术指认，从音乐、舞蹈等艺术形态入手强调它的节奏和动态特点，当然，也从诗歌的角度指出它超越现实物象直抵心灵、精神的诗意特性。在默片电影时期，人类的语言，包括口头和书面的文学性语言作用是微弱的，相对而言，电影视觉直观的特征更加明显。因此，电影叙事问题，在法国先锋理论家看来并非电影的艺术性所在，不过，这一问题在俄国形式主义和蒙太奇学派那里得到了较好的解决。

（3）法国先锋电影理论家很少考虑电影与大众接受的问题。虽然路易·德吕克在《上镜头性》一文中提及，电影的观众是由“各式各样的普通观众”组成的，电影是一门雅俗共赏的艺术，但这在其他理论家那里并未得到充分的重视。对于普通观众所喜欢的故事情节采取排斥态度，也显示出先锋理论家们的文化精英意识。如爱泼斯坦分明知道带有叙事色彩的“故事画和历史画”有很多买主，“热衷于离奇古怪情节的作品”也有很多读者和观众，但在他看来，这些都不属于“高尚作品”，因而也就没什么艺术性可言。应该说，正如在文学和其他艺术中一样，在电影艺术中，高雅旨趣与大众需求也一直保持着某种张力关系。实际上，20 世纪 20 年代中期以后，苏联电影在处理电影艺术和大众关系方面取得了举世瞩目的成就。

---

① 爱泼斯坦．电影的本质//李恒基，杨远婴．外国电影理论文选：上．修订本．92.

② 爱泼斯坦．电影的本质//李恒基，杨远婴．外国电影理论文选：上．修订本．93.

第二节 俄国形式主义和蒙太奇学派

一、俄国形式主义电影理论观点

俄国形式主义学派，由 1914 年成立的“莫斯科语言学会”和 1917 年初在彼得堡成立的“诗歌语言研究会”的学者组成，他们的活动持续了 15 年左右，他们的研究对象涉及文学以及其他艺术领域。主要代表人物有：罗曼·雅各布森、维克托·什克洛夫斯基、鲍里斯·埃亨鲍姆、尤里·梯尼亚诺夫、鲍里斯·托马舍夫斯基等。在电影艺术方面：1923 年，什克洛夫斯基出版了《文学与电影》；1927 年出版了埃亨鲍姆主编的论文集《电影诗学》，“是世界上第一本真正从理论角度把握电影本质的著作”。

埃亨鲍姆在《电影修辞问题》一文中提到，电影与文学既有相近之处又存在着竞争关系：“在电影和蒙太奇确立之前，文学是唯一能够展开复杂的情节结构、平行地叙述故事、任意地改变事件地点、突出地强调细节特征的艺术。现在，与电影相比，文学的这些特权已有许多丧失了垄断专利：电影在这一范围内的发展显示出极大的优势。文学与戏剧一样，滋养和促进了电影的生存，同时却失掉了自己原来的地位，并在自己的未来演化中必须考虑另一种新型艺术的影响。”显然，埃亨鲍姆不再局限于法国先锋派电影理论家的绘画、音乐和诗的艺术视角，看到了文学叙事结构与电影叙事结构的同构关系。

埃亨鲍姆从文学乃至诗学的方法入手研究电影艺术，并不是要把电影等同于文学，而是要寻找电影作为叙事艺术的建构法则。“诗学的目的是找寻使语言材料变为艺术作品的原因，也就是说，文学研究的对象是使语言成为艺术品的东西，它显现为词与词的序列，词的意义及其内外形式。”① 在这里，明确提出了诗学研究的目的是探究艺术作品的成因，基本的研究对象是语言材料，具体的研究可分为三个方面，即词序、词义和词义表达形式。电影诗学亦是如此，同样是在寻找使影像材料变为艺术品的原因。埃亨鲍姆认为，蒙太奇是电影语句的基本单位，蒙太奇的构成以及它们之间的结构安排，这些是理论研究的重点。他还根据文学的经验展开对电影艺术的研究，如他从电影使用的一些技巧（特写、叠化、俯拍、仰拍），认定“电影中的自然主义与文学戏剧中的自然主义一样，都不能排除假定性”，而这种假定性正是使自然物、零散的素材在艺术家手中成为艺术的关键所在。

◎ 假定性是电影和其他艺术作品之“艺术性”的关键所在，是对人工、创作的理论概括和提升。创作即以人的意识对自然素材进行概括、提炼并做出重新安排，因此表现出艺术作品的假定性特征。无论艺术作品有多么逼真，它都具有创作者意识中假定性的内涵。

① 埃亨鲍姆．电影修辞问题//李恒基，杨远婴．外国电影理论文选：上．修订本．97．

埃亨鲍姆所研究的狭义电影修辞学问题包括：电影句法问题（电影语句的概念、电影复合句的剪辑）和电影语义学问题（电影的表意符号、隐喻等）。

（一）蒙太奇是电影语句的基本单位

“纯技术性的摄影手段是电影话语的分解手段，”埃亨鲍姆认为，“任何时间艺术都必须具备一种分解性，因为它在某种程度上已经成为特定的‘语言’。”① 对电影艺术的可分解性具有重要意义的就是蒙太奇镜头，因为彼此联系的蒙太奇构成了镜头组接体系。“蒙太奇就是蒙太奇，而不是个别片段的简单组合，它的原则是建构有意义的段落并把它们连接起来。这种连接的基本单位也就是电影语句。”②

我们说任何艺术都有自己的独特语言，那么，电影的语言是如何构成的？埃亨鲍姆在这里给予了明确的回答。

埃亨鲍姆继续在电影蒙太奇的内部进行划分，指出它的构成手段包括各种摄影手段，譬如景别、摄影角度等。“全景镜头仅仅被作为电影语句的导向性因素、一种老式语法概念中的‘地点或时间状语’保存下来。近景和特写构成重点成分，它们是电影语句中的主语与谓语。特别是景别运动（从全景到近景再到特写）的核心，是修辞的重点——这些就是建构电影语句的基本法则。”③

（二）时空连续性原则是组接电影语句——蒙太奇的基础

“镜头运动只要一开始，就会要求按照时空连续性原则进行有意义的组合。”④ 电影语句的连接，也就是蒙太奇的连接，要遵循的即是这一时空连续性原则，毕竟连续的电影语句及其含义要让观众感受得到并且能够理解。这里所说的时空连续性，并不是一种自然的如同现实生活那样的时空连续性，而是一种假定的连续性。比如，上一个镜头是一个人从家门走出，而下一个镜头是他进入另一个大门，中间省略了他在路上行走等过程，但是观众意识中还是能够感受到两个镜头的时空连续关系。

如果谈到语句，那就有简单句和复合句之分，而复合句则代表着具有较高的语言表达能力。在埃亨鲍姆看来，电影语句同样也有着丰富的复合句，复合句的表达当然也应遵循时空连续性的原则。比如，平行蒙太奇，两组镜头不断切换，观众依然可以感受得到每条情节线索的时空连续性，因为观众懂得运动的同时性原理（你在唱歌，他在跳舞），所以对每条情节线的蒙太奇的跳跃或省略都能心领神会。

（三）电影语义学——有关电影表意的相关问题

1. 各个镜头的含义只能通过彼此的先后关系逐步揭示出来

埃亨鲍姆认为梯尼亚诺夫在分析诗歌语义学时提出的观点，完全适用于电影语义学研究。

---

① 埃亨鲍姆．电影修辞问题//李恒基，杨远婴．外国电影理论文选：上．修订本．117.
② 埃亨鲍姆．电影修辞问题//李恒基，杨远婴．外国电影理论文选：上．修订本．118.
③ 埃亨鲍姆．电影修辞问题//李恒基，杨远婴．外国电影理论文选：上．修订本．119.
④ 埃亨鲍姆．电影修辞问题//李恒基，杨远婴．外国电影理论文选：上．修订本．120.

梯尼亚诺夫在《诗歌语言问题》一书中提出："单词没有确定的涵义。它是一条变色龙，它不仅在不同的时刻具有不同的意味，而且有时还显出不同色调。严格地说，抽象的'词'就像一个小圆环，每一次都要根据它所处的词汇体系和语言环境功能来重新填充涵义。"①

依此推论，一个镜头画面就如同一个词，它的意义需要在与上下文的关系中确立。例如，我们在没有看一部影片之前看它的剧照，只能根据某一个画面获得一般的印象：两人在接吻。然而，在看过影片之后，由于我们知道了这个镜头的前后段落语境，对这幅剧照的含义就有了全然不同的理解。埃亨鲍姆将电影语义学分为镜头语义学和蒙太奇语义学，且认为后者是语义学的基本核心。"人们都熟知这样的例子：在重新剪辑一部影片时，同样的镜头被置于不同的蒙太奇'泛文本'关系中便能获得全新的涵义。"据此，埃亨鲍姆得出这样的结论："从胶片画格到蒙太奇镜头，电影始终是一种序列艺术。"

◎ 这一理论判断与库里肖夫所做的实验基本吻合。

2. 电影隐喻是语言隐喻的视觉表现

隐喻本是文学中广泛使用的修辞手法，人们在电影中找到隐喻的内涵，无疑提升了电影的表意能力。电影中隐喻的例子有很多，比如，在一家昏暗的小酒店里，一个人将台球打入网袋，这段蒙太奇就是隐喻性的，喻示着这个人开始走下坡路了。当然，利用摄影机的拍摄角度等手法，也可以达到隐喻的效果，例如从一个人的视角俯拍另一个人，再从另一个人的视角仰拍前者，就可以让观众理解"大人物"和"小人物"之间的俯仰关系。在埃亨鲍姆看来，"电影隐喻必须依赖于语言隐喻。观众只有在自己的语言储存中找到相应的隐喻表述时才能理解电影隐喻"②。

◎ 20世纪20年代，苏联蒙太奇学派开始在电影中大量使用隐喻镜头。著名的例子有：爱森斯坦《战舰波将金号》中的三个石狮子镜头，普多夫金《母亲》中融化的冰河，杜甫仁科《兵工厂》里从火车上滚落的手风琴，等等。隐喻镜头也成为当时苏联诗电影的一个重要标志。

二、爱森斯坦：从文学中寻找蒙太奇的思维方法

苏联蒙太奇学派诞生于俄国十月革命之后，主要代表人物有爱森斯坦、普多夫金、维尔托夫、杜甫仁科等。爱森斯坦不仅创作了大量电影作品，还为世人留下丰富的电影理论著述，堪称苏联蒙太奇学派的主要代表。

爱森斯坦（1898—1948）是世界上极为重要的电影理论家兼导演。苏联国内战争期间投身于无产阶级左翼戏剧工作，并写出了著名的《杂耍蒙太奇》（又译《吸引力蒙太奇》）。在20世

① 埃亨鲍姆. 电影修辞问题//李恒基，杨远婴. 外国电影理论文选：上. 修订本. 127.
② 埃亨鲍姆. 电影修辞问题//李恒基，杨远婴. 外国电影理论文选：上. 修订本. 125，126，127.

纪20年代陆续拍摄了《罢工》(1925)、《战舰波将金号》(1925)、《十月》(1928)、《总路线》(1929) 等影片。20世纪30年代拍摄的影片有《墨西哥万岁》(1934)、《白净草原》(1937) 和《亚历山大·涅夫斯基》(1938) 等影片。他于1943—1946年拍摄的“电影歌剧”《伊凡雷帝》,被法国著名电影史家萨杜尔称赞为“伟大的经典作品”。爱森斯坦一生留下大量电影理论著述,1963年,苏联整理出版了《爱森斯坦文集》。写于20世纪20年代的有《在群星的彼岸》《电影吸引力蒙太奇》《电影中的第四维》《理性吸引力1928》《电影创作的唯物论方法诸问题》等论文。这一时期的学说主要围绕着理性电影这一思想进行。30年代著有《蒙太奇》《蒙太奇1938》等文章,修正补充并升华了他早期的蒙太奇思想。40年代,《并非冷漠的大自然》系列文章,着重探讨了贯穿他创作与理论的“有机性”和“激情”问题;另一组系列文章由《关于立体电影》《彩色》等组成,深入阐释了他的复调蒙太奇理论。

爱森斯坦这位百科全书式的人物研究电影理论的视野异常广阔,他总是能够从不同国家及不同的文化、艺术形式(文学、音乐、绘画、雕塑等)中探寻电影艺术结构形式。同时,他又是一位充满政治激情的人物,将政治变革的热情与艺术创新融为一体。爱森斯坦从不拘泥于对电影艺术形式本身的思考,而是善于从人类各种文化的创造中汲取营养,使其思考充满异质和新颖的气息。比如,他从汉字中的会意文字,看到电影的蒙太奇思维实际上早已存在于人类文化之中,并因此认定,蒙太奇的表意功能实际上是符合人类认知思维的一般规律的。对于戏剧和文学,爱森斯坦完全不同于一般电影理论家那般画地为牢,采取的是完全开放式的态度,竭力从中吸取、借鉴对电影表现十分有益的艺术经验。

(一) 从细节、局部到整体的场景结构原则

爱森斯坦认为:“电影的原理并不是从天上掉落人间的,而是在人类文化的深层中发展出来的。”① 在《蒙太奇》一文中,爱森斯坦专门辟出“普希金——蒙太奇大师”一章,来谈论普希金诗歌中所表现出的蒙太奇场景。比如《鲁斯兰和柳德米拉》第六节《大战佩彻涅格人》中的一段:

1. 人们遭遇了——战斗开始了。
2. 战马嗅到死亡的气息,躁动起来,
3. 响起一片刀剑与铠甲碰撞的声音;
4. 黑压压一片箭矢呼啸而起,
5. 大地上顷刻洒满了鲜血;
6. 骑手们放马狂奔,
7. 骑兵队杀在一处;
8. 各自收紧成一堵严密的人墙;
9. 一队同一队在那里砍杀;
10. 一个在地上的同一个在马上的在那里拼杀;
11. 那边,一匹惊马在飞奔;
12. 那边,一片喊杀声,那边,一片奔跑;

① 爱森斯坦. 蒙太奇论. 富澜,译. 北京:中国电影出版社,2003:123.

13. 那边，一个俄罗斯人倒下，那边，倒下一个佩彻涅格人；
14. 一个被铁锤击倒；
15. 一个被箭矢射中；
16. 还有一个被盾牌掀翻在地，
17. 丧生在奔马蹄下。

在爱森斯坦对这段诗文的分析中，上述1～9行是战斗开端的总图景，起着全景的职能；10～17行是八个特写镜头。而在前9行中也包含着与整体相关的细节特写："战马……躁动起来"这个特写镜头，"可以说是给场景本身的节奏和动作加上的一个装饰音"；第3行表现了"刀剑与铠甲碰撞"的声音，"在声音上确定了整个场景的基调"；第4行从前一行的金属撞击声变为向上飞起的箭矢的呼啸声；第5行从声音转到图像，如一个俯拍的小全景镜头，"大地上顷刻洒满了鲜血"；第6行犹如对金属撞击声和鲜血的"激烈反应"，一个全景镜头，"骑兵像离弦的箭一样冲出去"。

这段诗文描写印证了爱森斯坦有关蒙太奇的论述，即"组合于蒙太奇中的实质上并不是一些细节，而是由细节按照局部代表整体规律而产生的关于事物或现象的无数一般概念"①。这实际上论及了蒙太奇的结构规律问题。但是，必须加以注意的是，首先，蒙太奇中的细节不是随意拼凑的，必须是整体中带有明显特征的局部侧面，如上述刀剑与铠甲的碰撞声、箭矢呼啸飞过的声音、溅洒在大地上的鲜血、飞驰的骑兵等。其次，这些局部的细节具备能够引发观众"整体"感觉的特性，如上述细节足以令观众产生亲临其境的感受，战场上的紧张激烈、残酷血腥都在那些细节中体现出来。再次，这些细节或特写镜头具有高度鲜明的代表性和典型性，"往往是战场上每一个角落里重复千百次的同样场景中一个单一场合"②。

爱森斯坦认为，从个别细节、局部到整体的形象生成过程，实际上代表了艺术的一般规律，最终目的是要作用于观众的意识和情感。在《蒙太奇1938》一文中，他补充道：

> 不论是记忆过程还是感受艺术作品过程，都遵循着一种规律性，即个别通过整体、整体通过形象而进入意识和感觉。
>
> 这一形象进入意识和感觉，而每一细节通过综合，与整体密不可分地保存于感觉和记忆中。这可能是一个声音形象——一个有节奏、有旋律的声音图景，或者也可能是一个造型形象，以图像形式包括了所有记忆的各个因素。
>
> 总之，是一系列表象以某种方式在感知中、在意识中构成由个别因素组成的完整性形象。③

（二）"整个结构的有机严整性"和"激情"

影片《战舰波将金号》蜚声世界影坛，也奠定了爱森斯坦在世界电影史上的不朽地位。有关这部影片的评价多种多样，爱森斯坦自己却特别强调了最为重要的两点："人们在谈到《战

① 爱森斯坦．蒙太奇论．185.
② 爱森斯坦．蒙太奇论．186－187.
③ 爱森斯坦．蒙太奇论．286.

舰波将金号》的时候，通常总是指出它的两个特点：整个结构的有机严整性和激情。"[1] 应该说，"整个结构的有机严整性"和"激情"是爱森斯坦在电影理论和创作中始终思考的问题，因为这与他所追求的电影对于观众的感染力目标有直接关联，也是达到上述目标的必要形式和手段。

图 2-1 《战舰波将金号》剧照

《战舰波将金号》的结构与一般商业电影的结构有很大不同，简单地说，它不是那种主人公追求目标并最终实现的情节结构。爱森斯坦在《论作品的结构》一文中提到，《战舰波将金号》看起来像是一连串事件的纪实，但却是"按照严格的悲剧结构安排的。而且是最为经典形态的悲剧结构——五幕悲剧"[2]。

我们先看这部电影的结构安排：第一幕，人与蛆虫；第二幕，腾德尔事件；第三幕，死者的召唤；第四幕，敖德萨阶梯；第五幕，迎击舰队。其中的每一幕结构又都分为几乎相等的两半：从水兵恶劣的生活环境、生蛆虫的肉到水兵不满怨愤；从军官命令枪杀水兵到行刑队拒绝开枪、水兵起义；从悼念瓦库林楚克到愤怒的集会；从市民和水兵的联欢到沙皇派哥萨克镇压；从"波将金号"不安地等待战斗开始到顺利突破舰队包围。每一幕结构又都反映出从压抑到迸发、释放的规律性特征。在向观众交代一个个事件的同时，也激发了观众内在情绪的巨大变化，体验到从同情、悲哀、愤怒直到反抗的全部情绪过程。这便是该片结构所引发的情感效果。

所以说，《战舰波将金号》"整个结构的有机严整性"，实际上是一种内在的规律性，即爱森斯坦所论述的："在这种情况下，有机性来自这样一点：整个作品由一定的结构规律所支配，它的所有各个部分都服从于这个规律性。"[3] 而且，在每一幕中都包含着戏剧的"突转"。按照爱森斯坦的说法，这种突转"都不单纯是转入另一种情绪、另一种节奏、另一种事件，而是每

---

① 爱森斯坦. 蒙太奇论. 11.

② 爱森斯坦. 并非冷漠的大自然. 富澜，译. 北京：中国电影出版社，2003：14.

③ 爱森斯坦. 并非冷漠的大自然. 12.

一次都转入截然相反的东西”[①]。应该指出的是，正是这种截然相反的“突转”，使得电影作用于观众的情感达到极致状态。因此，我们也就很容易理解与之相联系的“激情”问题。

爱森斯坦曾经专门写过一篇题名为《激情》的文章，他所讲的“激情”与环境、气氛都有密切的关系。电影中的蒙太奇要考虑在镜头、场景的剪辑中，将环境和气氛凸显出来，从而形成影响观众情绪的氛围。那么，电影如何才能做到这些呢？在《蒙太奇 1938》一文中，爱森斯坦分析了莫泊桑小说《漂亮朋友》的一个段落，并将其视为以环境气氛衬托内心情感的范例。在这部小说里，乔治·杜洛瓦坐在出租马车上等待跟他约好午夜 12 点一起私奔的苏珊。小说中写道：

> 远处不知什么地方，时钟敲了十二下，接着，近处的一座钟又敲了一遍，然后，不知在什么地方，有两座钟同时敲了起来。最后则是很远的地方又响了一阵。当传来最后一响时，他想到：“完了。一切都完了。她不会来了。”

爱森斯坦认为，莫泊桑让 12 点的钟声从不同的地方、不同的时钟上依次敲响，营造出某种特别的环境气氛，清冷、幽深而又能沁入骨髓。莫泊桑通过这种写法，“把午夜的情绪灌注到读者的意识和感觉中”。

空间环境与情绪乃至激情的关系，在文学作品中有着丰富的表现，爱森斯坦就称法国作家左拉的作品是电影艺术家的“自然主义方法的学校”。他通过对左拉作品的分析，发现左拉非常善于选择能恰当体现人物情绪的空间环境。“他从一切可能有的环境因素或现象中，只选取在这一具体时刻恰恰与他想要在读者心中引发的情绪感觉（甚至是生理感觉）最为‘协调’的那一环境、那些物件和它们的那种状态。”[②] 不仅如此，爱森斯坦还发现左拉笔下环境内的陈设和景物也是一首不断变化的交响乐，它作用于读者的情绪，使之处于不断变化、增强的状态。因此，左拉的方法对他导演的《战舰波将金号》的影响是具体的：

> 那部影片里的渐强多半是按这一原则处理的（除了在那里有很重要的节奏手段和蒙太奇手段之外）。例如，战舰准备迎击舰队时面临的威胁越来越强的一段。在命令发出之后，战舰准备战斗的各种“姿态”便逐一出现。这些姿态是按照威胁逐渐增强的标志连缀起来的。
>
> 吊起舷梯。
>
> 搬来炮弹。
>
> 校准炮位。
>
> 摇起炮口。
>
> 轮机开始轰鸣。
>
> 所有这些因素不是交替出现，而是严格有序的，而且可以看出是严格按照越来越强烈的顺序出现的：每一因素按次序“奏出”自己的“一段”，奏完之后便让位于下一个、更为强烈的因素。[③]

然而，这仅属于依靠空间环境或者景物引发情绪阶段，而升华到激情阶段还需要更加强烈

① 爱森斯坦. 并非冷漠的大自然. 17.

② 爱森斯坦. 并非冷漠的大自然. 84.

③ 爱森斯坦. 并非冷漠的大自然. 88 - 89.

的气氛，将客观的环境或景物注入更加强烈的主观色彩，使被描述物的状态发生变化、“失去常态”，才能使一个事件成为“激情事件”。爱森斯坦的《战舰波将金号》为人所称道的第二个方面即“激情”，各种空间环境和景物在其中都发挥了重要作用，如舰船上狭窄拥挤的水兵舱、威严却又充满压抑感的大炮、迎风飘扬的红旗等等。他认为，这种借助空间表现激情的手法，在文学和其他艺术中早有体现。

> 我们发现，激情结构的基本特征便是不断的“如痴如狂”，不断的“失去常态”——就是随着一个镜头、一段插曲、一个场景，整部作品情绪内容力度在数量上不断增强，作品的每一个别元素或特征不断地从一种质向另一种质飞跃。①

在对左拉的文学作品分析中，爱森斯坦发现左拉笔下绝不仅仅是自然主义的描写，激动人心之处恰是从日常生活到豪放激情场面的升华过程。例如在小说《萌芽》中，每当煤矿工人发工资的日子，人们便聚集在寡妇德喜尔的小酒店里酗酒狂欢。爱森斯坦认为，左拉“依他自己的意愿和运用他高超的文学技巧，使这个充满日常生活细节的、充满‘佛兰芒’式浓墨重彩的场面‘升华’到足以与拉伯雷和古代酒神节的狂欢媲美的高度”②。如：

> 天渐渐黑下来。乐师们发疯似的奏着乐曲。你只能看见迅速闪动的腿、胸和胡乱摇摆的手，开始点灯时，人群发出一阵欢呼。现在在明亮的灯光下，可以看得见一张张涨红的脸和贴在鬓角上的蓬乱头发。裙子翻飞。汗气熏人。马赫向艾蒂安指指穆凯特。她胖得像一个装满猪油的尿泡，正拥着一个瘦高个子采煤工飞快地旋转。她大概已经因为又找到了一个情人而乐不可支了……
>
> ……四组舞就要结束。舞厅里弥漫着红色的尘雾，墙壁也震得嘎嘎作响。喇叭发出刺耳的声音，就好像出事的火车头在紧急鸣笛。舞曲一停，一个个跳舞的人都像经过长途奔驰的马一样，满头大汗，直冒热气……
>
> ……这里简直是一片啤酒的海洋，从德喜尔寡妇的酒桶里汩汩涌出，把人们的肚子灌得滚圆，啤酒到处流淌，鼻子、眼睛以及其他地方都是啤酒……

左拉的这一场面描写，与佛兰芒画家彼得·保罗·鲁本斯所喜爱表现的节日和宴饮主题，以及尼德兰画家老彼得·勃鲁盖尔喜欢表现的人民生活场景，还有拉伯雷的小说一样，具有激动人心的力量。因为这里不只有浓郁的气氛、色彩和喧闹的声音以及充满夸张的比喻，更有一种“溢出”生活常态的激情。

对空间中各种声音的精彩描写，也是表现“激情”的重要手段。在左拉的小说《卢贡家族的家运》中，一支仅有两三千人的队伍正向普拉桑小镇进军，左拉却能把这支人数不多的队伍写得气势如虹。一支小小的队伍何以在左拉笔下被表现成仿佛具有千百万人的力量？爱森斯坦认为，左拉是通过声音制造了如此强大的“激情”效果，“是用声音充满空间，让声音溢出地平线的限制”。左拉写道：

> ……已经有一阵，从通往尼斯的道路隐没处的山冈那边，传来低沉的轰隆声，像是许多马车在远处驶过的声音。维奥尔纳河水的呜咽压过了这低沉含混的声音。但这

① 爱森斯坦. 并非冷漠的大自然. 50.
② 爱森斯坦. 并非冷漠的大自然. 95.

> 声音越来越响，像是一支军队渐渐走近的脚步声。很快地，从越来越响的轰隆声中可以分辨出人群的喧闹声，像是一场古怪的暴风骤雨，匀调而有节奏。使你觉得，似乎是近处的电闪雷鸣，因其临近而打破周围睡意朦胧的空气……
>
> ……马赛曲的歌声震天动地；仿佛有许多巨人吹响巨大的号角，把响亮的歌声灌满整个山谷。熟睡中的村庄立刻惊醒了。像鼓槌敲在鼓面上那样，整个村庄从内部发出轰响，像回声似的应和着国歌的火热旋律。这时已不只是行进中的人群在歌唱：从地平线上四面八方——从远处的山冈外，从耕耘过的田地上，从草场、杨树和灌木丛中，一起发出人的吼声。

这里有许多马车驶过的轰隆声、巨大的号角声、河水的呜咽声、暴风雨中的雷鸣、马赛曲的歌声，还有战鼓的轰鸣声等，各种令人震撼的声音交织迭起，再汇聚成强烈的回声四处激荡。如此壮观、令人激动的激情场面便出现在读者的脑海里，同样，也给爱森斯坦的电影创作带来深远的影响。那么，左拉为何如此表现？他的目的何在？爱森斯坦认为，左拉之所以把一只弱小队伍表现得如此具有震撼力，是因为左拉看到了其所蕴含的深刻社会含义，唯有这震耳欲聋的声势才会促使其含义迸发释放出来。

这种通过以小见大表现“激情”的手段，与爱森斯坦所谈的“细节、局部到整体”的蒙太奇场景结构原则，在思维层面上是一脉相承的。如果说后者每一部分都是可见的，那么前者则是由不可见的心理向可见的场景的外化。爱森斯坦在为自己的影片配置音乐方面，曾与作曲家们发生过数次争论。一个例子是在为影片《旧与新》中的一个场景选配音乐时，爱森斯坦为了表现农村的人们笃信东正教的“痴迷场面”，主张选用瓦格纳的《众神的黄昏》一曲，而几位作曲家却坚决不同意，理由是瓦格纳的这部曲子气势雄壮，与影片中的小乡村和人数稀少的队列根本不相配。爱森斯坦则坚持认为，一个乡村所拥有的钟楼和钟的数量以及参加歌唱的人数可能都很少，但是，那首曲子却非常符合在干旱的广阔天地中游荡的人们的那份宗教狂热。另一个例子是关于《战舰波将金号》的。爱森斯坦在拍摄这部影片时，曾和一位音乐理论家谈起为影片谱曲的事。这位音乐家认为不可能为一块肉上的蛆谱写音乐，实际上，他没有理解的是，为此谱曲最终要表达的是1905年俄国人民对沙皇统治的愤怒。由此也可以看出，爱森斯坦认为，电影艺术也可以像文学那样表现“激情”，这其中既包含着形式建构方面的内容，也包含着对形式背后所蕴含着的社会含义的深刻理解。如果缺少对社会含义的深刻领悟，艺术形式的巨大感人力量也难以真正迸发出来。

第三节
安德烈·巴赞

安德烈·巴赞（1918—1958）是法国战后现代电影理论的一代宗师，于20世纪50年代创办《电影手册》杂志，对法国电影新浪潮运动的兴起起到了重要作用，被称为法国“电影新浪潮之父”。安德烈·巴赞是一位学识广博的电影理论家，虽然没有写过系统的电影理论专著，但他的电影理论思想却可以从他生前所写的一系列批评文章中体现出来。1945 年，巴赞发表了《摄影影像的本体论》一文，并在文中提出“摄影的美学特性在于揭示真实”，该文被视为他电影现实主义理论体系的奠基之作。在巴赞所著的《电影是什么?》一书中，他从人类远古的“木乃伊”情结开始考察，认为摄影与绘画的不同在于“本质上的客观性”；同时，他认为人类自古就有“再现世界原貌的神话”梦想，而电影就是从这一神话中诞生的，进而提出“完整电影”的概念。这是巴赞竭力倡导电影现实主义和“真实美学”的理论起点。与此相连，在电影本体问题上，巴赞提出电影的特性是“严守空间的统一”，明确反对“蒙太奇是电影的本性”这一观点。具体落实到电影的结构和形式方面，巴赞总结了 20 世纪 30 年代后电影新出现的“景深式分镜法”，认为“景深镜头”、连续摇镜以及镜头段落等方法，体现出电影人把握事件整体性的意图，并能以此保证空间的自然连续性和时间的延续性。这实际上是为电影“真实美学”找到了形式结构的基础，并与蒙太奇的结构方式区别开来。

巴赞所倡导的电影现实主义大致可概括为三方面，即表现对象的真实、空间时间的真实和叙事结构的真实。为此，巴赞提出电影结构的三个重要组成部分，即景深镜头、镜头-段落、小说式结构原则。小说式结构问题在后面会专门讨论，仅就前两者而言，有学者总结其功能如下：“第一，镜头-段落和景深镜头的风格可以避免严格限定观众的知觉过程，它是一种潜在的表意形式，注重通过事物的常态和完整的动作揭示动机，保持‘透明’和多义的真实；第二，镜头-段落保证事件的时间进程受到尊重，景深镜头能够让观众看到现实空间的全貌和事物的实际联系，两者的运用可以展现空间时间的真实；第三，连续拍摄的镜头-段落体现了现代电影的叙事原则，摒弃了戏剧的严格符合因果逻辑的省略手法，再现了现实事物的自然流程，因而备感真实。”①

◎ 景深镜头原本是摄影术语。景深是指在镜头空间内可以清楚成像的距离范围，受镜头焦距、光圈大小和与被拍摄物体距离等因素影响。巴赞所推崇的“景深镜头”，最突出的特征是镜头内部空间具有纵深感，使前后景中的人物或物体均有清晰呈现。它的美学效果有以下三个方面：其一，影像的结构更具真实性；其二，景深镜头要求观众更积极思考，即要积极参与到场面调度中去观察、分析和判断；其三，景深镜头把意义模糊的特点重新引入影像结构中去。具体见诸《公民凯恩》《大地在波动》等影片。

一、真实美学

（一）横贯文学和电影的真实美学原则

《真实美学——电影现实主义和解放时期的意大利流派》一文，是巴赞正式提出“真实美学”概念的宣言性文章。不过，在此之前，他已经在多篇文章中阐释了人类心理学基础和电影形式结构要点。在这篇文章中，巴赞通过意大利新现实主义电影等实例，论述了“真实美学”

① 崔君衍. 第九章导言//李恒基，杨远婴. 外国电影理论文选：上. 修订本. 277.

的具体内涵：

（1）“真实美学”的核心动机是现实主义的创作意图，具有政治和艺术上的革命性。巴赞认为，罗西里尼的《游击队》可与爱森斯坦的《战舰波将金号》比肩，都是电影史上的经典杰作。《游击队》《擦鞋童》《罗马，不设防的城市》等意大利新现实主义电影，开辟了现实主义和唯美主义对立的新阶段。

（2）意大利新现实主义电影的审美倾向包括：密切关注当前现实，从社会讽喻角度对日常生活的描写；温馨感人富于诗意的真实主义。人道主义是它最重要的价值。

（3）对社会历史有特殊的记录价值，与时代精神相契合，表现出对现实本身的热爱之情。否定明星制原则，一视同仁地使用职业演员和临时演员。

（4）电影现实主义必须把握好艺术虚构的分寸，借助景深镜头可以再现出现实可见的连续性。

（5）“真实美学”在叙述技巧中的具体表现：①现实主义的叙述风格和技巧几乎相等，主要体现为现实片段在时间中安排的问题。叙述结构没有明显的因果顺序，由事件本身的性质或者“重量”决定呈现的先后关系。②即兴创作，无须服从严格的戏剧性必然规律。③摄影机要具有相当灵敏的“触感”，能在刹那间捕捉到所需的物象。④电影叙事单元不是“镜头”而是“事件”。“一个事件的确切含义只是在悟出它与另一件事之间的联系后才能逆推出来。”①

例如，罗西里尼导演的影片《游击队》犹如文学中的报道文体，它由六段故事组成。巴赞分析了其中的第六段：（1）波河三角洲的一户渔民为游击队和盟军士兵提供了一篮鳗鱼作为食品，士兵们出发离开。随后，德国巡逻兵发现了这件事，决定处决渔民。（2）暮色苍茫，美国军官和一名游击队员正行进在沼泽中，远处传来一阵枪声。观众明白，德国人枪杀了渔民。（3）男人和女人的尸体横陈在小屋前，一个几乎赤裸的婴儿在黄昏中啼哭。这里，观众仿佛在看一篇纪实性的新闻报道，确实可以感受到它与戏剧式电影结构的不同。巴赞认为，面对这种叙述技巧，观众的思路必须从一件事跳到另一件事，但终能明白事件的整体性和连贯性。

巴赞认为，“真实美学”是意大利新现实主义与美国现代小说的普遍追求，同时，两者在叙事结构和技巧方面也颇为相近。这一方面体现出美国小说对意大利电影文化的影响，另一方面也反映出现实主义诸多共性特征。他认为，美国小说对新现实主义电影的影响是建立在“共同的、深刻的美学基础上，依据艺术与现实关系的共同观念”，是电影与文学合流的一种表现。有意思的是，尽管好莱坞不断将海明威等著名作家的小说改编成电影，但却很少拍出作品原有的风格特色。因为好莱坞过于注重情节和人为的因果关系，违背了小说家们按照事件完整性布局的结构规律，实则是远离现实主义的。

意大利新现实主义电影镜头对准的是本国现实生活，但在美学精神和结构方法上与美国小说更为一致。“美国文学型的电影在意大利应运而生，且毫无模仿抄袭的意图，连电影剧本也是完全原创的。毋庸置疑，美国小说在意大利的名望对这种局面的形成来说是一个不容忽视的因素，意大利人译介他们的作品并从中汲取营养，这要比法国人早得多，譬如，萨罗扬对维斯康蒂的影响是人所共知的。”②

显然，这不仅是“影响”而已，而是在共同的、深刻的美学基础上，依据艺术与

① 巴赞．电影是什么？．崔君衍，译．南京：江苏教育出版社，2006：288.

② 巴赞．电影是什么？．290－291.

> 现实关系的共同观念，电影与文学的合流。现代小说早已完成了“现实主义”的革命，它把行为主义、新闻报道技法和暴力表现的伦理学结合在一起。虽然电影对这个进程远非没有影响（这是人们的通常看法），但是，《游击队》这类影片反证了电影曾经比当代小说落后了近20年。在银幕上为当代最重要的文学革命找到了电影化的对应表现手法，这实在是近年来意大利电影的一大功绩。[①]

（二）“戏剧性电影与电影叙事小说式结构的对立”

前文提到，巴赞意义上的电影结构三项重要组成要件包括：景深镜头、镜头-段落、小说式结构。这三项结构要件的使用，可以最大限度地实现电影空间统一性和时间连续性。在他评论意大利新现实主义电影的一系列文章中，反复论及电影叙事结构的选择问题，其焦点集中于“戏剧性电影与电影叙事小说式结构的对立”[②]。这里所说的“戏剧性电影”，即现在通常所讲的戏剧式结构电影，是许多剧情片或商业电影普遍采用的剧作结构模式。戏剧式结构电影情节高度统一，剧情往往依靠戏剧动作、悬念发展，冲突紧张激烈，因此具有广泛的大众市场。它的缺点在于，为了保证剧情的高度紧张感，创作过程中就要遵循剧情“统一性”法则，尽量将与情节发展无关的细节去除掉。这样一来，很多生活中的细节就被排除在电影结构之外。巴赞从电影现实主义和真实美学的立场出发，认为戏剧式电影会削弱影片的真实感。比较而言，小说所能描写的内容就更加广阔，它无须刻意追求情节的紧张感，可以从容表现生活中各种有意思的细节，更能表现生活的全貌，因此从真实美学的角度来看，电影在美学上是亲近小说的。

> 我们只是大致而言，小说的叙事或与它接近的形式是与戏剧对立的，因为对于小说来说事件重于动作，接续重于因果关系，理解重于意志。可以打个比喻：戏剧的连词是“因此”，小说的连词是“然后”。这只是大致近似的粗浅定义，它的可取之处也许就在于它确切说明了读者和观众两种不同的思维活动特征。[③]

在巴赞看来：“电影天生是个混杂体，它包含着一对矛盾。”在某种程度上，它既要符合戏剧演出的观赏性条件，诸如台词需要具有吸引力，需要遵循一场演出的时间统一性原则，同时，为了拓展电影的发展空间，又要不断“开掘它的小说潜在性”。由此可见电影为了照顾观众观赏兴趣的戏剧式结构和增扩表现空间向小说方式发展的矛盾。

巴赞认为，应该妥善解决戏剧式电影和小说式结构的矛盾，意大利新现实主义电影揭示了小说式结构与戏剧式结构的联系与不同：

第一，突破戏剧式结构的限制，不追求戏剧性的矛盾冲突，事件按照生活本身的样子出现，事件的多重意义交由观众思考判断。“我们应当肯定，在世界上唯有当代意大利电影有勇气断然打破观赏性的常规。《大地在波动》与《晴朗的天空》就是无‘情节’的影片，影片的推展（具有一定叙事体小说的风格）毫不追求戏剧性的张力。在这两部影片中，事件是按照他们自己的时间顺序出现的，但是，各个事件是平行的，没有轻重之分。如果说有些事件包容更

---

① 巴赞. 电影是什么?. 291.
② 巴赞. 电影是什么?. 313.
③ 巴赞. 电影是什么?. 313.

多的含义，这也是观后的体会，你可以把它设想为‘因此’，也可以设想为‘然后’，悉听尊便。”①

第二，小说式结构内部也有戏剧性，而现实生活中的事件往往具有偶然性，因此，小说式结构的偶然性特征大于戏剧性。“德·西卡和柴伐梯尼的功绩在于他们的《偷自行车的人》结构严谨充实，犹如一幕悲剧。每个影像都具有强烈的戏剧性魅力，然而，每个影像又都能不受戏剧连续性的约束，独自引起我们的兴趣。影片的线索是以纯粹偶然事件为基准的：雨、神学院学生、天主教公谊会教徒、饭店……所有这些事件似乎都是可以互换的，看不出任何按照戏剧性范畴安排时间的意图。”②

第三，巴赞认为，《偷自行车的人》也有情节，但却不是以戏剧的方式安排的情节，即不是按照正反两方冲突不断加强的模式安排情节，而是按照生活的实然性构成。“然而，《偷自行车的人》完全不再依靠戏剧性的基本程式，情节不是作为一种‘本质’事先存在于影片之中，它是从先于它存在的叙事过程中引申出来的。它是现实的‘积分’。”③

图 2-2 《偷自行车的人》剧照

二、有关电影与文学的关系问题

巴赞的电影思想有一个基本前提，那就是他反对“为艺术而艺术”的理论倾向，并称其为“异端邪说”。他提倡“景深镜头”等形式概念，但目的却绝非至于纯粹的电影形式。在《电影语言的演进》一文中，他提道：“新的题材，要有新的形式，目的仍然是为了让人更能理解影

① 巴赞. 电影是什么?. 314.

② 巴赞. 电影是什么?. 314.

③ 巴赞. 电影是什么?. 315.

片力求表现的内容，而不是为了让人了解影片是如何讲述的。”① 实际上，20 世纪 20 年代法国电影印象派-先锋派理论的影响长期存在，巴赞所处时代的电影理论家们依旧讨论着“纯电影”问题，竭力排斥电影与文学和戏剧的联系。巴赞所主张的电影现实主义和“真实美学”则采取完全开放的立场，否定了“纯电影”或“纯文学”的偏见。为此，在 20 世纪 50 年代初，巴赞专门撰写了《非纯电影辩——为改编辩护》《〈乡村牧师日记〉与罗贝尔·布莱松的风格化》《戏剧与电影》等文章，除了肯定电影对于文学、戏剧作品改编、借鉴、吸收的必要性之外，还从观众接受和各门艺术相互促进等多个角度进行了辩证思考。我们可以通过《非纯电影辩——为改编辩护》一文集中了解巴赞的相应观点。

(一)“改编是艺术史上的习见做法”

在文章中，巴赞提道：“当代评论界一般认为改编是不登大雅之堂的权宜之计，其实，改编是艺术史上的习见做法。”巴赞从艺术发展的历史中，寻找出诸多例证来说明这个道理。比如，文艺复兴时期的绘画最初是对哥特式雕塑的借鉴，古典主义之前的悲剧把希腊的田园诗（牧歌）搬上了舞台，这些不仅体现在题材方面，而且也体现在技巧方面的借鉴。巴赞也明确地指出，当时电影评论界不愿意看到电影改编的现状，主要担心的是：其一，改编而来的电影作品在艺术性方面要比原创作品的地位低一些；其二，改编的电影作品可能会由于从文学或戏剧中借用了表现形式和手段，从而妨碍电影的独创能力发展。

为此，巴赞又简要回顾了电影艺术发展史，指出：“实际上，最初搞电影的人是从马戏、巡回戏剧和杂耍歌舞这类艺术中捞到好处，后来又拉走了它们的观众，这些艺术形式尤其为滑稽影片提供了技巧和演员。”早期电影对于小说形式结构的借鉴，从简单的连载小说技巧转换成分集电影，这种“且待下回分解”的做法，利用了读者或观众对于故事发展的强烈期待心理，仿佛《一千零一夜》里国王和山鲁佐德的关系一样，“全靠叙事要求抓住观众的注意力，激起观众的兴趣”。因此，巴赞批评道：“所谓早期电影作品原本纯而又纯的说法根本经不起推敲。”

(二) 批评了影评界和文学批评界各自的学科偏见

当时影评界和文学批评界各自均有强烈的门户意识，都试图强调自身艺术上的霸主地位。影评界热衷于寻找电影对文学发生影响的例证。比如，认为多斯·帕索斯、埃尔基斯·考德威尔、海明威的创作艺术受到电影技巧的影响。巴赞则认为，“电影银幕造成新的认识形式和观察方式——特写镜头一类的表现方式，或蒙太奇式的叙事结构——有助于小说家创新自己的技巧手段”，但它们只能是作家“在营造自己的独特世界时所采用的各种手段的补充”。巴赞提醒当时的影评家们，电影这门新艺术对于文学的影响远不如 19 世纪的戏剧所产生的影响，因此，建议大家还是“认真探讨一下现代文学对电影创作者的影响”。

针对文学批评界对电影的偏见，巴赞写道：“但是，文学批评界仍然从电影真实性的十分表面的定义出发，对电影是什么妄加推断。根据电影的素材来自摄影这一点并不能断言第七艺术本质上注定限于表象的辩证关系和行为的心理学。虽然电影确实大抵只能从外部把握它的对

---

① 巴赞. 电影是什么?. 67.

象，但是，它有千百种手段去处理客体的表象，以便清除所有模糊的外部含义，使事物表象成为反映一种单一内心现实的符号。实际上，绝大多数银幕形象的内在含义符合戏剧心理学或以分析见长的传统小说的心理学。按照常规，银幕形象存在的前提是情感与情感外部表现之间的必要和明确的因果关系。银幕形象的基本要求是一切都在意识之中，而意识可以是确知的。”很明显，那种认为电影只能再现事物的表象和人的行为动作的观点是浅薄的，电影和文学一样能够透过表象表现人物的内心世界，即通过电影的方法和技巧“去处理客体的表象”，使事物的表象成为一种能够反映内心现实的“符号”。在某种程度上说，电影影像所具有的符号功能使它能够像文字语言一样获得表情达意的效果。

（三）文学与电影是一种相互影响和促进的关系

巴赞在批评影评界和文学批评界各自存在的狭隘学科观点的同时，也指出了两者之间存在着良性互动的现实关系。

其一，“某种美学上的契合使当代各种表现形式同向发展”。一些小说家“巧妙运用了蒙太奇技巧和时间顺序的倒错，尤其善于把一种缺乏人性和冷冰冰的客观主义效果抬高为真正的形而上寓意”。比如，阿贝尔·加缪的《局外人》中主人公的意识，仿佛一架摄影机面对被摄物体一般冷静、客观。而一些优秀影片的艺术形式风格乃至艺术构思，完全可以看出文学大师对其的影响。“我们可以肯定，没有詹姆斯·乔伊斯或多斯·帕索斯，《托马斯·戈内》和《公民凯恩》恐怕就不会构思出来。”即使不是改编自文学作品的影片，也可以发现文学家们对电影的影响作用，如罗西里尼拍摄的影片《游击队》。“但是《游击队》的那些段落比山姆·伍德的《战地钟声》更受到海明威（如沼泽地的场面）和萨罗扬（有关那不勒斯的段落）的影响。”

其二，电影改编使文学“大有收益”。巴赞以克里斯蒂安·雅克改编自司汤达同名小说的影片《帕尔马修道院》为例，指出：“由于文学杰作搬上银幕后有所减色而大为恼火是很荒唐的，至少为文学着想也不该如此。”巴赞实际是在指出，有人提出改编不如原作的现象，深层的原因是担心电影会替代文学，但是从读者和观众的角度考虑，改编作品反倒能刺激人们阅读原作的愿望，增大原作的影响力。①

【思考与练习】

1. 如何理解乔托·卡努杜的电影艺术观？
2. 杜拉克如何看待故事和视觉的关系？
3. 如何评价法国印象派-先锋派电影理论思想？
4. 试述埃亨鲍姆对电影理论的贡献。
5. 爱森斯坦是如何从文学作品中发现蒙太奇结构规律的？
6. “激情”在文学和电影中的表现及其意义。
7. 在安德烈·巴赞看来，戏剧和小说的矛盾是什么？他又是如何据此肯定意大利新现实主义电影成就的？
8. 如何理解巴赞的“真实美学”？

---

① 巴赞．电影是什么？．77－104．

第三章

文学与电影：有关两者艺术表现潜能的论争

【学习导读】

在前两章里，有关文学和电影的关系，实际上已经显现出两种不同的理论立场。法国印象派-先锋派理论家们在赋予电影艺术“电影性”的同时，基本采取排斥电影与文学联系的立场。爱森斯坦和巴赞则在具体的理论和实践中，证明了文学对电影的多重影响关系。但是，出于多种原因的考虑，理论批评界往往各执一词，不断重复着电影的艺术表现力不如文学，或是电影独立于文学之外的论调。英国作家伍尔芙曾经明确表示，电影必须避免只有语言才能达到的形象丰富的含义；瑞典导演英格玛·伯格曼则声称“电影与文学根本没什么关系”。

那么，秉承文学深刻论与坚持电影独立论的双方，他们各自的理论依据又是什么？这是一个兼有历史和现实意义的问题。通过对相关文献梳理，所涉及的问题大体可以概括为：(1) 文学和电影这两种媒介的介质，即语言文字和影像的差异问题，(2) 受众接受问题，(3) 时间空间问题；(4) 外在的可见世界和看不见的精神世界问题；等等。

【本章要点】

文学和电影虽然分属两个学科，但却有着十分密切的关系。两者的差异和相近之处究竟在哪里？为此，学术史上曾引发过多次争论。本章在梳理现有的文献资料基础上，总结出较有影响力和代表性的观点，从而形成观察和研究文学与电影各自特征及相互关系的多重视角。首先，了解布鲁斯东等学者对电影艺术潜能质疑的四个方面内容，并结合世界电影的发展变化加以判断，理解他所提及的时间和空间问题。其次，了解克拉考尔所讨论的时间、表现视角和时空连续性等问题，理解艺术形式有序性的要求和现实的无常性之间的矛盾，及其对于创作的意义。再次，了解并掌握电影意识流的表现方式及相关案例，理解叙事的几个关键概念和问题。

第一节
布鲁斯东对电影艺术潜能的质疑

无论是世界著名电影理论家兼导演爱森斯坦，还是法国“新浪潮之父”安德烈·巴赞，均能站在人类艺术史的高度看待文学和电影的关系，从艺术思维和美学的深层去理解文学对于电影的多重启示。在他们眼里，当时电影作为新兴的艺术向文学学习实属正常之举，电影的成熟与发展也难以在一个自我封闭的状态中进行。然而，两门艺术间的裂痕或壁垒却一直存在，早在20世纪20年代法国印象派-先锋派电影理论时期，就已经显现出来，以至20世纪40—50年代，分歧愈发明显。因此，巴赞专门撰写了《非纯电影辩——为改编辩护》一文，针对“纯电影艺术”论者展开批评，同时也对文学界担心电影改编冒犯文学的深度予以回应。如果从当时世界文化的格局来看，精英文化与大众文化的矛盾相当突出，法兰克福学派对大众文化的批判，无疑表现出那个时代精英的普遍情绪。在这样的文化背景之下，文学界对于具有大众文化属性的电影的质疑和批评，也就带有明显的时代文化的特征。因此，一些学者在质疑电影的艺术性和表现潜能时，精英立场和理论思考往往交织在一起，这尤其需要我们在学习和研究中加以辨析。

在1957年出版的《从小说到电影》一书中，美国学者乔治·布鲁斯东引用了许多作家和学者的观点，旨在证明文学与电影之间存在着难以逾越的鸿沟。这一派从早期电影的起源特征和大众兴趣入手，进而比较文学和电影手段的差异，从而完成对电影“低俗化”的批评指认。

一、试图以小说和电影的起源、内容辨别高下

布鲁斯东引用埃尔温·帕诺夫斯基在《电影的风格与手段》（1937）中所提出的观点，指明早期电影所具有的两个基本属性特征：

其一，电影只是依靠活动影像吸引观众，缺乏深刻的内容。“‘对活动电影的欣赏，其最初的基础，并非是对某一特定事物的客观兴趣，而是会活动的东西这一事实所引起的单纯的喜悦’，至于这东西是什么，并不要紧。我不妨将帕诺夫斯基先生的这个论述引申成为：‘而是会活动的形象这一事实所引起的单纯的喜悦。’”①

其二，电影的制作者和观看者均非艺术家，只能归属于民间艺术一类性质。“电影……最初原是一种纯粹民间艺术的产物。在最原始的影片中，我们看到的只是单纯的动作记录：奔驰的马匹、火车、救火车、体育比赛、街景。这些影片起初是由一些并不认为自己是艺术家的人摄制，供一些并不认为自己是艺术家的人欣赏的；要是有人称他们为艺术爱好者，说不定反会

① 布鲁斯东．从小说到电影．高骏千，译．北京：中国电影出版社，1981：6.

惹得他们不高兴。摄制这些影片的照相师，无论如何也不能说是‘导演’，在这些影片中表演的人（当开始摄制有情节的影片时），无论如何也不能说是‘演员’。”①

在帕诺夫斯基看来，早期电影的上述基本属性特征，决定了电影的发展本质上就有先天的局限性，不会发生根本性变化：

> 这些早期的活动电影选择了三类最合乎当时广大观众口味的题材：(1) 情节奇特的事件，尤其是19世纪的通俗历史画、戏剧或流行的蜡像中常见的那种血淋淋的事件；(2) 庸俗的滑稽事件——这是扔蛋糕程式的开端；(3) 较含蓄的色情画片上的那种场面。事实上——帕诺夫斯基最后下结论说——合理的演变途径并不在于规避早期电影中的这些民间艺术特点，而只是将这些特点“在它内在的可能性的范围内”加以发扬起来。一旦人们认识到“不必依靠人为地注入文艺价值，只要发掘新手段本身具有的独特的可能性”，就可以促使这三种原始题材发生变化以后，它们终于会演变成为真正的悲剧片、真正的喜剧片和真正的爱情故事片。②

在对电影产生的源流回顾中，布鲁斯东有意强调了早期电影的“基因”作用，实际上也为电影勾勒出了一个“粗鄙”“浅薄”的轮廓，从而将电影纳入艺术等级制度中的低端序列。我们认为，布鲁斯东和帕诺夫斯基所指出的早期电影特征，有其符合历史事实的一面，但同时也明显地忽略了在电影理论与实践过程中，人们为提高电影的艺术品位所做出的各种尝试和努力。

拿小说和电影相比较，布鲁斯东称“小说由于历史更久，题材更高雅，因而更加复杂”。不过，布鲁斯东并没有去追溯小说的形成历史，他似乎在有意回避这样的事实，即小说诞生之初，也是流行于市井坊间的消闲之物。他的目的无非是以小说的“高雅”和“复杂”来反衬电影的“低俗”和“简单”。接下去，布鲁斯东巧妙地绕过了小说的源流问题，切入对20世纪现代小说特征的阐述上来。

布鲁斯东认为电影无法与小说相比之处，还在于小说不再表现社会现实，不再表达思想，语言本身就是小说的目的。“因此，在某种意义上说，20世纪的小说已经抛弃了人类思想和行动的戏剧，而换来了语言的无能为力的戏剧。‘简直可以说语言和题材对调了位置。从前，是用语言来评述社会的和心理的冲突，现在却是由社会学和心理学来阐明语言本身的特性。’萨特提出了他的结论：‘文艺的对象，虽然是通过语言来实现的，却永远不能用语言来表达。恰恰相反，从本性上它就是一种静默，是一种词的对立物……’（《什么是文学》，1947）这时候我们便知道，两大极端已经达到了一种新的惊人的结果。语言已经变成了小说中的人物之一了。”③

在他看来，现代小说的语言不再描述形象，在语言的书写中，有形的、外在的现实已经不复存在，甚至就连幻象也难以形成。与此相比，电影似乎远远落在小说的后面。“有一种常见的借喻，将艺术之神描绘成拿着一面镜子面对自然，如果在以前这种借喻的意思是说至少还有可能照出一幅虚像的话，那么在今天，问题已经变成：究竟还有没有照出任何形象的可能？从前，粗陋的语言还不失为直接传达现实的一种工具；而今天，它却变成了一种利器，现实只要

---

① 布鲁斯东．从小说到电影．7．

② 布鲁斯东．从小说到电影．7－8．

③ 布鲁斯东．从小说到电影．12．

一碰到它，就会破灭。”①

“我们已经看到，不同的源流，不同的发展道路，怎样将电影和小说这两种手段带到了截然不同的地步。电影对于自己处理某些类型的具体现实（甚至还有心理现实）的能力，目前还没有产生怀疑，可是小说却早已不是那样自信了。用门迪洛夫的话说，小说‘原来试图尽可能忠实地反映现实，可是，这种尝试失败以后，它就转而试图创造出一种它自己的、新的现实的感觉’。”②

在这里，布鲁斯东所说的小说不再“反映现实”，而是“创造现实”的感觉，也仅能代表某种先锋小说观念。对比巴赞所谈论的当代小说，即可以知道现实主义小说远未消亡，因此，以是否反映现实来判断小说和电影艺术水准的高低，则未免以偏概全了。

二、认为电影无法表达象征意义

电影是建立在“视觉暂留”光学原理基础上的。布鲁斯东认为，电影手段与技术和设备无法分开，同时也与它拍摄的物质世界的对象难以分离。“虽然摄影形象和它所记录的物体本身在性质上有所不同，但是帕诺夫斯基关于在电影中我们是和具体现实打交道这一说法，看来是很有道理的。因为，尽管可以有多种多样的方法来排列影片中的物体和人，但是‘要想脱离它们却是办不到的’。”③

在此基础上，布鲁斯东引用了爱因汉姆的观点，认为电影中的影像难以表达象征的意义：

> 爱因汉姆在讨论影片的借喻时，也说过同样的话。他指出有声电影是一种十分有感觉的手段，因此它无法将只是抽象地有联系，而不是具体地有联系的东西在一起表现；他接着又说：“正如同一具张嘴的骷髅在影片中出现时不是作为一种象征，而是作为人体骨骼的一部分，因此，当两种物体同时在影片中表现出来时，它们之间的关系，就绝不是借喻性的，而永远是真实而本体论的。”爱因汉姆也和帕诺夫斯基一样，认为在影片中有一种摄影的严密性。它是无法规避的，它使得借喻成为不可能，除非是在一种极为狭隘的意义上。④

接下来，布鲁斯东提出，语言形象和摄影形象的根本性差别，正是在于它们对象征手段的依赖程度，而从象征手段到形象需要经过一个思考的翻译过程，语言需要思想和想象，而影像则缺少这些品质：

> 把门迪洛夫的话再往前引申一步，我们就可以看到，词的象征必须通过思考的过程被翻译成物体的形象、感觉的形象、概念的形象。活动电影通过视觉直接到达我们，语言却必须从概念的理解之幕中渗透进来。而这种概念化的过程虽然和视觉有联系，而且往往以视觉为出发点，却代表着一种迥然相异的经验形态，一种不同的对世界的理解方式。

---

① 布鲁斯东．从小说到电影．13.

② 布鲁斯东．从小说到电影．14－15.

③ 布鲁斯东．从小说到电影．20.

④ 布鲁斯东．从小说到电影．20－21.

弗吉尼亚·伍尔芙在指出小说和电影的区别时，对于比喻表现法所具有的独特力量十分敏感。她告诉我们，一个诗人创造的形象有着成千种丰富的含义，视象不过是其中最明显的一种而已：

……即使是这样一个简单的比喻："我的爱人像一朵红红的玫瑰，六月里迎风初开"，也能在我们心中唤起晶莹欲滴、温润凝滑、鲜艳的殷红、柔软的花瓣等多种多样而又浑然一体的印象；而把这些印象串联在一起的那种节奏自身，既是热恋的呼声，又含有爱情的羞怯。所有这一切都是语言能够——也只有语言才能够达到的；电影则必须避免。[①]

◎ 实际上，电影中的隐喻和象征手法，早在20世纪20年代苏联诗电影中就被广泛使用。这对于提高电影的艺术性品质，曾起到非常重要的作用。同时也应注意，布鲁斯东这里所引用的弗吉尼亚·伍尔芙的观点，也仅是她早期对电影的认识。但是随着时间推移，伍尔芙的观念也发生了变化，对电影的艺术表现能力有了全新认识。

三、两种观众和两种神话

让-保罗·萨特在写于1947年的《什么是文学?》一书中曾提出这样的观点："没有一批群众——一批历史条件所形成的特定的群众，没有一种神话——一种在很大程度上取决于这批群众的需要的特定的文学神话，要想进行写作是根本不可能的。"[②] 据此，布鲁斯东认为，文学和电影各自依存于特定的读者和观众（尽管两者之间也存在着互有交叉的事实），但是，各自的读者和观众的要求决定着艺术的内容，并且影响着它们的形式。

布鲁斯东对小说的读者和内容的划分，从以下论述中可以清楚地表示出来："不管我们采用什么方法，我们都会发现，在善与恶的冲突的外衣下，一次又一次地出现着个人与社会、罪恶与道德、思想与感情、肉体与精神之间的激烈的对抗。我们只要考察一下人们对于小说中那些类型化的人物——放高利贷者、纯洁的处女、拓荒者、利己主义者、艺术家、囚徒、实业家、有领地的贵族、违法者和执法者——所经常采取的立场，就会发现他们同情谁、反对谁大致总有个一般的规律。……在小说中却仍旧保存着整整一套虽然错综复杂然而有着共同性的主题、背景和立场，很能代表中产阶级思想的折光。"[③]

由于布鲁斯东在前面已经断定电影的观众以底层群众为基础，所以他很自然地宣称电影的内容则来自"群众性的艺术"，其基本特征在于相信"流行的神话"。对此，布鲁斯东做了如下表述："为了避免将电影的缺点理解为同它的优点一样具有独特性，我们必须记住，类似的程式在我们大多数群众性的艺术中都曾经有过。举例说，当曼尔·寇蒂发现，19世纪的一角钱小说，在皮特尔兄弟、乔治·里派特和其他一些人的提倡下，总是千篇一律地'依靠单枪匹马的奋斗，而不是依靠社会全体对问题的抨击'来拯救社会的罪恶，这时，他不过指出了，电影

① 布鲁斯东．从小说到电影．21－23.
② 布鲁斯东．从小说到电影．34.
③ 布鲁斯东．从小说到电影．35.

这种为普遍性的问题寻求个人解脱的做法，原来早有先例。寇蒂在旧形式中发现的每一种固定程式：美德战胜邪恶，大团圆结局，对惊险故事、悬念、传奇性情书的强调；赞扬平民道德以反对贵族的势力，对上帝、祖国和朴素的个人主义的歌颂，盎格鲁-撒克逊基督教的行为准则，这一切在好莱坞都有其对等物；简单地说，这是一种披上了民间形式的新教道德观，在这里，自信、毅力、勇气、魄力是一个人获得成就的必要条件——但并不保证他一定获得成就；一个人走不走运，这是由个人所根本无法控制的命运来掌握的。从赫尔曼·麦尔维尔到威廉·福克纳，每一个重要的美国小说家都不得不反抗这种流行的神话。而现在，电影却通过经过冲淡或修饰的形式，把这些程式固定下来，形成了一种统治一切的传统。”①

◎ 萨特的观点是有道理的，无论是文学还是电影都有特定的受众群体。布鲁斯东将萨特的观点延伸到文学和电影领域，强调了受众阶层的区分，这在电影早期体现得更为明显。但是，随着电影艺术和电影类型的不断发展，这种观点已经显得不合时宜。

四、关于空间和时间

布鲁斯东认为，从结构原则上看，“在小说中时间是首要的，在电影中空间是首要的”。当然，他并不否认小说和电影又都是属于时间和空间的艺术：“为着艺术的目的，时间和空间归根结底是不可分的。指出某一元素的从属性，并不等于说这一元素就是无关紧要的。很显然，如果没有时间概念，电影也就不可能取得空间效果，正如同如果没有空间概念，小说也就不可能取得时间效果一样。”②

布鲁斯东之所以强调时间对于小说、空间对于电影的重要性问题，主要还是基于现代小说“内向化”的判断，以此区别电影的“外在化”。这种刻意强调抽象思维和形象思维的对立，今天看来未免有些绝对化了。

> 长篇小说越来越从外部行动退避到内心思想，从情节退避到性格，从社会现实退避到心理现实的倾向，现在已很常见了。虽然，早在亨利·菲尔丁和洛伦斯·斯坦各趋一端时，这两种互相冲突的倾向就已经存在。但是，《特里斯特兰·商第》的传统终于取代了汤姆·琼斯的传统，这还是最近才发生的。把小说的内容限缩在小说家可以直接意识到的经验范围之内，这种情况，门迪洛夫称为现代的“内向性”，E. M. 福斯特称之为“看不见的生活”。福斯特用这几句话来说明它的不同之处：“看不见的生活，顾名思义，就是看不见的。看不见的生活表现为外部符号，就进入了行动的领域，不再是看不见的了。小说家的作用就是按照看不见的生活的原型来表现它。”如果说看不见的生活已经成为小说的表现领域，那么，它也带来了不少特殊的问题。③

在这里，布鲁斯东进一步引用了福斯特的观点，突出了所谓现代小说描写的是“看不见的生活”领域。但问题在于，现代小说描写“个人直接意识到的经验”，尽管极大地削弱了空间

① 布鲁斯东．从小说到电影．44.
② 布鲁斯东．从小说到电影．67.
③ 布鲁斯东．从小说到电影．49－50.

在现代小说中的位置，读者的接受情况该是如何呢？同时，我们还注意到，福斯特在最后补充了一句“它也带来了不少特殊的问题”，这便值得我们继续做深入的思考。

而对于电影来说，电影银幕上的空间形象是其存在的基础，这似乎与现代小说“看不见的生活”发生了矛盾。据此，布鲁斯东得出如下结论：

> 电影形象由于是外部的空间存在，都不能透过概念之幕发生类似的变化。我们前面说过，含义异常丰富的借喻在银幕上是无法表现的。由于同样的原因，像梦境、回忆这类仅存在在个人意识中的东西，也不可能用空间形式来充分地表现。或者不如说，由于电影只能以空间安排为工作对象，所以无法表现思想；因为思想一有了外形，就不再是思想了。电影可以安排外部符号让我们看，或者让我们听到对话，以引导我们去领会思想。但是电影不能直接把思想显示给我们。它可以显示角色在思想，在感觉，在说话，却不能让我们看到他们的思想和感情。电影不是让人思想的，它是让人看的。①

对于布鲁斯东这里所提及的电影无法表现思想意识的观点，温斯特给予了明确的批评，并提出了完全相反的观点。温斯特的相关论述将在后文中介绍。

再看有关时间的问题。

柏格森将时间区分为两种：可以用大体上无连续性的单位（如在时钟和节奏计中）来测量的有次序的时间；可以在意识中延长或压缩，表现为不断在流动中的心理时间。根据柏格森对时间的这一区分方法，我们来看一下小说和电影处理时间的能力。

> 在小说中，有次序的时间有三个基本层次：阅读时有次序的时间延续，叙述者的有次序的时间延续，事件本身的有次序的时间延续。②

布鲁斯东认为，电影中不存在叙述者的有次序的时间延续：“三种时间层次之中，有一种是电影所没有的。由于摄影机永远就是叙述者，我们看片时只要关心有次序的时间延续和事件本身的有次序的时间延续就够了。”③ 布鲁斯东的这一论断，对于好莱坞电影经典时期的大多数影片来讲是有道理的。不过，也应该看到，电影艺术的发展中，叙述者的问题在后来是一个不断受到重视和不断发展的过程。例如，影片《公民凯恩》《罗生门》的出现，叙述者对于一部影片结构的重要意义已经显示出来，而在影片《乡村牧师的日记》中，叙述者的声音甚至是伴随始终的，从而也形成了叙述者的有次序时间、观看的有次序时间和事件本身的有次序时间

图 3-1　《公民凯恩》剧照

① 布鲁斯东．从小说到电影．51．
② 布鲁斯东．从小说到电影．52．
③ 布鲁斯东．从小说到电影．53．

的艺术关系，对此，巴赞曾有过详细的论述。当然，布鲁斯东也注意到影片《卡里加里博士》中，出现了叙述者弗兰西斯这一角色，但是由于该片的确是拍摄时在原剧本的基础上添加的这样一个叙述者，在故事的主要情节部分，这一叙述者便不再起作用，因此，布鲁斯东称该片担负主要叙述责任的依旧是摄影机。

图 3-2 《卡里加里博士》剧照

围绕着有次序时间的三个层次，的确是时间艺术所需要认真考量的问题。在此方面，电影原本受各种因素的影响，确实存在着如布鲁斯东指出的叙述者有次序的时间延续方面的缺陷。不过，经过布鲁斯东的指点，我们似乎可以更加明确地意识到电影在此方面的努力，实际上正是有意识地提升自身叙事能力的一种表现，也是艺术水准提高的一个重要指标。

关于心理时间，布鲁斯东写道："我们这里所说的心理时间，粗略地讲，至少有两种定义。第一种定义是说，人类的思想具有加速或消解时间'感觉'的能力，甚至可以说，每个人都有自己的'时间系统'。第二种定义是说，除了这种速度的可变性之外，由于它是流动的、可以互相贯穿的，而且缺乏明确的界线，这种流动又几乎是根本无法测量的。"①

小说在表现心理时间的第一个方面是能够胜任的。以《汤姆·琼斯》为例，在这本书中，读者所花费的阅读时间，虽然一卷比一卷长，而所度过的小说时间，却是一卷比一卷短。第 3 卷写了 5 年中发生的事，第 9 卷、第 10 卷都只写了 12 个小时的事。于是造成了这样一种印象：对于读者，小说后面三分之二中所写的 5 个星期中的事情，却仿佛要比前面三分之一中所写的 20 年的事情要"长得多"。

电影也一样，在表现时间的延长或缩短方面，可以使用快速摄影或慢速摄影的手段，在电影画面中造成慢动作或快动作的效果。而这些时间手段的使用，可以为影片带来诸多艺术效果。例如，让·维果的影片《操行零分》中枕头大战一场戏，使用了慢动作镜头，因而使事件发生的时间被延长并带来强烈的戏剧效果，给观众带来一种梦境般的感觉。

然而，布鲁斯东认为小说和电影都无法真正表现第二种意义上的心理时间："因此，电影虽然不能表现思想的属性（比喻、梦境、回忆），它却能找到适当的对应物来表现以速度的可变性（拉长、缩短、加快速度、减低速度）为其特征的心理时间；而且它也和小说一样，虽然已经接近于能够表现，但终于没有能够表现柏格森所说的时间的流动。而这两种手段的失败，归根结底，是由于艺术和意识在结构上的根本性差异。"② 不过，布鲁斯东的观点显然过于武断。我们可以从不少影片中找到电影表现思想属性的例证。

① 布鲁斯东．从小说到电影．55．

② 布鲁斯东．从小说到电影．66．

◎ 时间和空间的问题，对于电影和文学乃至任何艺术都是十分重要的。但是非要以偏重时间或空间来判断艺术形态的优劣，则未免显得过于牵强。这里提到了一些重要的叙事学概念，如阅读时间、叙述者时间、故事时间和心理时间等，现在已经普遍运用于电影叙事研究中。

第二节 克拉考尔的观点

一、克拉考尔对“艺术手段差距说”的批评

以艺术手段来区分小说和电影表现力高低的做法，在20世纪50年代仍然流行，如前文提到的布鲁斯东等人的观点即有明显的代表性。但克拉考尔却认为此类观点经不起仔细推敲。克拉考尔认为，法国美学家艾基安·索里欧在其《电影观众心理学和比较美学》（1952）一文中所论及的小说艺术手段的特殊性问题，并不是区分小说和电影形式的关键所在。对此，克拉考尔进行了细致的分析和阐述。

从时间表现能力上看，索里欧认为小说家可以随意把过去和现在的事情交织在一起，而出现在银幕上的东西都必然带有当前事件的烙印，并且说电影回溯过去的唯一方法是“相当笨拙”的“闪回”。对此，克拉考尔用具体影片的实例表达了自己不同的看法。他举出《伤面人》中强盗把银币抛来抛去的镜头，强盗的这一动作不仅表示他此刻在玩银币，同时也在暗示他具有这样的习惯，在这里时间的意味就不限于现在时的状态了。此外，电影也有能力将过去时间中发生的事件与当前进行的事件浑然一体地结合在一起，也可以显示出在时间处理上的灵活性。比如，在影片《罗生门》中，各个被告在陈述凶案发生的经过时，影片里所出现的对过去事件的追叙段落成为法庭内调查取证活动的一部分。

图3-3　《罗生门》剧照

电影甚至可以做到某些仿佛是唯有小说才能做到的事情：它可以表现一个人物正陪伴着他记忆中的亲朋。伯格曼的《野草莓》中的老医生深感内心空虚、世态炎凉，

便不时堕入回忆，对某些往事愈来愈有如在眼前之感。然而这些闪回的画面并非孤立地插入镜头，他亲身进入这些镜头，他往昔的朋友们、年轻时代的他和害得他腼腆难言的可爱的姑娘，都跟他近在咫尺。……过去不再是一个与现在相隔绝的领域，它于是就名副其实地变成了现在，而当它渐次展开时，老医生本人便发生了变化。由此显然可见，在小说和电影中，不同的时间处理只是一个程度上的不同，而不是本质上的差异。①

在表现视角的问题上，索里欧认为，小说家可以自由地进入他笔下任何人物的内心，因而也可以把外部世界移置在这一人物的内心视界之中，但是电影则不能采用这个特殊的表现角度，因为摄影机不能按照小说的方式跟一个银幕上的人物完全合而为一，它最多能做到的是断断续续地暗示出他的见闻和感受。对此，克拉考尔批评道："索里欧再次低估了电影的潜力。即使承认影片制作者远不如小说那样能自由地跟他所选定的人物合而为一，他至少也能使观众产生强烈的恍如化入角色的印象。"② 接着，克拉考尔举出了一些电影尝试进入人物内心视角的实例。第一个例子是罗伯特·蒙高茂莱的《湖上艳尸》，在这部影片里，摄影机干脆代替了主人公的眼睛，结果他本人几乎从不露面，而周围的一切则完全按照主人公所见的情景表现出来。不过，这只是电影较早尝试从一个人物的视角去看外部世界的实例，呈现在银幕上的世界与人物的内心世界仍然有些隔膜。第二个例子是《卡里加里博士》："是的，《卡里加里博士》的故事叙述人有时也亲自露面，跟片中其他人物混在一起，但即使如此，我们仍然不能不感觉到这些人物都是他的想象的产物，感觉到他身边的那个光怪陆离的世界和这些怪影都是从他内心中发散出来的。整个影片仿佛都是从故事叙述人的内心长出来的，它按照主人公的观点来反映他所看到的世界。"③ 克拉考尔所举的最后一个例子是影片《罗生门》，他认为这部影片迫使观众从依次上场的叙述者的不同角度来仔细研究谋杀的情况，这样观众只好在审讯的过程中依次站到各个不同的立场上去，跟随着当事人的描述，仿佛进入了当时的谋杀场景之中，而这一"场景"却又是当事人在内心重新构思出来的。

◎ 通过对具体影片的分析，克拉考尔得出电影和小说在艺术手段方面实质上基本相同的结论："可见内心世界也不是向电影紧闭双扉的。这就证明电影和小说在形式特征上的不同总的来说只是程度上的相异。因此，这些不同之处并不足以抵消两种手段在实质上相同的地方。"④

二、两种艺术世界：物质的连续和精神的连续

德国电影学者齐格弗里德·克拉考尔在《电影的本性——物质现实的复原》一书中，从考察电影如何能够忠实地改编小说的角度，探讨了电影和小说的相同性和差异性的问

① 克拉考尔．电影的本性：物质现实的复原．邵牧君，译．北京：中国电影出版社，1981：299.
② 克拉考尔．电影的本性：物质现实的复原．300.
③ 克拉考尔．电影的本性：物质现实的复原．300.
④ 克拉考尔．电影的本性：物质现实的复原．301.

题。他认为电影和小说在形式和手段表现方面只是程度上的不同，而不存在根本性的差异。两者的根本性不同实际在于：电影倾向于表现物质上的连续性，小说倾向于表现精神上的连续性。

> 电影和小说固然都描绘生活流，但这并不等于说他们把焦点集中于生活流的同一些方面。前文已经指出，电影倾向于表现一种“仍然跟物质现象紧密地、仿佛由一根脐带联结在一起的生活，而它的情绪和理智内容即来自这些物质现象”。电影化的影片致力于利用这些现象的暗示力量，以便表达出所有那些看不见的和非物质的东西。……摄影机所攫取的生活主要还是一种物质的连续。
>
> 当然，小说也常常热衷于描绘实体——脸、物体、风景，等等。但这只是小说所掌握的世界的一部分而已。作为一种文字的作品，它能够，因而也倾向于直接提出和深入探究内心生活的事件——从情绪到观念、从心理冲突到思想争论。实际上，一切小说都侧重于表现内心的发展或存在的状态。小说的世界主要是一种精神的连续。这种连续现在常常含有某些非电影所能掌握的元素，因为这些元素并不具有可资表现的客观形态。①

为了证实自己的观点，克拉考尔分析了普鲁斯特小说《追忆逝水年华》中的一个著名段落，即题为“俘虏”的那一部分。普鲁斯特描写了自己一早醒来躺在床上听到了意外传来的小贩的叫卖声，他对小贩自成腔调的叫卖声做了详细的描述，这些叫卖的腔调也唤起了他的某些回忆，使他回想起圣歌，并进而导向了巴黎街头的叫卖声和几段祈祷文的对比。

在克拉考尔看来，这种意识流的写法编织出了无限大的观察与记忆之网，是摄影机所不能表现的精神连续性的地带。因为电影绝无可能暗示出这些对比和随之而来的沉思默想，除非使用过多的对话、旁白、解说和字幕。但是，这样一来，克拉考尔认为电影就不成其为电影了。电影能够加以表现的是促成精神连续性的具体事件，即电影可以表现黎明时街道上的小贩，还有透过百叶窗的帘幕传入的叫卖声以及叙述者对它们的反应。表现这些事件的镜头也许会触动观众，使他们顺着眼前的这条线索联想开去，但是，观众在揣摩这些事件的含义时，不见得会在心中浮现出小说中所描绘的形象。假如要将这段文字改编成电影，改编者就要面对两难选择：如果渲染小贩和他们的叫卖声，他就很少有希望把那些跟它们交织在一起的回忆有机地纳入影片；如果想突出回忆，他就有必要采用非电影化的处理方法，结果必然使街道和市声退居后景。因此，克拉考尔得出结论：企图把小说的精神连续性变成摄影机面前的生活的任何尝试都绝无成功的希望。②

◎ 不过，有意思的是，《追忆逝水年华》这部小说在1999年被改编成同名电影，该片导演是智利电影人拉乌尔·鲁兹，编剧为吉勒·托朗。在此之前，2005年诺贝尔文学奖获得者品特曾在1978年完成了该小说的改编剧本，起名为《普鲁斯特的脚本》。1973年，意大利编剧苏索·切基·达米柯也曾写过《追忆逝水年华》的改编剧本，但是，电影导演罗西和维斯康蒂均放弃了将其搬上银幕的想法。

---

① 克拉考尔．电影的本性：物质现实的复原．301－302．

② 克拉考尔．电影的本性：物质现实的复原．302－303．

对于拉乌尔·鲁兹改编的同名影片，法国影评人达尼埃尔·加西利亚拉斯特给予很高的评价，并认为“这位智利电影人和他的编剧搭档的改编是忠实于《追忆逝水年华》原著的”，并围绕着对原著中“小马德莱娜蛋糕”的改编进行了下面的比较分析：

> 剧本在小说模式的基础上创建起一套重复式主题系统：在一组镜头中出现的玫瑰会在另一时刻再现，一扇虚掩窗户外所呈现的贡布雷教堂的景象稍后出现在另一扇窗户外。这些主题题材勾勒出时间的路向，展开了现在与过去的交叠。在小马德莱娜蛋糕的著名章节中，蛋糕的滋味使人回想起在贡布雷的一个周日的早晨，影片中作者在进入盖芒特沙龙之前有感而发，而剧本仅仅通过画外音的形式来表现这点，这使得男主人公——叙述者能够综述他的那些感性的、不由自主的回忆。相应的，令他绊倒的那些铺设不善的地砖在影片中的功用与小说中一样，使人想起在威尼斯的那次相同状况下失去平衡的记忆画面；勺子敲在盘子上的声音唤起了锤子敲在火车轮轴上声音的听觉记忆，并让我们再一次看到之前的镜头中出现过的这把锤子和这列火车……这些镜头滑移、这些联想和去而复来的现象很好地借助了视觉或听觉的渐变手段，这使我们自问为什么会认为普鲁斯特式的感官联想和比喻风格无法适用于电影的演绎方式。①

很明显，改编后的同名影片，挑战了克拉考尔所坚信的观念，即“普鲁斯特用这种方式指出的这个无限大的观察与记忆之网（这也是他的生活的全部内容），便是一种非摄影机所能表现的连续了”②。

三、小说与电影共同面临的矛盾：形式的有序性和现实的无常性

克拉考尔在《电影的本性——物质现实的复原》一书中，指出电影和小说的不同之处的同时，也论及了电影和小说相同或相近的地方，并从艺术作品的内容和表现形式方面，分析了小说和电影所共同面临的问题。比如，他认为“伟大的小说”都触及广阔的现实面，电影也是如此。这样的概括虽然简单，但是却肯定了两者基本的共性内容。此外，两者在展现现实生活的过程中，又都面临着这样的矛盾：将纷乱的现实组织成一个有序的故事与严整的故事形式限制现实的无常性的矛盾。这便牵扯出了艺术形式的局限性的问题，即小说和电影都需要以形式结构对现实素材进行整合，但是整合的结果却要冒着与现实本真远离的风险。

在此，他借用了福斯特《小说面面观》一书对小说的分析观点，而这种分析同样适合于电影。因为，小说和电影都必须有故事，要将纷乱的生活现象串联成一条线索，但是在使故事变得有序之后，接下来的问题是：“但它却带来了用连贯有序的事件来代替生活的不可揣测的偶然性的危险，结果便损伤了生活本身所应有的‘更微妙的成长’（E. M. 福斯特语）。”③

---

① 加西利亚拉斯特. 一本书的时间，一部影片的时间：从马塞尔·普鲁斯特到拉乌尔·鲁伊斯. 曹轶，译//世界电影，2007（5）.

② 克拉考尔. 电影的本性：物质现实的复原. 302.

③ 克拉考尔. 电影的本性：物质现实的复原. 295.

> 因此，小说家也好，电影导演也好，他们在组织情节的时候，都必须设法把两个相反的（如果不说相对立的）要求调和起来。我不妨继续引用福斯特的话来说明这两个要求，因为他根据自己的实践经验，对小说创作所面对的这两个互相冲突的任务感受特别敏锐。第一，由于小说家不能不采用故事，他为了照顾故事的重要性，必须在讲述它时做到“事事都有交代”。“应当让每一个动作或每一句话都起作用；应当经济而简练。”第二，由于在结构问题上用心太深会导使小说陷入近似舞台化的故事的危险，小说家便不得不同时朝着相反的方向进行努力。他必须打破故事的藩篱。他决不能让故事结构限制住无边无际的现实，让一个封闭的世界来替代它。他不能为故事情节的经纬组织花费过多的心血（当然他也不能加以忽视），于是他就利用“零乱的残片”，讲些“跟故事的发展没有什么关系的事情”，给一些容易引起读者惊异的人物“添油加醋”。他只有冲破严整的故事形式，才能暗示出“人生之无常”。①

从上述分析中，也可以看出克拉考尔艺术观念中非常值得重视的一面，即艺术作品的世界并非一个封闭的世界，它必须要敞开自己并将现实世界作为重要的参照系。艺术的空间与现实的空间比较起来总是显得狭小局促，而要使有限的艺术空间容纳更多的内容，那就必然会引起形式上创新的诉求。电影或小说艺术的发展恰好回应了这样的艺术认知视角。

开放的艺术观念，从时间的维度上也显示出小说和电影所遇到的共同问题。现实时间的无限性和艺术作品时间的有限性再次形成了奇妙的对比。人类对生命的无涯充满眷恋和渴望，这种现实的欲望甚至成为对叙事作品最终结局的强烈不满。

> 这种对生之无涯的关心影响到故事的发展过程。小说家当然需要给他的故事安个结尾，以便使它显得完整。但在真正的小说中，使读者感到不舒服的正是这个结尾。它给人一种无端干涉的感觉，打断了可能或者应当是无穷无尽的发展前程。小说的故事仿佛旨在破坏作品本身将会获得的完整性。“为什么一部小说必须事先有所计划呢？”福斯特问道，“它不可能自然成长么？为什么它需要像一出舞台剧那样有个结尾呢？”他引证了纪德的《伪造者》中艾都阿德表示宁愿葬身在（无尽的）生活中而不愿屈从故事的要求这一重要段落之后，发出了跟艾都阿德完全合调的呼声：“至于情节——去它的吧……一切事先安排的都是虚假的。”②

◎ 当然，这种强烈的“去情节”愿望并不能解决艺术作品时间与现实时间的永恒矛盾，但是却足以促使人们以此作为思考的起点。现代小说和电影的发展历史中，也确实在情节结构和结尾的处理上做出了多种探索，并使叙述形式发生了重要改观。在小说和电影中，嵌套结构、环形结构等形式的出现，使艺术作品跨越时间的能力大为增强。

① 克拉考尔．电影的本性：物质现实的复原．295－296.

② 克拉考尔．电影的本性：物质现实的复原．296－297.

第三节
关于意识流和叙事问题

一、小说和电影中的意识流

温斯顿针对布鲁斯东在《从小说到电影》一书中提出的电影不能充分表现“思维状态的活动”的观点，提出了截然相反的论点：

> 但是我们即将看到，布鲁斯东认为不可能用电影办到的那件事（即思维状态的活动），却由费里尼和安东尼奥尼这样的电影制作者（即使这样的人还不那么多）通过电影表现手段向我们表现出来了。实际上，也正是在这一点上，电影看来和小说是多么接近：这两种表现手段，在它们各自的演变过程中，都是从描写和描绘简单的具体事件过渡到描写和描绘复杂的心理事件。①

温斯顿在书中专门用一章的篇幅讨论电影和小说中的意识流问题。意识流小说被认为是20世纪小说表现“思维状态的活动”最具代表性的文学流派，主要作家有陶乐赛・理查逊、弗吉尼亚・伍尔芙、詹姆斯・乔伊斯和威廉・福克纳等。这些作家并不关心影响情节或动机的思想，而所关注的就是思想本身，而且他们所描写的也都不是理性和有条理的意识。电影能否表现意识的流动，它又如何进行表现，这是温斯顿所要着力研究的问题。

“意识流”是20世纪初美国心理学家威廉・詹姆斯为了描述有意识的思维活动的性质而创造出的词汇。根据詹姆斯的说法，意识并不是一段段地出现的，“链条”或“环节”这样的词都不适合于用来表现它的原始状态。它不是连接起来的，而是流动的。因此把它比作“河流”或“流水”倒是十分自然的。意识包括两个方面的内容：一个是人们清醒时发生的一切思维过程，另一个是人们在睡眠状态中通过梦所意识到的思维过程。这些思维过程包括回忆、想象或幻想、感觉（包含视与听），以及有关文字、数字和空间方面的推理。

因此，意识从清醒、清晰的一端到混沌的另一端，实际上构成了不断变化的层级关系，这一般被称作为“意识的级”。这些级的基本标准是言语的句法和逻辑，并以规范的、文法正确的语言为意识的最高级，而句法混乱的思想、写作和话语为意识的最低级。这种意识的级差，也可被看作意识状态的质的差别。在此基础上，接下去就要考察有意识的思想素材是如何在头脑中“流动”起来的问题。

---

① 温斯顿．作为文学的电影剧本．周传基，梅文，译．北京：中国电影出版社，1983：29.

◎威廉·詹姆斯通过观察发现，在意识“流”中存在着一种“突然的质的对比”，即回忆和幻想并列，清楚的思路可以和混乱的思路并列，反省可以和感觉并列。在这组并列关系中，前者属于可以由意志控制的，而后者则属于意志之外的“自由联想”成分。

在这种思维状态，即意识的流程过程中，各种思想迅速地在脑海中闪过，无论是有意志控制的回忆、反省，还是属于自由联想的幻想、感觉，它们以一种明显的任意的次序并列起来。“因此意识流可以认为是两个重要的可变因素（质量和流程）的相互作用。”①

那么，考察电影能否表现意识流的问题，就要看它是否可以表现出“突然的质的对比”，并且让观众感受到“意识流”过程的存在。

在考察电影表现意识流的具体时间之前，有必要先分析一下小说和电影表现意识流的主要技巧。温斯顿将小说描绘人物意识流的主要技巧分为三种：直接的内心独白、间接的内心独白和无所不知的描写。同时，他认为电影用以描绘意识流的技巧，实际上和小说中所运用的大体一样。

> 直接的内心独白一般是以主要人物的画外音形式出现的（如在《一个乡村牧师的日记》中那样），由它告诉我们他或她在想什么或者有什么感觉。第三种技巧一般是通过一个无所不知的解说员，采取画外音的方式来描绘一个人物的思想或感情——但一般都不是解说员本人的思想或感情，即使他也是影片中的一个人物。
>
> 第二种技巧，亦即间接的内心独白，在电影中是最难识别的，这主要是因为它从来就不是通过语言表现出来的。我们曾经说过，有理性、有条理的语言思想并不是意识状态下唯一的内心活动，因为感觉，特别是视觉，也是意识的一部分。因此，对于处理一个真正的意识流来说，一个人物（不论文学中的还是电影中的）在看什么和他在想什么或感觉什么，是同等重要的。有时为了表现一个人物在看什么（通过主观镜头），电影导演便在这个视觉素材（从那个人物的角度来看）中错综地插进一些其他的镜头来引导观众，这和一个小说家为了引导他的读者去理解一个意识流的段落，因而认为有必要偶然来一段评论和作一番描绘，其目的是完全一样的。例如：有一个坐在汽车中的男人在看一个站在他车旁的女人。在这个例子中，也许得有一个镜头从车内（通过风挡）把他所正在注视的那个女人表现出来，并且恰恰显得就是他看她。但是，导演也许认为最好是让观众明白那车子所处的位置，特别是它和那女人之间的位置。为此，他可以把车中那个人拍成一个远景，并在汽车外面拍——即从那个无所不知的讲解员（这在本例中就是导演和摄影机）的距离来拍。因此，在上述那个例子中，那位电影导演干预了那个人物的意识（通过车内的主观镜头表现出来），并包括了他认为有必要引导观众的信息（通过远景表达出来）。②

◎影像通过视听语言来表现人物的意识状态，这需要观众对影像进行悉心的体认，从镜头画面构图和音响的设置去感知。

---

① 温斯顿．作为文学的电影剧本．88.

② 温斯顿．作为文学的电影剧本．91－92.

例如，在安东尼奥尼的影片《夜》中有一个著名的段落，显示了安东尼奥尼通过外部环境和声音、有形的动作去表现人物的意识状态。影片中的丽迪亚离开某出版商为她的丈夫举办的宴会，独自在米兰的街头闲逛：

> 她开始慢慢地和漫无目的地沿着街道走去，既不看那熙熙攘攘的人群，也不为他们所注意……在一条充满阳光的阒无人迹的街道上，丽迪亚一面漫步走着，一面望着那些现代化的公寓和办公大楼。它们显得冷漠无情极了。丽迪亚感到和周围的一切完全格格不入。天气非常热……
>
> 丽迪亚继续走下去，然后来到两座高大的玻璃大厦之间的一块空地上。太阳强烈地照射着这块窄小的空地。她抬头望着大厦上空那一线天空，仿佛想要逃出那些压得使人喘不过气来的高墙。突然一架低飞的喷气飞机轰鸣而过，使街道和那块空地灌满了一种不祥的呼啸声。丽迪亚慌忙走开，仿佛吓坏了似的。她跑到一条两旁栽有树木的街道上，然后回头看看，仿佛后面有人盯她。等到她觉得稍微平静了一点，又继续漫步前行，并拾起一片叶子仔细端详着。
>
> 评论家吉多·阿里斯泰戈曾这样指出："我们该怎样来看待丽迪亚这段无休止的漫游呢？她先是穿过那吵吵嚷嚷的城区，然后又穿过那非常平静的郊区。难道这不正是一段连绵不断的内心独白吗？不正是浮现在她心头的那个分崩离析、万花筒般的世界形象吗？"确实，它们正是这样一段完全通过外部表情和动作表达出来的意识流——并且始终没有使用话语，甚至在剧本中也是这样。当然这和爱森斯坦所扼要论述的意识流电影技巧相去甚远。但是最重要的，是安东尼奥尼这一技巧富有感染力：我们可以毫不勉强、毫不别扭地深入到人物的思想中去。①

爱森斯坦认为意识流这一重要的心理现象完全可以在电影里得到最为充分的表现，因为艺术作品的辩证过程在作品中体现为两个过程的统一："一是沿着最高级的意识路线急剧上升，一是借助形式结构渗入最深的感性思维。"而一部艺术作品的成功，是主题（逻辑的一面）和感觉（形式的一面）平衡的结果，而这其中就包含着思想意识的"级"从低级到高级的辩证统一关系。

20世纪30年代初，爱森斯坦在美国期间，曾经准备把德莱塞的小说《美国的悲剧》搬上银幕。这部小说的主人公是一位名叫克莱德的年轻人，他被指控在一次"翻船"的意外事故中谋害了女友。那么，克莱德究竟是有罪还是无辜的，爱森斯坦认为，关键是要揭示出他在"意外翻船"之际的内心活动是什么。

小说原文是这样表现克莱德当时的内心想法的：

> 你该去救她。但是你又不该去救她！你看她是怎样在挣扎啊。她救不了自己了，处于飘飘忽忽的恐惧之中。如果你现在靠近她，那也会给你带来死亡的。但是你多么想活下去啊！她那求生的欲望也使你从此觉得生活多有意义。稍微休息一会儿吧——几秒钟也好！等一等——别被她的求救所打动。然后——然后——好啦！瞧，全过去了。她现在沉下去了。你永远永远不会看见她活着了——再也不会了。

---

① 温斯顿. 作为文学的电影剧本. 143.

◎ 爱森斯坦在设计这个关键性场景的蒙太奇之前，确立了这样的目标："摄影机必须深入克莱德的'内心'。必须在听觉和视觉上把那些疯狂飞奔的思想记录下来，并和外部的现实——那条船，坐在他对面的那个姑娘，他自己的动作——穿插起来。这样，'内心独白'的形式就诞生了。"

他对自己所设计的蒙太奇草稿做了如下介绍：

> 这些蒙太奇设计是多么美妙啊！
>
> 它们像思想一样，有时是视觉画面，有时是音响；有时同步，有时又不同步。然后像声音一样，是无形的，或者是音响形象客观地表现出来的音响……
>
> 然后突然完全是理性的话语，就像说出来的话那样有理性和不动感情。银幕上一片漆黑，一片迅速掠过的没有形象的视觉画面。
>
> 然后又出现感情冲动的支离破碎的话。除了名词什么也没有，或者除了动词什么也没有。然后是感叹词。和这些音响同时出现的是一片旋风似的歪歪扭扭的无情的东西。
>
> 然后是完全没有音响的迅速闪现的视觉画面。
>
> 然后又和对位的音响联结起来。然后是对位的画面。然后两者同时出现。
>
> 然后插入动作的外部过程，再把外部动作的因素插入内心独白中去。
>
> 仿佛为了表现人物内心的内在活动、犹豫不决的冲突、感情的爆发、理智的声音、快速或慢速的动作，为了标志这个或那个不同的节奏，为了和那几乎完全没有出现的外部动作形成对比：一场疯狂的内心斗争潜伏在那毫无表情的面罩的后面。①

爱森斯坦以电影的形式表现意识流的完美设计最终没能搬上银幕，温斯顿深表遗憾，因为在他看来，爱森斯坦的构想是对意识流原则最富于想象力的运用。不过，他接着指出，安东尼奥尼拍摄于1960年的影片《夜》，对意识流做出了革命性的处理。

二、对文学和电影叙事的考察

格里菲斯拍摄的《一个国家的诞生》在电影史上之所以具有如此重要的地位，原因之一在于它叙事的成熟。我们已经知道，爱森斯坦曾专门分析过格里菲斯的蒙太奇叙事与狄更斯叙事手法的关系，从而揭开了电影与文学叙事关系研究的序幕。

(一) 叙事手段

美国学者贝纳德·迪克在《电影的剖析》(1977) 一书中曾经提道："电影采用的一些叙事手段与文学相同。当导演运用这些手段的时候，他或她就成为文学概念中的说书人。"② 在书

---

① 温斯顿. 作为文学的电影剧本. 98-99.

② 迪克. 电影的叙事手段：戏剧化的序幕、倒叙、预叙和视点//李恒基，杨远婴. 外国电影理论文选：下. 修订本. 北京：三联书店，2006：581.

中，迪克具体列举了电影与文学相同的叙事方法和手段，如“戏剧化的序幕”“倒叙法”“预叙法”“视点”“作者”“叙事者”等。

例如，在阿伦·帕库拉的影片《总统班底》中有一个精心设计的序幕：首先是打字机打出了一个日期——1972年6月17日，接着是理查德·尼克松来到白宫草坪的镜头，然后影片第一个真正的场面——水门事件——与字幕同时出现。“这种戏剧化的序幕是一种真正的序幕：一件发生在影片故事之前的事情，因此与影片本事分离。舞台上通常用一些方法：一个间歇、一个暗场、一次幕落暗示序幕独立于戏剧之外。影片中则用插入的或同时出现的字幕来指出这一点。”

◎ 文学史上倒叙法的例子，可以追溯到荷马史诗中的《奥德赛》。该作品是从特洛伊战争二十年之后开始写起的，在一次宴会上历数奥德赛战后所取得的功绩。维吉尔仿效荷马写作的史诗《伊尼特》，也是在一次宴会上开始回顾伊尼特在国外的7年生活。迪克认为，电影中的“倒叙法有三个目的：(1) 提供用其他方式难以介绍的情况；(2) 戏剧性地表现过去的事件，甚至在讲述的过程中语言不足以表达实情的时刻（当巴里·林敦听到他儿子丧生的消息时，库布里克显示出男孩从马上摔下的现场情景）；(3) 将过去和现在连接起来，因为没有一个人物了解足够的情况担任叙述者”①。

具体来说，一些以辨明犯罪身份的影片（如迈克尔·寇蒂兹的影片《欲海情魔》，1945）或探索某人生平（如奥逊·威尔斯的《公民凯恩》，1941）为中心情节的影片，常常以犯罪或死亡为开场，然后回头来叙述。迪克将倒叙方式分为个人化的和非个人化的两种：诸如《公民凯恩》这样的影片，是通过记者汤姆逊采访伯恩斯坦、里兰等人，并通过他们的回忆讲述凯恩的人生经历，即为个人化的倒叙；而那些并不通过人物的回忆讲述，直接通过摄影机将过去和现在交织在一起的方式，则是非个人化的倒叙，如在科波拉的影片《教父Ⅱ》（1974）中，除摄影机的镜头外，没有人回忆维多·克利昂的早期生活。在这里，摄影机起到了全知全能的叙述者的作用。

电影和小说一样都要关注谁在讲述的问题，这便触及了叙事学上的视点问题。一部影片可以像小说那样，用第一人称或第三人称叙述，但是，电影中的第一人称往往以“我”的声音（声音有时在画面外，有时进入画面）出现，“我”在简短的引言之后，进入戏剧化的情节后，这个“我”就变成了第三人称的“他”或“她”了。例如霍建起导演的《暖》，在影片开始的时候，“我”在叙述自己多年之后重新回到故乡的情形和感受，随着情节展开，“我”又成为故事中的井河。而小说中的第一人称始终是一个有意识的叙述者，总是以“我”的口吻在述说。与此相关的作者、叙述者问题也是电影和小说同样要面对的，在此暂不详述。

（二）麦茨的电影符号学

法国著名符号学者克里斯丁·麦茨在《电影符号学的若干问题》（1966）一文中提到，电影诞生初期，社会各界对于这个新机器的社会功能做出过不同的预测：有的人将其视为保存资

① 迪克．电影的叙事手段：戏剧化的序幕、倒叙、预叙和视点//李恒基，杨远婴．外国电影理论文选：下．修订本．583．

料的手段，也有人将其视为新闻报道的新手段，但却没有人预料到，电影能够首先成为一种讲故事的机器。萨杜尔曾经正确地指出，梅里爱一心想讲清楚一个幼稚的故事，结果发明了叠印、多次曝光、淡入淡出和叠化、摇镜头等电影语言手段，因此，才有了电影和叙事结合这样一个重要现象。电影符号学所要做的工作，就是要研究叙事性影片如何表意的问题，首先是要研究电影如何通过外延手段成为专门语言的问题。

> 叙述这一概念对于电影符号学来说与艺术的概念等量齐观。……在电影领域，这个术语是埃迪安诺·苏里奥提倡采用的。它表示影片的再现形态（米凯尔·杜弗莱纳把它对立于纯美学的表现形态），即影片外延的总和，包括叙事本身，也包括包含在叙事中，并由叙事引出的虚构的时空，因而还包括人物、景物、事件和其他叙事元素，但是，对它们的考察仅限于外延。电影如何表现接续、岁差、时间间断、因果性、对立关系、结果、空间的远近等等：这都是电影符号学的中心问题。①

麦茨认为，根据符号学的观点，电影和照相有很大不同。因为对于照相来说，人的干预仅仅是在内涵的层次上发挥作用，比如布景和布光的使用、拍摄角度的选择等。但是，在外延意义上，却没有任何照相手段能够加以表现。例如一幢房子的照片，陌生人是不能判断出它处于空间的什么地方，其中发生了什么故事，等等，也即是说，照相手段无法表现外延状态的这幢房子的所指。电影则完全不同，因为电影的"外延本身是构成的、经过安排的，而且在一定程度上是系统化的（我们说的是系统化，而不一定是符码化）；由于没有绝对可循的规则，为了使影片通畅易懂，就要遵循一些基本惯例：一部胡乱剪接在一起的影片是无从理解的"②。简单地说，电影面对的是无数个镜头如何安排的问题，而照相则无须考虑这一内容。因此，电影需要一种"语言"规则进行讲述，以便构成电影的情节，而电影符号学就是研究构成情节的语句问题。

> ◎ 电影导演当然是电影语言的使用者，但是他所使用的电影语言能否被观众所理解和接受，却是至关重要的，因为观众只能通过符码来了解别人传达给他的信息。

因此，麦茨特别强调，电影符号学主要从观众的角度而不是从导演的角度看问题。导演可以让摄影师拍下无数多的画面，但是却要把这些画面安排成可理解的序列，并且要受到电影大组合结构的约束。麦茨认为，大多数叙事性影片的主要的组合关系相差无几，因为电影的叙事形式通过无数影片的程式和重复稳定下来，逐渐形成比较固定的形态，因此他提出了电影叙事的大组合段概念。③ 在麦茨看来，大组合段是一般导演叙事所必须遵守的规则，"我们可以说，叙事影片的大组合段可能有变化，但是任何人都不能随心所欲地改变它。作为使用者的观众，如果全然不解，那就是对纯系个人创新的自发惩罚，而整个体系对这种创新是不会认可的。富于创造性的艺术家的独创性在于（电影与其他艺术亦如是）在符号系统上动心计，巧妙地利用它，而不是破坏或违背它，更不应完全摒弃它。"④

① 麦茨．电影符号学的若干问题//李恒基，杨远婴．外国电影理论文选：下．修订本．438-439.
② 麦茨．电影符号学的若干问题//李恒基，杨远婴．外国电影理论文选：下．修订本．440.
③ 麦茨．电影符号学的若干问题//李恒基，杨远婴．外国电影理论文选：下．修订本．434.
④ 麦茨．电影符号学的若干问题//李恒基，杨远婴．外国电影理论文选：下．修订本．443-444.

（三）凯思·柯恩“不连续的连续性”

美国学者凯思·柯恩于1979年撰写的《电影和小说：转换动力学》一书，在麦茨电影符号学和接受美学的基础上，结合19世纪末到20世纪的艺术变迁，提出各门艺术之间呈现出趋同的现象的观点。比如詹姆斯和康拉德的小说，吸收了印象画派的方法，把重点放在显现对象而不是讲述对象上，进而对多元视点发生了浓厚的兴趣，并强调读者的共同参与作用。电影的出现增强了这些激进派作家反对19世纪反映式的写作的信心。电影显示了视点变换的鲜明效果，一个客观事物可以从不同的视点把它表现出来，对象和摄影机之间的视距和视角的变动，打破了认为任何事物都应该有一个固定的或主要的视点的表现法则。这样一来，对于作品的理解需要观众从一开始就积极参与进去。观众在观看电影的时候，要接受大量的惯例进而才会理解电影的内容，因为电影将时间和空间不断地切分、重组，这就要求观众具有根据影像的一部分去理解和保持一个完整的空间实体的能力。这一现象说明了电影观众在面对着他的艺术对象时具有独一无二的位置。

凯思·柯恩认为，电影的蒙太奇技巧助长了现代小说家的某些反传统倾向，因为电影蒙太奇具有不连续的连续性特点。爱森斯坦等人强调了两个或更多连接在一起的镜头具有分离、不连续的本性，但是在影片放映和观看的时候，两个看似不连续、无逻辑甚至是矛盾的镜头，在自动和无情的影像流动中至少会被赋予连续性的外观。甚至像布努埃尔的《一条安达鲁的狗》这样挑战电影连续性的影片，我们也可以感觉到无情流动的力量。因此，凯思·柯恩提出，电影经验的这种固有的自相矛盾特征，可以称作为“不连续的连续性”，并且也揭示了电影视点可以很容易地发生自由转换的特点。这就意味着观众要培养起自我连续电影各个环节的能力。在这里，柯恩再一次强调了观众的重要性。

◎他甚至把“不连续的连续性”观念视为20世纪艺术的基石，“通过不连续性，一种更富于动力的连续性能够被完成，这种观念或许是20世纪艺术的基石。我们看到了它在立体派和未来派的绘画中，在德彪西和斯特莱温斯基的音乐中，在印象派埃利奥特和阿普林尼亚的诗歌中，以及在超现实主义艺术的各种形式中。它同时也在‘经典的’现代小说的根基和本质之中表现出来”①。

而电影蒙太奇恰恰是在时间和空间方面成为“不连续的连续性”的代表，在柯恩看来，电影蒙太奇为许多现代思想和艺术创造提供了一个基础性的观念。阿诺德·豪泽尔在《艺术社会学》（1974）一书中也曾做过类似的表述：“情节和场面进展的非连续性，思想和情绪的突然浮现，时间标准的相对性和非一致性，这些在普洛斯特和乔伊斯、道斯·帕索斯和弗吉尼亚·沃尔夫作品中的东西，都使我们想起电影中的切、化和内插法，而当普洛斯特把两件事情紧靠在一起，这两件事情说不定相隔三十年，而此时它们之间好像只不过相隔两个小时，这简直就是电影的魔术。”②

之所以如此，原因就在于以往的文学叙事是按照线性顺序的时间展开的，而电影蒙太奇却

① 陈犀禾．电影改编理论问题．北京：中国电影出版社，1988：62．
② 陈犀禾．电影改编理论问题．62．

打乱了时间顺序。其中最引人注意的是在爱森斯坦的影片《战舰波将金号》中，一个在厨房的水手愤怒地将写有“今天给我们规定的面包”的盘子摔到地上，这一行动喻示着水兵们反抗的开始，在影片中具有极其重大的意义，导演从不同的角度对这一刹那间的举动拍摄多次，并依次剪辑在一起。这样一来，在电影时间顺序的镜头画面中表现的却是一个同时性的动作。在这里，空间也发生着重要的作用。上述场景中发生的时间的变形，正是充分地利用了电影媒介的空间性的结果。在电影中，空间的变形也是随处可见，比如把相隔万里的两个地方剪辑在一起，空间距离感一下子就被缩小了，此外，通过改变焦距镜头等技术手段，可以将正常的景深加以改变，同时也摆脱了常规视点的限制，带来了全新的空间感受。因此，凯思·柯恩提出：“电影似乎就是要通过同时性的观念才能完成叙事。”① 同时性的方法，把相互关联的时间和空间转化成一种艺术的统一体。

（四）以符号跨越两者的隔阂

电影和小说在叙事方面有着诸多相通性特征，在叙事手法上也有许多可以相互借鉴之处。但是，小说和电影之间存在着书面文字和视觉影像的差别，至少从表面看上去，这种差别将两者分隔成了不同的世界。对此，凯思·柯恩认为，要跨越这看似无限的隔阂的最好办法，就是将文字和影像都看成符号，它们的目的都在于传达某种事物。

“在这种意义上，文字和影像都是一个更大的表意系统中的一个组成部分——一种广义的语言的组成部分。”② 例如，桌子这个文字符号会引发读者有关桌子的内心表象，而一张桌子的影像也会在观众那里引发相同的内心表象。因此，可以说小说和电影都提供了，或者至少唤起了某种总体的外形。电影把外部世界的点点滴滴组合起来，小说把词语组合起来，而且都涉及我们经验中的具体事物，并且都各自富有内涵。在理解小说和电影符号内涵的过程中，虽然电影的符号内涵更为直接一些，而小说的符号内涵往往要依据上下文以确定潜在的含义范围，但是，影像的符号也会即刻消失掉，而剩下的工作却需要观众在头脑中重新整合。在这个意义上，小说读者和电影观众都面临着同样的工作，即要依靠记忆和联想对作品的内涵进行思考。

此外，电影要经历把这个世界的片段组织成一个整体的过程，小说也同样要面临将语言组成一个有机整体的过程。小说组成书面短语有自身的一套语法规则，而在电影方面，麦茨则根据电影镜头与书面短语所具有的相似性特征，提出了著名的“大组合段”理论，将电影镜头划分为八种组合段（其中包括叙事性的、描述性的、单句性的或复句性的），因而使电影具备了语言学意义上的组合基础。

小说将词和句子排列成顺序系列，电影将镜头组合成段落序列，但是，无论是文字的还是视觉的符号群，总是通过时间顺序被理解的。这样就可以看出，叙事性是小说和电影的共同基础，也是将两者联结起来的最坚固的中介。“如果说小说和电影都具有叙事性，那么它们两者都产生了一种分段的形式，用简单的话来说，它们两者都讲一个故事。这种故事是按叙事的特性，在观众或读者的头脑中产生出一连串分段形象（和叙事本身的演进并不同步）。在理解一个故事的时候，感知者必须为他自己构成一种在时间上互相延续的空间形象。因而，虽然在电

---

① 陈犀禾. 电影改编理论问题. 65.

② 陈犀禾. 电影改编理论问题. 66.

影中这种讲述主要是按照空间完成的，而小说是用时间形式完成的，这段故事在电影和小说中都是随着观众或读者所提供的想象的空间和时间而展开的。”①

凯思·柯恩充分注意到了观众或读者在接受符号时所起的作用，即接受者根据作品的符号信息构建起一个内心的时空。在这里，想象中的事件像正在发生那样被建构起来，虚构的人物在其中也一直保持着他们的存在。同时，凯思·柯恩进一步指出，正是这种分段产物的相似性所提供的基础，才持续不断地诱使人们把小说改编成电影。

最后，凯思·柯恩提出了自己的结论：

> 在五十年代和六十年代这个艺术意识互相渗透的创造时期，“新小说”和“新浪潮”打开了一个丰富而广阔的探索领域。新小说强调的重点在视觉方面，在描述方面，以及在情节的直接展开方面，它不可避免地使人想起了电影感。反过来，新浪潮用一种直接使人想起新小说的方法，直接把它的注意力对准抽象的事物。更基本的是，两种新形式都回到传统的讲故事手法，以及选择各种精心设计好的片段，拼贴组合、重复等手法。例如，戈达尔和罗勃·格里叶在主题上有那么大的差异，却都遵循了相类似的结构原则。
>
> 总之，富于动力的叙事空间和无穷无尽的时间变形的可能性，是电影叙事的两个基本特征，它们将强有力地影响“电影后”的小说家们，使得文学符号在二十世纪的实验者手里经历了重大的变革。在二十世纪，对于艺术的发展具有最强大刺激力的正是这种艺术上的亲和力。②

【思考与练习】

1. 乔治·布鲁斯东是如何谈论电影与文学的差异性的？
2. 温斯顿认为电影与小说相同的意识流手法有哪些？举例说明。
3. 克拉考尔是如何论述电影与小说相近之处的？
4. 在贝纳德·迪克看来，电影与文学的叙事手法有哪些相同之处？
5. 凯思·科恩是如何论述电影“不连续的连续性”特点的？

---

① 陈犀禾. 电影改编理论问题. 71.

② 陈犀禾. 电影改编理论问题. 77 - 78.

第四章

影视改编的理论与实践

【学习导读】

影视剧对文学作品的改编是十分普遍的现象。但是，由于各种艺术纯粹论的影响，一些人对影视剧的改编，尤其是电影改编的艺术性不断提出质疑，因此，改编是否具有合理性就成为必须回答的问题。对此，安德烈·巴赞和贝拉·巴拉兹等人做出了相应的论述。至于说到改编的方式问题，在电影发展史上一直存在着多种主张，比如“素材”说、“忠实于原著”说和“剧情优先”的改编原则等。贝拉·巴拉兹认为，文学所表现的生活事件即是艺术作品的素材，电影改编的不是文学作品，而是文学作品中的素材事件，因此，改编要回到生活中重新加以创作。安德烈·巴赞竭力倡导“忠实于原著”的改编方式，因为这不只是对作家的尊重，而且还可以从文学中“获益匪浅”。好莱坞剧作理论家悉德·菲尔德认为，改编剧作不必拘泥于原著，而应根据成熟的电影经验，按照剧情的需要，从文学原著中选取有用的章节部分重新编排，因此称之为“剧情优先”的改编原则。

“忠实于原著”的改编原则，在苏联以及中国的影视改编史上都曾产生较大影响，也产生过大量思想和艺术俱佳的优秀作品。值得注意的是，这一改编原则至今仍然是人们讨论影视剧艺术和文化成就的一项重要标准。本章列举的影片《曼斯菲尔德庄园》所引发的争论，即是一个非常具有说服力的证明。

【本章要点】

了解世界艺术发展史上不同艺术形式之间改编的惯例，理解巴赞对学科狭隘立场的批评。理解并掌握巴赞所提出的“忠实于原著”的观点和逻辑，并理解巴赞所列举的案例分析内涵。了解并掌握《静静的顿河》在改编中对于社会、历史和人物的艺术转换过程。理解并掌握夏衍的改编理论思想，以及在社会文化意义上的“真实性”问题。了解并掌握好莱坞改编策略。

第一节
关于改编的基本理论观点

一、"改编是艺术史上习见的做法"

从电影史来看，把小说、戏剧改编成电影作品的现象由来已久，世界电影奠基人乔治·梅里爱的许多影片都是改编之作。当然，人们改编电影出于许多目的：或是因为文学作品的知名度以及其所能带来的巨大经济利益，或是由于电影人对于某篇小说的喜爱，或是为满足读者对书中文字转换成影像的渴望，等等。事实上，正是多种力量在推动着电影改编活动，并使之成为电影史上不容忽视的重要现象。

图 4-1 《边城》剧照

美国学者莫·贝加称："（根据我的估计）从 1927—1928 年开始评奖算起（奥斯卡电影奖），四分之三以上的'最佳影片'是改编作品；而得奖影片中，大约又有四分之三是根据小说或者短篇故事改编的。这些数字和纽约电影评奖会所公布的'最佳影片'大体相似，这是从 1935 年开始评奖的：大约三分之二属于改编作品，而其中四分之三是根据小说和短篇故事改编的。那些创下了空前票房纪录的统计数字甚至更有利于小说：据《综艺》杂志 1977 年报道，在二十部最赚钱的影片中，有十六部是改编作品——如果把《十戒》也算上——其中有十四部是根据小说改编的。"① 这种情况在中国、苏联以至整个世界电影中也都是一种普遍现象。比如，在中国电影中，有根据小说改编的《林家铺子》（水华导演）、《天云山传奇》（谢晋导演）、《芙蓉镇》（谢晋导演）、《边城》（凌子风导演）、《红高粱》（张艺谋导演）、《集结号》（冯小刚导演）等。苏联的改编影片如《静静的顿河》（格拉西莫夫导演）、《战争与和平》（邦达尔丘克导演）、《这里的黎明静悄悄》（罗斯托茨基导演）等，在世界电影史上也都留下了浓墨重彩的一笔。

虽然经由改编而来的电影作品获得了巨大的荣誉，但是，对于从文学到电影的改编，无论是在文学界还是在电影界都曾有过反对的声音。著名电影导演英格玛·伯格曼就曾十分坦率地说："我们应该避免以书本为素材来拍摄电影。"作家弗吉尼亚·伍尔芙也认为，小说与电影的"这种联姻是勉强的"，并且"其结果是灾难性的"。反对改编的理由主要是：把一个特定的故事从一种艺术形式转换到另一种艺术形式时，必然要面对两种媒介本性之间的无法克服

① 贝加. 论改编//陈犀禾. 电影改编理论问题. 北京：中国电影出版社，1988：317.

的差异性。

不过，从艺术史上来看，各种艺术形式之间的改编现象似乎是十分常见的事情。安德烈·巴赞、贝拉·巴拉兹等人都明确地指出了这点。巴赞曾经这样写道：

> 首先，应当指出，当代评论界一般认为改编是不登大雅之堂的权宜之计，其实，改编是艺术史上的习见做法。马尔罗曾指出文艺复兴时代的绘画最初是对哥特式雕塑的借鉴。乔托的绘画是仿照圆雕画的风格，米开朗琪罗有意不用油画颜料，因为壁画法更适合雕塑式的绘画。当然，人们很快超越了这一阶段，开始追求纯绘画的解放。但是，能说乔托比伦勃朗逊色吗？这种划分高低的做法究竟有什么意义？……再谈谈小说吧。古典主义之前的悲剧把田园诗搬上舞台，拉法耶特夫人从拉辛的剧作中汲取素材，难道应当对他们的做法横加指责？技巧尚且可以借鉴，题材自不待言，因为一个题材可以通过各式各样的表现形式反复应用。直至18世纪，这种现象在文学史上还是屡见不鲜的，当时，剽窃这一概念刚刚开始形成。在中世纪，基督教的重大题材反复出现在戏剧、绘画、彩色玻璃装潢中。①

巴赞所批评的那种在改编问题上“划分高低的做法”，既是针对电影界一些人的观点，同时也包括文学界某些人的观点，因为这两种观点都是从各自学科的狭隘立场出发，否定电影改编的艺术合理性。在思考电影改编的合理性问题时，贝拉·巴拉兹曾经进一步设问：改编这种做法是否违反了艺术规律？用改编的做法来适应电影的大规模产业化生产，是否一定会损害公众的艺术趣味和美学素养？对此，他给出的答案是否定的。

> 不过有一种古老的——几乎可以成为古典的——美学观念，却从原则上彻底否定了改编的可能性，认为改编的作品都是不艺术的。这是一个艺术理论方面非常有趣的问题。尽管反对改编的人持有堂皇的论据，但是他们还是错了，因为文学史上有许许多多经典作品正是从其他作品改编的。
>
> 反对改编的理论根据是：任何一种艺术的形式和内容都有着有机的联系，特定的内容只能通过特定的艺术形式来表现才最为合适。如果把一部真正优秀的艺术作品的内容纳入另一种不同的形式，结果只能给原作带来损害。换句话说，一部坏小说也许有可能改编成好电影，但是一部好小说则绝不可能被改编成好影片。
>
> 这种在理论上完全正确的论据却跟事实大有出入：莎士比亚的某些非常杰出的剧本正是取材于某些非常杰出的古代意大利小说，许多希腊古典戏剧的情节也是取材于更古老的史诗的。②

与巴赞一样，巴拉兹也是从艺术史的角度，对电影改编的做法给予了积极的肯定，并且指出，经过改编后的作品在艺术方面也可以达到很高的成就这一事实。巴拉兹还从德国戏剧理论家莱辛的《汉堡剧评》中找到了有力的支持证据。在《汉堡剧评》一书中，前三篇文章都是莱辛评论从小说改编而成的戏剧问题的，莱辛不仅没有对改编怀有一丝责难，而且还对如何才能改编得更好提出自己的意见。当然，这里也应该看到，巴拉兹在某种程度上是认同“艺术的形式和内容有着有机联系”的观点的，由此，他才提出将原作看成“未经加工的素材”的改编原

---

① 巴赞．非纯电影辩//电影是什么？．崔君衍，译．南京：江苏教育出版社，2006：80－81

② 巴拉兹．电影美学．何力，译．邵牧君，校．北京：中国电影出版社，1982：242－243．

则，并与巴赞提出的“忠实于原著”的改编原则有所区别。

如果说巴赞和巴拉兹仅仅是从艺术改编史的角度论证了改编的合理性，美国学者莫·贝加则从电影自身发展的实例肯定了电影改编的做法：

> 如果我们少强调一点理论上是否适当的抽象观念，而更多地考虑到现实本身，我们就无法否认，事实上那些著名的电影制作者已经把小说改编成了电影，而且这些影片本身是有价值的和出色的，有时还是杰出的作品。假如说，人们贬低这种改编实践，那么他就必然会反对电影史上某些艺术性极高的成功之作和某些第一流的电影制作者：例如冯·斯特劳亨、德·西卡、福特、威尔斯、惠勒、希区柯克、布莱松、特吕弗、科布里克，以及许多其他的人。而对于知名的作家来说，他们也企图或者已经改编了他们自己的小说（如斯坦倍克、格林、福尔斯和纳鲍科夫），或者根据其他小说家的作品写出了有影响的电影剧本（如菲茨杰拉德、赫克斯利、坎伯特、品特）。[①]

电影改编的合理性问题，确实不能仅在一个抽象的理论框架之内寻找答案。电影改编这一事实毕竟带有强烈的实践性色彩，理应在改编的实践中去探讨它是如何满足文学读者和电影观众的期盼的，或者艺术家们在改编过程中所着重考虑的是什么样的问题。

二、贝拉·巴拉兹的“素材”说

匈牙利电影学者贝拉·巴拉兹是“素材”说的积极倡导者，这一观点对后来许多研究电影改编的学者产生过影响，同时，又与经典好莱坞时期的电影改编原则有着某种暗合关系。不过，如果要想真正理解他的这一观点，还需要注意巴拉兹所处的时代文化语境。当时，文艺界流行一种“朴素天真”的观念，该观念认为：生活本身给作家提供了现成的戏剧和小说，每个事件都有一种天生的艺术形式对应。生活本身决定了什么事件适合于写成戏剧，什么适合于写成小说或电影，而艺术家则应该恪守属于自己的素材，这一素材只能适合于某种处理方法和某种艺术形式，属于小说的则不允许电影僭越。巴拉兹为此花费了许多笔墨，极力反对这种错误的观念。

这一决定论的观念，在今天看来似乎是一件很好笑的事情，但是，在当时却是许多人责难电影改编的理论信条。为此，巴拉兹指出：“现实不是像成熟了的只待艺术家来采摘的苹果，现实本身并不呈现为某种艺术形式，甚至也不会自然成为适合某种艺术形式的题材。”[②] 由此可见，只有澄清“朴素天真”的荒唐观念，才可以为电影改编争取到合法的艺术身份。这里所提到的现实事件，在某种意义上指的就是“素材”。巴拉兹接着阐述：对于某一生活现实，小说家可以从小说的艺术形式特点加以表现，电影家则可以从电影艺术的角度来表现，它并非专门属于哪种艺术形式。巴拉兹所说的“素材”与生活本身一致。他假设一个人既是小说家同时又是一位剧作家的情况下，小说家不会直接改编原来的作品，而是“回复到原来的生活体验中去而将同一素材一次写成戏剧，再次写成电影”。

---

① 贝加. 论改编//陈犀禾. 电影改编理论问题. 319.

② 巴拉兹. 电影美学. 244.

接下去，巴拉兹又举出绘画的例子：面对同一个模特儿，在油画家的眼里，他首先看到的是色彩，色彩就成为模特儿的主要特征，也就成了决定形式的内容；一个素描画家会见到同一模特儿的线条，线条决定了素描画家绘画的形式。文学的各种形式也是如此。一位作家对某一对象所处的环境、变化倏忽的心情有所感受，并以此作为题材，他可能就会把它写成短篇小说；另一位作家可能看到同一对象的中心冲突，他就可能将此写成戏剧。

> 如果一位艺术家是真正名副其实的艺术家而不是个劣等工匠的话，那么他在改编小说为舞台剧或改编舞台剧为电影时，就会把原著仅仅当成是未经加工的素材，从自己的艺术形式的特殊角度对这段未经加工的现实生活进行观察，而根本不注意素材所已具有的形式。当剧作家莎士比亚读班德罗的一篇小说时，他所注意的并不是这篇杰作的艺术形式，而仅仅是小说里叙述的原始事件。他摆脱了小说形式，单独看到事件，把它看作非常适合于戏剧化的生活素材，也就是说，他看到了班德罗不会在一部小说中表现的各种戏剧元素。
>
> 因此，虽然莎士比亚的剧本只是通过新形式来利用班德罗小说中的素材，但在剧本的主要内容上已经没有班德罗小说的痕迹了……①

同时，从巴拉兹所举出的另一个改编例子可以看出，他是比较注重改编者对故事重新解释的权利的。他从德国剧作家赫倍尔根据著名史诗《尼伯龙根之歌》改编的剧本中，去寻找改编之后发生的变化。巴拉兹发现，改编后的剧本保留了故事的骨架，但是却给了它一种不同的解释；动作和事件大部分都保留下来了，不过动机和解释又不一样。对于这些变化，赫倍尔在日记中十分清楚地表明了自己的观点："我认为在《尼伯龙根之歌》的基础上可以写出完全合情合理的纯粹的人的悲剧。"

◎ 到这里，我们会发现，赫倍尔在改编之初即已有了独立创作出另外的主题的想法，但这已经不是在艺术形式要求之下而不得已改变内容的问题。改变主题也是改编史上常有的现象，正如上面提及的莎士比亚改编的例子，此类改编同样会产生异常卓越的作品，因为这取决于艺术家自身的独创能力和才华。

三、巴赞的"忠实于原著"说

在电影改编问题上，安德烈·巴赞是"忠实于原著"的积极倡导者。有关改编的问题，巴赞曾经专门撰写了《非纯电影辩——为改编辩护》《〈乡村牧师日记〉与罗贝尔·布莱松的风格化》《戏剧与电影》等文章，对其进行了深入的讨论。"忠实于原著"的电影改编观点，是对电影人提出的更高一层标准，但同时巴赞也考虑到电影工业的大众化特点，对没有忠实于原著的电影改编现象采取了包容的态度。在《非纯电影辩——为改编辩护》一文中，巴赞明确指出电影改编可分为两种类型：诸如《基督山伯爵》《悲惨世界》《三剑客》的改编是一种类型，而《田园交响曲》、《宿命论者雅克》（改编后的影片名为《布劳涅森林的妇人》）、《情魔》和《乡

① 巴拉兹. 电影美学. 247.

村牧师日记》是另外一种类型。

前一种改编只是从文学原著中抽取人物和惊险的情节，原著对他们来说显得无关紧要，改编者通常把原著当成非常详细的故事梗概。在巴赞看来，这一类的改编是符合电影工业和一般观众需求的。他还举出了一个具体的例子：一份外省的电影海报将《帕尔马修道院》说成是“根据著名剑侠小说改编”的影片，同时巴赞指出，这部克里斯蒂安·雅克导演的影片本身也确实歪曲了原著的主旨。但是，巴赞并不想对这样的改编影片加以指责，因为这一类影片毕竟向观众介绍了司汤达的原作，也为小说带来新的读者。从文学出版的角度上看，每当文学作品被搬上银幕后，原著售出册数也随之激增，这对于文学是大有益处的。但是，巴赞更加认同的是后一种改编，因为“为电影带来希望的显然是后一种改编方法”，也就是“忠实于原著”的改编方法。而这里所说的“带来希望”，实际上指的是改编已经不再只是从文学到电影的问题，而且还蕴含着借此提高电影艺术总体水准的一个趋向。

为何巴赞极力主张电影改编要“忠实于原著”？主要原因在于：“这不仅出自对文学的尊重，还因为电影家如果忠于原著，他自己也会获益匪浅。”① 在这里，巴赞强调的是电影家能从文学中所获得的益处，这是巴赞在对现代小说和电影发展进行考察之后得出的结论。他认为，现代小说家运用的叙述技巧和采用的展现事物的方式与电影表现手法颇为相近。这种格局的出现，一方面大概始于“小说家直接照搬了电影手法”，另一方面也可以说是“某种美学上的契合使当代各种表现形式同向发展”的结果，巴赞更加倾向于后一种说法。正是因为现代小说叙述技巧与电影表现手法的相近，在现代文学的影响下催生出了一批重要的电影作品，如影片《托马斯·戈内》《公民凯恩》《游击队》《偷自行车的人》等。

> 确实，我们难以确知，假如没有电影问世，《曼哈顿中介站》或《人的条件》是否会完全异样，但是，我们可以肯定，没有詹姆斯·乔伊斯或多斯·帕索斯，《托马斯·戈内》和《公民凯恩》恐怕就不会构思出来。在电影先锋派的鼎盛时期，我们看到一大批敢于借鉴小说风格的影片，暂且可以称之为超电影。这方面，承认借鉴倒是次要的。我们眼前想到的大多数影片并不是改编自小说作品，但是《游击队》的那些段落比山姆·伍德的《战地钟声》更受海明威（如沼泽地的场面）和萨罗扬（有关那不勒斯的段落）的影响。②

巴赞列举的这些在文学作品影响下产生的电影作品，在世界电影史上占据着十分重要的位置，为电影艺术的形式风格带来了巨大变化，是电影史上重大转折时期的标志性作品。在巴赞看来，这些电影取得的成就与导演在文学方面的修养是分不开的，这也正是他所说的电影家从文学中获益匪浅的结果和表现。

电影改编“忠实于原著”具体指的是什么？如何才能做到“忠实于原著”？巴赞所说的“忠实于原著”，指的是忠实于原著的精神，而非面面俱到或逐一对应。对此，可以从以下几个方面去理解：

第一，改编者要具备与作家相当的才华。

巴赞认为，让·雷诺阿导演的《包法利夫人》和《郊游》这样的影片即体现出这一点。然

---

① 巴赞. 非纯电影辩//电影是什么?. 91.

② 巴赞. 非纯电影辩//电影是什么?. 89.

而，要做到忠实于原著的精神也并非易事，因为电影产业这个庞然大物会把一切纳入自己的轨道，导演要寻找个人艺术表达的空间，需要具备一定的条件，而且要为自己规定更高的艺术目标，对原著的处理具有独到之处。总之，电影艺术家的才华是改编成功的基本条件。

第二，电影的创造性与对原著的忠实性成正比。

巴赞在《〈乡村牧师日记〉与罗贝尔·布莱松的风格化》一文中提到，不加改动便无从改编，这一点是毋庸置疑的。所谓的“忠实”是“以创造性方式打破原格局最隐蔽最内在的形式”，因为改编毕竟是从文字描述到视觉形象的电影化过程。电影人要探索与文学对等的表现形式，需要电影人对整个结构重新构思，只有这样，改编后的电影才能做到“形神兼备再现原著精髓”。巴赞在《非纯电影辩》一文中，举出《田园交响曲》的例子，他认为，纪德小说使用的简单过去时风格效果是文学特有的，它能表现出电影难以传达的微妙感觉，而德拉诺瓦却找到了与之对应的电影形式，即以雪景表现精妙的象征含义。这便是创造性与忠实性成正比的很好例证。

> 贯穿始终的雪景含有巧妙和丰富的象征意义，它稍稍变动了情节，增添了一种特定的精神氛围，它的价值与作家力求通过适当的动词时态造成的价值恐怕是相近的。然而特意忽略夏季的乡间景色，利用雪景烘托这种精神氛围，这一构思是具有电影化特点的创新，导演通过对原文的深入理解方能悟出这一点。①

从这里我们也可以看出这样的逻辑关系，即“忠实于原著”应该是对原著充分的理解和领悟，并从中把握作家独特的思维方式和艺术技巧，而将这些转换成电影，则需要在电影中创造出独特的、电影化的表现方式。文学原著和改编后的电影是两部独立的艺术作品，它们在艺术性上应该是相应的、匹配的。不过，值得注意的是，巴赞谈论这种电影改编与原著应达到相应的水准问题时，前提条件是向优秀的、经典的文学作品看齐，是优秀的文学作品提高了电影的艺术水平。因为，他说过这样一句至关重要的名言：“小说家最终改变了电影，当然，电影毕竟还是电影。”②

第三，“忠实于原著”并非消极顺从的美学原则。

巴赞提倡“忠实于原著”的改编方法的同时，也反对那种依样画葫芦的虚假忠实，也即图解原著式的改编方法，所以他才更加强调电影改编的创造性。他认为，小说和电影使用的原材料不同，因此也就存在着审美结构上的差异。“小说自然有其特有的表现手法，它的原材料是语言，而不是影像。它仿佛是对离群独处的读者喁喁私语，这种感染力与影片对聚集在漆黑放映厅中的观众产生的感染力是不同的。”③ 正是这种审美语言和结构上的差别，促使电影人寻找与文学相应的电影表现形式，并最终形成电影的审美结构形式，从这一点上来说，电影改编是一种创造性的工作。作为独立的艺术作品，小说原著有着自身的结构平衡及其构成方式，电影改编必然会破坏掉原著的这种结构平衡，并且以自己的结构方式建立起新作品。

当然，巴赞还须面对“纯电影”派的责难。他们认为：“无论改编的作品多么令人满意，你也不敢断言它们胜过原著，更难说它们能胜过根据电影化的题材拍出的影片，即使它们的艺

---

① 巴赞．非纯电影辩//电影是什么?．94－95.

② 巴赞．非纯电影辩//电影是什么?．90.

③ 巴赞．非纯电影辩//电影是什么?．94.

术水平相同。”[①]“纯电影”派担心改编作品会把电影变成文学的附庸，主张把小说和戏剧的东西还给原著，把电影独有的东西留给电影。对此，巴赞给予了否定的回答。因为在电影的基本生存层面上，需要考虑观众的接受趣味和接受能力，那种纯电影艺术的要求很明显是不切实际的。同时，电影导演的天赋与才干是有限的，受历史、经济和政治等因素的制约，他们不可能连续不断地拍摄出“纯粹的”电影。而且，电影技术和艺术技巧的更新都需要一定的时间，因此，剧作是维系电影发展的重要环节，改编无疑是丰富剧作的一个重要渠道，也是电影从文学和其他艺术中汲取营养的有效途径。巴赞认为，电影独立于戏剧和小说的时代，或许终将来临，但这毕竟是一种假设，电影的独立性因此也还处于假设的阶段。电影将其他艺术积累了“几百年的”资源“攫为己有”的情况，也仍将持续下去，至关重要的是，观众“希望通过电影重新看到它们”。

“忠实性”的概念，是巴赞在《〈乡村牧师日记〉与罗贝尔·布莱松的风格化》一文中提出的，用以进一步区分三类“忠实于原著”的改编层级。与此同时，他更加看重的是与“忠实性”相关的“独创性”问题。第一类以《情魔》和《田园交响乐》为代表，“忠实性”意味着尊重原著精神，以及电影探索与文学作品对等的表现手法。巴赞称：“这类影片可以与作为原型的小说‘等量齐观’。”第二类以雷诺阿的《郊游》和《包法利夫人》为代表，在此，“忠实性是一种气质的相近，是导演与小说家内在情感的相通。影片不是企图替代小说，而是打算与小说比肩并立，构成它的姐妹篇，如同闪烁的双星”。《乡村牧师日记》属于第三种类型，巴赞认为在这部影片中，“忠实性与独创性的辩证关系可以归结为电影与文学之间的辩证关系”，它也是改编步入了一个新阶段的标志。因为改编后的电影不仅仅忠实原著，而且应上升到一个新的高度——“它首先也是一部小说”，“它仿佛是由电影扩充的小说”。[②]

第二节
对“忠实于原著”观点的回应与延伸

从前文的分析中可以看出，巴赞所提倡的“忠实于原著”改编观点，不仅内涵丰富而且还寄托着提升电影艺术表现水准的目标和希望。“忠实于原著”更精确地说是忠实于原著的精神，这意味着电影人要全面把握作家作品的思想和艺术的诸多方面，再以电影化的方式加以表达。这样的改编过程，对于丰富电影艺术的思想文化内涵以及艺术表现力无疑有着重要意义。遗憾的是，巴赞改编理论的深层次诉求经常被人忽略，其“忠实于原著”的观点也常常被以文学和电影在媒介形式上的差异为理由而否定。实际上，电影改编要真正做到“忠实于原著”的精神，的确是一件难度较高的事情。巴赞也曾说过“由于条件恰好具备”这样的话，意在提醒人们只有在电影生产、导演的个人才干和对文学原作深刻理解等条件具备的情

① 巴赞. 非纯电影辩//电影是什么?. 99.

② 巴赞.《乡村牧师日记》与罗贝尔·布莱松的风格化//电影是什么?. 124-127.

形下，“忠实于原著”的电影改编才可能出现。有意思的是，巴赞的这一观点在苏联和中国曾获得普遍认同，一度成为电影改编的指导性原则，并且在电影改编实践中得到了更加深入的探讨和研究。

一、苏联的改编理论与实践

苏联从诞生之初起即对电影十分重视，将电影视为文化教育事业的一个重要组成部分。苏联电影的生产环境与西方有着很大不同：其一，电影在那里不以营利为自身的发展目标，因此与工业流水线作业的好莱坞生产方式有所区别；其二，苏联的文化界没有出现文学与电影的严重对立，如作家弗吉尼亚·伍尔芙那样对电影持精英的排斥立场，爱森斯坦、普多夫金、格拉西莫夫等著名苏联电影人都能从文学中汲取营养，在电影理论与实践中积累了丰富的经验。

苏联著名学者波高热娃在谈论改编问题时，以苏联电影的改编实例，深入诠释了巴赞的理论观点。应该说，在苏联时期，高尔基所提出的“文学即人学”的主张，对于电影创作以及电影改编同样有着深远的影响。因此，苏联电影改编所选取的对象也多是具有“深刻现实主义和崇高人道主义”特征的文学作品，这种文艺立场和观点的一致，为“忠实于原著精神”的改编奠定了极为重要的基本条件。波高热娃以根据普希金小说《驿站长》改编的两部影片为例来讨论，其中一部是20世纪20年代由苏联导演热里亚布日斯基导演的影片《十四品官》，另一部是1937年在法国拍摄的影片《悲哀》（托尔扬斯基导演），这两部影片对原著的忠实程度大相径庭。

《十四品官》表现了驿站长在沙皇时代社会极度不平等条件下卑微的地位，以及他在此环境下依旧保持的真正的伟大、善良和自尊心。波高热娃认为，正是由于热里亚布日斯基忠于原著的精神，才使得《十四品官》成为一部独立的电影作品。“为了在银幕上体现文学形象，影片的作者们找到了令人信服的、对当时来说具有革新意义的、纯电影的形式，这种形式使影片成为这门新型艺术的独立作品，而不是小说的大纲。”①

托尔扬斯基改编的影片《悲哀》显然未能做到“忠实于原著精神”。在这部改编电影中，因为人的尊严受到损害而使小人物备受折磨的主题不见了，取而代之的是驿站长过着富裕独立的生活，还是一位安分守己、善于操持家务的好男人。他之所以痛苦，不是因为在富人和有权势的人面前感到无能为力，而是为步入歧途的女儿的命运担忧。影片从道德的角度设置矛盾冲突，最终的结局是女儿嫁给了一位勇敢、浪漫的骠骑兵，并回到家中与父亲团圆。由于主题的改变，改编后的影片风格也与普希金原作纯净质朴的风格完全不同。为了给影片增添浪漫的“俄罗斯情调”，影片用许多场景表现骁勇善战的骠骑兵们的宴游、圣彼得堡的娱乐场所和疯狂的夜宴，这些显然都带有强烈的商业目的。这样一来，原作中深沉的人道主义精神和与之相应的艺术风格也随之消失，一部现实主义的杰作被改编成了消费主义的通俗剧。

在波高热娃看来，电影改编如果要做到忠实于原著的精神，不仅要对原著的主题思想有正确的理解，并用电影化的艺术手法加以表现，同时，还要将原著中更为重要的诗意形象表现出来。这种诗意的形象更是原著的艺术魅力所在，它可以传递出令读者、观众魂牵梦萦的艺术情调。

---

① 波高热娃．文学作品的改编//陈犀禾．电影改编理论问题．285．

有一个必不可少的条件，缺了它就无法进行改编。这就是：要善于正确地理解，善于通过内心视觉看到，善于创造性地、大胆地、新颖地用电影艺术手段表达原著的哲理和主题内容，它的内在的总的思想，以及在艺术家进行创作时就萦绕着他的整个作品的诗意的形象。实际上，正是由于这一形象，才得以写出这一部或那一部作品来的。因此，要按照各自不同的方式清晰地看到整个作品的这种独特的、艺术的形象，理解它的意义和性质，爱上它并找到新的手段——即用另一种艺术把它再现在银幕上的方法；在这样做的时候，首先要把这个文学形象拉回到产生它的生活环境中去，然后，再重新为电影艺术复活这一形象。改编便是这一创造性活动的开始。①

◎ 诗意的形象是一个十分重要的美学概念，它是一部艺术作品高度凝练的结晶。我们可以说，普希金笔下的驿站长便是一个诗意的形象，因为在他的身上体现出人道主义的光彩。诗意的形象具有丰富的内涵，是历史、时代、人生品格、道德理想、信念信仰等人文价值的综合体现。诗意的形象诞生，正是由于读者或观众能从中感悟到其丰富的精神内涵。可以说，下面即将提到的"静静的顿河"，同样也是一个充满诗意的形象。在它看似平静的外表之下，不断翻滚着巨浪，见证着哥萨克人悲壮的历史诗篇。

肖洛霍夫创作的长篇小说《静静的顿河》，曾获1965年诺贝尔文学奖，1957年由格拉西莫夫导演搬上银幕。文学原著中的思想、形象、时代和历史，是怎样在电影改编中体现出来的呢？苏联导演格拉西莫夫对肖洛霍夫小说《静静的顿河》的电影改编，为我们提供了一个很好的范本，尤其能够让我们感受到主题是如何从艺术形象中显现脉络的过程。

《静静的顿河》的基本思想，已包括在取自哥萨克古歌的卷首诗中。"静静的顿河"上的生活，被表现得既是美好的，又是痛苦的，"静静的顿河"上的人们，则是美丽的和丑陋的，深刻的和浅薄的，诚恳的和残忍的。在每一个人——小说主人公的身上，都有着一个极其复杂而矛盾的思想与感情的世界，在每一个人身上都体现着过去的遗产和今天震动世界的那一切，正处于运动中并趋向于未来的那一切，拉人倒退到过去的那一切。在历史上形成的哥萨克人的命运，他们的生活的特殊的性质和随之而来的参加革命的复杂道路——这一切构成了小说的实质。小说的中心是葛利高里·麦列霍夫的命运——他对所发生的事件的那种悲剧性的不理解，他身上的那种同落后的观点与信念、同对阿克西妮亚的无尽的爱相共存的个人的勇敢、正直与大无畏。②

顿河的形象也是哥萨克人命运的象征，具体细化的形象正是小说和电影中的主人公葛利高里、阿克西妮亚以及其他人物。格拉西莫夫在苏联被看作"散文电影"派导演的代表，他创作电影的方式有些像写长篇小说，即透过细腻的手法去表现广阔的生活过程，揭示人物独特而复杂的性格，并从中体现出心理分析的力量。格拉西莫夫成功地深入小说的内部，洞察每个主人公的心理变化，并把他们放在情节发展的具体情境中进行细致入微的刻画。时代和历史的生动画卷由此被形象且富于情感地揭示出来，诗意的形象进一步成就了史诗性的艺术作品。

---

① 波高热娃. 文学作品的改编//陈犀禾. 电影改编理论问题. 287.

② 波高热娃. 文学作品的改编//陈犀禾. 电影改编理论问题. 292.

图 4-2 《静静的顿河》剧照

诗意的形象是一个时代精神的凝缩，也离不开具体感人的细节描写。波高热娃列举出在小说和电影中同样重要的一个段落，即葛利高里的父亲要让儿子和娜塔莉亚成婚，为此，无可奈何的葛利高里只好去找阿克西妮亚说“该了结这段事了”。分手的这段场景选在了开满向日葵花的庄稼地里：在小说里是通过“一道尘埃飞扬的阳光”“落在牵牛花玫瑰色花萼上的阴影”以及两个人的对话，来表现人物情绪微妙的变化，并积聚起预示未来不幸的巨大阴影；改编后的电影基本上是按照书中两人的对话、动作和眼神加以表现的，但是，在原作中阿克西妮亚第二次用手去擦眼角的花粉的动作，在电影里被改成“葛利高里用他那粗糙的、指甲长得很长的手指摸了一下她的细腻的苍白的脸，替她擦去了花粉。两人的目光交叉在一起了”。这样，原本要说分手的葛利高里，在他的情感的暗示和提醒下，不自觉地表现出温柔的手势。他平时的粗鲁和粗暴的语言及动作，此刻都被这温柔的手势所替代，而接下去，阿克西妮亚绝望的声音又进一步激发了他的情感，因此，在这一场戏结束的时候，电影没有采用小说中葛利高里对着离去的阿克西妮亚低沉绝望地呼喊：“阿克西妮亚！”而是让葛利高里以这样一句无助的话来结束：“天啊，任你惩罚吧！”读过小说或看过电影的人当然都知道，婚后的葛利高里对阿克西妮亚的爱反倒愈加炽烈，分手这场戏的结尾似乎已经预示了后来所有的不幸，所以说它对葛利高里心理情绪的表现是非常成功的。

苏联的文学和电影艺术强调历史的、具体的方法，即主张深入具体历史和社会环境中，深入产生各种文学形象和人物性格的现实生活气氛中，并对时代精神有着深刻的理解，这样，艺术形象才会是具体和生动的。葛利高里的性格和命运蕴含在顿河地区哥萨克的古老历史中，葛利高里必然在俄罗斯巨大的社会变革中承受精神裂变的痛苦，无论是肖洛霍夫的小说还是改编后的电影，都很好地表现了这一点。

在重视电影改编者和文学作家创作才干的同时，波高热娃指出：“改编者与原作者内心气质的吻合，他对所处理的作品的迷恋，他与人物的共同情感和体验，他对原作风格的独有特征的深刻理解，也都是必不可少的条件。”① 这一观点不仅在苏联获得了普遍的共识，甚至在苏联之外也能够找到许多认同的声音。苏联著名小说《这里的黎明静悄悄》的作者瓦西里耶夫，曾在自己的同名小说改编成电影之后写过《作家和电影》一文。在文章中，他对导演罗斯托茨基的评价显示出两人在内心气质、人生经历以及情感体验等方面的诸多吻合，他们都曾参加过卫国战争，对战争都有着相同的看法，都富于同情心，善于体验别人的痛苦，具有深邃的人性和热情，因此才会合作拍摄出这部饱含人性和热情的电影。“观众确实做出了反响，无论在国内还是在国外。如果影片确有人性，那它一定具有国际性，因为热情是无需翻译的。”②

① 波高热娃．文学作品的改编//陈犀禾．电影改编理论问题．301．
② 瓦西里耶夫．作家和电影．苇岸，译．世界电影，1983（3）．

二、夏衍的改编理论与实践

夏衍自20世纪30年代开始从事左翼电影文化运动，曾经创作电影剧本《狂流》，改编的电影剧本有《春蚕》《烈火中永生》《祝福》《林家铺子》等。夏衍的电影理论及改编观念对中国电影曾产生过重大影响。他在所写的《漫谈改编》《杂谈改编》《对改编问题答客问——在改编训练班的讲话》等文章中都曾专门论及电影改编问题。由于有着丰富的实践经验，夏衍往往能结合具体的改编实例来论述改编的重大问题。在《杂谈改编》中，夏衍认为，电影改编首先要考虑改编者对原著的看法（包括世界观和创作方法）和改编者的功力问题。托尔斯泰、鲁迅这样的大文豪所著的作品，自然令读者读起来十分享受和感动，根据他们原著改编后的电影是否同样如此，改编者对原著的理解以及自身的功力便显得十分重要了。

夏衍认为改编作品主要可以分为两种：其一，改编托尔斯泰、鲁迅和茅盾等重要作家的文学名著要采取“忠实于原著”的立场；其二，在改编神话、传说和民间故事等作品时，可以采取更加灵活自由的改编方式，因为这涉及原作者和改编者世界观的问题。

对重要作家的文学名著，“忠实于原著”也不可能是一成不变的照搬。“因为要把它从一种艺术样式改写成为另一种艺术样式，所以就必须要在不伤害原作的主题思想和原有风格的原则之下，通过更多的动作、形象——有时还不得不加以扩大、稀释和填补，来使它成为主要通过形象和诉诸视觉、听觉的形式。割爱固然‘吃力不讨好’，要在大师名匠们的原作之外再增添一点东西，就更难免有‘狗尾续貂’和‘佛头著粪’的危险了。”[①] 即使是“忠实于原著”，从文学形式到电影形式也会发生必要的增减，但是，如何才能做到适度并使读者和观众感到满意却是一件十分不易的事情。

夏衍曾经把托尔斯泰的《复活》改编成话剧，在征求巴金先生的意见时，巴金就曾挑出几处不是“托尔斯泰式”的问题，因而使夏衍更加确信：改编者对原著的理解和自身功力是改编出与原著旗鼓相当的作品的关键。对于另一类可以更加自由的改编方式，夏衍先生从中国古代戏剧史的角度印证了这种方法的可行性，例如唐人李朝威的《柳毅传》，到了元代尚仲贤所写的杂剧《洞庭湖柳毅传书》就发生了很大变化，而近人据此所改编的京剧和评剧同样也发生了变动，这主要是改编者的立场和思想与原作者不同导致的结果。

如何做到“忠实于原著”？夏衍先生以自己改编鲁迅小说《祝福》为例进行了说明：

> 在改编工作中我力求做到的是：一、忠实于原著的主题思想；二、力求保存原作的谨严、朴质、外冷峻而内炽热的风格；三、由于原作小说的读者主要是知识分子而电影观众却是更广泛的劳动群众，因此，除严格遵守上述原则之外，为了使没有读过原作以及对鲁迅先生的作品及作品中所写的时代背景、地理环境、人情风俗等等缺乏理解的观众易于接受，还得做一些通俗化的工作。[②]

在忠实于原著的主题思想和风格之外，夏衍提出了针对电影观众的通俗化问题。从夏衍改

① 夏衍. 夏衍论创作. 上海：上海文艺出版社，1982：377.
② 夏衍. 夏衍论创作. 378.

编的《祝福》和《林家铺子》来看，这些影片都带着浓郁的江南水乡的格调，其中也有许多年节习俗、红白喜事等风俗场景。这些都是从小在江南水乡长大的夏衍所熟悉的，一方面可以作为事件发生的真实背景而存在，另一方面也可以算作他所讲的通俗化的一部分。因为许多“劳动群众”不一定喜欢去读这一类严肃文学作品，也可能还缺少鉴赏、分析这类作品的能力，如果让他们去看由此类文学作品改编的电影，似乎也是勉为其难。所以，我们根据他所讲的“还得做一些通俗化的工作”，以及在他改编的影片中占据比较突出位置的民俗文化，可以推断出，他还是有意以此作为吸引广大“劳动群众”的一个重要手段的。当然，这样做的结果，确实提高了严肃文学作品改编后的观赏效果，同时也对后来的中国电影产生了很大的影响。

20世纪80年代初，凌子风根据老舍先生的小说《骆驼祥子》改编的同名影片，其中就有许多老北京的风俗习惯；他根据沈从文小说改编的影片《边城》，同样也汇集了许多湘西的民风民俗。另外，吴贻弓导演的影片《城南旧事》中，也有不少老北京风俗。此后，在第五代导演张艺谋改编的《红高粱》中，其中最为著名的“颠轿”桥段，即是以北方的婚庆习俗来突出影片优美的视觉效果的。当然，夏衍最初注重江南民风民俗的问题时，还有现实主义环境真实的考量，这在以后的发展中已经上升到了美学的高度，这对中国民族电影美学特征的形成具有特殊的贡献。

即使是“忠实于原著”的改编，也必然会出现一些必要的增减，因此，对于原著中人物性格的分析便成为一个焦点。在对鲁迅先生的小说《祝福》进行改编时，夏衍增加了这样一场戏：祥林嫂捐了门槛之后依旧受鲁家歧视，并被打发出来。于是祥林嫂疯狂地跑到土地庙，砍掉了自己用血汗钱捐献的门槛。在夏衍看来，鲁迅笔下的祥林嫂一方面是安分懦弱的，另一方面也是一个反抗性颇为鲜明的形象。在绝望痛苦的情形下，祥林嫂会爆发出感情上的极度冲动，因此，加入这场戏是符合祥林嫂性格的，也会给观众留下极为震撼的印象。在改编茅盾先生的《林家铺子》时，为了表现林老板的两面性，夏衍给林老板增加了欺压比他更小的一个商人的戏，因此使林老板的性格显得更加鲜活，也突出了旧社会“大鱼吃小鱼，小鱼吃虾米”的主题。

夏衍认为，要使电影具有高度的思想性和完美的艺术形式，改编者和导演必须熟悉人民群众的生活、思想和感情，还必须具有一定的生活知识、历史知识和艺术修养。“要做到高尔基给社会主义现实主义创作方法所下的定义中所规定的‘描写的真实性’与‘历史的具体性’，并不是一件轻易可以达到的事情。要对电影剧本中关系十分重要的政治脉搏、时代气氛以及故事情节、人物性格、自然风貌、风俗习惯以至生活细节，诸如服饰、用具等等做出真实、准确而又鲜明的描写，作者或改编者就必须有相当丰富的生活知识、社会知识和历史知识。”① 夏衍先生之所以能够成功地改编《祝福》和《林家铺子》，这与他对“描写的真实性”和“历史的具体性”的追求是分不开的。夏衍对这两部小说所叙述和描写的具体情景、自然风物和风俗习惯都很熟悉，同时，他也经历了小说中所叙述的那个时代，像祥林嫂和鲁四老爷这样的人，夏衍小的时候都曾见过，《林家铺子》里的人物和事件，也是他比较熟悉的。即便如此，有些具体事情记不清楚的时候，夏衍还是需要查阅一些旧报纸和其他资料。比如，《林家铺子》一开始就描写了“一·二八”战争对江南小镇的影响，但是，他记不清那一年的“一·二八”是阴历的哪一天。因为这和剧本中描写一直到阴历过年的情节有密切关系，如果这个日子搞不

① 夏衍. 夏衍论创作. 397.

清，随后的自然情景、气候、人物的服装、家里的摆设等，就不能做到准确描写，为此，夏衍专门查阅了公农历对照表。这个日子确定之后，人穿什么衣服，街头上什么情景，“送灶神”的话什么时候说，这些细节描写都可以落实了。

◎ 应该说，如果《祝福》和《林家铺子》没有这些“描写的真实性”和“历史的具体性”的艺术承载，它们的思想性和艺术性就很难确立起来。由此，我们也可以看出，夏衍先生以自己的亲身实践经验，建构起既与世界改编观念相联系，又兼具中国文化特征的改编理论思想。他的改编理论与实践，在中国电影史上留下了重要的一笔。

图 4-3 《林家铺子》剧照

三、文化研究视野中的“忠实”问题

英国学者克莱·派克在为《英国小说和电影》一书所写的序言中，从学术史的视角指出：关于把文学改编成电影的讨论，常常由于要在文学和电影两种艺术形式中判定孰优孰劣而被弄得含糊不清。他认为，电影和文学一样有能力表现多层次的时间和意识，电影也可以穿过表面，深入表现人物的内心状态。电影叙事可以反映出我们经验中所感受到的复杂关系，也就是说，电影的艺术形式与小说的相比并无优劣之分。这样，在艺术表现手段方面，将电影与文学放在平等的位置上，进一步考察改编作品和原著的相应程度问题，可以发现改编方法可分为以下三种。

第一种是忠实于原著的方法。派克认为，这是因为观众希望如此，所以根据经典小说改编的大部分作品企图给人以忠实于原著的印象，严格地把文本转换成电影语言，如《汤姆·琼斯》(1963)、《傲慢与偏见》(1940)、《人类的奴役》(1964) 和《儿子与情人》(1960) 等作品的改编。这一类的改编有大量的选择和浓缩，但是，总体特征表现为：忠实于叙事的总进程，忠实于作者的中心思想，忠实于主要人物的特征，忠实于小说的环境气氛，以及最重要的——忠实于原著的风格。派克对此类改编使用了这样的赞美之词：当电影的风格和文学文本的精神和风格相协调时，这个结果可能是十分美妙的。

第二种改编方法是保持了原作中叙事结构的核心，但对它进行了重新阐释，或者对其进行了重新结构。此类改编作品有《鲁滨孙漂流记》(1952)、《巴里·林登》(1975) 和《青年艺术家的肖像》(1978)。在这些改编作品中，改编者从一个特定的角度处理了文学原著，用自己的观点赋予改编后的作品以新的含义。

第三种改编方法把原著看作一种素材或诱因，如《现代启示录》(1979)、《吸血鬼》(1979)。但是派克又认为，这些著名的英语小说至少要求一种表面的忠实性。[①]

克莱·派克在总结以上三种改编方式的同时，也指出文化因素对改编发生着明显的影响作用。英国文学作品被美国人改编之后，虽然改编者力图做到忠实于原著，但是文化的差异却使得改编露出了许多破绽，英国孩子变成了美国农村少年的典型，英国妇女也变成了美国小镇的女孩和主妇。除了这种民族差异之外，历史时期的差异以及意识形态的差异，也都对改编发生着作用。大卫·里恩改编的《伟大的期望》(1947)，在后半部分就削弱了狄更斯小说的社会批判性；萨克雷在《名利场》中对社会的讽刺，在好莱坞被转化为歌颂贝基·夏普个人主义的喜剧。正是这些因素的存在，导致电影改编即使有忠实于原著的愿望，但也会发生各种各样的偏移。

近年来，在欧美电影改编的讨论中，"忠实于原著"的概念明显被纳入文化研究的语境中，对原著的"忠实性"往往成为对一部改编影片争论的焦点，而这种争论又都渗透出赞许者或是反对者的历史观和意识形态立场，艺术形式的问题已经退居到研究的后景位置。这里不妨以加拿大导演兼编剧帕特丽夏·罗泽玛改编简·奥斯汀（又译作简·奥斯丁）小说《曼斯菲尔德庄园》(1999) 为例，来看一看围绕"忠实性"所引发的各种争论。

改编者罗泽玛在接受英国兰开斯特大学的希芭·摩萨的访谈时，坚定地声称自己的改编是忠实于原著的：

> 忠实原作很重要，如果电影提供的是和原作完全不同的东西，那何不改个不同标题。当然我们不能低估这样的一个基本事实，就是说这毕竟是从一种艺术形式转换成另一种艺术形式。一个作家的工作是从准确的词、短语、句子、段落开始，语言风格至关紧要。但当你把它改编成一部电影，所有这些对语言和写作的要求都没有了，物化的形式使得一些东西变得不重要，而另一些难处理的东西变得重要。所以作为一个改编者你要满足两点：既要符合作者意图，又要适合电影的要求。[②]

罗泽玛在这里提到的"符合作者意图"是"忠实原作"的核心，她把理解简·奥斯汀的意图作为改编思考的重心，诸如原作家及作品中渗透出的女性问题和奴隶制问题。这样一来，反倒引来一些批评的声音，他们指责罗泽玛的改编没有"忠实于原著""违背奥斯汀精神"等等。由此可见，在当代文化语境中，改编的"忠实性"问题，更是处于形式主义观点和各种社会文化观点的交叉地带，因此也更容易引发歧义和争论。

在批评罗泽玛不忠实于原著的声音中，比较突出的是指责她既不忠实于原著也不忠实于历史。澳大利亚作家兼史学家基思·温德沙特尔在题为《改写大英帝国历史》的文章中，就提到罗泽玛的影片开头出现的"书中所没有的"一个场面：10 岁的范妮乘坐马车从朴次茅斯到曼

---

① 派克．电影和文学//陈犀禾．电影改编理论问题．155-167.

② 摩萨．《曼斯菲尔德庄园》：小说与电影——帕特丽夏·罗泽玛访谈．杨弋枢，译．世界电影，2010 (1).

斯菲尔德，听到在岸边的船上有人在唱歌，车夫说："这是贩运黑奴的船，小姐。"温德沙特尔批评道：这场戏是要告诉观众，故事发生的时代，即1800年前后，英国还是一个贩卖黑奴的国家，暗示主人公将会看到她的新家的阴暗面。而小说本是一部描写家庭事务的作品，这样改编是将政治争议的话题强加在原作上。况且，朴次茅斯是英吉利海峡的一个海港，根本不在从非洲几内亚海岸到美洲的航线上。这样的改编结果，显然是受到爱德华·萨义德《文化与帝国主义》一书的影响，因为在那部书里，萨义德提到，《曼斯菲尔德庄园》及作者与加勒比群岛的奴隶制度和帝国主义有着很深的牵连，正是那里的甘蔗园为英国许多大的庄园，包括曼斯菲尔德庄园，提供了源源不断的财富。

◎ 温德沙特尔对罗泽玛改编电影的指责，透露出值得思考的信息：应该如何理解把握简·奥斯汀本人的价值立场？这也关乎如何解读小说文本深层内涵的问题。她究竟是一位保守主义的淑女，还是心存正义、富有良知的女性作家？这将决定着她对英国历史上贩卖黑奴问题的立场和态度。

图4-4 《曼斯菲尔德庄园》海报

为此，让我们来看一下对简·奥斯汀及其小说文本的不同解读。温德沙特尔对《曼斯菲尔德庄园》的理解，与坦纳为小说《曼斯菲尔德庄园》企鹅版所作的序言有关。这篇序言确实把该小说读解为描写家庭事务的小说，范妮和那个庄园体现的是与当时社会盛行的崇尚运动、口是心非、装腔作势完全不同的品行，即她能够坚持静止的、恪守原则的价值观，说话也从来不会冷嘲热讽，完全是体面正派的传统英国社会的代表，更不能和黑奴制度有什么瓜葛。看得出来，萨义德对这部小说的解读，与坦纳的解读确实有很大不同，罗泽玛也承认自己受到萨义德观点的影响。

肯定罗泽玛忠实于原著的一派，认为简·奥斯汀是当时社会政治的积极参与者。玛格丽特·柯卡姆在《简·奥斯汀：女权主义与小说》一书中认为，简·奥斯汀的小说是与玛丽·沃斯通克拉夫特的《为女权辩护》（1792）一样的启蒙运动时期女权主义的代表作品。她通过对小说中讽刺性暗喻和反论方式的仔细考察，做出了自己的判断："这本书远非20世纪众多评论的那样，是一部保守主义的清静无为的作品，而是体现了简·奥斯汀对当时社会与文学中的偏见最强烈、最激进的批评。"[①] 与此同时，她还认为，小说的题名暗指当时首席法官曼斯菲尔德伯爵，他曾在1772年裁定奴隶不可强制从英国遣回加勒比海岛，这一裁决被人解释为开启了英国实行解放奴隶的政策。此外，她还通过研究证明，简·奥斯汀熟知18世纪末人们

---

① 阿拉加伊. 把握简·奥斯汀：忠实性、作者功能与帕特里夏·罗泽玛的影片《曼斯菲尔德庄园》. 章杉，译. 世界电影，2007（3）.

反对蓄奴制的理由，以及 1807 年通过废除奴隶贸易法案的全部过程。这些可以充分说明，简·奥斯汀绝非一位不问政治的淑女。

◎ 有关影片《曼斯菲尔德庄园》的论争，实际已超出巴赞意义上的“忠实于原著”问题，将原本隐形的政治意识形态立场等问题凸显出来。从大的历史文化背景来看，当代英国保守党与工党之间的意识形态斗争，延伸至电影领域也形成了保守和激进两种力量。20 世纪 80 年代，在撒切尔执政时期兴起的“遗产电影”，便是保守党政治的电影文化产物。当时，英国政府面临着新与旧、传统与现代冲突的困境，而通过对英国民族文化遗产的整合，使创造性的文化产业与对文化遗产的保护和开发利用结合起来。这样，所谓的英国文化遗产产业就将旅游业、历史文化与影视产业有机地协调在一起，从而也化解了当时撒切尔政府所面临的困境。

遗产电影的奠基之作包括《火的战车》(1981)、《看得见风景的房间》(1985)、《霍华德庄园》(1992)、《理智与情感》(1995) 和《伊丽莎白》(1998) 等影片，而英国学者安德鲁·席格森撰写的论文《展现昨日英国：遗产电影中的怀旧与田园情怀》，成为将遗产产业纳入英国电影批评范畴的滥觞之作。在这些“遗产派”的眼里，简·奥斯汀创作的“世态小说”偏爱表现有教养的人们的言谈举止，她笔下那一场场舞会、一次次喝茶、一顿顿家宴，无疑是往昔生活品质的最好素材。“学者们认为，遗产电影对于奥斯丁、福斯特等小说文本进行影像改编，依赖的是摄影机唯美、浪漫的运动和对于布尔乔亚式置景的呈现，迎合‘恋物化历史细节癖好者’的趣味，在物质与情节间有着潜在的优先级别。这种旨在炫耀昔日时光的华丽效果所带来的视觉快感，无疑摧毁了原著中存在的部分社会批判价值。”①

然而，1997 年布莱尔领导的工党在英国大选中获胜，此后，媒体和政府共同打造的是年轻、现代、有创造力、有活力、乐观和商业主义的“酷不列颠”形象，由此引发了社会各界对英国民族精神和身份认同的新一轮讨论。同时，对于作为遗产电影重要来源的文学名著改编的倾向性问题，也自然成为争论的一个焦点。正是在这样一个大的文化背景之下，关于影片《曼斯菲尔德庄园》的争论也就有了更深一层的历史与现实的意义。在一些人看来，李安拍摄于 1995 年的《理智与情感》，以及 BBC 同年摄制的《傲慢与偏见》才是不忠实于原著的，因为它们都属于遗产电影。在李安的《理智与情感》中，表现突出的视觉场景和怀旧情绪最终压倒了嘲讽意味和社会批评。正是因为李安导演的电影符合安德鲁·席格森倡导的遗产电影的诸多特征，所以米蕾亚·阿加拉伊才认为“这也许（至少在某种程度上）就是《理智与情感》在评论界和观众中全面大获成功的原因吧”②。

而在罗泽玛的《曼斯菲尔德庄园》里，简·奥斯汀小说用暗喻和沉默来表现的蓄奴制被直白地呈现出来，如前面提到的贩奴船的出现。此外，罗泽玛把故事的时间改为 1806 年，而不是小说中的 1808 或 1809 年，并且让埃德蒙提醒范妮：他们的日子是依靠贩奴的收入来维持的，还让范妮引用曼斯菲尔德裁决的案例反驳托马斯爵士的蓄奴观点。这样的改编方式，实际上突出了简·奥斯汀的在场。电影把小说作者充满讽刺意味的语调附加在范妮身上，并且让她

① 于帆．简·奥斯丁的遗产继承人：当代英国遗产电影的新面貌．电影艺术，2008 (6).

② 阿拉加伊．把握简·奥斯汀：忠实性、作者功能与帕特里夏·罗泽玛的影片《曼斯菲尔德庄园》．世界电影，2007 (3).

把奥斯汀的书信直接面对镜头朗读出来。影片正是以突出范妮就是奥斯汀作为开头和结尾的：在影片开头字幕的画面里，10岁的范妮向苏珊讲述《爱情与友谊》的片段，而在结尾是用一系列场景简要地表现动作，同时以范妮的画外音交代各个角色的命运，并反复用调侃的语调说："我以为，事情本可不是这样……但结果就是这样了。"应该说，这样的改编方式进一步打破了把"忠实性"改编看作忠实于原作文本的观念，更能接近原著的历史和原作者的本意。

第三节 好莱坞式的改编

在前文中曾经提到，美国学者莫·贝加依照统计数据说明，好莱坞的电影改编数量是相当巨大的。从1927年以来，获得奥斯卡"最佳影片"的电影有四分之三是改编作品，在历年最赚钱的影片中，改编作品常常占了多数。因此可以说，好莱坞有一套非常实用的改编实践方法。

一、菲尔德的改编指南

萨伊德·菲尔德在《电影剧作基础》一书中，直截了当地说："改编的剧本应该看作是独创的电影剧本。它只不过是以小说、书籍、舞台剧、文章或歌曲为起点。这些都是材料来源，是起点。仅此而已。""当你改编一部小说时，你没有必要把自己仅限于忠实于原素材的地步。"① 菲尔德以自己改编的实例，具体说明了这种以原著为起点的改编方法。菲尔德面对的是一部长达650页的灾难小说，小说的大意是这样的：一位气象学家发现一个新的冰河时期即将来临，但是却没有人相信他的预言。当气候真的开始变化时，再采取补救措施为时已晚。新的冰河时期开始了。这位气象学家和其他科学家被派往冰岛去考察冰川，但是船被冰封。小说以主人公被冻死作结尾。在改编过程中，菲尔德首先保留了原作的主人公——一位气象学家，同时，为了追求更多的戏剧价值，将这位科学家置于一个充满感情冲突的情境中，这个情境一方面是他在职业生涯中面临抉择，另一方面是他与同是科学家的女友之间的感情纠葛。在职业生涯方面，当时人们正在考虑给他授予纽约大学的一个终身职位，因此，他面临着是否要说出真相的痛苦选择。有了这个基本情境之后，接下来就是如何构思故事的问题。因此，菲尔德先是选定一个激动人心的开端，在书中，主人公在冰岛测量冰川的运动，广阔无垠的冰原具有一个绝好的视觉效果，此外还有更加惊心动魄的：科学家们深深下降至冰川的心脏时，发生了地震，并引发雪崩。最后，科学家们总算死里逃生。这个惊心动魄的视觉段落的确很能打动观众的心，菲尔德正是以此作为序幕开始建构整个故事。

接下去，教授返回纽约，把他的发现报告给上级，他们并不相信他。结果当年发生了第一

---

① 菲尔德. 改编//陈犀禾. 电影改编理论问题. 359-360.

场暴风雪，似乎作为一个警告预示着他的发现将会变成现实。这也是第一幕结尾的情节点。在这个情节点上，菲尔德刻意进行了渲染。他让暴风雪发生在人们尽情欢乐的万圣节（11 月 1 日）那一天，欢乐的气氛和暴风雪预示着的危机交织在一起，使人们隐约预感到了不幸即将发生。而且，万圣节也给影片提供了很好的视觉效果。

在第二幕里，菲尔德将大部分动作归成三个主要段落：第一，主人公联络起世界范围的科学家们试图解决这一问题；第二，纽约城开始冰冻；第三，人们终于接受了事实，并且试图制定出一个拯救计划。有了这样的剧情设计之后，菲尔德从原作中挑选出一些事件，把这几场戏串联到一起。实际上，这是为了使故事呈现出一个持续发展的过程，在整个结构中属于发展阶段。在这一幕里，科学家们再一次被派往冰岛，途中遭遇到了冰封的困境，而在小说里这已经接近结尾了，但是菲尔德的剧本却不能在此结束。他把考察船被冰封之后作为第二幕结尾的情节点，让主人公和他的科学家女友以及另外七个人弃船离去，尝试着去适应严寒的生活。

第三幕与小说原作毫无关系，菲尔德让这九个人像一个旅行集体一样生活，他们一路上如同因纽特人一般狩猎驯鹿，并抛弃了此前的生活痕迹，开始新的生活。最后，以气象学家的女友生了一个孩子来结束电影剧本，使世界重新燃起新的希望。

对于以上菲尔德讲述的改编故事，我们似乎并不陌生，这种模式甚至一直延续到了 21 世纪，如灾难片《后天》和《2012》，甚至在题材方面都相差无几。好莱坞的这种改编模式，实际上就是对一种成熟、实用的剧情模式的套用，当然，还需具备上面提到的强烈的视觉效果和事件本身的惊心动魄。不过，对于这种改编方式，美国学者莫·贝加曾经引用巴赞的话来加以批评："那些以所谓银幕要求的名义很少考虑到忠实的人，他们既背叛了文学又同时背叛了电影。"莫·贝加继续写道："如果电影制作者如此重视最后的电影应当是'电影的'，而不是'文学的'，其结果可能太容易产生出来虽不像是书本的'拷贝'，但却是另一种互相重复的东西：以至于爱米尔·左拉作品的改编和斯丹霍尔或安德烈·纪德作品的改编似乎没有多大差别，雷蒙·钱德勒小说的改编影片和欧内斯特·海明威小说的改编影片十分相似。"①

实际上，菲尔德所讲的改编方式是以好莱坞的剧作法为准则的。比如传记体式的剧本，要从主人公的生活中挑选几个事件或事情，然后把它们构成一条戏剧性的故事线。这一般成为一条通用的叙述原则。卡尔·福曼编剧的《青年的温斯顿》，只选取了温斯顿·丘吉尔当选为首相之前的几个生活插曲和事件；汤姆·理查曼的《煤矿工的女儿》、罗伯特·波尔特的《阿拉伯的劳伦斯》以及奥逊·威尔斯和赫尔曼·曼凯维奇的《公民凯恩》都是把主人公生活的几个事件加以戏剧性安排而构成的范例。在菲尔德看来，普通剧本创作是如此，改编小说和戏剧同样如此：挑选好事件，通过最好的视觉能力与戏剧性成分来描写你的故事，并使它们兴趣盎然。

二、《呼啸山庄》的改编案例

美国学者乔治·布鲁斯东在《从小说到电影》一书中，曾专门就艾米莉·勃朗特（又译作艾米莱·勃朗特）小说《呼啸山庄》的改编问题展开分析。该影片的改编剧本由本·赫克特

① 贝加．论改编//陈犀禾．电影改编理论问题．323.

（又译作本·海区脱）和查尔斯·麦克阿瑟（又译作却利·麦克阿瑟）负责，并由著名的好莱坞独立制片人萨缪尔·高德温和导演威廉·惠勒拍摄完成。这部影片和《乱世佳人》同在1939年摄制完成，在角逐该年度金像奖时，呼声亦是相当强烈。虽然布鲁斯东认为高德温和惠勒拍摄的每一部影片都以不同方式挑战标准的好莱坞程式，但是，《呼啸山庄》的改编在很大程度上还是带有明显的好莱坞痕迹，把原著中强烈的复仇主题改编成了“小姐和马夫”的爱情故事。

布鲁斯东的分析首先从两位编剧的改编入手，使我们看清了好莱坞编剧常用的手法。赫克特和麦克阿瑟的第一步工作，就是给小说施行一次简单的外科手术，将小说截成两段。在原小说中，当凯瑟琳·恩萧死的时候，小说仅仅展开了一半，小说的后半部主要描写的是第三代人的痛苦与获得拯救。在改编剧本中，以凯瑟琳死亡之后不久，希兹克列夫悲痛欲绝地呼唤她的灵魂归来，并被折磨致死而结束。这样改编，主要还是为了把原著改编成一个爱情悲剧的故事。希兹克列夫复仇的全部过程在影片里已经不见踪影。改编之后，凯瑟琳的性格特征成为影片着力塑造的部分，为此增添了许多原著中没有的情节内容，也赋予了影片中的凯瑟琳以小说中没有的性格特征。这样的结果就从根本上改变了艾米莉·勃朗特原有的意图。

在改编的影片中，童年时代的小凯瑟（凯瑟琳的昵称）和希兹克列夫玩着带有浪漫气息的游戏。他们在旷野赛马，希兹克列夫获胜之后，所要的奖赏是让小凯瑟听从他的吩咐，但小凯瑟认为这不公平。当希兹克列夫被兴德莱鞭打之后，小凯瑟为了安慰他，说自己甘愿做他的奴隶。这时，希兹克列夫却说：“不，凯瑟，你是我的皇后。不论在哪儿发生什么样的事——在这儿，你永远是我的皇后。”长大之后，希兹克列夫依旧受已经是呼啸山庄主人的兴德莱的呵斥。凯瑟劝他逃走：“你有了钱，就可以回来把我带走”，“为什么你不能仍旧做我的王子呢？就像很久以前我们说过的？”过了一会儿，他们跑到林顿家的外面，偷看屋内正在举行的热闹舞会，凯瑟充满了羡慕与渴望。接下去的场面是，凯瑟穿上了一件鲜艳华丽的服装，正准备去参加舞会。希兹克列夫闯了进来，指责她不应该受林顿那些人的诱惑，这时，凯瑟却用冷酷刻薄的语言回答他：“你生来只配去做贼，给人当奴仆——到路旁去要饭！”

从这样的情节变化中，布鲁斯东认为：“凯瑟的行为动机中，既有浓厚的幻想情调，也有对社会地位的追求。凯瑟的这种始终一贯的性格特征，值得我们强调一下。因为，我们将会惊讶地发现，这在小说中几乎没有什么根据。这种双重的动机差不多全是电影剧作者的创造。艾米莱·勃朗特笔下的凯瑟，丝毫没有那种浪漫主义的幻想，也很少督促希兹克列夫去改善自己的地位。小说中凯瑟和希兹克列夫的行为，更多的是纯然的淘气，而不是像影片中的凯瑟说话时的那种尖酸和刻薄；更多的是荒原上的粗犷，而不是我们在——比如说——《贡德尔组诗》（这组神话诗是艾米莱·勃朗特，也许还有她的妹妹安妮的杰作）中看到的浪漫主义的世界。”① 很自然，电影给凯瑟的性格涂上浪漫主义和地位观念的色调，其结果就是将小说塞进了好莱坞的程式化模式中，表现了一个“小姐和马夫的故事”。改编后的影片，表现的是两个相互爱恋到灵魂深处的人，由于现实社会地位的差异以及种种阴差阳错导致了爱却又不能结合的悲剧，这不禁让我们想到了同时代的另一部好莱坞名片《魂断蓝桥》。应该说，这确实能够满足那个时代美国观众的口味。

改编后的电影在美国受到了普遍的好评，甚至到1955年，美国许多城市的影院还重新放

---

① 布鲁斯东. 从小说到电影. 高骏千，译. 北京：中国电影出版社，1981：105－106.

映了这部影片。《纽约时报》1955 年 5 月 1 日的戏剧栏称，在意大利，该片以《暴风雨中的呼声》的片名经常重演。至于这部与原著差异巨大的改编影片之所以能获得成功，布鲁斯东认为：正是由于改编者没有去表现艾米莉·勃朗特内心世界中错综复杂的感情，没有去表现小说中极度复杂的含义，这些是年代相隔久远的观众所难以理解的东西。也就是说，没有忠实于原著的精神恰恰是这部改编作品获得成功的重要原因。

在小说中，艾米莉·勃朗特表现出的对于爱情的观点，可能是观众所难以接受的。因为，在艾米莉·勃朗特看来，唯一真实的爱情是两颗相同的灵魂之间的恋情，而这种爱情在这个世界上是没有存在的希望的。毁灭乃是生命存在的原则，只有在死后远避尘世的生命中，只有当灵魂在坟墓中解脱之后，才能寻找到最大的幸福。所以在小说的后半部分，希兹克列夫的行动充满了毁灭的意味。他仰仗经济上的成功，摧毁了以前妨碍他获得凯瑟的每一件东西，最后终于把自己也毁灭掉。如他对艾伦所说："我弄了撬杆、鹤嘴锄来拆毁这两座房子。我把自己锻炼得像赫克勒斯一样力大无穷。可是当一切准备好了，一切都在我的权力之下时，却发觉自己连从任何一座房顶上取下一片瓦的意志都没有了。"当希兹克列夫意识到自己的报复行动，即使毁灭一切也没有办法重新获得他的爱情时，只有让自己死去，并在天国中找到幸福。布鲁斯东还提道："为了表明凯瑟自寻死路的意义，小说用了六十页篇幅，但是影片中连一个镜头也没有。"①

不过，改编为了回避小说中的悲观情调，也失掉了一些特别精彩的地方。例如，在小说里，当凯瑟病情加重，神志不清时，她撕开一个枕头，像个孩子似的把里面的羽毛一根根掏出来，摆在床单上，梦呓般说道：

> 这是火鸡毛……那是野鸡毛，这是鸽子毛。呵，他们把鸽子毛塞在枕头里——怪不得我没法死呢！一会儿我躺下的时候，可得记住把它扔在地板上。这一根是赤松公鸡的羽毛；还有这一根——放在一千根羽毛里我也能认出来——是凫毛。可爱的鸟儿，在荒原上空，它在我们头顶上盘旋。它想回到窝里去。乌云已经压着高岗，它知道快要下雨了。这根羽毛是在荒原上捡来的。这只鸟不是被打下来的。冬天我们看见它的窝里有好多小鸟的骨头。希兹克列夫在窝上张了一个大网，大鸟不敢回来了。以后，我要他答应我永远不再用枪打凫，他再没有打过。呀，这儿还有好些！他开枪打了我的凫吗？奈丽！它出血了吗？有出血的吗？让我看看。

布鲁斯东称这段情节使人想起《哈姆雷特》中莪菲丽亚的发疯，读起来"就仿佛是个电影剧本"的场面。遗憾的是，为了迁就剧情要求，很多电影化的细节被丢掉了，那些细节本可以使得电影形象更能抓住人心。同时，在完成的拷贝与分镜头剧本之间也有许多出入，电影编剧所建议的许多细节，最终也没有在银幕上出现。从剧本原稿的结尾镜头来看，赫克特和麦克阿瑟使用了艾米莉·勃朗特所钟爱的"飞禽的象征"：镜头从希兹克列夫的肤色惨白的尸体化入荒原全景，依稀是当年凯瑟和希兹克列夫两小无猜时见到的景象，两只鸟盘旋在"古堡"上空，飞向远处冬日的寒空。而在最终拍成的电影中，却变成了：肯尼斯医生在谈论雪地里只有一道足印这件怪事。然后，我们看到一个短短的镜头，凯瑟和希兹克列夫的灵魂，摆脱了肉体的羁绊，手拉手走在荒原上。由于镜头缺乏想象力，艾米莉·勃朗特小说的魔力也就消失殆尽了。

---

① 布鲁斯东．从小说到电影．113．

“显而易见，影片的精神实质，并不是从我们熟知的艾米莱·勃朗特那里来的。那么，它是从哪里来的呢？我们不能不得出这样的结论：正是从电影摄制者所增添的那些情节中来的。这一系列的增添、删节和改动都带有影片摄制者的，而不是艾米莱·勃朗特的性格特征。他们加强了凯瑟性格中追求社会地位的动机，使她起到刺激希兹克列夫去改善自己的作用，把希兹克列夫从一个恶魔变成一个害单相思的马夫。他们取消了那‘自求速死’的主题，删掉了哈里顿和小凯瑟赖以逃脱他们上一代诅咒的条件——影片摄制者依靠所有这一切，把情节改变得能为二十世纪的广大观众理解。影片摄制组所增添的这些东西，加上从小说中带过来的稀薄的残余气氛，以及影片的画面结构、音乐效果、表演技巧（从此以后，人们只要想到希兹克列夫，脑海里就会浮上劳伦斯·奥利弗的面容），就是这部影片的全部价值所在。今天在美国和意大利的电影院中重映的，是萨缪尔·高德温、威廉·惠勒、本·海区脱、却利·麦克阿瑟，而不是艾米莱·勃朗特。艾米莱·勃朗特仅仅提供了情节基础和感情的出发点，其余一切都是后加的。”布鲁斯东从这一改编案例中得出的结论即是：“好莱坞就是这样固执地采取一种漫不经心、不加评论的态度来对待文学作品改编成电影的问题。”①

当然，好莱坞的这种改编原则，其重要理由就是把改编电影看作电影产业的一个组成部分，因此，改编必须采取高度的情节化、故事震撼人心和视觉化效果的成熟套路，其结果自然是大众所喜欢的，而且基本上也都能实现“赚钱的”目标。布鲁斯东的观点是：“影片摄制者喋喋不休地谈论‘忠实的’与‘不忠实的’改编，却从不意识到他们实际上是在谈论‘赚钱的’与‘不赚钱的’影片。一部影片只要能赚钱，或者只要能博得好评，‘忠实’与否就不成其为问题。”②

【思考与练习】

1. 如何看待巴赞“忠实于原著”的改编理论？
2. 如何看待根据普希金小说《驿站长》改编的两个电影版本？
3. 以《静静的顿河》改编为例，说明如何“深入小说的内容中洞察主人公的心理”。
4. 论述夏衍的改编思想。
5. 克莱·派克总结的三种改编方法是什么？
6. 请谈谈你对罗泽玛改编的影片《曼斯菲尔德庄园》的看法。
7. 以《呼啸山庄》为例，谈谈好莱坞改编的目的与基本方法。

① 布鲁斯东. 从小说到电影. 122－123.

② 布鲁斯东. 从小说到电影. 122－123.

第五章

电影对文学的影响

【学习导读】

电影诞生之后，在文学界引起了巨大的震动与反响，其所发生的影响一直持续到今天。列夫·托尔斯泰、詹姆斯·乔伊斯以及弗吉尼亚·伍尔芙等著名作家，从各自的角度对电影所引发的文学世界的变化做出各自的思考与回应。在中国现代文学中，兴起于20世纪20—30年代的“新感觉派小说”明显受到好莱坞电影的影响。在刘呐鸥、穆时英、施蛰存等人的小说中，既表现出好莱坞电影意识观念方面的偏好，也表现出电影时空建构方面的洗练。此后的张爱玲小说，表现出“把好莱坞的电影技巧吸收后”“和中国传统小说的叙事技巧结合得天衣无缝”所带来的新颖风格。

法国新小说理论家兼作家罗伯-格里耶所创作的电影剧本《去年在马里昂巴德》，被称为电影这艘巨轮最坚实、黑暗的底舱。他通过这部剧本“试图创造出一种纯精神的时间和空间”。作家玛格丽特·杜拉斯和导演阿仑·雷乃合作的电影《广岛之恋》，被认为是一部文学性极强的电影，在世界电影史上留下了辉煌的一页。

【本章要点】

了解西方现代小说发生的时代背景及基本特征，理解并掌握乔伊斯小说中的电影化技巧。全面了解弗吉尼亚·伍尔芙“内外结合”的艺术思想和时空描写。熟悉中国现代文学中的“海派文学”所受到的电影影响；深刻体会张爱玲小说如何将电影手法与时空表现手段融入文学创作，并将中国传统的美学意识贯穿其间，从而形成特有的文学风格意蕴。了解罗伯-格里耶和电影《去年在马里昂巴德》所表现的可见化场景与精神世界的关系。理解并掌握《广岛之恋》所体现出的语言和影像的复杂互动关系。

第一节
从传统小说到现代小说

一、传统小说和现代小说的不同特征

美国著名影评人宝琳·凯尔曾经说过："从乔伊斯开始，几乎所有的作家都受过电影的影响……"这样的说法或许有些言过其实，但是，在乔伊斯、弗吉尼亚·伍尔芙、福克纳、海明威等著名现代小说家的作品中，确实可以找到许多与电影相关联的形式和技巧。电影诞生后不久，便受到世界各国作家和艺术家的广泛关注。现代主义作家力求打破19世纪文学的创作原则，为此也从电影中获得了诸多启示。

19世纪的欧洲文学，产生了一大批批判现实主义作家及作品。这其中就包括法国的司汤达、巴尔扎克，英国的狄更斯、萨克雷和俄国的托尔斯泰、果戈理等著名作家，他们至今依旧是世界文学史上的一座座高峰。真实地再现世界，这是现实主义作家的普遍追求。"巴尔扎克主张作家'严格摹写现实'，'照世界原来的样子表现世界'，并宣称：'法国要作为历史家，我只能当它的书记'；福楼拜也认定'只要是真的就是好的'。"① 例如，巴尔扎克描绘了形形色色的贵族和资产者，创造了一个宏大的艺术世界，对客观世界的描写可谓详尽到了不厌其烦的程度。以巴尔扎克的《高老头》为例，先是写伏盖公寓的方位、历史、周围的街道，再是公寓的外形和内部结构，包括底层、客厅和餐厅，接着描绘公寓主人伏盖太太的外形与性格，然后一个个介绍住在各层的七位房客。这些描写在傅雷的译本中占去了13页之后，我们才看到高老头的出场。这样看倒确实有托尔斯泰所讲的"沉重、拖沓"之嫌了。

西方现代小说竭力打破19世纪现实主义小说的常规，不再把反映和摹写外部世界的现实作为自己的根本任务，从而转向对人的主观世界的探索和挖掘。同时，对世界感知方式的改变，也导致了现代小说对外部环境以及发生在其中的事件的描写缩简到最低限度。许多小说舍弃了故事情节的完整性和戏剧性，有的甚至没有什么故事情节。在大量现代小说中，由于故事情节的淡化甚至被舍弃，不再有性格鲜明的主人公和人物。它们着重表现的是人在一个"被统治的、混乱的世界"里所陷入的生存困境和无法摆脱的关系网络，以及对自身存在的体验和感受。在这些作品里，人物是被从不同的透视角度、被放在不同的情境下来观察的，因而其形象模糊、破碎，好像由许多碎片拼凑而成。有时，他们没有形体，没有外貌，没有性格特征，只有一个名字，甚至只有一个字母作为代号，或仅仅是一个抽象的"他"或"她"。

西方现代小说家抛弃了传统小说的时空观念，试图在作品中建立一种纯粹内心世界的时间和空间。许多作品中现实时间的顺序被打乱、颠倒，过去、现在和未来任意交错，其界限被混

---

① 柳鸣九. 论法国十九世纪批判现实主义文学. 社会科学战线，1980（3）.

淆，古代人物可以在现代社会复活，而现代人可以回到古代。在空间处理上，20 世纪的小说家也完全摆脱了物理地域空间的限制，在他们的作品中，想象、幻觉、梦境的翅膀可以把他们带到任何地方，带往前人从未到达的领域。这样做意在“使人摆脱内心的奴役，获得心灵的自由”。

在表现人物方面，20 世纪的现代小说与传统小说也有着很大不同，现代小说着力表现的是当代人对世界、对现实、对人生以及人的存在价值和意义的内省、反思，因而创作意图和主题的明确单一性让位于作品的多义性和语义的模糊性。在许多作品中，语言的表征功能和语义的确定性大大地削弱，它们仅仅提供了某种暗示，而作品的意义则需要读者自己去把握。

但是，应当指出的是，这类小说虽然缺乏语义的确定性和明晰性，却仍然提供了产生某种意义的暗示，仍然可以被读者赋予各种形而上的意义，如世界的荒诞、人生的无意义、主体的失落、人的绝望和精神危机感等。阿多诺在他的《美学理论》中，把这种感受归纳为“20 世纪的世界情绪”，并称西方现代艺术是这种情绪的“象征”。①

二、乔伊斯的意识流小说与电影化手法

20 世纪初叶，正当电影开始学习如何讲述故事的时候，世界文学却已经开始了向现代主义的转向。欧美现代主义文学的产生，自然与西方社会的发展以及自然科学和哲学的变化有密切关系，但是，同时也从刚刚出现不久的电影中获得了很多启示。英国现代作家詹姆斯·乔伊斯是现代意识流小说的奠基者，不过，他并不像当时许多知识分子那样对电影充满偏见，甚至可以说是当时的一位电影迷。在 1902 1909 年间，乔伊斯经常光顾巴黎或欧陆其他地方的影院，还曾游说一家电影联营公司的老板到爱尔兰开设电影院线，雇用他当该院线的筹备人，并且真的在 1909 年开设了一家名为“伏尔塔”的电影院。在 20 世纪 20 年代，乔伊斯是影院的常客，工作一天之后，感到精神疲乏，黄昏前后，便去光顾影院。毛莱·卡拉干回忆起他有一次去访问乔伊斯时，听到他热烈地谈起了电影。“他说话时，”卡拉干写道，“我仿佛看到他坐在漆黑一片的剧场里，这位散文大师被摄影机技术所深深吸引，它酷似梦幻技术，画面一幅继一幅地在脑海里闪过。它是否增长了他对梦幻世界的逻辑的知识呢？”②

国外的许多电影研究者都注意到，乔伊斯创作的《青年艺术家的肖像》(1916)、《尤利西斯》(1922) 和《为芬尼根守灵》(1939) 等小说具有明显的电影化元素。苏联电影大师爱森斯坦清楚地看到了乔伊斯小说和电影蒙太奇的关系。1930 年，爱森斯坦和乔伊斯会面，两个人一起讨论了电影和文学。1932 年，爱森斯坦在一篇题为《请用吧！》的文章中写道：“只有电影才能捕捉人的思想的全部过程的表象。而这一点在乔伊斯出色的《尤利西斯》中的布鲁姆的内心独白中，得到了极其卓越的解决。”爱森斯坦同时回忆起他在巴黎同乔伊斯会面的情景：“乔伊斯对我的电影内心独白的表现计划，感到强烈的兴趣。乔伊斯虽然几乎是个盲人，但他

① 章国锋. 从“现代”到“后现代”：小说观念的变化//柳鸣九. 从现代主义到后现代主义. 北京：中国社会科学出版社，1994.

② 茂莱. 电影化的想象：作家和电影. 邵牧君，译. 北京：中国电影出版社，1989：130.

图 5-1 《尤利西斯》海报

仍希望看到《战舰波将金号》和《十月》这两部电影中类似的表现手法。”① 在爱森斯坦看来，电影中的闪回、淡入、淡出和入焦等技巧都等同于人类的思维活动，在文学作品中出现实属必然，因此，乔伊斯的内心独白酷似电影中的蒙太奇手法。需要补充的是，爱森斯坦认为电影导演能够用更加具体完善的形式去捕捉人的内心世界的意识流动，为此，他曾向乔伊斯提出改编《尤利西斯》的要求。虽然乔伊斯最终没有答应爱森斯坦的请求，但是他还是对爱森斯坦的想法表示了某种肯定。“据爱森斯坦传记的作者说，‘乔伊斯在会见之后，对他的朋友、《转变》杂志的编辑乔拉斯说，如果要把《尤利西斯》拍成影片，他认为只有德国的瓦尔特·罗特曼和俄国的谢尔盖·爱森斯坦才能担任导演’。罗特曼的《柏林》（1927），也像乔伊斯的《尤利西斯》一样，是一座大城市从黎明到午夜的一系列景象。这位德国导演的《齐格费里德》（1924）一片中的‘霍克斯的梦幻’一场，肯定曾给当时已在着手写作《为芬尼根守灵》的乔伊斯以深刻的印象。”②

同为 20 世纪的艺术大师，爱森斯坦对乔伊斯的推崇以及后者对前者的信任，很大程度上源自他们在艺术思维上的相近。一个很有意思的现象是，乔伊斯在创作小说《尤利西斯》时，采用的方法居然与电影导演拍摄一部影片的方法十分接近，乔伊斯本人把这种结构方法称之为“镶片”。在写作《尤利西斯》时，乔伊斯不是按照时间先后的顺序来进行，而是先设计好全书的总提纲，然后时而写作品的这一部分，时而写作品的另一部分，最后以粗略的初稿形式实现全部计划。这和导演拍摄一部影片时一样，在某一外景地拍摄一些场面，又在另一处外景地再拍摄一些场面，最后将这些不同时间和地点拍摄的场面交叉剪辑到一起，最终完成一部影片。如果联想到苏联电影艺术家库里肖夫在 20 世纪 20 年代初所做的实验，可以知道它们的共同之处就是把那些“镶片”集中起来，这就打破了按照事件时间顺序展开作品的惯例，而是按照艺术家重新安排的顺序加以组合。乔伊斯这种电影化的小说写作方法，使得他的意识流小说有了一个切实可行的写作方法。

在艺术作品的节奏方面，小说《尤利西斯》和电影《战舰波将金号》一样，为了使作品形式显得生动、流畅，都追求一种音乐化的效果。乔伊斯写作的各种“镶片”段落，如果不假思索地随便剪接在一起，一定会显得凌乱不堪，要么异常沉闷，要么异常急促。如果能够形成一种音乐性的节奏，那么情况就会完全不同了。人们经常用音乐化的术语来谈论《尤利西斯》：批评家们从这部小说中发现了一个主题、一个反主题、一个汇合点、一个发展部或一个终曲。乔伊斯在小说中采用的这种音乐结构，使《尤利西斯》富于节奏上的变化，从而增强了它的可

① 吴元迈.《尤利西斯》在苏联的历史命运. 译林，1997（2）.

② 茂莱. 电影化的想象：作家和电影. 131.

读性。爱森斯坦也十分重视电影的音乐性问题，在《蒙太奇》一文中，他提道："不管怎样，蒙太奇具有两种密不可分的功能：叙述故事和对故事进行节奏的概括。"根据蒙太奇的这两种功能，他认为，蒙太奇应该按两个系列来分类："其一是蒙太奇的叙事（图像）性元素的类别。另一是蒙太奇借以实现其概括性形象功能的元素的分类，同时把这种形态变化理解为节奏元素的形态变化。"[①] 这里所提到的蒙太奇的第二个系列主要包括：节拍蒙太奇、节奏蒙太奇、调性（旋律性）蒙太奇、泛音蒙太奇和理性蒙太奇（即从泛音发展到含义泛音的新质）。爱德华·茂莱认为，乔伊斯和爱森斯坦都是19世纪象征主义的继承者，必然会在各自艺术中追求音乐性效果。这种追求的结果，又使得他们极大地丰富了小说和电影的艺术表现形式。

在乔伊斯的《尤利西斯》中，可以找到许多电影化技巧，比如闪回镜头、淡入、淡出和化的手法等等。在这里不妨欣赏一段布鲁姆的内心独白：

> 行走在玫瑰叶上，想象一下试图吃牛肚和牛蹄冻。我在什么地方从那张画上看到的那个家伙上哪去了呢？啊，在水波不兴的海洋里，仰面朝天地漂浮着，在一把打开的阳伞下读着一本书。你试试，沉不下去：盐分浓得很。由于水的重量，不，身体在水里的重量和那个的重量是相等的。或者是体积和重量相等？那是一条诸如此类的规律。万斯在大学里把手指关节扳得咯咯响，一面教着课，大学的课程。

在这个例子里，乔伊斯把各种记忆交叉剪辑在一起，让布鲁姆自由联想，并在他的记忆库里寻找问题的答案。此外，乔伊斯为求充分呈现思想活动的全部内容，常常放慢布鲁姆内心独白的速度，用化的手法（一个形象仿佛重叠在另一个形象上）来加以表现：

> 满城的东西消失了，又来了满城的东西，它消失了：来来又去去。房屋，一排排房屋，街道，长长的人行道，堆成垛的砖，石头。人世沧桑。物主更迭。他们说房东是永远不死的。他接到搬家通知后，别人就来占了他的窝。他们用黄金来买了地，手里却还有黄金。在什么地方做点手脚。在城里堆积起来，腐烂掉，年复一年。沙漠里的金字塔。建筑在面包和大葱之上。奴隶中国长城。剩下大石头。圆塔。碎砖破瓦，向四处延伸的郊区，草草建起的、寇万的那一大片房子，盖得快。宿夜的去处。

在小说《尤利西斯》中，有许多处采用爱森斯坦所称的"形象的对列"方法以形成讽喻效果。如在"苯斯特里戈尼安斯"一节里，当利厄波尔·布鲁姆回想他过去性生活中的浪漫时刻时，乔伊斯两次使用了嘲讽性的交叉剪接："紧贴在窗格玻璃上两只苍蝇嗡嗡响，紧贴"和"紧贴，苍蝇嗡嗡响"。在这里，人和动物或者美和丑的对列，与爱森斯坦使用的各种形象化隐喻非常相似。在影片《震撼世界的十日》（1928）里，当亚历山大·克伦斯基登上沙皇冬宫的瑰丽楼梯时，爱森斯坦切入附近一座雕像的镜头，借以讽刺克伦斯基无限膨胀的权力欲望。接下去，又出现了拿破仑威风凛凛的雕像，克伦斯基模仿着摆出与拿破仑相同的姿势，两个镜头交替出现，同样充满了嘲讽的意味。

◎人们谈论最多的《尤利西斯》电影化手法的例子是"游荡的岩石"一段插曲。这段文字在英文版中占了近36页，在结构上被分割为19个场景，有人将"游荡的岩石"称作小说空间蒙太奇的卓越范例。这是一种时间不变而空间元素不断发生变化的蒙太奇式写法，或者

① 爱森斯坦．蒙太奇论．富澜，译．北京：中国电影出版社，2003：215-216.

说，它与空间不变而内心独白在时间上自由流动的“时间蒙太奇”正好相反。在这段插曲里涉及不同的事件和多个人物，为了使这些人物和事件统一起来，乔伊斯采用的方法就是把他们限定在某一时间段内（下午3点到4点）。在第一个场景里，乔伊斯写道：“康美神父在纽康门桥登上了一辆开往城外的电车，因为他不喜欢徒步穿越经过墨德岛的那条肮脏小道”。然后，在集中描写考尔尼·凯勃赫的一节里，乔伊斯又顺带点明一笔：“约翰·康美神父在纽康门桥登上了陶里蒙特电车”。这样就造成了小说的同时性效果。同样地，在第二节里，他描写了这样的一个细节：“考尔尼·凯勃赫悄悄地从嘴里朝天喷出一口草液时，一只丰满的白胳膊从艾克尔斯街的一个窗户里扔出一个硬币”。在第三节里，乔伊斯从另一个角度重新写道：“一只丰腴的赤裸的胳膊发出光亮，被看到了，从一件白色内衣——背心和上衣吊带——里伸出来。一只女人的手把一个硬币扔过界栏。”这样，在两个不同空间发生的事件被一个相同的细节联系到一起，明确了不同地点的事件实际上是同时发生的。

在詹姆斯·乔伊斯打破了传统小说按照故事时间写作的惯例之后，在寻找如何把素材连接起来的方法过程中，适时出现的电影技巧在其中发挥了不小的作用。电影蒙太奇在时空中自由组合的潜能，被乔伊斯清醒地理解和认识，在他的作品里，无论是对人物内心世界细微变化的把握，还是对城市时空的全景式掌控，都显得那样从容、得心应手。美国影评家宝琳·凯尔认为在乔伊斯之后，许多作家都受到电影的影响，也许是因为《尤利西斯》这样的小说在某种程度上起到了示范的效应。

应该说明的是，乔伊斯的《尤利西斯》曾在20世纪60年代被改编成电影，但却令人遗憾地被视为失败之作。对此，爱德华·茂莱评价道：“把《尤利西斯》拍成电影的尝试是注定要失败的。虽然乔伊斯的小说里充满了和银幕上使用的技巧很相类似的技巧，这些技巧在书本里是用词句来完成的，或者是在语言的和理性的层次上运用，并非电影摄影机所能摄录。”① 但是不管怎样，乔伊斯为我们留下了关于文学和电影的十分有意思的论题。

三、弗吉尼亚·伍尔芙

英国作家弗吉尼亚·伍尔芙是现代意识流小说的重要代表人物。她创作的《雅各的房间》《黛洛维夫人》《到灯塔去》等作品，在世界现代小说史上都占据重要的位置。伍尔芙所处的时代，电影艺术刚刚起步，远未形成今天这样蔚为壮观的格局，她所能看到的只是一些脱缰的马车冲下山坡、骑自行车的人碾死一只母鸡或者撞上老妪、消防队员迎面碰上消防水龙带这样的滑稽片，她甚至也不喜欢卓别林的表演。伍尔芙生长于富裕的家庭，希区柯克在谈到伍尔芙那一代人时曾说过：“出身高贵的英国人是绝不光顾电影院的；那简直是有失体统……英国是阶级意识很浓的，1925年以前，英国影片非常平庸；它们主要是供本地人看，由商人拍摄的。”在伍尔芙看来，电影只能表现一些表面的事情，与她所追求的对人的主观世界的表现相距甚远。

尽管如此，弗吉尼亚·伍尔芙对于问世不久的电影还是表现出关注的兴趣。她曾经写过两

---

① 茂莱. 电影化的想象：作家和电影. 140.

篇关于电影的文章，第一篇发表在1918年8月29日的《泰晤士报文学增刊》上，是一篇题名为《“电影”小说》的评论。在这篇文章里表达了她对电影的看法：电影就是不断翻动的画面，而且只是滑稽可笑的画面，没有什么深刻内容可言。第二篇谈论电影的文章《电影与真实》，发表在1920年8月4日的《新共和》上。在这篇文章中，伍尔芙开始表现出对电影的尊重，承认电影是一门艺术，因为它能让观众客观地回顾过去的时光。但是，她同时还是嘲笑了当时根据列夫·托尔斯泰小说《安娜·卡列尼娜》改编的一部电影：“脑子了解的安娜，几乎完全是她的内心——她的魅力、她的情欲、她的绝望心情。电影则把全部重点放在她的牙齿、她的珍珠和她的丝绒衣服上。”伍尔芙认为，托尔斯泰善于从内心塑造人物，而电影则只是从外表拍摄人物，电影艺术家必须学会像莎士比亚那样把思想转化成形象。伍尔芙建议说，也许《卡里加利博士》(1919) 是培养电影界未来的托尔斯泰和莎士比亚们的温床，在这部德国表现主义影片里，“一个蝌蚪状的黑影突然出现在银幕的一角……此时此刻，似乎用形状来传达思想要比用语言更为有效”。①

在《电影与真实》这篇文章中，弗吉尼亚·伍尔芙思考了电影和思想的关系：“是否存在着我们心领神会但从不说出的神秘语言呢？如果有，能否具体可见呢？思想是否具有某种不必借助语言便能变得可见的特点呢？”她提出抽象艺术也许能拯救电影：“某些可见情绪的沉淀物，在画家或者诗人那里是毫无用处的，可能还有待于电影来加以利用。”② 把属于无意识领域的幻想呈现出来，这正是表现主义影片《卡里加利博士》给人们留下深刻印象的原因。

在弗吉尼亚·伍尔芙的评论文章和论文里，经常出现“生活”和“真实”等关键词，这是她艺术思想中非常重要的基本观念。但是，她所讲的“生活”首先存在于艺术家的内心世界中，而且是排斥外部世界的。她在《普通读物》(1919) 一文中写道：“生活不是一串对称排列的眼镜，而是一个明亮的光环，一个半透明的色壳，从意识开始到结束，一直笼罩着我们。”伍尔芙认为，小说家的工作就是从色壳的内部发射出他的见解，“尽可能避免夹杂异己的和外部的东西”。这种只是关注内心世界的艺术理念，一直支配着她从《黛洛维夫人》直至《到灯塔去》的写作。不过，到了1928年，伍尔芙完全排斥“外部的东西”的艺术观念发生了转变，这在她写于当年11月28日的日记中透露出来：“我自己对内心和外部抱什么态度呢？”她自问自答道：“我认为一张一弛是好的；是的，我甚至认为外在化是好的；某种内外结合应当是可能的。”③

那么，伍尔芙所讲的“真实”又是什么呢？她在写于1929年的《一间属于自己的房间》中自问自答道：“何谓真实？”“也许是某种非常飘忽无定的，非常不可靠的东西吧——时而出现在尘土飞扬的路上，时而在街上的一张破报纸上，时而在阳光下的一株黄水仙上。它使一个房间里的一群人焕发生气，引起对某些随便的言谈的注意。它使一个在星光下步行回家的人兴奋不已，使无声的世界比语言的世界更真实——然后它出现在皮卡迪利大街一片喧嚣中的一辆公共汽车里。有时候，它仿佛藏身在离我们过于遥远以至无法判明其性质的形体里。但不论它接触到什么，它便停留不去，使之永存。”在她所写的这段文字里，“真实”已经不

① 茂莱. 电影化的想象：作家和电影. 50.

② 茂莱. 电影化的想象：作家和电影. 150.

③ 茂莱. 电影化的想象：作家和电影. 151-152.

再是她原来崇尚的与外界无关的东西，而是恰恰处于外在世界的每一个角落里。由此也可以看出，伍尔芙的美学观在后期实际上发生了某种转变，不再像早期那样夸大“精神”和“主观”的地位。

◎ 在弗吉尼亚·伍尔芙第一篇意识流小说《雅各的房间》里，伍尔芙研究学者桃乐珊·布鲁斯特指出了其中的“电影技巧”：伍尔芙的笔端仿佛一架摄影机，“不时地扫过人群，然后定焦在一个人或一批人身上，时而给一个小场面来个特写，时而又对准天空”。这篇小说运用电影手法的最佳例子出现在第13节，伍尔芙在这一节里通过快速交叉切割传达了一种同时感。例如，当克拉拉·杜朗特和鲍莱先生在公园散步时，一匹没有骑手的马突然飞驰而过，受惊的克拉拉要求鲍莱截住那匹马。一个小时以后，鲍莱在他的更衣室里接过侍从递给他的胸前饰扣。接着，又闪回到一小时以前，从朱莉娅·艾略特的视点看到公园里的奔马和鲍莱先生试图拦马的情景。当朱莉娅走出公园的时候，她看了看表，“她要在12分半钟之内赶到布吕东街，康格里芙夫人约她5点钟见面”。伍尔芙然后切到维莱家的一座钟正打5点，接着又一次切到弗洛林达正在看钟，有人出来向弗洛林达提到雅各。接下去，小说一下子跳到了雅各，此刻他正坐在海德公园读桑德拉的来信，作者几乎不动声色地化入桑德拉在写那封信。然后又转回到雅各，他现在在和售票员说话，从雅各对售票员轻蔑的态度切入芬妮·艾尔默责备雅各对下人们的行为。当芬妮骑马经过西敏寺的时候，议院塔上的大钟正传来5点报时的钟声。从以上可以看出，各种事件几乎都是围绕着5点钟进行的。

何以证明弗吉尼亚·伍尔芙上述手法就是电影化的呢？爱德华·茂莱根据伍尔芙在《电影与真实》一文中对于电影剪辑的理解加以佐证。伍尔芙在那篇文章里提道：剪辑师用不变的背景来串联起互不相干的场景，这样便能消除人物和事件之间的距离感。而且，事实上，伍尔芙在小说《黛洛维夫人》中也再一次使用了相同的技巧。为了使转换显得流畅，在《黛洛维夫人》中利用汽车作为连接手段，小说家的“摄影机眼睛”不停地从一个人物切换到另一个人物，有条不紊地抓住每个人的表情、语言或是内心独白，直到最后出现的一架飞机又将所有人的目光引向天空。

图5-2 《黛洛维夫人》剧照

在乔伊斯和伍尔芙之后的许多意识流小说家都使用了类似的电影技巧和方法。比如，在美国著名作家福克纳的小说里，我们同样可以发现蒙太奇结构所起的重要作用。福克纳对小说时间感——同时性的处理，也是非常电影化的，他所创作的《声音与疯狂》，被认为像乔伊斯的《尤利西斯》一样，是一部非常电影化的小说，但也同样非常遗憾地难以改编成一部优秀的电影。

第二节 “海派小说”与好莱坞电影

一、新感觉派

20世纪20—30年代，在上海出现了以刘呐鸥、穆时英、施蛰存和叶灵凤等人为代表的新感觉派小说，他们的作品受到日本新感觉小说的影响。与其他中国现代作家相比，这些中国现代都市里的作家作品带着强烈的现代气息，在快速的节奏中表现现代大都市的生活。当然，在上海这样的半封建、半殖民地的城市里，呈现出的更多的是一种畸形和病态特征。严家炎在《新感觉派小说选》前言中写道：“他们写大都市中形形色色的日常现象和世态人情，从舞女、少爷、水手、姨太太、资本家、投机商、公司职员到各类市民，以及劳动者、流氓无产者等等，几乎无所不包。这种描写常常采取快速的节奏，跳跃的结构，如霓虹灯闪烁变幻似的，迥异于过去小说用从容舒缓的叙述方法表现恬淡的农村风光，宁静的生活气氛。”① 这里边提到的快速的节奏、跳跃的结构等手法，实际上与电影的手法都有一定的关联。

新感觉派作家们对电影有着浓厚的兴趣，电影技巧也给他们的文学创作打下了深刻的印迹。施蛰存回忆他与戴望舒住在刘呐鸥家的一段日子里，每天“晚饭后，到北四川路一带看电影，或跳舞。一般总是先看七点钟一场的电影，看过电影，再进舞场，玩到半夜才回家”。刘呐鸥看电影时，“就谈德美苏三国电影导演的新手法”②。又据施蛰存介绍，刘呐鸥“平常看电影的时候，每一个影片他必须看两次，第一次是注意着全片的故事及演员的表情，第二次却注意于每一个镜头的摄影艺术，这时候他是完全不留心银幕上故事的进行的”③。经营书店失败以后，刘呐鸥创办了《现代电影》杂志，与黄嘉谟一起发动了中国现代电影史上有名的“软硬之争”。

在与左翼电影人的论争中，刘呐鸥十分重视电影艺术的特性、技巧和理论问题，对黄嘉谟提出的“电影是给眼睛吃的冰激凌，是给心灵坐的沙发椅”娱乐化主张颇为认同，写有《影片艺术论》《电影节奏简论》《开麦拉机构——位置角度机能论》等多篇文章。穆时英也是一个影迷，他这样描述自己“公式化了的大学生的生活”：“星期六便到上海来看朋友，那是男朋友，看了男朋友，便去找个女朋友偷偷地去看电影，吃饭，茶舞”④。穆时英对那时的电影明星熟悉到了如数家珍的地步，对他们的外貌衣饰、表情做派、个性气质都了然于胸。他在小说中多次提及嘉宝、瑙玛希拉、克莱拉宝、琴恩哈绿、琼克劳福、卓别林，他还曾在一篇文章中把当

① 严家炎．新感觉派小说选．北京：人民文学出版社，1985：16．

② 施蛰存．我们经营过三个书店．新文学史料，1985（1）．

③ 施蛰存．编辑室偶记．文艺风景，1934（1）．

④ 穆时英．我的生活．现代出版界，1933（9）．

红的女明星按特点分成两类。穆时英卷入“软硬之争”后，发表有《电影批评底基础问题》、《电影艺术防御战——斥掮着“社会主义的现实主义”的招牌者》两篇重要理论文章，这表明穆时英对电影理论也深有研究。

第一次世界大战之后，好莱坞电影获得了世界电影市场的垄断地位，20 世纪 20—30 年代的上海几乎被美国电影所独占，第二次世界大战结束之后的上海又恢复了过去的样子。好莱坞对上海文化的巨大影响，使得一位笔名为严東的作者不无愤怒地说：“中国在过去与其说是欧化，还不如准确地说是‘美化’……至于中国的‘美化’，大半是由于好莱坞影片的不良影响。”“不是五四运动，而是好莱坞的影片，使十多年来一大部分中国青年在想象上和过去中国传统隔断。”①

至于说到好莱坞电影对中国新感觉派小说的影响问题，学者李今认为主要体现在题材内容方面，比如他们对女性躯体的“趋重”与好莱坞就有直接的渊源关系：“好莱坞传统片的一个重要特点即把女人形象通过电影的特殊技巧，如特写的分解、不断变换的视点、俯仰的角度及风格化的模式造成一个完美无缺的产品，使女体本身成为影片的内容和表现的对象，成为影片被看性的内涵和色情的奇观。好莱坞风格的魅力正是来自造成这种视觉快感的种种娴熟技巧和令人心满意足的控制。”②

李今在《海派小说与现代都市文化》一书中，详细分析了穆时英的一些影评文章对好莱坞女明星魅力的阐述，并且对照他的小说里对女性的描摹，以证明新感觉派小说受到好莱坞电影的影响。比如，穆时英曾写过一系列随感式文章《电影的散步》，在《晨报》1935 年 7 月 17 日至 28 日连续 8 次刊载。其中的《性感与神秘主义》《魅力解剖学》两篇就是专门讨论好莱坞女明星性感魅力的。穆时英在文章中写道：“好莱坞王国里那些银色的维纳斯们有一种共同的、愉快的东西，这就是在她们的身上被强调了的、特征化了的女性的魅力。就是这魅力使她们成为全世界男子们的憧憬，成为危险的存在。”“女性的魅力都是属于性的”，“就是一种个性美和性感的化合物”。穆时英还把当时的好莱坞女性分为两类：第一类以嘉宝、黛德丽、朗白、克劳馥为代表。她们“永远是冷静的，她不会向你说那些肉麻的话，她不会莫名其妙地向你笑，甚至于连看也不看你一眼，可是你却不能离开她。你可以从她的体态，从她的声音里边感觉到在她的内部燃烧着的热情”。另一类以梅惠丝、克莱拉宝为代表，“这一类的女子是开门见山的女子，一开头，就把一切都拿了出来，把全部女子的秘密，女子的热情都送给了你。她们是一只旅行箱，你高兴打开来就打开来，你可以拿到一切你所需要的东西。第一次你觉得很满足，可是满足了以后，你就把她们忘了”。李今认为，穆时英笔下的女性人物也正是按照这两种类型塑造出来的，*CRAVEN “A”* 的女主角余慧娴就属于后一种类型，而《白金的女体塑像》中的女客属于前一类。

不过，应该补充说明的是，在新感觉派的其他作品里，都市女性的形象并非简单意义上的被男性“看”的对象，在很多时候又确实是“玩弄”男性的高手，比如，刘呐鸥《两个时间的不感症者》里的那位无名女子，对及时行乐的理解甚至远远超过那两位追求她的花花公子。再如穆时英《被当作消遣品的男子》中的蓉子，无聊时把男人当作“辛辣的刺激物”，高兴时把男人当作“朱古力糖似的含着”，厌烦时男人就成了被她“排泄出来的朱古力糖渣”。刘呐鸥

① 严東. 电影与文化传统. 文潮，1945（7）.

② 李今. 海派小说与现代都市文化. 合肥：安徽教育出版社，2000：146 - 147.

《游戏》里的“她”，把爱和贞操给了自己的所爱，但论到婚姻时，却要和她的所爱“愉快地相爱，愉快地分别”，去嫁给一个能为她买六汽缸“飞扑”的富商。从深层意义上来说，这些都是消费主义价值观念在当时半殖民地的上海十分盛行的结果，而好莱坞电影在很大程度上又刺激了对人体消费的欲望，这些都对新感觉派作家以及作品产生了重要的影响。

◎ 新感觉派小说与传统小说在叙述方式上有着根本性的不同，传统小说以时间和连续性为叙事基础，而新感觉派小说的时空处于不断变化之中，这一切源于新感觉派作家们对电影艺术的深刻理解，并将蒙太奇的观念应用到文学作品中。

刘呐鸥在《影片艺术论》一文中对“织接”（即蒙太奇）进行了详细论述，他非常清楚地指出：蒙太奇能够创造出与现实的时间和空间毫无关系的影戏的时间和空间，这种“被摄了的现实”，“是诗人的语，文章的文体，导演者‘画面的言语’”。从这里可以看出，刘呐鸥意识到蒙太奇不仅是电影结构的手段，而且还是诗人的表现语言，也可以构成文章独特的文体。这种对蒙太奇跨越艺术门类的认识，引领新感觉派小说家们在其作品里很自然地使用这一结构方法，建构起现代的小说时空。

在新感觉派小说中，人们最常提到的使用电影蒙太奇手法的例子当属穆时英的《上海的狐步舞（一个断片）》。这篇小说通篇可以分为若干个电影场景。比如第一个场景是沪西，林肯路，夜晚；第二个场景是刘家小洋房；第三个场景设在1932年出产的别克车上……依次发展下去，直到最后一个场景：浦东，次日凌晨。再看第一个场景，也都是以蒙太奇分镜头的方式组接在一起的：

> 上海，造在地狱上面的天堂！
>
> 沪西，大月亮爬在天边，照着大原野。浅灰的原野，铺上银灰的月光，再嵌着深灰的树影和村庄的一大堆一大堆的影子。原野上，铁轨画着弧线，沿着天空直伸到那边儿的水平线下去。
>
> 林肯路。（在这儿，道德给践在脚下，罪恶给高高地捧在脑袋上面。）
>
> 拎着饭篮，独自个儿在那儿走着，一只手放在裤袋里，看着自家儿嘴里出来的热气慢慢儿飘到蔚蓝的夜色里去。
>
> 三个穿黑绸长褂，外面罩着黑大褂的人影一闪。三张在呢帽底下只瞧得见鼻子和下巴的脸遮在他面前。
>
> “慢着走，朋友！”
>
> “有话尽说。朋友！”
>
> “咱们冤有头，债有主，今儿不是咱们有什么跟你过不去，各为各的主子，咱们也要吃口饭，回头您老别怨咱们不够朋友。明年今儿是你的周年，记着！”
>
> “笑话了！咱也不是那么不够朋友的——”一扔饭篮，一手抓住那人的枪，就是一拳过去。
>
> 碰！手放了，人倒下去，按着肚子。碰！又是一枪。

第一段到第三段，如同不断推近的一个个全景镜头，空间由上海—沪西—林肯路逐渐缩小。不过，其中充满感情色彩的描述性语言，如“造在地狱上面的天堂”“道德给践在脚下”

这样的概念，只有文字才能表达清晰。接下去，是一个动感十足的镜头：一个拎着饭篮独自走夜路的人，透着悠闲和惬意的气氛；下一个镜头气氛一下子就变得紧张起来，而且给了一个特写镜头："三张在呢帽底下只瞧得见鼻子和下巴的脸遮在他面前。"接着，开始了从容的对话，气氛和节奏略微得到一些缓和，但是，随着那人飞快地出拳，一个小高潮出现了："碰"地一枪，令人的情绪紧张到了极点；画面上，那人手按着肚子倒下去。

随后，穆时英描写了三组过渡镜头："上海特别快"列车，铁道交通门前，街道两旁"上了白漆的街树的腿"，随即进入第二个场景中。在富人刘有德先生家里，刘先生飞快地给姨太太签了一张三千块钱的支票，姨太太却和刘有德的儿子开上别克车去寻欢。如果将第二个场景与第一个场景对比来看，这篇小说的第一句话得到了鲜明的印证：穷人为了生计互相杀戮，如同生活在地狱之中，而富人却在"天堂"里过着奢侈糜烂的生活。在具体行文中，穆时英的笔端也如同摄影机镜头一样，从"被摄"的景物一一扫过："上了白漆的街树的腿，电杆木的腿，一切静物的腿……revue 似的，把擦满了粉的大腿交叉地伸出来的姑娘们……白漆的腿的行列。"这如同一个从行进中的汽车上拍摄的镜头，其中还有叠化出的百老汇歌舞剧里经典大腿舞的画面，把观者主观的想象亦融入其内。

这篇不到一万字的小说由于采用了电影化的结构手法，获得了描写现代化都市空间的出奇效果，从沪西到浦东，从底层人的生活世界到富贵人家的小洋楼、跑马场、跳舞厅、赌场，从都市的全景到人物的面部表情，大上海的方方面面都被剪辑、收纳到了这篇小说里。而且，在时间上也具有高度的一致性，所有的事件都发生在从夜幕降临到次日东方破晓这一时间段里：穷人从高高的脚手架上摔下来，洋人和富人在彻夜狂欢；有钱人刘有德的姨太太与他的儿子乱伦之后，又投入一个比利时珠宝掮客的怀抱；工人被捕入监狱，老母亲被迫让儿媳去卖淫……在大都市一个夜晚发生的诸多人间悲喜剧，大概只有这种蒙太奇式的结构方法才能如此精练地概括出来。

有的新感觉派作家直接将小说写成电影分镜头脚本，如刘呐鸥的 *A Lady to Keep You Company*、叶灵凤的《流行性感冒》、禾金的《造型动力学》，这些小说直接以远景、近景、特写和字幕等电影手段来结构小说，对小说形式的革新起到十分重要的作用。

二、张爱玲小说与电影

张爱玲的小说深受电影的影响，这已经是人们普遍接受的结论。华人学者李欧梵就曾说过："张爱玲的特长是：她把好莱坞的电影技巧吸收之后，变成了自己的文体，并且和中国传统小说的叙事技巧结合得天衣无缝。这就涉及她对两种艺术——电影和小说——本身的了解问题。"①

张爱玲生于被称为"东方好莱坞"的上海，深受好莱坞电影的影响。根据张子静在《我的姐姐张爱玲》一书中的回忆，张爱玲经常一个人跑出去看电影，20 世纪 30—40 年代有中外著名影星出演的影片几乎每部必看。有一次，她和弟弟到杭州亲戚家去玩，为了看谈瑛主演的

① 李欧梵．不了情：张爱玲和电影//金宏达．回望张爱玲：镜像缤纷．北京：文化艺术出版社，2003：381.

《风》，不顾亲戚的劝阻，坚持赶回上海，一下车便直奔电影院，一口气看了两场。在张爱玲的床头也摆满了美国电影杂志，如 *Movie Star*、*Screen Play* 等。张爱玲的创作生涯也是从写影评开始的，早在1937年在圣玛利亚教会学校读书时，她就在学校年刊《风藻》上发表《论卡通画之前途》一文。1943年，张爱玲在给英文月刊《二十世纪》写的十多篇文章中，一半以上都是影评。在张爱玲的小说中，我们也会发现电影给她带来的创作灵感和叙事冲动，如《自由魂》里，汝良在细雨中一抬眼就看到的巨幅电影广告；《花凋》中，川嫦偷偷跑到电影院与城市的告别；《留情》中，敦凤由《一代婚潮》的电影广告联想起的婚姻；《多少恨》中，在电影院里相识的男女主人公等等。1947年后，张爱玲更与电影公司合作，创作了电影剧本《不了情》《太太万岁》等，并获得了很大的成功。

张爱玲的小说是继新感觉派小说之后，再次将电影手法巧妙应用在文学作品中的作家。美国华人学者周蕾提出：电影这种新的视觉媒体往往不为“五四”作家所重视，而研究中国现代文学的学者亦复如此。“五四”以后，不少作家在写作中用了电影手法而不自觉，仍奉文字艺术为圭臬。到了20世纪30—40年代，上海的都市作家才开始重视电影，如新感觉派小说可谓为张爱玲开了先锋。然而，刘呐鸥、穆时英等人的作品似乎太过洋化，内中的电影技巧直接从好莱坞电影照搬过来。①

图5-3　《倾城之恋》剧照

另外，根据郑树森教授的研究，张爱玲十分熟悉30年代好莱坞的爱情“谐闹喜剧”，这种喜剧的特色，就是对中产（或大富）人家的家庭纠纷或感情纠葛不加粉饰，以略微超脱的态度嘲弄剖析。情节的偶然巧合和对话的诙谐机智，在这类作品里，也是不可或缺的要素。

李欧梵认为，张爱玲的小说《倾城之恋》是中国“才子佳人”的通俗模式和好莱坞喜剧中的机智诙谐和“上等情调”的混合品。故事一开始就是一个电影镜头，背景音乐是白四爷拉着的胡琴：

> 胡琴咿咿哑哑拉着，在万盏灯的夜晚，拉过来又拉过去，说不尽的苍凉的故事——不问也罢！……胡琴上的故事是应当由光艳的伶人来扮演的，长长的两片红胭脂夹住琼瑶鼻，唱了，笑了，袖子挡住了嘴……然而这里只有白四爷单身坐在黑沉沉的破阳台上，拉着胡琴。

从这段文字中我们也可以看出，所谓的“光艳的伶人”一句又如同一个插入镜头，生动地出现在这里，与白四爷只身坐在黑沉沉的破阳台上的画面形成对比蒙太奇的关系，而那个光艳的世界也是小说的女主人公白流苏所向往的世界。在和家人并不愉快的谈话之后，白流苏跌跌撞撞地爬上楼，进了自己的房间，“才子佳人”那般地对着镜子顾影自怜起来：

---

① 李欧梵. 不了情：张爱玲和电影//金宏达. 回望张爱玲：镜像缤纷. 380-381.

> 她开了灯，扑在穿衣镜上，端详她自己。还好，她还不怎么老。她那一类的娇小的身躯是最不显老的一种，永远是纤瘦的腰，孩子似的萌芽的乳。她的脸，从前是白的像磁，现在由磁变为玉——半透明的轻青的玉。……一双娇滴滴，滴滴娇的清水眼。阳台上，四爷又拉起胡琴来了，依着那抑扬顿挫的调子，流苏不由得偏着头，微微飞了个眼风，做了个手势。她对镜子这一表演，那胡琴听上去便不是胡琴，而是笙箫琴瑟奏着幽沉的庙堂舞曲。她向左走了几步，又向右走了几步，她走一步路都仿佛是合着失了传的古代音乐的节拍。她忽然笑了——阴阴的，不怀好意的一笑，那音乐便戛然而止。外面的胡琴继续拉下去，可是胡琴诉说的是一些辽远的忠孝节义的故事，不与她相关了。

电影快速转换时空的观念，使张爱玲善于对笔下的空间进行巧妙安排，根据人物情感的状态，在不同的空间里加以适当表现。白流苏进入自己的房间，一切便都由她自己掌握，她对着镜子端详着自己的身体和容颜时所涌起的自怜自爱，在想象中把四爷的胡琴声变成了“庙堂舞曲”，在古典的节拍里轻移步、慢回头，演起了独角戏。这一个空间既是属于她个人的现实空间，也是通向她内心世界，并使之得以展现的心理空间，随之，外面的胡琴声又把时空拉回到了现实中来，梦幻的世界亦戛然而止。在这里，时空的转换和人的意识非常默契地结合在一起，电影的技巧已经完全糅合进了文字语言当中，变成了带有几分古典哀婉韵味的段落，但是，在阅读的时候总是能让读者脑海里浮现出生动的画面形象。

李欧梵曾经以《倾城之恋》中的旅店幽会为例，点评小说中的情景、动作描写与好莱坞电影的相似关系，并称其场景调度的用心处处可见：

> 海上毕竟有点月意，映到窗子里来，那薄薄的光就照亮了镜子（此处灯光照明要特别柔和）。流苏慢腾腾摘下了发网，把头发一搅，搅乱了（像是好莱坞女明星——如嘉宝——的动作），夹叉丁零当啷掉下地来……柳原已经光着脚走到她后面（特写先照着他的脚），一只手搁在她头上，把她的脸倒扳了过来，吻她的嘴（又是好莱坞的招式）。发网滑下地去了……流苏觉得她的溜溜走了个圈子（镜头可做360度摇转），倒在镜子上，背心紧紧抵着冰冷的镜子（镜头跟着推进）。他的嘴始终没有离开过她的嘴（依当时好莱坞电影的习惯，此处可以用近景但不宜用大特写）。他还把她往镜子上推，他们似乎是跌到镜子里面（最好用特技，把镜面变成水波，两人由此跌到镜湖中；法国导演考克多曾在他的《奥菲》一片中用过类似的镜头），另一个昏昏的世界里去了（考克多就是用此手法使奥菲进入另一个世界），凉的凉，烫的烫，野火花直烧上身来（这句情欲的隐喻，以当时的电影尺度，恐怕无法拍，只好以“溶出”或“淡出”结束这一场戏）。①

在以上段落中，括弧中的文字即是李欧梵点评的内容。李欧梵也进一步指出，这看上去有些玩世不恭的享乐游戏得自好莱坞谐闹喜剧的灵感，足见张爱玲小说受好莱坞影响之深。值得注意的是，张爱玲所受好莱坞电影的影响，既表现在形式方面，也表现在对待生活的态度和价值观方面，因此，也就引发了当时左翼人士的批评。

---

① 李欧梵．不了情：张爱玲和电影//金宏达．回望张爱玲：镜像缤纷．383．

◎傅雷（迅雨）在《论张爱玲的小说》一文中，就对张爱玲的《倾城之恋》有如下的批评："几乎占到二分之一篇幅的调情，尽是些玩世不恭的享乐主义者的精神游戏；尽管那么机巧、文雅、风趣，终究是精练到近乎病态的社会产物。"李欧梵先生尽管对处于动乱年代的张爱玲表示了充分的理解，但也侧面提出当时的好莱坞电影浮华玩世有余，缺乏一种内在的感情因素的特点；而张爱玲把中国旧小说最显著的"情"的特色融入了自己的小说中，因而演绎出她小说中的"传奇"神话。

不过，在意识形态的争论之外，张爱玲小说那种"既有文字感又有视觉感的独特文体"，确实是其艺术成就的一个重要标志。

第三节
语言和影像思维的交汇

一、阿兰·罗伯-格里耶的新小说

20世纪50年代，在法国出现了以阿兰·罗伯-格里耶、娜塔丽·萨洛特、克劳特·西蒙和米歇尔·布托尔等人为代表的新小说派，这一派作家致力于以20世纪中叶的小说观念冲击巴尔扎克等古典小说家确立的文学观念。新小说派认为，由于时代错综复杂的发展，人们周围的现实状况失却了既往的确定性和明朗性，以往理性主义的方式——将世界安排在一个井然有序的文学作品中的做法，无疑是虚假的。因此，为了真实地表现生活，就势必要采取一种有别于19世纪作家们把握世界的方式和眼光。新小说派着眼于构成世界最为基本的单位，即客观存在的不以人的意志为转移的物体。他们认为，通过考察物体的存在形式，物体与物体之间的关系以及人观察物体时的精神活动，作家们有可能捕捉到和更真实地把握现实生活。

阿兰·罗伯-格里耶认为，作家们希望自己的创作是完全自由的，但遗憾的是，他们实际上一直就是在某种精神文明的传统中进行着写作。读者和评论家也在不自觉地用"神圣化"了的旧形式来衡量作家们及其作品，凡以小说为业的人（如小说家、评论家）都难以从这个"陷坑"中自拔。这样一来，如何达到"客观性"便成为一个严重的问题，既有的文化成规使人们失去了对事物自身的观察能力。在《未来小说的道路》一文中，他批评了人们普遍认同的文化外因对事物的强行侵占：

> 每时每刻，种种文化的外因（心理学、伦理学、形而上学等）自行强加于事物，掩饰着它们真正的陌生性质，使它们更可理解、更迎合人心。有时候，这种伪装非常彻底，那时我们思想中漏掉了具体姿态而代之以所谓产生它的种种感情。譬如，一片风景给我们留下庄严的或者宁静的印象而没有一点具体轮廓或基本成分。我们马上想到，"这是文艺性的"，于是，也就无所非议。我们惯于把文艺性（这个词含有贬义）

当作一扇彩色玻璃的格子窗，把我们的视野所及分裂成许多微小的、可以同化的平面。①

那么，通过何种方法可以消解掉文化观念对事物意义的侵占，实际上就成了新小说派作家们所竭力需要解决的问题。阿兰·罗伯-格里耶从电影技术中发现了还原事物本性的可能途径：

> 在电影故事里，摄影机不得已拍下来的现实的原始的片段给我们如此深刻的印象，而在现实生活里同样情景却不足以使我们睁开眼睛，这看来似乎是难以理解的。事实上，正是摄影艺术的规范（平面、黑白的形象、银幕的框子、镜头焦距的调整）帮助我们从固守的程式中解放出来。这个“复制”的世界的不熟悉的一面，同时也就显示了我们周围世界的不熟悉，它的不熟悉在于不符合我们的思想习惯和我们的要求。②

电影摄影技术将物质世界中诸多不为人注意的事物复制下来，而这其中的许多事物，人们尚未来得及将其附着上文化的意义，因而与我们的思维习惯保持了距离，所以看上去才会显得陌生。这样，纯粹的“物”的意义才会真正浮现出来。对此，爱德华·茂莱进一步认为，罗伯-格里耶的结论似乎是“小说家必须更像一架摄影机”。

世界既不是有意义的，也不是毫无意义的：“它存在着，如此而已。”而新小说家的任务就在于表现世界的这个“存在”。为了把论点表达得更清楚，罗伯-格里耶要求读者回忆一下当一部小说被搬上银幕时一般会发生什么情况。负责的电影导演希望忠实于原作，但他也想要充分发挥他的手段的独特力量，简言之，他在设法把文字转变为画面的同时，希望仍然保留文字的基本含义。然而，由于摄影机的独特功能，影片上出现的是一个新的世界。在小说里，物象往往被它们的“意义”所吞没；而在电影里，尽管意义仍然存在，物象本身却构成一个明确的“现实”。罗伯-格里耶道出了他心目中小说的样式：“我们必须制造出一个更实体、更直观的世界，以代替（旧小说里）这种充满……意义的世界。让物象和姿势首先以它们的存在继续为人们所感觉到……”③

还原物象本身，剥离被人类附着其中的意义，这样就可以达到罗伯-格里耶所称的“抛弃关于‘深度’的古老神话”的无深度状态。罗伯-格里耶认为，以往的小说文学就是建立在关于“深度”这一古老神话的基础之上的。作家的传统作用就在于向自然的深处一层层挖掘下去，并把隐蔽的底层的秘密公之于世，读者也因此为之欢欣鼓舞，并且更加坚信自己对世界的统治能力。“革命取得的成果：现在，我们不仅不把世界当成自己的东西，当作按照我们的需要设计的、容易驯服的私有财产，而且，我们根本不相信它的‘深度’。”与之相应的是，文学语言也要随之发生改变，“由此可见，整个文学语言都不得不改变，并且正在改变。我们每天目睹有见识的人越来越厌恶那些内含的、比喻的和魔术般的词汇。与此同时，表明视觉的和描写性的词——限于度量、定位、限制、形容——为未来的小说艺术指出了一条艰巨然而可行的道路。”④

罗伯-格里耶要求作家们毅然决然地站在物之外，站在物的对立面，他们面对的只是物的

---

① 罗伯-格里耶. 未来小说的道路//柳鸣九. 新小说派研究. 北京：中国社会科学出版社，1986：62.
② 罗伯-格里耶. 未来小说的道路//柳鸣九. 新小说派研究. 63.
③ 茂莱. 电影化的想象：作家和电影. 291.
④ 罗伯-格里耶. 未来小说的道路//柳鸣九. 新小说派研究. 65.

光滑的表面，只有外形，没有灵魂，亦无价值，物就是物。在人的所有感觉器官中，只有视觉最适合于跟物体打交道。所以，他才说文学语言应该使用“表明视觉的和描写性的词”，并认为这才是未来小说发展的方向。

在重新确立物质世界的自主性之后，也就重新确立了人和外在世界的关系。这两者各自独立，人无权赋予外在世界以意义，但是人可以“在看、在感觉、在想象”。新小说作家把物的存在作为先决条件，以描写物来表现人的复杂的内心世界，这样也就构成了人对物的“凝视”关系。因此，人和物的关系实际上更强调的是人的“完全的主观性”，“看”的过程变得至关重要，就如同罗伯-格里耶的小说《嫉妒》中所表现的，叙述者的观察即构成了小说的发展过程。

实际上，罗伯-格里耶不仅发起了对以巴尔扎克为代表的传统小说观念的挑战，这一挑战也针对着长期在文化观念的浸染中生活的读者。法国学者莫尼克·卡尔科马赛尔和让娜玛丽·克莱尔甚至将这种努力放大到整个20世纪的小说探索语境中去：“所有20世纪的小说探索都受到行为心理学以及现象学的影响，力求根除读者身上的凭着仅有的概念就想理解语言固有抽象性的模糊渴望。电影能够无声地表现并摆脱文字纯理论的束缚，只能对这一目标有较大裨益。”[①] 因此，我们似乎不难理解罗伯-格里耶为何可以同时在小说和电影两个领域展开创作，而且，他所追求的目标都与他的小说观念有着某种必然的联系。例如，他在电影剧本《去年在马里昂巴德》中，所使用的语言既是视觉的也是描述性的：

> 反打镜头：剧场现在灯火通明。掌声停止，观众起立，他们三三两两地散开（座位并不占整个场地）。摄影机大略对三五成群的人扫视一周，有几个人仍旧对着舞台（已看不见），他们已停止鼓掌，但两眼茫然，站着发呆，好像还处在刚结束的剧情魅力之下。他们一般是分散的；有一些人姿态相同，他们虽然三三两两在一起，但举态奇特，他们之中的一部分（一两个人）还没有转向聚会的中心。强烈而热情的音乐一直继续不衰，完全盖没了谈话声。
>
> 摄影机最后在一个离群的女人身上停留，她二十五岁到三十岁，美貌，但似乎茫然若失（我们用字母A来代表她），她修长，有塑像的身段。她的姿态正好跟幕落时女演员的姿态相同，但摄影机没有在这个不动的镜头上久留，跳换了另一个固定的镜头。

◎也许正是因为他的电影剧本读起来更像是小说，所以，他的剧本完全可以独立于银幕之外被读者阅读，人们甚至直接称这些作品为“电影小说”。除了《去年在马里昂巴德》之外，罗伯-格里耶的“电影小说”还有《不凋的花》《幽会屋》《欧洲特别快车》《加速滑动的快感》等。当进入他的“电影小说”中时，我们就会发现罗伯-格里耶的艺术世界的另一个维度，即表现为对人的精神时空的重新建立方面。

> 总之，我试图创造一种纯精神的空间和时间——也许是梦幻中的或记忆中的空间和时间，全部是情感生活的空间和时间——而不注重传统的因果连贯性和故事情节的前后绝对一致性。
>
> 大家都熟悉所谓“老掉牙”电影的情节来龙去脉：不管事情多么急迫，每个环节

① 卡尔科-马赛尔，克莱尔. 电影与文学改编. 刘芳，译. 北京：文化艺术出版社，2005：185.

一个不漏地相继交代得清清楚楚。电话铃响了，人物拿起话筒，于是看到对方打电话的人；听电话的人回答说他马上去，于是他挂上电话，跨出家门，走下楼梯，坐上汽车，沿街行驶，在一家门前停下汽车，登上楼梯，揿电铃，一个仆人来开门，等等。实际上，我们的思想快得多，或有时慢得多。我们的思想活动比较多变，比较丰富，而不那么安分守己：它是跳跃性的，跳过一些环节，又确切记录下一些“无关紧要”的细节，有时重复，有时倒退。正是这个思想上的阶段使我们感兴趣：这个阶段很奇特，时而出现空白，时而纠缠不休，有其模糊的区域，因为这个阶段是我们的激情阶段，也是我们生命攸关的阶段。①

显然，在《去年在马里昂巴德》中所要做的已经不是剥去强加在事物上的文化外衣的工作了，而是要在虚拟的时空中表现人的思想活动，这对于罗伯-格里耶来说，既是小说创作的内心基础，也是小说的终极表现。法国学者莫尼克·卡尔科-马赛尔和让娜玛丽·克莱尔曾提到：罗伯-格里耶多次重复主张，“认为小说创作是纯粹源于内心和精神”② 的，那么，像《去年在马里昂巴德》这样的电影小说似乎更能代表他的这类小说主张。

总体说来，罗伯-格里耶的小说理论和创作较为复杂，不过，以他为首的新小说派作家对小说和电影形式的发展所做的贡献，毕竟获得了全世界的普遍认可。新小说的另一位重要作家玛格丽特·杜拉斯创作的剧本《广岛之恋》，也曾被法国著名导演阿仑·雷乃搬上银幕，并且和《去年在马里昂巴德》一同成为“左岸派”电影的标志性作品。罗伯-格里耶和玛格丽特·杜拉斯后来也各自成为自己电影的导演，同样受到世人瞩目。

二、《广岛之恋》：语言与影像的互动

阿仑·雷乃导演的《广岛之恋》（1959）是法国“左岸派”电影的重要代表作品，也是法国导演和作家密切合作创作出的电影史上的杰作。阿仑·雷乃在导演阐述中特别提道：“我把影片处理成文学的格调主要是企图让观众在看电影时，能够像在看一本书那样去自由地想象，因此，片中的长篇内心独白就是一种叙述性格调。在片中，我主要也是在再创造玛格丽特·杜拉斯剧本中的浪漫主义世界。因此，在这种情况下，在我看来，导演工作就不如剧本的编写和演员的演出来得重要了。”③ 正是由于这种对文学语言和影像的处理方式，《广岛之恋》在上映之初便引起了法国电影评论界的巨大争议。一种观点对该片的文学色彩大加赞扬，而另一种观点则对之提出严厉的批评。载于1959年6月11日《法国文学报》的一篇题为《一种真正的幸福》（作者为马德兰纳·阿莱恩）的文章写道：

由于影片《广岛之恋》的语言，我们就同时在人物身上和在我们自己身上，跟影片的线索结合起来，这种语言的确使得平板的画面立体化了，而且使它有了深度。它忽而是内心独白、独白、对白，然后，它又成为良心的不断阐述，这种阐述就像是存在于世界中间一样抓住我们。而世界又带着它的神秘再次出现在我们眼前。我们产生

① 罗伯-格里耶．去年在马里昂巴德//柳鸣九．新小说派研究．267.

② 卡尔科-马赛尔，克莱尔．电影与文学改编．207.

③ 中国电影艺术研究所．关于法国影片《广岛之恋》．1960：14.

> 了注意和惊讶。这一切之所以产生，那正是因为语言不再是从蠕动着的嘴唇发出的一种声音，不是表情动作的一种随便的伴随，它已变成可以解饥止渴的东西，它把画面的最深刻的意义提取出来，防止画面很快消失，不论它本身是多么美丽。

这篇评论文章睿智地提到：文学语言能够将观众内心世界和影片中的人物世界连接起来，从而使电影画面具有立体感；语言的阐述还可以带动观众进入另一个神秘的世界，从而揭示出文学语言在影视世界中的深层价值。

而刊登在同一天《法国文学报》的另一篇题为《如果允许怀疑的话》（作者为雷诺·特·尤佛纳尔）的文章，对影片《广岛之恋》叙述中出现的画面和独白的结合方式给予了否定：

> 总的来说，影片是一种对话，在某些时候，影片正是一种独白，一种内心的独白，一种诅咒。因此，在画面上也就迭起了一种文学的词句。文学性非常强，过分的强，因而，时常令人感到厌烦，特别是在影片的开头。后来在某种形式上，是柔和了一些。在这一点上，作者无疑是有着想在影片中什么都说出来的倾向。《快报》最近进行的一次调查说，有四个著名导演都有这种野心……想焕新每一种表现形式，并且超过它过去接受的限制，这原是人类很自然的一种关心，是一种进步的愿望。停滞不前就意味着死亡。但是并非所有的大胆作为都是好的，也并非都有丰富的结果。在我看来，玛格丽特的文学是某种非常软弱的东西。也许雷乃以外的人（或雷乃本人）将会在这同一条道路上，找到一种新的电影语言。但目前我并不认为它已形成。

总体来看，这部电影问世之初，在当时的法国影评界引起的反对之声占据多数，有评论者在《里瓦罗》周刊发表文章称这部影片是："出于拙劣的文学，而不是出于第七艺术……影片唯一的'新颖'正表现在玛格丽特·杜拉斯浮夸的词句上，这种浮夸的词句并没有把一种相当使人厌烦的儿戏式作品掩饰好。"1959 年 11 月 30 日，法国《正片》杂志刊载了有关《广岛之恋》座谈会的发言纪要，影评家塞更给予这部影片的导演以很高的评价，称这部影片也许和《公民凯恩》同等重要："导演雷乃发明了一种风格，并且勇敢地、彻底地消除了存在于文学和电影之间的人为鸿沟。"但是，他对玛格丽特·杜拉斯的文学才华却颇不以为然："不过，我想说的是，如为文学而文学，那么，如果没有玛格丽特·杜拉斯的'参加'，影片无疑会更好些。"应该说，影评家塞更的偏见显露出他并没有理解雷乃与作家合作的真实意图，因为恰恰是杜拉斯的文学语言让观众展开了自由的想象，并且也是杜拉斯从文学的角度与雷乃一道消除了"文学和电影之间的人为鸿沟"。

语言的抽象性和影像的具体性都有着各自的局限，阿仑·雷乃希望借助作家的语言打破影像具体性的限制，使自由的话语成为囚禁中的影像的解放者，赋予文学作品以主导地位，因此，他在导演阐述中所讲的"导演工作就不如剧本的编写和演员的演出来得重要了"，就不只是一句谦逊之词。同样，玛格丽特·杜拉斯也致力于突破语言抽象性的束缚，渴望自己的作品获得一种多元性，能够以多种方式被阅读。她在谈及自己的"混杂作品"《她说要毁灭》时曾讲过："我想有一种风格的物质能被阅读到。……不存在电影概念，而是一本书的概念，怎么说呢——一本可以同时被阅读、被表演、被拍摄的书。……可以有十种方式来阅读《她说要毁灭》，这正是我想要的。"① 杜拉斯这种"混杂作品"的写作观念与阿仑·雷乃的电影观念在很

---

① 卡尔科-马赛尔，克莱尔. 电影与文学改编. 234.

大程度上是相通的，并在影片《广岛之恋》中完美地体现出来。

电影《广岛之恋》的主题暧昧多义，充满了不确定性的色彩。这种不确定性在影片开始的镜头即表现出来：难以分清是荒漠还是裸露的躯体，也很难分清是汗珠还是露水抑或是尘埃。杜拉斯在剧本中对此补充道："观众可以随意想象。"而在银幕上，观众也确实只能根据模糊的画面随意地猜测和想象着。接下去，杜拉斯在剧本中进行了这样的描述：

> 关键是要让人感到无论是露珠还是汗滴，都是从逐渐远去、消散的［比基尼"蘑菇云"］上落下来的。
>
> 应使人从中产生新鲜而充满情欲的感觉，这种感觉十分强烈，也十分矛盾。

在电影文学剧本中进行这样的表述，按照传统电影剧本的要求显得极不规范，因为上述的语言过于抽象，一般的导演甚至觉得根本无法将其转换成影像。然而，这样的文学语言却恰好符合导演阿仑·雷乃的要求，他曾经对杜拉斯说过："您就像评论一部已经完成的电影那样写吧。"对于雷乃来说，导演的工作，是从作家完全的自主性中寻找其所渗透出来的影像。

在上述那段描写之后，电影剧本中描述了两个紧紧搂在一起的肩膀，读者或是观众都感受到了他们处于爱情的场景之中，可是，两个人的各自独白，却又让人重新陷入新的矛盾和困惑之中。"他"发出的声音是："你在广岛什么也没有看见，没有看见。"而在另一处："一个女人用低哑的、同样平板单调的嗓音，背诵般不分句读地回答：我都看见了，一切都看见了。"与声音同步的画面依旧是爱情场景，然而，却与这对男女的各自独白没有什么关联。随即，那个女人的声音又把画面带到了别的地方：

> 她：就这样，我看到了医院。我确信无疑。广岛有医院，我怎么能避而不见呢？
>
> 在完全俯视的摄影机下，医院，医院的走廊，楼梯，病人。（但我们始终看不见她在那儿观看。）
>
> 接着又出现了那只紧紧攫着黄皮肤肩膀的手。

女人不断地讲述她所到过的医院、博物馆以及原子弹爆炸后留下的物件，那个男人却不断重复着"你在广岛什么也没有看见，没有看见"。男人的声音似乎一再否定电影画面中出现的一切。观众分明看到的是广岛原子弹爆炸后的各种记录影像、照片和资料，分明看到了被原子弹毁灭、摧残的各种遗迹，那么这种否定又意味着什么？实际上，这里既蕴含着语言和影像的矛盾，也包含着两者的张力关系。个人所看到的包括从影像中所能看到的都有其局限性，用语言来否定人之所看到的景物，也意味着把读者或是观众推向了一种想象的状态。因此，在这里出现了奇特的现象：语言引导影像，同时，语言又在否定着影像。

很明显，玛格丽特·杜拉斯有意一方面建构出影像的世界，另一方面又用语言将观众引向画面之外。语言对影像的否定导致观看者进入某种想象、幻想状态，并可能再建构出另一个世界（内心的或回忆的世界）。玛格丽特·杜拉斯借助"她"的声音道出了从"看"到幻觉的奇妙变化：

> 她：丝毫没有。
>
> 就像爱情中也存在这种幻觉一样，这种幻觉能使人永远不会忘记，我在广岛面前也有这种令我永远难忘的幻觉。
>
> 就像爱情中也存在这种幻觉一样。

外科手术镊子伸向一只眼睛，要将眼球摘除。

纪录片还在继续。

“这种幻觉能使人永远不会忘记”，这句话一方面仿佛认同了语言否定影像的结果，另一方面似乎又在强调，恰恰是这种否定所带来的幻觉，反倒加深了“看”的印象。这与前面提到的《法国文学报》上登载的马德兰纳·阿莱恩的观点相吻合，因为他也曾提到：语言把画面最深刻的含义提取出来，防止画面很快消失。剧本中手术镊子伸向眼睛的画面提示，是对语言否定影像的一个形象概括，但是，纪录片的画面仍然在继续。一切都仿佛进入了循环的怪圈。不过，语言和影像相互补充的价值，只有经过读者或观众的大脑才会获得真正的意义。

在电影剧本的第四部分，男女主人公坐在广岛河边的咖啡馆内。杜拉斯用提示性的语言写道：“他们没有察觉时间的流逝。因为一个奇迹出现了。什么奇迹？纳韦尔重新出现了。”在这部分里，过去和现在、广岛和纳韦尔、日本情人和德国士兵交替出现，又难分彼此，给人以如梦如幻的感觉。他们在对话的时候，日本情人似乎在替那个德国人提问：

他：你被关进地窖的时候，我死了吗？

她：你已经死了……而且……

纳韦尔：德国人正在河岸上慢慢咽气。

随着这部分对话内容的不断展开，我们渐渐意识到法国女人已经完全陷入幻想之中，她把眼前的对话者当成了自己初恋的德国人，现实的广岛咖啡馆和回忆中的纳韦尔不断交替出现。“她”向“他”倾诉着自己经历的痛苦和内心折磨，倾诉着失去所爱之后的疯狂，以及对时间永恒而曾经深沉的爱的记忆却在渐渐淡漠的恐惧。在时空不断交错的画面里，观众看到了“她”因爱而疯狂的举动，然而，对深沉的爱的忘却又该如何用影像加以表达？这也许也是雷乃希望观众去想象和思考的地方。走出梦幻回归到现实之中，或许又是忘却难以逃避的宿命般的结果。杜拉斯在剧本中让“她”处于疯狂的叙述回忆中，并在日本人打了“她”一个耳光之后，提示说“她的声音恢复了正常的节奏”。理性似乎暂时消除了疯狂带来的痛苦，然而，理性同时也带来了遗忘，这又是“她”潜意识中所难以接受的现实。“她”似乎陷入一种绝望的循环之中难以自拔。

玛格丽特·杜拉斯和其他新小说派作家一样，受到弗洛伊德潜意识理论、柏格森直觉主义、超现实主义以及存在主义等的多重影响，因此，在她所写的电影剧本中，人物总是借助于直觉或幻想，竭力去捕捉现实以外的世界，在主观直觉的感受中，过去和现实的时空不断交替，人物在各种矛盾对立中徘徊。

胡塞尔的现象学理论认为，直觉仍有其限制，我们不可能“绝对地”认知事物，我们只能认识表面、现象，永远不能认识事物本身，我们既不能完全了解任何事物，也不能了解任何事物的基本原则，包括物质、精神、时间、空间、力量等。现代哲学观念的影响，在电影剧本的开始就已经表现出来，“她”似乎看到了广岛灾难的后果，然而却遭到了另一个声音的否定；人们认为爱情是美好的，可是它却无端在敌我的区分中惨遭杀戮；人们认同和平，可是它却带着战争残酷的记忆……如果我们不希望在哲学不可知论的泥潭中挣扎，或许可以同意“绝对”认知事物的观念被打破之后，反倒为艺术性提供了更多的可能。

◎“如果你只呈现一个现实的翻版，很难会有艺术性。在电影中就像在其他艺术中一样，真实与梦幻、现实与真理之间的矛盾恒是艺术创作永不枯竭的源泉……一张水彩画能将现实转化，让我们赞叹原先不曾注意甚至憎恶的东西，这就是写实艺术吊诡之处，所有艺术的神秘也就在此。”①

【思考与练习】

1.《尤利西斯》的写作方法与电影有何相同之处？

2. 弗吉尼亚·伍尔芙是如何谈论电影的？她是如何利用时空关系建构小说结构的？

3. 刘呐鸥、黄嘉谟的电影观是什么？新感觉派小说与传统小说写作有何不同？

4. 张爱玲小说是如何将电影手法与中国传统美学相结合，并创造出一种独特的文学风格的？

5. 在电影《广岛之恋》中，语言与画面的结合带来了怎样的艺术效果？为什么这部电影的主题显得如此复杂多义？

① 贝同. 电影美学. 刘俐，译. 台北：远流出版事业股份有限公司，1990：10.

第二部分

影视文学剧本

第六章

影视文学视听基础

【学习导读】

影视文学剧本是影视创作和研究的基础。美国电影学者温斯顿曾经提到，在好莱坞电影工业中，一部影片的制作可以概括为写作、导演和剪辑三个阶段。波布克更是进一步强调，电影艺术建立在电影剧本、导演、摄影和剪辑构成的四方形基础之上，艺术上的成功之作是这四个方面同样强有力的影片。相比之下，我国曾一度流行的所谓“电影是导演的艺术，电视剧是编剧的艺术”提法，显然是片面的，该观点所导致的直接后果就是目前仍旧持续的“电影剧本荒”问题。因此，加强影视剧本的创作与研究工作，对于中国影视业的未来发展至关重要。

影视文学剧本与传统的文学创作既有联系又有区别。所谓的区别，最直接的表现为，影视剧本的写作须有明确的造型特征和声音效果，以具有视觉和听觉特征的语言塑造人物形象，引导观众的视觉和听觉感知系统进入影视的叙事、表意中去。所谓的联系，是指影视文学剧本作为叙事艺术的一种，同样也需要塑造人物形象与性格，需要精心设计安排故事情节、结构，需要考虑大环境、小情境对人物性格和情节发展的影响等等。

影视的视听语言问题，不只是电影导演、摄影以及剪辑师必须掌握的知识，对于影视剧作家来说亦是同样重要。普多夫金早在 1926 年为电影编剧编写的小册子中，就专门为电影编剧讲授了电影的蒙太奇结构问题。因此，在影视文学剧本这部分里，我们首先简要地介绍一下有关影视视听语言方面的知识。由于影视艺术的不断发展，在视听语言方面积累了大量十分有益的经验，本章的篇幅远远不能涵盖所有内容，需要我们在课堂之外去做更多的观赏与阅读。

【本章要点】

本章需要了解并熟悉影视文学剧本的基本要素，了解并掌握镜头、场面、段落的内涵与外延。理解镜头元素，如构图、取景以及各类景别的基本内涵及功能作用，理解并掌握摄影机运动的基本形式及叙事功能。熟悉并掌握声音元素在剧作中的表意作用，以及音响效果的分类特点；理解并掌握音乐在影视剧作品中的多种功能作用。理解并掌握影视文学剧本的基本美学特征。

第一节
影视文学剧本的基本要素

一、影视剧作品的蓝图

影视剧本是摄制电影或电视剧的基础和蓝图。在进入电影或电视剧的拍摄阶段之前，人们需要根据影视思维特点对故事情节、场景和人物进行文字描述的蓝本，即影视剧本。它一般分为影视文学剧本和影视分镜头剧本。电影诞生不久，梅里爱就将戏剧剧本的形式引入电影制作中来。20世纪20年代，世界各国的电影生产已经普遍使用剧本，这一时期被美国剧作理论家劳逊称为是电影剧本的“草创时期”。中国第一部比较完整的电影剧本是洪深创作的《申屠氏》，1925年发表于上海《东方杂志》第22卷1～3期上，实际上相当于导演的分镜头剧本。洪深是位身兼编剧和导演二职的全面人才，他对剧本在电影中的重要地位和作用有着深刻的理解。

影视剧本在影视制作过程中是不可或缺的重要环节，是影视剧获得成功的重要保证，因此，好莱坞电影工业为了保证始终有充足的优秀剧本，不惜花费重金聘请著名作家为其编写剧本。美国学者温斯顿根据传统的好莱坞电影生产流程，将一部影片的制作过程概括为三个阶段，即写作、导演和剪辑。“创造性的电影制作今天通常称为电影制作，它所包括的不是一个而是几个过程或阶段。这些阶段，通常叫作写作、导演和剪辑。（让-吕克·戈达尔所使用的术语稍有不同，他说‘制作一部影片包括三个工序：思考、拍摄、剪辑’。）在传统的好莱坞生产方法中，这三个过程由三个不同的人——作家或编剧、导演和剪辑按时间顺序来进行，监督和协调，一般全是制片人的职责。”[①] 在中国，许多著名作家参与到影视剧本的创作中来，为中国影视剧增添了许多雅俗共赏的优秀之作。近些年，出现了刘震云编剧、冯小刚导演的影片《手机》，刘恒编剧、冯小刚导演的《集结号》，以及较早之前刘恒编剧的电视剧《贫嘴张大民的幸福生活》等，这些影视剧都在社会上引起过热烈的反响。

影视剧本除了是影视剧生产的一个重要环节之外，也是影视研究者分析影视剧作品的一个重要基点。影视剧本对于影视剧创作过程的研究意义重大，如美国学者李·R. 波布克在谈到电影剧本时所指出的：

> 电影艺术是牢固地安放在一个方形的底座上的，可以说是高耸在一个四边形——电影剧本、导演、摄影和剪辑的基础上。艺术上最成功的影片是这四个元素都同样强有力的影片。相反的，四个元素之中有一个软弱无力，就可能严重削弱一部本来应该

① 温斯顿. 作为文学的电影剧本. 周传基，梅文，译. 北京：中国电影出版社，1983：8.

是优秀的影片。

大多数影片都是从把一个初步的意图变成剧本开始的，而这个剧本将对影片生产起着指导作用。研究影片——考察随便哪一部影片，最好是从考察它的剧本开始。①

然而，在世界电影发展史上，也曾出现过对编剧和电影剧本的轻视现象。这自然与电影急于摆脱对文学、戏剧的依赖，竭力获得“第七艺术”的独立性愿望有关，同时也与欧洲“纯电影”的观念影响有关。

阿斯特吕克的文章，对提高导演的创作作用助了一臂之力；但是他也很大程度上造成了贬低编剧作用的反效果，特别是在法国。在那个国家，电影编剧和电影剧作极不受重视（尤其是那些与“新浪潮”有联系的电影制作者更是如此），以致弗朗索瓦·特吕弗宣称他拍摄的《朱尔和吉姆》（1962）“几乎就是为了反对低劣的电影剧本”。显然阿斯特吕克的许多门徒并不理解这一点，因为他所说的电影剧作家不应存在，当然不是指电影剧本本身，而是指写剧本的职务应当由导演来承担。②

发生上述现象的原因，也需要从电影这门综合艺术的特点来思考。艺术和工业，视听造型与叙事，在电影艺术发展过程中经常发生矛盾，同时也作为电影极具张力的两个端点而存在。强调艺术性即是强调艺术家个人的思想自由和创造性的想象与发挥，但是，电影工业体制则注重组织的管理与协调，强调影视制片人的作用以及生产的各个环节紧密配合，以保证投资和盈利。从传统的意义上说，欧洲电影界注重并鼓励个人艺术性的发展，而好莱坞则强调产业化过程及各个环节的密切配合。电影工业的效益原则，无论是经济效益还是社会效益，都是从电影剧本开始进行生产过程把控。

1929年，苏联导演普多夫金出版了指导电影剧本写作的《电影编导论》，该书后来被翻译介绍到国外并产生巨大影响。在这本书的序言中，普多夫金针对当时很多剧本缺少电影手法的问题，提出了明确的建议：

每一种艺术都具有它自己独特的、有效地表现其素材的方法。电影也当然如此。如果不懂得导演、摄影、剪接的方法就对电影剧本进行工作，那就像把一首俄文诗直译出来给法国人读一样的愚蠢。必须首先懂得法文诗歌形式的特点，把那首诗重新写过，这才能使那个法国人获得这首诗的正确印象。要想写一个能适合于拍摄成影片的电影剧本，就必须先懂得电影是以怎样的方法来感动观众的。③

◎ 人们普遍认为影视文学剧本属于文学范畴，剧作家也属于作家之列。但是，影视文学剧本的语言与通常所说的文学语言还是有很大差别的。影视文学剧本的创作，必须在十分熟悉影视的视听语言基础上进行，也就是要懂得普多夫金所讲的导演、摄影、剪辑的方法等。实际上，就是要求剧作家以影像/声音化的方式进行创作，使人能够清楚地“看到”和“听到”剧本中的一切，并用笔将其传递给导演、摄影师、剪辑师以及观众。

① 波布克. 电影的元素. 伍菡卿，译. 北京：中国电影出版社，1986：6.

② 温斯顿. 作为文学的电影剧本. 7.

③ 普多夫金. 论电影的编剧、导演和演员. 何力，译. 北京：中国电影出版社，1980：13.

二、剧本的两大基本要素

概括地说，影视剧本的两大基本要素为影像和声音。对于影像的处理又涉及摄影机运动、场面调度、镜头景别以及镜头内部的结构、色彩、照明光线等。声音则包括人声、音乐以及各种音响效果。影视作品中的影像和声音，是评价影视艺术的重要标准，甚至也是影视作品和艺术风格的重要标志。比如：小津安二郎的“榻榻米镜头”，陈凯歌《黄土地》中的大远景镜头，张艺谋所擅长使用的红色色调，等等。对于影视作品中的影像和声音表达问题，现在已经形成专门的研究领域，即视听语言研究，主要集中研究影像和声音如何表情达意的问题。

有关影像和声音的基本知识，我们将随后逐一介绍。由于影视剧的镜头画面处于连续运动状态，这里首先要解决的是从静止到运动的思维和意识问题。无论是剧本写作还是剧作分析，都要注意一个个静止的镜头画面内部的设计，同时，由于剧本是一个连续的整体，所以还必须充分考虑镜头、段落乃至整个结构内部的关系，以及影像之间、声音之间、声音和影像之间的多重关系，考察它们的内在构成及表达意图。

我们先看一下约瑟夫·斯特凡诺编剧、阿尔弗雷德·希区柯克导演的影片《惊魂记》，仔细体验该剧作对影像和声音的处理：

内景　玛丽在淋浴

从挂着浴帘的横杆上方看过去，我们可以看到浴室的门没有关上。我们看了一会玛丽，她在洗澡，用肥皂擦身体。

她眼里还有一丝焦虑，但是大体上已经放松了。

现在我们看到浴室的门被慢慢推开。

淋浴的声音湮没了其他所有声音。然后门被慢慢地、小心翼翼地关上。

接着，我们看到女人的阴影投射到浴帘上。玛丽背朝着浴帘。白色的、亮晃晃的浴室让人有点炫目。

突然间，我们看到手伸过来，抓住浴帘，扯到一边。

切到：

玛丽——大特写（ECU）

感到浴帘被扯开的动静和声音，她转了过来。惊骇的表情顿时出现在她的脸上。她的喉咙里发出一声低低的、惊恐的声音。一只手进入镜头。这只手上握着一把大大的面包刀。坚硬的刀刃闪闪发光，使银幕几乎成为一片银白。

乱砍

刀子一阵乱砍，好像要撕裂银幕、撕裂胶片。一阵撕心裂肺的尖叫。之后一切归于沉寂。然后传来可怕的重击声，玛丽的身体倒在浴盆中。

反角度

模糊的淋浴喷头喷出的水，白色，亮晃晃的。一只手把浴帘拉回去。我们依稀看见了凶手。一个女人，她的脸因疯狂而扭曲，披头散发，仿佛带着凌乱的假发。然后我们只看到遮住了浴盆的浴帘，听到淋浴喷头喷出的流水声。从浴帘横杆的上方我们看到浴室门再次打开，过了一会，我们听到前门砰地关上的声音。

切到：

尸体

一半在浴盆里，一半在浴盆外，头部着地，贴在地板上，头发湿漉漉的，一只眼睛睁得大大的，瞪着似的，一只湿漉漉的胳膊弯曲在地板上。我们看到浴盆侧面，很多细细的血线沿着浴盆汇集，变浓变深。摄影机对着尸体，拉开，慢慢穿过浴室，经过卫生间，出来到了卧室。摄影机向床靠近，我们看到了折好的报纸，玛丽把它放在了床头桌上。

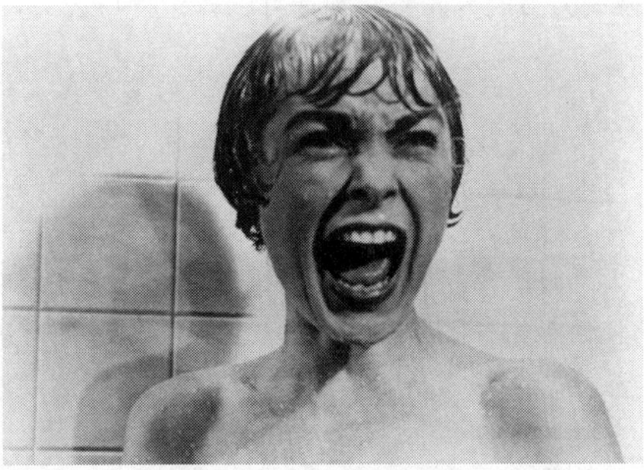

图 6-1　《惊魂记》剧照

从这段剧本文字看，我们可以将它基本分为影像描述和声音描述两大类。在影像描述部分，第一组镜头是从空间的某一个具体细部开始，浴帘横杆、浴室的门、玛丽的洗澡动作、玛丽的表情，然后，门被慢慢推开又关上，强调淋浴的声音湮没了其他音响，浴帘上映出另一个女人的阴影，浴帘的这边是玛丽的背部，笼罩着她的是亮晃晃的白色。读到这里，我们已经从悄悄推开又关上的"门""阴影""亮晃晃的白色"预感到了危机正在悄悄降临，虽然没有看到真正的影视画面，但却仿佛是正在体验着"看"的过程。这段文字具有明显、强烈的运动感和连续性，一个画面接着一个画面，而且还有声音伴随，起着渲染画面气氛的作用。

从整段文字来看，一些具体的影像也不断出现且富于微妙的变化，比如浴室的那扇门出现了三次，第一次起到的是提示的作用，后两次表现了凶手进出房间，而另一扇门的"砰"然声响，仿佛是一个重重的休止符，宣告了这一惨痛事件的结束。令读者感受强烈的还有其中的色调，即那种亮晃晃的白色，在危险降临的那一刻，剧本描写的是浴室整体的白色亮度——有点炫目；接下去是那把格外醒目刺眼的面包刀，闪闪发出的白色占据了整个银幕，形成了带有此段高潮意味的影像；随后，是淋浴喷头涌出的水的白色，恢复了"亮晃晃"的状态；最后，深色的"血线"掺杂到白色的流水中，色调渐渐显示出沉重。由此可见，对于影像中的色调的描述在这里也是相当考究的，它配合着动作事件的全部过程，提示、强调着该事件的每一个重要环节。它又像是一位无言的叙述者，在悄悄地表达着诧异、慌乱、震惊和哀伤等各种人类的主观感受，构成音乐般的和声旋律部分。

如果从对摄影机运动的规定与提示方面来看，上述这段剧本文字也十分清晰明确。我们看得出来，它是以一个旁观者的视点对其进行描写的，先是从浴帘的横杆上看到没有关上的门，接着看到正在洗澡的玛丽，并进一步推进看到她的表情，然后又将视线对准推开的门……这个旁观者的视点又并非全知全能的，它还要受到不同物体的阻拦和限制，因而，它看到和听到的比玛丽多却又不是全部，这种有限的叙述视点，既带领着读者发现事件的过程，起到引导和交代的作用，同时又由于其是有所限制的而不断制造出各种悬疑，能把读者或潜在观众的注意力紧紧扣住，使他们饶有兴味地跟随其向前发展。在最后的一小段文字中，我们可以非常清晰地感到摄影机的运动过程：慢慢穿过浴室、经过卫生间、来到卧室、向床靠近。把摄影机镜头从浴室移动到房间，可以把读者或观众从刚刚经历的高度紧张状态引导出来，同时，也可以引导观众再去一看究竟，发现新的情节线索。另外，关于镜头景别问题，在上述文字中虽然没有明确标出，但是有一定影视常识的读者都会感受到景别的差异，如"手伸过来，抓住浴帘""坚硬的刀刃闪闪发光”等都可以算作特写镜头，不过，这种方法也为导演留出了再创作的空间。

◎在法文原文中，场面调度的意思是“放在场景中”。这个词一开始用于舞台剧方面，电影艺术家们把它的用途伸延到电影的领域内，意思是指导演对画框内事物的安排。因为这个词来源于戏剧，所以你会想到电影的场面调度与戏剧艺术的场面调度有相同的成分，如场景、灯光、服装、人物运动。导演靠对场面调度的控制把事情安排好，供摄影机拍摄。

所谓“看”是有目的性的。我们的视线被我们心中的“会看到什么”的预感牵着走。当我们看着一幅图像时，脑子里会根据许多其他因素进行推断。其中一个很基本的因素就是影片的整体形式。如果这个形式是叙事性的，那么这一点就更为重要。叙事对我们的注意力起着强有力的引导作用。例如说，如果镜头表现一大群人，我们就会在许多张脸中间寻找主人公的面孔。另一个控制因素是声音。声音可以通过许多方法使我们注意画面中的特定区域。第三个控制源是文字，字幕可以暗示我们在下一幅画面中去寻找什么。第四个因素就是场面调度。由它创造的纯空间和时间的因素，可以引导我们对画面进行观察。①

下面再以秋实根据莫言小说《白狗秋千架》改编的剧本《暖》（霍建起导演，秋实编剧）为例，看一下电影剧本是如何展开故事、导入人物的。

1. 日外，乡间，阴

南方，平原，也许不远处有山的影子。夏末秋初的季节，原野的色彩日渐丰富和厚重了，特别是芦苇，黄绿相间，白色的轻柔的飘絮充满了诗意。

不宽但平坦的田间小路，不知始于何处，也不知通向哪里，蜿蜒有致。路边是田畴，再远一点是水面，远远近近是一片一片的芦苇，高高的，在风中漫漫地摇摆。远处的浓密，近处却略显稀疏。

2. 日外，乡间

林井河，剧中的男主人公，三十来岁，城里文化人的打扮，戴着眼镜。他骑在一辆自行车上，与其说是在赶路，不如说是漫游。他骑得很慢，有意无意地划着8字，他的眼睛盯着路面，漫无目标地蹬着车。

不远处可以看到村庄错落有致黑白分明的屋宇的轮廓。

还有高音喇叭，正在放着最流行的歌曲。

【画外音】

井河：从1980年考上大学，我已经有十年没有回来了。家乡没有太大的变化，我却已经成了外人。

这是一部具有强烈的中国美学风格的影片，与我们经常看到的好莱坞电影有着明显的不同。剧本的开头是一段自然风景的描述，时间表明是在夏末秋初，这对于熟悉中国文学的人来说，马上会联想到许多著名的咏秋抒怀的古典诗词，因此，这种秋意秋景的描写奠定了基本的叙事基调——成熟又略微带着淡淡的惆怅和感伤。接下去的场景镜头便出现了剧本中的主人公井河，描述他的形象、装束以及他骑车的动作。而井河的画外音旁白，揭示出他的经历和此次回乡的感受，继续强化着景物描写所奠定的情感基调。

---

① 波代尔．电影镜头：场面调度．宫竺峰，译．世界电影，1984（2）．

我们强调影视剧本的语言要充分体现出影像和声音特点，既是出于影视艺术形式的需要，同时也是为了明确该类语言与通常意义上的文学语言的区别。如果再将影像和声音这两大基本要素加以细分，每个基本要素还可以继续细化为多个分支要素。从影像的方面来说，首先要考虑镜头画面的内部构成、景别、摄影机运动等问题；其次，要考虑影像如何叙事的问题，如对环境景物和人物动作简洁和具体的描写，关于一个场景的镜头顺序和意图的提示，如何利用时空交替的方式对不同事件分头讲述等。如果从声音的角度说，则需要根据表现内容对人物声音做出具体规定，根据规定情境对各种音响进行提示，并把各种音响效果纳入整体表意中。音效与影像画面的有效配合至关重要，它们之间绝不是简单的同步对应关系。当然，我们强调影视剧本语言的两大基本要素，其目的是对未来影视剧本的内容和主题进行导引和提示，最终完成影片的完整叙事。

第二节
影视文学剧本的基本构成单位

我们所看到的影视文学剧本，一般是由镜头、场面（场景）和段落三部分构成的。

镜头：“一个镜头是从摄影机开始转动到停止转动这一过程中影片的一个单位。如果移动摄影机，影像的构图就可能改变，但只要不把它同别的镜头粘接在一起，它仍旧是一个镜头。”①

场面：“一个场面是在同一时间和地点发生的一个统一的动作。它可以由一个镜头组成，但通常是由一组镜头组成。”②

“将若干个镜头进行有意义的安排，以表达一个完整的动作或思想，这就叫作一个场面。它包括一个或几个镜头。”③

段落：“表达一个重要思想或故事中一个主要段落的一系列场面叫段落。它可以比作书中的一章，戏中的一幕，或交响乐中的一个乐章。”④

“一个段落是表现影片的一整段剧情的一组场面。”“因此，剧本是按镜头、场面和段落设计的。编剧根据自己的构思设计和写出镜头的内容。然后把它们集合起来形成各个连贯的场面，它们对构成整体都有所贡献。最后把这些场面加以安排，以便构成段落，进而构成整部影片。这些单位的长短和编排顺序是没有规则可循的。编剧可以按他所选择的任何方式自由地运用剧本的这些单位。”⑤

---

① 波布克．电影的元素．26.

② 波布克．电影的元素．26.

③ 温斯顿．作为文学的电影剧本.

④ 温斯顿．作为文学的电影剧本．8.

⑤ 波布克．电影的元素．27.

一、镜头元素在剧作中的表现

电影发明之初，一般只有一个镜头，只能简单记录一个时间段内发生的事情。梅里爱在街头拍摄时，一次偶然的摄影机事故，令他发现了一个镜头和另一个镜头连接所产生的魔幻般的神奇效果。从这时候起，电影开始尝试着将不同的镜头连接在一起，镜头和镜头之间的组接便产生了叙事的效果。也就是说，摄影者根据自己的构思安排，从不同的角度按照不同的镜头类别拍摄，然后再将不同时间段拍摄下来的镜头组接到一起，便可向观众讲述一个故事。这样一来，电影开始有了自己的文法，它的基本单位就是镜头。

镜头是影视视听语言的基本表意单位，有人曾形象地把镜头比喻为文学语言中的词汇。爱森斯坦在拍摄影片《战舰波将金号》之前，把影片中每一个镜头的构思都用图画的形式固定下来，对于每个镜头内的画面构图都要仔细考虑，足见其对镜头的重视程度。有关镜头的基本表现形式及内部要素，以及各种镜头的表意功能，将在下面进行详细论述。

20 世纪 20 年代初，苏联电影学者库里肖夫在自己的实验室研究发现，能够引起人眼强烈反应的视觉因素有：亮度、色彩、大小、形状、动作、速度、方向，如果经过精心设计，这些因素能够引导观众的注意力及引起情绪上的反应。

（一）构图

镜头画面的构图是考察视觉因素的基础。电影胶片由一个个画格构成，每一个画格看上去都是静止的画面，连接起来又是活动画面的一部分，电影构图问题便是以对画格内部的空间研究为起点。如同绘画一样，画格内的静止图像也有如何安排摆放的问题。为了方便说明，一般的研究是从与画格对应的银幕空间开始的。

银幕空间可以分为三个方向：横轴方向，是将画格沿水平方向切割的那条线，也称为 X 轴；竖轴方向是指将画格垂直切割的那条线，也称为 Y 轴；纵深轴方向是指从画格的前景到后景的轴线，即 Z 轴。在静止的画面中，人或物体处于这三个轴相交的某一点上，在连续运动的画面中，其中的人或物体也会产生位置的变化。

在一个静止的画面中，空间内的人和景物处于哪一位置，相互之间比例，光线亮度以及色彩都会对观众产生影响。比如，我们看到银幕被一个人占据了中心位置，那么对这个人物重要性的强调马上就会被观众感觉到。在影片《钢琴课》中，有一个海滩上的画面镜头，艾达看到放在海滩上的钢琴之后，快速地走向钢琴，而把同行的贝恩斯留在了原地。在画面中，我们看到画面的右端是艾达在倾情演奏钢琴，而贝恩斯在画面左端好奇地观看，这时候，两个人的中间隔着一定距离。这样的画面构图实际上表现的是此刻两人之间关系的状态。随后，贝恩斯为艾达所吸引并不由自主地向艾达靠近，则又预示了他们关系的变化。对于以上内容，在《钢琴课》剧本中是这样描写的：

第 29 场　外景　海滩　日

蓝蓝的天上飘着些长条形的云彩。

三个人的聚会在仍然放着钢琴的海滩上开始了。这里并不是没有来过人。沙地上留着些脚印，几块木板已经被扯掉了。

艾达经过贝恩斯身边，急迫地朝钢琴走去。一会儿后，艾达拆下了几块木板，抬起盖子，弹琴。贝恩斯留在远处。艾达因能够再次触摸到琴键而感到非常高兴。她整个人（情绪）都变了。她活泛起来，兴高采烈、激动。

弗洛拉戴上海藻假发，在湿地上狂乱地跳着她自己发明的舞蹈。她跳完舞后，就在沙地上玩沙子。

贝恩斯奇怪地看着她们，然而他有些被眼前的景象所吸引。他从来没有见过这么放任的女人。他的注意力放在了艾达不受拘束的倾情演奏上，看着看着，他发现自己不由自主地靠近了。

在这段场景描写中，所要表达的中心意思是贝恩斯感受到艾达内在的活力，并开始主动向她亲近靠拢，所以在构图上表现出两人的距离由远到近，使两人的关系变得非常具有视觉形象的效果。

图 6-2 《钢琴课》剧照

在构图中，利用纵深轴即 Z 轴来表现人物与某一事件的关系，往往能取得寓意深刻的效果。例如，在影片《公民凯恩》中的第一个闪回段落，童年时代的小凯恩正在雪地里玩耍，母亲和经纪人在屋里签订了放弃凯恩抚养权的合同，其中有一个镜头是：后景中窗外玩雪球的小凯恩，中景是闷闷不乐的父亲，前景是签订合同的母亲和经纪人。剧本是这样描写和提示的：

内景　客厅——凯恩夫人的寄宿公寓日 1870 年

摄影机对着窗户，但窗框没有出现在场景中。我们只看到白茫茫的雪地，跟上一场景角度相同。查尔斯正在做另外一个雪球。现在——

摄影机拉回来，窗框出现了，我们现在到了寄宿公寓的大厅里。凯恩夫人，28 岁左右，正朝窗外看她的儿子。就在我们刚把她拍进画面时，她说话了：

凯恩夫人（冲外面喊）：“查尔斯，小心点!”

撒切尔的声音：“凯恩夫人……”

凯恩夫人（冲着几乎处于画面顶部的窗户外喊）：“查尔斯，把围脖围在脖子上……”

但查尔斯玩得太高兴了，把这些话当耳边风，跑开了。凯恩夫人转向摄影机，我们看到她的脸——一张坚强的脸，历尽沧桑却不乏和蔼。

撒切尔的声音："我想我们必须现在告诉他……"

现在摄影机往回拉一些，展示出撒切尔在桌前，桌上放着他的烟囱管似的帽子以及繁多的文件。他26岁，不出所料，是个乏味的年轻人，一副即使在科罗拉多也算得上是严肃、保守的容貌。

凯恩夫人："我要签这些文件……"

老凯恩："好像你们都忘了我是这个孩子的父亲。"

听到老凯恩的声音，两个人看着他，摄影机往后再拉一些，把他也拍进来。

老凯恩，马房的助理管理员，可能是为了这次从天亮就开始的会谈，装扮得很文雅。

窗户外头传来孩子兴奋、狂野的叫喊声，他在雪地上快乐地跳跃着。

剧本的这个场景描写，已经把窗外雪地里玩耍的凯恩和屋内的大人们框在一个镜头里，在最终完成的电影里就有了前面提到的那个著名镜头。这一镜头把凯恩快乐的童年和母亲擅自安排了儿子的命运，以及父亲对此不赞成的态度集中表现出来。

图6-3 《公民凯恩》剧照

在卓别林的影片《摩登时代》里，有一个镜头画面是利用大小对比来表现资本主义大工业对工人的挤压程度：占据工厂巨大空间的是庞大机器，在机器下面是小得如同蚂蚁一样走动的工人，这种大和小之间的强烈对比把工人的地位和命运暗示出来。再比如说形状方面，许多镜头中都会出现各种几何图形或者线条，有时，在其中蕴含着某种文化意义，比如，三角形可能喻示着三角恋爱关系，而圆形可能暗示时间的轮回或重复，也可能对圆形内外的人物关系有所暗示。

总而言之，镜头画面构图在表意方面有着多种可能性，这既是影视剧本创作的基础，也为未来的影视剧拍摄提供了重要的参照依据。

图 6－4 《摩登时代》剧照

（二）取景

关于镜头取景问题，我们可以分别从镜头的景别和镜头拍摄角度两方面来考虑。景别的概念对很多人并不陌生，简单地说，景别是根据被摄物体在画面中呈现的范围来确定的，一般分为远景、全景、中景、近景和特写。景别取决于两个因素：其一是摄影机与被摄主体之间的距离，其二是所使用的镜头焦距的长短。在影视剧的一个镜头内，由于摄影机频繁运动以及不断变换角度，景别也在不断变化。

远景：表现广阔场面的影视画面，如自然景色和人物众多的活动场面。远景提供的视野、空间广阔，可以营造环境的庞大气势。

全景：表现成年人的全身或场景全貌的影视画面，可以使观众看清人物的形体动作以及人物与环境的关系。

中景：表现成年人膝盖以上或场景局部的影视画面，可以使观众看清人物半身的形体动作和情绪交流，有利于交代人物之间或人与物之间的情感交流。

近景：表现成年人体胸部以上或物体局部的画面。运用近景时，可以使观众看清反映人物心理活动的面部表情和细微动作，使观众仿佛置身于事件中，容易产生交流。

特写：表现成年人肩部以上的头像或某些被摄对象细部的画面。特写镜头往往能将演员的细微表情和某一瞬间的心灵信息表现出来，常用来刻画人物，表现其情绪，揭示特定含义。

景别的选取，对于影视剧本的叙事十分重要，它涉及引导观众"看什么"这样的根本性问题。如《关山飞渡》（又译《驿马车》）剧本开始的描写，表现了一个由远到近的景别变化：

一个美国骑兵驻扎地出现在一片辽阔无垠连绵不断的沙漠和山峦背景上。晨光曦微，美国国旗正在升起，同时前景上有一个号兵吹着升旗号。远处有两个边区打扮的人——1885 年典型的美国陆军侦察兵——骑着马向军营疾驰而来；其中一个是白人，另一个是印第安人。

在这里，辽阔的沙漠和山峦显然是一个大远景，升起国旗和前景中的号兵吹号是全景，转到“远处”骑着马疾驰而来的两个人物时，又是一个远景，随后，看清骑马人面孔时，又是近景。这种远近景交替变化的描写，转换成影视镜头时，本身就能表现出一种运动变化的节奏感。

在影片《钢琴课》中，给了女主角艾达很多特写镜头，特写镜头所具有的亲近感激发了观众对人物的同情。因为我们离人物越近，就越容易被唤起同情，特写镜头给了我们一种身体的接近，而这通常是为被允许进入某人亲密空间的那些人保留的。当然，对于反面角色，特写镜头却可以激发起观众的厌恶或反感情绪，观众会希望从被迫的亲近中逃离出去。

从叙事的意义上看，影视剧拍摄角度的问题与叙述者和被叙述对象关系密切，它可以给观众带来各种心理感受，有助于提高观赏兴趣。拍摄角度是指摄影机与被摄物体的视角关系，也称机位角度，是由拍摄的方向、距离、高度三个相互依存的因素决定的。摄影机和被拍摄物体的角度，从竖轴的方向上看，可以分为低角度（仰拍）、水平角度和高角度（俯拍）。低角度是指摄影机朝上对着拍摄对象；水平角度是指摄影机与拍摄对象的眼睛大致一般高；高角度是指摄影机朝下对着拍摄对象，一般处于较高位置。如果从横轴的方向进行区分，拍摄角度又可分为正面、侧面、斜侧面等方位角度。

拍摄角度的选取带有明显的主观性。摄影机既可以剧中人物的视点，也可以第三者的视点进行拍摄。因此，一个构思精巧的拍摄角度往往给人以惊奇甚至震撼的感受。在剧本写作阶段亦应考虑到拍摄角度的问题。

在电影剧本《大白鲨》中，编剧采取了鲨鱼的主观视角来描写渐渐逼近的威胁，这一视角的选取新鲜而又独特，最后在斯皮尔伯格导演完成的影片中很好地再现了这一场景：

> **第 43 场　外景 水下 日**
>
> 鱼眼视角看人们躺在橡皮筏上。从水下我们看到游泳者的轮廓，胳膊和大腿在蓝色的水里不紧不慢地摆动着。在橡皮筏间游来游去，突然间来到一片开阔的水域，只有一只橡皮筏。一双脚在踩水，双手在划水，形成奇异的水下声音，比人耳正常感知到的要响。

在影视剧中，有大量的从人物或动物的主观视角去表现的镜头，从中去表现人物或动物的各种感觉和心理状态，往往能体现出剧作家的独特想象和创造能力。

（三）摄影机运动

摄影机运动，即摄影机围绕着拍摄对象的运动，它是镜头构成的一个重要方面，连续的摄影机运动也是影视场面调度的重要组成部分。常见的摄影机运动类型有：

升降指摄影机作上下运动拍摄人或物体，是一种多视点表现场景的方法。其变化有垂直升降、弧形升降、斜向升降和不规则升降等。

摇摄，即摇镜头，摄影机在一个固定的位置（例如三脚架）上转动。这种镜头既可以摇摄运动中的对象，也可以摇摄全景。

推拉摄影指摄影机沿光轴方向向前或向后移动拍摄，使画面产生逐渐靠近或远离被摄物体的变化，可以使观众在一个镜头内了解到整体和局部的关系。

移动摄影指用大型移动车或轨道移动车拍摄，摄影机随着经常处于运动状态的拍摄对象而运动。

变焦镜头是由特殊的镜头所造成的光学过程。这种透镜由于朝着拍摄对象前进（推）或后退（拉）造成摄影机仿佛在运动的幻觉，实际上摄影机并没有动。

利用摄影机运动拍摄出的画面，仿佛是从各个变化中的方位和角度对拍摄对象进行仔细的观察。如在影片《杀手莱昂》中，升镜头被用来介绍年轻的玛蒂尔达。这个缓慢持续的升镜头，让观众注意她着装上的矛盾：从她的靴子开始，上升经过她的漫画连衣裤，再经过少女们戴的饰品，来到隐藏在精美栏杆后面温和而脆弱的脸上。这个镜头给观众留出充足的时间去观察每个服饰元素，并留意这些服饰之间的矛盾，这些矛盾对于玛蒂尔达这个人物来说十分重要。

再看科恩兄弟编导的剧本《冰血暴》中，对一个降镜头摄影的表述：

> 一个绿色的高速公路标志指向明尼阿波利斯市国际机场的出口。
>
> 一个降镜头表现卡尔开着 Ciera 车，正在转弯。
>
> 一个机场标志牌："长时间停放车辆"。
>
> 卡尔拿了一张票，开上停车坡道。

这是一个降镜头的常规运用例子。在这里，降镜头的上端拍摄了高速公路标志，下端拍摄出了一辆汽车，并把两者联系起来，表明了汽车位置的变化。

当然，在影视剧作品中经常有多种摄影机运动联合使用的情形，如在电影剧本《公民凯恩》中，对凯恩庞大住所的描写：

> **外景　上都　黎明前夕　1940 年（缩影）**
>
> 窗户，从远处看起来很小，灯亮着。
>
> 四周几乎一片漆黑。现在，随着摄影机缓慢地往画面上邮票大小的窗户移动，其他（物体）的形状显现出来。带刺的铁丝网、旋涡状篱笆，此时隐然出现于拂晓天空下的矗立着的巨大铁栅栏。
>
> 摄影机上移，画面上是一个占了大半画面的大门，大门上面——一个巨大的、大写的 K 在黎明的天空下显得越来越深沉。从 K 字上方我们看到山顶上仙境般的上都——这个巨大城堡上面部分的轮廓，黑暗中的小窗户遥远而醒目。

在这段描写中，我们明显可以感受到推拉镜头和升降镜头的效果，它把凯恩住所的神秘莫测、阴森威严却又带有童话般的浪漫的气氛出色地加以表现。镜头向亮灯的小窗户的推进过程，体现出竭力想探寻其中奥秘的主观意识，这也引发了观众一探究竟的浓厚兴趣，并带动观众继续了解剧情。

推拉镜头不仅可以展现更多的剧情内容，而且也是影视剧转场的一种技巧手段。比如在影片《冰血暴》里，两个暴徒藏身在郊区的小屋里，被绑架的受害者坐在椅子上，双手被绑在后面。其中的一个暴徒环顾四周，看到受害者透过无沿女帽有节奏地呼吸，然后他朝拍打着电视机的同伙看去。当这个暴徒把注意力落到同伙白痴般的行为时，摄影机推进，直至电视机屏幕上出现图像。然后，摄影机拉开，我们看到这是另一个地方的另一台电视机。然后，镜头中出现了另一位电视机观众——玛姬，她正躺在床上看电视。

二、声音在剧作方面的表现

影视作品中的声音有三种基本类型：人声、音乐和其他音响效果。在影视文学剧本中，除了人物的口语即画外音和对白被广泛应用之外，各种音响效果也可以为影视剧带来其他方法难以达到的多重寓意。影视剧中的音乐由专门的作曲家进行配乐，不过，剧本作者也经常在具体情境中给予提示，以达到烘托人物内心情感状态的目的。

无论是何种声音，都会起到引导观众注意力的作用，因此，影视剧的制作者总是要通过一定声音的选择引导观众对影像以及情节的感知。下面我们来看影片《关山飞渡》剧本中，利用军号声制造的惊奇效果：

硝烟弥漫的车厢内，蓬纳和盖特鸟在同一面的窗口朝外放枪。医生每次命中就像印第安人那样地呼啸。婴儿高声啼叫，达拉斯情急地把她紧搂在胸前，唯恐她中流弹。车板的碎片在他们头上乱飞。赫脱飞跪在露茜身边的车门窗口里，从他的背后我们看见一些亚巴虚人一面奔驰一面射击，不过现在已距离较远了。赫脱飞忽然停止射击，身体斜靠着车门，手抓窗槛。他眼睛看着露茜，流露出苦恼绝望的神色。接着他的头垂到窗槛上，整个人摔倒在地。露茜突然来了一股劲，从座位上蓦地挺起身来，眼睛发出狂热的光，声音激动地叫喊。

露茜：你们听见吗？你们听见吗？

达拉斯：（情急地）马罗里太太，求求你——伏下来！

露茜：听，这是军号！他们在吹冲锋号！你们听见了吗？

大家一时都看着她，以为她精神失常。接着他们跟观众一样也听到了军号声。

蓬纳：（兴高采烈地呼喊）好哇！好哇！

他把那老式枪的枪口伸出窗外，打得震天撼地，接着军号越来越响。一队美国骑兵从高坡上直扑下来——亚巴虚人拨转马头，开始向原路逃遁。

驿马车在印第安人的追逐下处于万分危急之中，露茜最先听到骑兵队的冲锋号声，所以她激动地从座位上挺起身来，随着军号声越来越响，所有的人都兴奋起来，情绪被带入高潮状态。

（一）音响效果

音响效果的种类，一般可以分为剧情声音和非剧情声音，“对于一个场景来说有机的声音一般叫作剧情声音。为了达到效果，这些音效可以是真实的，也可以是经过处理的。为了达到某种戏剧的目的，也可以使用外来的音效，即逻辑上场景听不到的声音。这些外来的音效，不属于故事世界，被称为非剧情声音”①。

剧情声音包括现实音效和表现性音效。现实音效是在场景中自然听到的声音，它的声源可

① 范茜秋．电影化叙事．王旭锋，译．桂林：广西师范大学出版社，2009：143.

以是在画面内，也可以是在画面之外。给场景添加上常见的自然声音，诸如风声、海浪声、汽车喇叭声或是嗡嗡的蚊子声，可以增加观众的现场感。表现性音效，虽然来自画面场景，但却是经过变化处理过的声音，能够产生特定的效果。比如场景内出现的电话铃声，开始的时候很正常，随后却变得越来越响，这样就可以达到表现急迫感的效果。

非剧情声音包括超现实音效和外部音效。超现实音效经常用来外化人物的内心思想、梦境、幻觉或愿望。例如，当一个女人见到童年时代的娃娃玩具时，可以加入孩子天真的笑声。这种音效给场景带来一种超现实感。外部音效明显不属于场景里的音响效果声。它是故事世界中人物无法听到的声音。例如人朝死亡线迈出最后一步的瞬间，观众渐渐听到教堂的钟声，而附近并没有教堂。使用外部音效是为了告诉观众场景的含义。

虽然影视剧中的音效由音响师专门负责，但是剧作家却可以提出听觉隐喻和声音基调的建议，并以此增强剧作的整体视听效果。詹尼弗·范茜秋建议剧作家们构思音效时可以考虑以下几点：

——音效可以用作重要的“道具”或情节点；
——声音和画面不一定要完全匹配；
——现实声音可以处理成表现性声音；
——音效可以用来表达人物的内心思想；
——音效可以被用作人物标志，让我们回忆起某个事件；
——音效可以完全来自场景之外；
——两个音效可以像画面的匹配剪辑一样，放在一起产生全新的第三种感觉。①

各种音响不只是作为画面的附属品而存在，它还能够表现人物内心的想法和感受，对剧情发展起到巧妙的提示作用。例如，在科恩兄弟编导的影片《巴顿·芬克》中，巴顿进入旅馆房间，看到了墙上的一幅海滩风景画，这时，银幕上出现了海鸥的叫声和海浪的声音。剧本中是这样描写的：

他的房间

巴顿进入房间。

房间很小，装饰很廉价。一张凹凸不平的床上盖着破旧发黄的床单、陈旧的秘书桌、一个木制的行李架。

…………

我们上摇到桌子上方装在墙上廉价木框里的画。

深蓝色的天空下，海滩上，坐着一个泳装美女。她手搭凉篷，望着海边翻腾的海浪。

海浪声逐渐出现。

巴顿

看着墙上的画。

推进到墙上的画。

海浪声音逐渐变响。我们听到了海鸥叫声。

---

① 范茜秋. 电影化叙事. 144.

这些声音被电话铃声猛地打断。

从这段文字可以看出，巴顿入住的旅馆房间十分简陋，但是当他看到那幅海滩风景画时，内心却浮起浪漫的遐想。能够把他的内心世界加以生动外化的正是剧情外的超现实声音，他内心的想法由此流露出来。这也是范茜秋所讲的声音与画面不一定匹配的生动例子。

（二）音乐

音乐在影视剧中所起的作用是多方面的，比如可以用音乐来表现影视剧的主题，也可以用音乐抒发感情、渲染气氛、描绘景物，或者通过音乐推动剧情的发展等。在影视剧本中，剧作家也经常把特定的歌曲、音乐插入剧作内，以表现特定历史时期的社会氛围、人物的心境，或表现某种主题的情绪基调。

比如，在电影剧本《回到未来》中，马蒂驾驶时光穿梭汽车来到 20 世纪 50 年代的美国小镇。当他漫步在街头时，编剧便加入了一首具有当时美国风格的流行歌曲，其中的歌词颇有几分梦幻感，表现的是一名男子的思恋之情。从情节发展中的作用来看，这段歌词又预示着后边即将出现的马蒂父母的恋情：

睡梦先生，睡梦先生，把我带入梦境……

使她的肤色像梨和奶油……

给她两片像带露珠的玫瑰那样的朱唇。然后告诉她我夜里也不感到寂寞。睡梦先生，我真孤独，可别光叫我自己……

请开动你的魔术豆，睡梦先生，把我带入梦境……

使她成为我从来没见过的美人。

有些时候，音乐可以成为剧本中重要的情节转折点，因为它能够激发起人物心中埋藏已久的某种高尚情感，并且作为一种精神的象征回响在银幕空间内外。在影片《肖申克的救赎》中，肖申克监狱中的老囚犯瑞德已经习惯了狱中的制度化生活，然而，新到监狱的安迪却不愿放弃人性和希望的感觉。安迪的信念渐渐对瑞德产生影响，但是瑞德依然怀疑安迪的人生哲学是否能在狱中坚守下去。经过安迪的努力，监狱收到了许多捐赠的书籍和唱片，于是剧本中就有了下面这段场景：

第 131 场　内景　看守站/办公室　日（1955）

…………

他从唱片套中取出莫扎特的唱片放在唱盘上，然后把唱针放在他最喜欢的曲子上。唱针在唱片槽中发出嘶嘶的声音……然后轻快而华美的音乐响了起来。安迪坐在威利的椅子上，陶醉在优美的音乐声中。

第 145 场　操场　日

摄影机推（操场上）“钉”在地上的人。

瑞德（画外独白）：

“我不知道那天那两个意大利女人唱的是什么。

“实际上我也不想知道。

“有些事情无声胜有声。

"我更愿意认为她们唱的是很美丽的东西，难以言传，
"让你为之心痛。"
摄影机给到瑞德
瑞德（独白）：
"我告诉你，那些歌声越飞越高。
"比身处灰色世界的任何人所梦想的都要高远。
"就像有只美丽的鸟儿拍着翅膀飞进我们的小牢笼里，
"把围墙都融化掉……
"在那短暂的时刻——肖申克监狱的每个人都觉得是自由的。"

显然，优美动听的旋律不仅能打动观众，同样可以令剧本中的人物产生心灵的震撼。音乐主题和叙事的特定方面建立起必然的联系，巧妙地成为剧情发展中的有机组成部分，其中所体现出的象征意义更能加深观众的艺术感受，因此也成为影视剧本视听艺术表现力的一个重要手段。

第三节 影视文学剧本的美学特性

影视文学剧本的美学特性由影视艺术特性所决定。影视在光影时空中所表现出的与实际生活中的人与自然景物极为相近的逼真性特征，以及时刻处于变化状态的运动性特点等，这些都对影视文学剧本产生直接的影响。

一、造型性

影视首先是视觉的艺术，富有造型表现力，因此，要求影视文学剧本尽量使用造型化的语言，使其所描写的一切具体可见并具有运动感。造型语言是艺术家用以构成视觉形象的手段和技法的总和，对于影视艺术来说，具体表现为前面提到的线条、形状、色彩、构图以及镜头的空间处理等。影视文学剧本通过这些表现手段塑造形象，展开情节，并最终转换成影视作品，直接作用于观众的感官。

极具个性特征的影视造型会给观众留下深刻难忘的印象。典型的人物形象造型能够揭示出其内在的精神气质，气象万千的自然景观也同样给人留下无尽的遐想。

应该说，电影诞生以前，文学作品里就有大量生动形象的描写，这为电影艺术的成熟发展提供了宝贵的经验。格里菲斯从狄更斯的小说中受到启发，在他的电影中形成了成熟的平行蒙太奇叙事，爱森斯坦从普希金的诗歌中受到启发，发现后者异常生动的人物和场景的交叉描写，与电影镜头的选取极为相似。

所以，文学对形象化描写并不陌生，很多文学形象也都被转换到银幕或荧屏上，并对电影艺术的发展起到良性的促进作用。问题在于，影视既是空间艺术又是时间艺术，影片的放映时间一般控制在90～120分钟，电视连续剧每一集在40分钟左右，因此要求剧本尽量简明扼要，并在空间造型上增加艺术的容量，加强形式表现的力度。在文学作品中作家可以随意描写、分析和议论的自由在此就受到了限制，文学的思维必须和影像思维结合，并通过丰富的造型语言加以转换，这样才能适应影视文学剧本的需要。比如，有些内容在小说中要占用十几页的篇幅，而在影视剧中可能只需要几个镜头便形象地表现出来，这就是对一些文学内容通过造型语言加以浓缩、提炼的结果。

造型不只是现实的简单记录或是虚拟的影像，而且是创作者精心思考设计的结晶，所以它才能既鲜明生动，又寓意深刻。如在爱森斯坦影片《战舰波将金号》中，有一个著名的“敖德萨阶梯”段落，在这一段落中，出现了许多极富特征的形象造型：四散奔逃的人群、惊恐的老妇、绝望的母亲、无助的孩童、顺着台阶滚落的婴儿车、队列整齐的哥萨克士兵等。通过这些人物形象造型，把残暴的沙皇士兵和手无寸铁的民众进行了充分的对比，从而激发起观众的愤怒和同情，很好地揭示了影片主题。一般来说，优秀的影视剧造型往往具有深刻的象征意义，中国第五代导演陈凯歌的《黄土地》和张艺谋的《红高粱》都很好地体现出这一特点。色调浓重的黄土地象征着古老的中华民族深厚凝重的历史和文化，而在风中汹涌波动的红高粱则象征着冲破世俗者心中无法遏制的欲望。

当然，影视剧的造型性并非凝固不变，它总是在剧情中以及不断的运动中得以体现。在影片《一个国家的诞生》中，格里菲斯为了表现营救的紧张感，不断在疾驰的马队和被围困的小屋之间切换。这既是早期平行蒙太奇的经典段落，也是“最后一分钟营救”的成名案例。该影片段落中飞驰救援的马队和惊恐万状的被围困者的形象，只有在紧张的情节中才被赋予了充分的意义。这实际上也说明了影视剧造型与叙事具有不可分割的内在关系。

二、“听”觉感知性

前面已经介绍过，人声（对白、独白和旁白）、音乐和音响效果都属于影视的听觉元素。在这里，我们对声音在影视剧中的美学价值再做进一步的总结。

声音和画面的结合，极大地提升了影视的表现力。影视的声音一方面使得影视中的人物以及一切可以发声的物体有了一个自然表现的机会，更加逼真地表现现实世界，另一方面，从艺术的角度来看，声音与画面的多种匹配关系，也使影视艺术世界更加丰富多彩。声音也和镜头一样有着吸引观众注意力，引导观众视线的作用。

音响效果能够制造某种气氛。比如在恐怖片中，黑暗的小屋中突然出现的嘎吱作响的声音会使观众毛骨悚然。在希区柯克的影片《群鸟》中，布兰妮走出宠物商店时，天空中飞翔的鸟的尖叫声预示着某种不幸的开始。而后，随着剧情的逐渐深入，鸟群越聚越多，并向人类发起了无情的报复。

声音可以表明人所处的环境，也可以利用噪声来制造某种效果。如两个人穿越车水马龙的街道，喧嚣的声音遮盖住谈话的内容，而这恰恰是观众急于想知道的关键所在。从叙事的角度说，这样的音响效果设计是创作人员精心考虑的结果。有意地掩饰谈话内容，恰好能建构起情节发展中的悬念，它可能对尚不知情的人物行动至关重要，并为情节冲突的最后解决埋下有力的伏笔。

声音也具有揭示人物内心情感的功能。在日常生活里，某人因愤怒狠狠地摔门并发出"砰"的声音，我们都可以感受到他这是在发泄心中不满。在影视剧中，这种情形也会经常出现。然而，在影视剧的实践中，主创人员还可以使用更为复杂的音响效果，把人物内心的各种情感状态表达出来。

声音的静默或突然中断，往往也会产生强烈的艺术效果。静默会使人陷入一种惶然状态，带有某种令人不安的预感。《雁南飞》中，鲍里斯正在沼泽地里行走时，不知何处传来一声枪响，接下去是片刻的沉寂，鲍里斯的身体微微倒下，主观镜头中出现的树木不停地旋转起来。此刻的静音既符合生活的真实感，同时也制造出任何声音都难以表达的突然性和震撼力，形成了此处无声胜有声的绝佳艺术效果。

当然，音乐可以暗示剧中人物情绪的变化，配合画面控制或引导观众的情感。人物的性格也可以用音乐的主题来表现。费里尼导演的《道路》中，女主人公用小号吹奏的忧伤曲调来表现她"纯洁而令人悲哀的单纯"。另外，前面也曾提到过，音乐的作用还可以指明故事发生的年代、地区或是特定的民族或人物群体。

人声是影视剧的基本组成部分，后面有专门章节对人物语言加以说明。影视中人物使用的语言可以表现出人物的个性特征，因而可以用来刻画人物性格，揭示内心世界，可以表现一个人所属的阶层、环境以及地域特点，也能反映出人物的职业特点，甚至是一个人的爱好或是偏见。

三、逼真性和假定性

电影的逼真性和假定性问题曾引起过广泛的争论，今天看来，这两者分别代表着人类在文化和艺术方面的根本性愿望。从文化心理方面来说，"真实性"是人类永恒的追求目标，是人类生活的价值所在；从艺术方面来说，没有假定性的规定，各种艺术形式、艺术语言也就无从谈起。

在《电影艺术词典》中，对电影的逼真性这样解释道："电影艺术是在照相的基础上发展起来的，要真实地再现对象及其运动，使它能够在表现形态上最大限度地接近于生活。银幕形象不仅是具体的、可见的，而且是逼真的。观众面对银幕，如同从窗内观看外面的大千世界，或进入私人密室窥见人物的行为和秘密。因此，剧本中的一切描写，应该是自然的、真切的，大到情节结构的安排、人物关系的设置，小到一个物件、一句台词，都要求酷似生活，力戒虚假造作，否则便会失去其艺术魅力。"①

克拉考尔认为电影的本性就是物质现实的复原，法国学者安德烈·巴赞提出"真实美学"理论，都是从正面肯定了电影逼真性的本质特性。对电影逼真性的美学认知，促进了电影现实主义流派的发展，如苏联20世纪30年代的"社会主义现实主义"电影，第二次世界大战以后出现的意大利新现实主义电影。此外，中国20世纪30年代出现的"左翼"电影也具有鲜明的

---

①　许南明，富澜，崔君衍．电影艺术词典．修订版．北京：中国电影艺术出版社，2005：7.

现实主义特征。

电影假定性是指电影与被拍摄对象的非同一性。关于电影假定性可以从以下几个方面理解：第一，电影艺术手段本身就具有假定性，银幕画面中展现的始终不过是现实的影像，而不是现实本身；第二，电影时空是蒙太奇将现实时空分切组合后的时空，这个时空是虚拟的假定时空；第三，一切摄影手段所造成的效果都是人为的视觉效果，渗透着创作者的主观意识；第四，声音和画面的部分结合方式打破了现实的视听逻辑关系，同样具有主观色彩；第五，电影表演是对生活的模拟和创造，极少是现实中正在进行的人物动作和生活流程；第六，服装、道具、布景和化妆都是模拟现实，是戏剧性的手段；第七，银幕形象、故事结构和情感意境，都是艺术家创造的结果，受样式和风格的制约。①

正是电影具有艺术假定性的特点，才使得电影艺术形式和风格不断创新、日渐丰富。它也决定了电影视听语言在艺术上的合法性。与电影艺术相近的电视剧艺术同样具有以上两方面的美学特点。

四、运动性

运动性也是影视剧的根本性特征之一。电影中的运动，最基本的是在电影镜头画面中出现的人物、动物或各种车辆的运动，这些都是电影诞生之初就非常吸引观众的元素。此外，摄影机的运动、蒙太奇剪辑带来的时空变化等，也都给观众带来电影运动的感受。电影内部的各种运动，在给人类视觉感官带来愉悦的同时，也给人的意识带来某种节奏感。因此，我们在视听感受之外，还可以体验到或舒缓、或紧张的意识节奏。电影拍摄过程中所使用的场面调度手段，综合体现出电影运动性的诸多特点。影视剧中的场面调度基本包含两个方面：演员调度和镜头调度。演员调度是指对演员的运动方向、所处的位置变动，使演员之间发生交流时的动态变化，造成画面的不同造型、不同景别，揭示人物关系和情绪的变化，以取得银幕效果。镜头调度则指的是运用摄影机方位、距离、角度的变化，获得所需要的人物关系和环境气氛的效果。影视剧的场面调度可以使演员和摄影机同时处于运动状态，使演员的表演和动作不断进行下去。

◎ 此外，还需充分考虑到蒙太奇所带来的运动效果。蒙太奇是影视艺术独特的表现手段，影视的镜头画面以及场景、段落衔接都需借助于蒙太奇。“虽然剧作者不必像导演分镜头要求那样编写剧本，却完全可以而且应当注意镜头的灵活运用，时空的镜头转换，以不断流动的视觉展现来进行叙述和描写，从而使文字描述具有鲜明的镜头感。”②

【思考与练习】

1. 为什么说影视文学剧本是影视剧的基础？
2. 举例说明影视剧本是如何体现视听语言特征的。

---

① 许南明，富澜，崔君衍. 电影艺术词典. 修订版. 8.
② 许南明，富澜，崔君衍. 电影艺术词典. 修订版. 103.

3. 能够引起观众注意的视觉因素有哪些？

4. 试举例说明如何利用画面构图来表现创作者意图。

5. 列举五种基本景别的名称，分别说明其内涵意义。

6. 影响景别的因素有哪些？以实例说明景别在影像叙事中的功能。

7. 常见的摄影机运动类型有哪些？分别说明它们有哪些叙事功能。

8. 举例说明音乐在影视剧中的作用。

9. 什么是剧情声音和非剧情声音？什么是超现实音效和外部音效？在电影中，它们分别具有怎样的功能？

10. 请论述影视剧本的美学特征。

第七章

影视剧时空与蒙太奇

【学习导读】

我们经常说影视剧是时空的艺术，也即是说影像和声音是在特定的时间和空间内展开的。在考察影视剧的空间问题时，首先，要考虑到镜头内部空间的构图以及人物或物体的运动变化，因为这些都是创作者叙事表意意图的具体体现；其次，要考虑镜头与镜头之间的组接。表面上看似乎是在同一空间内的镜头事件，实际上可能是在不同的空间内分别拍摄完成的，只不过将它们剪辑到一起后，令人产生该事件发生在同一空间内的错觉。无论是对镜头内部空间的艺术处理（场面调度），还是对镜头之间的剪辑技巧都蕴含着丰富的艺术可能性。

影视剧的时间可以分为放映时间、叙述时间和心理时间。创作者可以根据剧情的需要将时间缩短、拉长或使之停顿，以获得明显的叙事表意效果，给观众造成强烈的心理印象。

电影蒙太奇具有多种含义：首先，它是指电影剪辑的一般技巧和方法；其次，它也是电影的基本结构手段和叙述方法；再次，它还是电影艺术的思维方法，被爱森斯坦等苏联艺术家们归纳总结为蒙太奇理论。本章主要从电影的基本结构手段和叙述方法的角度，对蒙太奇做基本的介绍。必须指出的是，随着蒙太奇理论的确立与发展，电影在时空表现方面的巨大潜力得以充分释放。蒙太奇的方法和技巧对于电视剧创作也有同样的指导意义。

【本章要点】

了解影视剧的时空概念，并深刻理解时空问题对于电影和电视剧的重要意义。了解并掌握从静止的画格空间到动态空间的意义建构过程，了解并掌握“库里肖夫效应”，从多角度理解并熟知空间营造所赋予的电影、电视剧风格。理解并掌握叙述事件、故事时间和心理时间以及镜头表现时间的技巧。理解影视剧时空特性及研究意义。理解并掌握蒙太奇概念的基本内涵，理解蒙太奇是影视剧作结构基本方法的基本内容。理解并掌握爱森斯坦“表现蒙太奇”和普多夫金“叙述蒙太奇”。熟悉镜头匹配技巧。

第一节
影视剧的空间与时间

一、影视剧空间

简单地说，影视剧的空间即是观众在银幕或荧屏上看到的画面空间，它既是被拍摄对象物理空间的二度再现，也是人们在物质空间基础上创造出来的艺术空间和美学空间。通常所看到的影视剧空间被限定在银幕或荧屏的四个边框之内，然而，对于创作者来讲，银幕（荧屏）之内的空间与银幕（荧屏）之外的空间，呈现什么以及如何呈现、如何转换，均是所要考虑的问题。上一章所介绍的镜头画面构图、景别、摄影机运动以及场面调度等技巧，使用其目的就是建构起富于意义的影视剧空间。从艺术创作的角度看，影视剧空间有着超自然属性，均是创作者有意为之的创造或选择。要想真正理解影视剧艺术空间的建构过程，还需要进一步厘清几个关键性的问题。

（一）从画格空间到动态空间

我们研究影视剧空间往往从一个画格开始，并将其划分出若干个维度。在单一画格内，如果只考虑到横、竖两个轴线（X 轴和 Y 轴），那么这只是一个二维空间，如果再加上纵深向度的轴线（Z 轴），那么它是一个三维空间。然而，电影是以每秒 24 个画格的速度连续运动而呈现出影像，那么这里就加入了时间的维度，因而它的空间就变成了四维空间。因此，影视剧的空间是加入时间因素的动态空间。

我们在考虑影视剧空间问题的时候，首先注意到某一个时间点中的空间位置情况，也就是某一个画格或图片，以便观察静止图像内部的叙事可能性，即前面章节讨论构图时所提到的问题；其次，从影视运动的图像中观察画格组合的变化，如人物的行动方向，人物之间或人物与物体之间的位置关系变化，再进一步发现所透露出来的叙事信息。

影视剧利用空间变化来讲述故事。我们先来看一下电影剪切运动状态的画面空间进行叙事的案例。在森西·奥德蒙和雷蒙德·钱德勒编剧的剧本《火车怪客》中，有一段很好的例子，表现了在连续运动的影像画面空间内所发生的事件：

外景　华盛顿特区　联合火车站　日

远景镜头，国会大厦圆屋顶在背景处，前景是汽车入站口，摄影机位低。

汽车来往，出租车抵达，乘客下车，卸行李，还有繁忙的搬运工，等等。

我们聚焦在正减速停车的出租车上。司机取出不太显眼的行李及装在套子里的网球拍给搬运工。乘客下车时摄影机下移，我们只看到乘客的鞋子和裤子的下面部分。

乘客穿着深色的粗革皮鞋和明显保守的服装。乘客脚步向前走，到火车站的入站口，然后出画。紧接着，由专职司机驾驶的豪华轿车抵达，一只名贵的航空手提箱被取了出来，从后座下来的乘客穿着黑白两色运动鞋，和前面一样，我们看到的主要是鞋子。运动鞋沿着粗革皮鞋离开的方向走去。

内景 火车站大厅

摄影机跟着运动鞋和粗革皮鞋穿过大厅，进入旅客通道。这里通常会有来来往往的旅客，喇叭里会通知火车的进出站，等等。

外景 旅客通道

当粗革皮鞋和运动鞋各自进入通道，运动鞋拐入另一车厢门，粗革皮鞋继续往豪华车厢走。

叠化至：

内景 豪华车厢（前进中）

粗革皮鞋走到椅子前坐下。片刻之后，运动鞋来到粗革皮鞋对面的椅子前坐下休息。运动鞋的腿伸出，其中一只鞋碰到了一只粗革皮鞋。

男人的声音（画外音）："哦，对不起。"

我们看到，这一段里出现了几个连续的空间，火车站前停车场、候车大厅、火车车厢，第一个空间里分别从汽车里走出两个人，镜头对准的是他们各自的鞋，从鞋上显示出两者的身份差异悬殊，然而，等到了进站旅客通道时，两个人渐渐拉近了距离，最后是在豪华车厢里，两双鞋已经挨到了一起，完全处在同一空间之内。通过这种空间距离上的变化，实际是用镜头语言讲述了两个陌生人相遇的过程，接下去，观众可能会猜想他们之间又会有什么故事发生呢？所以说，影像空间的运动变化起到了叙述的作用。

在同一个不变的场景空间内，利用Z轴上前后景之间的人物关系以及运动变化，也会产生很好的叙事效果，如前面提到的《公民凯恩》中母亲与撒切尔签订合同的镜头段落。在电影剧本《毕业生》中也能找到这样的例子：

图7-1 《毕业生》剧照

内景 伊莱恩的房间 日

本把伊莱恩拖到敞开的门后。他们站在门和墙形成的角落，好像他们在躲避着什么人。可以听到罗宾逊夫人上楼的脚步声。

本："伊莱恩，有件事情我一定要告诉你。"

他拥着她靠在墙角。

伊莱恩："什么事?"

本："那个女人。"

伊莱恩："什么?"

本："那个女人，那个老女人。"

伊莱恩："你是说那个……"

本："那个已婚女人……她不只是一个女人……"

伊莱恩："你想告诉我什么啊?"

脚步停止。

角度——伊莱恩的特写

角落后面。罗宾逊夫人的脸突然出现在门口，刚好处于伊莱恩肩膀的位置。伊莱恩看着本的脸，在本的眼睛里看到门缝处母亲紧盯着的眼睛。

伊莱恩："本杰明，请你把这件事原原本本告诉我。"

她看了本一眼，然后又回头看了看母亲的脸。罗宾逊夫人在门口透过门缝看着她。伊莱恩移开了目光。伊莱恩："哦，不!"

在伊莱恩房间里，本杰明正准备交代他和伊莱恩母亲的关系时，在两人的后景处，伊莱恩的母亲突然出现在门口，原本要进行下去的谈话就此被打断。伊莱恩母亲在这一私密空间的突然出现，给伊莱恩带来的震惊，可能会比本杰明的直接道白来得更加强烈。这种空间的设置和场面的调度，也包含了更多的内涵，更加富有戏剧性。

（二）库里肖夫效应

镜头与镜头之间的组合，镜头空间内容的变化，会直接影响到观众对空间意义的理解。20世纪20年代初，苏联导演库里肖夫曾做过这样的实验：从某一部影片中选了俄国著名演员莫兹尤辛的一个面部特写镜头（静止的没有任何表情的特写），然后把这个特写与其他影片的镜头剪辑成三个组合段落：

在第一个组合中，将莫兹尤辛的特写镜头与摆在桌子上的一盘汤的镜头剪辑在一起。观众从这个组合中体会到：莫兹尤辛面对眼前的这盘汤，露出了饥渴贪婪的表情。

第二个组合是，同样的莫兹尤辛面部特写镜头，与装殓一具女尸的棺材的镜头剪辑在一起，观众看到的是莫兹尤辛面带忧伤。

第三个组合还是莫兹尤辛的那个特写镜头，这次却将它与一个小女孩玩着滑稽的玩具狗熊的镜头组接在一起，观众从他的脸上看出了欣慰的神色。

这三组不同剪辑的影像片段，在那些不知道此中秘密的观众看来，真是一位天才艺术家的作品，莫兹尤辛的表演也受到大家的赞赏。因此，观众随着他们所看到的莫兹尤辛表情的"变化"，忽而焦急渴望，忽而充满忧伤，忽而又变得开心异常。根据这一实验，库里肖夫得出了这样的结论：造成电影情绪反应的，并不是单个镜头的内容，而是画面之间的并列。

当然，库里肖夫效应也可以说明，分别属于不同时空中的镜头画面组接在一起之后，会产生完全不同的接受效果。影视镜头内部空间的安排与处理，以及在不同的空间拍摄下来的镜头剪辑组接，都为影视艺术提供了无限的发展可能性，需要我们在实际观影活动中进一步仔细观察和思考。

（三）空间的艺术风格化

观众所看到的影视剧空间中的景物，有的来自自然选景，有的则是人工制作的布景。创作者对这些空间背景的制作或选择，都有着一定的目的性，即为了满足剧情和主旨表达的需要。从宽泛的意义来说，影视剧空间具有纪实和表现两种功能之分。偏重于写实类的影视剧作品，纪实性空间给观众以明显的现实代入感；而偏重于创作者主观表达的作品，其所表现的空间给人以出离现实常态的感受，是心理空间的外化。在德国表现主义电影《卡里加里博士》中，观众所看到的电影空间与现实世界大相径庭，从光线照明、物体形态到建筑物外观，乃至人的服饰化妆，均表现出变形、变态的样子。如此空间设计，奠定了这部影片艺术风格基调。我国著名导演费穆拍摄的《狼山喋血记》，虽然部分采用了外景地实拍镜头，但是由于他为电影空间营造出浓厚的"气氛"，因此整部影片也表现出强烈的风格化特点。

在现实主义或写实类的电影空间里，虽然看上去大多是自然、真实的景物，但却是创作者主观选择的结果，可以从中解读出隐含的意义。贾樟柯导演的故乡三部曲（《小五》《站台》《任逍遥》），采用纪实的手法拍摄了世纪之交内地小城青年的生活。其中，极具代表性的镜头场景，都体现出贾樟柯艺术发现和选择的才华。他的摄影机跟随普通人的生活轨迹，发现种种并非平凡的生活角落，并且将其在电影镜头空间中呈现、放大出来。比如，小五在小勇家谈话时，摄影机从高高堆起的纸烟箱侧面拍过去，那些纸烟箱无疑透露出了小勇生意的秘密。所以说，贾樟柯电影的写实风格，实则是让摄影机去发现的风格，将那些人们习以为常的、被忽略的或被遮蔽的生活，用他的电影给揭示出来。这时候，他电影里的空间便成了一个既熟悉又陌生的艺术世界。

电影的风格化空间有着多种多样的表现形态，有的是以突出画面内的色彩为主要特征，如，安东尼奥尼导演的《红色沙漠》，基耶斯洛夫斯基导演的《红》《蓝》《白》，陈凯歌导演的《黄土地》等；有的以画面特殊的光线、影调和构图为风格特点，如前面提到的《卡里加里博士》，以及许多中外电影经典《雾码头》《唐人街》《美国往事》《花样年华》《大红灯笼高高挂》等等。这些风格各异的电影空间，凝结着创作者对于所拍摄的世界独到的理解和情思，因此具有强烈的隐喻和象征意味。某些艺术片导演的电影空间世界，初看起来似乎极为普通平常，但是在仔细体味之后就会发现其电影空间的内蕴张力，感受到从有限到无限的艺术魅力。如，塔可夫斯基导演的《索拉里斯》，狭小的太空舱是主人公克里斯的活动空间。在这里，他意外地遇见了死去多年的妻子，原来是索拉里斯星球能够读懂人类的思想，这种超能力可以把人的想法变为现实。最后，索拉里斯读懂了克里斯的和平想法，友好地接纳了来自地球的飞船。值得注意的是，这部电影的画面空间低沉压抑，与通常商业片的"视觉盛宴"效果全然不同，但导演却成功地创造出另一个看不见的"空间"，需要观众努力思考、想象才能够理解。电影空间的风格化，从形式上来说，是电影空间艺术化的过程，从内涵上来说，则是空间被赋予意义的结果。

◎ 影视剧空间蕴含着丰富的文化意义，场景内部的物品、服饰、文字、建筑、图案等，不仅与人物和故事的身份、地域环境和时代背景有关，也与社会文化的诸多方面有着密切的联系。从符号学的角度看，是一种能指和所指的关系，所指的深层即是符号的文化蕴意。如"黑色电影"中黑暗的街道、废弃的车场、码头，喻指人性的险恶，表现了 20 世纪 40—50 年代西方世界虚无、悲观与颓废的社会情绪等等。从故事的层面来看，影视剧空间的文化意义又是在叙述的过程中被揭示出来。如，英国维多利亚时代的资产阶级客厅，站在保守党的立场，会把它描述为绅士淑女温文尔雅的活动场所；站在工党的立场上，则会着力刻画资产阶级道貌岸然的外表下刻薄的内心世界。所以说，影视剧空间的文化塑形，与创作者的文化立场有着直接的关系。

二、影视剧的时间

影视剧里的时间，与我们日常生活里所感知的自然时间既有联系又有区别。从根本上来说，影视剧的时间是经过人工选择、安排的时间。为了研究方便起见，可以把影视剧时间划分为：故事时间、放映时间、叙述时间和心理时间。

故事时间是指影视剧中的故事、事件从发生到结束的这段时间。放映时间是指影视剧播出、放映所需要花费的时间。叙述时间，是指通过影像、声音、字幕等对故事情节或场景事件进行交代、表述的时间。叙述时间与故事时间明显不同，可以根据创作者的意图对故事时间进行省略、压缩、延伸、重复。心理时间，是对人的精神、情绪、潜意识活动加以表现而形成的影视剧时间。创作者可以借此把人物的思维活动加以突出、强调和渲染，把不可见的精神世界予以外化显现，以增强艺术的感染力。

（一）叙述时间和故事时间

影视剧作为叙事性作品，需要在有限的时间内完成故事的精彩讲述，因此叙述时间很少与故事时间相一致。在影视剧中，从翩翩少年的镜头到饱经沧桑的长者，可能只需要两个镜头就可以叙述完成。这样短暂的叙述时间将故事时间进行了极大的压缩，同时并不影响观众的理解和接受。同样道理，叙述时间既可以加快也可以延长故事时间，这主要取决于创作者的叙事意图。

在影片《战舰波将金号》中，有一个叙述时间将故事时间加以延伸的经典段落——"敖德萨阶梯"。在这一段落里，镜头不断在奉命镇压的士兵和被杀戮的市民之间快速切换：慌忙奔跑的人群、从台阶上跳下的男人、被践踏而死的男孩、绝望的母亲、一辆婴儿车无助地顺着台阶向下滑动……整个段落节奏不断加快，笼罩起令人恐怖的气氛。这段影像的叙述时间大约六分钟，远远超出了人们奔跑过阶梯的故事时间。通过延长叙述时间造成了异常强烈的情感效果，因此也为随后水兵们炮击沙皇军队司令部做足了铺垫。

我们再看美国电影《低俗小说》中一段与之相似的叙述时间延展的例子：

文森特把针举过头顶，作势要扎。他低头看着米娅。
米娅迅速地变得苍白。再过一会就不可救药了。

文森特集中精神，准备打针。

文森特："数到三。"

文森特身旁半跪着的兰斯有些不知所措。

兰斯："一……"

米娅身上的红点。

针举高准备刺下。

兰斯（大声地）："二……"

乔迪的脸充满期待。

举在空中的针，像响尾蛇一般肖然不动，准备出击。

兰斯（大声地）："三……"

针离开画面，猛地刺下。

文森特使劲地扎下针，刺在米娅胸口。

米娅的头在冲击中晃动。

注射器被推进，把肾上腺素通过针管注射进去。

米娅突然双眼睁大，发出魔鬼一般的叫声。她弹坐起来——针还插在她的胸口。

这场戏如果实时表演大概只需要三秒钟就可以完成，但是电影却花了四十秒的时间叙述，编导昆丁·塔伦蒂诺通过多个角度和多个反应的镜头来表现这一关键性事件。在这里，时间明显被减慢了，它所产生的效果是把文森特的焦虑紧张情绪带给了观众，因此观众也和他一样保持着高度的紧张感。

（二）心理时间

影视剧的心理时间主要用于表现人的记忆、情绪、感受、梦境和幻觉等方面，在现实主义和写实类影视剧作品中，采用心理时间的技巧可以将正在进行中的事件与人物的内心意识有机地连接起来，并揭示出深层的意义。在现代主义或后现代风格电影中，心理时间往往成为电影时间的主要形式，故事的现实参照系统被严重消解，人物被置于迷失状态，因而影片的意义也随之变得模糊甚至消失。比如，阿伦·雷乃导演的《去年在马里昂巴德》便极具代表性，在从头至尾的心理时间内，"去年"这个时间概念本身却成了问题。实际上，在西方电影中，以梦幻心理结构电影的传统由来已久，《卡里加里博士》便是早期成功的代表作品。近年来，克里斯托弗·诺兰编导的《盗梦空间》、克里斯托弗·史密斯导演的《恐怖游轮》等影片，均是将心理时间延展为结构要素，进一步强化了科幻电影、恐怖电影的心理特征。

由此看来，影视剧对于心理时间的运用有两个基本指向，其一是指向剧中人物的思想和情感表达，其二是指向梦幻、迷失乃至心理推理游戏。在第一种心理时间指向的影视剧作品中，有许多令观众感动的经典之作，比如，苏联影片《雁南飞》中，鲍里斯牺牲那一刻的心理时间镜头（主观镜头）：

179.（中）鲍里斯背着受伤的瓦洛佳穿过树丛。他在水洼之间找到一块干土墩。他小心地把瓦洛佳放在上面。

鲍里斯："嘿，真累了！再也走不动了！咱们休息一会儿，这儿挺安静——喂，

图 7－2 《雁南飞》剧照

怎么样？你还活着吗？”

瓦洛佳：“呼吸有点困难。”

鲍里斯：“啊，呼吸——”

180.（中）鲍里斯望着瓦洛佳。

鲍里斯：“没什么——我们还要参加你的婚礼呢——”

鲍里斯微笑，枪声。

鲍里斯的头向后仰起来。爆炸，音乐。

181.（近）鲍里斯的脸，他望着空中。

182.（全）云中的太阳缩小了，好像远去了。

183.（中）鲍里斯向后仰着头，向白桦树退去。

瓦洛佳画外音：“哎，朋友！你怎么了？你怎么了？”

184.（近）瓦洛佳吃力地抬起头来：“原谅我，原谅——”

185.（近）鲍里斯两眼发直，退向白桦树，他抓住树干，开始慢慢顺着它向下滑。

瓦洛佳的画外音：“你是为了我……原谅我……原谅我吧……朋友……”

186.（近）白桦树的仰拍镜头。白桦树顺着鲍里斯围着树干滑下来的方向旋转。

听见瓦洛佳的喊声：“喂，来人哪。救命啊！救命啊！”

在旋转的白桦树画面上第二次曝光显示出薇洛尼卡家的楼梯。鲍里斯正沿着楼梯向上跑去。他穿着军大衣，胡须满腮，头发蓬乱。

白桦树已经不见了。鲍里斯跑到薇洛尼卡家门前，停住了。

187.（中）薇洛尼卡和鲍里斯从薇洛尼卡家的门内走了出来。她穿着结婚礼服，披着纱，他穿着黑色礼服。他们互相微笑着，头纱向上飘起。（高速摄影）

听见瓦洛佳的声音：“救命啊——”

鲍里斯撩起头纱，凑近薇洛尼卡的脸，吻她——。（化出）

188.（中）（化入）披着头纱的薇洛尼卡。鲍里斯在她旁边。他们走下楼梯。

瓦洛佳的声音："救命啊——"

在后面是鲍里斯和薇洛尼卡的亲友们的第二次曝光画面。（化出）

189.（中）（化入）这里有费道尔·伊万诺维奇、伊丽娜、斯捷潘、柳芭。这里有库兹明和邻居们。他们笑着，合着音乐的节拍摇晃着，举着酒杯、鲜花。（化出）

190.（中）（化入）薇洛尼卡和鲍里斯走下楼梯（高速摄影）。周围是熟人的面孔。他们也走下来。马尔克从容地走近鲍里斯，吻他。

瓦洛佳的画外音："救命啊——"

191.（近）（化入）薇洛尼卡慢慢掀起头纱。她微笑着，阳光照着她，她眯起眼睛。第二次曝光显出飘动的树。（化出）

192.（近）（化入）在飘动的树中的薇洛尼卡的脸的近景。脸开始消失，在背景上第二次曝光显出旋转的白桦树梢。它们越来越明显，最后只看见旋转的白桦树。它们转得越来越快，像是要倒下来。镜头从树梢滑到地上。

瓦洛佳的声音："救命啊——"

193.（中）鲍里斯直挺挺地两手张开倒向水中。

瓦洛佳的声音："救命啊——"

（三）表现影视剧时间的镜头技巧

在表现影视剧时间技巧方面，我们经常遇到所谓的"慢动作"和"快动作"，即高速摄影和低速摄影导致的时间效果。高速摄影俗称慢动作，是指拍摄频率超过每秒24格的摄影，可以获得比拍摄对象实际运动速度慢的银幕效果。低速摄影也称降格摄影，俗称快动作，是指摄影频率低于每秒24格的摄影，可以获得比拍摄对象实际运动速度快的银幕效果。

高速摄影技术形成的慢动作既可以用来表现幸福抒情的情绪，也可以表现忧愁悲伤的情感状态。如国产影片《甜蜜的事业》中，恋人的奔跑、追逐；苏联影片《雁南飞》中，鲍里斯临牺牲前眼前出现的婚礼场景：他与薇洛尼卡身穿结婚礼服，在人们的欢笑和祝福中走下楼梯……

低速摄影则形成快动作，往往用来制造喜剧效果。如卓别林在众多喜剧中经常使用该技巧，还有国产片《举起手来！》中也有快动作制造的滑稽效果。

此外，一些影视剧还使用定格技巧，将时间突然凝固，以给观众留下深刻印象并进而引导观众去思考。定格通过重复印制同一画格然后连续播放它们来实现，让观众像看照片一样看它，呈现出肖像的感觉。比如，在法国导演特吕弗的影片《四百下》的结尾处，安托万跑到大海边转身面对摄影机，这一定格镜头给观众以强烈的震撼感受。在影片《杀死比尔1》里面，当乌玛·瑟曼回忆起被枪击的场景时，人物也被定格。定格使人物或动作停止，我们虽然可以猜想接下来会发生什么，但是却不能确切知道，事件真相永远也不会被揭露，这样就留给观众更多想象、思考的空间。

前面曾经提到打乱影视故事时间顺序的闪回和闪前技巧。闪回，是指在某一场景中突然插入另一场景镜头或片段的一种影视叙述手法。闪回内容一般是前一镜头中某个人物的意识或回忆，可以使观众更清晰地感受人物此刻的意识状态。从整体剧情的角度看，闪回的内容往往又起着提供背景信息的作用。闪前，是发生在未来时间内的镜头、场景或段落，它可以将人物的精神活动视像化，比如人物对未来的想象或憧憬。有些影片大量使用闪前，甚至形成特定的叙事模式和时空形态。香港导演王家卫的影片就偏爱时间的重构，闪前与闪回交织，形成一种自由处理时间的叙述风格。

三、影视时空的特性及研究意义

关于电影时空的特性问题，林洪桐在《银幕技巧与手段——中外名片优秀手法剖析》一书中，将其概括为三点，即非连续的连续性、主观性和有限中的无限性。①

（1）非连续的连续性。电影的时空不等于现实的时空，因为它可以对现实的时空随意剪切、组接。它是编导创造出的艺术新时空，具有新的秩序和新的意义。电影艺术家通过自己对现实世界的重新编排、表现，表达自己对现实世界的思考和解释。

（2）主观性。观众所能看到的电影中的一切都是由电影艺术家提供的。比如景别的选取、空间环境的设置、构图、色彩、声音以及光线的使用等，都是为了引导甚至是强制观众的注意力集中到编导的创作意图上。因此，创作者对时空的选择、配置，常常直接影响到观众的艺术感受。

（3）有限中的无限性。电影虽然受到放映时间和银幕的二度空间限制，但却可以将现实中的一切，乃至现实中并不存在的景象表现出来。同样，电影也可以让时空根据需要变化出各种奇妙的世界。

电影时空的这三种特性，在电视剧中也同样存在。那么，接下来的问题是，我们研究影视剧时空的目的和意义是什么？简单地说，影视剧是通过时间和空间的运动来表情达意的，那么如何摄取、制作和安排（剪辑）镜头、场景、段落乃至整部剧的时空，便成为最基本也是最重要的工作。可以说，所有的影视技术和艺术手段都是为了建构、完成影视剧时空服务的。因此，影视剧时间和空间的设计、制作以及所达到的效果，是创作者必须认真思考的事情，也是研究者考察影视作品艺术性的重要着眼点。无论是蒙太奇理论还是巴赞的景深-段落镜头理论，其核心都是指向电影的时空建构及艺术效果问题。从整部电影或电视剧的结构来看，因时空顺序安排的不同，又可以分为线性时空结构和非线性时空结构。相关问题在之后的章节还会进一步介绍。

电影艺术的发展与时空表现手段不断丰富密切相关。从电影诞生之初的单一镜头到多镜头的蒙太奇剪辑组接，从将故事时间进行压缩、延长到空间的快速转换，从声画同步到声画对位法的灵活运用，从记录可见的现实时空到表现梦幻、记忆、想象的时空等等，这些都是对电影时空艺术表现潜能发掘的结果。

在这里不妨举出一个电影“时空非连续的连续性”例子：在奥逊·威尔斯导演的影片《公民凯恩》中，通过凯恩和苏珊用餐的八个镜头，揭示了两人九年间夫妻情感的变化过程。

《公民凯恩》镜头本节选：

52. 内景　凯恩家——早餐室——白昼——1901

凯恩身着白领带和燕尾服，艾米丽穿着正规的服装。凯恩正为艾米丽倒一杯牛

---

① 林洪桐. 银幕技巧与手段：中外名片优秀手法剖析. 北京：中国电影出版社，1993：9-13.

奶。当他倒好牛奶后，倾身向前，戏弄地吻她的后颈。

艾米丽（害羞地）："查尔斯！去，回到你的座位上去。"

凯恩："你真美！"

艾米丽："我不可能。我过去从来没有一个晚上参加过六个宴会，我从来没有待过这样晚。"

凯恩："这只是一个习惯问题。"

艾米丽："你看仆人们会怎么个看法？"

凯恩："他们会认为我们过得很愉快。对吗？"

艾米丽（撒娇地笑了笑）："亲爱的，我不明白你为什么要马上去报馆？"

凯恩："你真不该嫁给一个办报的人。他们比水手还要糟。我绝对地爱你。"（两人相对而视）

艾米丽："查尔斯，就是办报人也得睡觉嘛。"

凯恩（仍然望着她）："那我给伯恩斯坦打个电话，让他把我的约会推迟到中午——现在几点啦？"

艾米丽："不知道——很晚了。"

凯恩："是很早了。"

53.（化入）内景　凯恩家——早餐室——白昼——1902

凯恩和艾米丽——不同的服装——不同的早点。

艾米丽："查尔斯，你知道昨夜你说去报社十分钟，你让我等了多久吗？真的，查尔斯，鲍德曼是请我们赴宴的，而不是过周末。"

凯恩："我娶了个好姑娘。"

艾米丽："查尔斯。如果我不信任你——你深更半夜在报社里干什么？"

凯恩："亲爱的，你唯一的通讯员就是《问事报》。"（化）

54.内景　凯恩家——早餐室——1904

凯恩和艾米丽——服装和早点都变了。艾米丽准备上街的打扮。

艾米丽（逗笑地）："有时我觉得宁肯要一个有血有肉的情敌。"

凯恩："啊，艾米丽，我可没花那么多时间。"

艾米丽："不是时间的问题，而是你发表些什么，攻击总统——"

凯恩："你是指约翰叔叔。"

艾米丽："我是指合众国总统。"

凯恩："反正还是约翰叔叔，还是一个好心肠的傻子。"

艾米丽："查尔斯——"

凯恩："他让一伙不要命的骗子来管理他的政府，整个石油丑闻——"

艾米丽："恰巧是他当总统，查尔斯——而不是你。"

凯恩："这个错误早晚要纠正过来。"（化）

55.内景　凯恩家——早餐室——1905

凯恩和艾米丽——服装和早点改变。

艾米丽："查尔斯，当人们提出来家里不订《问事报》的时候，玛格丽特·英格里斯说，下院的阅览室已经有四十多人签名同意取消订阅《问事报》。"

凯恩：“那太妙了，伯恩斯坦先生一定会高兴的。你知道吗，当你的朋友们停订了《问事报》，那从我们的赖账单上又勾销了一个户头。你知道不知道，在阔佬之间不付报费是一种荣誉。”

56.（化入）内景　凯恩家——早餐室——1906

凯恩与艾米丽——服装和早点改变。

艾米丽：“你的那位伯恩斯坦先生昨天给小凯恩送来极其令人厌恶的东西，我绝对不能允许他出现在幼儿室里。”

凯恩：“伯恩斯坦先生偶尔可以到幼儿室去拜访一下。”

艾米丽：“非去不可吗？”

凯恩简短地：“是的。”（化）

57. 内景　凯恩家——早餐室——1908

凯恩和艾米丽——服装和早点改变。

艾米丽：“真的，查尔斯，人们有权利期待——”

凯恩：“我所愿意给他们的东西。”（化）

58. 内景　凯恩家——早餐室——1909

凯恩与艾米丽——服装和早点改变。

他们全都默不作声地读报纸。凯恩在读他的《问事报》。艾米丽在读一份《纪实报》。（化出）

再看一个电影时空呈现“有限中的无限性”的例子：在吉尔莫·德尔·托罗编剧导演的《水形物语》开场，出现的是一间淹没在水下的公寓，女主人公漂浮在水世界中。在慢慢飘落到水中的床上之后，她随着闹铃声醒来，这时候，水世界竟然神奇地消失了。显然，梦幻般的想象力赋予电影时空无限的可能性。

（淡入）

1. 内景　埃莉萨的公寓/河水　连续镜头　夜晚

镜头在河底漂荡。被水环绕着。

鱼儿游来游去。水中漂荡着碎片。

然后，漂过一盏灯……

一个咖啡壶。

一只鞋。

贾尔斯/叙述者：如果我要说这个故事，如果我真要说的话，我到底要怎么说？我先说故事发生在什么时候？那是发生在很久以前了，发生在一位英俊王子统治的末期。或者我们来说一下那个地方？那是靠近海边的一座小城，但却远离尘世……或者和你讲讲关于她的故事？一位无法说话的公主……（稍顿）或者我要提醒你，这些故事都是真实的，是关于爱和悲欢离合的传说，以及那个要摧毁一切的恶魔……

镜头推进，我们看到：整个公寓都淹没在水下。家具和各种物品都失重似的轻轻地悬浮在水中。

她熟睡在床的上方——时而升起，时而落下。埃莉萨大约三十岁，但看不出年纪。她有着孩子般的天真的眼睛，浓密的黑发，薄而漂亮的唇边弯出一丝满足的微笑。

埃莉萨慢慢漂落到床垫上，一只老式的数字闹钟悠悠地漂在旁边床头柜上。

突然：闹钟响了！

晚上10：45。

埃莉萨睁开眼睛。揭下眼罩，环顾四周：完全没有一点水。

她慢吞吞地起床。急救车的红灯光一闪而过地照亮了公寓，警笛声随即消失远去了。

她赤着脚走进浴室：光线从地板下透射出来。

透过地板还传来了音乐和对话声。

图7-3 《水形物语》剧照

第二节 电影蒙太奇

◎蒙太奇（montage）来自法语，原为建筑学术语，是构成和装配之意，借用到电影艺术中作为镜头的组接和构成的代称。

蒙太奇的概念具有三层含义：

其一，是电影剪辑的具体技巧和技法。

其二，是电影的基本结构手段和叙述方法，包括镜头、场面、段落的安排与组合的全部艺术技巧。

其三，是指电影艺术的思维方法，即蒙太奇思维或蒙太奇原理。

一、蒙太奇是电影剧本结构的基本方法

一部摄制完成的影片是由多个片段组成的，因此涉及对镜头、场面和段落如何安排的问题，蒙太奇在此将承担起自身的功能职责。蒙太奇即是电影结构的基本方法。早在1926年，苏联电影艺术家普多夫金就曾经专门写过《论电影编剧》一文，在这篇文章中，他把电影编剧的工作程序分为三个部分：主题、剧情（处理）和把剧情加以电影式的安排（用电影的手法加以表现）。普多夫金特别提到，电影本身结构的特殊性，即影片连续的片段迅速地转换，要求编剧和导演必须使观众的注意力高度集中，如果电影的结构稍微不清晰，观众就会感到模糊不清而难以理解电影的情节和主题。在普多夫金看来，了解蒙太奇方法就是为了以电影的方式保证情节结构的完整和连贯，而相应的摄影机位置、镜头、场面和段落的连接方式都属于蒙太奇结构的内容。

剧作家在剧本创作过程中，必然会考虑到人物形象、性格的塑造，事件发展以及导致情节发展或紧张或舒缓的细节等因素，那么就需要一种造型的形象思维，能够从可见的外部形象动作加以表现。如何才能通过外部形象动作来塑造人物形象呢？普多夫金以影片《可容忍的大卫》为例给予说明。该片有一个段落描写越狱流浪汉的出场，就是以造型的方式塑造了他的形象：

> （一）那个性情残暴、脸上长满了硬胡须的流浪汉，正想跑进一所房屋里去，但是一件东西吸引住了他的注意力，他便停了下来。
>
> （二）流浪汉瞪着眼睛的“特写”。
>
> （三）银幕上出现他所看到的东西——一只正在太阳光下睡觉的毛茸茸的小猫。
>
> （四）又是那个流浪汉。他拾起一块很大的石头，显然是想打死那只睡觉的小猫。恰巧这时有一个正向房里搬着东西的人偶然撞了他一下，这才阻止了他实现那残忍的意图。①

这位流浪汉的形象由以上四个镜头加以表现，那只正在阳光下睡觉的小猫显然是幸福安详且无辜的，而流浪汉却拾起一块大石头准备砸向小猫，这一动作就很好地揭示出该形象的心理特征。这个例子也说明了文学与电影塑造形象手段的差别，前者是用语言去描写一个事件，而后者是用造型的方法去描写事件。为此，普多夫金总结道：

> 试想一下，要不用语言和伴随语言的手势，而用和物件有联系的动作来表现愤怒、喜悦、惶惑和忧愁等，那你就不得不想出一些极富于造型的表现力的形象来了。处理造型素材对于编剧来说是极其重要的。他在处理过程中，就可以学会去想象他自己所写的东西如何在银幕上表现出来。像这样得来的知识，对于正确地和有效地进行编剧工作是非常必要的。为了更好地在电影中表现情节和主题，剧本编剧就必须了解蒙太奇结构。②

普多夫金一再指出剧本必须具备电影的基本特性，剧作家必须掌握蒙太奇结构方法：

---

① 普多夫金．论电影的编剧、导演和演员．何力，译．北京：中国电影出版社，1980：33.

② 普多夫金．论电影的编剧、导演和演员．35.

整个镜头剧本要分作若干段落，每个段落又分作若干场面，而最后，场面本身则是由许多从不同角度拍摄的片断构成的。一个真正能用来拍摄的电影剧本，必须具备电影的这个基本特性。编剧在纸上对于素材的处理，必须和这些素材在银幕上出现时完全一致，这样才可以精确地说明每一个镜头的内容以及它在一个段落里面的地位。将若干片断构成场面，将若干场面构成段落，将若干段落构成一本片子的方法，就叫作蒙太奇。蒙太奇是电影艺术家所掌握的最重要的造成效果的方法之一，因而也是编剧所掌握的最重要的造成效果的方法之一。①

在《论电影的编剧、导演和演员》一书中，普多夫金根据电影结构的三个基本层级，分别详细论述了场面蒙太奇结构、段落蒙太奇结构和剧本蒙太奇结构的基本原理和构造原则。

（一）场面蒙太奇结构

在论述场面蒙太奇结构时，普多夫金首先说明了全景和特写在场面构成中的基本关系。比如，在一个场面中有三个人，最初只是表现一般的过程，那么就用全景镜头表现他们具体在做什么（例如正在搬运东西），但是，如果是其中某一个人要采取影响剧情的动作（可能是突然拔出手枪），这时摄影机就要转向他一个人，把他的动作单独拍摄下来。

普多夫金从现实生活的实例出发，指出现实中观看者的观看行为和方式可以成为电影场面结构的基本原则，道理虽然质朴、简单，但却蕴含着构成电影时空秩序的根本逻辑。

试想你在观察着展开在你面前的这样一个场面：有一个人站在一幢房屋的墙边，把头转向左边；左边出现了另一个人，他正小心翼翼地从大门潜进院内。这两个人离得相当远，他们都停止下来。第一个人拿着一件东西给第二个人看，并且嘲笑他。第二个人握着双拳愤怒地扑向前者。就在这个时候，有一个妇人在三层楼上的窗口向外张望，并喊道："警察！"两个对打的人便朝两个相反的方向跑开了。

现在我们来研究一下，这些事情是怎样被观察到的呢？

(1) 观察者观看着第一个人。这个人把头转过去了。

(2) 他在看什么呢？观察者于是把视线转向同一方向，看到另一个人正要走进大门里去，但是忽然停了下来。

(3) 第一个人对于第二个人的出现有些什么反应呢？观察者于是又把头转回去，看见第一个人拿出一件东西并嘲笑第二个人。

(4) 第二个人的反应如何呢？观察者于是又转过头去，看见第二个人正握着双拳扑向他的敌手。

(5) 观察者于是退在一旁，观看这两个人如何在地上翻滚厮打着。

(6) 从上面发出了叫声。观察者于是抬起头来，看见一个妇人在窗口呼喊。

(7) 观察者低下头来，看到了警告的效果——两个对打的人朝着相反的方向跑开了。②

① 普多夫金．论电影的编剧、导演和演员．40－41.
② 普多夫金．论电影的编剧、导演和演员．40－41.

这个简单的例子非常接近蒙太奇叙事的基本意义，蒙太奇的目的就是表现一个场面的发展过程。摄影机如同观察者的眼睛，不断地将目光分别对准其中的某一个人，包括他们的一些细节表情和动作。一旦将拍摄下的这些镜头剪辑在一起，放映到银幕上，观众便也和当时的观察者一样体验到事件的具体过程。

根据这个例子，普多夫金还提出，蒙太奇甚至也是影响观众情绪的方法，因为当时观察者快速地移动目光和视角，所以拍摄下的镜头也随之快速切换，这必然也给观众带来兴奋感。反之，如果拍摄一群沿着大路缓慢行走的牛，可以依据在同一条路上的步行者的观察点来拍摄，结果便能获得安静缓慢的蒙太奇结构。最后，使用蒙太奇将一些镜头片段构成场面时，重要的是把观众的注意力集中到动作的关键性因素上。这个因素具有推进的力量，足以激发出下一个镜头动作，比如一个嘲笑的动作，引起另一个人的愤怒反应。依此类推便可建立起一个具有逻辑秩序的场面。

（二）段落蒙太奇结构

仅仅依靠场面尚不能构成一部电影，还需要将一系列场面构成段落，表达一段相对完整的意义。将场面构成段落的原则与将镜头片段构成场面的原则类似，场面和场面之间也需要逻辑秩序的支配，上一个场面的关键性动作激发出下一个场面，这样才能把观众的注意力从上一个场面带入下一个场面。比如，我们要结构出这样的一个段落：两个奸细正悄悄接近弹药库并企图将其引爆，他们途中遗失了一封密信，有人拾到密信并交给警卫，警卫及时赶到抓住了奸细，保全了弹药库。在这里，我们还是把摄影机当成观察者，时而跟随那两个奸细，时而又转向警卫室，随后又回到正在准备爆破的奸细那里……段落蒙太奇同样需要吸引观众的注意力，可以依赖均匀的节奏使观众始终保持兴趣，让观众产生这里将会发生什么的疑问，猜想随后又会变得怎样，依次把观众从一个场面引入下一个场面，以形成一个有序的段落。

（三）剧本蒙太奇结构

电影剧本由许多段落组成，那么段落组合要以什么为依据？这就要看他们之间是否保持了“连贯性”，即各个段落连接到一起是否体现出“剧情的戏剧性连贯”。应该指出的是，这种各个段落之间衔接的连贯性的基础在于剧情。普多夫金特别提到，在电影剧情中有一个“最紧张的一刹那”关键点，这也是剧情基础的根本所在。“提醒编剧注意下面这一点是非常必要的：每个电影剧本的剧情发展中都有最紧张的一刹那，这最紧张的一刹那几乎总是在影片的结尾。为使观众有所准备，或者更正确地说，为使观众为最后的紧张场面保留一些精力，就要特别注意不让观众在影片放映的过程中感到不必要的疲劳。”① 普多夫金的这段论述，实际上在告诉读者，剧本中各个段落的连接最终是以达到“最紧张的一刹那”为目的的，所以它才会在剧情中占据十分重要的位置。遗憾的是，该译文是由英文转译而来，在英文版中，对于剧本的结构蒙太奇部分有所删节，因此，普多夫金的原意没有进一步清楚地表达出来。针对这一问题，我们不妨做些必要的补充。美国剧作理论家 J. H. 劳逊在《戏剧与电影的剧作理论与技巧》一书

① 普多夫金．论电影的编剧、导演和演员．46－47．

中提到“高潮是动作的基础和顶点”，普多夫金所说的“最紧张的一刹那”即应当是剧情的高潮。很多学者也曾提到“由高潮看剧作的统一性和连贯性”的观点，这对于保持剧作结构内部段落衔接的有机性和完整性非常重要。

就一部完整的电影剧本来说，它是一个由个别到整体的过程。然而，对于剧本创作来说，首先必须要有一个剧情结构的总体规划，随后才能进入具体创作中：“总的来说，首先是要详细地写出剧情（动作），然后把它分成段落，再把段落分成场面，而这些场面则是由一些片断通过蒙太奇而结构出来的。每个片断相当于一个拍摄角度。”①

二、蒙太奇手法的主要类型

作为电影艺术技巧的蒙太奇有许多具体的手法，前人对此也有过多种归类。有些研究者并不采用蒙太奇一词，而仅仅把它归入“剪辑”技巧里面，贝拉·巴拉兹则与此相反，他曾说过：“我不喜欢‘剪辑’这两个字，我认为法文的说法‘蒙太奇’倒更切合原意也更能表达原意，因为‘蒙太奇’的原意是‘装配’，而剪辑实际上也就是这样一回事。剪辑者按照预定的顺序把许多镜头连接起来，结果就使这些画格通过顺序本身而产生某种预期的效果……”②

（一）爱森斯坦的“表现蒙太奇”理论

国内有学者把蒙太奇手法分为叙述蒙太奇和表现蒙太奇，这是根据电影理论发展史上曾经出现的论争而划分的。在电影史上，苏联电影艺术家对蒙太奇曾进行过多层次的深入探讨，但也曾出现过一些重大分歧。普多夫金有关蒙太奇的总结，大多是根据好莱坞电影剪辑技巧而来的，所以侧重点放在蒙太奇的叙事功能方面；而爱森斯坦的蒙太奇理论，则更多考虑的是镜头内部以及镜头之间的冲突，他认为，只有通过这种冲突才能最有效地激发观众情感，表达创作者的思想。由此看来，两者的侧重点有所不同。在《单镜头画面之外》一文中，爱森斯坦曾这样解释自己与普多夫金等人的不同观点：

> 那一次也是这样的。他（指普多夫金）是库里肖夫学派培养出来的门生，热心地维护那种把蒙太奇看作是诸片段连接的观点。连成链条。“砖头”的连接。
>
> 把砖头排列起来便可以叙述思想。
>
> 我把蒙太奇看成是碰撞。我拿自己的观点反驳他。这就是由两个客观实在的东西碰撞而产生思想的观点。
>
> …………
>
> 总之，蒙太奇——这是冲突。
>
> 一切艺术的基础永远是冲突（辩证法的独特的“形象的”转化）。
>
> 单镜头画面是蒙太奇的细胞。

---

① 普多夫金．论电影的编剧、导演和演员．47．

② 巴拉兹．电影美学．何力，译．北京：中国电影出版社，2003：103．

因而也必须从冲突的角度来对它加以考察。①

从这段话里，可以看出在爱森斯坦和普多夫金之间，对于蒙太奇的理解的根本性不同在于，爱森斯坦强调的是蒙太奇碰撞、冲突的特征，这便不仅仅是为了故事流畅的目的而把部分连接为一个整体的问题。爱森斯坦所强调的是，蒙太奇不是两个镜头的简单相加，而是要在两者的撞击中产生新的意义。他对蒙太奇的研究和认识对于后来电影的发展产生了深远的影响，因此，理论界更乐于以“冲突蒙太奇”“理性蒙太奇”来指认爱森斯坦蒙太奇特征。

爱森斯坦曾经写作过多篇蒙太奇的研究文章，除了我们已经知道的《吸引力蒙太奇》(《杂耍蒙太奇》)之外，还写过《蒙太奇》《蒙太奇1938》《垂直蒙太奇》等专论。在《垂直蒙太奇》一文中，爱森斯坦运用管弦乐总谱的原理，专门研究了画面和声音在表现人的观念意识方面多种蒙太奇组合的可能性。

◎他提出构成蒙太奇的成分几乎可以涉及人类感官的所有领域：(1) 触觉——质感（汗水濡湿的脊背）；(2) 嗅觉（散发着野兽气味的汗臭）；(3) 视觉，如光的（大厅两端的昏暗，角斗者冲进明亮场地时闪亮的肢体；警察身上的纽扣和佩刀刀柄在昏暗中闪闪发光）、色的（变得苍白的脸色，淡黄色的胡须，身体被打击的地方泛起粉红色）；(4) 听觉（手掌拍在皮肤上的啪啪声）；(5) 动觉（跪在地上、头顶着地转动身躯）；(6) 纯情绪的感觉（挑战的目光）等。垂直蒙太奇的理论构想十分缜密复杂，大大提升了蒙太奇结构的表现能力，充分显示出蒙太奇理论所具有的形式和思想上的深度，也代表着蒙太奇理论的一个新的高度。

(二) 普多夫金的“叙述蒙太奇”方法

当然，普多夫金等人从叙述顺畅的角度总结蒙太奇手法，对于电影剧作的成熟与发展，尤其是在叙事的有效性方面也自有其合理性。普多夫金在《论电影编剧》(1926) 一文中，认为蒙太奇不仅是连接场面或片段的方法，还是从心理上引导观众的一种方法，并具体总结出五种基本的蒙太奇方法。

1. 对比蒙太奇

比如要表现一个穷人挨饿的悲惨处境，可以拿一个富有的饕餮之徒进行对比剪辑。通过镜头、场面或段落之间的对比，获得相互比较、衬托的效果。这种蒙太奇手法普遍被用于表现社会题材的影片中，如国产影片《一江春水向东流》里，爱国青年张忠良在前线拼死作战，而大后方重庆却依旧是一派歌舞升平的景象。随着张忠良的堕落，他也陷入醉生梦死的环境中难以自拔，相应的对比段落是妻子和母亲在敌占区忍受着饥饿和疾病的痛苦煎熬。这样对比的结果，显然会对观众的情感起到很好的引导作用。

2. 平行蒙太奇

这一蒙太奇手法和对比蒙太奇相似，但应用更加广泛。该手法是指两条以上情节线索，在

① 爱森斯坦．在单镜头画面之外//李恒基，杨远婴．外国电影理论文选：上．修订本．北京：三联书店，2006：165.

不同时空中并列表现、分头叙述，并统一在一个有机结构里；或者几个表面上没有联系的情节或事件互相穿插、交错表现，并统一在一个共同的主题之下。如格里菲斯导演的《党同伐异》，即是将四个不同时代、不同国度的故事并列讲述，以表现一个共同的主题：在人类历史上一直持续着排除异己的斗争，这给人类带来了无尽的痛苦和灾难。平行蒙太奇的作用是多方面的，用以处理剧情，有利于集中概括，扩大影片的容量；多条线索平行展开，相互烘托、对比呼应，可以丰富剧情；时空自由转换，使剧情结构丰富多样，避免了单调乏味。

3. 象征蒙太奇

该手法通过镜头或场面的对列或交替表现，含蓄而形象地表达创作者的某种寓意或思想。它可以引发观众的联想并使其领会导演的意图。普多夫金所举的例子是爱森斯坦导演的《罢工》，其中枪杀工人的场面，穿插进屠场宰牛的镜头，以此来象征工人被任意宰割的命运。这一手法能够形象地把抽象的观念灌输到观众的意识之中。这一蒙太奇手法也被称为“隐喻蒙太奇”。在普多夫金导演的影片《母亲》中，将工人示威游行的镜头与春天河面上涌动的冰排剪接在一起，用奔涌向前的流冰象征革命不可阻挡。

4. 动作的同时发展（交叉蒙太奇）

“在美国影片中，最后的那一部分多半是由两个动作的同时的迅速发展结构而成；其中一个动作的结果是由另一个动作的结果来决定的。曾经引用过的《党同伐异》里面描写现代部分的结尾就是这样结构的。这种手法的目的就是使观众不断地问一个问题，从而造成极度紧张的情绪。譬如在《党同伐异》中观众不断地问着的一个问题是：‘他们赶得到吗？他们来得及吗？’”① 该手法后来被概括成“交叉蒙太奇”，是由平行蒙太奇发展而来，它强调的是两条以上线索严格的同时性。它可以加强矛盾冲突的尖锐性，引起悬念，并能很好地控制观众的情绪。

5. 主题的反复出现（重复蒙太奇）

为了强调影片的基本主题，在影片中代表一定寓意的镜头或场面在关键时刻反复出现。比如，在基耶斯洛夫斯基导演的《蓝色》中，朱莉希望以远离音乐忘记车祸带来的痛苦记忆。但是，丈夫生前谱写的音乐片段时常出现在她的脑海中，并伴随着蓝色的光点、色块，似乎在不断召唤她去完成丈夫未竟的事业。音乐和蓝色代表着某种主题意义。

应该补充的是，普多夫金写这篇文章时有声电影尚未出现，随着电影的发展以及认识的深入，电影中的各种元素都能被精心构思、反复出现，如人物、场景、动作、语言、音乐、光影、色彩等，因而扩展形成了“重复蒙太奇”的多种手法。该手法可以产生出独特的寓意和特定的艺术效果。

三、剪辑匹配技巧

在一些美国电影研究者看来，“蒙太奇”与“剪辑”概念的背后存在着观念上的差异。路

① 普多夫金. 论电影的编剧、导演和演员. 49.

易斯·贾内梯在《认识电影》一书中对此进行了说明：

格里菲斯是一位注重实际的艺术家，他关注的是使思想和情感尽量有效地沟通和交流。在本世纪20年代，苏联导演发展了他的联想原理，为他们所谓的蒙太奇也即是主题剪辑法提供了理论基础。……普多夫金说，格里菲斯使用特写镜头太少，只在说明有众多含义的全景镜头时才使用。特写镜头实际上只是一种中断，不提出自己的含义。普多夫金认为每个镜头都应提出一个新论点。把一些镜头并列起来，就能创造出新意。①

同时，贾内梯对库里肖夫的剪辑实验也侧面提出了批评：

这一代苏联理论家有几点受到批评。有的评论家说，这种技巧有损于一个场面的现实含义，因为实际的时间和地点的连续性完全被改造。但是普多夫金和苏联其他的形式主义者则认为全景镜头获得的现实离现实太近：舞台可以如此，电影却不该这样。电影应当抓住现实的本质，而非表面的枝节问题。只有把对象、结构、象征以及其他经过挑选的细节的特写镜头并列起来，导演才能把隐藏在混乱的现实生活中的意义生动地表现出来。

有的评论家还认为这种剪辑风格对观众引导太多，也就是说存在既定的导向。观众只能被动地坐着，接受银幕上出现的各种关系的必然联系。这里涉及出于政治角度的考虑，因为苏联把电影与宣传连在一起。宣传不管有多少艺术性，总不可能有自由的公正的评价。②

从该书中可以看出，贾内梯对苏联的蒙太奇理论并不认同，这在美国的电影理论中具有一定的代表性，因此，在很多书中使用的术语是“剪辑”而非“蒙太奇”。不过，贾内梯笼统地将苏联的蒙太奇理论简约化为“主题剪辑法”，有意无意间也掩盖了后者蒙太奇理论的巨大成就与影响。

在现代电影中有许多出色的镜头匹配技巧，在影片时空转换和吸引观众注意力方面具有令人印象深刻的效果，体现出电影艺术家们的独特构思，在此不妨加以介绍。

电影中的镜头匹配现象，常常出现在场景转换之间，电影编导可以利用这一场景组接的特性来推进故事向前发展，也可以借此传递故事新的信息。镜头匹配现象包括画面匹配和声音匹配两种。画面匹配，是指两个镜头画面在内容相似的基础上进行匹配剪辑，例如画面中图形、形状、动作、大小或色彩等相似则可匹配剪辑。画面匹配既可以推进剧情，也可以在两个画面基础上形成新的思想（如爱森斯坦的蒙太奇思想）。声音匹配，是指两个相似或具有某种联系的声音相继出现时形成一种新的含义。

我们先来看一下约·米留斯和弗·科波拉编剧的剧本《现代启示录》中的画面匹配例子：

丛林战火纷飞的越南丛林。银幕上充满白烟，说明受到炽烈的轰炸，烟雾遮掩了丛林中的椰子树。几架直升机掠过树梢飞来飞去。但不知为什么飞机的噪音却似乎离得很远，一切宛如梦境，甚至显得很美。银幕上隐隐约约地出现一个男子的特写，旋

① 贾内梯. 认识电影. 胡尧之，胡晓辉，冯韵文，等译. 北京：中国电影出版社，1997：90.
② 贾内梯. 认识电影. 91-92.

即消失。摄影机的焦点徐徐固定在那个男子的面部。那是威拉德上尉喝醉酒仰卧在床上。从林上空飞翔的直升机的螺旋桨，叠印出一架四个叶子的电风扇悬在天花板上不停地转动。威拉德从梦中蒙眬地醒来。

图7-4 《现代启示录》剧照

这是一个通过形状相似进行匹配的例子。在这里，我们注意到直升机的螺旋桨叶和悬挂在天花板上的风扇的桨叶之间形成了一种匹配关系，巧妙地把战场时空转换到了旅馆时空中来。

在影片《2001：太空漫游》中有一个通过动作进行匹配剪辑的例子。在影片开始的画面中，一个史前猿人把一根骨头抛向空中——转动上升的骨头（动作）和下一个场景中正在飞行的太空船（动作）匹配到一起，将年代相距久远的时空连接到一起，令观众感觉到异常的惊讶和奇妙。

通过画面匹配剪辑表达某种思想，这应该是受爱森斯坦蒙太奇理论影响的一个例子。“思想匹配剪辑是两个画面接在一起暗示新的思想。当分开看两个画面的时候，新的思想并不明显。”[①] 在影片《哈罗德和莫德》中，哈罗德是一位试图从母亲的价值观念中逃脱出来的年轻人，在多次自杀未遂之后，被送到精神病医生那里。医生问他：“你觉得你妈怎样？”之后，下一个画面内出现的是一个拆除旧建筑的大铁球正在砸向一栋房屋，这便是以视觉的方式做出的回答。剧本中是这样描写的：

12. 内景　精神病医生的办公室　日

…………

哈罗德躺在椅子上，完全放松。精神病医师，坐在他边上，没那么放松。

精神病医师：

“你觉得你妈怎样？”

13. 插入镜头素材画面

拆除起重机上的大铁球撞到砖墙里，发出巨大的声响，扬起高高的灰尘。

在影片《公民凯恩》中，可以看到声音匹配的例子：

场景

年轻的凯恩正坐在地板上拆圣诞礼物。

镜头1

① 范茜秋．电影化叙事．王旭锋，译．桂林：广西师范大学出版社，2009：186.

凯恩的监护人朝下看着凯恩，说："嗯，查尔斯，圣诞快乐!"

镜头2

凯恩重复了这句问候："圣诞快乐!"

镜头3

切换到变得老了许多的凯恩监护人，这已经是多年以后的又一个圣诞节的问候："圣诞快乐!"

通过画面与声音的匹配剪辑，在叙事方面巧妙地完成了时空的转换，可以省略许多铺垫，节省时间，加速了情节发展的节奏。更为重要的是，匹配剪辑能够精妙地表现创作者艺术构思以及角色思想意识，如前面所举的《现代启示录》《2001：太空漫游》《哈罗德和莫德》中的例子。在哈罗德的例子中，砸向废弃房屋的铁球实际上就是一个隐喻，我们也可以将其称为隐喻蒙太奇，由此可以看出蒙太奇理论对当今世界电影的深远影响。

【思考与练习】

1. 如何理解影视剧的空间？请举出利用空间变化进行叙事的例子。
2. 如何理解影视剧的时间？
3. 请分别举例说明高速摄影和低速摄影的叙事表意功能。
4. 举例说明电影的时空技巧功能。
5. 举例说明如何以造型的方式塑造人物形象。
6. 什么是电影蒙太奇？
7. 什么是库里肖夫效应？它对电影有何意义？
8. 如何安排场面蒙太奇结构？举例说明。
9. 如何保证蒙太奇结构的有机和完整性？
10. 普多夫金总结的蒙太奇技巧有哪些？
11. 请以实例说明镜头匹配现象。

第八章

影视剧的主题和情节

【学习导读】

影视剧本主题首先源于剧作家对生活的理解和认识，再由剧作家将其赋予具体的形式表现出来。剧本被搬上银幕或荧屏之后，观众则根据所看到的剧情重新归纳出作品的主题。这样的一个循环过程，实际上也是影视剧创作者与观众的思想交流过程，当然，观众对于创作者的思想或赞同或反对，也可能还需要进一步的思考。

有关情节的概念，早在亚里士多德的《诗学》中已经做过定义："情节，即事件的安排。"从这一定义看，情节和结构的概念有所重合。虽然亚里士多德已经注意到悲剧的情节与行动和性格有所关联，但他认为性格是"行动"中附带表现的，因而忽略了性格在情节中的能动作用。到了18世纪，德国启蒙主义剧作家、文艺理论家莱辛注意到性格对情节的能动作用，性格成为情节构成的重要因素。黑格尔更进一步提出情节包含三个要素：时代、情境和性格，将引起情节发生、发展的因素扩大至社会时代环境和具体的小情境，并认为正是这些因素引发了剧中人物之间的矛盾冲突。在黑格尔看来，情节的核心就是矛盾冲突。但是，在大量的文学、戏剧以及影视剧作品中，许多情节并不仅仅表现为两种对立力量的冲突和斗争。

相比之下，高尔基对情节的定义更具有包容性，他提出：情节即人物之间的联系、矛盾、同情、反感和一般的相互关系。根据这一定义，在分析影视剧的情节时，须注意人与人之间关系构成的情节线，而且一部作品内可以有多条情节线索并存发展，从而形成剧情跌宕起伏的艺术效果。影视剧情节的丰富性，在某种程度上展示了剧作家对剧本的驾驭能力。

【本章要点】

了解并掌握影视作品主题的内涵以及形成的过程，理解并掌握线性叙事和非线性叙事作品主题呈现的不同方式。熟悉人们情节和性格的认识简史，理解并掌握高尔基有关情节的定义。了解冲突在戏剧式情节中的核心地位以及因果关系和情节点。通过案例深入理解在非戏剧式结构中，情感和场面累积对于剧情呈现的意义。理解并掌握情境和情节动力。

第一节
主题的形成与表达

一、主题的形成

影视剧作品与小说、戏剧等其他艺术作品一样，都有着自己的主题。主题是一部作品的灵魂，如果没有明确的主题，就很难将生活的素材和创作者的构思完美地表现出来。从观众接受的角度来讲，如果找不到作品的主题，要想理解、分析一部影视剧作品也将是一件困难的事情。美国电影学者波布克就曾说过："任何一部影片首先需要考虑的是主题。如果观众抓不住影片讲的是什么，那就很难指望他们去评论、分析和研究它。如果影片制作者不知道他要说的是什么，他就不可能制作出一部能起交流作用的艺术作品。"① 所以说，作品的主题，不仅是创作者构思、立意所必须考虑的问题，同时也是观众、研究者分析影视剧作品，寻找、发现作品的创作意图以及所使用的相应形式手段的一个重要切入点。

◎ 关于主题的概念，苏联文学巨匠高尔基曾做过这样的定义：

"主题是从作者的经验中产生，由生活暗示给他的一种思想，可是它蓄积在他的印象里还未形成，当它要求用形象来体现时，它会在作者心中唤起一种欲望——赋予它一个形式。"②

从高尔基对主题所下的定义来看，主题所蕴含的思想价值是来源于生活的，是作者在生活中长期体验的结果，而不是对某种抽象的观念的演绎。个人在生活中的经历和体验，是生动和具体的，对生活的独特体验和观察的结果，可能会令人得出与以往已经形成的观念不相一致甚至是矛盾的结论。从个人对生活的体验出发，而不是从某种既有的观念出发，根据肖洛霍夫小说改编的影片《静静的顿河》就没有把葛利高里简单描写成一个顽固不化的白军，因此，这部影片也就揭示出了当时社会生活复杂、深刻的一面。在对生活深刻领悟之后，创作者对生活的体验，渐渐凝聚在某些人物身上，通过这些人物的命运遭遇能够把作者所要表达的一切尽量表现出来，并依此形成了一个叙事作品的基本轮廓。叙事作品建立起来了，作品的主题也在其中人物形象及其发展中体现出来。

因此，我们也可以看出，主题和作者的生活经验、作品中的人物形象以及作品的形式结构紧密联系在一起。作者的生活经验汇聚成一部作品的主题思想，主题又通过作品中的人物动作和作品的形式结构表达出来。

① 波布克. 电影的元素. 伍菡卿，译. 北京：中国电影出版社，1986：22－23.

② 高尔基. 论文学. 戈宝权，译. 北京：人民文学出版社，1978：334.

二、主题的表达方式

当我们面对各类影视剧作品时，要想全面准确地概括出作品的主题依然有许多具体问题。有些作品的情节相对简单，因此该作品的主题也相对容易概括。但是对那些情节结构复杂，甚至连情节都难以判断的电影，那么它的主题又该如何概括？比如，电影《广岛之恋》的主题是什么？塔可夫斯基的《镜子》《潜行者》《索拉里斯》等影片又分别表现了什么主题？

影视剧主题蕴含于具体作品的形式结构之中，因此，就应该在剧作结构中去寻找和发现主题。人们通常将剧作结构分为：戏剧式和非戏剧式结构；或者采用另外一种区分方法，即线性（时空顺序）和非线性（时空交错）式结构。戏剧式结构和线性结构基本相仿，均强调影视剧剧情按时间顺序发展，矛盾冲突统一连贯并注重因果关系，情节发展线索明确。非戏剧式和非线性结构则与之相反，即打破时间顺序发展原则，缺少一贯到底的情节，矛盾律和冲突律弱化等等。有关影视剧结构的问题，后面还有专章讨论。在这里，我们将分别讨论在两类剧作结构中主题的表达问题。

（一）线性叙事的影视剧主题

一般来说，当剧作家确定主题之后，便进入具体写作阶段。这一阶段往往也是通过人物动作来揭示主题的过程，剧中主要人物的行动构成动作线索，也就是我们经常提到的情节。因此，在分析情节线索比较明确的电影剧作时，主人公依靠自己的行动克服各种困难和阻碍，最终实现了自己的行动目标，我们据此可以判定这部影片的主题。比如，《功夫熊猫》的主题，我们可以根据情节归纳出：熊猫阿宝在浣熊师父的教导下，掌握了功夫要义并战胜了凶恶的敌人。刘恒编剧、冯小刚导演的影片《集结号》，讲述的是倔强的老军人谷子地一心要为牺牲的战士恢复荣誉的故事。

对于经典的线性叙事或戏剧式结构电影，因其情节特征十分明显，有的学者干脆将这类电影的主题称为“行动主题”或“情节主题”。

> 任何一个结构良好的剧本，都可以用简短的几句话来说明它的中心动作。例如莎士比亚的《裘力斯·凯撒》可以归纳成下列几句话：一位思想高尚的罗马人——勃鲁脱斯，深信罗马将由于它的统治者凯撒的野心而受到危害，在别人怂恿之下，他参与了一群政治阴谋者谋弑凯撒的计划，终于他也受到了惩罚。不幸的是，据我所知，目下还没有一个公认的专有名词可以用来代表上述这种简单的摘要而不引起误会。有时候有人用“主题”这个词（例如阿盖忒也苦于找不到适当的用词，他说：“我所知道的任何伟大的戏剧作品，无论它的内容是何等复杂，它的内容、主旨、中心主题都是用半张笔记本纸就能概述出来的。”），但主题的正式含义是“题目”或“问题”，因此，它可能会恰恰模糊了我们所企图突出的不同之点。唯一的解决方法将是采用另一个术语——“行动主题”（我相信好莱坞的编剧是曾用过它的）或“情节主题”。①

---

① 林格伦. 论电影艺术. 何力，李庄藩，刘芸，译. 北京：中国电影出版社，1979：36－37.

林格伦认为，根据剧中主人公的行动来总结“情节主题”的方法，可以用来对许多故事片加以分析和总结。例如：

《同志之谊》(1931年德国出品，帕布斯特导演)：当法德边界上的一处法国煤矿遭到洪水侵袭时，德国境内的矿工越过边界去救援被困在水中的法国工人。

《告密者》(1935年美国出品，J. 福特导演)：一个男子为了弄到钱同女友移民到美国去而出卖了一位新芬党人，他的告密致使这个新芬党人拒捕而死。告密者起先由于良心的责备没有实行原定的计划，后来又因而逐步地暴露了自己的罪行，终于受到新芬党的严厉制裁，丧失了性命。

《相见恨晚》(1945年英国出品，N. 考华德和D. 李恩联合导演)：一位中年的过着幸福家庭生活的两个孩子的母亲，爱上了一位同样已经结了婚的医生；他俩觉察到，假如继续迷恋下去，将欺骗与损害他们所爱的其他人，因此决定分手，永远不再相见。

当然，一部叙事性作品可能有两条或多条情节线索，那么相应的主题可能就不止一个。例如，长篇小说或电视连续剧往往就有多条情节线，其中包含着主要情节和多条次要情节，因此，也就出现了主题和副主题并存的情形。

在古希腊时期，亚里士多德在《诗学》中曾分析了悲剧和史诗之间的差异。他认为，史诗由于篇幅容量较大，可以由若干相互交织的动作线和许多人物组成，并且能将时间拉得很长；但悲剧由于演剧条件的限制而只能处理单一的动作：“模仿史诗较少统一性，因为事实证明，任何一篇史诗都包含有若干悲剧的主题。”在亚里士多德对悲剧和史诗的区分中，我们注意到，动作线和人物是两者同时具有的，只不过有多和少之分，史诗的篇幅容量较大，因此可以有多个人物和多条动作线；而悲剧由于演出时间限制，所以要求动作线简单集中，这有益于剧作结构的统一性，同时也使得主题单一明确。在林格伦看来，电影虽然和戏剧有很大差别，但是，电影的表现条件和戏剧几乎完全相同，从使观众一次就能看懂的角度讲，电影也应该和戏剧一样，只含有单一的行动，表现单一的主题。

时至今日，电影艺术的发展已经使得亚里士多德所提出的戏剧准则不再是唯一的标准，如《公民凯恩》《罗生门》《法国中尉的女人》等影片早已突破了线性戏剧式结构，所谓单一的动作线索体现出的主题明晰性，也逐渐受到主题的复杂多义的冲击，这是一个不容忽视的现实。同时，直至目前，常规电影也还基本延续着情节线索和主题明确单一的准则进行生产制作，这主要还是由常规电影观众需要一次看懂的观影需求所决定的。

图8-1 《法国中尉的女人》剧照

国产电视连续剧大多十分注重情节的曲折生动，采取的基本是线性叙事或戏剧式结构方式。但是，国产电视连续剧的时间可以延续很长，篇幅容量也较大，因此，又可以有多条情节线索同时展开、交叉进行，这又与亚里士多德所讲的史诗接近。所以，国产电视连续剧的多条线索可以产生多个戏剧主题，这完全是由于它的情节线索较为丰富所带来的结果。

例如根据毕飞宇小说改编的电视连续剧《青衣》（陈枰编剧、康洪雷导演），我们可以根据围绕老一代青衣名角柳如云的动作线，归纳出这样的一个主题：正当柳如云的演艺生涯如日中天的时候，一位不懂艺术的领导的批评毁掉了她的事业前程。在极度压抑之下，她不穿戏装走上舞台，用自己精湛的演技博得观众热烈的掌声，以此来证明，艺术是不能为权力和小人所左右的。筱艳秋与李雪芬的冲突情节线，又可以归纳出另一个主题：新一代青衣筱艳秋经过艰苦努力，已经崭露头角，然而来自艺人之间的矛盾却使她黯然退场。筱艳秋和筒子楼内的家庭主妇们以及婆婆的冲突，又是一条动作情节线，也可以归纳出一个主题。当然，如果从贯穿全剧的角度看，筱艳秋对艺术事业的大半生追求，可以说构成了一条总的情节线，并形成一个总主题，而相应的各个次要情节线索所产生的分主题，又和全剧总的主题有着内在的呼应和联系。

（二）非线性叙事的电影主题

一些非线性叙事或非戏剧式结构的影片，尤其是一些西方现代、后现代电影的主题，往往由于其缺少戏剧冲突以及清晰的动作情节线，使我们难以按照传统的戏剧式结构影片那样提炼主题。因此，这一类电影主题也显得晦涩且复杂多义。例如，《广岛之恋》上映之后，有的人认为这部影片的主题是描写一对异国男女的爱情，有人认为这是一部宣扬和平、反对战争的影片，也有人认为影片是要人们忘记痛苦的过去，还有人认为这部影片是在为第二次世界大战时期的“贝当”分子鸣不平，等等。对于上述种种理解，人们似乎都可以从银幕上找到各自的依据。而根据电影剧本的作者玛格丽特·杜拉斯在“剧本大纲”中阐述的创作意图，我们可以理解为，这部影片主要还是让人们“汲取广岛事件的历史教训”。[①]

此类情形的出现，与电影剧作结构的变化有着直接关系。在突破了传统的戏剧式结构之后，电影的结构呈现出开放的特征，所以，人们无法根据贯穿始终的情节以及人物行动来判断主题，因为在这类影片中，回忆、幻觉、潜意识的流动成为影片内容的主体。实际上，在此类电影中，编导不再强行规定情节发展的前因后果，这也赋予了观众在观影过程中更多的主动性。每个观众都可以依据电影中透露出的信息，在思考的基础上去重新建构某一情节发展的逻辑关系。

面对 20 世纪 50 年代涌现出的一大批现代主义电影，美国学者李·R. 波布克认为此类电影并非是虚无主义的“怎么办都行”，依旧可以归纳出特有的主题，或者是某种情调，或者是某种哲学主题：

> 这并不是要给变化无穷的现代艺术形式套上一条过时的或刻板的规则。有许许多多主题，有无数的表达方式。然而，重要的是要避免那种以艺术上的虚无主义为特征的“怎么办都行”的态度。
>
> 尽管在过去二十年内，影片的风格发生了巨大的变化，出现了各种运动，但是在这一时期内，艺术上有成就的影片都有一个无论在思想上或哲学上都引人注目的鲜明的主题。伯格曼对人与上帝的关系的探讨（《第七封印》《冬之光》），安东尼奥尼对异

① 汪流. 电影编剧学. 修订版. 北京：中国传媒大学出版社，2009：89.

化、对“牵连”的性质的考察（《奇遇》《放大》），以及费里尼对社会制度的研究（《甜蜜的生活》《八部半》），所有这些都是主题，它们都清楚地在最初的剧本中表现出来，并在而后的影片中得到精心的体现。

…………

一部影片的主题不必非是某种“教义”，甚至可以不是某种观点。对于一个剧本来说，它非常可能仅仅提示某种情调；后来这种情调变成主题。克洛德·勒卢什的《一个男人和一个女人》和波·维德贝格的《艾尔维拉·麦迪根》并没有去描写哲学主题或理性概念，但是两者都包含着创造一个恋爱故事的浓郁情调的内容，它提示了处理所有元素的方法，包括摄影风格、表演、剪辑和音乐等等。因此，主题可能是许多东西；但是无论它是一个哲学概念或仅仅是传达一种情调，它都必须清楚地表现在剧本中，以便使主题变成拍摄影片的指导力量。①

实际上，对于此类电影作品的主题意义，可以结合作者、文本、哲学思潮、人类现实处境等方面进一步考察，但却需要格外谨慎并随时准备接受别人的质疑。比如，伯格曼导演的《第七封印》(1957)，有人从基督教文化的角度，认为它表达了末日审判的主题，但反对者认为这一角度难以解释影片中的众多细节；也有人认为，它揭示了存在主义哲学的“虚无”“荒谬”等意识，但也存在着想象大于电影内涵的问题；也有学者根据20世纪50年代世界所面临的核危机现实，称这部电影表现的中世纪黑死病诠释着当时人类的核恐惧，不过，在反对者看来，这一研究视角没有考虑到伯格曼本人的创作思想和他本人的人生经验。上述种种情形，反映出人们为揭示此类电影主题所做出的各种努力和尝试。

正确地接近这部电影主题的途径，还是需要从电影作者的人生经历和文本内容入手。伯格曼从幼年时就被宗教问题所困扰，他一面是虔诚的信徒，另一方面却难以接受教会制度化的严苛。而在电影里面，海边的骷髅、死神、修士都有着雕塑般的面孔、阴郁的目光和冰冷的语调，这正表现出伯格曼对正统教会的批判立场。而温馨、快乐、虔诚的约瑟一家人，则代表了伯格曼理想的、生活化的宗教，这种精神的力量帮助伯格曼克服了许多困难。“巴赫的赞美诗在教堂里低声吟唱着，巴赫的虔诚治愈了我们虚假的痛苦。”② 由此，我们可以分析出这部电影隐晦的主题。

对于某些缺少情节连贯性、省略戏剧冲突的电影，也可以比照线性、戏剧式结构的方法展开主题分析。不过，需要特别注意情节中断之后，电影给观众呈现的影像内容，并从中分析出所指内涵。在这里，不妨以安东尼奥尼导演的《放大》(1966) 为例。该片主人公托马斯将在公园里拍摄的照片放大之后，发现了一具尸体，于是他返回公园去寻找，然而照片里的尸体却不翼而飞。按照经典的叙事逻辑，主人公不断奔向目标的努力，最终一定能够成功，但是，托马斯发现目标之后却无果而终。那么，这部影片所要表达的主题是什么？我们知道，安东尼奥尼自称是“意大利新现实主义的孩子”，因此可以借鉴《偷自行车的人》等影片的惯例，去发现电影所要表达的意图。如在《偷自行车的人》里，寻找自行车的目标中断之后，电影的重心转向了战后意大利社会的整体景观，因此它的主题也从个人进入到社会问题的范围。与此类似，《放大》也是从托马斯追踪个体目标开始，但是随着个体目标的消失，原本可能是侦破凶

① 波布克. 电影的元素. 23.

② 伯格曼. 魔灯：英格玛·伯格曼自传. 张红军，译. 桂林：广西师范大学出版社，2017：42.

杀的故事情节中断了，带至而来的可以是一个哲学问题，即有关真实和虚幻的思考，也可以由此延伸为社会问题，即人们生活在怎样的世界里？他的警察朋友不愿意相信他在照片里发现的真相，而现实中一切看上去真实的却又显得虚幻。无论是化装成小丑的嬉皮士大学生，还是摇滚演出中被砸碎的吉他，当然还有根本看不见“球”的网球比赛，一切都在错位和虚幻中。这些都是在主人公失去目标后的另一重发现，“看”的对象从个别放大到了整个社会。可以见出，安东尼奥尼的这部影片的主题是向西方世界发出质疑：人们放弃了对真理的追求而心甘情愿地在虚幻的世界生活？

第二节 影视剧的情节

一、何谓情节

有关叙事艺术中的情节问题，最早可以上溯到两千多年以前。古希腊哲人亚里士多德在其著名的《诗学》一书中就提及：“情节，即事件的安排。”同时，他还提出情节必须“完整”的要求，对此，亚里士多德解释道：“所谓‘完整’，指事之有头、有身、有尾。所谓‘头’，指事之不必然上承他事，但自然引起他事发生者；所谓‘尾’，恰与此相反，指事之按照必然律或常规自然地上承某事者，但无它事继其后；所谓‘身’，指事之承前启后者。所以结构完美的布局不能随便起讫，而必须遵照此处所说的方式。”① 这也就是我们常说的，叙述一件事情应该具有完整性。

在论及悲剧艺术时，亚里士多德又提到：“情节乃悲剧的基础，有似悲剧的灵魂。”在他看来，悲剧包含着六种主要成分：“整个悲剧艺术包含‘形象’、‘性格’、‘情节’、‘言词’、‘歌曲’与‘思想’。六个成分里，最重要的是情节，即事件的安排。”为什么亚里士多德说情节是最重要的呢？这关系到整个悲剧的组织结构问题，如果缺少了情节，整个悲剧结构的完整性就无法建立起来。“悲剧艺术的目的在于组织情节（亦即布局），在一切事物中，目的是最重要的。悲剧中没有行动，则不成为悲剧，但没有‘性格’，仍然不失为悲剧。”在亚里士多德的时代，人们对叙事艺术的理解还处于起步阶段，因此，建立起叙事作品的基本结构就是一个首要问题，在他看来，情节是支撑起悲剧结构的根本。但如果继续追问的话，支撑情节发展的内在动力又是什么？只是到了后来，研究者们才发现了性格对于情节发展的重要作用。当然，在《诗学》里，亚里士多德也提到了悲剧中的性格问题，但是与情节比较起来，人物性格被置于比情节次要的位置。虽然亚里士多德注意到了悲剧中“行动”“情节”“性格”的存在，但是，对它们之间的内在关系显然还是有些模糊。例如，他认为：“不是为了表现‘性格’而行动，

① 亚里士多德．诗学．罗念生，译．北京：人民文学出版社，1982：25.

而是在‘行动’的时候附带表现‘性格’。”[①] 这实际上是忽略了性格在行动中所起到的能动和主导作用。

对于性格在戏剧情节发展中所起到的作用，18 世纪德国戏剧理论家莱辛给予了充分的关注。“性格远比事件更为神圣……事件，只要它们是性格的一种延续……可以由完全不同的性格当中引出相同的事件”，而且，“这种性格在这种情况下通常引起这样的事件，而且必须引起这样的事件”[②]。

莱辛认为：“诗人之喜欢选择这个事件而不喜欢选择另外的事件，是由纯粹的事实、时间和地点决定的呢，还是由能使事实变得更真实的人物性格决定的呢？如果决定于人物的性格，那么诗人究竟可以离开历史的真实多远这个问题就迎刃而解了。对那一切与人物性格无关的事实，他愿意离开多远就离开多远。只有性格对他说来是神圣不可侵犯的；他的职责就是加强这些性格，以最明确地表现这些性格。”[③] 到了黑格尔的时代，性格在情节中的重要性得到了进一步肯定。黑格尔认为，情节包含三个要点，概括地说，即时代、情境、性格。时代，就是我们通常所说的社会时代背景，或称大环境；情境，就是可以感知的现实生活环境，或称小环境；性格，就是人物性格。他特别强调性格的主体性和丰富性的统一。他认为情节的核心是矛盾冲突，因而情节包含对立的两种力量的冲突和斗争等。

时至今日，在许多影视剧作品中，我们仍然可以看到性格决定情节发展的这一基本原则。例如，刘恒编剧、冯小刚导演的影片《集结号》（根据小说《官司》改编），主人公谷子地顽强、坚韧的性格始终推动着剧情的发展，他的性格支撑着他在战场上坚持到最后一刻，同样也是这种性格促使他在战后执着地要为牺牲的战友恢复荣誉。苏联影片《夏伯阳》成功地塑造了一位英雄的性格，夏伯阳狂放不羁的性格一方面是令他的部队所向披靡的动力，另一方面也使他和他的部队经常出现一些瑕疵纰漏，最后遭到白军的夜袭而付出了惨重的代价。可以说，正是由于夏伯阳个性分明的性格使这部影片情节跌宕有致、酣畅淋漓。

◎ 苏联文学巨匠高尔基对情节所下的定义，在中国曾产生过广泛的影响。高尔基说：“文学的第三个要素是情节，即人物之间的联系、矛盾、同情、反感和一般的相互关系——某种性格、典型的成长和构成的历史。”[④]

后来，人们通常把高尔基对情节所下的定义简化为：情节是人物性格的发展史。不过，这一简约化的结果却将高尔基所下定义的前半部分的重要性忽略掉了。构成情节最重要的基点应该是人物之间的关系，这种关系就不仅只是黑格尔所讲的矛盾和冲突关系，还有人物之间普通的联系以及各种情感关系，比如一部作品的情节主线是两人的爱情，像《泰坦尼克号》中的杰克和露丝之间的爱情故事所构成的情节。所以说，高尔基有关情节的定义比黑格尔的定义更加全面准确，在许多没有明显矛盾冲突的叙事作品中，人物之间的各种关系就已经构成了情节。可以说，高尔基的定义后半部分只是对前半部分的一个补充，特别适用于现实主义风格的文学和影视剧作品，并且在诸多优秀的现实主义作品中得到了很好的印证。例如，苏联著名作家肖

---

① 亚里士多德．诗学．21.

② 莱辛．汉堡剧评．张黎，译．上海：上海译文出版社，1998：176.

③ 段宝林．西方古典作家谈文艺创作．沈阳：春风文艺出版社，1980：132－133.

④ 高尔基．论文学．335.

洛霍夫创作的长篇小说《静静的顿河》，影片《夏伯阳》《第四十一》《办公室的故事》《莫斯科不相信眼泪》等等。在这些作品中，人物性格丰满且富于变化，并且使这些作品成为文学史和电影史上的经典之作。

◎ 通过以上梳理，我们对如何判断影视剧情节便有了基本的认知。概括起来，我们可以通过三种方式辨析、把握情节脉络：其一，通过主人公奔向目标的动作，直至成功抵达目标来判断该情节线索。应该注意的是，这一类主人公往往具备主动型性格。其二，通过人物之间的关系来判断某一情节线索，如高尔基所指出的那样，两者之间可能是矛盾、冲突的关系，但也可能是同情、反感的普通关系。其三，对于主人公并无贯穿始终的行动目标，或是被动型主人公，他（她）内心世界的变化亦构成情节。这即是高尔基所讲的“某种性格、典型的成长和构成的历史”。

图 8-2 《莫斯科不相信眼泪》剧照

此外，20 世纪 80 年代，英国理论家福斯特的《小说面面观》被翻译介绍到中国。福斯特在这本小册子中，在区分“故事”和“情节”这两个概念时，也从另一个角度强调了文学作品情节的因果性特征：

> （故事）它是按照时间顺序来叙述事件的。情节同样要叙述事件，只不过特别强调因果关系罢了。如“国王死了，不久王后也死去”便是故事；而“国王死了，不久王后也因伤心而死”则是情节。虽然情节中也有时间顺序，但却被因果关系所掩盖。又例如：“王后死了，原因不详，后来才发现她是因国王去世而悲伤过度致死的。”这也是情节，不过带点神秘色彩而已。这种形式还可以再加以发展。这句话不仅没有涉及时间顺序，而且尽量不同故事联系在一起。对于王后已死这件事，如果我们再问：“往后呢？”便是故事，要是问：“什么原因？”则是情节。①

福斯特所强调的情节的因果关系，对于理解影视剧的情节同样重要。后面所要提到的情节点的设置问题，实际上就是影视剧段落之间的因果关系。一个重要的事件场景导致下一个事件场景的出现，并以此建立起总的情节关系。

二、影视剧情节的表现形式

法国戏剧理论家布伦退尔曾说过这样的名言：“没有冲突就没有戏剧。”直到现在，大部分影视剧依旧采用的是戏剧式结构方式，而这种戏剧式结构必须符合冲突律的法则，情节从人物

① 福斯特. 小说面面观. 苏炳文，译. 广州：花城出版社，1984：75-76.

图 8-3 《战狼Ⅱ》海报

之间的冲突开始，依次经过发展、纠葛、高潮直到最终结局，因此这一类故事片的情节是以冲突来构成的。好莱坞生产的经典影片，诸如西部片《关山飞渡》、爱情片《魂断蓝桥》，以及众多的战争片、科幻片大多属于此类情节结构方式。我国近年生产的主流商业电影，如《战狼Ⅱ》《湄公河行动》《红海行动》等影片，均以情节高度紧张、冲突激烈获得广大观众的喜爱。

以戏剧冲突为基础的电影情节，事件的因果关系在其中发挥着明显的作用，前一事件的"因"导致后续事件"果"的发生，因此使得情节发展跌宕起伏，矛盾冲突趋向激烈，最终走向全剧高潮。在这样的情节发展链条中，往往会设置一系列的情节点，促使主人公的行动"踏上一条不归之路"，所以，对此类影片情节点的考察是审视事件安排是否合理有序的关键。例如，在吴京自导自演的《战狼Ⅱ》中，冷锋因为误伤了"强拆"牺牲战友家的包工头，被判三年监禁。出狱后，为了寻找杀害龙小云的凶手，他只身来到非洲。在非洲又遇上红巾军叛乱，冷锋自告奋勇前去营救陈博士和中资工厂工人。在经过一系列的生死搏斗之后，冷锋成功地营救出被困人员。

美国电影理论家悉德·菲尔德在《电影剧本写作基础》一书中提及："情节点，它是一个事件，它'钩住'动作，并且把它转向另一方向。"至关重要的是，情节点能够"把故事推向前进"。在戏剧中，情节点一般出现在每一幕的结尾处，而在电影中也大体相似，但一般是出现在每一段落的结尾处。"当你的电影剧本完成时，它可能包含有十五个情节点之多。究竟要有多少，全靠你自己故事的需要。每一个情节点都把你的故事推向前进，一直到结局。"①

以影片《集结号》为例，该片故事时间从解放战争、抗美援朝一直到新中国建设时期，跨度大约十年。与以往国内拍摄的战争片相比，在视觉和主题内容方面都有很大变化，是一部观赏性和思想性结合得较好的影片。在影片中，九连连长谷子地所经历的战争场面残酷激烈，在坚守"小煤窑"阵地的战斗中，他所带领的九连战士全部牺牲。在战争结束后，这位忠诚、勇敢的连长始终对牺牲的战友难以释怀，一心要为牺牲的战友恢复烈士的荣誉。可以说，谷子地倔强的性格，在影片情节发展中起到了至关重要的推动作用。如果将这部影片划分出关键的情节点，可以更加清楚地看到剧情发展的脉络关系。

（1）一场战斗中，九连遇到敌人顽强抵抗，指导员牺牲在敌人炮火之下，连长谷子地为指导员复仇，枪杀俘虏，因此违反了战场纪律受到严重惩罚。枪杀俘虏事件显然是一个重要情节点。

（2）谷子地受到关禁闭的处分，并认识了临阵脱逃的文书王金存。结识王金存是又一处情节点，该情节点甚至也为后来王金存未婚妻的出场做了铺垫。

---

① 菲尔德. 电影剧本写作基础. 鲍玉珩，钟大丰，译. 北京：中国文联出版公司，1985：106.

图 8-4 《集结号》海报

(3) 团长刘泽水决定派集体受罚的九连掩护全团撤退，并约定九连只有听到集结号后才可撤退。团长的命令即是该段的情节点，集结号声决定着九连的命运。

(4) 谷子地带领九连顽强阻击敌人，大部分战友牺牲，有人为了九连命运谎称听到号声，而谷子地本人没有听到号声坚持不撤退。最后只有谷子地幸存下来。坚持听到号声才能撤退是该段落的情节点。

(5) 在野战医院里，谷子地因穿着敌军军服，被误认为是敌军的老兵油子而准备遣散。恰逢赵二斗招炮兵，谷子地重新回到队伍。赵二斗将他带入炮兵部队又是一处情节点，为此，谷子地对赵二斗心存感激之情。

(6) 在朝鲜战场上，谷子地从地雷阵中救出赵二斗，两人的情义愈发深厚。在此段落里，两人成了生死之交，使日后赵二斗坚持不懈地帮助他为牺牲战友恢复名誉。

(7) 退伍后，谷子地回到当年的战场，寻找牺牲战友的下落，途中遇到王金存的未婚妻。由于部队将九连牺牲的战士列为失踪，谷子地决定重新找赵二斗，并让其帮助寻找自己以前的老部队。列为失踪这一消息作为情节点，促使谷子地决心再寻赵二斗帮助。

(8) 在赵二斗的帮助下，谷子地终于找到老部队的下落，并且见到司号员小梁子。小梁子告诉他，为了保证部队顺利转移，当初根本没有吹号，团长刘泽水后来也牺牲了。老部队首长准备为谷子地授勋，但却难以追认其他牺牲者为烈士。老部队首长的决定是该段落情节点，为此，谷子地决定自己亲自寻找战友的遗体。

(9) 谷子地在当初战友们牺牲的窑口疯狂地挖掘，希望找到战友的遗体。他的痴情与执着的行动本身即是一处情节点，引出了最终结果。

(10) 谷子地的决心令所有人备受感动。最后，终于为牺牲的战友争回了荣誉。

从以上的情节点可以看出，前面的情节点即事件，都导致了后续事件的出现，也即在前后事件之间建立起了必要的因果联系。同时，主人公谷子地的性格在每个事件中都发挥着“推动”的作用，并且作为贯穿全剧的“动作”构成一个完整的情节。

第二次世界大战之后，随着意大利新现实主义电影的出现，一些表现日常生活的“生活流”影片对戏剧式电影形成了巨大的冲击，例如，在《偷自行车的人》《罗马 11 时》等影片中不再有明显强烈的矛盾冲突，传统的情节依靠戏剧性冲突逐步走向高潮的方式，为另一种人物情感逐渐蓄积的形态所替代，这就形成了一种依赖于场面的积累来建构情节发展的新方式。如美国影片《克莱默夫妇》，日本的“生活流”电影《东京家族》《步履不停》《如父如子》，中国的“散文电影”《城南旧事》《那山那人那狗》《暖》等影片均属此列。

图 8-5 《城南旧事》剧照

非戏剧式结构的影片，往往没有激烈的情节冲突，故事内的事件与事件之间也不一定具有明确的因果关系。如中国散文电影的代表作《城南旧事》，是根据作家林海音同名小说改编而成，由著名导演吴贻弓执导。影片表现了童年时期的小英子在老北平经历的几件事情，并依此构成影片的整体。小英子只是作为事件的目击者出现在影片中，并非事件的行动主体。影片中的几个事件正如人生所经历的一样，充满偶然性地出现在人们面前：围绕着“疯女人”秀贞的故事，一个面带笑容的可爱的“小偷”哥哥的故事，以及女佣宋妈家中遇到的不幸。在目睹了人生坎坷与不幸的种种变故之后，小英子的内心世界也发生了悄然变化，这种变化自然在她允满童真、稚气的脸上流露出来：影片开始时，小英子带着一张天真、纯洁的面孔出现在银幕上，而在影片结尾处，小英子的脸却被蒙上一层哀伤、忧郁的淡淡阴影。这类影片的情节，实际上也符合高尔基所做的定义，即是“某种性格、典型的成长和构成的历史”，但却是一种以场面的积累建构情节的发展方式。

美国影片《克莱默夫妇》的情节发展也有类似特征。男主人公特德由于平时很少管理家务，在妻子乔安娜离家出走之后一时手足无措，但又不得不承担起照顾儿子等家务责任。影片开始不久，在父子二人做法式煎面包场景中，小儿子对父亲很不信任，特德手忙脚乱，最后还是没做成一顿像样的早餐。但是，当影片接近结束时，父子之间的感情已变得十分深厚，此刻，儿子知道即将离开父亲与母亲一道生活，因此显得与父亲依依不舍。父子二人异常默契地做着早餐，儿子不时用安慰的眼光看着父亲。从一开始的父子隔阂状态，到最后父子情深的场景，这一切变化的发生正是场面的积累和情感蓄积的结果。

三、情境与情节动力

前面曾经提到黑格尔认为情节包含三个要点，概括地说，即时代、情境、性格。他所讲的时代，就是我们通常所说的社会时代背景，或称大环境。每个时代都有独特的文化和美学风貌，并产生与之相应的艺术形式，如，“文革”结束后出现的“伤痕”文学和电影。在费穆先生导演的影片《孔夫子》中，影片开场便以一系列富于时代特征的场景揭示出孔子所处的时代环境：诸侯荒淫无度、贪婪成性、礼法荒废、道德沦丧。这样一个大的时代背景，既是历史的大写真，同时也为影片情节的发展做好了铺垫。因为正是这样的大环境促使孔夫子坚定了自己的信念，并且为了宣扬自己的儒家道德理想而开始了周游列国的艰辛之旅。

◎ 情境，一般是指对事件的发生或人物行动产生影响的具体环境条件，应用在剧作中，所指即是“戏剧情境”或“规定情境”。

如，在《我不是药神》中，程勇在影片开始时既无钱交付房租又无钱给父亲治病，这便是他所面临的“戏剧情境”。在这样的情境之下，主人公应该怎么办？这便是情境对于人物下一步行动的价值。电影中接下去的情节即程勇接受了吕受益的建议，到印度去买低廉的抗癌药物“格列宁”，以及随后发生的一系列事件。

当然，在许多日常化的影片中，情节基本是围绕着一些生活的“规定情境”展开的。比如，在《克莱默夫妇》中，影片开始时妻子离家出走，这就把特德置于一种意外的情境中，接下去情节的发展就是要解决特德今后“怎么办”的问题。实际上，情境不仅可以出现在剧作的开端，也可以出现在情节后续的发展、纠葛以及高潮阶段，并在内、外因力量的作用下使情节发生转机。

必须注意的是，尽管影视剧的情节有明显和隐晦之分，也有主次之别，但是情节的发展往往都有着来自内部或外部的动力机制。这里就涉及情节发展过程中的内部动力和外部动力问题。所谓的外部动力，即是由外部事件的介入而形成的情节推动力，它可能是神秘的自然力量，或是具有某种权威的外来者的强大力量，也可能是某种突发事件的发生等。而内部动力则来自剧中人物自身，即剧中主人公要求从具体情境中走出的愿望和行动，往往由其性格、经历和遭遇处境而决定。例如，在电视连续剧《激情燃烧的岁月》中，石光荣在庆祝解放的腰鼓队中发现了褚琴之后，就开始了他的“求婚”行动，先是追随文工团到各个部队观看褚琴演出，后又与假想的情敌胡团长进行较量，后又跑到褚琴家里拜见她的父母，各种招数都试过之后仍然不见成效。剧情发展到这里似乎已经到了山穷水尽的地步，毕竟，人物内部的动力几乎已经完全耗尽，那么最好的办法就是借助外部动力使剧情继续发展。于是，编剧适时请出师领导亲自过问石光荣的婚事，并最终使褚琴答应嫁给这位农民出身的英雄团长。这样的结局显然是外部动力促成的结果。

一般来说，在情节发展过程中，内部动力和外部动力都是不可或缺的。在内、外部动力的作用下，剧中人物从一个个具体的、充满矛盾或危机的情境中走出，并最终走向全剧的结尾。

【思考与练习】

1. 何谓主题？如何理解主题在影视创作和研究中的重要性？
2. 如何从影视剧作中归纳主题？
3. 亚里士多德为何提出情节第一的原则？谈谈情节和性格的关系。
4. 何谓情节？分析高尔基对情节所下定义的内涵。
5. 影视剧情节的主要表现方式有哪些？
6. 什么是情节点？举例说明情节点在影视剧中的作用。

第九章
影视剧的结构

【学习导读】

在世界电影史上，每个重要的历史时期都会出现一些标志性作品，这些作品往往又表现为结构方面的标新立异。在一个多世纪的时间里，从《一个国家的诞生》《战舰波将金号》《公民凯恩》《偷自行车的人》《罗生门》《野草莓》，再到《法国中尉的女人》《滑动门》《低俗小说》《暴雨将至》《罗拉快跑》等等。这些影片随着时代而发展，结构上发生了一系列重要的变化。

早期电影故事片沿袭了传统戏剧的结构，这种经典的戏剧式结构延续至今，依旧有较为广阔的电影市场。电视剧大多也采用戏剧式结构方式。这一结构主要按照时间顺序展开，分为开端、发展、高潮和结局等几个阶段。与之相对的是，许多现代电影采取了非戏剧式结构方式，由于该类电影打破了时空顺序的展开模式，因此也被称为时空交错式结构。

结构不仅是艺术形式的问题，也与人们对世界的理解和认知有着密切的关系。从传统理性的意义上说，人们都希望美德战胜暴行、正义战胜邪恶、好人终有好报、有情人终成眷属，而经典的戏剧式结构恰能充分满足人们的愿望。这也说明了影视剧结构能够反映文化理想的基本特征。20世纪以来，世界发生了多次巨大的震荡，现代乃至后现代的哲学和社会思潮都对人类产生了深远的影响，人类对于世界的理解与认知的变化同样反映到电影结构的变化中来。现代主义所热衷的梦境、多义性和偶然性等问题，引发了电影结构的深刻变革。随着新世纪和信息时代的降临，电影艺术结构又有了一些新的变化，体现为《低俗小说》《罗拉快跑》《盗梦空间》这类后现代结构样式的出现。

【本章要点】

了解并熟知结构问题是衡量影视剧艺术性的重要标准，理解并掌握作品结构形式与创作意图、创作者的世界观以及情感表达的关系。熟悉并掌握戏剧式电影结构的基本特点，并能够结合具体案例分析结构内部多情节线索及相互关系。了解并掌握诗电影、散文电影代表作品及其基本特征，熟知其所形成的历史背景和美学蕴含。在电影艺术发展史的脉络中，了解并掌握时空交错式结构的代表性作品及式样变化，理解现实时空和心理时空及其层级关系对结构形式的影响。

第一节
结构的内涵意义

影视剧的结构是衡量一部作品艺术性的重要标准。奥逊·威尔斯导演的电影《公民凯恩》、黑泽明导演的《罗生门》、卡雷尔·赖兹导演的《法国中尉的女人》等影片，均以其结构的新颖独特而成为世界电影史上的经典之作。由此可见，影视剧作的结构问题至关重要。清代著名戏剧理论家李渔在《闲情偶记》中提出了“结构第一”的创作原则，他谈道：“至于‘结构’二字，则在引商刻羽之先，拈韵抽毫之始。如造物之赋形，当其精血初凝，胞胎未就，先为制定全形，使点血而具五官百骸之势。……工师之建宅亦然。基址初平，间架未立，先筹何处建厅，何处开户，栋需何木，梁用何材，必俟成局了然，始可挥斤运斧。”

图9-1 《罗生门》剧照

概括地说，结构即是对影视剧作品各个组成部分的布局和安排。也有人说，结构就是对作品情节的安排。但是，我们还不能将结构仅仅看作是一个形式的问题，毕竟，影视剧的结构又关系到剧作者对生活的理解、主题的表达、人物性格塑造等方面，是一个凝聚思想意图再具体外化为表现形式的完整过程。电影艺术的发展演进过程，也是随着人类对于社会文化和历史的理解逐渐深入的过程。经典戏剧式结构往往以主人公实现目标为结局，但是，现实生活里人们却常常难以实现内心所愿，由此显现出戏剧式结构局限的一面。二战结束之后，欧洲社会的混乱现实令人产生无力之感，因此，意大利新现实主义电影的出现，也正是与人们对现实境遇的切身感受相契合。未来的不确定性，在电影形式结构中体现为开放式的结局，其中叙事目标的消失，也引发了观众对影片内呈现的社会现象深入思索。可以说，影视剧结构所承载的社会历史和文化内涵，尤其值得我们持续关注和思考。

本章考虑到电影结构日益丰富以及相应的研究成果也比较成熟的现实，故以电影结构分析为主。国产电视剧的结构形式目前依旧以戏剧式结构为主，在时空展开方面也大多按时空顺序进行，因此，电视连续剧的剧作结构特征也相对稳定，可以参照戏剧式电影进行相应思考。

一、结构设计要围绕作品的主题和创作者的思想意图

影视剧作的结构与剧作家对现实生活以及世界的理解有着密切的联系。结构必须有益于剧作者的思想表达，并通过塑造相应的人物形象，将生活素材、事件加以组织和安排，并最终体现为对影视剧主题的出色表达。可以看出，影视剧的结构不能仅限于考虑形式安排的问题，还需要充分考虑到剧作家的思想。

美国戏剧、电影理论家劳逊曾说过："电影的结构是为了满足主题的需要。"① 这句话即是从结构的功能角度来谈的，明确提出对影视剧作品进行结构布局安排的目的之一，正是为了凸显主题。爱森斯坦在《结构问题》一文中也指出："结构不可能是虚构的……不是出于形式上的需要……""绝不是完全从'脑袋里想出来的'，因为结构进程中的任何一个细致的变化都不是出于形式上的需要，而是要表现主题和作者对主题的态度。"② 苏联时期另一位电影理论家尼·克雷切奇尼科夫更进一步谈到了结构和思想主题的关系："结构——它不是某种辅助的东西，而是表现主题思想的基本手段之一。我们对很多个别的要素进行选择比较，把它们组织成一个统一的整体，这同时也就是在探索表现艺术思想和艺术作品主题的最恰当的形式。……艺术作品的结构，就是体现了本质的形式。……对任何一部艺术作品来说，思想意图离开了结构的处理，离开作品的布局是不可想象的。"③

因此，我们可以说，一部影视剧结构的好与坏，首先应该看它是否能够完整、准确、深刻地表现出创作者的思想意图。李准编剧、谢晋导演的影片《牧马人》采取的是对比的结构手法，其中既有边远牧区和都市生活的对比，也有父母生活舒适但却情感不合与许灵均遭受政治迫害却得到秀芝的爱情的对比。这种对比结构恰好能将编导的思想意图融入其中。谢晋导演根据电影剧本阐述了这部影片的结构特征："剧本写了许灵均的命运，三十年的遭遇。内在的涵义很丰富。它表现了两个国家、两种制度、两个不同阶级、两个不同路线、父子两代人、新旧两个中国，我归纳为'六个两'。……这个戏的结构是以父子在北京相逢的八次谈话为经，以许灵均的三十年遭遇为纬，编制而成的一幅复杂动人的图画。剧中提出了人生、人情、爱情、道德观念等问题。"④ 从这个例子可以见出，影视剧创作中的结构问题离不开创作者的思想意图和主题，为了能够让主题清晰、明确地表达出来，就需要一个与主题相适应的结构方法。

随着互联网时代的到来，影视剧的制作与传播变得更加快捷方便。但是，无论怎样变化，那些主题简洁明快、视听语言新颖独特且具有震撼效果的作品，总会受到大众的普遍欢迎。比如，2019 年 6 月在优酷网首播的古装网剧《长安十二时辰》，因其剧情高度紧张，充满悬疑气氛，在国内引起了较大反响。所以说，戏剧式结构的影视剧作品依旧占据着商业主流的位置。同时，也应该看到，影视艺术的发展始终是一个艺术反哺大众文化的过程，即主流商业片也在

---

① 劳逊. 电影的创作过程. 齐宇，齐宙，译. 北京：中国电影出版社，1982：340.

② 爱森斯坦. 爱森斯坦论文选集. 魏边实，伍菡卿，黄定语，译. 北京：中国电影出版社，1962：458.

③ 克雷切奇尼科夫. 影片的结构. 电影文学，1962 (7).

④ 谢晋. 我对导演艺术的追求. 北京：中国电影出版社，1990：115.

不断吸收艺术创新成果，并且形成新的商业与艺术融合的影视现象。例如，在意大利新现实主义、法国“新浪潮”的影响之下，美国电影在20世纪60年代后期也进入“新好莱坞”时代，出现了《猎鹿人》《午夜牛郎》《毕业生》《克莱默夫妇》等一大批优秀作品，在结构风格上也发生重大变化，其中包含着更多社会文化反思的内涵。

随着当代观众艺术鉴赏能力的不断提高，主题单一的影视剧作已经难以满足观众审美多样化的需求，因此，在影视人的不懈努力探索之下，世界电影、电视剧的结构也变得越来越丰富。艺术性较强的探索影片是如此，即便是一些大众性很强的商业片，在结构方面的复杂性也往往超过了从前的影片。而今天我们所看到的商业影片，情节线索则往往是两条以上，总的主题则要在对多条情节线索的充分归纳基础上方能得出。当然，这也反映出了今天的电影人与观众的思想异常活跃和丰富的特点。

◎ 实际上，早在1940年，奥逊·威尔斯导演的电影《公民凯恩》，在电影结构方面就曾做过一次创新尝试。该片为了能够表现出凯恩复杂而又充满争议的人生，大胆突破了已经处于电影经典地位的线性发展结构。他所采用的时空交错式电影结构方式，让多个人物在不同的时空、从不同的角度讲述凯恩充满矛盾的一生，该片所塑造的凯恩形象以及主题内涵均达到了前所未有的深度。

二、结构应显现出创作者对世界和人生的认知理解

按照艺术作品是对生活的模仿这一理念，早期戏剧的结构设计也是模仿生活本来的样子，因此就有首、身、尾的结构三分法或者开端、发展、高潮和结局这样的结构四分法之说。这一基本的结构方法也延续到了影视剧艺术中来。随着现代哲学观念的发展，人们对于世界和生活的理解日益变得丰富多元，那种情节单一、有头有尾的结构方式也因此不断受到挑战和冲击。

从20世纪50年代中后期开始，西方现代主义电影再度兴起。受当时流行的存在主义哲学观念影响，这些影片大多关注人类个体的生存境遇和心理状态，展示了当时西方社会所面临的严重精神危机。为了表现生命的孤独、人与人之间难以沟通的现实、人在生存困境中的茫然状态，现代主义电影采用了与戏剧冲突式结构全然不同的新型结构方式。

例如，瑞典著名导演伯格曼编导的影片《野草莓》，采用的是一种“心理时空结构”方式，通过梦幻时空和现实时空的交叉展开，对老医生伊萨克充满“孤独”和“恐惧”的精神世界进行了探寻和描述。影片给人留下深刻印象的是三个重要的梦中场景。在第一个梦境中出现的白日街道寂静无人，钟表没有指针，伊萨克看到了棺材中自己的身体；在第二个梦境中，老年伊萨克同青年时代的情人萨拉以及许多亲人处于同一个画面里，但是，他们之间却没有办法交流，他被孤零零地抛弃在暗影之中，亲人们似乎无法看到他的存在；在第三个梦境中，伊萨克虽然可以与情人萨拉对话，但是最终结果却是萨拉哭泣着离开他，并和表哥一起走进屋去。影片中的梦境，不断强化着“恐惧”“孤独”又无处倾诉的感受，但却始终没有明确的冲突、矛盾和对立，也没有依靠现实、理性的因果关系建立起的情节线索。

意大利著名导演安东尼奥尼的影片《奇遇》，在1960年第13届戛纳电影节上遭到一片嘘声，其中主要的原因在于，这部影片似乎完全抛弃了情节上的因果关系。一位富家小姐与她的

图 9-2 《野草莓》剧照

未婚夫桑德罗以及女友乘船来到一个海岛度假，途中忽然消失不见。未婚夫桑德罗和她的女友在找寻她的时候萌发爱意，寻找的情节也就此消失。随后，在这对新恋人下榻的旅馆，那位女友又意外发现桑德罗和女招待厮混在一起。在这部影片里，一切都充满了偶然，使习惯于观看具有完整情节的电影观众一时难以适应。安东尼奥尼在对自己的影片阐述中提到自己对所处的时代的理解：当今世界存在着严重的分裂，一方面科学总是规划着未来，另一方面我们认知的道德却是死板、僵化的，并处于懦弱和惰性之中。现代人背着沉重的感情包袱，不仅陈旧过时，而且不合时宜，它带来了问题却无法提供解决方案。他认为，人类的科学与道德加速分裂，而且越来越严重。影片所要表现的，就是"我们时代的感情病态"。所以说，像《奇遇》这样的影片本身表现的是西方现代人所处的道德困境，而且也没有找到一个行之有效的解决办法，那么，相应的电影结构怎么可能再去重复从开端直到结局的完整情节呢？这恰好能够说明，电影艺术结构与电影人对生活的认知理解有着十分默契的对应关系，选择合适的结构正是为了能更好地表达创作者的思想意图。

三、结构要满足形象塑造和情感蓄积的需要

影视剧和文学一样也是关于人生的艺术，要通过人物形象的塑造去体现主题思想并传递情感。有关结构和人性的关系，爱森斯坦曾经这样解释道："真正的结构必定是富于深刻的人性的……事件按照某种感情发展的'进度表'在银幕上展开，它也就反过来从银幕上按照同一的'进度表'引导观众的情绪，把观众的情绪结成原来决定这种结构方式的那种感情……这就是真正的结构具有真正的情绪感染力的秘密所在。真正的结构以人的情绪发展为依据，因而也就能准确无误地作用于人的情绪，准确无误地引起决定这个结构的那种感情。"①

人们喜爱某些影视剧作品，往往是因为被其中的人物鲜明的性格和内涵丰富的情感所打

① 佛明. 结构塑造性格. 电影艺术译丛，1979 (2).

动，并因此而留下了永生难忘的记忆。苏联由高尔基所提出的“文学即人学”的观念，对电影艺术同样产生过深刻的影响。在20世纪50年代中后期，苏联出现了一批“解冻电影”，如《第四十一》《士兵之歌》《雁南飞》《一个人的遭遇》等影片。这些影片中所包含的人性和情感的力量，至今仍然能让观影者为之动容。而至20世纪70—80年代，又出现了一系列表现普通人善良人性的影片，如《莫斯科不相信眼泪》《两个人的车站》《办公室的故事》《战地浪漫曲》《这里的黎明静悄悄》等优秀之作，这些影片同样也曾给中国观众带来许多温馨美好的回忆。尽管时代在变化，但是，那种历经磨难却仍能秉持坚守的善良人性，却可以内化到每一个人的灵魂之中。

苏联著名喜剧大师梁赞诺夫导演的影片《两个人的车站》，在人物形象塑造以及情感的揭示方面极具特点。影片开始于极度寒冷的北极地带，钢琴家普拉东替妻子承担了一起车祸的责任，此刻正在那里服刑。故事的主体是在回忆中展开的。炎热的夏季，一个外省火车站，在热烈的进行曲伴奏下，一群乘客涌入车站餐厅，西装革履的普拉东与女招待薇拉因为午餐质量发生了争吵，并因此耽误了火车。在等待下一班火车的过程中，普拉东和薇拉开始逐渐了解对方，也渐渐发现了隐藏在对方心灵深处的可爱、善良。薇拉无意中听到普拉东打给妻子的电话，并且知道普拉东为妻子承担责任并准备服刑，这趟旅行本是为了探望年迈的父亲，因为他担心入狱以后可能再也无法见到自己的父亲了。

图9-3 《两个人的车站》剧照

观众借助薇拉的视角也开始转变了对普拉东的印象，同时还滋生出某种敬意。为此，薇拉开始动了恻隐之心，晚上没有回家而是留在车站帮助普拉东寻找住处，还请他一道用晚餐。在情节发展中，观众也和普拉东一道，看到了薇拉性格中善良的一面。她不再是一个伶牙俐齿、得理不饶人的泼妇，而是一位具有同情心和幽默感的女人。随着剧中人物性格逐渐被揭示，观众也喜爱上了这一对男女主人公，暗自期盼他们两人幸福地结合。但是，直到普拉东登上火车，他们之间的关系也没有进行到观众所期待的结果，人们的情感只能从薇拉怅然若失的表情中陷入深深的遗憾。在影片中，编导巧妙地将这种失落的情绪带到临近结尾处，时间重新回到影片的开头，普拉东拖着沉重的脚步走进一间低矮的民房。在过道处，里边房间透出昏黄但却温馨的灯光，餐桌上摆放着他喜欢吃的食物，看到眼前的一切，普拉东显然有些暗暗吃惊了。一个女人穿着厚厚的棉衣走进房间，来到普拉东身后并把手温柔地搭在他的肩膀上，普拉东轻轻转回身去看时，发现竟然是薇拉千里迢迢跑来看望自己，冰冻的心顷刻间被无限的温情融化。

应该说,《两个人的车站》这部影片在人物形象塑造和蓄积情感以打动观众方面表现得十分出色。这确实得益于影片结构的精心设置,无论是人物形象还是整体的情绪格调,都采取了"先抑后扬"的手法,当薇拉最后出现在寒冷的冬夜小屋之时,观众的情绪与普拉东一样悄然达到情感的高潮。

◎ 应当注意,在这里并不是依靠戏剧冲突而达到的高潮,而完全是依赖情感的逐步蓄积所达到的效果,因此也给观众留下了刻骨铭心的激动感受,并使观众为之陶醉。

第二节 戏剧式结构电影

早在电影诞生之初,电影便与戏剧结下了不解之缘。例如,梅里爱电影对戏剧舞台的忠实照搬,中国人也把刚刚传入的西方电影称作"影戏"。由于同属于"看"的艺术,所以有大量的戏剧表现手法被电影借鉴使用。在早期电影的发展过程中,电影似乎成了戏剧与摄影的一个新颖的混合体。戏剧在表演、舞美设计、灯光、人物动作、冲突律原则等方面对电影产生了全面的影响。依靠戏剧艺术长期以来对观众欣赏习惯的培养,电影更是以自身视觉效果和内容的丰富性,在广泛的大众性基础上迅速发展壮大起来。

一、戏剧式电影结构特征

戏剧式电影早在20世纪初即已渐趋成熟,美国导演格里菲斯的影片《一个国家的诞生》便是当时的标志性作品。至20世纪三四十年代,好莱坞电影进入一个黄金发展阶段,许多成熟的类型片,如西部片、警匪片、爱情片都采用了戏剧式电影结构。经典好莱坞电影的戏剧式结构特征,可以简单概括为以下几点:

(1)封闭式结构。有清晰的开端与明确的结局,属于完整的封闭式结构。在影片结尾处,前期出现的悬疑问题得以解决,观众也因此可以体验到完美结局的满足感。

(2)因果链条。故事情节依靠人物行动向前发展,由内在的因果关系链条驱动。在整个结构中,清晰地展现出主情节线索从开端、发展、高潮直到结局的全过程。

(3)矛盾冲突律。故事充满戏剧性的矛盾冲突。剧作以矛盾对立的双方为结构基础,双方的价值观念和立场强烈对立,两者的冲突会贯穿始末,从而使得电影更具连贯性与整体性。

(4)线性时间。电影故事情节按线性时间展开,时空顺序明确。

(5)主题明确。戏剧式电影主题往往通过主情节线索来确定。即通过主人公克服重重阻碍最终达成愿望目标的动作线,表达某种主题意义。

(6)节奏逐步加强。剧情进展过程中,由于正反两方矛盾冲突逐渐加强,节奏感亦随之不断增强,直至高潮,节奏感亦达到顶峰。

经典好莱坞时期的电影，将电影视听表现手段与传统的戏剧结构相结合，创造出成熟的大众化电影形式——戏剧式电影。这种电影形式因其结构清晰、情节通俗易懂、冲突紧张激烈、极富戏剧性而风靡全世界。由于人类理性的需要，人们倾向于相信生活中的一切都有完整的过程，并且具有逻辑上的因果关系。同时，观影过程的不可回溯性，以及观众群体接受能力参差不一等原因，也要求电影选择一种简单明了的结构。毕竟，过于复杂的结构形式会对观众接受造成很大的困扰。因此，经典好莱坞电影不仅能与人类普遍的思维模式相吻合，而且也与传统叙事艺术对观众欣赏习惯的培养相适应。

当然，也有人认为，这种闭合、僵硬的剧作结构带来的只是底层群众的审美快感，单一的戏剧式结构在现代社会已经失去原先的生命活力，并且不能够满足电影艺术发展的需要。反对戏剧式结构的艺术家们认为，这种结构使得电影形式单调、缺乏变化，严重妨碍人们艺术想象力的发挥。不过，好莱坞剧作理论家罗伯特·麦基并不认同这种观点。麦基将戏剧式结构称为大情节结构，并将其视为电影恒久的经典设计。他认为："经典设计是人类思维的反映。""经典设计是一个记忆和预期的模式……我们总是围绕一个大情节来回顾和构建我们的记忆，以将过去生动地唤回……我们会将我们的幻想和希望铸造为一个大情节。经典设计表现了人类知觉的时间、空间和因果模式，如果逸出这一模式，人类的心智将难以接受。"① 在麦基看来，无论是创作者还是受众，都是伟大的传统结构和经典形式的受惠者。

二、戏剧式结构电影案例分析

经典好莱坞时期的西部片，是最具美国特色的戏剧式结构影片类型。影片的开头往往是代表"文明"的白人受到来自外界的暴力威胁，随着剧情展开，象征着美国精神的牛仔或代表正义的警长出手相助、惩恶扬善。经过一番激烈的较量，最终将邪恶势力消灭或驱除，并建立或恢复文明、法律的秩序。此类影片剧情严格按照时间和因果顺序展开：平静-危机-援助的介入-交锋-恶势力失败-恢复平静。冲突双方立场分明，具体表现为正义与邪恶、文明与野蛮之间的严重对立，双方冲突激烈，影片因此而具有强烈的戏剧性。再加上西部荒野壮丽的自然景色、英雄策马驰骋的粗犷魅力、双方枪战的紧张激烈场面，使西部片将戏剧式结构演绎得精彩无比，理所当然地成为一种广受观众欢迎的影片类型。

我们以约翰·福特导演的《关山飞渡》为例，对此类电影的戏剧式结构进行简要分析。

在戏剧式结构电影的开端部分，通常介绍故事发生的背景、主要出场人物特征，起到酝酿冲突、引发期待心理等功能作用。影片《关山飞渡》一开始，就展现了故事发生的背景——在原始荒凉的西部小镇，人们得知印第安人阿帕契部落在杰罗里慕发动了暴乱，这是影片中驿马车所要经过的地区。经过警长与大家商量，驿马车上的乘客均决定冒险出发。这便是影片的开端部分。

在这里需要说明的是，所谓的故事开端、发展、高潮和结局，实际上是特指主情节线从开始到结束的全部过程。在影片《关山飞渡》中，还有诸多次要情节线索，或隐或现地呈现出这几个阶段的特点。但是，主情节线只有一条，那就是驿马车越过重重障碍，最终到达了

① 麦基. 故事：材质、结构、风格和银幕剧作的原理. 周铁东，译. 北京：中国电影出版社，2001：72，73.

目的地洛兹堡。而主情节线的矛盾冲突，是在驿马车上的白人与印第安人之间展开的，其高潮部分即是印第安人跃马追逐和激烈的枪战场景。从银幕时间的14分钟开始，至69分钟才真正遭遇印第安暴动者，这段时间可看作是整部剧情的发展阶段，实际上也是主情节线的发展阶段。

在主情节线的发展阶段，电影之所以还能精彩纷呈，主要得益于次要情节的快速展开，并先期抵达高潮，因此避免了主情节高潮到来之前的平淡无奇。首先，让我们来看其中的一个次要情节，即酒鬼医生波恩、妓女达拉斯和所谓的上层社会之间的矛盾、冲突。在影片开始部分，我们已经注意到了波恩和达拉斯，他们是被小镇“法治联盟”的妇女赶出小镇的。这两者之间的矛盾，实际上是代表着粗犷、自由的西部下层人与代表着“文明、法制”的东部上层人之间的对立。这两者对立又延续至驿马车上，西部的代表增加了林哥小子，而东部的代表由军官太太露西所承继。在银幕时间进行到25分钟左右，驿马车停歇在一家客栈准备吃午饭。然而，军官太太露西拒绝与达拉斯同桌用餐，上层与下层人之间的矛盾冲突激化。这组矛盾的解决，是在军官太太露西突然临产的危险时刻，酒鬼医生波恩成功地为她接生，而达拉斯也不计前嫌悉心照料露西母子二人。凭借下层人的善良、真诚，最终化解了这两类人之间的矛盾，同时也辅助主情节线渡过了漫长甚至可能是无趣的发展阶段。

细心的观众可能还会发现几条次要的情节线索，在主情节线的发展阶段，一直处于引而不发的状态。比如，警长搭乘这趟驿马车，主要目的是抓捕越狱犯林哥小子，但是在马车出发不久，林哥小子主动上车并被警长戴上了手铐。而林哥小子搭上这趟马车的目的，却是为了去洛兹堡找仇家复仇，更有意思的是，他的这趟旅行又促生了对达拉斯的爱情。还有那位诡异的银行家带上巨款逃跑，最终是否会逍遥法外？这些次要情节留下一个个悬念，也贯穿在主情节的发展过程里面，直到主情节高潮结束之后才渐次抵达各自的高潮。

高潮是一部戏剧式结构影片中冲突、情感、动作、矛盾、对抗最激烈的部分。在影片《关山飞渡》中，主情节的高潮部分显然是驿马车与印第安人的追逐和枪战。在一片荒凉的盐湖上，印第安人纵马飞奔，疯狂追逐着夺命逃亡的马车。威士忌推销商被流弹击中，警长、林哥小子等人拼死抵抗，赌徒哈特菲也凭着自己精准的枪法射杀了几个印第安人。勇猛的印第安人前仆后继，由于力量相差悬殊，白人一方渐渐陷入了绝境。赌徒哈特菲为了不让军官太太落入印第安人的手中受辱，打算用最后一颗子弹结束她的生命。就在千钧一发之际，白人骑兵队适时赶到，随即展开了好莱坞惯用的“最后一分钟营救”手法，并最终击溃印第安人，将驿马车上的人们解救出来。

战胜印第安人之后，驿马车顺利进入洛兹堡，这是主情节线的结局部分。随之而来的是几个次要情节线纷纷抵达高潮和结尾，因此整部剧的结局部分又呈现出高潮迭起、余音缭绕的特点：警长将携巨款逃跑的银行家逮捕归案；林哥小子在洛兹堡找到作恶多端的仇人，经过一番搏斗最终实现了复仇计划；林哥小子带上心爱的达拉斯驾着马车奔向边境农场，从此开始新的生活。

◎ 这部影片作为世界电影史上的经典之作，不仅结构完整，跌宕起伏，具有明显的西部片地域特征，而且在形式和内容方面体现出高度的统一性，很好地表现了经典好莱坞时期西部片荒野与文明冲突的主题。

第三节
电影剧作结构的发展及丰富

作为一门极富生命力的年轻艺术，电影在不断吸收传统艺术手法的同时，也在积极拓展自身艺术表达的空间，所以对传统的戏剧式结构的突破和超越亦在所难免。世界各国的电影艺术家在剧作结构上进行的一系列探索和创新，大多基于克服传统戏剧式结构局限性的理念。在20世纪20年代，欧洲先锋派就曾明确提出非戏剧式电影的理论主张，强调电影的纯视觉性，否定戏剧冲突、情节，甚至排斥人物和主题，提倡“纯电影”或“抽象电影”的理论与实践。这其中包括德国电影人拍摄的《节奏21》《对角线交响乐》，法国人拍摄的《机械舞蹈》《幕间节目》等，但因其表现内涵较为单一，并未形成连续的发展脉络。

现在，人们普遍把电影剧作分为传统式结构和非传统式结构。传统式结构即“戏剧式”结构，以经典好莱坞电影为代表；非传统式结构即戏剧式结构之外的其他结构形式的泛称，包括小说式结构、散文结构和时空交错式结构等。苏联的诗电影和散文电影、第二次世界大战以后的意大利新现实主义电影和随后的法国新浪潮、左岸派电影均属于非传统式结构电影。时空交错式结构的电影是与时空顺序式结构电影相对而言，后者在很大程度上与戏剧式结构电影相重叠，而前者在当今电影中则较普遍。

一、“诗电影”与“散文电影”

（一）诗电影

与戏剧式结构电影相比，诗电影和散文电影不太注重戏剧动作的统一性和连贯性，而是在诗意的营造或是细节的描摹等方面下功夫，通过建构感情逐渐累积的结构框架来打动观众。

诗电影的历史可以追溯到20世纪20年代，以法国先锋派和苏联蒙太奇学派为代表。早期法国先锋派电影人就被喻为“银幕上的诗人”，他们的理论著述和创作实践都追求一种抒情诗般的“联想的最大自由”，主张“诗电影应当摆脱与情节的任何联系——这种联系只能带来恶果”，甚至极端地认为“注重情节的散文的价值并不高于在厨房里阅读的小书、流传在书摊和地下铁道的小说”[①]。电影的理想状态在他们看来就应该是充分挖掘电影本身所包含的抒情本性，用“诗的语言”来书写电影，从而使得“想象得以随心所欲地自由驰骋”，甚至宣称“梦幻、迷醉与精神错乱是电影诗的真正内容”。“结构诗学”学派的代表什克洛夫斯基则宣称“没有情节的电影，就是诗的电影”，并讥笑普多夫金的影片《母亲》是“半人半马的怪物”。

然而，法国和苏联诗电影学派在具体的电影实践中却渐渐产生了分歧。法国先锋派依旧坚

---

① 李炜．当代诗电影的尴尬．电影文学，2008（7）.

持没有情节是诗电影的重要表征，而苏联电影艺术家们则开始意识到完全否定情节的极端性。同时，相对于情节的重要性，如何更好地在电影中运用隐喻、象征、比拟等手法倒是他们更加关注的问题。苏联电影家们不断探索诗性的电影语言和富有诗意的隐喻、象征形式，其目的是为了让影片所反映的现实更具感染力，加强电影艺术与现实社会生活的联系。1925 年，爱森斯坦的杰作《战舰波将金号》问世，这部电影成功地运用隐喻、象征等蒙太奇手法，同时洋溢着充沛的激情节奏，成为苏联诗电影的经典之作。它的问世既标志着蒙太奇理论的成熟，也奠定了早期苏联诗电影的风格基础。

20 世纪 50 年代中期以后，“诗电影”再一次在苏联电影界复兴。主要代表有卡拉托佐夫、丘赫莱依、塔可夫斯基、帕拉让诺夫等导演。时隔 30 年余年，“诗电影”的特点已不仅仅体现在隐喻、象征等手法的运用上，影片的诗意更是将人物跌宕起伏的命运和深沉浓郁的情感世界，贯穿在整部电影的结构之中，声音画面浸透着强烈的主观色彩，这些都成为构成影片诗意风格的有机组成部分。这时的“诗电影”已经逐渐发展成一种全面成熟的电影样式，一大批经典佳作相继诞生，诸如《第四十一》《雁南飞》《士兵之歌》《一个人的遭遇》《伊万的童年》等作品，至今依然散发着独特的艺术魅力。这一时期“诗电影”的一个突出特色还表现在摄影方面，影片《雁南飞》的摄影师乌鲁谢夫斯基提出“情绪摄影”的概念，标志着 20 世纪 50 年代“诗电影”摄影观念的新发展。“情绪摄影”主张要突出心灵深处的情感与思绪；电影画面不仅要生活化，而且要富有诗意；电影摄影不应该只是客观地记录现实，而是要带有强烈的情绪反映角色的生活和事件的发展，也就是说要“干预”影片中的生活，这样才能更好地感染观众，打动观众。

20 世纪 60 年代之后，安德烈·塔可夫斯基成为苏联诗电影重要代表人物。1962 年，他导演完成了自己的第一部诗电影作品《伊万的童年》，影片上映之后立刻在国内外引起了巨大反响。此后，塔可夫斯基陆续拍摄了《安德烈·鲁勃廖夫》《索拉里斯》《镜子》《潜行者》《乡愁》《牺牲》等六部影片，他的电影使诗电影达到了一个新的高度。值得一提的是，塔可夫斯基的诗电影观念有别于爱森斯坦等人的主张，在诗电影发展史上独树一帜。笔者在《塔可夫斯基电影中的诗意与禅意——兼论塔可夫斯基和爱森斯坦诗电影观念的差异问题》《“自由”流动的生命影像——塔可夫斯基电影与道家思想研究》等文章中曾专门对此展开探讨，认为东方的道家、禅宗美学思想对塔可夫斯基电影有着重要影响，并使之产生别样的诗电影美学特质。“应该说，塔可夫斯基和爱森斯坦都是从这些俳句中寻找诗电影的呈现方法。如果说爱森斯坦感兴趣的是隐喻和结构的问题，那么塔可夫斯基则偏重于具象的直观。爱森斯坦电影的风格张扬外显，能够不断引导、激发观众的情绪；塔可夫斯基的电影风格则含蓄、内敛，为观众留出充分的感悟空间。这其中的原因，除了时代和个体性格的差异之外，对东西方诗意理念追求的不同，是导致他们创作出各自不同的诗电影的深层因由。”① 在塔可夫斯基电影中，时空深邃辽阔因此意境幽远深沉，观众时常会迷失在各种费解的电影意象之中。例如，在影片《索拉里斯》中，为何索拉里斯星球突然收起了阻止人类飞船进入的“胶泥状”物质？在《潜行者》中，为何代表人类智慧的科学家和作家最终却放弃进入能够实现人的“根本愿望”的密室？在《牺牲》中，为何种在海边沙滩上的小树竟然发出了嫩芽？这一切都需要观众在深切体悟之后

① 陈阳. 塔可夫斯基电影中的诗意与禅意：兼论塔可夫斯基和爱森斯坦诗电影观念的差异问题. 文艺研究，2015 (6).

方能找到答案，而其中的文化和美学思想尤其值得人们反复思考。

总体上说，苏联不同时期诗电影的代表人物有爱森斯坦、普多夫金、杜甫仁科、邦达尔丘克、丘赫莱依、卡拉托佐夫、塔可夫斯基、卡立克和帕拉让诺夫等，代表作品有《战舰波将金号》《肖尔斯》《海之歌》《第四十一》《士兵之歌》《雁南飞》《镜子》《落叶》《愿望树》《牧歌》等。

诗电影的基本特征首先是它的抒情性，即诗电影创作者注重以电影语言手段抒发和表达主观情感，并体现出一种浓郁的诗意气质。相对于戏剧式电影，诗电影不太重视“由高潮看统一性”的戏剧原则，而是偏重于能够打动人心的场景或细节的营造上。比如，在影片《雁南飞》中，鲍里斯牺牲的场景，摄影师运用了极具代入感的主观摄影镜头，将观众带入鲍里斯中弹瞬间的内心世界，感受到他对美好生活的无尽向往和所留下的深深遗憾。事实上，观众长期受叙事风格电影熏陶的结果是，在观看抒情性强的电影时往往会感觉到不适应，因为习惯了受高度紧张的情节吸引、刺激，不断期待下一个情节点的出现，直到看完最终结局，这些观众才会感到心满意足。而抒情性较强的影片，往往需要观众去细细体味片中的情感蓄积过程，情节的吸引力或紧张感变成次要的东西，这就和观众在情节紧凑的电影中培养出的接受习惯有了很大差距，观众对剧情的期待无法得到满足。因此，一些深受业内好评的诗电影往往大众观众寥寥无几，塔可夫斯基的电影便是如此。不过，随着观众艺术素养的不断提高，这类情况也正在逐步得到改善。

20 世纪 50 年代出现的苏联诗电影，在叙事性和抒情性之间寻找到某种平衡。这些影片既以叙事为主体，同时也注意让情感蓄积的过程与情节发展保持密切的关系。爱森斯坦等老一代艺术家所倡导的电影诗意因素，在这些影片中也都得到了很好的体现。例如，在影片《士兵之歌》中，年轻士兵阿廖沙回家探望母亲的途中遇到了少女舒拉，两人从相识到相恋，影片的诗意也随着两位年轻人的感情发展而逐渐变得浓郁。其中一个令人难忘的场景是，两人被挤到两节车厢的连接平台，飞驰列车带起的清风吹乱了舒拉的长发，倾斜的阳光照着两张年轻的笑脸，长发不断撩拨着阿廖沙的面庞，让每一位观众尽情体验着青春和生命的鲜活，分享着他们的甜蜜和幸福。实际上，这一场景中喷薄的情感状态是此前故事事件和段落、场景累积的必然结果，这一幸福时刻也在叙事时间的放大和延长中得以强化，并成为内涵丰富的抒情场景。

诗电影的第二个特征是隐喻、象征等手法带来的联想效果。诗电影往往使用隐喻、象征等电影修辞手段，通过喻体含蓄地表达创作者或主人公的思想感情。如，在爱森斯坦电影《十月》中，以不可一世的拿破仑塑像隐喻临时政府头目沃伦斯基的自以为是；在影片《士兵之歌》中，阿廖沙与舒拉分手之后，列车车窗外迅速闪过的白桦树林暗示出小伙子对姑娘的思恋，实际上，这与俄罗斯文化有一定的关系，因为俄罗斯民间常常用白桦树隐喻亭亭玉立的姑娘；在影片《雁南飞》中，影片的开头和结尾处都出现了排成人字队形的南飞大雁，以此隐喻着对牺牲的爱人、战友的思念之情；在塔可夫斯基的影片《镜子》和《乡愁》中，都曾出现过他童年时代生活过的小木屋，在后一部影片中，小木屋叠印在异国他乡的教堂之中，其隐喻意义更是充满了深切的忧伤。

当然，这一手法不仅局限于以物体达到隐喻或象征的目的，色彩、光线、音乐等介质也可以起到同样的艺术效果。例如，波兰导演基耶斯洛夫斯基所拍摄的《红》《白》《蓝》三部曲，即是以色彩来隐喻人物的情感状态，在电影《蓝》一片中，便是以蓝色基调作为女主人公朱莉高贵情感的象征。

诗电影隐喻的特征是苏联电影理论家谈论较多的问题，这是他们对诗歌理解的重心之一。如果我们将隐喻看成是在普通的物象中凝缩了人的情感，并在艺术作品中加以表现，那么观众就能够感受到这一物象所蕴含的巨大感情力量，并为之感动。在理解了苏联学派诗电影这样的一个重要特征之后，再去理解中国曾经产生过的富于诗意的电影，似乎更应该以传统的中国诗歌美学的观点来思考、分析。如费穆先生导演的《小城之春》、吴贻弓导演的《巴山夜雨》等影片，都具有中国传统诗学所侧重的意境，这些中国影片恰是以幽深的意境感染观众的情绪。

诗电影的第三个特征是富于变化的生动节奏。诗电影在世界电影史上之所以有如此重要的地位，很重要的一个原因在于，在诗学观念的影响下，早期苏联电影诞生了一大批震撼世界的杰出导演，如爱森斯坦、普多夫金和杜甫仁科，并留下了《战舰波将金号》《母亲》《圣彼得堡的末日》《土地》《肖尔斯》等诗电影佳作。在诗歌中，为了强调某种情感状态，往往采用回环复沓的手法以增强诗的节奏感。在诗电影中，这种重复手法的运用曾相当普遍。苏联电影理论家多宾对此曾做过专门的研究和总结：

> 《战舰波将金号》。“阶梯”一场。士兵从阶梯走下来的镜头（以不同角度）重复了八次。
>
> 《圣彼得堡的末日》。积水的壕沟里躺着一些尸体，周围布满着多刺的铁丝网（帝国主义屠杀的形象）——这个镜头重复了好几次。
>
> 《大事业同盟》。起义的十二月党人遭到失败的场面。一只嗥叫的狼出现了三次，铅灰色的天空中的一只乌鸦出现了五次，一个鼓手在雪地上的影子出现六次。
>
> …………
>
> 我们看出，重复镜头多半不是普通的叙述因素，不是情节发展过程的普通环节。这是经过强调的“形象”、现象或事件，隐喻的或“概括的”形象。《新巴比伦》中的怪物形象，《大事业同盟》中的嗥叫的狼和凶兆的乌鸦——这是黑暗的反动势力一时得逞的寓意性形象。《圣彼得堡的末日》中的来去摆动的拉砣挂钟和灯——这是集中刻画焦急不安地等待的气氛的概括性细节。
>
> 可以十分肯定地做出一个结论：镜头的重复造成一定的节奏感。①

节奏可以使影片给人以紧张、强烈的运动感，这首先符合了电影的运动性特点。但是，诗电影的节奏问题不仅仅是为了保持影片的连续和流畅，更重要的还在于通过这种节奏作用于观众的情感世界。如果说隐喻或象征等修辞手段的使用，往往缺少推动情节发展的动力功能，那么，诗电影艺术家们在电影节奏方面的创造性思考，则使电影中的情感蓄积过程与情节的展开密切结合起来。从情感的逐渐积聚到最后奔涌释放，形成了电影高度统一的内部运动节奏过程，蓄积已满的情感释放的瞬间，也即是情节的高潮部分，因此可以说，这两者的结合十分巧妙、完美。

与此相联系，诗电影的节奏问题也是一个如何处理影片“动”与“静”的关系问题。对此，多宾曾经说：

> 在一定联系中的静态镜头能够具有鲜明动人的节奏，而成为节奏线上的一个有机

---

① 多宾. 电影艺术诗学. 罗慧生，伍刚，译. 北京：中国电影出版社，2001：132-135.

> 因素，就像音乐中的休止那样（即以切分音为例，在这里休止符落在重音拍子上，这就赋予节奏以独特的表现力）。例如，普多夫金就曾指出，战舰“波将金号”在开炮之前的那个静止场面具有震撼人心的节奏。
>
> 如果我们分析一下这些独特的静止的性质，那就会看出，它们的静态并不是没有运动，而是受抑制的、潜伏的、像弹簧似的被压缩了的运动。①

影片《战舰波将金号》很好地体现了这种“静”与“动”的镜头节奏以及与情感的关系。再比如，在影片第二部分里，“造反的”士兵被蒙上帆布，指挥官命令开枪，但执行行刑命令的士兵们却木立不动。镜头画面中是冰冷的僵持状态，令人感到极度压抑的沉寂。突然，华库林楚克大声呼喊：“弟兄们！开枪打谁？”众水兵情绪顿时爆发出来，并在军舰的每个角落里同军官们展开了殊死搏斗。这一由“静态”到“动态”的发展变化，恰恰是情感逐渐积聚直到爆发的过程。在这样的情感转换过程中，观众体验到了情感宣泄的快感，也获得了对被压迫的主人公的情感认同。

（二）散文电影

诗电影和散文电影的区分，最早出现在苏联 1927 年出版的《电影诗学》论文集中。什克洛夫斯基在其中的《电影中的诗歌与散文》一文中提出：“存在着散文电影和诗的电影，这就是样式的基本分类。”现在来看，这两者都是在经典好莱坞戏剧式电影结构之外对电影艺术形式的探索。1934 年，爱森斯坦发表题为《三五之中（1924—1929）》的论文，将早期苏联电影分为三个五年，并指出中间的五年取得了巨大成就，亦即确立了诗电影的基本形式：“电影暂时摆脱了纯粹的戏剧和剧作结构，而完全掌握了史诗和抒情诗的方法。”实际上，在 1931—1934 年间，当时苏联导演爱森斯坦和尤特凯维奇之间爆发了一场有关诗电影和散文电影的论争，爱森斯坦的论文即是针对尤特凯维奇 1931 年对“形式主义”电影理论的批评而写的。

苏联散文电影的主要代表有瓦西里耶夫兄弟、艾尔姆列尔、格拉西莫夫和罗姆等人。这一电影流派主张电影艺术的中心任务是塑造“能够使观众喜爱的主人公”，影片中主要的是“人、他们的行动、他们的相互关系”，“形象只有通过与其他人们的互相关系、与事件的相互关系，才有可能创造出来”，提倡电影应该“向散文学习”。苏联散文电影的代表作品有《夏伯阳》《马克辛三部曲》《列宁在 1918》《我们来自喀琅施塔得》《政府委员》等。这些影片均以刻画人物见长，塑造了列宁、夏伯阳等革命领袖和战争英雄形象。通过对人物心理的生动刻画以及对英雄人物的成长过程描写，展现了社会主义的时代环境，颂扬了无产阶级革命的丰功伟绩。这些影片在内容的取向上也受到当时社会主义现实主义创作原则的影响，与当时的整个时代环境密不可分。

从文学的角度看，散文叙事和诗的隐喻是既矛盾又统一的，只是在不同的作家那里有着不同的侧重。在电影艺术发展初期，爱森斯坦等人注重从诗的隐喻观念出发建构电影的语言和形式，而瓦西里耶夫兄弟等人则从散文叙事的角度进行电影创作。客观地讲，早期爱森斯坦等人创作的电影虽然获得了广泛的声誉，但是，最为致命的问题却是在他们的影片中缺少完整的主

---

① 多宾．电影艺术诗学．156.

人公形象。影片《夏伯阳》恰恰在此做出了重要成绩，瓦西里耶夫兄弟塑造的夏伯阳形象具有生动感人的性格特点，在电影史上占有重要的地位。此外，格拉西莫夫导演的影片《静静的顿河》，其中的葛利高里、阿克西妮亚等人物形象也都令人难以忘怀。

值得一提的是，有关散文叙事和诗之隐喻的论争，在此后世界电影史的发展中仍然有所表现。例如，意大利新现实主义重要代表人物柴伐梯尼就宣称，“我们反对隐喻”，并以此显示客观记录现实生活的电影立场。

现在通常所讨论的散文电影已经超越苏联电影的国别范畴，泛指在剧作结构上采用散文结构原则的成熟电影样式。汪流在《电影编剧学》一书中提到，20 世纪 40 年代之后的散文电影包括意大利新现实主义电影，如《偷自行车的人》《罗马 11 时》等，还“把在传统的戏剧式结构的基础上大量运用艺术散文因素，从而获得较好的戏剧性与叙事性的电影，如《克莱默夫妇》（美）、《十字小溪》（英）、《一个男人和一个女人》（法）、《城南旧事》（中）、《沙鸥》（中）、《邻居》（中）等影片也归入散文式电影之内”。那么，如何从更加宽泛的意义上去理解散文电影的概念？汪流这样写道：“总而言之，当前对散文式电影这种结构样式的理解，是指：凡反对传统的戏剧式结构原则，不采取戏剧式的结构格局，而以艺术散文结构为主；情节的发展以一种‘渐变’的形式出现（戏剧式电影的情节发展是‘激变’的）；重细节；情节的因果链不甚紧密，情节外的事件（即‘插曲’）展现较多；没有强烈的戏剧冲突，只有抵触、差异或自我矛盾状态；即使有矛盾冲突，也被巧妙而含蓄地暂时置于‘幕后’的那种更加接近生活原有形态的电影风格样式。”①

◎ 应该补充说明的是，小说式结构电影在诸多方面与散文结构电影极为相似。人们认为，小说式结构电影，即具备小说一样的叙事特征，以描写人物思想感情的细微变化为特点，不要求情节高度集中，而是致力于场面的积累。在主要的情境和人物之外，也需要次要情境的穿插。代表作如日本影片《远山的呼唤》。② 小说式结构电影的这些特征，在散文式结构电影中也都有相应表现，因此不再赘述。

二、时空交错式结构

电影是时间和空间的艺术，电影的结构问题最终还是要定位在时空的处理方面。从电影剧作处理时间和空间的方式上来看，可以区分为时空顺序式结构和时空交错式结构。时空顺序式结构是指以时间为故事发展轴向，依照事件进程的自然次序组织情节时空，推进剧情发展。从时空处理的角度上看，戏剧式结构的影片基本按照时空顺序进行结构，而一些散文式或小说式电影亦多属此列。

时空交错式结构是指打破现实时空的自然顺序，将不同时空的场景，按照一定艺术构思的逻辑交叉组合在一起，以此组织情节并推动剧情的发展。该结构在过去、现在和未来之间，以及联想、回忆、梦境、幻觉与现实之间大幅跳跃，因而可以形成独特的叙述风格。在电影艺术

---

① 汪流．电影编剧学．修订版．北京：中国传媒大学出版社，2009：223.

② 许南明，富澜，崔君衍．电影艺术词典．修订版．北京：中国电影出版社，2005：118.

发展过程中，越来越多的电影艺术佳作采用时空交错式结构，并在结构处理方面表现出新奇特质。从《党同伐异》《公民凯恩》《罗生门》到《野草莓》《去年在马里昂巴德》《广岛之恋》《法国中尉的女人》，直至20世纪90年代后的《低俗小说》《罗拉快跑》《滑动门》等作品，无不表现出结构上不断创新的显著特点。实际上，在当代世界各国电影中，采用时空交错式结构的影片数量众多，在这里只能对其中的一部分进行概括性的介绍和描述。

（一）套层式结构

所谓“套层式结构”是指在一部影片中同时出现两个故事，并让两个故事的情节在“过去”和“现在”两个时空中交替展开。两个时空的叙事相互关联或相互对比，使影片能够充分表现丰富的内涵和多义的主题。如《法国中尉的女人》就使用了这样的电影结构方式。

在英国影片《法国中尉的女人》中，表现了两个时代差异巨大的爱情故事：其中之一发生在维多利亚时代，讲述的是莎拉和查尔斯之间缠绵悱恻、深沉炽烈的爱情；而另一个则发生在现代社会，即扮演莎拉的女演员安娜和扮演查尔斯的迈克在拍片过程中的爱情故事。两个时空的故事都有各自独立发展的情节线索，而且没有主次之分。影片将两个时空的爱情故事对照表现，让观众在强烈的对比中感受不同时代的爱情差异。当然，影片也给观众留下了足够的理性思考空间，具有明显的开放性特点。

为了表现两个故事的不同主题，在《法国中尉的女人》的剧作中，两条情节线呈逆向发展态势：过去时空中的故事是莎拉和查尔斯从相遇到相识、相恋，经历了无数的痛苦思念，最后才达成心灵和肉体的结合；现在时空中的安娜和迈克却从轻松的肉体结合开始，但却始终无法获得灵魂的完美结合，直至曲终人散，一切如过眼云烟。与此相对应的是，两个故事的叙事风格也不尽相同，在过去时空中采用的是戏剧化手法，情节冲突逐渐增强，波澜起伏，布局上严格按照起承转合的变化组织剧情；现在时空里的故事则具有“生活流”的特点，没有明显的情节冲突，情节发展处于一种自然随意的状态。

当然，这两种时空的不同叙事风格不仅出于形式方面的考虑，也与各自的社会环境和人物性格关系密切，在叙事、环境、性格之间呈现出一定的因果联系。过去时空中的社会环境压抑着莎拉内心对自由的渴望，因而莎拉与周围的人物充满矛盾冲突，这反倒塑造出莎拉隐忍坚强、情感炽烈的性格；现在时空中的社会环境祥和宽容，安娜在爱情和生活之间游刃有余，对于迈克逐渐浓郁的情感却表现得十分淡然。由此也可发现，这部剧作虽然采用了现代的时空交错式结构，但是传统的剧作理论观念依旧发挥着重要的影响作用。

（二）平行罗列式结构

平行罗列式剧作结构充分利用了电影艺术的假定性特点，在某一单向性事件叙述到达终点时，再重新开始起因相同的事件，只是将中间某一环节因素加以改变，并以此引发出新的、异质性的结果。该结构方法一定程度上受到现代电子游戏的启发。平行罗列式结构不再局限于单一的线性时间和因果关系，而是虚拟出几种不同的偶然性因素所导致的多样性结局。不可逆转的“时间”变成了由几条平行时间线所构成的不同时间平面，从而赋予了“命运”“时间”等严肃的概念以游戏的色彩。该类结构的代表作品有《盲打误撞》（又译《机遇之歌》）、《滑动门》、《罗拉快跑》等。

1998年，德国导演汤姆·蒂克威的《罗拉快跑》就很好地阐释了平行罗列式叙述结构。在影片开头部分，对曼尼丢失巨款后打电话请求罗拉20分钟之内带上10万马克相救的事件做了简洁交代。此后，故事的主体结构部分呈现为三个段落平行展开。罗拉第一次奔跑：当她赶到曼尼所在的电话亭时，曼尼已持枪进入商店抢劫，罗拉协助他逃跑，被警察追捕并导致罗拉身亡。罗拉第二次奔跑：她与父亲发生争执并抢劫了父亲所在的银行。当她带着10万马克见到曼尼时，曼尼却被迎面而来的救护车撞倒身亡。罗拉第三次奔跑：先是跑到赌场碰运气，结果赢得10万马克。与此同时，曼尼从拾到装钱袋子的乞丐手中成功追回10万马克，故事以大团圆结局。这三段叙事都以罗拉接到曼尼的求救电话后飞奔出门为起点，此后事件就开始向着不同的发展方向分岔展开。前两次都以死亡为结局，最后一次两人才获得圆满结局。罗拉每一次奔跑的时间和路线也是相同的，但却由于一些极其细微的事件诱因，如她被恶狗绊倒、进入父亲办公室导致时间耽搁等，由此导致了不同的故事结果。

这种受电子游戏启发的剧作结构方式，在一定程度上表现出人生的不确定性，但是在偶然中也蕴藏着因果关系带来的必然性。像《罗拉快跑》这样的影片，看似挑战时间的不可能性，带有明显的假定性色彩，这就使得影片具有了哲理思考的意味。

（三）连缀式团块结构

连缀式团块结构是由几个既独立又有联系的故事组成，每一个故事都有自己独立发展的情节线索，然而却会通过某个衔接符号将不同的故事连缀在一起。这个衔接符号既可以是具体物件，也可以是带有象征意义的曲调、色彩等抽象的标志物，以此汇聚起相似的情感状态或某种主题。整部电影中的每个分支故事可能发生在任意的时空里，以平行蒙太奇叙事的方式分别展开，但最终却能让观众意识到不同的故事所蕴含的共同主旨。英美合拍的故事片《时时刻刻》便是这类结构的代表作品。

根据同名小说改编的影片《时时刻刻》，讲述了三个不同时代的女人的故事：第一位女性，是生活在20世纪20年代的著名英国女作家弗吉尼亚·伍尔芙，第二位是生活在第二次世界大战末期的家庭主妇劳拉·布朗，还有一位是20世纪90年代的女编辑克拉丽萨。这三位女性的故事几乎同时展开，交替叙述，而不同故事之间的转换过渡，影片几乎没有做多余的交代。因此每个故事之间的界限并不明显，而是体现为一种共时性的特征。在影片中，起到连缀全片作用的是伍尔芙的小说《戴洛维夫人》。在影片中，当伍尔芙在念到小说中“她决定给自己买花”的时候，镜头随即切换到克拉丽萨在房间里大喊“我要给自己买花”，接下去，切换的却是劳拉的丈夫手捧鲜花回到家里的场景。当劳拉萌生自杀念头的时候，她躺在床上翻开了《戴洛维夫人》，镜头随即切换到20年代的伍尔芙，此刻她正在考虑该如何描写小说主人公的命运，嘴里不停地念着“此时此刻，就在这一时刻”。克拉丽萨似乎没有读过这部小说，但她所爱的情人却总是称她为“戴洛维夫人”。就这样，《戴洛维夫人》这部小说不停地游走在三个不同的故事之间，将不同的时空和人物联结在一起，构成了影片完整的结构。同时，由于三个故事之间的碰撞、联系以及人物之间的呼应关系，“戴洛维夫人”的作用越发明确，并成为影片的真正主角。而这部小说其实也是影片所要表达的中心主题，那就是女性意识的觉醒——“女人应该过自己的生活”。

（四）网状结构

这一类型的剧作结构通常人物较多、关系复杂，不同的人物关系构成各自情节发展线索，同时还有许多交集关系，由此相互勾连形成一个复杂有序的网络。在网状结构中，不同的人物分散在各自行动的轨迹上，总有一些事件会将他们交织在一起，这样，人物之间就必然产生抵触、矛盾或对立的关系，而这些关系的发展便形成了一条条的情节线，并随着人物之间新的相遇、碰撞不断交织发展。获得 2006 年第 78 届奥斯卡最佳影片的《撞车》就属此类结构的佳作。

图 9－4 《撞车》剧照

在保罗・哈吉斯导演的《撞车》开始部分，黑人警官的独白引出了全片的主题基调——城市中随处可以遇见各种人物之间的碰撞。围绕着这一主题，以一次撞车事故为契机展开了影片的多条情节线索。影片主要可分为五个基本情节线索：（1）黑人警长格雷厄姆和助手亚利调查巡警枪击案件，却被迫卷入检察官里克的政治交易中；（2）两个黑人青年抢劫了检察官夫妇的车，逃跑途中撞伤一个韩国人；（3）洛杉矶地区检察官里克与妻子简的矛盾；（4）白人巡警莱恩因为父亲的医疗问题无法解决，迁怒于黑人导演卡梅隆夫妇，导致他们夫妇失和；（5）波斯移民赫德一家因安全问题的困扰与墨西哥裔锁匠丹尼尔发生冲突。在此基础上，还延伸出一系列更为次要的小事件，从而使人物的关系更加复杂、微妙。例如，格雷厄姆的家庭问题、简与女佣的关系变化、波斯移民遭受恐吓的背景原因、锁匠帮助女儿克服害怕枪声的恐惧、巡警汤米反对种族歧视却因害怕失手打死黑人青年、韩裔夫妇的遭遇等等。整部影片涉及十几个主要人物，但却很难说谁是主次。几条不同的情节脉络交织在整个叙事网络之中，影片从撞车事件后格雷厄姆发现弟弟尸体的现场开始，最终又回到这一场景结束全片，讲述了发生在洛杉矶的 36 个小时之内的多种故事。不同的人物在不同场景中表现出人性的复杂多面：劫车的黑人青年后来放走了被锁在车里的亚洲人，性骚扰黑人女性的莱恩在其后的撞车事件中成了她的拯救者，持枪报复锁匠的赫德最后却得到了丹尼尔女儿的救赎。这期间发生的一系列事件和事件中的人物，彼此交织成了一个复杂、立体的关系网络。从表面上看，影片充满了碎片式的事件，但是却通过人物的行动将其一个个连接起来，较好地消除了不同事件与人物之间的孤立感。如此巧妙的结构使得整部影片显得颇有立体感，层次也更加丰富。

◎ 可以说，《撞车》一片借鉴了长篇叙事类文学的宏大结构，在一部不到两小时的影片中能够容纳下如此众多的人物和事件，并把当今美国社会普遍存在的种族矛盾、阶层矛盾、社会以及家庭犯罪等问题汇聚于此，而且还出色地刻画出每一位出场时间短暂的人物的形象、性格，足以显示出该片主创人员深厚的艺术功力。另外，一部结构容量巨大的电影也是对观众观影水平和思考能力的一次考验。

【思考与练习】

1. 如何理解理解电影的剧作结构问题？
2. 请论述电影结构与主题的关系。
3. 结构如何显现出创作者对世界和人生的理解？
4. 以实例说明结构是如何实现形象塑造和蓄积情感目的的？
5. 请说明戏剧式结构电影的特征。
6. 以实例说明诗电影的特征。
7. 什么是散文电影？
8. 什么是电影时空交错式结构，有哪些主要类型？
9. 以《法国中尉的女人》为例，分析套层结构特点及叙事功能。

第十章

人物和语言

【学习导读】

在本书第八章中曾经提到，影视剧的主题思想，往往是通过情节表现出来的，而情节的发展又是由人物性格所推动的。由此可见，人物形象和性格的塑造在影视剧剧本中处于十分重要的位置。当然，换一个角度说，影视剧作品给人留下深刻印象，常常是因为在这些作品中塑造出了栩栩如生的人物形象。在这里，对于影视剧人物的研究不妨从两个方面入手，一方面研究人物形象、性格如何塑造的问题，另一方面研究人物作为角色在剧情发展中的功能和作用问题。

影视文学剧本是为银幕或荧屏而写作的，因此，剧本的语言多带有指示和引导的作用。剧本的语言既是对整部剧本的全面描述，也具体表现为对场景、人物形象、动作的细节描述，当然也包含人物的对话、独白和旁白等。为银幕或荧屏而写作，就需要充分考虑到影视画面和声音的思维方式，充分利用诸如蒙太奇手段、场面调度、镜头使用以及色彩、光线、音响等时空手段技巧。总之，就是用文字语言描述出未来的电影蓝图。关于影视文学剧本的语言，可以分为两个部分，其一是描述人物造型、场景画面以及剧情发展的叙述性语言，其二是未来影视剧中的有声部分，即人物对白、独白以及旁白性语言。

【本章要点】

熟悉并掌握人物性格及表现的基本方法，深入理解影视剧形象塑造手段以及形象的内涵与外延，掌握从外在形象到心理世界的情感、思想表达过程。了解并掌握普洛普所提出的叙事作品角色和功能问题，并通过具体案例理解基本角色的戏剧功能和心理特征。理解并掌握影视剧作语言的具象性特点，熟知人物对话的多种功能作用。

第一节
影视剧中的人物

一、人物性格及形象塑造

一切以叙事为特征的文学艺术，如史诗、小说、戏剧等，无不以写人作为艺术创造的焦点。高尔基曾精辟地指出“文学即人学”，他的这一论断同样适用于电影文学剧本的创作。

我们经常提到人物形象和性格的概念，但是在艺术理论中，这两者是有一定差别的。一般地说，人物形象的概念大于性格，形象泛指特定现实环境中人的生活面貌及其生存状态，而性格则指人在特定的社会关系中全部稳定的行为和心理特征的总和。有学者认为，一个电影剧本的成败，往往取决于对人物性格的独特发现和创造。在影片《芙蓉镇》里就塑造了诸多性格人物，如胡玉音、秦书田、李国香、王秋赦等，这些人物在中国社会特定年代具有强烈的代表性，他们各自的思想观念和行为准则，既鲜明突出又严重对立，因而演绎出特定年代的社会和人生悲喜剧。

（一）性格

两百多年前，莱辛在其名著《汉堡剧评》中就曾明确指出：“一切与性格无关的东西，作家都可以置之不顾。对于作家来说，只有性格是神圣的，加强性格，鲜明地表现性格，是作家在表现人物特征的过程中最当着力用笔之处。”①

在《电影艺术词典》中，对性格概念给予了进一步的详细说明：

> **性格**　广泛应用于心理学和文学艺术创作中的术语。指一个人在特定社会关系中对现实较稳定的态度及相应的习惯化的行为方式。它是在社会实践活动中逐步形成的。先天的气质是性格的自然基础，为性格带来丰富的个性色彩。由于人的心理素质、生理素质以及所处的具体环境和教育条件不同，其性格特征就不同。在电影剧作中，性格是构成作为情节发展动力的冲突、抵触和差异的基础。

从上述对性格的定义中可以看出，性格有其先天的自然属性，同时也有后天在外界力量作用下形成的社会属性。那么，在影视剧作品中，人物性格又是如何被塑造和表现的呢？

首先，将人物放置于人与人之间的抵触和矛盾冲突关系中，人物的性格才能鲜明生动地显现出来。德国古典美学家黑格尔认为：“能把个人的性格、思想和目的最清楚地表现出来的是

① 莱辛. 汉堡剧评. 张黎，译. 上海：上海译文出版社，1998：125.

动作，人的最深刻方面只有通过动作才见诸现实……”[①] 黑格尔在这里提到的动作是指，由动作和反动作构成的矛盾冲突，并且是一个从矛盾开始直到最终解决的完整运动过程。而性格即是通过动作与反动作的矛盾运动（即戏剧冲突及其进程）才得以呈现。从另一个角度来看，矛盾冲突从开始到结束的过程，也是情节发展的过程，性格即是在这一完整过程中最终得以表现出来。

图 10-1 《芙蓉镇》剧照

以影片《芙蓉镇》为例，胡玉音为人勤劳、善良、待人和气的一面，在她开始经营米豆腐摊子的时候就表现了出来。但是，国营饮食店经理李国香却因“芙蓉姐”胡玉音抢了自己的生意而暗自怀恨在心，她的嫉妒之心也随着米豆腐摊子的红火而愈演愈烈，并在此后的政治运动中转换成了行动。这样一来，政治运动斗争的实质就具体表现为两个人的矛盾冲突。随着政治斗争的展开，李国香对胡玉音的迫害加剧，并导致胡玉音的丈夫被逼自杀。在这样矛盾尖锐激烈的冲突中，胡玉音性格中坚毅、隐忍的另一面开始凸显出来。也正是因为她这样的性格特点，才使她能够顽强地坚持到“文化大革命”结束，并和秦书田一起开始了新的生活。在影片中，“右派分子”秦书田也是一个极具特征的性格人物。由于他被“改造”的身份，在李国香、王秋赦等人面前总是竭力表现得唯唯诺诺，但他性格中不屈的一面，却在与李国香等人的暗中较量时显现出来。秦书田被改造的工作是每天清晨扫街，一次，他偶然发现王秋赦悄悄从李国香家爬窗出来，于是，这个“秦癫子”便偷偷地在李国香的窗外放上一团牛粪，让王秋赦第二天吃了一个大大的哑巴亏。

影视剧中诸多人物的性格，在具体的矛盾冲突场景中，也会以不同的方式得以体现。例如，在美国西部片《关山飞渡》中，当驿马车中途歇息准备用午餐时，军官太太露茜傲慢地拒绝与妓女达拉斯同桌用餐，由此两个人之间形成对立紧张的关系。达拉斯对此显得自卑而又不知所措，然而，“越狱犯”林哥小子却对此等流俗异常蔑视，大胆地邀请达拉斯坐到自己的身边。这一次小小的冲突把各个人物的性格特点凸显无疑，也为后续情节的发展做了很好的铺垫。在随后的旅途中，露茜突遇难产的困境，而达拉斯却不计前嫌，自愿帮助露茜接生。达拉斯充满爱心的举动，终于打消了露茜的傲慢与偏见，这也算是军官太太露茜性格的一个小小改变。前面有关性格的定义中已经提到，人物习惯性的态度和行为方式即构成了性格特征，但是，人的态度或者行为方式在外界力量的作用下也是可以改变的。

其次，在规定情境及所营造的场景中，即使没有冲突也可以表现人物性格的某个侧面。我们知道，在影视剧作品中，人物的性格是在一系列关键场景中逐渐被揭示出来的。然而，某些场景并不一定都建立在人物之间的抵触和冲突基础上，也可能是通过一次平静的谈话，或凭借人物的一个下意识动作，就会将性格特征直观地呈现在观众面前。在瓦西里耶夫兄弟导演的苏联影片《夏伯阳》中，有一个场景是夏伯阳问手下的指挥官们，在战斗中指挥员应该站在队伍中哪个位置？听了指挥员们的回答之后，夏伯阳很不满意，于是把正在吃的土豆、政委手里的

① 黑格尔．美学：第1卷．朱光潜，译．北京：商务印书馆，1984：278.

烟斗等都作为道具，模拟进攻的队伍、指挥员和敌人的机枪位置，并告诫大家什么时候指挥员应该保护自己，什么时候又该冲锋陷阵。整个场景里，只有夏伯阳在生动地讲解，但是，却把这位鲁莽英雄细腻而又充满智慧才能的一面展现出来。

再次，人物性格的魅力在于它的丰富和不断发展变化的过程。许多优秀的影视剧作品都致力于塑造富于成长特征的人物性格，有些成长主题的作品甚至就是主人公的性格发展史。诸如电影《阿甘正传》里的阿甘，电视剧《士兵突击》里的许三多，还有动画片《功夫熊猫》里的熊猫阿宝等等。当然，在众多优秀电影、电视剧中，对于人物性格的深入发掘，某种意义上也是对人物心灵的发现过程。例如，霍建起导演的影片《暖》，在影片的前半部分表现了暖少女时代的天真烂漫，而随着剧情的深入，暖对于人性和生活的理解渐趋成熟。少女时代的暖能歌善舞，充满青春的激情向往，而且还爱恋上了省城剧团里的“小武生”，一心想成为省剧团的演员。此时，打谷场上的秋千架恰好成了她内心世界的象征，摇来荡去又总不甘于平静。十年之后，早已是城里人的井河重新见到暖之后，看到了中年暖的性格变化。井河了解到，暖为了保持自己的尊严主动中断了她和井河的关系，同样是为了尊严，她再次放弃了嫁到城里去的机会。哑巴对暖长久的默默关心，让暖感受到了哑巴内心的真诚与善良，并最终和哑巴结合在一起。

《暖》是一部艺术性较强的电影，现实时空和过去时空交替进行。井河既是片中过去时空中的人物角色，同时又是现在时空的叙述者，从他的视点去看暖的性格变化，并最终结构起全片剧情。影片中虽然没有强烈的戏剧冲突，但是，在暖和哑巴之间却有着从抵触到接受的情节关系。少女时代的暖对哑巴既厌烦又惧怕，只是到了后来渐渐认识到了哑巴的善良，并最终从哑巴的身上找到了心灵的归宿。同时，在这样的抵触消解过程中，暖的性格也开始显得成熟起来。

在影片《暖》中，哑巴给人最初的印象是粗鲁的，他性格中善良的一面，也是在一个个无言的场景中逐渐得以显现的。当井河考上大学之后，为了兑现自己的诺言，他还时常给暖写信，以示将来会接暖去北京生活。于是，哑巴每天守候在村外路口，等待邮递员的到来。每当接到井河的来信，哑巴使兴冲冲地手捧着井河的信送给暖；暖被困在滂沱的大雨中，哑巴不顾一切地背上腿脚不便的暖，把她送回家中；暖把井河寄来的皮鞋扔到河塘里，哑巴却将那双皮鞋打捞起来，重新送给暖……在这些场景中，没有哑巴与其他人物之间的抵触和冲突，但是，哑巴的善良却在这些场景中渐渐清晰起来，真可谓达到了“此处无声胜有声”的效果。

（二）视觉化的形象

我们知道，文学使用文字语言来塑造人物形象，而电影和电视剧则使用视听语言，尤其是直观的造型动作塑造人物。人物外在的表情、动作和形象，往往能把内心深处的思想、情感状态准确地传递给观众。随着剧情的发展变化，观众对于人物的认识也就有了从初步印象到逐渐深入的过程，对于主人公的认同感也会不断加强。在优秀的影视剧作品中，人物造型往往具有强烈的视觉冲击效果。例如，美国电影《与狼共舞》，主人公邓巴跃马冲入敌我双方对垒的中间地带，毫无畏惧地伸开双臂，犹如自由飞翔的雄鹰，导演特意使用了高速摄影的手法，将邓巴这一形象深深烙入观众的记忆之中。看过苏联影片《夏伯阳》的观众，无不对身披斗篷、纵马驰骋的夏伯阳留有深刻印象。这一造型也是他性格的瞬间凝缩或外化，甚至可以通过它开启对整部影片回忆的大门。所以说，人物形象的造型特征，一方面可以使影片产生强烈的视觉冲击力，另一方面也与影片故事的整体保持内在有机的联系。

电影可以通过人物的动作，也可以通过人物表情的细微变化塑造视觉化形象。在吴贻弓导演的影片《城南旧事》中，有一个场景是小英子好奇地看着骆驼嚼草，看到出神时，她自己的上下腭也不由自主地嚼动起来。从这个小小的举动中，可以看出小英子是一个既好奇又喜欢观察的小姑娘，以她的眼睛去看世界一定会有许多新的发现。在《电影美学》一书中，匈牙利电影理论家贝拉·巴拉兹曾谈到动作、手势以及面部表情和内心世界的关系："他打手势并不是为了表达那些可以用言语来表达的概念，而是为了表达那种即便千言万语也难以说清的内心体验和莫名的感情。这种感情潜藏在心灵深处，绝非仅能反映思想的言语所能传达的；这正如我们无法用理性的概念来表达音乐感受一样。面部表情迅速地传达出内心的体验，不需要语言文字的媒介。"① 从这里也可以引申出这样的一个观点，视觉化的形象塑造本身还不是最终目的，形象还要能传递出埋藏在人物心灵深处的情感，而这种情感才是真正打动人心的源泉。

除了以动作、表情来塑造人物形象的手法之外，空间环境、色彩、光线、音乐和声响等也是塑造形象的重要手段。电影导演普遍注重空间环境的选取，如陈凯歌的《黄土地》、张艺谋的《红高粱》都把外景地设在了雄浑苍凉、富于文化底蕴的西北，让影片中的人物形象与空间环境产生内在有机的联系，这两部影片中的色彩对于人物形象的塑造都起到了重要作用。根据莫言小说《白沟秋千架》改编的影片《暖》，把外景地设在了风景如画的婺源，而不是小说原著中的山东，这样就使得影片中的人物染上了江南的灵秀，从而具有清新淡雅的风格。与这一环境相应的暖也不再是原著中那个饱受磨难的女人，而变成了一位成熟、淡定的江南村妇，地域环境的改换甚至对暖的性格发展也发生了某种作用，使之更加符合我们所能接受的生活逻辑。

苏联影片《一个人的遭遇》是一部黑白影片，在使用光线塑造人物方面令人印象深刻。当影片主人公索科洛夫被德军俘虏之后，夜晚，他和其他红军俘虏被羁押在一座废弃的教堂里。月光从教堂高处的窗口照射到黑暗的教堂之内，让不同类型的人物暴露在惨白的月光下，此刻，月光便拥有了某种叩问心灵的功能。在镜头画面里，出现了一个惊慌失措的俘虏，月光照在这个人的脸上，可以看出他恐惧和绝望的眼神；索科洛夫默默地坐在角落里，目光中闪现出忧郁。在这里，教堂空间以及从窗外照射进来的光线，似乎在尝试着照穿每个俘虏的灵魂，将索科洛夫放置在这样的环境中，即是让他在此经受着精神的考验，他的形象因此而具有了受难者的特征。

再如美国影片《鸟人》，在黑色画面之后出现的第一个镜头，是透过铁条窗口拍摄到的蓝天，随后镜头切换到像鸟类一样蜷缩的人的双脚，镜头再往上摇动，我们看到了已经褪色的蓝色衣裳，鸟人的眼睛凝神地注视着铁窗外的蓝天。镜头拉开，房间是灰暗的，从窗口折射进来的光线，让这个封闭的小屋和外界多少有了联系。导演艾伦·帕克在影片的第一时间即让鸟人的形象展现在观众面前，鸟人的这一空间造型给观众留下了第一印象。但是，观众还不了解鸟人到底是一个怎样的人物，他的内心世界还需随着剧情的逐渐展开而被揭示出来。实际上，观众看到这一形象之后，很想知道围绕着他会有一个什么样的故事，所以，在这里鸟人形象的初现也起到了引发剧情的作用。

---

① 巴拉兹．电影美学．何力，译．邵牧君，校．北京：中国电影出版社，1982：25.

◎ 上述例子还需要补充的是，有关形象的认知，并非仅仅是如何塑造的问题。正如我们在生活里与一个人初次相识那样，此刻还很难了解他或她的脾气秉性、习惯好恶，许多属于人物内在气质和思想的东西，还需后续交往才能渐渐知晓。影视剧中的形象也有一个从初识到深入了解的过程，这就需要随着情节的发展不断予以揭示。所以说，形象塑造往往要纳入故事情节的总体中去考虑，它会给观众带来一系列的惊喜之感。

图 10-2 《鸟人》剧照

(三) 人物的心理世界

探究人物心灵是叙事艺术的根本性使命。如在电影《公民凯恩》中，凯恩临终遗言“玫瑰花蕾”成为一个谜团。若想了解真实的凯恩，就必须重寻他生命的整个历程，借此深入他的内心世界，并真正理解凯恩其人。优秀的影视剧作品，绝不仅仅是视听语言或高科技的炫酷之作，它的影像声音必须有所意指，并以靠近人物的心理世界为基本目标。

早期电影表现人物的心理活动，往往要寻找一些相应的外部动作。如运用电影特写镜头，去“放大”人物的动作，以此显示其内心状态：人物双眉紧皱，表示人物正在凝神思索；双脚不停地在地上来回走动，以表示还处在犹豫彷徨状态；拳头重重地砸在桌子上，以至于茶杯都被震得跳了起来，表示终于下定决心等。当然，早期电影也有一些透过形象、动作表现人物心理世界的优秀之作。例如，在格里菲斯导演的影片《被摧残的花朵》中，丽莲·吉许扮演的穷姑娘被人追赶，昏倒在一个中国商人的门前。商人发现了她并把她带到家里，给这位患病的姑娘治病。姑娘的病体虽然逐渐复原，但却始终不见笑容。于是，中国商人问这个余悸未消的姑娘：“你不会笑吗?”姑娘回答道：“我试试看。”她拿起一面镜子，一边笑，一边用手摆弄脸上的肌肉。最后，中国商人慈祥而又亲切的目光使她的脸上浮起真正的笑容，显然，她情感的微妙变化是被中国商人真诚感动的结果。

人的情感状态都是在特定的情境之下生成的，因此，剧中人物的情感流露也须和故事情节的发展联系在一起。意大利新现实主义代表作《偷自行车的人》选用一名失业工人来扮演主人公安东的角色，这位工人虽然没有受过专门的表演训练，但是他本人的经历使得他很容易就能把安东的情感表现出来。影片中，安东好不容易找到一份张贴海报的工作，可是，工作的第一天他的自行车就被偷了。安东带着小儿子跑遍了罗马的大街小巷，依旧没有找到可以保住全家饭碗的那辆车。万般无奈之下，他竟然偷了别人的自行车，结果却被人抓住。在小儿子布鲁诺的哀求下，众人才算饶过安东，父子两人满怀屈辱地游荡在街上。路上行人熙熙攘攘，从体育场走出一群观众，兴奋地谈论着刚结束的比赛，却无人注意到父子二人此刻的孤独与绝望。父亲再也无法抑制自己的悲伤，眼泪从他的脸颊滑落。

主观镜头经常被用来表现人物的内心状态。所谓主观镜头，即摄影机的视点直接代表剧中人物的视点所拍摄的镜头。因其可以使观众从该剧中人物的角度"目击"或"臆想"其他人物即场面的活动与发展，从而产生与该剧中人物相似的主观感受。[①] 如我们前面曾经谈到过的，苏联影片《雁南飞》中鲍里斯牺牲时的那段著名的主观镜头，摄影机即是从中弹之后即将跌倒的鲍里斯的视点进行拍摄的，随之出现的他和薇洛尼卡的婚礼场面，揭示出他生命最后时刻的深深遗憾。同时，也更能反衬出战争对于人生的残酷。在另一部苏联影片《士兵之歌》中，也有一段出色的主观镜头。在影片开始，年轻的士兵阿廖沙被德军坦克追撵着东奔西跑。摄影机从奔跑、翻滚的阿廖沙的视点可以感受到坦克的巨大威胁，大地和天空也都随之翻转，再配以坦克不断逼近的隆隆马达声，阿廖沙极度恐惧的感觉被很好地传达出来。

当然，现代电影已经掌握了许多表现心理意识的方法手段，能够很好地对人物的梦境、幻觉、记忆以及潜意识加以表现。伯格曼、费里尼等现代主义电影大师的作品，在此方面都有卓越的表现，并且对后续电影的发展产生了深刻的影响。电影可以像小说一样，直接描写人物的心灵，即用直接的视像去表现，形成一种电影独有的心理描写手段，这就是我们经常提到的"心理时空"。电影的心理时空可以将人物的所思所想用直观的视觉形象表现出来，并且与现实时空不断组接在一起。在伯格曼的《野草莓》中，老医生伊萨克的第一个梦境仿佛死亡的心理暗示，使他改变了主意，因此决定退掉飞机票，自己开车去接受颁奖仪式。在这里，梦境成为老医生行为背后隐含的动机。

以梦境或记忆构建电影的故事时空，已经成为现代电影的常见手法。在这类电影中，传统的人物形象和性格塑造似乎变得模糊起来。比如，我们很难回想起安东尼奥尼电影《奇遇》中主人公的模样，当然，对塔可夫斯基的《镜子》里的人物同样充满困惑。概括地说，这样的电影聚焦于人的精神世界，同时也向观众的思考和理解能力提出巨大挑战。观众必须在观看银幕上演的影像同时，熟悉与电影有关的世界、历史和文化等一系列事件，从而解读出电影所要表达的主旨内涵。所以，电影《镜子》将记忆作为结构整部影片的基础，有关父母的记忆以及更为辽远的记忆，所折射的却是作者——导演的精神世界。在《镜子》一片中，塔可夫斯基童年时代居住过的小木屋以及屋前翻滚的麦浪，是他心中永远难以忘怀的记忆。他将这一记忆的时空直接搬到银幕上，并随之展开对往昔岁月的回忆：父亲的归来、母亲因为一篇文稿引起的恐慌、逃离弗朗哥控制下的西班牙家庭、中苏边境珍宝岛事件，甚至还有只能从书籍中看到的有关普希金和恰达耶夫的历史记忆等等。这些记忆又如意识流一般连续呈现在银幕上面，把个人记忆、幻想和历史事件奇妙地结合在一起，从中也抒发了个人对于父母、家庭生活以及国家、历史和时代的深切情感。其中母亲的形象与塔可夫斯基充满眷恋的情感水乳交融，但又并未止于家庭，而是把记忆和情感延伸到国家和历史的纵深处，因此上升到一种很高的艺术境界。

---

① 许南明，富澜，崔君衍. 电影艺术词典. 修订版. 北京：中国电影出版社，2005：149.

二、人物的角色功能

西方对于叙事性文艺作品中的人物研究，可以分为两种基本类型或者说存在两种“人物”观：其一是侧重于人物性格的研究，其二则侧重于人物在叙事中的角色功能。前面已经提到莱辛、黑格尔、高尔基等人对人物性格的论述，此外，英国学者福斯特在《小说面面观》一书中提到的“圆形人物”和“扁平人物”的观点，对国内影响也比较大。所谓“扁平人物”指的是人物性格单一、容易辨识，如莫里哀《悭吝人》里的阿巴贡；而“圆形人物”则比较丰满、复杂、立体感强，如哈姆雷特、堂吉诃德、阿Q等。同时，福斯特也提到人物是故事中的角色问题，但是人物的角色功能问题显然不是福斯特强调的重点。

最早系统地研究人物在叙事中的角色功能问题的是苏联学者普罗普。他在1928年写成的《故事形态学》一书中，将角色“功能”界定为“从其对于行动过程意义角度定义的角色行为”，同时，他把对“功能”的考察概括为以下四点：第一，角色的功能充当了故事的稳定不变因素，它们不依赖于由谁来完成以及怎样完成，它们构成了故事的基本组成成分；第二，神奇故事已知的功能项是有限的；第三，功能项的排列顺序永远是同一的；第四，所有神奇故事按其构成都是同一类型。① 在普罗普的研究中，人物是承载功能作用的角色。在对100篇俄国民间故事分析之后，他区分出了具有共性特征的7种角色和31种功能。

这7种角色分别为：（1）反面角色。（2）协助者。（3）救援者。（4）公主和她的父亲。（5）送信人。（6）英雄。（7）假英雄。

31种功能具体所指如下：（1）一位家庭成员离家外出。（2）对主人公下一道禁令。（3）打破禁令。（4）对头试图刺探消息。（5）对头获知其受害者的消息。（6）对头企图诱骗受害者，以掌握他或他的财物。（7）受害者上当并无意中帮助了敌人。（8）对头给一个家庭成员带来危害或损失。（8a）某一家庭成员缺少某种东西，他想得到某种东西。（9）灾难或缺失被告知，向主人公提出请求或发出命令，派遣他或允许他出发。（10）寻找者应允或决定反抗。（11）主人公离家。（12）主人公经受考验，遭到盘问，遭受攻击，等等，以此为他获得魔法或相助者做铺垫。（13）主人公对未来赠与者的行动做出反应。（14）宝物落入主人公的掌握之中。（15）主人公转移，他被送到或被引领到所寻之物的所在之处。（16）主人公与对头正面交锋。（17）给主人公做标记。（18）对头被打败。（19）最初的灾难或缺失被消除。（20）主人公归来。（21）主人公遭受追捕。（22）主人公从追捕中获救。（23）主人公以让人认不出的面貌回到家中或到达另一个国度。（24）假冒主人公提出非分要求。（25）给主人公出难题。（26）难题被解答。（27）主人公被认出。（28）假冒主人公或对头被揭露。（29）主人公改头换面。（30）敌人受到惩罚。（31）主人公成婚并加冕为王。

普罗普关于人物角色功能思考的核心是行动，而对具有执行功能作用的角色形象和心理并不感兴趣，因此与传统意义上注重“行动表现人物性格”的研究就有了明显不同。在上述31种功能中，可以看出，前9项是为主人公的行动进行铺垫的，也即是为主人公出征奠定道义上的合法性。

---

① 普罗普. 故事形态学. 贾放，译. 北京：中华书局，2006：18－22.

美国人沃格勒所著《作者的历程：讲故事者和编剧的神话结构》一书，被称为“电影业的圣经”。该书总结了好莱坞电影普遍具有的7种功能角色：（1）英雄。（2）导师。（3）把关者。（4）信使。（5）变化者。（6）影子。（7）小丑。

沃格勒所列出的这7种角色也可以作为原型来理解，是在人类生活中每个人都可能遇到的身边人。在英雄即主人公采取行动的时候，这些角色构成了与主人公同向或逆向的关系，而英雄与逆向关系者实际上就构成了抵触、矛盾和冲突。英雄承担着叙事驱动的主要功能，把关者、影子等承担着反动的角色功能，这样，主要的矛盾冲突得以形成。由此也可以看出，沃格勒的这些功能角色也许更适宜于戏剧式结构电影。

具体来看，这7种角色所具有的心理和戏剧功能如下。

（1）英雄。

戏剧功能：故事的主人公，情节的推动者、发起者。英雄的成长要以重大牺牲为代价。英雄可以令观众对影片产生认同感。

心理功能：英雄的成长代表着人从本我到完美自我的心理完善过程。

（2）导师。

戏剧功能：成熟、睿智、经验丰富（通常以智慧老人的形象出现）；通过教导或训练，帮助英雄成长，使英雄获得命名。当一些英雄成熟以后，引导者往往走向死亡，以表明一种精神的再生。

心理功能：代表“超我”。代表英雄的“最高理想”和“神圣自我”。是一种心理榜样和精神父亲。

（3）把关者。

戏剧功能：故事中阻碍英雄前进的人。他挑战英雄的能力。英雄通过战胜把关者证明自己的“英雄”身份。

心理功能：代表生活中的各种障碍和阻力，以及邪恶势力带来的心理压力。

（4）信使。

戏剧功能：宣布重要的变化或挑战者带来的角色。为英雄提供预言。信使可能是一个人，也可能是一种力量。

心理功能：代表一种宿命感。

（5）变化者。

戏剧功能：在故事中有意无意改变身份的角色。给英雄带来迷惑、误导和悬念。

心理功能：对于男性主人公，变化者可能是心理上神秘莫测的“女性部分”；对于女性主人公，变化者代表的是神秘莫测的“男性部分”。

（6）影子。

戏剧功能：阻碍英雄前进的一种宿命的力量，可能是英雄挥之不去的敌人，也可能是英雄自我的心理阴影。

心理功能：代表英雄内心的“黑暗面”——被压抑的恐惧、欲望和痛苦的回忆。

（7）小丑。

戏剧功能：故事中通过玩笑和恶作剧给主人公带来陪衬的角色。有时也兼具信使的功能。

心理功能：代表心理中的娱乐倾向。[①]

我们从3D影片《功夫熊猫》中可以比较轻易地找出上述几种角色。熊猫阿宝自然是片中主人公，是一名成长的英雄；同时，他又有贪吃贪睡的缺点，使他兼具小丑的角色功能，经常惹得观众捧腹大笑；影片中的乌龟仙人、浣熊师傅相当于导师的角色，前者是熊猫阿宝的精神引路人，后者指导阿宝练出惊世武功；恶魔雪豹大龙承担了把关者的角色，当他冲破牢笼欲对和平谷实施报复的时候，熊猫阿宝以自己的武功和智慧最终战胜了他，并向世人证明了自己是一位真正的英雄；而“盖世五侠”悍娇虎、灵鹤、快螳螂、俏小龙和猴王则承担了变化者的角色，他们个个武艺高强，但他们尚且不是雪豹大龙的对手，笨拙的熊猫阿宝能否担负起扭转乾坤的重任，实在让人充满疑虑；熊猫阿宝的内心阴暗面即是他自己的影子，他有着贪吃懒惰、害羞胆怯等弱点，也有痛苦的回忆，这些都是妨碍他战胜对手的宿命般的内在阻力；经营面馆的鸭子爸爸仁慈宽厚，整日唠唠叨叨，更多的是具有丑角的特征，总能令观众产生会心一笑的感受。

图10-3 《功夫熊猫》剧照

在这些角色设计中，我们确实可以看到角色功能对于故事情节发展的作用。强烈的戏剧冲突在作恶多端的恶魔雪豹大龙与和平谷的人们之间展开，这是一种直接的外部冲突。而内部冲突也同样异常激烈、精彩纷呈。这其中既有“盖世五侠”和熊猫阿宝究竟谁更有资格成为战胜恶魔的英雄的竞争，更有熊猫阿宝角色内心的冲突。因为阿宝内心既有战胜邪恶、成为英雄的

① 尹鸿. 当代电影艺术导论. 北京：高等教育出版社，2007：175-176.

欲望冲动，同时也有怯懦、懒散等陋习，这就是他和自己心中“影子”的内部冲突。因此，他首先要战胜内心的“影子”，才能最后战胜外部的对手雪豹大龙。所有这些都是3D影片《功夫熊猫》在视觉奇观之外的剧作因素，也是保证该片获得巨大成功的剧作方面的保证。

不过，也应该看到，沃格勒所总结的七种功能角色，在戏剧式结构影片之外并不完全适用。例如，在影片《城南旧事》《边城》《小城之春》《暖》等影片中，主人公行动的欲望和动机并不强烈，因而所受到的外部阻力和冲突均不明显，反倒是更加注重内心情感的变化和体验，所以角色的动力功能和机制相对受到弱化。对于这些影片还是需要更多考虑人物的情感和性格等内在因素，从而使观众更好地体验到情绪、情感积累过程的韵味，获得另外一种审美感受。

第二节 影视文学剧本的语言

一、叙述性语言

影视文学剧本的叙述性语言，包括对镜头画面中出现的人物造型、表情动作、场景环境和具体景物等方面的描写。叙述性语言不只是对影片镜头部分的描述，还必须充分考虑到电影的整体，以显示出个别与整体的关系和画面的运动感。具体来说，叙述性语言包括人物形象描写、景物描写、行动描写以及剧作者根据某些意图或技巧对电影其他主创人员的提示等。此外，还需考虑摄影机视点、视角和镜头运动等因素，以引导和加强观众对画面中出现的人或景物的观看印象。在某些场合，环境造型一旦成为人物特定心境的对应物，便也会成为人物动作的延伸，具有角色动作的属性。

总体上来说，叙述性语言具有两个方面的特征：具象性和综合性。以下结合一些影视剧本语言的实例，分别进行详细说明。

（一）影视剧叙述语言的具象性特点

我们说电影既是叙事的艺术，同时也是造型的艺术。正是电影造型艺术的特征向电影剧本语言提出了具象性的要求，因此，在剧本创作中对形象的描写要具体生动，有利于镜头表现。下面是美国西部片《关山飞渡》序幕的描写：

> 片头字幕和以下的序言叠印在一群亚巴虚族人纵马奔腾、气势雄伟、充满动作性的画面上，给人一种粗野剽悍的印象，使人感到亚巴虚族有别于美国西南其他的印第安人部落。他们成群结队从四面八方掠过镜头——其中有三两成股地对着镜头一跃而过。衬托的音乐渲染出故事险象环生的气氛，虽然这种情节要到后头才会出现。

在这段影片序幕的描写中，影片编剧达·尼科尔斯是如何表现亚巴虚族给人的粗野剽悍印象呢？显然，是通过这样的一组镜头形象：成群结队、四面八方地掠过镜头，还有两三股对着镜头一跃而过。尽管在文字中没有给出摄影机位置和景别，但是，我们仍然可以想象出亚巴虚人纵马从画面的横轴方向疾驰而过，以及从后景冲向前景所带来的震撼。当然，在剧本中读者看到的远不止这般轮廓式的形象描写，更多的还是通过肖像、景物以及人物的各种动作来展开具象描写。

1. 肖像描写

无论是电影还是电视剧，人物的出场都十分重要。因为人物给观众留下的第一印象，往往和该人物后续的行动紧密联系在一起，并且令人有所期待。有的人物出场时给观众留下的性格特点与后续的行动相互吻合，而有的人物给观众的第一印象则也可能是错觉或偏见的产物。还是以影片《关山飞渡》为例，驿马车上有一位经常喝得醉醺醺的医生，这让人对他的医术深感怀疑，总是捏着一把汗。可是，在军官太太露茜难产时，他竟然又是在醉意朦胧中为露茜顺利接生。对这位略带丑角性质的医生，剧本在他出场时是这样描写的：

街上一所房子的门口。门旁钉着一块招牌，上面写着：医学博士约瑟亚·蓬纳。门打开，蓬纳医生匆匆走出，后面跟着一个脸色铁青的女房东。他步伐有点踉跄，但仍然保持着他那善良的天性和乐观的精神。他在匆忙出走时，随手带了一件南北战争时联邦政府军队里穿的蓝色旧大衣和一个小药包。

蓬纳医生（和解地）：听我说，亲爱的房东太太——

房东太太（尖声大叫）：别再喊我什么“亲爱的房东太太”，你这没出息的老不死！你没付房钱，我就扣住你的箱子！

医生好不容易站稳脚跟，抓紧大衣和药包，高高兴兴地向那怒冲冲的房东扬扬帽子。

蓬纳医生：难道就是这副容颜，惊动战船万千，使依利安的摩天城楼一旦化为灰烬？（他鞠一躬，几乎失去平衡）永别了，美丽的海伦娜。

说完，他一眼看见那招牌，就探身向前去拧它下来，决心把自己全部行头带走。

房东太太（挖苦地）：臭垃圾全捡走，落得个一干二净！

蓬纳医生的形象显然是近于穷困潦倒的，这是从女房东铁青的脸色以及为他付不起房租的咒骂声中传递出来的信息，同时，也可以让观众从他那件蓝色旧大衣上看出这一点。而他善良的天性和乐观的精神，则是从他依旧没有恼怒地称呼着“亲爱的房东太太”，还不失礼貌地向她挥帽告别表现出来。从他步伐踉跄、鞠躬时几乎失去平衡的动作，可以看出这是个嗜酒如命的家伙；南北战争时联邦政府军队里穿的蓝色旧大衣，显示出他曾经为美国的统一做过贡献；信口说出“美丽的海伦娜”“难道就是这副容颜，惊动战船万千”，表明蓬纳医生精通文学和历史，并非一个行走江湖的不学无术之人。蓬纳医生的这一出场形象，亦庄亦谐，带有几分插科打诨的喜剧特点，不过，至于他的医术，此刻大概还是令人不敢恭维。

精彩出色的肖像描写并不需要对人物一切外表细节毫无选择地罗列，而是通过那些最能突出人物的精神面貌、气质风度或社会境况、职业特点的细节描绘，在某个侧面或多或少地揭示出人物的性格特征来。

2. 景物描写

场景环境中的景物往往具有丰富的内涵。景物可以是影片拍摄时场面调度的一个重要组成部分，用来传递和表现与剧情相关的重要信息。也可以将电影创作者的情感蕴藏于景物之中，使其起到某种隐喻、象征的作用，或者达到情景交融的效果。

我们先来看一下由赞米基斯编剧的美国科幻电影剧本《回到未来》中的景物描写：

内景・房间

镜头仰拍摆在室内大大小小、各式各样的钟。听得见钟的嘀嗒声。

插入一只钟的镜头，时针指的是7点53分。镜头向后拉，摇拍那些钟，所有的钟所指的时间都是一样的。自此，银幕上陆陆续续化入片头字幕。

听到画外收音机广播的声音。

插入墙上用玻璃框保存的几张旧剪报，标题：《希尔谷电报：布朗大楼被毁。布朗财产被拍卖给开发者》，等等。

广播员（画外）：10月是盘点的时间，迄今为止，丰田牌1985型汽车今年的销路最佳。在希尔谷，你们再也找不到比它质量更好、价钱更便宜和服务更周到的汽车。希尔谷商业区丰田汽车公司最好。

与此同时，听到“叮”的一声，烧咖啡的器皿移入画面中心，水滴下来，但下面没有咖啡壶。

镜头摇拍那些钟和各种设备。

在上述场景中，语言描写的对象重点是博士房间里的各种物件。首先映入眼帘的是各式各样的钟表以及精确的时间，它透露出这部影片与时间的重要关系信息。因为整部影片的情节都是借助时光穿梭车，将过去和现实发生的各种事件连接在一起。旧剪报上的标题透露出布朗博士为了各种发明曾经破产，侧面描绘出布朗这一“科学狂人”的形象。另一处景物描写的细节：烧咖啡的器皿下面竟然没有咖啡壶，虽然看上去很好笑，但也揭示了布朗这位发明家时常遗忘点什么的个性特点。可以说，布朗博士还没有出场，这段景物描写已经将他的身世、爱好和个性特征等方面透露给观众了。从这里也可以看出，景物描写也具有传递剧情和人物信息的重要功能。

关于景物描写，中国传统美学早就有“寓情于景”“情景交融”之说。在影视剧本中，有些景物同样可以寄寓创作者的主观情感，使景物具有某种象征的意味。如在电影剧本《乡音》中，就有这样对比的景物描写：

鳞次栉比的旧式瓦屋沿河岸一字排开。

在街头耸立着高压线的钢骨架，电线向纵深的山间延伸而去。

右街头保存着一座人工榨油的旧作坊。暮鼓晨钟式的榨油声“咕隆咕隆”地在河面上飘荡。

一条古朴的石板台阶从镇中的街口铺到河沿下。

现代化的高压线路和古老的街镇、榨油作坊成为并列的景观，在这里，剧作者显然是有意将现代社会和古老的传统生活习惯进行对比，让观众去思考变革的合理性和可能性问题。

3. 人物动作描写

实际上，在剧本人物形象的描写和刻画中都涉及人物的表情和动作。这里需要特别说明的是，人物动作的描写不仅仅是为了展示一般性的人物行动，而且还要起到延续镜头运动、推动情节发展的作用。例如，在上一个镜头中人物一个简单的手势或眼神动作，就会引起下一个镜头中其他人物的接续行为。更为重要的是，通过人物的动作描写揭示出人物内心的情感状态和性格特点。

具体来看一下秋实编写的电影剧本《暖》中的例子。在具体的人物动作描写中，剧本中人物的每一个微妙举动，都能令人感受到动作所承载的深深蕴意，让读者或观众联想、猜测人物此时的隐秘心境。同时，从外表上看去，时间似乎是在不经意之间静静地流淌着，一切都显得那样从容，却又掩饰不住人物内心微微泛起的波澜。

19. 日内，暖家

屋内，暖穿了干净的衣服正在照镜子，六岁的女儿站在边上看着她，暖多少有一点紧张，她赶紧收拾着扔在床上的衣服。

暖（对女儿）：告诉你爹，来了。

女孩跑出房间。

暖（在屋里应道）：是井河吗？都在呢。

她一边说着，一边脱下了穿在脚上的一双新皮鞋，把鞋抓起来匆忙地放回鞋盒里，又把鞋盒放到被子垛的上面，光着脚去找自己的旧鞋。

在这个场景里，暖在井河来家做客之前打扮一番。但是，她的动作却显得有些紧张、匆忙，还把穿在脚上的新皮鞋又匆忙收拾起来，这便有些令人费解了。在接下去的场景中，时空在过去和现实中交叉展开，读者或观众了解到井河、哑巴以及剧团小武生和暖的关系，小武生随省里的剧团离开，暖痴痴地也想考入省剧团随他而去。现实中，暖已经是哑巴的妻子。见到井河之初，哑巴很有几分敌意，在暖的解释下，哑巴的脸上渐渐有了笑容。直到第60个场景，暖的女儿淘气地穿着那双皮鞋出现时，三个大人却又有了不一样的表情、动作：

60. 日内，暖家

饭还在继续吃。

哑巴已经喝得有些多了，脸红红的，在微笑。

暖还在给井河夹菜。

井河：饱了，太饱了。

这时，在里屋玩的女孩儿把妈妈的新皮鞋给穿了出来，两只小脚放在一双大鞋中，踢踢拖拖地出来，脸上带着炫耀的神情。

井河看到这双皮鞋，夹着的菜停在半路。他很吃惊。

哑巴看着女孩儿的样子本来在笑，但是他似乎也想起了什么，笑容越发勉强了，消散了。

暖放下手里的筷子，站起身快步走到女孩儿的面前。

暖：怎么这么能闹呢？给妈妈踩坏了。

女孩儿：叔，这是我妈妈的新皮鞋。

井河下意识地把夹了的菜放回原处，筷子却还傻傻地举着。暖把鞋从女孩儿的脚下抽出来，用袖子擦了一下，放回里屋去了。

井河觉到自己的失态，他扭头去看哑巴。

哑巴也看着他。

对于三位大人举止动作的失态，剧作者并没有急于给以解释，而是重新回到过去的时空里，继续讲述没有完成的故事。小武生走后，暖又和井河经常在一起。在一次荡秋千时，暖的脚摔伤了，并落下了残疾。井河考上大学后，还不断给暖写信，每次都是哑巴在村口接到信后再转给暖，而暖却把信给撕掉了。一天，暖收到井河寄来的邮包，打开后看到了邮包里装的一双新皮鞋，暖似乎早已下定了决心，便把皮鞋扔到了水塘里。哑巴却把那双皮鞋捡起来，重新放到暖的窗前。写到这里，三个人以往的情感故事才算完成。那双皮鞋的每一次出现，都会引起人物情感的波澜，并通过人物细微的举止动作表现出来，从而牵扯出后续的情节发展。而在读者或观众眼里，他们正是从人物异样的举止动作中产生出疑问，并随着情节的发展而得知事情的真相，触摸到人物内心深处的情感并最终为之感动。

在美国电影剧本《毕业生》中，也有一段通过人物动作的描写来显现人物内心世界的精彩例子。剧中男主角本经不住罗宾逊太太的诱惑，在一家宾馆里给她打过电话后，却又感到一阵迷茫。因为向来安分的本，完全没有什么情场上的经验，此刻心慌意乱、手足无措亦在情理之中了。那么，通过什么样的外化动作形式来表现本的心理状态，确实可以考验出剧作者别出心裁的构思能力。对此，剧本中本在上述情境中的动作是这样进行文字处理的：

听到她挂电话的声音，本缓缓挂上听筒，他站在电话间里，四下望了望，不自在地动了动，然后脱下自己的外衣，搭在手臂上。他走出电话间，径直向通往大厅的那扇门走去。他刚要伸手推门，门开了，一群老态龙钟的老人鱼贯而入。他们挤满了走廊，步履蹒跚，一边相互唠唠叨叨，一边相互搀扶着出门走下阶梯。本礼貌地站在一边，为老人们拉住一扇门。当他们走完之后，本欲拉门而入。就在这时，十几个青年把他推到一边，旁若无人地进入大厅，他们的装束像是参加舞会的高中生。本后退一步靠在另一扇门上，并顶着开启的门让年轻人先走。他礼貌地微笑着，但他们毫不理睬。本随这伙人进入大厅，他们向前台走去，本仍随着他们一起走。人群前边的一个小伙子倚在柜台上并对台后的接待员说些什么。

本的动作举止被表现得十分滑稽，青涩的本甚至不知道自己该做些什么，因而只能被进进出出的人流裹挟着，外表还要竭力做出礼貌、沉稳的样子。用上述语言描述出的画面也具有很强的动作性，但是行动者是一些老人和另外的年轻人，这对本该行动的本构成了一种嘲讽，因此显得有些滑稽。然而，那扇忽而向里、忽而向外的门却成为一件寓意深刻的道具，并被编剧很好地加以利用，由此暴露出本此刻不知所措、进退失据的心理状态。

（二）叙述性语言的综合性特点

苏联著名导演 M. 罗姆在论及电影剧作的语言时曾经提道：“摄影机参与剧作就应当从文学剧作或在副本中加以规定，不是从技术上，而是从艺术上，不是抽象地，而是从一开始就可以感觉到地体现在构思之中。摄影机就是艺术家的视角，是他处理素材的手法之一，摄影机是一位新来的剧中人（朋友或敌人），它不是机械的录像器，而是具有自己的见解的共同参加者——当然，这样一种摄影机的出现不可能是无缘无故的。摄影机同事件的确切关系应该首先在剧本中得到富有表现力的处理。”①

前面已经讲过，影视文学剧本中的叙述语言应该具有造型性特点。如果再进一步说，剧本的语言还要充分综合影视的视听技巧手段，对剧中的人物和环境加以表现，即需要充分考虑到摄影机运动、镜头使用、声响、时空剪接、画面构图、场面调度、色彩、色调等多种因素，也就是要充分运用影像化思维对剧本内容加以描述，以便将剧本最终搬上银幕。剧作中的描写对象始终只能是展现在剧作者头脑中的电影场景，只要这些电影场景在他的大脑里是清晰可见的，而不是似是而非的，它就必然综合着各种艺术表现手段。

还以美国电影剧本《回到未来》为例，来看一下电影剧作家是如何在叙述中使用一些电影技巧手段的：

马蒂在广场上溜达，警察在他身旁走。

歌声（唱）：“使她成为我从来没见过的美人。”

马蒂在中景停下来，惶惑不解。他听到时钟打点的声音，便回头仰望，镜头摇拍，他看到钟楼上的钟是8时30分。

他又继续在广场漫步，看到一个写着“欢迎到希尔谷，住宅区舒适，请小心驾驶”的牌子。镜头徐徐往下摇。

声音（从汽车扬声器传出来）：未来掌握在你的手中。假使你相信发展，请再次选举雷德·托马斯市长。

全景。从画外马蒂的视点拍摄行驶中的卡车，车上贴着广告。

声音（从汽车扬声器传出来）：他中间的名字是“发展”。雷德·托马斯市长的发展政纲是有更多的工作，是更好的教育，更宏大的城市改进措施，更轻微的税收。在选举日，把你的票投给一个令人满意的领袖……

一个男人走过马蒂身边，把一张报纸丢进附近的一个垃圾箱。马蒂转身从垃圾箱里捡起那张报纸，打开来看。

插入镜头——《山谷报》，1955年，11月，5日，星期六。有一则广告上写着“向你介绍驾驶斯塔迪贝克55型未来的汽车”。

马蒂（放下报纸，思索）：这肯定是个梦。（把报纸丢进垃圾箱）

全景。汽车从两面开过来，自行车也在马路上行驶。马蒂穿过马路，看到有一家“卢氏咖啡三明治”的店，他便走了进去。

在剧本中，以上场景是马蒂驾驶时空穿梭汽车回到“过去”的情景，周围的环境气氛显得有些奇怪、陌生，但是，希尔谷这一地名和钟楼却是他所熟悉的。为了表现马蒂这种既熟悉又陌生的感觉，剧作者以马蒂的视点和听觉来表现周围的环境。比如说，先用一个全景表现马蒂来到了广场，插入那首老歌的旋律，并让人清晰地听到歌词；接下去提示是一个中景镜头，因为可以让观众看清马蒂困惑的表情，时钟打点的声音把他的目光引向高处，提示镜头顺着马蒂的目光向上摇拍，对准时钟。这时，读者或观众马上会联想到前面一位妇女为修复时钟募捐一

① 罗姆. 当代电影剧作的语言. 张由今，黎力，译. 世界电影，1982（2）.

事，显然那是以后年代的事情了；马蒂继续漫步，看到希尔谷住宅的牌子，还是从马蒂的角度，从上到下打量着那个牌子，提示镜头徐徐往下摇即是为了突出马蒂的“看”的方式；接着是从汽车扬声器传出来的声音，此刻他还沉浸在恍若隔世的意识状态之中，汽车的声音把他的注意力引向那部卡车，扬声器中传递出托马斯市长的竞选纲领；接下来，一个男人从马蒂身边走过，并随手丢掉一张报纸，马蒂捡起报纸看到了上面印刷的日期。到这时，对马蒂回到的“过去”场景才算交代完毕。可以看出，上述这段文字正是模拟电影摄影机拍摄的特点进行叙述的。马蒂的所见所闻，均以电影化的方式加以切换、表现，因而显得有条不紊，具有明显的镜头感。

对于影视文学剧本叙述语言的综合性，我们还可以通过阅读和分析更多的优秀剧本来加以掌握。这种综合性体现出剧作者精细的构思和写作技巧，但这一切都应该建立在对影像和声音技巧的成分理解的基础上。

二、影视剧中的有声语言

概括地说，影视剧中的有声语言包括人物的对话、人物的独白和旁白。无论是人物之间的对话，还是旁白和独白，都具有显露人物心迹、引导剧情发展的作用。

（一）人物对话

在《电影艺术词典》中，有关“对话”这一概念是这样解释的：

> 对话：两个或两个以上剧中人物的交谈活动。电影剧作者塑造人物的基本手段之一。由于它既能传达对话人的心理活动，又能与对手交流，影响彼此的情绪、情感、思想和行为，故又常常称之为“言语动作”。它的主要功能是叙述说明、推进剧情、加强造型表现力、刻画人物性格、揭示人物内心世界。运用的基本要求通常是：符合人物的身份和性格逻辑，具有性格色彩；符合人物关系和规定情境；具有动作性；精练、简明、生动，必要时蕴含丰富的潜台词；与画面及其他表现元素（如音响、音乐等）密切配合；做到生活化、口语化。由于电影主要诉诸视觉，更多依赖人物的外部动作，并具有镜头转换迅速和多场景的特点，对话不宜过多。

电影对话中的这些特点和功能，对于电视剧来说同样适用。不过，应该补充说明的是，人们普遍认为电影中对话不宜过多，因为对话过多势必会妨碍电影视觉表现能力的发挥，然而，电视剧则被认为是“对话的艺术”，相比之下，在电视剧中视觉技巧常常成为辅助性的手段。

下面我们从影视剧本中人物对话的功能角度，将人物对话分为三个方面加以考察。

1. 叙述交代和说明

任何一部叙事艺术作品都要受到时间的限制，在有限的时间内进行艺术表达就必然要考虑到取舍的问题。因此，对事件的处理就有简略压缩或重点强调的区分。一部影视剧本在直接表现出来的场面之前或之间，都必然存在着一些没有直接表现出来的生活内容或事件过程。它们恰似虚线将剧情联结成一条连续的整体。尽管它们不值得占用剧本的宝贵篇幅加以表现，但观众却只有在意识到它们的存在和了解它们的粗略过程之后，才能借助于自己的联想将直接或未直接表现出来的一个个场面在头脑中结合成一个整体。这就决定了任何一部剧作都必然存在着或多或少的交代说明，诸如剧情发生的时间、地点、时代背景和剧中人物在剧情展开之前的生活遭遇，以及他们的职业、他们之间的基本社会关系等前史，以及随着剧情的时空跳跃而省略掉的事件过程。如，美国电影剧本《关山飞渡》，灵果的前史，就是通过车夫巴克和警长鬈毛及助手的对话进行交代说明的：

巴克：我还以为灵果关在牢里呢。

鬈毛：本来是在牢里。

巴克：越狱逃了？（鬈毛点点头，吸烟沉思。）

助手甲：我估计虎子是找伯鲁姆家兄弟报仇去了。

助手乙（扔下灵果的照片）：是呀，就是他们在法庭作证，虎子才坐牢的。

在刘恒编剧的电视连续剧《贫嘴张大民的幸福生活》中，大民母亲和李云芳母亲的对话虽然啰唆，却又趣味十足，交代了大民和云芳各自的恋爱情况：

外景 大杂院

张大妈在迷宫般的过道里左弯右拐，来到大杂院的“广场”。面积不大，中间竖着半人高的水泥垛子，垛子中间伸出个大号的水龙头。这里是四通八达之所，挨着院门，可以看见门外的胡同和胡同对面的公共厕所。李大妈正在洗萝卜，一副有气无力的样子。跟张大妈相比，这是个有点娇气的性格非常外露的老太太。

张大妈：洗萝卜呢？

李大妈：我不洗谁洗。

张大妈：老李呢？

李大妈：胡同口下棋去了——哎，大姐，一大早就出出进进的，你忙什么呢？

张大妈（不太想说）：家里要来客了。

李大妈：外地的？

张大妈：不是——（索性说了）是大民的女朋友。

李大妈：他女朋友不是吹了吗？

张大妈：又搞了一个，谈仨月了。

李大妈：待会儿我得爬你们家玻璃上好好看看。人儿漂亮吗？

张大妈：大民让我看过照片——还行。

李大妈：看照片没用，得看人儿。

张大妈：脸上不缺东西就行了。

李大妈：脸上倒不缺东西，缺心眼儿您也受不了呀。

张大妈：那倒是——（转移话题）听说你们二丫头搞了个美国人？

李大妈（笑）：美国人？美国人的脚指甲！

张大妈：那是日本人？

李大妈：日本人？日本人的后脑勺！

张大妈：到底是哪国人呀？

李大妈（又笑）：哪国人都不是——上海人！他们毛巾厂的助理工程师，下个月去美国留学，（喜形于色）他有个亲叔在美国。说定了，不是明年就是后年，把我们云芳也接去。

从上面两位大妈的对话里，我们还可以体会到蕴藏其中的潜台词。“潜台词”这一术语虽然出自戏剧，但也是现实生活中人类口头语言所固有的一种现象。我们知道，人们说出来的话语是思想的外壳，属于内心活动的具体呈现和表达，它固然反映着人的内心活动，但却并不等同于人的内心活动。所谓潜台词，即指潜藏于内心而未尽透露出来的话语。这里就显出了说出的话语与藏在内心的话语之间的某种不一致和不平衡。“潜台词”的艺术价值在于它能够调动观众参与创作的积极性，激发观众的生活联想，因而能满足观众的审美要求。张大民母亲的话里透露着对儿子找对象的不自信，而李大妈则对于自己女儿的未来信心满满，谈话中不时卖着关子、抖着机灵，在表面关心大民对象的背后，总让人感到挖苦的味道。

因此，人物对话在发挥叙述交代和说明的功能时，经常会融入谈话人的性格特点，因而生动有趣，避免了单纯叙述可能带来的枯燥乏味。

2. *刻画性格，揭示人物的内心世界*

影视剧中的人物对话与人物身份和性格具有互为表里的关系。当然，从功能角度说，影视剧（尤其是电视剧）对话是刻画性格、揭示人物的内心世界的重要表现手段之一。还是以电视剧《贫嘴张大民的幸福生活》为例。张大妈和李大妈对话结束后，张家全家人都在为即将到来的大民女朋友准备午餐，结果却是空欢喜一场。随后，大民的女徒弟小同跑到张家，因为她正是大民女朋友的介绍人。

母亲：小同来了，进来坐。

小同：大妈好，大姐好——（朝张大民走去）师傅，你别往心里去，这事儿是我表姐不好，她对不起你。她跟你吹了迟早得后悔——我妈都跟她急了。我给你买了几根香蕉。

张大民挤眉弄眼，暗示无效，索性继续躺在床上哼哼。

母亲：小同，你表姐是怎么说的？

小同：她说——她说不想跟我师傅谈了。

母亲：她说是为什么了吗？

小同：——我妈接的电话。

母亲：没关系，说吧。他嫌我们大民哪条了？

小同：她嫌我师傅——

母亲：说吧，说吧。

小同：她嫌他胖。

张大民扑棱一下从床上蹦下来。

大民：头天见面我就这么胖，胖了仨月了，瞧出胖来了。

小同：她说一上街人家老瞧，她难为情。

大民刚要躺下，又蹦起来。

大民：我还说人家瞧她呢！（打手势）下巴上带钩儿，没长胡子嘛得都跟卓别林似的，长几根毛就成山羊了。人家不瞧她瞧谁呀？

小同：师傅，吃根香蕉。

大民：不吃，吃胖了你赔得起吗？回家告诉你妈，让你妈告诉你表姐，让她以后搞对象别跟人脸对脸说话，一张嘴就跟舌头底下藏着一条下水道似的。她足足熏了我三个月，得亏没把我熏瘦了，熏瘦了我还得让她赔呢！（往外推小同）你现在就走，跟你妈说去——

从这段对话中，大民性格中的另一个侧面被表现出来。他不仅宽厚、善于忍耐，同时也十分善于观察，情急之下还会刻薄地挖苦别人。对张大民性格这一侧面的揭示，也使后续情节中充满精彩的笑料。

3. 对话可以推动剧情发展

剧情发展的根本动力是人物动作。所谓动作，即指那些能够传达出人物的意志、意图和思想情感，并能促使人物关系发展的行为。对话之所以被称为“言语动作”，就是因为它具有上述作用。运用对话手段推进剧情是电影剧作者必不可少的基本功之一。

如在电视剧《激情燃烧的岁月》中，石光荣下决心全力以赴追求褚琴之后，无论文工团在哪儿演出，他都会赶去观看。

石光荣整理军容准备出门。

警卫员在一旁说：“今天文工团可是在186团演出啊！”

“那又怎么样？胡毅还能撅巴撅巴把我给吃了？走！看看去！”

石光荣和警卫员骑马走在路上。警卫员：“团长，天天看那几个节目，我都快背下来了！”“吹牛！”“不信？我唱给你听！——雄鸡，雄鸡高呀么高声唱——”

石光荣误把胡毅当成自己的“情敌”，即便文工团在胡毅的部队演出，石光荣也要无所畏惧地出现在胡毅面前。看完演出后，石光荣更觉出胡毅对自己的“威胁”，于是，在和警卫员的对话中透露出他要“主动进攻”的想法：

石光荣和警卫员离开胡毅。石光荣骑在马上边走边说：“胡毅这小子打仗和我抢头功，找老婆也和我往一个人头上划拉。这玩意儿不能等，和打仗一样，得进攻啊！”

“咋进攻啊，团长？”

石光荣胸有成竹地瞥了警卫员一眼，笑了笑，没说话。挥起马鞭，只喊了一声“驾！”策马飞奔起来。

以上两组对话都十分明确地传递出石光荣的主观意图，同时也推进了剧情的发展。就在他说出“得进攻啊”这句话后，在接下去的段落里，石光荣跑到褚琴家里去拜见她的父母，并开始了他的“进攻”动作。

◎ 有关推动剧情发展的动作，常有以下两种情况：某些剧情可以主要依赖视觉动作来展开，例如追逐和打斗的动作；然而，也有一些剧情则必须依靠视觉动作和语言动作的相互配合才能完成，例如开会、争论、说明、记者采访、律师调查、辩护和诉讼等。例如，在美国影片《克雷默夫妇》的高潮场面中，我们所能看到的即是后一种情况。泰德和乔安娜这对夫妇在关系破裂后，为儿子的归属问题在法庭上展开了一场激烈的较量，并最终将剧情推向结尾。

（二）独白和旁白

在影视剧作品中，画面内外出现的声音除了人物的对白之外，还有独白和旁白。独白和旁白在披露人物内心世界、勾连剧情等方面往往起着重要作用。人们通常认为这两者具有较强的文学性色彩。

1. 独白

独白，也经常被称作内心独白。在影视剧中以“画外音”形式出现的人物角色的内心自白，是剧作者揭示人物心理活动的基本手段之一。与旁白的不同之处在于，它只能以“第一人称形式”出现，是角色在规定情境下产生的心理活动。独白往往是人物充满深情的告白，也可以是陈述自己内心的观点和思想，因而不具有与剧中其他人交流的作用，而是人物与自己心灵的对话。

人物独白的形式也是从戏剧中借鉴而来的。经典的戏剧独白，会散发出永恒的艺术魅力。如莎士比亚的戏剧中哈姆雷特那段著名的内心独白：“生存还是毁灭，这是一个值得考虑的问题；默然忍受命运的暴虐的毒箭，或是挺身反抗人世的无涯的苦难，通过斗争把它们扫清。这两种行为，哪一种更高贵?”这样的独白充满了智慧和思考的力量，所以至今仍广为传颂。而在影视剧中，一些优秀的独白常常也如在戏剧中一样富于节奏和韵味，给人以奇妙的艺术感觉。

在苏联梁赞诺夫导演的喜剧影片《办公室的故事》中，奥莉雅对昔日的老同学尤拉旧情复燃，但尤拉却将奥莉雅写的情书交给了工会。为此，一向谨小慎微的纳瓦西里采夫愤怒地给了尤拉一个耳光。奥莉雅走在回家的路上，掩饰不住内心的屈辱和悲哀，这时，她的内心独白以画外音的形式出现了：

> 你是我戏中的男主角，千呼万唤都不出场。
> 你不屑抛头露面，你避开了出乖露丑。
> 我一个人演自己的角色，对手戏中却没有对手。
> 你藏在后台的阴影里，不细心的眼睛看不到你。
> 我一个人袒露在众人前，丢尽了人，出尽了丑。
> 我演的这场独角戏，人人把我看得一清二楚，连你也不理解我的感受。
> 在我心里充满善意的微笑，和你一样的那伙，拿我的痛苦当笑柄。
> 我一个人受辱蒙羞，在人前无法抬头。
> 在屈辱的人群间，真正的男主角，没人看见。
> 男主角，你害怕了？别怕，我从来不会出卖人。
> 我们的这出戏，只有我一个人演。
> 我演得如此失败，痛苦由我一个人承担，
> 痛苦的煎熬实在难受。

这段感伤的内心独白出现在喜剧影片中似乎有些令人惊讶，不过，如果仔细分析就会发觉它的精妙之处。因为纳瓦西里采夫和局长柳德米拉这对中年人的爱情线也是充满波折，而奥莉

雅和尤拉的结局伤感的情感线又是作为辅助情节设计的。准确地说，这是一部悲喜剧风格的影片，奥莉雅的这段内心独白在整部影片中实际上起着非常重要的提示作用。它不只是奥莉雅的情感独白，更有渲染全剧的悲伤部分的效果，在喜与悲的两个端点建立起平衡关系。由此也可以看出，优秀的内心独白，往往也会起到四两拨千斤的作用，并对影视剧作品的风格产生影响。

2. 旁白

旁白也是以“画外音”的形式出现，但却是解说性、评论性的语言。旁白可以分为两类：其一是以剧作者“第三人称形式”的客观视点出现，对影视剧中的人物、背景、剧情进行介绍或评述；其二是以剧中某一人物出现，以“第一人称形式”主观视点进行介绍或评述。

在王家卫导演的影片《重庆森林》中，一开始出现金城武的声音：

> 每天你都有机会跟别人擦身而过，你也许对他一无所知，不过也许有一天，他可能成为你的朋友或者是知己……我是一个警察，编号663……

伴随着这段旁白，“663”号警察出现了。这段旁白显然是以第一人称形式进行自我介绍，不过，在该旁白的前半部分议论的特征比较明显，既是“我”的经验总结，也是对故事的一个预言。在王家卫电影中，还有许多类似的旁白，它们在影片叙述中承担着多种功能。

在影视剧中，旁白首先扮演的是叙述者的角色，引导观众对人物和剧情深入了解，还可以起到提供情节线索、设置悬念的作用。如英国影片《豺狼的日子》的序幕中有这样一段旁白：

> 一九六二年八月是法国面临严重危机的时刻。戴高乐总统承认了阿尔及利亚的独立，很多人认为，这是背叛祖国的行为。这些过激派几乎全是军人，他们为了报复，发誓要暗杀戴高乐。

近年来，一些国产电视连续剧在涉及人物心理活动时，也经常使用旁白手法并且取得了很好的效果。例如，在电视连续剧《潜伏》里，为了使谍战剧显得更加惊心动魄，在许多不易直接用对白说出的关键之处插入旁白，旁白的深度力量就显示出来。如在第14集中，余则成在办公室中思索叛徒袁佩林的可能藏身之处，他暗自思考和推理的过程，即以旁白的形式出现：

> 袁佩林既然是被军队抓的，那就应该在保密局的手里，保密局绝对不会把线索送给其他系统……最后余则成得出结论，叛徒不会跑出保密局天津站，站长不会亲自管的，一定在陆桥山和李涯的手里，一定是这样。

再如第24集中，余则成在审讯李涯派去监视他的特务时，自知理亏的李涯请求吴站长不要继续审讯下去，但吴站长却并没有立刻同意，而是一言不发地看着李涯。吴站长内心的真实想法是什么，只有适时加入的旁白才可以解开这个谜底：吴敬中很清楚其中的玄机，他是在为余则成争取时间，如果余则成能拿到口供，他再出面息事宁人，那样，李涯就死死地握在他的手里，他其实很愿意看到两个部下的这种争斗。

◎ 以上影视剧的实例可以说明，旁白手法的使用既能够对背景信息进行简明扼要的交代，从而节省篇幅和时间，同时，也能够深入人物内心世界，从而揭示影像难以表现的心理活动过程，并能增强影视剧的意蕴深度和层次感。

【思考与练习】

1. 如何理解艺术作品中的“性格”？
2. 影视作品如何塑造视觉化的形象？
3. 影视作品如何表现人物的内心世界？
4. 举例说明角色的功能作用。
5. 试述影视叙述语言的具象性特点。
6. 影视剧作中人物对话的功能有哪些？
7. 什么是“独白”和“旁白”？具体功能有哪些？

阅读参考书目

萨杜尔．世界电影史．徐昭，胡承伟，译．北京：中国电影出版社，1995．

程季华．中国电影发展史．北京：中国电影出版社，1963．

亚里士多德．诗学．陈中梅，译注．北京：商务印书馆，1996．

李恒基，杨远婴．外国电影理论文选．修订本．北京：三联书店，2006．

巴赞．电影是什么?．崔君衍，译．南京：江苏教育出版社，2006．

爱森斯坦．蒙太奇论．富澜，译．北京：中国电影出版社，2003．

布鲁斯东．从小说到电影．高骏千，译．北京：中国电影出版社，1981．

克拉考尔．电影的本性：物质现实的复原．邵牧君，译．北京：中国电影出版社，1981．

温斯顿．作为文学的电影剧本．周传基，梅文，译．北京：中国电影出版社，1983．

陈犀禾．电影改编理论问题．北京：中国电影出版社，1988．

巴拉兹．电影美学．何力，译．邵牧君，校．北京：中国电影出版社，1982．

夏衍．夏衍论创作．上海：上海文艺出版社，1982．

茂莱．电影化的想象：作家和电影．邵牧君，译．北京：中国电影出版社，1989．

李今．海派小说与现代都市文化．合肥：安徽教育出版社，2000．

卡尔科-马赛尔，克莱尔．电影与文学改编．刘芳，译．北京：文化艺术出版社，2005．

普多夫金．论电影的编剧、导演和演员．何力，译．北京：中国电影出版社，1980．

范西秋．电影化叙事．王旭锋，译．桂林：广西师范大学出版社，2009．

波布克．电影的元素．伍菡卿，译．北京：中国电影出版社，1992．

贾内梯．认识电影．胡尧之，胡晓辉，冯韵文，等译．北京：中国电影出版社，1997．

汪流．电影编剧学．修订版．北京：中国传媒大学出版社，2009．

菲尔德．电影剧本写作基础．鲍玉珩，钟大丰，译．北京：中国文联出版公司，1985．

多宾．电影艺术诗学．罗慧生，伍刚，译．北京：中国电影出版社，2001．

劳逊．戏剧与电影的剧作理论与技巧．邵牧君，齐宙，译．北京：中国电影出版社，1989．

麦基．故事：材质、结构、风格和银幕剧作的原理．周铁东，译．北京：中国电影出版社，2001．

后　　记

许多影视剧作品根据小说或戏剧改编而来。这一现象由来已久，至今仍没有衰退的迹象。毫无疑问，影视剧与文学的联系是多方面的，从思维方式到具体的技巧手段，两者有甚多相通之处。当然，影视剧和文学的传播媒介并不相同，前者通过影像和声音，后者通过文字语言进行叙述，但最终都要传递出创作者的主观意图。正是这种相通性和差异性共存的关系，使得电影诞生不久，就陆续有一些文学作品被改编为电影，但这种改编很快又遭到强调电影艺术独立性的理论家的反对。与此同时，早期电影的幼稚以及电影工业化程序对个人独创性的压抑，也令许多作家对电影采取轻视甚至是排斥的态度。另外，法兰克福学派对中国文学理论界的影响，也一度表现为后者对视听文化强烈的批判倾向。由于上述种种原因，在文学和影视两者之间展开跨学科研究依然存有很多障碍。

任何科学研究都以客观世界普遍存在的现象为自己的出发点。影视与文学的关系既然是一种普遍的存在，就不应该对其采取漠然或忽视的态度。各学科画地为牢的做法，显然既不合时宜，也不利于学科自身的健康发展。前人对影视与文学的关系已经有了许多具体的研究成果，而且这一研究还处于不断发展的过程中。从早期的媒介、语言形式等方面的比较，发展到目前对文本转换中所体现出的文化观念的比较，可以看出，相关的研究具有明显的历史发展轨迹，因而也更值得我们严肃对待。鉴于上述情况，在本教材第一部分的编写过程中，主要从电影和电视剧发展史中，选取与文学密切相关的一些重要历史事件以及重要的理论观点，有针对性地进行介绍和分析，以使学生对影视与文学的关系史有一个初步的了解和把握。

影视文学剧本是影视和文学最直接的交汇点。剧作家使用文字语言进行写作，同时又必须根据影视特有的属性，充分调动视觉和听觉手段以达到叙事表意的效果。因此，在本教材第二部分，对于影视剧的时空艺术特点以及基本的视听语言进行了简要介绍。这不仅是出于影视剧本创作方面的考虑，同时也是出于影视剧研究方面的考虑。在新媒体技术已经非常普及的时代，电影和电视剧所积累出的时空建构意识以及视听经验，无疑是值得充分思考和借鉴的。至于主题、情节、人物形象和性格、结构这些似乎略显过时的概念，对于影视文学剧本依旧是不可或缺的元素。我们在教学过程中发现，越是这样的一些基本问题，学生对其的理解和认识反倒越是模糊。所以，在目前的教学实践中，如何强化学生的基本功训练是一个非常值得深思的问题。应该使学生意识到，没有良好的影视剧本基础知识，就很难形成对影视剧作品的艺术、思想以及文化内涵进行判断的基本能力，更不要说去从事创作和深入研究的工作。

本教材专门为文学院系的本科生、研究生编写。本书的编写体例只能算作一种尝试，它是根据我们以往的教学经验设计而来的。另外，考虑到文学院系影视课程设置和课时等方面的限制，本书只能将诸多内容统括到一起，因此略显庞杂。不过，我们认为，培养学生广博的视野并在影视与文学的关系研究中确立学理意识是十分必要的。引导学生攀登学术史和理论的高地，对于他们今后的发展肯定大有益处。最后，由于经验和时间等方面的原因，本教材一定会有诸多需要改进的地方，诚恳地希望有关专家、学者不吝赐教并给予批评指正。

本教材在编写和修订过程中，得到了陈坤成、沈婷、方思宇等学生的协助和支持，在此特表感谢！

编者

2020年5月1日修订

图书在版编目（CIP）数据

影视文学教程/陈阳著. --2版. --北京：中国人民大学出版社，2020.9
新编21世纪中国语言文学系列教材
ISBN 978-7-300-15215-8

Ⅰ.①影… Ⅱ.①陈… Ⅲ.①电影文学-高等学校-教材②电视文学-高等学校-教材 Ⅳ.①I053.5

中国版本图书馆CIP数据核字（2020）第156107号

中国人民大学“十三五”本科规划教材
新编21世纪中国语言文学系列教材
影视文学教程（第二版）
陈 阳 著
Yingshi Wenxue Jiaocheng

出版发行	中国人民大学出版社		
社　　址	北京中关村大街31号	**邮政编码**	100080
电　　话	010－62511242（总编室）		010－62511770（质管部）
	010－82501766（邮购部）		010－62514148（门市部）
	010－62515195（发行公司）		010－62515275（盗版举报）
网　　址	http://www.crup.com.cn		
经　　销	新华书店		
印　　刷	北京昌联印刷有限公司	**版　　次**	2013年1月第1版
开　　本	787 mm×1092 mm　1/16		2020年9月第2版
印　　张	14.25	**印　　次**	2025年6月第9次印刷
字　　数	355 000	**定　　价**	39.00元

关联课程教材推荐

ISBN	书名	作者	单价（元）
978-7-300-30860-9	电影导论（第二版）	陈　涛	79.00
978-7-300-27217-7	马克思主义文艺论著选讲（第六版）	陆贵山	59.90
978-7-300-27216-0	新编西方文论教程（第二版）	杨守森　孙书文	48.00
978-7-300-29978-5	西方文论概览（第二版）	杨慧林　耿幼壮	59.00
978-7-300-22528-9	美学概论（第四版）	牛宏宝	32.00
978-7-300-31388-7	中国现当代文学（第四版）（数字教材版）	刘　勇　李春雨	79.00
978-7-300-27600-7	中国文学史（第三版）（上下）	袁世硕　张可礼	99.90
978-7-300-20316-4	外国文学简编（欧美部分）（第七版）	朱维之　赵　澧　黄晋凯	58.00
978-7-300-15854-9	中外现代诗歌导读	王家新	28.00
978-7-300-19270-3	中国当代文艺思潮（第三版）	陆贵山	55.00
978-7-300-17231-6	中国民间文学概论（第四版）	黄　涛	59.90
978-7-300-19996-2	比较文学概论（第二版）	曹顺庆	35.00
978-7-300-30716-9	儿童文学概论（第二版）	谭旭东	39.90
978-7-300-29638-8	中文学科论文写作（第三版）	卢卓群	49.00
978-7-300-32029-8	影视批评写作	林　玮	59.00

配套教学资源支持

尊敬的老师：

衷心感谢您选择人大版教材！相关的配套教学资源，请到中国人民大学出版社官网（www. crup. com. cn）下载。部分教学资源需要验证您的教师身份后，才可以下载。请您登录出版社官网后，点右上角“注册”，填写“会员中心”的“我的教师认证”项目，等待后台审核。我们将尽快为您开通下载权限。

如您急需教学资源或教材样书，也可以直接与我们的编辑联系。

联系人：龚洪训　　电话：010-62515637　　电子邮箱：6130616@qq. com

欢迎加入全国汉语言文学教师群（QQ 群号：1062057602），交流教学心得，分享教学资源。

全国汉语言文学教师群
扫一扫二维码，加入群聊。